Persönlichkeitstests im Personalmanagement

Persönlichkeitstests im Personalmanagement

Grundlagen, Instrumente und Anwendungen

von

Rüdiger Hossiep, Michael Paschen
und Oliver Mühlhaus

Verlag für Angewandte Psychologie
Göttingen

Dr. Rüdiger Hossiep, geb. 1959. 1978-1984 Studium der Psychologie, Wirtschafts- und Sozialwissenschaften in Bochum. 1984 Wissenschaftlicher Mitarbeiter an der Fakultät für Psychologie der Ruhr-Universität Bochum. 1985-1990 Tätigkeiten in der Wirtschaft bei der Unternehmensberatung Schröder & Partner (Düsseldorf) und bei der Deutsche Bank AG (Frankfurt). Seit 1990 erneut an der Fakultät für Psychologie der Ruhr-Universität Bochum tätig. Arbeits- und Forschungsschwerpunkte sind differentialpsychologische Themenstellungen im Wirtschaftskontext.

Dipl.-Psych. Michael Paschen, geb. 1969. 1991-1995 Studium der Psychologie und der Wirtschaftswissenschaften in Bochum. Danach Mitarbeit im Projektteam zur Entwicklung des „Bochumer Inventars zur berufsbezogenen Persönlichkeitsbeschreibung" an der Ruhr-Universität Bochum. Seit 1995 als Berater für die Kienbaum Personalberatung GmbH tätig. Schwerpunkte der Tätigkeit liegen in den Bereichen Personalauswahl und Personalentwicklung.

Dipl.-Psych. Oliver Mühlhaus, geb. 1969. Ausbildung zum Bankkaufmann. 1991-1997 Studium der Psychologie und Wirtschaftswissenschaften in Bochum. Seit 1996 Mitarbeit im Projektteam zur Entwicklung des „Bochumer Inventars zur berufsbezogenen Persönlichkeitsbeschreibung". Seit 1999 Wissenschaftlicher Mitarbeiter an der Fakultät für Psychologie der Ruhr-Universität Bochum. Tätigkeitsschwerpunkte: Entwicklung von wirtschaftsbezogenen Auswahlverfahren, Eignungsdiagnostik und Personalentwicklung.

Die Deutsche Bibliothek - CIP-Einheitsaufnahme

Ein Titeldatensatz für diese Publikation ist bei Der Deutschen Bibliothek erhältlich

---

© by Hogrefe-Verlag, Göttingen • Bern • Toronto • Seattle 2000
Rohnsweg 25, D-37085 Göttingen

http://www.hogrefe.de
Aktuelle Informationen • Weitere Titel zum Thema • Ergänzende Materialien

Das Werk einschließlich aller seiner Teile ist urheberrechtlich geschützt. Jede Verwertung außerhalb der engen Grenzen des Urheberrechtsgesetzes ist ohne Zustimmung des Verlages unzulässig und strafbar. Das gilt insbesondere für Vervielfältigungen, Übersetzungen, Mikroverfilmungen und die Einspeicherung und Verarbeitung in elektronischen Systemen.

Umschlaggrafik: Dierk Kellermann, Wallenhorst
Gesamtherstellung: AZ Druck und Datentechnik GmbH, Kempten/Allgäu
Printed in Germany
Auf säurefreiem Papier gedruckt

ISBN 3-8017-1039-4

Jedes Problem in einem Unternehmen ist letztlich ein Personalproblem.

Alfred Herrhausen

Vorwort

Wer sich bei dem, was er liest, etwas denkt – und dafür wollen wir werben – kommt mit Blick auf den Titel des vorliegenden Bandes zu der Auffassung, daß er in sich widersprüchlich ist. Das stimmt. Unter „Personal" werden ja gemeinhin Menschen verstanden, und solche kann man nicht „managen". Eine weit verbreitete Fehleinschätzung, welche in deutschen Unternehmen immer stärker um sich greift – mit leider durchschlagenden negativen wirtschaftlichen Effekten. Zum Begriff Manager läßt sich übrigens finden, daß dieses Wort bereits 1794 im deutschen Schrifttum auftaucht und als Bezeichnung für den Leiter einer Varietébühne diente – möglicherweise ist die dahinterstehende gedankliche Logik auch aus heutiger Sicht gar nicht so abwegig.

Gleichwohl steht hinter dem Klassifikationsbegriff Personalmanagement wenig anderes als das, was man für gewöhnlich unter „Personalwesen" subsumiert. Die Bezeichnung erscheint heute allerdings vielen antiquiert. Personalmanagement gehört vor diesem Hintergrund in den Kontext von Personalwirtschaftslehre, Human Resource-Management und Personalführung. Zu diesem Themenkomplex existieren zahlreiche aussagefähige Werke, zur Verknüpfung mit Persönlichkeitstests im weitesten Sinne keine. Diese Lücke wollen wir mit zu schließen versuchen und bedanken uns zugleich bei den zahlreichen Freunden – namentlich den ehemaligen Diplomandinnen Britta Herrmann und Britta Külpmann –, Kollegen, Geschäftspartnern sowie unseren Familien, die uns diese Möglichkeit eröffnet haben.

Rüdiger Hossiep, Michael Paschen, Oliver Mühlhaus

Bochum, im Juli 1999

Inhaltsverzeichnis

Einleitende Überlegungen von Prof. Dr. Werner Sarges	XV
1 Persönlichkeitstests im Personalmanagement – Vorüberlegungen	1
2 Zur Geschichte der Persönlichkeitsdiagnostik	5
2.1 Frühe Wegbereiter	7
2.2 Der Beginn empirisch-psychologischer Ansätze	17
2.3 Die Entwicklung berufsbezogener Verfahren	20
3 Überlegungen zum Zusammenhang von Person, Situation und Verhalten	23
3.1 Das Eigenschaftskonzept	23
3.1.1 Die situationsübergreifende Konsistenz von Verhalten	25
3.1.1.1 Methodische Grundlagen und empirische Befunde	25
3.1.1.2 Konsequenzen für die Berufseignungsdiagnostik	29
3.1.2 Situationsspezifische Einflüsse	30
3.1.2.1 Die Relevanz situationaler Einflüsse	31
3.1.2.2 Konsequenzen für die Berufseignungsdiagnostik	32
3.1.3 Stabilität und Veränderung von Persönlichkeitsmerkmalen	35
3.1.3.1 Methodische und konzeptuelle Grundlagen	35
3.1.3.2 Empirische Belege für zeitliche Stabilität und Veränderung von Persönlichkeitsmerkmalen	37
3.1.3.3 Konsequenzen für die Berufseignungsdiagnostik	39
3.2 Ein Modell zur Bedingtheit von Berufserfolg durch persönliche und situationale Variablen	40
4 Persönlichkeitstests in der Berufseignungsdiagnostik	43
4.1 Der Einsatz von Persönlichkeitstests im internationalen Vergleich	44
4.2 Rechtliche Rahmenbedingungen	46

4.3	Durchführung testgestützter Eignungsuntersuchungen	49
4.3.1	Sinnvolle Auswahl psychologischer Testverfahren	49
4.3.2	Zur Einbettung eines Tests in die Gesamtuntersuchung	50
4.3.3	Gestaltung der diagnostischen Situation	55
4.3.4	Akzeptanz von Persönlichkeitstests durch die Kandidaten	56
4.3.4.1	Bedingungen für eine positive Bewertung von Auswahlverfahren	57
4.3.5	Motivationale Einflüsse und Fehlerfaktoren bei der Bearbeitung von Persönlichkeitstests	59
4.3.5.1	Beantwortungen im Sinne sozialer Erwünschtheit	60
4.3.5.2	Zustimmungstendenzen	64
4.3.5.3	Bevorzugung extremer oder mittlerer Antwortkategorien	65
4.3.5.4	Zusammenfassende Einschätzung der Fehlerfaktoren	65
4.3.6	Zur Gestaltung des Rückmeldegespräches	66
4.3.7	Schriftlegung der Ergebnisse: Die gutachterliche Stellungnahme	67
4.3.8	Testtraining und „Testknacker"	70
4.4	Zur Vorhersagekraft von Persönlichkeitstests für beruflichen Erfolg	78
4.4.1	Die Methode der Validitätsgeneralisierung nach Schmidt und Hunter	79
4.4.1.1	Metaanalytische Befunde zur Validität von Persönlichkeitstests in der Berufseignungsdiagnostik	81
4.4.1.2	Weitere Belege für die inkrementelle Validität von Persönlichkeitstests	93
4.4.1.3	Konsequenzen für Wirtschaft und Wissenschaft	96
4.5	Ethische Fragen bei eignungsdiagnostischen Untersuchungen	99

5 Testverfahren im wirtschaftsbezogenen Kontext ... 103

5.1	Der 16-Persönlichkeits-Faktoren-Test (16 PF)	103
5.1.1	Theoretischer Hintergrund	104
5.1.2	Kontroverses zum Hintergrund des Verfahrens	105
5.1.3	Die Entwicklung der deutschsprachigen Version des Verfahrens	106
5.1.4	Skalen und Interpretationshinweise	108
5.1.5	Normen und Gütekriterien	112
5.1.6	Testdurchführung und -auswertung	112
5.1.7	Ausgewählte Befunde zur Leistungsfähigkeit	112
5.1.7.1	Zur prädiktiven Validität für berufliche Bewährung	113
5.1.7.2	Sonstige Arbeiten zum 16 PF	115
5.1.8	Zusammenfassende Einschätzung	115
5.2	Das NEO-Fünf-Faktoren-Inventar (NEO-FFI)	116
5.2.1	Theoretischer Hintergrund	117
5.2.2	Kontroverses zum Hintergrund des Verfahrens	117
5.2.3	Die Entwicklung des Verfahrens	118
5.2.4	Skalen und Interpretationshinweise	119

5.2.5	Normen und Gütekriterien.	120
5.2.6	Testdurchführung und -auswertung.	121
5.2.7	Ausgewählte Befunde zur Leistungsfähigkeit	121
5.2.8	Zusammenfassende Einschätzung.	123
5.3	Der Myers-Briggs Typenindikator (MBTI)	124
5.3.1	Theoretischer Hintergrund.	124
5.3.2	Kontroverses zum Hintergrund des Verfahrens	127
5.3.3	Die Entwicklung des Verfahrens.	129
5.3.4	Skalen und Interpretationshinweise	130
5.3.5	Normen und Gütekriterien.	131
5.3.6	Testdurchführung und -auswertung.	132
5.3.7	Ausgewählte Befunde zur Leistungsfähigkeit	132
5.3.7.1	Zur beruflichen Bewährung.	132
5.3.7.2	Zum Nutzen in der Ausbildung	133
5.3.7.3	Zur Häufigkeit bestimmter Typen in spezifischen Settings	133
5.3.8	Zusammenfassende Einschätzung.	134
5.4	Der Mehrdimensionale Persönlichkeitstest für Erwachsene (MPT-E).	135
5.4.1	Theoretischer Hintergrund.	136
5.4.2	Kontroverses zum Hintergrund des Verfahrens	136
5.4.3	Die Entwicklung des Verfahrens.	136
5.4.4	Skalen und Interpretationshinweise	138
5.4.5	Normen und Gütekriterien.	139
5.4.6	Testdurchführung und -auswertung.	139
5.4.7	Ausgewählte Befunde zur Leistungsfähigkeit	140
5.4.8	Zusammenfassende Einschätzung.	140
5.5	Das California Psychological Inventory (CPI).	141
5.5.1	Theoretischer Hintergrund.	141
5.5.2	Kontroverses zum Hintergrund des Verfahrens	143
5.5.3	Die Entwicklung des Verfahrens.	145
5.5.4	Skalen und Interpretationshinweise	146
5.5.5	Normen und Gütekriterien.	149
5.5.6	Testdurchführung und -auswertung.	149
5.5.7	Ausgewählte Befunde zur Leistungsfähigkeit	150
5.5.7.1	Zur Einschätzung von Führungspotential.	150
5.5.7.2	Zur Bewährung im Polizei- und Sicherheitsbereich.	151
5.5.7.3	Weitere Untersuchungen aus anderen Anwendungsfeldern.	152
5.5.8	Zusammenfassende Einschätzung.	152
5.6	Eysenck-Persönlichkeits-Inventar (EPI).	153
5.6.1	Theoretischer Hintergrund.	154
5.6.2	Kontroverses zum Hintergrund des Verfahrens	156
5.6.3	Die Entwicklung des Verfahrens.	156
5.6.4	Normen und Gütekriterien.	157
5.6.5	Skalen und Interpretationshinweise	158

5.6.6	Testdurchführung und -auswertung.	159
5.6.7	Ausgewählte Befunde zur Leistungsfähigkeit	159
5.6.8	Zusammenfassende Einschätzung.	160
5.7	Das Bochumer Inventar zur berufsbezogenen Persönlichkeitsbeschreibung (BIP).	160
5.7.1	Theoretischer Hintergrund.	162
5.7.2	Kontroverses zum Hintergrund des Verfahrens	165
5.7.3	Die Entwicklung des Verfahrens.	165
5.7.4	Skalen und Interpretationshinweise	166
5.7.5	Normen und Gütekriterien.	169
5.7.6	Testdurchführung und -auswertung.	172
5.7.7	Ausgewählte Befunde zur Leistungsfähigkeit	172
5.7.8	Zusammenfassende Einschätzung.	175
5.8	Minnesota Multiphasic Personality Inventory (MMPI Saarbrücken)	175
5.8.1	Theoretischer Hintergrund.	176
5.8.2	Die Entwicklung des Verfahrens.	176
5.8.3	Skalen und Interpretationshinweise	178
5.8.4	Ausgewählte Befunde zur Leistungsfähigkeit	179
5.8.4.1	Zur beruflichen Bewährung in der Wirtschaft	179
5.8.4.2	Zur beruflichen Bewährung im Polizei- und Sicherheitsbereich	179
5.8.5	Zusammenfassende Einschätzung.	180
5.9	Das Freiburger Persönlichkeitsinventar (FPI).	180
5.9.1	Entwicklung und Skalen des Verfahrens.	181
5.9.2	Zusammenfassende Einschätzung.	183
5.10	Die deutsche Personality Research Form (PRF).	183
5.10.1	Entwicklung und Skalen des Verfahrens.	184
5.10.2	Zusammenfassende Einschätzung.	186
5.11	Weitere Persönlichkeitstests	187
5.11.1	Occupational Personality Questionnaire (OPQ).	188
5.11.2	Discovery of Natural Latent Abilities (DNLA)	189
5.11.3	DISG-Persönlichkeitsprofil.	190
5.11.4	Hirn-Dominanz-Instrument bzw. Herrmann-Dominanz-Instrument (H.D.I.)	192
6	**Weitere Einsatzbereiche für Persönlichkeitstests**	**197**
6.1	Exkurs: Zum Zusammenhang von Selbst- und Fremdbild.	198
6.1.1	Zum Selbstkonzept und seinen Einflußfaktoren.	199
6.1.1.1	Subjektivität und Objektivität in der Selbstwahrnehmung.	199
6.1.1.2	Erklärung von Erfolg und Mißerfolg.	201
6.1.1.3	Selbstaufmerksamkeit	201
6.1.2	Effekte der sozialen Interaktion.	203
6.1.2.1	Zum Selbstbild als Resultat sozialer Vergleichsprozesse.	203

6.1.2.2	Zum Einfluß von Rückmeldung auf das Selbstbild	204
6.1.3	Darstellung des Selbst in der sozialen Interaktion	206
6.1.3.1	Kontrolle des Ausdrucksverhaltens – Self-Monitoring	207
6.1.3.2	Aktives Gestalten der Außenwirkung – Impression-Management	207
6.1.4	Methoden der Selbstbilderfassung	212
6.1.5	Zum Konzept des Fremdbildes	214
6.1.5.1	Determinanten des Fremdbildes	214
6.1.5.2	Erster Eindruck und der Einfluß der Beobachtermerkmale	217
6.1.5.3	Kognitive Verarbeitung personenbezogener Merkmale	220
6.1.5.4	Attributionstheoretische Erklärungsmodelle	221
6.1.6	Zur Erhebung des Fremdbildes	225
6.1.7	Empirische Befunde zu Übereinstimmungen und Abweichungen zwischen Selbst- und Fremdbild	228
6.1.7.1	Der Einfluß des Bekanntheitsgrades auf die Übereinstimmung von Selbst- und Fremdbild	229
6.1.7.2	Die Beobachtbarkeit von Eigenschaften	231
6.1.7.3	Die Einschätzbarkeit der handelnden Person	232
6.2	360-Grad-Feedback	234
6.2.1	Zu den Funktionen und Zielen des 360-Grad-Feedbacks	235
6.2.2	Zur Bedeutung von Diskrepanzen zwischen Selbst- und Fremdeinschätzung	237
6.2.3	Vorüberlegungen und Vorbereitungen im Zusammenhang mit einer 360-Grad-Feedback-Maßnahme	240
6.2.3.1	Zur Gestaltung des Feedback-Instrumentes	240
6.2.3.2	Weitere Aspekte der Feedback-Maßnahme	241
6.2.4	Voraussetzungen für eine erfolgreiche Durchführung der Feedback-Maßnahme	242
6.2.5	Der Feedbackprozeß	242
6.2.6	Zur Frage der Effektivität von 360-Grad-Feedback-Maßnahmen als Instrument der Führungskräfteentwicklung	244
6.2.7	Einsatz von Persönlichkeitsfragebogen	245
6.2.8	Chancen und Risiken der Methode	246
6.3	Teamentwicklung	248
6.3.1	Zu den Funktionen und Zielen der Teamentwicklung	248
6.3.2	Vorüberlegungen und Vorbereitungen im Zusammenhang mit einer Teamentwicklungs-Maßnahme	250
6.3.2.1	Gestaltung einer Teamentwicklungs-Maßnahme	251
6.3.3	Einsatz von Persönlichkeitsfragebogen	253
6.4	Self-Assessment	255
6.4.1	Zu den Funktionen und Zielen des Self-Assessments	256
6.4.2	Einsatz von Persönlichkeitsfragebogen	259

7 Perspektiven 261

8 Literatur 263

9 Anhang 295
    8.1   Häufig gestellte Fragen zum Thema Persönlichkeitstest 295
    8.2   Persönlichkeitsbeschreibende Dimensionen im Überblick 312

10 Autorenregister 337

11 Sachregister 347

Prof. Dr. Werner Sarges

Einleitende Überlegungen

Persönlichkeitstests gehören in den Bereich der Psychologischen Eignungsdiagnostik, und diese spielt eine wichtige Rolle im Personalmanagement. Eignungsdiagnostik wird dort immer dann relevant, wenn es einen merklichen Unterschied macht, ob man diese oder jene Person für eine bestimmte berufliche Funktion auswählt bzw. ob man einer bestimmten Person zu dieser oder jener Funktion rät, d.h. bei Fragen der Personalauswahl und -beratung. Eignungsdiagnostik wird aber auch zunehmend bedeutsam bei Fragen der Personalentwicklung: Welche Stärken und Schwächen hat eine Person, die sich in diese oder jene Richtung (z.B. Experte oder Führungskraft) weiterentwickeln möchte, und was sollte sie von daher tun, um ihre Entwicklungsziele zu erreichen?

Nun gibt es in der Psychologischen Eignungsdiagnostik nicht nur Persönlichkeitstests (die eher typisches Verhalten erfassen, z.B. im Merkmalsbereich Extraversion), sondern auch Leistungstests (die maximales Verhalten messen, z.B. im Merkmalsbereich Intelligenz; s.u.). Und darüber hinaus basiert Eignungsdiagnostik nicht nur auf Tests in diesem umfassenderen Sinne, sondern auch auf anderen Verfahren bzw. Datenquellen, vor allem Interviews, Tätigkeitssimulationen (z.B. im Rahmen von Assessment Centern) und Urteilen Dritter (z.B. bei Vorgesetzten- oder 360-Grad-Beurteilungen).

Diese Vielfalt der Verfahren ist es denn auch, die z.B. in Assessment Centern (ACn) die Gültigkeit der Vorhersage von Führungspotential (beim Auswahl-AC) bzw. von Stärken und Schwächen im Hinblick auf weitere Führungsfunktionen (beim Entwicklungs-AC) begründet. Insofern sollte man skeptisch sein gegenüber jedweder Einseitigkeit – wie beispielsweise: bei der Auswahl von Bewerbern nur Interviews zu empfehlen (was noch sehr häufig in der Praxis geschieht) oder für Assessment Center praktisch nur Tätigkeitssimulationen zuzulassen (wie vom Arbeitskreis Assessment Center (1992) in seinen Standards zur AC-Technik angeraten). Folgerichtig sollten auch Tests in eignungsdiagnostischen Arrangements nie die einzige, vielmehr nur eine Verfahrensklasse neben anderen sein.

Allerdings wurden Tests im deutschsprachigen Raum bisher eher selten eingesetzt, und wenn, dann vor allem im Rahmen der Auswahl von Auszubildenden oder für Berufe mit mittlerem Anforderungsniveau, viel weniger z.B. auch für qualifizierte Experten oder Führungsnachwuchskräfte bzw. Führungskräfte selbst. In etlichen anderen europäischen Ländern und in den USA ist man diesbezüglich deutlich aufgeschlossener. In dieser Hinsicht ist Deutschland also noch Entwicklungsland, und wir dürfen nicht müde werden, Organisationen und Bewerber davon zu überzeugen, daß Tests zum genuinen Instrumentarium und selbstverständlichen Bestandteil psychologiegestützter Eignungsdiagnostik gehören.

Schließlich haben Tests erhebliche Vorteile: In Abgrenzung zu den anderen Verfahren der Eignungsdiagnostik verstehen wir unter Tests nämlich solche Instrumente, mit Hilfe derer wir psychometrisch vergleichbare und gültige Informationen über Verhalten und Erleben einzelner Personen erhalten können, was häufig bei Zeugnisnoten oder Interviews so nicht der Fall ist. Gut konstruierte Tests müssen den Gütekriterien Standardisierung, Reliabilität und Validierung genügen. In der Regel werden psychometrische Tests von Psychologen entwickelt und von Testverlagen oder Beratungsfirmen vertrieben. Doch entwickeln und validieren gelegentlich auch größere Unternehmen oder Organisationen eigene Tests, um ihren ganz spezifischen Zielgruppen und Zwecken zu genügen, beispielsweise Tests für Anlageberater, Offiziere oder Piloten.

Nur am Rande sei erwähnt, daß die Validität vieler Tests im Hinblick auf Berufserfolg (d.h. als substantieller Prädiktor dafür) in den verschiedensten beruflichen Bereichen auch durch Forschungszusammenfassungen der jüngsten Zeit eindrucksvoll belegt wird. Dabei haben sich vor allem zwei testmäßige Prädiktoren als durchgängig bedeutsam in allen möglichen Berufsfeldern etabliert: Intelligenz (aus dem Leistungsbereich) und Integrität (aus dem Persönlichkeitsbereich).

Testverfahren können auf viele verschiedene Arten klassifiziert werden, und man ist schon seit langem auf der Suche nach einer möglichst zweckmäßigen und verbindlichen Klassifizierung. Inzwischen hat sich wenigstens die Grobklassifikation in Leistungstests und Persönlichkeitstests durchgesetzt. Zwar gehört im alltäglichen Sprachgebrauch auch der Bereich der Leistung zur Persönlichkeit, die von der Psychologie getroffene Unterscheidung von Leistungs- vs. Persönlichkeitstests wird aber dadurch sinnvoll, daß jeweils unterschiedliche Reaktionsweisen gefordert sind: Leistungstests sollen maximales Verhalten, Persönlichkeitstests typisches Verhalten erfassen. Zu den Leistungstests, die Fähigkeiten und Fertigkeiten messen sollen, gehören Intelligenztests, sonstige kognitive Tests (z.B. Wissen, Sprachen), allgemeine Leistungstests wie Aufmerksamkeits- und Belastungstests, spezielle Funktionsprüfungen im sensorischen oder motorischen Bereich u.a. Zu den Persönlichkeitstest, die nicht-leistungsmäßige Eigenschaften messen sollen, gehören Persönlichkeits-Struktur-Tests, spezifische Persönlichkeitstests (z.B. Kontrollüberzeugungen, Empathie), aber auch – in einem erweiterten Verständnis – Einstellungs-, Interessen- und Motivations-Tests, also auch Merkmale des energetischen Sektors. Eine Zwischenposition dürften Tests zur Sozialen Kompetenz einnehmen.

Bei der immer noch kargen Anwendungshäufigkeit von Tests im Personalmanagement in Deutschland werden außer reinen Leistungstests inzwischen vermehrt auch Persönlichkeitstests eingesetzt, um nicht-leistungsmäßige Eigenschaften im fachlichen und außerfachlichen Bereich, die aber die Arbeitsleistung im Einzelfall sehr stark mitbedingen können, zu erfassen, z.B. Emotionale Stabilität, Kooperationsbereitschaft oder Leistungsmotivation.

Dies ist besonders zu begrüßen, sind doch Persönlichkeitsmerkmale für die Prognose der beruflichen Leistung kaum weniger wichtig als Leistungsmerkmale. Dies haben jüngst erst wieder Forschungsbefunde gezeigt, die einen beachtlichen Zusammenhang gefunden haben zwischen Berufserfolg und den sog. „big five", den fünf großen Persönlichkeitsfaktoren, nach denen Menschen andere Menschen auf einer generellen Ebene einschätzen, nämlich Extraversion, Emotionale Stabilität, Offenheit für neue Erfahrungen, Gewissenhaftigkeit und Verträglichkeit. Manche Facetten beruflicher Leistung, wie Führung, Engagement oder Disziplin, lassen sich durch Persönlichkeitsmerkmale sogar besser prognostizieren als durch kognitive oder andere Leistungsmerkmale. Experten schätzen sogar, daß über 90% der Beschäftigungsverhältnisse, die scheitern, nicht aufgrund von fachlichen oder sonstigen Könnens-Kompetenzen des betreffenden Mitarbeiters beendet werden (die man offenbar leichter feststellen kann), sondern wegen Unstimmigkeiten von Merkmalen seiner Persönlichkeit mit den Anforderungsbedingungen der Position (was man bisher wohl nur unzureichend in Erfahrung bringen konnte). Zum Beispiel: Eine Führungskraft etwa, die das Führen anderer Personen nicht als reizvoll und motivierend erlebt, wird unter Umständen über lange Jahre hinweg genau diejenigen Situationen meiden, in denen aktiv geführt werden müßte. Welche Konsequenzen hieraus für ein Unternehmen erwachsen können, läßt sich leicht ausmalen. Die tatsächlichen Effekte solcher und vieler anderer zeitlich relativ stabiler Verhaltensdispositionen, die im Bereich der Persönlichkeit eines Mitarbeiters angesiedelt sind, werden noch vielfach unterschätzt.

Aber nicht nur wegen der Unterschätzung der Bedeutung von Merkmalen aus dem Persönlichkeitsbereich für Berufserfolg werden Persönlichkeitstests noch zu selten herangezogen, sondern auch wegen einer mit Besorgtheit für betroffene Mitarbeiter bemäntelten ideologischen Ablehnung. Die wesentlichen Argumente dieser Meinungsmacher gegen Persönlichkeitstests lauten:
– unberechtigtes Eindringen in die Privatsphäre des Kandidaten oder Mitarbeiters,
– Möglichkeit von Mißbrauch bzw. Weitergabe erhobener Daten,
– erhaltene Persönlichkeitsbilder bleiben unvollständig,
– häufig wenig augenfälliger Bezug zum Arbeitsinhalt,
– Nichtberücksichtigung von situativen Besonderheiten der späteren Arbeit,
– Vorgaukelung von Sicherheit, obwohl man im Einzelfall auch falsch liegen kann,
– Anwendung von Tests nicht selten durch Personen, die keinerlei Vorbildung in der sachgerechten Applikation und Interpretation dieser diagnostischen Instrumente aufzuweisen haben.

Doch sind derartige Argumente gegen Persönlichkeitstests gleichermaßen zutreffend für die meisten anderen Verfahren der praktizierten Eignungdiagnostik – man denke nur an die oft wenig professionelle Handhabung von Interviews. Allerdings ist ein weiteres Argument in besonderer Weise testspezifisch, nämlich das gegen Tests als quantitative Methode: In seiner allgemeinsten Form lautet es, der Mensch sei nicht meßbar. Dies ist in der Tat zutreffend. Indes: Auch ein Stein ist nicht meßbar, aber man kann Eigenschaften an ihm messen, z.B. sein Gewicht, seine Größe, seine Farbe. Entsprechend kann man berufsrelevante Eigenschaften auch bei einem Menschen messen, wenn die betreffenden Merkmale nur die notwendige Bedingung der Stabilität über die Zeit erfüllen, z. B. seine Integrität, seine Dominanz, seine Toleranz für Unbestimmtheit.

Immerhin sind Tests, die von Fachleuten nach psychometrischen Kriterien sorgfältig konstruiert wurden, das meßtechnisch Anspruchsvollste, was die psychologische Eignungsdiagnostik zu bieten hat. Die Methodologie der Testkonstruktion ist weit entwickelt, und man hat in einer langen Tradition eine Fülle wertvoller Erfahrungen sammeln können. Schließlich haben Theorie und Praxis der Testkonstruktion sogar die methodischen Standards für die anderen diagnostischen Verfahren, wie Interview, Tätigkeitssimulationen oder Assessment Center, geliefert.

Trotz der Leistungsbezüglichkeit vieler Persönlichkeitsmerkmale lassen sich diese aber leider kaum leistungsmäßig (also über maximale Leistung in irgendeinem Bereich) erfassen, sondern praktisch nur über Angaben des Probanden mit bezug auf sein normalerweise übliches (d. h. typisches) Verhalten in dieser oder jener Situation. Von daher wird häufig beklagt, daß Testanden Persönlichkeitstests (im Gegensatz zu Leistungstests) leicht in eine als positiv angenommene Richtung verfälschen könnten, so daß die erhaltenen Informationen eigentlich invalide und damit unbrauchbar seien.

Dem ist allerdings entgegenzuhalten, daß die Verfälschungswahrscheinlichkeit dann vernachlässigbar gering ist, wenn Testanden mit einer grundsätzlichen Überprüfbarkeit ihrer Angaben in nachfolgenden Interviews, Assessment Centern o. ä. rechnen müssen. Außerdem kann man bei dennoch durch Verfälschung gefährdeten Items (Stimulusinhalte und -formate) durch besondere Antworttechniken (z. B. durch Zwangswahl gleich attraktiv erscheinender Antwortalternativen – „forced choice" – als Responseformat) derartigen Tendenzen schon von der Skalierungsseite entgegenwirken. Und desweiteren kann eine beschönigende Selbstdarstellung, wenn man sie unkorrigiert zuläßt, sogar validitätserhöhend für Kontaktberufe sein.

Von daher eignen sich Persönlichkeitstests im richtigen Stimulus- und Responseformat durchaus für die Vorauswahl in selektiven Kontexten sowie als begleitende Informationsquellen in selektiven (Interviews, Auswahl-AC) oder beraterischen Kontexten (Entwicklungs-AC, Self-Assessments, Berufs-/Jobberatung o. ä.). Und glücklicherweise ändert sich die hierzulande restriktive Haltung gegenüber Tests im allgemeinen und gegenüber Persönlichkeitstests im besonderen doch allmählich. Im übrigen werden alle Verfahren der Eignungsdiagnostik, und damit auch und insbesondere Tests, umso wichtiger, je mehr der Lebenslauf und die Zeugnisse generell oder in spezifischen Kandidatenstichproben speziell an Aussagekraft verlieren.

Zur Auswahl infrage kommender Tests aus dem vorhandenen Bestand seriöser Verfahren ist zunächst eine Arbeits- und Tätigkeitsanalyse und die Ableitung von Anforderungsmerkmalen erforderlich. Die danach ausgewählten Instrumente sollten dann so spezifisch wie nur möglich die Fähigkeiten und Persönlichkeitsmerkmale erfassen, die zur Ausübung der in Rede stehenden Arbeit von Belang sind bzw., wenn es weniger auf konkretes Können jetzt ankommt, die längerfristigen Entwicklungspotentiale.

Der vorliegende Band soll vor allem diesem Zwecke dienen, indem er die Möglichkeiten und Grenzen der wichtigsten derzeit auf dem Markt befindlichen Persönlichkeitstests, aber auch neuere Verfahren der sog. 360-Grad-Beurteilung, beleuchtet.

Dies ist in besonderem Maße nötig, da von nicht gerade wenigen Unternehmen und Beratern Tests eingesetzt werden, die oft der soliden Konstruktion und / oder Evaluation entbehren: Sie sind nicht selten irgendwie zusammengestückelt und / oder ihre Validierungsbasis ist gefährlich überaltert (10–20 Jahre alte Studien).

Über die Möglichkeiten und Gefahren des Einsatzes von Persönlichkeitstests im Personalmanagement liegen bislang keine überblickartigen Darstellungen vor. Dankenswerterweise schließt der vorliegende Band hier eine empfindliche Lücke in auch für psychologische Laien verständlicher Form. Deshalb wünsche ich dem Band den verdienten Erfolg: eine weite Verbreitung und eine intensive Nutzung.

Prof. Dr. Werner Sarges
Professur für Quantitative Methoden
Universität der Bundeswehr Hamburg

1 Persönlichkeitstests im Personalmanagement – Vorüberlegungen

„Young man, we hire people because of their knowledge and experience, but we fire them because of their personality." (Ein erfahrener Personalleiter eines großen englischen Konzerns; vgl. Nußbaum & Neumann, 1995, S. 127)

„1. There is a systematic relationship between personality and managerial competence.
2. There is a systematic relationship between personality and managerial incompetence.
3. Certain kinds of people with identifiable personality characteristics tend to rise to the tops of organizations and these people are potentially very costly to those organizations." (Hogan, Raskin & Fazzini, 1990, S. 343)

Für den langfristigen beruflichen Erfolg sind fachliche Qualifikationen gewiß eine wichtige Voraussetzung. Gerade für Führungspositionen sowie für anspruchsvolle Tätigkeiten mit Gestaltungsspielraum sind darüber hinaus soziale Kompetenzen und eine mit der angestrebten Laufbahn kompatible Motivstruktur von gleichermaßen hoher Bedeutung. Auch programmatische Neuorientierungen des Personalmanagements (vgl. Ulrich, 1997) rücken nicht zuletzt überfachliche Qualifikationen verstärkt in den Mittelpunkt. Diese Feststellungen kontrastieren auffällig mit der gegenwärtig eher geringen Wertschätzung von psychologischen Persönlichkeitstests als einem Hilfsmittel bei Plazierungsentscheidungen. Aber die Zeiten ändern sich: „More than two decades after personality assessment fell out of the mainstream of industrial-organizational psychology and nearly disappeared, it is back" (Moses, 1991, S. 9). Diese Aussage trifft vor allem für die Vereinigten Staaten von Amerika zu, während in Deutschland das wissenschaftliche und praktische Interesse derzeit leider immer noch eher gering ist (vgl. Hossiep, 1996b). Persönliche und soziale Kompetenzen sind jedoch stets eine unabdingbare Qualifikation im Rahmen berufsbezogener Plazierungsentscheidungen. Besonders augenfällig wird dies bei Betrachtung der in Stellenanzeigen formulierten Anforderungen (Klinkenberg, 1994). So ist kaum eine Insertion zu finden, in der nicht kontaktstarke, flexible, leistungsmotivierte und teamorientierte Kandidaten gesucht werden.

Die Beurteilung der Persönlichkeit eines Bewerbers findet faktisch in nahezu allen betrieblichen Auswahlsituationen statt. Unterschiedlich sind insbesondere die dabei angewandten Methoden, welche von sehr elaborierten Assessment Centern mit hoch standardisierten Beobachtungsinstrumenten bis hin zu vollständig frei geführten Interviews – etwa mit dem möglichen späteren Vorgesetzten – reichen, der sich einen Eindruck darüber verschaffen will, ob „die Chemie stimmt". Die Ziele bei der Betrachtung der Persönlichkeit eines potentiellen neuen Mitarbeiters gliedern sich in mehrere Facetten: Einerseits gilt es, eine Unter- oder Überforderung durch die Tätigkeit zu vermeiden. Zugleich ist zu überprüfen, ob eine angemessene Integration in das bestehende Arbeitsteam zu erwarten ist und inwieweit der neue Mitarbeiter zu Unternehmenskultur und -werten paßt (vgl. z.B. Berndt & Hossiep, 1993). Im weit überwiegenden Anteil der europäischen Länder sowie in den USA oder auch in Australien werden im Verbund mit weiteren Informationsquellen hierzu auch verstärkt standardisierte Persönlichkeitstests eingesetzt. In Deutschland gestaltete sich das Interesse über lange Jahre sowohl in der wissenschaftlichen als auch in der praktischen Diskussion recht verhalten. Dies ist wahrscheinlich auf folgende Ursachen zurückzuführen:

– Die wissenschaftlichen Belege dafür, daß Persönlichkeitstests einen substantiellen Beitrag zur Verbesserung von Eignungsentscheidungen leisten können, wurden in Deutschland bis in die 90er Jahre hinein kaum zur Kenntnis genommen.
– Im Gegensatz zu vielen anderen Auswahlverfahren, etwa dem Interview, ist die soziale Akzeptanz von Persönlichkeitstests bislang geringer. Dies gilt sowohl aus der Perspektive der Bewerber wie auch aus der vieler Personalverantwortlicher. Gemäß einer Untersuchung von Schuler, Frier und Kaufmann (1991) geben lediglich 8% der Persönlichkeitstests nutzenden Unternehmen an, daß diese Verfahren von den Kandidaten voll akzeptiert werden. Die geringe Akzeptanz ist häufig in dem bei vielen Testverfahren mangelnden Bezug zu den konkreten Anforderungen einer Tätigkeit begründet.
– Über lange Zeitabschnitte hinweg standen insbesondere im deutschsprachigen Raum kaum geeignete Instrumente für berufsbezogene Fragestellungen zur Verfügung. Der überwiegende Anteil der in Testverlagen publizierten Persönlichkeitstests weist eher einen klinischpsychologischen Hintergrund auf oder ist im Rahmen der persönlichkeitspsychologischen Grundlagenforschung entwickelt worden. Verfahren, die ausdrücklich für Themenstellungen der Eignungsdiagnostik konstruiert und an entsprechenden Stichproben normiert worden sind, stehen kaum zur Verfügung. Solche Tests werden am ehesten von privaten Anbietern (z.B. Unternehmensberatungen) vertrieben, und es bleibt dabei in der Regel offen, inwieweit sie auf seriöser wissenschaftlicher Grundlage entwickelt wurden.

Bei einigen der vorgenannten Aspekte zeichnet sich eine deutliche Verbesserung der Situation ab. Insbesondere in den letzten 15 Jahren konnte eine Reihe von Belegen gesammelt werden, daß Persönlichkeitstests wichtige Beiträge bei Plazierungsentscheidungen leisten und eine sachgerechte Vorhersage beruflicher Leistung ermöglichen können (für einen Überblick über Entwicklungen der letzten Jahre vgl. z.B. Borman, Hanson & Hedge, 1997). Dies gilt vor allem für solche Instrumente, die explizit für wirtschaftsbezogene Fragestellungen entwickelt wurden und dementsprechend auch für das Berufsleben bedeutsame Dimensionen erfassen. Zudem stoßen diese Tests bei Bewerbern auf eine höhere Akzeptanz. Hinsichtlich der Verfügbarkeit leistungsfähiger wirtschaftsbezogener Verfahren ist die Situation in Deutschland nach wie vor schwierig. Die Verfasser des vorliegenden Bandes haben versucht, mit dem Bochumer Inventar zur berufsbezogenen Persönlichkeitsbeschreibung (BIP) von Hossiep und Paschen (1998, vgl. Kap. 5.7) auch dem hiesigen Markt ein Verfahren zugänglich zu machen, das auf berufsrelevante Verhaltensdispositionen abzielt und ausdrücklich für den Einsatz in der Personalarbeit konzipiert wurde.

Ein die Testanwendung bislang hemmender Faktor ist in den noch häufig anzutreffenden Mißverständnissen hinsichtlich der tatsächlichen Leistungsfähigkeit psychologischer Persönlichkeitstests zu sehen (vgl. hierzu Anastasi, 1985; Hossiep, 1996a). Die Einstellung zahlreicher Personalverantwortlicher und Bewerber gegenüber Persönlichkeitsfragebogen ist durch eine Mischung aus Ehrfurcht und einer gewissen Portion Skepsis gekennzeichnet. Potentielle Mitarbeiter fürchten häufig, daß durch einen Persönlichkeitstest unangenehme oder peinliche Facetten ihrer Persönlichkeit offengelegt werden könnten, die sie im Rahmen einer Eignungsuntersuchung lieber verbergen würden – wenn denn ein artikuliertes Unbehagen überhaupt eine kommunizierbare Begründung erfährt. Besonders die bisweilen eher geheimnisvoll anmutenden Testfragen bestimmter Verfahren dürften dazu prädestiniert sein, diese Einstellung noch zu fördern. Wer sich jedoch von Persönlichkeitstests eine „tiefe Durchleuchtung" eines Menschen verspricht, der überfordert das Leistungspotential dieser Instrumente. Gerade im Personalbereich steht eine gänzlich andere Zielsetzung im Vordergrund des Interesses: Persönlichkeitstests bieten eine systematische Möglichkeit, das Selbstbild eines Bewerbers zu erheben, beziehungsweise zu erfassen, wie der Testkandidat von der testenden Institution wahrgenommen werden möchte. Es wird nicht zuvorderst das Ziel verfolgt, herauszufinden, wie ein Mensch „wirklich ist". Das Selbstbild ist zwar ein bedeutsamer Ausschnitt der Persönlichkeit, aber diese Facette hat nicht mehr Anspruch auf „Wahrheit" als andere Zugänge zur Person. Das tatsächliche Verhalten in kritischen Situationen ist beispielsweise ein weiterer Aspekt, der durch Verhaltensbeobachtungen in situativen Übungen erhoben werden kann (vgl. etwa Hossiep, 1994). Die Information über das Selbstbild eines Kandidaten stellt zunächst eine adäquate Grundlage für eine weitergehende Exploration, etwa im Interview, dar. Sich in Einzelfällen ergebende erhebliche Diskrepanzen zwischen Selbst- und Fremdbild, wie sie zum Beispiel durch die Kombination von Tests mit situativen Übungen in einem Assessment Center festgestellt werden können, können eine wichtige diagnostische Informationsgrundlage bilden.

Werden Persönlichkeitstests mit der beschriebenen Zielsetzung eingesetzt und wird diese den Kandidaten transparent gemacht, sind Vorbehalte der Bewerber weit weniger wahrscheinlich. Die Verfasser dieses Buches konnten die Erfahrung gewinnen, daß die Skepsis der Kandidaten gegenüber einem Test auch dadurch deutlich reduziert werden kann, daß die Funktionsweise des eingesetzten Instrumentes erläutert wird. Testteilnehmer, die das Bochumer Inventar zur berufsbezogenen Persönlichkeitsbeschreibung bearbeitet haben, schilderten häufig, daß durch diesen Fragebogen ihre Skepsis gegenüber psychologischen Testverfahren insgesamt deutlich reduziert worden ist und daß bereits durch das Ausfüllen des Verfahrens ein Selbstreflexionsprozeß eingesetzt hat, von dem sie profitieren konnten (vgl. Hossiep & Paschen, 1998). Um wirklich eine für den Kandidaten sozial akzeptable Situation herbeizuführen, muß – ähnlich wie auch bei Assessment Centern – im Anschluß an die Untersuchung eine ausführliche und differenzierte Rückmeldung an die Teilnehmer erfolgen, die auch Beratungscharakter haben sollte. Bei Beachtung dieser Aspekte können Persönlichkeitsfragebogen ein außerordentlich nützliches und brauchbares Hilfsmittel in einer Plazierungs- oder Beratungssituation sein. Niemand, der in sachkundiger Weise mit psychologischen Persönlichkeitstests umgeht, wird die Ergebnisse zur isolierten Maßgabe für Selektionsentscheidungen heranziehen: „The 'science' of personality assessment is not ready to carry the full responsibility of determining human fates" (Zuckerman, 1985, S. 1394).

Persönlichkeitsdiagnostische Verfahren können nur im Kontext weiterer Informationsquellen ihre Nützlichkeit entfalten. Wer jedoch – aus welchen Gründen auch immer – den Einsatz von Persönlichkeitstests im Personalmanagement völlig ausschließt, verschenkt nicht nur eine bedeutsame Informationsmöglichkeit, sondern übersieht, daß auch die anderen diagnostischen Verfahren in ähnlicher Weise immanente Begrenzungen aufweisen, welche zum Teil nur durch das höhere subjektive Evidenzgefühl des Personalentscheiders (z.B. nach einem Einstellungsgespräch) überlagert werden.

Vor diesem Hintergrund verfolgt das vorliegende Buch mehrere Anliegen: Es soll einerseits eine umfassende Darstellung der differentialpsychologischen Grundlagen von Persönlichkeitstests leisten, soweit diese grundsätzlichen Überlegungen für eine wirtschaftsbezogene Anwendung von Relevanz sind. Des weiteren soll dem praktisch tätigen Personalmanager ein Leitfaden für den Einsatz psychologischer Persönlichkeitstests an die Hand gegeben werden. Zu diesem Zweck wird neben einer Einführung in die theoretischen Grundlagen der testgestützten Persönlichkeitsdiagnostik auch ein Überblick über die gängigsten Verfahren gegeben, verknüpft mit praktischen Anregungen zur Gestaltung der diagnostischen Situation und zur Gutachtenerstellung. Das „ideale" Testverfahren wird es nicht geben, alle beschriebenen Persönlichkeitstests weisen jeweils spezifische Stärken und Problembereiche auf. Die Testbesprechungen in diesem Band sollen den Praktiker bei der Auswahl der für seine Themenstellungen jeweils am besten geeigneten Verfahren unterstützen. Die Begrenzungen eines Instrumentes werden daher ebenso ausführlich behandelt wie die mit seinem Einsatz verbundenen Chancen. Insbesondere bei kritischen Anmerkungen sollte bedacht werden, daß Persönlichkeitstests prinzipiell ähnliche Schwachpunkte wie andere diagnostische Instrumente aufweisen:

> „The production of a personality indicator or any assessment tool is similar to the building of a bridge so that one-ton trucks may cross safely. The idealistic (and perhaps unrealistic) goal ist to build a bridge which can withstand any amount of weight. As the bridge is tested, the one-ton truck passes safely, as does the two- and three-ton truck. However, when the ten-ton truck passes over, the bridge collapses." (Bents & Blank, 1992, S. 6)

Darüber hinaus soll der vorliegende Band den in Deutschland bislang wenig beachteten Stand der wissenschaftlichen Diskussion zur Vorhersagegüte dieser Verfahren wiedergeben, wobei besonderes Gewicht auf die Ergebnisse aktueller Metaanalysen gelegt wird. Schließlich versteht sich diese Arbeit auch als ein Plädoyer für einen sachlich gerechtfertigten, ethisch vertretbaren und sozial akzeptablen Einsatz von Persönlichkeitstests im Personalmanagement.

2 Zur Geschichte der Persönlichkeitsdiagnostik

Häufig wird Sir Francis Galton (1822–1911) als einer der wichtigsten Wegbereiter für eine wissenschaftlich-empirische psychologische Diagnostik genannt (Schmid, 1978). Er bemühte sich um eine möglichst exakte Quantifizierung von psychischen Eigenschaften und befaßte sich sowohl mit intellektuellen Fähigkeiten wie mit Persönlichkeitseigenschaften. In seinem Londoner anthropometrischen Laboratorium (vgl. Abb. 1) konnten sich Interessenten ab 1884 mit Hilfe von verschiedenen diagnostischen Apparaturen, etwa mit Reaktionszeitmeßgeräten, testen lassen. Auch das bis heute in der Diagnostik vorherrschende Prinzip, Menschen durch die Abweichung ihres „Meßwertes" vom Mittelwert einer Vergleichsgruppe zu beschreiben, ist von ihm entwickelt worden (v. Schilcher, 1988). Des weiteren setzte er sich offenbar als erster mit der Abbildung von Persönlichkeitsunterschieden durch die Sprache auseinander (Goldberg, 1993). Die kulturellen Wurzeln der psychologischen Diagnostik lassen sich jedoch deutlich weiter in die Vergangenheit zurückverfolgen. Das Erkennen oder „Durchschauen" anderer Personen und die Vorhersage ihres Verhaltens gehören seit ehedem zu den grundlegenden Bestrebungen der Menschen. Über den exakten Zeitpunkt, zu dem sich Menschen erstmals für diese Fragestellungen interessierten, kann bislang nur spekuliert werden. Aber die Idee, andere Menschen mit bestimmten Techniken zu analysieren, um ein differenzierteres Bild von ihnen zu gewinnen, dürfte in grauer Vorzeit zu lokalisieren sein. Vermutlich haben bereits in prähistorischen Zeiten Schamanen oder Medizinmänner hierzu bestimmte Methoden entwickelt (McReynolds, 1975), wobei unklar ist, ob die Initiationsriten bei primitiven Völkern als Frühform der psychologischen Diagnostik einzuordnen sind, oder ihnen eine andere kulturelle Bedeutung zuzuweisen ist. (Grubitzsch, Kisse & Freese, 1989).

Der Weg von der frühen Hepatoskopie (das Lesen in Tierlebern beziehungsweise Eingeweiden zum Zweck der Zukunfts- und Verhaltensvorhersage) bei den Sumerern bis zu den heutigen hochstandardisierten und elaborierten multifaktoriellen Persönlichkeitsinventaren ist natürlich weit. Aber die Beweggründe, diese Verfahren zur Vorhersage des Verhaltens anderer Menschen anzuwenden, sind vermutlich über die Jahr-

ANTHROPOMETRIC
Laboratory

For the measurement in various
ways of Human Form and Faculty

Entered from the Science Collection of the S. Kennington Museum

---

This laboratory is established by Mr. Francis Galton for the following purposes:

    1. For the use of those who desire to be accurately measured in many ways, either to obtain timely warning of remediable faults in development, or to learn their powers.

    2. For keeping a methodical register of the principal measurements of each person, of which he may at any future time obtain a copy under reasonable restrictions. His initials and date of birth will be entered in the register, but not his name. The names are indexed in a sepaerate book.

    3. For supplying information on the methods, practice and uses of human measurement.

    4. For anthropometric experiment and research, and for obtaining data for statistical discussion.
y

Charges for making the principal measurements:
THREEPENCE each, to those who are already on the Register.
FOURPENCE each, to those who are not: one page of the Register will thenceforward be assigned to them, and a few extra measurements will be made, chiefly for future identification.

The Superintendent is charged with the control of the laboratory and with determining in each case, which, if any, of the extra measurements may be made, and under what conditions.

H. & W. Brown, Printers, 20 Fulham Road, S. W.

Abbildung 1: Eine Werbung für das anthropometrische Laboratorium von Galton (vgl. Amelang & Bartussek, 1997, S.21)

hunderte ähnliche geblieben: Unsicherheitsreduktion (Wottawa & Hossiep, 1987) sowie die Möglichkeit, das eigene Verhalten auf das zu erwartende Verhalten anderer Menschen abzustimmen. Zur Illustration der sehr unterschiedlich ausgeprägten diesbezüglichen Bemühungen sollen im folgenden einige historische Vorläufer der empirischen Persönlichkeitsdiagnostik skizziert werden.

Im Anschluß werden die ersten wissenschaftlich-psychologischen Verfahren und die Anfänge der wirtschaftsbezogenen Persönlichkeitsdiagnostik vorgestellt. Diese sind im Übrigen nicht auf den Menschen als „Studienobjekt" beschränkt. So existieren seit den zwanziger Jahren Bemühungen um eine standardisierte Erfassung des Verhaltens von Primaten (vor allem Gorillas), die in neuerer Zeit mit den dem Studium menschlichen Verhaltens vergleichbaren Methoden vorgenommen wird. Ausgangspunkt sind auch in diesem Fall standardisierte Verhaltensbeobachtungen (z. B. durch den Gorilla Behavior Index (GBI), Gold & Maple, 1994).

2.1 Frühe Wegbereiter

In der einschlägigen Literatur (z. B. Amelang & Bartussek, 1997; DuBois, 1970) werden vor allem zwei Ereignisse zitiert, die Hinweise auf die bereits in der Antike bestehende Bedeutsamkeit individueller Unterschiede geben. Zum einen wird die Auswahl der Mandarine – hohe öffentliche Beamte – im alten China angeführt, welche seit etwa 1115 v. Chr. durch eine standardisierte Selektionsprozedur unterstützt wurde. Die Bewerber mußten Aufgaben aus dem Bereich der fünf Künste – Musizieren, Bogenschießen, Reiten, Schreiben und Rechnen – lösen und zudem Kenntnisse in den Riten und öffentlichen Zeremonien nachweisen (DuBois, 1970). Die Prüfungen bewegten sich dabei auf sehr hohem Anforderungsniveau, so daß der Anteil der letztlich angenommenen Bewerber extrem gering war. Als zweiter, eher anekdotischer Hinweis auf frühe Selektionsprozeduren gilt eine Episode im Buch der Richter des Alten Testamentes (vgl. Hofstätter, 1957): Feldherr Gideon sollte auf Gottes Anweisung seine Soldaten durch einen zweistufigen Selektionsprozeß auswählen. Zuerst wurde eine grobe Vorauswahl getroffen, indem diejenigen zur Umkehr aufgefordert wurden, die sich selbst als „blöde und verzagt" einschätzten. Anschließend wurden die verbliebenen 10.000 Personen – von insgesamt 32.000 – zum Wasser geführt und beim Trinken beobachtet. Nur diejenigen, die das Wasser auf eine bestimmte Weise zu sich nahmen, wurden als tauglich für die Mission befunden. Übrig blieben lediglich 300 Rekruten. Auch wenn heutzutage die Nahrungsaufnahme weniger im Mittelpunkt der Betrachtung steht, weisen die diagnostischen Prozeduren doch gewisse strukturelle Ähnlichkeiten mit den geschilderten historischen Beispielen auf (Verhaltensbeobachtung bei der Lösung schwieriger Aufgaben, Erfassung von Selbst- und Fremdbild).

Neben diesen historischen Zeugnissen existiert eine Reihe weiterer Beiträge, welche die Entwicklung der Persönlichkeitsdiagnostik gefördert haben. Abbildung 2 stellt einige Wegbereiter beziehungsweise Ansätze dar, die im folgenden ausführlicher beschrieben werden.

Das erste systematisierte Vorgehen zur Erhellung persönlichen Verhaltens ist vermutlich die Astrologie (vgl. McReynolds, 1975). Diese hatte um etwa 640 v. Chr. ihren Ursprung in Babylonien und breitete sich schnell nach Ägypten, Griechenland, Rom, Indien und China aus. Anfänglich diente sie wohl vor allem der Vorhersage der Zukunft im allgemeinen und zielte nicht auf einzelne Personen ab. Die Entwicklung zur „Individualdiagnostik" verlief wahrscheinlich graduell. Trotz ihrer wissenschaftlichen Unzulänglichkeit erfreut sich die Astrologie bis heute großer Beliebtheit. Aber auch wenn sie – vor dem Hintergrund des derzeitigen Erkenntnisstandes – auf unplausiblen metaphysischen Annahmen beruht, ist sie unter historischer Perspektive doch als eine elaborierte und zumindest empirienahe Methode einzuordnen. Ihre systematische Beschreibung der Bewegung von Himmelskörpern hat allgemein zur Entwicklung wissenschaftlicher Methodik beigetragen. Zudem war es im damaligen kulturellen Kontext plausibel, den Himmelskörpern eine hohe Bedeutung beizumessen – schienen sie doch durch ihre Größe und Regelmäßigkeit der Bewegung belebt zu sein oder unter göttlicher Kontrolle zu stehen.

Die Anwendung der Astrologie zur Charakterisierung der Persönlichkeit von Individuen begann etwa im fünften Jahrhundert vor Christus und war damit mutmaßlich die erste systematisch schriftlich fixierte Methode der Persönlichkeitsdiagnostik. Zu dieser Zeit entstand auch die Vorstellung von der Bedeutung der Sternzeichen, durch welche die Astrologie eine enorme Popularität gewann. Sie hinterließ ein reichhaltiges Vokabular an taxonomischen Kategorien zur Beschreibung von Personen, das zum Teil noch heute Verwendung findet. Beispielhaft sei etwa das Wort jovial genannt, welches derzeit vor allem im Sinne von „wohlwollend" oder „leutselig" Verwendung findet, vom Wortursprung her jedoch „den Jupiter betreffend" bedeutet. Das wahrscheinlich wichtigste frühe Werk der Astrologie ist „Tetrabiblos", welches heute Claudius Ptolemäus zugeschrieben wird, einem griechischen Astronomen, Mathematiker und Geographen des zweiten Jahrhunderts nach Christus. Vermutlich sind in dieses Werk eine Reihe früher Schriften eingeflossen. Von den insgesamt vier Büchern ist vor allem der dritte Band von psychologischem Interesse – in diesem beschreibt der Autor den Zusammenhang zwischen psychologischen Eigenschaften und bestimmten Sternenkonstellationen (vgl. Abb. 2). Hierbei bedient er sich einer Sprache, die eine gewisse Ähnlichkeit mit der späteren psychologischen Typenlehre erkennen läßt.

Auch wenn die Astrologie schließlich unter anderem aufgrund der Fragwürdigkeit ihrer Annahmen an Bedeutung verlor, lassen sich zusammenfassend drei Aspekte ihres Wertes als Wegbereiter der Persönlichkeitsdiagnostik festhalten (vgl. McReynolds, 1975):

1. Die Astrologie war mit großer Sicherheit die erste schriftlich fixierte Methode der individuellen Persönlichkeitsdiagnostik. Hierbei wurde nicht das Individuum selbst analysiert, sondern diejenigen Bedingungen, die als kausal für seine Persönlichkeit angesehen wurden – nämlich die Sternenkonstellation bei der Geburt. Dennoch hat sie damit als wichtiger Wegbereiter der Idee einer Individualdiagnostik fungiert.
2. Die Astrologie ging von einer relativ starren Determination der menschlichen Persönlichkeit aus. Damit weist sie eine strukturelle Ähnlichkeit zu den späteren Ansätzen der Persönlichkeitstheorie auf, welche den Erbanlagen eine dominierende Bedeutung zuweisen.
3. Die Astrologie hat maßgeblich zur Entstehung taxonomischer Systeme zu Zwecken der Persönlichkeitsbeschreibung beigetragen.

Von den Anlagen der Seele

So haben wir kurz die Regeln über das, was dem Körper zustoßen kann, entwickelt. Die Anlagen des Geistes, d.h. die Eigentümlichkeiten der Gemütsart und des Denkvermögens, entnehmen wir im Einzelnen den Verhältnissen des Merkur (...). Vorzüglich ergeben die tropischen Zeichen einen mehr demokratischen Geist, Menschen, die nach immerwährender Tätigkeit und bürgerlichen Geschäften verlangen, ehrgeizig sind (...). Zweikörperliche Zeichen hingegen machen vielseitige, unbeständige, nicht leicht zu ertappende, leichtfertige, unzuverlässige Menschen (...). Fixe Zeichen aber geben gerechte Menschen, die der Liebedienerei und Schmeicheleien abhold sind, standhaft, fest, intelligent, duldsam, sehr arbeitsam, zäh, beständig sind, lange Feindschaft hegen können, von beharrlichem Eifer, streitsüchtig und polemisch, nach Ehren begierig, auflehnend, geldgierig, trotzig und unbeugsam.

Ptolemäus als Vater der Astrologie
Holzschnitt von E. Schön (1515)

Abbildung 2: Aus „Tetrabiblos" des Claudius Ptolemäus (Ptolemäus, 1995, Originalausgabe 1553)

Ab dem sechsten Jahrhundert vor Christus fand eine weitere Methode der Diagnostik Verbreitung: Die Physiognomik oder Antlitzdiagnostik. Bei dieser diagnostischen Vorgehensweise wird der Charakter eines Menschen anhand von physischen Merkmalen erschlossen, hauptsächlich auf Basis bestimmter Eigenheiten des Gesichtes. Während in der Astrologie zur Persönlichkeitsbeurteilung lediglich die Sternenkonstellation im Augenblick der Geburt eines Menschen bekannt sein mußte, ist der direkte Kontakt zur entsprechenden Person (auch über ein Bild) hier unabdingbar. Die Physiognomik gestaltete sich flexibler und plausibler als die Astrologie, ging aber ebenso wie diese von einer starken Determination der menschlichen Persönlichkeit aus. Zu ihren Grundideen haben einige bekannte griechische Philosophen beigetragen, so etwa Aristoteles (dem teilweise die Urheberschaft der systematischen Bemühungen um eine Taxonomie von Persönlichkeitseigenschaften zugeschrieben wird; vgl. Goldberg, 1994), Platon, Galen und Pythagoras. Vermutlich war sogar Pythagoras (s. Störing, 1993, S. 129–131) einer der ersten, der relativ standardisierte Auswahlverfahren durchführte, welche zumindest strukturell den heutigen Assessment Centern ähneln. Ihm dienten sie zur Beurteilung von Anwärtern für seine philosophisch-naturwissenschaftliche Bruderschaft. Die diagnostischen Bemühungen des Pythagoras zielten auf eine Reihe von Eigenschaften aus den Bereichen der intellektuellen Fähigkeiten sowie der sozialen Kompetenzen, wobei physiognomische Grundannahmen dem gesamten Auswahlprozeß zugrunde lagen. Der Prozeß der Eignungsfeststellung setzte sich daher aus mehreren Einzelbeobachtungen zusammen (McReynolds, 1975):

Pythagoras schätzte anfangs den Charakter der Bewerber auf Basis ihrer äußeren Erscheinung, ihrer Gesichtszüge und der Form ihres gesamten Körpers ein. Den ihm geeignet erscheinenden Anwärtern erlaubte er, sich an seiner Schule einzuschreiben. Auch daran anschließend erfolgte eine fortlaufende Beurteilung der Eignung. Pythagoras beobachtete, ob die Anwärter schweigend und in Ruhe über das Gehörte nachdenken konnten und bescheiden auftraten – zu schweigen schätzte er deutlich positiver ein als zu reden. Ebenso bedeutsam erschien ihm, ob Formen von Leidenschaft, enge persönliche Bindungen oder sogar Ehrgeiz bei seinen Schülern zu konstatieren waren. Nur wenn dies nicht zutraf, hielt er sie für würdig, bei ihm lernen zu dürfen. Schließlich beurteilte er ebenfalls, ob die Schüler in der Lage waren, seinen Ausführungen zu folgen und die Inhalte über längere Zeit im Gedächtnis zu behalten. Erst wenn er alle Kriterien erfüllt sah und zugleich mit dem Betragen zufrieden war, durfte ein Schüler an seiner Akademie verbleiben.

Bis in die Neuzeit ist die Physiognomik eine häufig genutzte Methode der Persönlichkeitsdiagnostik geblieben (vgl. Abb. 3). Hierfür ist sicherlich die vordergründig plausible Grundannahme verantwortlich, daß Aussehen und Charakter eines Menschen in engem Zusammenhang stehen. In der Logik dieser Argumentation muß somit das Erscheinungsbild des Menschen betrachtet werden, um Personen dem System zuordnen und damit auf ihren Charakter schließen zu können. So erschien erstmals 1775 die einflußreiche Publikation von J. C. Lavater („Physiognomische Fragmente zur Beförderung der Menschenkenntnis und Menschenliebe"), welche die Lehre der Physiognomik systematisch zusammenfaßt (vgl. hierzu Schuler & Moser, 1995).

Ähnlich der Physiognomik erklärte auch die Humorologie den menschlichen Charakter durch physische Merkmale, namentlich durch die Zusammensetzung von Körpersäften. Ein prominenter Vertreter war der griechische Arzt Hippokrates, der im fünften Jahrhundert vor Christus lebte (siehe z.B. Robinson, 1986, S. 67–69). Ihren Höhepunkt erreichte die Humorologie mit den Schriften von Galen (200 n.Chr.). Gemäß dieser Auffassung ist mit der Dominanz einer bestimmten Körperflüssigkeit – Blut, schwarze Galle, gelbe Galle oder Schleim – einer von vier Temperamentstypen verbunden. Die vier Typenbegriffe (Sanguiniker, Melancholiker, Choleriker und Phlegmatiker; vgl. Fisseni, 1998, S. 112) sind zu einem festen Bestandteil unseres Sprachgebrauchs geworden. In Abbildung 4 finden sich die vier Temperamentstypen mit den ihnen zugeschriebenen Eigenschaften. Die Vorstellung, menschliches Verhalten mit bestimmten Körpersubstanzen in Zusammenhang zu bringen und ein Ungleichgewicht dieser Substanzen als Ursache für bestimmte krankhafte Prozesse zu verstehen, ist dem Denken der biopsychologischen Forschung durchaus ähnlich (Davison & Neale, 1998, S.11–13). Gemäß dem begrenzten Wissensstand seiner Zeit erscheinen die physiologischen Vorstellungen des Hippokrates jedoch aus heutiger Sicht recht undifferenziert. Astrologie und Physiognomik, die beiden bedeutsamsten historischen Vorläufer der Persönlichkeitsdiagnostik, verloren im Mittelalter vorübergehend an Bedeutung. In

Hans Jakob Meyer (1731–1792), Schweizer Pfarrer und Chronist

Hier das höchste Ideal von Ordnungsliebe; von Treue, Fleiß, Bedächtigkeit; von Bestimmtheit, Geschicklichkeit, Anstelligkeit. Eine ganz tabellarische Seele, die alles ordnet, sondert, unterscheidet, in Fächer teilt – numeriert. (...) Welch eine glückliche Zusammensetzung von Kälte und Aktivität! Von Ruhe und Bewegung! – Einer der glücklichsten, besten, brauchbarsten Menschen auf Gottes Erdboden! (...) Die Stirn – wie rein von allem Leichtsinne, wie voll sinnlichen rangordnenden Verstandes (...). Das Auge – wie schauend, ordnend, treu aufnehmend, alles dessen, was da steht (...). Die Nase – wie wahrer Ausdruck unternehmender, aber treu und fest ausführender Bedächtigkeit. (...) Das Kinn und die Backen – wie voll Phlegma und Fläche.

Abbildung 3: Beispielinterpretation eines Gesichtes aus einem historischen Werk zur Physiognomik (vgl. Lavater, 1948)

dieser Epoche kam dem Individuum eine vergleichsweise untergeordnete Bedeutung zu, vielmehr dominierte die Religion das soziale und private Leben. Diagnostische Vorgehensweisen dienten demgemäß eher der Identifikation von Menschen, die mutmaßlich von der christlichen Lebensführung abgewichen waren. Ein bekanntes „diagnostisches Manual" (Cohen, Swerdlik & Smith, 1992) aus dem Spätmittelalter ist etwa der sogenannte „Hexenhammer" (Malleus Malificarum; vgl. Abb. 5). Dieses Buch beschreibt detailliert Vorgehensweisen – zumeist Foltermethoden –, mit denen „Hexen" und „Verbündete des Teufels" entlarvt werden sollten.

Freilich diente das Vorgehen zur Identifikation von Hexen vordergründig einem tatsächlichen Erkenntnisinteresse, implizit jedoch auch der Rechtfertigung einer ethisch mehr als bedenklichen Vorgehensweise: Gesteht eine der Hexerei verdächtige Person unter Folter ihren Pakt mit dem Teufel, wird sie zu Recht verurteilt. Wird kein Geständnis abgelegt, setzt sich die Folter bis zum Geständnis fort. Falls die Angeklagte den Folterprozeß nicht überlebte, so mußte ihr der Teufel zur Seite gestanden haben – die Tötung erfolgte also zu Recht. Die diagnostische Prozedur kann demzufolge nur mit dem Tod oder dem Schuldspruch der angeklagten Person enden (vgl. auch die Ausführungen bei Wottawa & Hossiep, 1987). Abbildung 5 stellt dar, auf Basis welcher

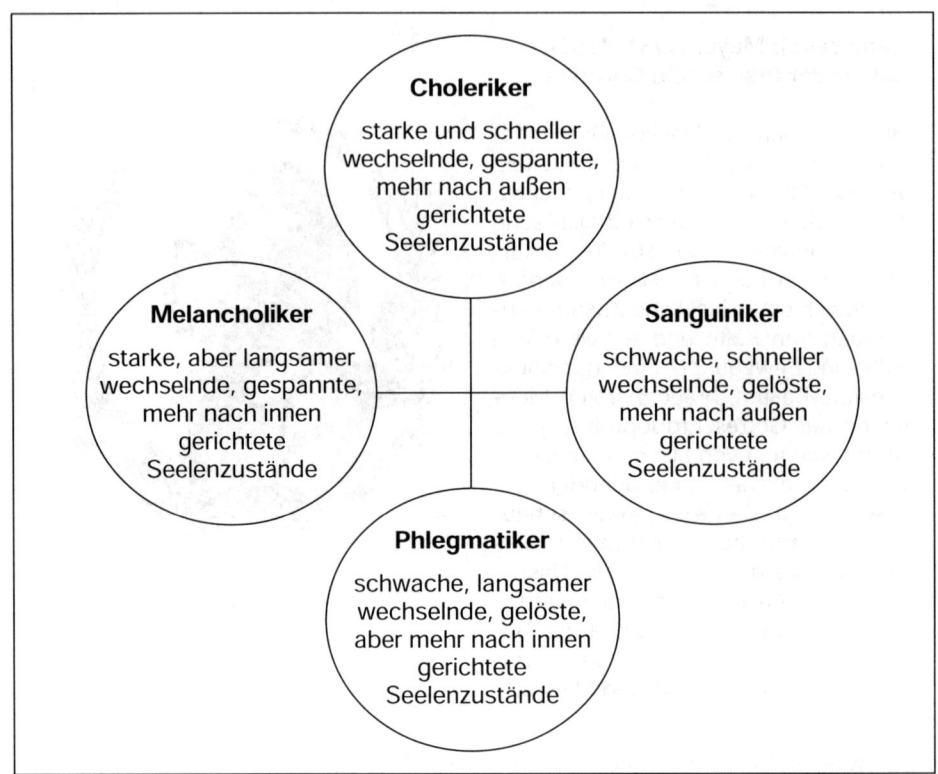

Abbildung 4: Die vier Temperamentstypen nach Hippokrates
(vgl. Benesch & Saalfeld, 1987, S. 35)

Indikatoren ein Richter erschließen konnte, ob er tatsächlich einer Hexe gegenüberstand.

Erst in der Renaissance erwachte das Interesse an der von der Kirche zunehmend emanzipierten Philosophie und Wissenschaft erneut. Das Individuum rückte wiederum in den Mittelpunkt der Aufmerksamkeit (Störing, 1993). Die zu dieser Zeit erneut aufkommende Wertschätzung der Antike führte dazu, daß Astrologie und auch Physiognomik sich weiter behaupten konnten. Bereits aus dem 16. Jahrhundert sind einige Schriften überliefert, die aus heutiger Perspektive erstaunlich moderne Vorstellungen beinhalten. So beschreibt zum Beispiel der Spanier Juan des Dios Huarte y Navarro schon 1575 in seinem Werk „The Tryal of Wits. Discovering The great Difference of Wits among Men, and what Sort of Learning suits best with each Genius" das Konzept der Übereinstimmung von persönlichen Voraussetzungen (sowohl intellektuelle Leistungsfähigkeit als auch Persönlichkeit) mit den Anforderungen bestimmter Berufe. Huarte y Navarro empfiehlt sogar eine „frühzeitige Testung" – er verwendet tatsächlich diesen Begriff – damit eine Ausbildung zielgerichtet in dem geeigneten Beruf erfolgen kann (vgl. McReynolds, 1975). Hierbei hat er einerseits den Gesamtnutzen des Staa-

Über die Fortsetzung der Folter und von den Kautelen und Zeichen, an denen der Richter die Hexe erkennen kann (...)

Es sorge also ein kluger und eifriger Richter dafür, eine Gelegenheit und Weise des Fragens zu entnehmen, sei es aus den Antworten oder Bezeugungen der Zeugen, sei es aus dem, was ihn die Erfahrung sonst gelehrt hat, sei es aus dem, was ihm die Schärfe seines Verstandes enthüllt (...). Wenn er nämlich erforschen will, ob (die Hexe) in die Hexenkunst der Verschwiegenheit gehüllt sei, beachte er, ob sie weinen kann, wenn sie vor ihm steht oder er sie der Folter aussetzt. Dies ist nämlich (...) das sicherste Zeichen (...), daß, auch wenn er sie zum Weinen unter Beschwörungen ermahnt und antreibt, sie das, nämlich Tränen vergießen, nicht kann, wenn sie eine Hexe ist. Sie wird freilich weinerliche Laute von sich geben und versuchen, Wangen und Augen mit Speichel zu bestreichen, als wenn sie weinte, bezüglich dessen die Umstehenden vorsichtig aufpassen müssen.
(Sprenger & Institoris, 1996, Drittes Buch, S. 89 f.)

Darstellung eines „Verhörs" einer der Hexerei verdächtigen Frau von R. de Moraine

Abbildung 5: Aus dem Hexenhammer (Sprenger & Institoris, 1996; erste Veröffentlichung im Lateinischen 1487)

tes vor Augen, verweist andererseits aber auch auf das Wohl des Einzelnen, das durch eine den eigenen Talenten entsprechende Tätigkeit gefördert wird. Damit ist bereits vor mehr als 400 Jahren die anzustrebende Passung von Person und Aufgabe betont worden, die heute vor allem im Rahmen des Person-job-fit-Konzeptes (vgl. Kap. 3.2) diskutiert wird.

Modern wirkt ebenso Huarte y Navarros Denken in Anforderungsprofilbereichen. Er beschreibt drei hauptsächliche Dimensionen individueller Unterschiede (Verständnisfähigkeit, Gedächtnis, Vorstellungskraft), wobei er für eine Reihe von Berufsgruppen die erforderlichen Ausprägungen angibt. So führt er etwa aus, daß für einen Priester gerade der Faktor „Vorstellungskraft" von großer Bedeutung sei, wohingegen eine sich mit der Theorie der Gesetzgebung beschäftigende Person vor allem über eine gute Gedächtnisleistung verfügen sollte. Die vom Autor angeregte diagnostische Prozedur ist allerdings eine Kombination aus recht orthodoxen Konzepten – zum Beispiel, wenn er beschreibt, wie anhand der Haarfarbe eines Mannes dessen Temperament erhoben werden kann – und relativ zeitgemäß anmutenden, leistungsbezogenen Ansätzen. Zur Erhebung der Gedächtnisleistung wird eine Messung der Geschwindigkeit vorgeschlagen, mit der ein Kind die Buchstaben des Alphabetes auswendig lernen oder grammatikalische Regeln anwenden kann. Die Verständnisfähigkeit soll durch die Leistung bei der Lösung logischer Problemstellungen erfaßt werden.

Der Engländer Thomas Wright erläutert in seinem 1604 erschienenen Buch „The Passions of the Minde in Generall", daß es keinen direkten Zugang zum Herzen eines anderen Menschen gebe, sondern nur den Umweg der Beobachtung von Sprache und Verhalten (McReynolds, 1975). Wright steht mit seiner Vorstellung von „Passions" den heutigen Konstrukten der Motivations- und Emotionspsychologie durchaus nahe. Der Autor beschreibt differenziert, anhand welcher Charakteristika der Sprache auf bestimmte Persönlichkeitseigenschaften geschlossen werden könne. Noch elaborierter erscheint sein System der Verhaltensbeobachtung. Wright unterscheidet insgesamt acht Klassen von Verhaltensweisen: Spielen, Feiern, Trinken, Gestikulieren, Loben und Beten, das Tragen von Kleidung, Konversation sowie Schreiben. Bei der Diskussion der Gesten legt er separate Beobachtungsrichtlinien für Augenbewegungen, Stimme, Bewegungen von Händen und Körper und die Art und Weise des Gehens vor (vgl. Abb. 6 für die Originalausführungen aus dem Jahre 1604). Zu Gesten und Körperbewegungen vermerkt Wright beispielsweise folgendes:

„**Handhabung von Händen und Körper**
Keine Gestik bei der Rede zu verwenden zeugt von Schwerfälligkeit. Zu viel Gestikulation kommt von Leichtsinn. Mäßigung geht aus Weisheit und Ernsthaftigkeit hervor. Wenn sie nicht zu schnell ist, weist sie auf Großmut hin. Manche Männer erlebt man nur, wie sie an ihren Gewändern herumzupfen und entweder nach Motten suchen, ihre Strumpfbänder binden oder ihre Socken hochziehen, so daß sie gerade erst gekleidet sind, wenn sie zu Bett gehen. Dies entsteht aus einem kindlichen Gemüt und dem Fehlen von Eitelkeit. Und wenn Du mit Männern in Gesellschaft zu tun hast, zeigt es auch ein wenig Verachtung derer, mit denen Du redest, weil es scheint, daß Du dem, was sie sagen, wenig Aufmerksamkeit schenkst.

Manche werfen ihren Kopf mal hierhin, mal dorthin, genauso übermütig wie oberflächlich, was der Dummheit und Unbeständigkeit entspringt. Andere meinen kaum, daß sie beten, es sei denn, sie verdrehen und verrecken ihre Hälse, was entweder von Heuchelei, Aberglaube oder Albernheit kommt. Manche glotzen sich selbst an, welch gute Körper sie haben, welch ordentliche und wohlproportionierte Beine sie aufrechterhalten, und letztendlich sind sie nahezu selbstverliebt. Sie sind also erfreut über ihre eigene Person, aber diese Geste mißfällt im allgemeinen und entspringt dem Stolz und eitler Selbstgefälligkeit.

Ein majestätischer Gang (indem man die Beine nach vorne streckt und den Körper nach hinten zieht, mit langsamer und würdevoller Bewegung) spricht normalerweise nach Meinung aller Männer für ein stolzes Gemüt und verdient deshalb Tadel, es sei denn, bei einem Prinzen, Armeegeneral oder Soldaten im Kampf gegen seine Feinde, weil diese Art und Weise zu gehen eine Zurschaustellung des Gemütes zeigt und daß ein Mann sich selbst über andere stellt. Diese Art zu prahlen können nur wenige ertragen, weil sie es kaum aushalten können, daß Männer sich so weit erhaben über andere fühlen.

Tänzeln oder irgendein ähnlicher leichter Gang sprechen für Leichtsinn und Stolz, weil es solche Leute zu erfreuen scheint, daß andere ihren ungewöhnlichen Gang betrachten. Schnell zu gehen paßt nicht zu ernsthaften Männern, denn, wie Philosophen meinen, ein langsames Tempo weist auf einen großmütigen Verstand hin. Und wenn keine Notwendigkeit besteht, zeigt ein leichter Schritt ein leichtes Gemüt, weil wir daran erkennen, daß der Geist nicht ausreichend gemäßigt und gezügelt ist – woraus Leichtsinnigkeit des Körpers und Unbeständigkeit des Gemütes folgt" (Wright, 1604, Übers. d. Verf.).

Die Anwendung standardisierter Verhaltensbeobachtungen als diagnostische Methode stellt eine bedeutsame Grundlage moderner Assessment Center beziehungsweise Gruppenauswahlverfahren dar. In diesem Kontext sind auch einige der Wrightschen Kategorien, etwa Gestik oder Stimmodulation zu sehen, die in ähnlicher Form auch heute im Rahmen von Auswahlprozeduren als diagnostische Indikatoren genutzt werden.

Ein heutigen Rating-Skalen ähnelndes Verfahren entwickelte der deutsche Anwalt und Philosoph Christian Thomasius (1655–1728) bereits im Jahre 1711 (vgl. Ramul, 1963). Im Gegensatz zu den übrigen skizzierten Methoden der Persönlichkeitsdiagnostik ist der Ansatz von Thomasius zu seiner Zeit kaum weiter verfolgt worden. Sein Vorgehen ähnelt durch die quantitative Erhebung der Indikatoren bereits modernen Testverfahren des 20. Jahrhunderts. Nach Thomasius resultieren die unterschiedlichen „Gemütsneigungen" einer Person aus vier „Hauptpassionen": vernünftige Liebe, Sinnlichkeit, Ehrgeiz und Geldgier. Obgleich jedem Menschen alle vier Gemütsneigungen innewohnen, wird eine davon als vorherrschend beschrieben. Die Ordnung der vier Dimensionen auf einer Skala nimmt Thomasius auf folgende Weise vor: Der am stärksten ausgeprägten Leidenschaft wird der Wert 60 zugewiesen, der am schwächsten aus-

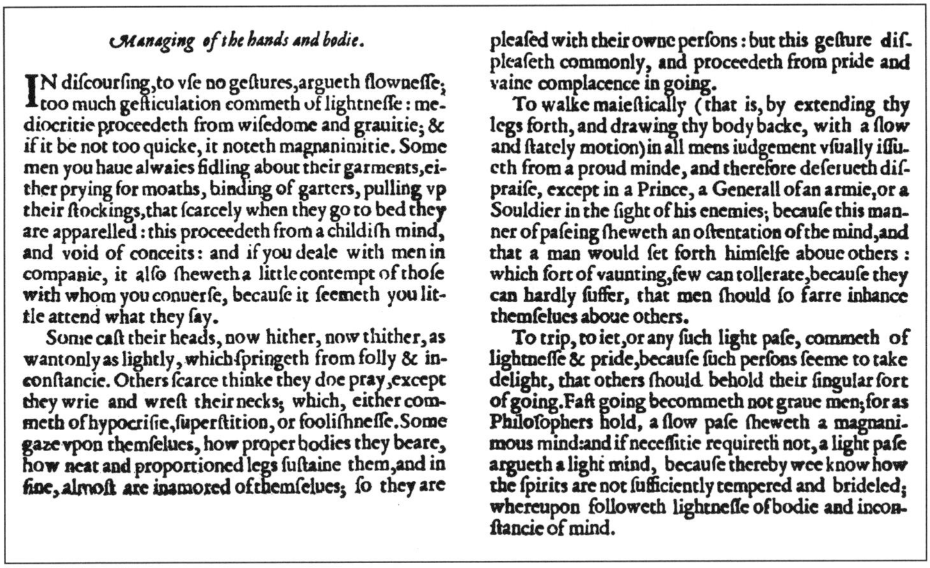

Managing of the hands and bodie.

IN discoursing,to vse no gestures,argueth slownesse; too much gesticulation commeth of lightnesse : mediocritie proceedeth from wisedome and grauitie; & if it be not too quicke, it noteth magnanimitie. Some men you haue alwaies fidling about their garments,either prying for moaths, binding of garters, pulling vp their stockings,that scarcely when they go to bed they are apparelled : this proceedeth from a childish mind, and void of conceits: and if you deale with men in companie, it also sheweth a little contempt of those with whom you conuerse, because it seemeth you little attend what they say.

Some cast their heads, now hither, now thither, as wantonly as lightly, which springeth from folly & inconstancie. Others scarce thinke they doe pray,except they wrie and wrest their necks; which, either commeth of hypocrisie,superstition, or foolishnesse. Some gaze vpon themselues, how proper bodies they beare, how neat and proportioned legs sustaine them,and in fine, almost are inamored of themselues; so they are pleased with their owne persons : but this gesture displeaseth commonly, and proceedeth from pride and vaine complacence in going.

To walke maiestically (that is, by extending thy legs forth, and drawing thy body backe, with a slow and stately motion) in all mens iudgement vsually issueth from a proud minde, and therefore deserueth dispraise, except in a Prince, a Generall of an armie, or a Souldier in the sight of his enemies; because this manner of paseing sheweth an ostentation of the mind,and that a man would set forth himselfe aboue others : which sort of vaunting,few can tollerate,because they can hardly suffer, that men should so farre inhance themselues aboue others.

To trip, to iet,or any such light pase, commeth of lightnesse & pride,because such persons seeme to take delight, that others should behold their singular sort of going. Fast going becommeth not graue men; for as Philosophers hold, a slow pase sheweth a magnanimous mind:and if necessitie requireth not, a light pase argueth a light mind, because thereby wee know how the spirits are not sufficiently tempered and brideled; whereupon followeth lightnesse of bodie and inconstancie of mind.

Abbildung 6: Beobachtungsanweisung aus „The Passions of the Minde in Generall" von Thomas Wright aus dem Jahre 1604 geprägten der Wert 5. Die verbleibenden Dimensionen werden zwischen den Extremwerten angeordnet. Mit dieser Reihung ist nach Thomasius beim Zusammentreffen verschiedener „Charaktere" die Erklärung deren Verhaltens möglich; die exakte Beschreibung erschien ihm lediglich als „ein simples mathematisches Problem" (Ramul, 1963, S. 657; Übers. d. Verf.). Belege für die Brauchbarkeit seiner Theorie sammelte Thomasius auf die nachfolgend beschriebene Art (Steinitzer, 1889, zit. nach McReynolds, 1975):

> „He had his students write short essays about individual persons. The definite 'theme' of a person was given, in which each of the four major inclinations was designated with a number from five to sixty, and from which the different single external characteristics were now deduced: his behavior toward friends, in society, toward women, and so on. For example, someone might have a high degree of ambition; he may also be sensous, yet not as strongly (about fifty-five), little inclined toward greed (ten), and have the usual quantity of rational love (…). Which behavior can we expect from him in this or that situation in life? Thomasius took the 'themes' from people he knew, and his pupils formed pictures accordingly. The comparison of these pictures with reality was very satisfying to him." (McReynolds, 1975, S. 513)

Die drei hier referierten historischen Ausgangspunkte (Huarte y Navarros „Tryal of Wits", Wrights „Passions of Minde" und die Theorie von Thomasius) waren in vielerlei Hinsicht wegweisend für die spätere Persönlichkeitsdiagnostik:
– Es wird davon ausgegangen, daß bedeutsame individuelle Unterschiede existieren.
– Ein gewisser Optimismus wird artikuliert, daß sich diese mit vertretbarem Aufwand messen lassen.
– Es wird postuliert, daß es vorteilhaft für die Person oder für die Gesamtgesellschaft sei, diese Unterschiede tatsächlich zu erheben.

Die Unterschiede zu den Annahmen der heutigen Psychologischen Diagnostik sind damit eher gradueller Natur.

Eine weitere Schule der Persönlichkeitsdiagnostik soll darüber hinaus Erwähnung finden, da sie in der Neuzeit großen Einfluß ausübte: Die Phrenologie, bei der individuelle Charakteristika aus der Schädelform erschlossen werden. Die theoretische Basis dieses Ansatzes wurde von dem deutschen Hirnforscher Franz Josef Gall (1758–1828) formuliert. Ähnlich der Physiognomik werden aus Körpermerkmalen Schlußfolgerungen hinsichtlich psychischer Vorgänge gezogen, allerdings ist die zugrundeliegende Theorie eine andere. In der Physiognomik wird die Auffassung vertreten, daß sich individuelle Eigenheiten in systematischer Weise in Gesichtszügen, Stimme oder ähnlichem widerspiegeln. Die Phrenologie hingegen geht davon aus, daß einzelne mentale Funktionen in bestimmten Hirnbereichen lokalisiert sind. Da die Größe der entsprechenden Hirnregionen mit der Ausprägung bestimmter Eigenschaften kovariieren soll, könne aus der Schädeltopographie der Charakter eines Menschen erschlossen werden. Auch wenn dieser Ansatz diese Annahme sich als völlig unzutreffend erwies, sind der Phrenologie einige wegbereitende Schritte zu einer empirisch fundierten Diagnostik zugute zu halten (McReynolds, 1975). Der diesbezüglich größte Verdienst liegt vermutlich in der Entwicklung eines taxonomischen Systems, welches zur Beschreibung intellektueller wie affektiver Dimensionen geeignet ist und in einigen Aspekten späteren psychologischen Eigenschaftsklassifikationen ähnelt. Beispielhaft sei das taxonomische System von Johann Gasper Spurzheim, (1970, Originalausgabe von 1834) genannt. Spurzheim trennt zunächst zwischen affektiven und intellektuellen Fähigkeiten. Die affektiven Fähigkeiten sind wiederum in Neigungen – die gegenwärtige Psychologie würde wohl am ehesten von Motiven sprechen – sowie Gefühle aufgeteilt, welche am ehesten mit Persönlichkeitseigenschaften verglichen werden können. Bei der Intellektualität wird zwischen wahrnehmenden und reflektierenden Fähigkeiten unterschieden.

Ein weiterer Fortschritt, der maßgeblich auf die Phrenologie zurückzuführen ist, zeigt sich in der Betonung von Systematisierung und Standardisierung des Diagnosevorganges sowie dem Bestreben nach Quantifizierung der Ergebnisse. Schließlich sollte nicht außer Acht gelassen werden, daß sich die späteren Phrenologen durch ein starkes Bemühen um eine objektive Indikatorerhebung auszeichneten, wobei jedoch die darauf aufbauende Diagnose einer wissenschaftlichen Fundierung entbehrte. Bemerkenswerterweise haben sich offenbar bis in unsere Zeit vermeintlich wissenschaftliche Diagnoseformen gehalten. Diese muten aus aktueller wissenschaftlicher Perspektive zumindest ebenso bizarr an, als wenn sich Personalberatungen im Jahre 2000 bemühten, die Schädelform von Kandidaten exakt zu vermessen, um auf diese Weise präzise auf deren Intelligenz zu schließen. So hat der ehemalige Professor für Chirurgie Walter Hartenbach im Jahre 1992 einen umfangreichen Band vorgelegt, in dem detailliert die „Ohranalyse" als Instrument zur Bestimmung von Begabungen vorgestellt und empfohlen wird (Hartenbach, 1992).

Als mit Sir Francis Galton die Ära der modernen psychologischen Diagnostik begann, waren zahlreiche Ideen und methodische Ansätze bereits formuliert (vgl. Abb. 7). Diese liegen teilweise bis heute der diagnostischen Theorie und Praxis zugrunde. Galton traf in dieser Hinsicht nicht auf ein kulturelles Vakuum. Vielfältige Aspekte, die heute als Voraussetzungen der psychologischen Diagnostik diskutiert werden (s. Wottawa & Hossiep, 1987), sind damit Teil unseres kulturellen Erbes.

2.2 Der Beginn empirisch-psychologischer Ansätze

Die ersten Verfahren der standardisierten Persönlichkeitsdiagnostik wurden zu Beginn des 20. Jahrhunderts in den Vereinigten Staaten entwickelt und eingesetzt. In Deutschland war das Bemühen um eine standardisierte Persönlichkeitsdiagnostik seinerzeit noch gering ausgeprägt. Zwar existierten Mitte der zwanziger Jahre einige Eigenschaftslisten, die auf der Typologie von Kretschmer basierten und zur Selbstbeschreibung von Patienten der Psychiatrie Verwendung fanden (Mittenecker, 1982), aber dieser nicht-projektive Entwicklungsstrang der Persönlichkeitsdiagnostik wurde nicht systematisch weiterentwickelt. Die methodologische Entwicklung der kognitiv orientierten Berufseignungsdiagnostik wurde hingegen in Deutschland entscheidend mitbestimmt (Herrmann, 1966). Hierzu leistete insbesondere Hugo Münsterberg mit wichtigen Innovationen einen Beitrag, etwa durch empirische Validierungsstudien (Münsterberg, 1912). Vor Ausbruch des zweiten Weltkrieges erlebte die Eignungsdiagnostik in Deutschland ihren Niedergang, im Persönlichkeitsbereich dominierten qualitative

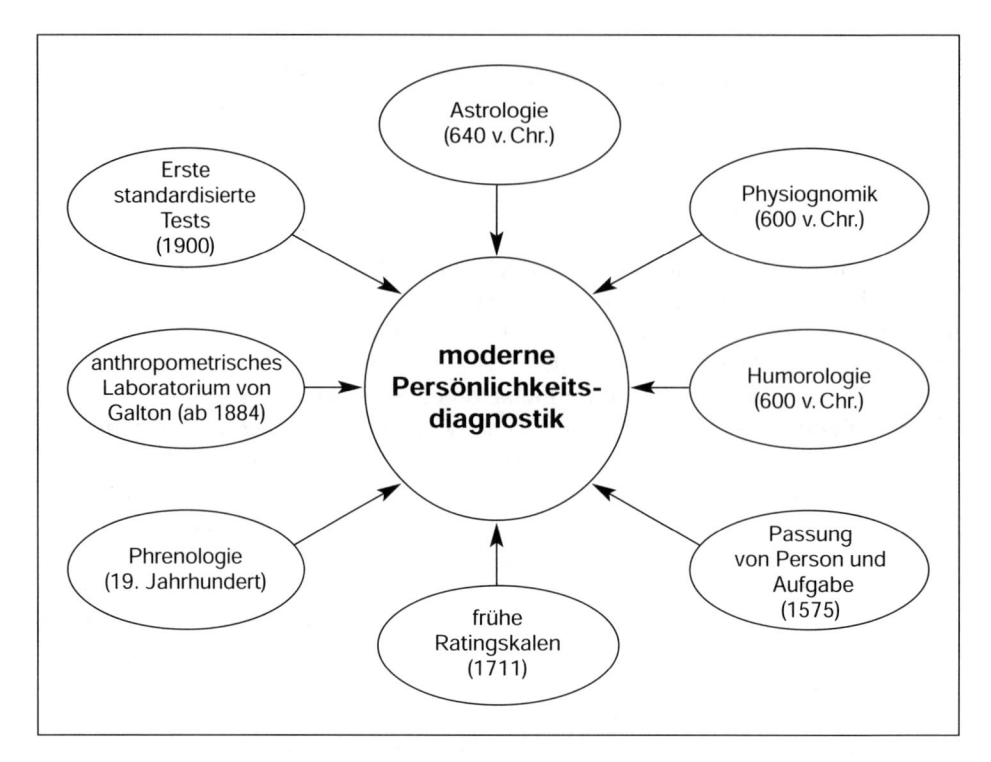

Abbildung 7: Wegbereiter der Persönlichkeitsdiagnostik

Methoden (z.B. das „seelenkundlich durchgeführte Gespräch"; Herrmann, 1966). Hierfür war vor allem die nationalsozialistische Diktatur verantwortlich, in der individuelle Leistungsunterschiede als Selektionskriterium gegenüber der rassischen Abstammung und der politischen Nähe zum System weit in den Hintergrund traten. Es stehen daher in den folgenden Ausführungen Verfahren amerikanischen Ursprungs im Vordergrund.

Die Mehrzahl der Autoren früher Persönlichkeitstests hat sich vor allem mit der Unterscheidung zwischen „gut angepaßten, funktionsfähigen" Mitgliedern der Gesellschaft und solchen, die sich durch „abweichendes" Verhalten auszeichnen, befaßt. Die Messung solcher Aspekte (zu denen u. a. psychische Erkrankungen gerechnet wurden) basiert in den Vereinigten Staaten auf einer langen Tradition. Ursache hierfür ist der hohe gesellschaftliche Druck auf Psychologen, emotionale Überforderungen in militärischen (mit Beginn des Kriegseintritts der USA in den ersten Weltkrieg) oder wirtschaftlichen Kontexten vorherzusagen (vgl. Goldberg, 1971). Obwohl das theoretische Gedankengut Sigmund Freuds zu dieser Zeit sehr populär wurde, sind seine Konzepte kaum in die Testkonstruktion eingeflossen. Als Ausgangspunkt aller weiterer Persönlichkeitstests wird vielfach das Personal Data Sheet (PDS, Woodworth, 1919; vgl. Abb. 8) betrachtet, da in diesem Verfahren erstmals die Antworten auf einzelne Testfragen zu einem Skalenwert verrechnet wurden.

1. Do you usually feel well and strong?
2. Do you usually sleep well?
3. Are you often frightened in the middle of the night?
4. Are you troubled with dreams about work?
5. Do you have nightmares?
6. Do you have too many sexual dreams?
7. Do you ever walk in your sleep?
8. Do you have the sensation of falling when going to sleep?
9. Does your heart ever thump in your ears so that you cannot sleep?
10. Do ideas run through your head so that you cannot sleep?
11. Do you feel well rested in the morning?
12. Do your eyes often pain you?
13. Do things ever seem to swim or get misty before your eyes?
14. Do you often have the feeling of suffocating?
15. Do you have continual itchings in the face?

Abbildung 8: Beispielitems aus dem Personal Data Sheet von Woodworth (vgl. Ferguson, 1952)

Frühe Vorläufer waren Symptomchecklisten, die während des Anamnesegespräches ausgefüllt wurden. Die dabei gewonnenen Ergebnisse konnten jedoch nicht systematisch quantifiziert werden (Craik, 1986). Woodworths Test sollte der Erkennung von emotional stabilen Soldaten für die Expeditionstruppen der amerikanischen Streitkräfte im ersten Weltkrieg dienen (vgl. Kaplan & Saccuzzo, 1982). Der Test erlebte eine Reihe von Bearbeitungen und dient bis in die heutige Zeit hinein als Itemquelle für eine Vielzahl von Verfahren:

> „Items devised around the turn of the century may have worked their way via Woodworth's Personal Data Sheet, to Thurstone and Thurstone's Personality Schedule, hence to Bernreuter's Personality Inventory, and later to the Minnesota Multiphasic Personality Inventory, where they were borrowed for the California Personality Inventory and then injected into the Omnibus Personality Inventory – only to serve as a source of items for the new Academic Behavior Inventory (...)." (Goldberg, 1971, S. 335)

Während die ersten Tests in der Regel ein einzelnes Konstrukt erfaßten, wurde 1925 von Travis der Vorläufer mehrdimensionaler Verfahren publiziert: Ein Instrument, bei dem 50 Eigenschaften (z.B. Stabilität, Narzißmus, Sadismus) durch je zwei Items erfaßt werden (vgl. Goldberg, 1971). Schon bald entstanden multidimensionale Inventare mit umfassenderen Skalen. Das erste elaborierte Verfahren dieser Art diente bereits einer berufsbezogenen Fragestellung: The Strong's Vocational Interest Blank von 1927, ein Berufsinteressenstest. Als weitere bedeutsame Meilensteine der Geschichte der Persönlichkeitstests zählt Goldberg (1971) folgende Verfahren auf:

– Bernreuters Persönlichkeitsinventar, ein mehrdimensionales Verfahren, in welches mehrere bereits bestehende Verfahren integriert wurden. Problematisch erscheint bei diesem Test die hohe Interkorrelation der einzelnen Skalen (Neurotische Tendenzen und Introversion-Extraversion korrelieren zu .96!). Die große Nachfrage nach mehrdimensionalen Verfahren bewog den Autor dennoch dazu, alle Skalen im Test zu belassen.

- Das Minnesota Multiphasic Personality Inventory (Hathaway & McKinley, 1977), das mit dem Ziel entwickelt wurde, psychisch Kranke von gesunden Menschen unterscheiden zu können (vgl. Cohen et al., 1992, S. 417–424).
- Guilford and Zimmermann's Temperament Survey (Guilford & Zimmermann), der 1949 publiziert wurde und auch heute noch gebräuchlich ist. Wegweisend an diesem Verfahren war vorrangig der Einsatz der von Guilford entwickelten Faktorenanalyse als Werkzeug der Persönlichkeitstestkonstruktion (s.a. Herrmann, 1991, S. 98 ff.).
- Der 16-Persönlichkeits-Faktoren-Test, der 1949 von Cattell publiziert wurde und als erster Test dem Anspruch genügen sollte, die Persönlichkeit der Teilnehmer umfassend abzubilden (dazu Herrmann, 1991, S. 291 ff.). Ähnlich Guilfords Vorgehensweise wurden die Skalen durch Cattell zuerst an gesunden und nicht klinisch auffälligen Personen überprüft. Der Forschungsaufwand für die Testentwicklung war erheblich (Burisch, 1984), und die Anzahl der in den letzten fünf Jahrzehnten publizierten Untersuchungen zum 16 PF dürfte in die Tausende gehen – wovon die meisten dem anglo-amerikanischen Sprachraum entstammen.

Interessanterweise entstanden die ersten Persönlichkeitstests amerikanischen Ursprungs vor allem für den Einsatz im Rahmen militärpsychologischer Untersuchungen oder für Fragestellungen aus dem Feld der klinischen Psychologie. Sie erfaßten zu weiten Teilen Konstrukte der Psychopathologie. Angewandt wurden diese Verfahren jedoch vor allem im Wirtschaftskontext. Paradoxerweise wurden diejenigen Tests, die eigentlich zur Vorhersage beruflicher Zufriedenheit und Leistung entwickelt worden waren, eher bei klinischen Fragestellungen („work dysfunctions") oder etwa für die Beratung von Collegestudenten genutzt (Goldberg, 1971).

2.3 Die Entwicklung berufsbezogener Verfahren

In Amerika dominieren seit den zwanziger Jahren bei berufsbezogenen Verfahren Eignungstests, die intellektuelle Fähigkeiten erfassen. Hinzu kamen jedoch bereits in der ersten Hälfte dieses Jahrhunderts nicht-kognitive Verfahren. Hauptsächlich kamen drei Arten von Tests zur Anwendung (Goldberg, 1971):

1. Berufliche Interessentests
Bereits frühzeitig entstand eine Vielzahl von beruflichen Interessentests, die auch zur Vorhersage beruflichen Erfolges Verwendung fanden. Das erste bedeutende Verfahren dieser Art wurde Anfang der 20er Jahre am Carnegie Institute of Technology in Pittsburgh entwickelt. Basis für diesen Test waren etwa 1000 Fragen zu verschiedenen beruflichen Interessen, die bis heute immer wieder als Quelle für neue Verfahren dienen. Untersucht wurde beispielsweise die Vorhersagekraft dieser Instrumente für den Berufserfolg von Versicherungsvertretern – eine offenbar schon damals für Validierungsstudien sehr beliebte Zielgruppe (Adler, 1994). 1927 wurde der bereits erwähnte Vocational Interest Blank publiziert, welcher nachhaltigen Einfluß auf die Entwicklung späterer Interessentests ausübte. Seine Elemente finden sich in später veröffentlichten Verfahren wieder – so etwa die dreistufige Like-Indifferent-Dislike-Skala.

2. Tests zur Erfassung psychopathologischer Störungen
Bedingt durch den erfolgreichen Einsatz von klinisch ausgerichteten Persönlichkeitstests für militärische Fragestellungen beschäftigten sich eine Reihe von amerikanischen Forschern verstärkt

mit der inkrementellen Validität von psychopathologischen Skalen für berufsbezogene Eignungsentscheidungen in der Wirtschaft. Gerade in den 20er und 30er Jahren kam es zu einem regelrechten Boom dieser Tests. Die beiden Hauptschwerpunkte der Anwendung lagen seinerzeit in der Auswahl von verkäuferisch tätigen Personen und der Prognose der Bereitschaft zu harmonischer Zusammenarbeit mit Vorgesetzten und Kollegen (Anastasi, 1985). Gerade zum MMPI, der ausdrücklich für die Diagnose psychopathologischer Störungen konstruiert wurde und keineswegs eine Verwendung in Wirtschaftsunternehmen nahelegt, existiert eine Vielzahl von Untersuchungen aus Industriebetrieben (zusammenfassend Butcher, 1979; Hedlund, 1965). Mit dem California Psychological Inventory (CPI, Weinert, Streufert & Hall, 1982) wurde schließlich ein Verfahren vorgelegt, das sich eng am MMPI orientiert, aber nicht für klinische Fragestellungen entwickelt wurde, sondern vor allem zur Auswahl von Führungskräften empfohlen wird (Weinert, 1991). Allerdings wird bei zahlreichen Items noch augenfällig, daß das CPI deutliche Anleihen bei einem Test mit eindeutig klinischem Hintergrund macht. Die Vorhersage von Führungserfolg rückte schließlich durch die Arbeiten von Ghiselli (1959, 1966) in den Mittelpunkt der Forschung. In mehreren Untersuchungen konnte er den Nachweis der Nützlichkeit von Persönlichkeitstests für die Personalauswahl erbringen.

3. Nicht-wissenschaftliche Verfahren

Da ein nicht unbeträchtlicher gesellschaftlicher Bedarf an Testverfahren gegeben war, die seriösen Testentwickler jedoch nicht sehr offensiv an den Markt herantraten, konnten sich eine Reihe von nicht-wissenschaftlich arbeitenden Anbietern etablieren. Beispielhaft sei hier der ‚Blkckford Plan of Character Analysis' genannt, der umfangreiche Annahmen über Persönlichkeitseigenschaften von Personen mit blonder oder brünetter Haarfarbe enthält. Zudem machte das Verfahren einige Anleihen bei der Physiognomik und der Handlesekunst (Anastasi, 1985). Da auch damals schon ein Bedürfnis nach möglichst einfachen Lösungen bestand, florierte der Markt für Scharlatanerie. Es ist fraglich, ob diese Situation eine dramatische Veränderung erfahren hat: Zum einen existieren auch derzeit zahlreiche Verfahren auf dem freien Markt, deren Entstehungshintergrund und Qualitätsstandards aus wissenschaftlicher Perspektive fragwürdig bleiben (Neuefeind, 1993). Bei vielen frei erhältlichen Tests oder weiteren diagnostischen Instrumenten werden die Begrenzungen der Verfahren von den Testanbietern kaum thematisiert, häufig sogar völlig ignoriert (Johnson, Wood & Blinkhorn, 1988). In Frankreich etwa gehört das graphologische Gutachten zu den am meisten eingesetzten Entscheidungshilfen bei der Personalselektion überhaupt (Shackleton & Newell, 1991), obgleich völlig ausreichende Belege für die wissenschaftliche Untauglichkeit der Graphologie vorliegen (z.B. Klimoski & Rafaeli, 1983; Neter & Ben-Shakar, 1989, Schmidt & Hunter, 1998b).

Grundsätzlich ist zu den nicht-wissenschaftlichen Verfahren auch aus heutiger Sicht anzumerken, daß deren Einsatz zu einem nicht unbeträchtlichen Anteil vorrangig darin begründet sein dürfte, daß die Anwender häufig nur über geringes Know-how zur Prüfung der Qualität dieser Verfahren verfügen. Selbstverständlich besteht eine nahezu unendlich große Anzahl menschlicher Merkmale, aus denen ein Instrument grundsätzlich Rückschlüsse auf die „Persönlichkeit" ziehen könnte: Äußere Merkmale des Körperbaus; die Kopfform, Haarfarbe, die Bevorzugung bestimmter „Lieblingsfarben" oder Formen, der bevorzugte Stil der Bekleidung sowie zahlloses mehr. Auch wenn die von einem Verfahren postulierten Zusammenhänge (z.B. zwischen der Bevorzugung bestimmter graphischer Formen und damit verbundenen Persönlichkeitseigenschaften) vordergründig durchaus plausibel erscheinen mögen, kommt es für den Nutzen des Verfahrens entscheidend darauf an, ob diese Zusammenhänge mit exakt nachvollziehbaren, wissenschaftlichen Methoden nachgewiesen werden können und ebenso, ob zwischen den Ergebnissen des Verfahrens (z.B. der Bildung verschiedener Persönlichkeits-Typen) und dem tatsächlichen beruflichen Verhalten ein Zusammenhang nachweisbar ist. Erschwerend kommt hinzu, daß insbesondere nicht-wissenschaftliche Verfahren, die kommerziell vertrieben werden, sich mit einem „Deckmantel" der Wissenschaftlichkeit umgeben, indem etwa über Jahre oder Jahrzehnte hinweg auf einige wenige zweifelhafte Untersuchungen verwiesen wird, die nicht publiziert sind oder aus anderen Gründen nicht nachvollzogen werden können, deren methodisches Vorgehen zweifelhaft oder kaum nachprüfbar ist oder die aus anderen Gründen Anlaß zu Zweifeln geben können. Insofern ist beim „Einkauf" kommerziell durchgeführter nicht-wissenschaftlicher und nicht publizierter „Persönlichkeitstests" anzuraten, diese intensiv zu prüfen (vgl. Abb. 14) – und sich dabei gegebenenfalls fachpsychologischer Unterstützung zu bedienen (vgl. auch Kap. 4.3.1).

In den Vereinigten Staaten von Amerika stieg die Einsatzhäufigkeit von Persönlichkeitstests bis in die frühen 60er Jahre kontinuierlich an, erreichte dann ihren Höhepunkt und flaute langsam ab (Anastasi, 1985). Die zum Thema publizierten Untersuchungen folgen diesem Trend (Monahan & Muchinsky, 1983). Bis zur Mitte der 60er Jahre wurden etwa von 83 % aller Großunternehmen in den Vereinigten Staaten Persönlichkeitstests zur Auswahl von Verkaufspersonal eingesetzt, 1984 waren es kaum mehr ein Viertel der Unternehmen (Nelson, 1987). Die Gründe hierfür sind sowohl wissenschaftlicher wie auch gesellschaftlicher Natur. In der Psychologie gewann Ende der 60er Jahre der von Walter Mischel vertretene Interaktionismus (vgl. Kap. 3.1) zunehmend an Gewicht und löste eine „wissenschaftliche Krise" aus (Capara & Van Heck, 1992). Gleichzeitig wuchs der öffentliche Widerstand gegen Tests („The Antitest Revolt"; Anastasi, 1967; Cronbach, 1975), was eine intensive politische Diskussion über diese Verfahren nach sich zog (z.B. Blits & Gottfredson, 1990), in der vor allem Aspekte der Testfairness im Vordergrund standen (Griffin, 1989). Erst mit Beginn der 80er Jahre gewannen Persönlichkeitstests – ausgehend von den Vereinigten Staaten — wieder an Bedeutung, und das wissenschaftliche wie praktische Interesse erwachte aufs Neue (Bernardin & Bownas, 1985; Moses, 1991). Heute weist die weit überwiegende Anzahl der Verfahren und damit auch die Mehrzahl einschlägiger Veröffentlichungen einen US-amerikanischen Ursprung auf. Die meisten der in Deutschland für den berufsbezogenen Bereich empfohlenen Instrumente sind Übersetzungen beziehungsweise Adaptationen aus dem anglo-amerikanischen Sprachraum (z.B. das California Psychological Inventory (CPI) und die Personality Research Form (PRF)). Dennoch zeichnet sich auch in der wissenschaftlichen Diskussion in Deutschland ein neu erwachtes Interesse am Einsatz von Persönlichkeitstests im Rahmen von Eignungsuntersuchungen ab (Hossiep, 1996b; Sarges, 1995a, 1999).

3 Überlegungen zum Zusammenhang von Person, Situation und Verhalten

Nachdem der geschichtliche Hintergrund der Persönlichkeitsdiagnostik schlaglichtartig beleuchtet wurde, werden im folgenden die differentialpsychologischen Grundlagen vorgestellt und diskutiert. Hierbei wird besonderer Wert auf die Konsequenzen gelegt, die sich aus den Möglichkeiten und Begrenzungen des eigenschaftstheoretischen Ansatzes für die praktische diagnostische Arbeit in der Wirtschaft ergeben.

3.1 Das Eigenschaftskonzept

In der Persönlichkeitspsychologie existiert keine allgemein anerkannte Definition der Begriffe „Eigenschaft" beziehungsweise „trait". Allport führte diesbezüglich bereits 1937 fünfzig verschiedene Definitionen auf (Vernon, 1987). Angesichts dessen werden statt einer verbindlichen Begriffsbestimmung einzelne Elemente verschiedener Definitionen zusammengefaßt. So vermuten zum Beispiel Amelang und Bartussek (1997), daß die Mehrzahl der empirisch tätigen Persönlichkeitsforscher einer Arbeitsgrundlage zustimmen könnte, in der Eigenschaften als „relativ breite und zeitlich stabile Dispositionen zu bestimmten Verhaltensweisen" verstanden werden, „die konsistent in verschiedenen Situationen auftreten" (S. 49).

Eine Eigenschaft wird gewöhnlich nicht aus einer singulären Verhaltensweise abgeleitet. Nur wenn bestimmte Handlungen systematisch gemeinsam auftreten, erscheint eine Beschreibung dieser Verhaltenstendenzen durch einen Eigenschaftsbegriff sinnvoll. So kann etwa das sofortige Aufräumen des Schreibtisches nach getaner Arbeit, die Pflege effektiver Ablagesysteme sowie das pünktliche Einhalten aller Termine auf eine „hoch ausgeprägte Gewissenhaftigkeit" hindeuten. Die Annahme, daß *ein einziges* hypothetisches Konstrukt wie „Gewissenhaftigkeit" die Kovariation *mehrerer* Handlungen beschreiben kann, ist im Sinne einer ökonomischen wissenschaftlichen Modellbildung (vgl. Robinson, 1986, S. 158). Allerdings geht mit jeder Zusammenfassung und Abstraktion im Allgemeinen auch ein Informationsverlust einher. Es kann daher sinnvoll sein, das Eigenschaftskonzept eher als probabilistisches denn als kausales Modell zu verstehen (Schmitt & Borkenau, 1992). Eine höhere Ausprägung der Eigenschaft „Freundlichkeit" mag demgemäß mit einer höheren Wahrscheinlichkeit einhergehen, Bekannte freundlich zu grüßen, als dies bei einer geringen Ausprägung der Eigenschaft gegeben wäre. Das freundliche Grüßen an sich ist jedoch weder eine notwendige noch eine hinreichende Bedingung für das Vorliegen einer hohen Ausprägung von „Freundlichkeit".

Die Analyse der Kovariation von Verhaltensweisen erfolgt in der Persönlichkeitspsychologie meist auf der Grundlage von Selbstbeschreibungen, die systematisch mit Hilfe von Persönlichkeitstests erhoben werden. Darüber hinaus finden sich jedoch auch andere Forschungsstrategien, als Beispiele seien physiologisch ausgerichtete Ansätze (Fahrenberg, 1964) oder die Auswertung von Verhaltensbeobachtungen (z.B. Amelang & Bartussek, 1997, S. 182 ff.) genannt. Die Dominanz der Fragebogenforschung findet ihre Ursache vermutlich vor allem in der sehr ökonomischen Datenerhebung. Bei Vorliegen einer großen Anzahl von Beobachtungen oder Testfragen ist eine Analyse der Interkorrelationsmatrix ohne Hilfsmittel kaum möglich. Vielfach werden daher interkorrelierende Items anhand der Ergebnisse einer Faktorenanalyse zu neuen Konstrukten zusammengefaßt.

Vor allem drei Forscher haben mit dieser Vorgehensweise umfangreiche Theorien über die Struktur der Persönlichkeit formuliert: J. B. Guilford, R. B. Cattell und H. J. Eysenck. Kontrovers war und ist im Rahmen der faktorenanalytischen Persönlichkeitsforschung insbesondere der Status der gewonnenen Faktoren. Die polarisierend geführte Diskussion läßt sich anhand der folgenden Standpunkte veranschaulichen: „One is, that factor analysis is a mere data-crunching machinery, and the other that it should reflect some fundamental metaphysical truth that resides in the data" (Hofstee, 1994, S. 174). Vor allem Cattell und Eysenck haben den Faktoren einen hypothesenprüfenden und erklärenden Charakter zugeschrieben (vgl. z.B. Cattell, 1987; Eysenck, 1987). Diese Auffassung ist nicht unumstritten, denn die Methode erlaubt entsprechend ihrer statistischen Grundlagen streng genommen nur die deskriptive Interpretation der Ergebnisse (Wottawa, 1979). Faktorenanalytisch gewonnene Dimensionen sollten ohne theoretische Fundierung nicht zur Erklärung individueller Verhaltensunterschiede herangezogen werden.

Der klassische eigenschaftstheoretische Ansatz, welcher vor allem mit den Namen Guilford, Cattell und Eysenck verknüpft ist, wird in der seinerzeit vieldiskutierten Publikation *Personality and Assessment* von Mischel (1968) heftig angegriffen. Im Vordergrund der Kritik Mischels steht der Widerspruch, daß Eigenschaftstheorien die situationsübergreifende Konsistenz des Verhaltens voraussetzen, durch die Forschung aber kaum Belege hierfür gefunden werden konnten. Die alltagspsychologisch plausible Annahme von Eigenschaften und situationsübergreifender Konsistenz führt Mischel primär auf Wahrnehmungsphänomene zurück („Traits are in the eye of the beholder"; Kenrick & Funder, 1988). Als ein weiteres Argument gegen die traditionelle Eigenschaftsforschung benennt Mischel die geringen Validitäten von Persönlichkeitstests, die in der Höhe der Koeffizienten selten den Wert von .30 übersteigen. Ein derartiger Wert sei zwar ausreichend zur Beschreibung von Gruppen, jedoch zur Vorhersage individuellen Verhaltens nicht geeignet.

Zur Entkräftung der Argumentation Mischels wurden seitdem zahlreiche Bemühungen unternommen, mit denen die Brauchbarkeit der eigenschaftstheoretischen Ansätze für die Forschung und Praxis der Psychologie belegt werden sollte (vgl. zusammenfassend etwa Amelang & Borkenau, 1986). Die wesentlichen Untersuchungsstrategien lassen sich wie folgt zusammenfassen:

1. Untersuchungen zur situationsübergreifenden Konsistenz von Verhalten
2. Untersuchungen zum Einfluß der Situation auf das Verhalten und zur Wechselwirkung von Person und Situation
3. Nachweise der zeitlichen Stabilität von Persönlichkeitseigenschaften
4. Identifikation von Faktoren, die erklären, warum das Verhalten bestimmter Personen besser durch Persönlichkeitseigenschaften vorhersagbar ist als das anderer
5. Optimierung der diagnostischen Instrumente.

Auf die zentralen Aspekte der Diskussion der ersten drei Bereiche wird in den nächsten Abschnitten eingegangen. Hierbei werden die Implikationen für die Anwendung von Persönlichkeitstests im Rahmen berufseignungsdiagnostischer Fragestellungen vorgestellt und diskutiert. Der vierte Aspekt bezieht sich vor allem auf denjenigen Teil der Forschung, welcher sich auf die Theorie von Bem und Allen (1974) zurückverfolgen läßt. Beide gehen von der Überlegung aus, daß sich einige Menschen konsistenter als andere verhalten und ein eigenschaftstheoretischer Ansatz demzufolge solche Personen besser beschreibt („On predicting some of the people some of the time"). Der Ansatz wurde in der anwendungsbezogenen organisationspsychologischen und eignungsdiagnostischen Forschung nicht weiter aufgegriffen (s. Amelang & Borkenau, 1986, S. 13–22). Eine ausführliche Darstellung zur Konsistenzdebatte findet sich bei Moser (1991).

3.1.1 Die situationsübergreifende Konsistenz von Verhalten

Einer der wichtigsten Anhaltspunkte Mischels gegen die Brauchbarkeit des Eigenschaftskonzeptes ist die als gering eingeschätzte beobachtbare Konsistenz menschlichen Verhaltens (vgl. Mischel, 1977). Im folgenden werden methodische Grundlagen für die Untersuchung situationsübergreifender Verhaltenskonsistenzen vorgestellt. Dabei wird unter anderem dargelegt, daß die situative Variabilität von Verhalten durchaus nicht in Widerspruch zu der Annahme von „breiten" Persönlichkeitsdispositionen steht – die Argumente Mischels mithin dem Eigenschaftskonzept nicht wirklich entgegenstehen. Abschließend werden die Konsequenzen geschildert, welche aus der persönlichkeitspsychologischen Grundlagenforschung hinsichtlich berufseignungsdiagnostischer Personalentscheidungen abgeleitet werden können.

3.1.1.1 Methodische Grundlagen und empirische Befunde

Es spricht nicht nur gegen zahlreiche wissenschaftliche Befunde, sondern auch gegen jegliche Alltagserfahrung, mit absoluter Konsistenz – das heißt völliger Gleichförmigkeit – im Verhalten eines Menschen zu rechnen. Dies würde bedeuten, in jeder beliebigen Situation das Auftreten einer mit einer bestimmten Eigenschaft (z. B. „Freundlichkeit") verknüpften Verhaltensweise (z. B. „Lächeln") völlig sicher erwarten zu können. Eine *relative* Konsistenz im Verhalten ist jedoch gegeben, wenn die *Unterschiede* zwischen Individuen über verschiedene Situationen hinweg konstant bleiben. Dies würde konkret bedeuten, daß sich eine Person „A" in allen Situationen freundlicher verhält als Person „B". Gleichwohl können durchaus Situationen auftreten, in welchen auch Person „B" – augenscheinlich die unfreundlichere der beiden – sehr freundlich reagiert. Dies wäre etwa der Fall, wenn der Einfluß der Situation für alle Personen identisch ist, also – varianzanalytisch gesprochen – keine Wechselwirkung zwischen Person und Situation vorliegt (Schmitt & Borkenau, 1992).

Ein statistisches Maß für die beschriebene Form der Konsistenz über zwei Situationen hinweg ist der Pearson-Korrelations-Koeffizient, da unterschiedliche Mittelwerte keinen Einfluß auf die Höhe des Zusammenhangs haben. Eine perfekte Korrelation von r = 1.0 bedeutet, daß die Unterschiede zwischen Individuen in allen Situationen identisch bleiben. Geringere Korrelationen weisen auf starke Wechselwirkungen zwischen Person und Situation hin. Im Rahmen des Konzeptes der *relativen* Konsistenz wäre also eine Konsistenz des Verhaltens möglich, obwohl die Situation deutliche Einflüsse ausübt. Selbstverständlich determiniert die Korrelation nicht Verhalten auf individueller Ebene, sondern beschreibt lediglich eine Stichprobe. Einen Koeffizienten zur Messung individueller Konsistenz schlägt Asendorpf (1990) vor.

In der einschlägigen Literatur wird vielfach von Konsistenzkoeffizienten berichtet, die etwa um r = .25 liegen. Dies wird von einigen Autoren dahingehend interpretiert, daß nicht einmal der Nachweis relativer Konsistenz auf einem Niveau, welches den Einsatz von Tests in individuellen Auswahlsituationen rechtfertigte, gelungen sei (Mischel, 1984). Gegen diese pessimistische Interpretation der Befunde sprechen allerdings einige methodenbasierte Argumente (s. Kenrick & Funder, 1988; Schmitt & Borkenau, 1992): Einzelne Messungen von Verhaltensakten, die in vielen Untersuchungen zur Konsistenz herangezogen werden, sind – quasi als Ein-Item-Messungen – wenig genau und zuverlässig. Mehrere Messungen desselben Verhaltensaktes müßten bei anschließender Aggregation der Daten zu einer reliableren Messung führen (Funder, 1983). Dies konnte etwa Epstein (1979) in vier verschiedenen Untersuchungen nachweisen. Hohe korrelative Zusammenhänge sind nur dann zu erwarten, wenn die gemessenen Variablen über eine zumindest ähnliche Schiefe der Verteilung verfügen, also eine vergleichbare Schwierigkeit aufweisen. Niedrige Korrelationen können auch allein dadurch entstehen, daß die Varianz des Verhaltens in der untersuchten Stichprobe gering ist.

In der auf die faktorenanalytische Methodik ausgerichteten Persönlichkeitsforschung wird häufig ein hierarchischer Aufbau der Eigenschaftskonstrukte angenommen. Die höheren Ebenen entstehen durch nochmalige Faktorenanalyse über bereits schiefwinklig rotierte Faktoren. Diese „Faktoren höherer Ordnung" (vgl. Herrmann, 1991) sollen dann Eigenschaften mit besonders breitem Erklärungsbereich repräsentieren.

Die Ergebnisse der Untersuchung von Konsistenz und Vorhersagbarkeit von Verhalten durch Eigenschaften hängen in sehr hohem Maße von der Wahl der Abstraktionsebene ab, die bei der Messung herangezogen wird. Hohe Konsistenz ist dann zu erwarten, wenn Messungen der gleichen spezifischen Abstraktionsstufe betrachtet werden. Sobald die Zusammenhänge zwischen verschiedenen Abstraktionsstufen untersucht werden – etwa durch die Korrelation sehr breit angelegter Faktoren (d.h. Beschreibungskategorien) mit einzelnen Verhaltensweisen – ist das Entstehen hoher korrelativer Zusammenhänge nahezu unmöglich.

Autoren, die aufgrund von Einfachheitsüberlegungen sehr wenige Faktoren bevorzugen (z.B. Eysenck), werden deswegen folgende Resultate akzeptieren müssen (vgl. Schmitt & Borkenau, 1992):

1. Es finden sich nur geringe Korrelationen zwischen den Indikatoren der Konstrukte.
2. Die Korrelation der Faktoren mit spezifischen Verhaltensweisen fällt gering aus.

Abbildung 9 zeigt beispielhaft ein Modell mit den zuvor erwähnten Faktoren höherer Ordnung (vgl. Schmitt & Borkenau, 1992), wobei F einen Faktor dritter Ordnung repräsentiert; F1 und F2 sind demzufolge Faktoren zweiter Ordnung. F11 bis F22 stellen Faktoren erster Ordnung dar, die sich durch jeweils zwei Items konstituieren. Alle Variablen korrelieren zu 0.7. Des weiteren soll angenommen werden, daß alle Residualvariablen unkorreliert sind (damit ist gemeint, daß die nicht-gemeinsamen Varianzanteile zwischen zwei Variablen keine Systematik aufweisen und nicht mit anderen Variablen zusammenhängen). Mit diesen hypothetischen Voraussetzungen können alle weiteren Zusammenhänge berechnet werden. Die Korrelation zwischen Item 1 und Item 2 beträgt $0.7^2 = 0.49$ (Die beiden Items sind durch zwei Pfade verbunden). Die Korrelation zwischen Item 1 und F beträgt $0.7^3 = 0.34$, da sich die Verbindung über drei Pfade erstreckt. Item 1 und Item 8 sind hingegen über 6 Pfade verbunden, so daß ihre Korrelation lediglich 0.12 beträgt. Weiterhin läßt sich nun abschätzen, welcher Varianzanteil der Variablen im Modell erklärt werden kann: Die Faktoren erster Ordnung erklären 49% der Varianz der auf ihnen ladenden zwei Items. Jeder Faktor zweiter Ordnung erklärt dementsprechend 49% der Varianz der auf ihm ladenden Faktoren erster Ordnung. Analoges gilt für den Faktor dritter Ordnung. Dieser erklärt dementsprechend nur noch 11,56% der Varianz jedes Items.

Diese Erklärungsansätze sollen veranschaulichen, warum in der wissenschaftlichen Literatur uneinheitliche Befunde bei der Untersuchung der Konsistenz von Verhalten zutage treten. Studien, in denen die genannten methodischen Probleme ausdrücklich berücksichtigt wurden, zeigen häufig eine bemerkenswerte Übereinstimmung (Borkenau & Liebler, 1992a; Epstein, 1979; Funder & Colvin, 1991). Vielfach konnten Werte jenseits des „Persönlichkeitskoeffizienten" (Mischel, 1968) von r = .30 nachgewiesen werden. Mischel und Peake (1982) legten eine umfangreiche Studie vor, in der die von Epstein (1980) vorgeschlagene Methode der Aggregation von Verhaltensitems eingesetzt wurde. Die Autoren fanden allerdings nur geringe mittlere Konsistenzkoeffizienten (r = .13 für Gewissenhaftigkeit bzw. r = .08 für Freundlichkeit). Epstein und O'Brien (1985) gelangen jedoch in einer Reanalyse der von Mischel und Peake verwendeten Daten unter Berücksichtigung der zuvor aufgeführten methodischen Grundlagen zu Koeffizienten von r = .53 für Gewissenhaftigkeit und r = .64 für Freundlichkeit. Ähnliche Effekte deckten Epstein und O'Brien (1985) bei der Reanalyse weiterer klassischer Studien auf. Weiss und Adler (1984) konnten die Leistung in einer einzelnen Aufgabe durch die Eigenschaftsdimension Selbstbewußtsein mit r = .27 vorhersagen, bei einer multiplen Beobachtung in ähnlichen Aufgaben mit r = .34, bei einer Aggregation über verschiedene heterogene Aufgaben sogar mit r = .50.

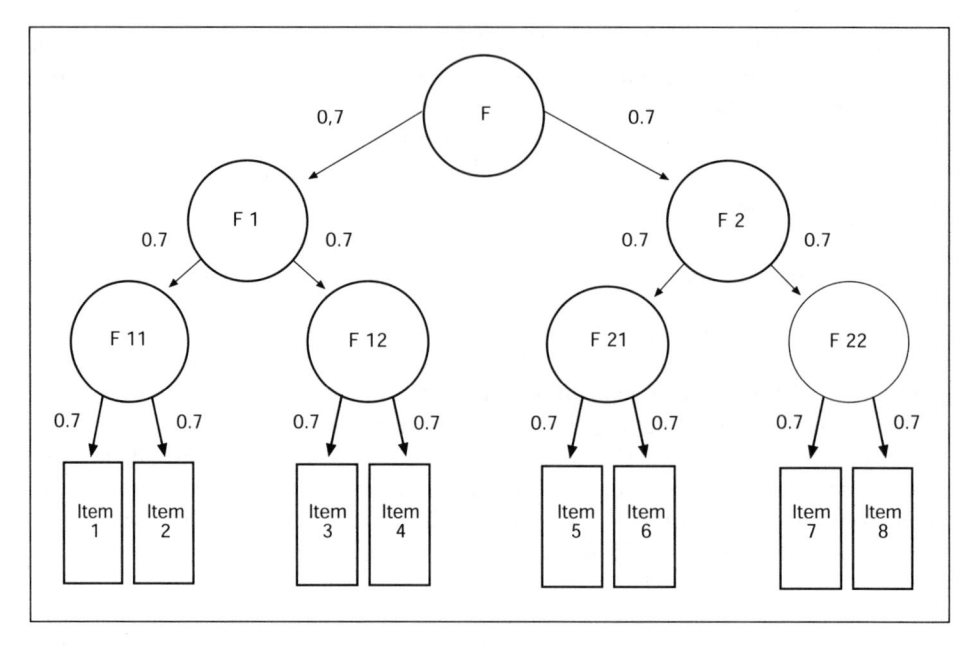

Abbildung 9: Ein hypothetisches hierarchisches Faktorenmodell
(nach Schmitt & Borkenau, 1992)

Allerdings gelten die berichteten hohen Koeffizienten nur für aggregierte Messungen. Im Rahmen der jahrelangen Kontroverse zur situationsübergreifenden Konsistenz haben die Eigenschaftstheoretiker akzeptieren müssen, daß einzelne Verhaltensakte nur mit erheblicher Unsicherheit vorhersagbar sind. Mischel begründet seine Kritik der Eigenschaftstheorie im nachhinein darum auch mit folgender Erklärung:

> „In the 1960s it was not uncommon to assume that these categories (gemeint sind traits, Anm. d. Verf.) were sufficiently informative to predict not just average levels within the same behavior domain but the person's specific behavior in many other new situations. It was commonplace to attempt extensive decision making about a person's life and future on the basis of a relatively limited sampling of personological trait indicators. Often these indicators were only indirectly connected with the behaviors for which they were the ostensible signs." (Mischel, 1984, S. 351 f.)

Bezüglich des Zusammenwirkens von Person und Situation haben sich Eigenschaftstheoretiker und Situationisten mehr und mehr angenähert. Die Ersteren haben akzeptiert, daß die Situation eine bedeutsamere Verhaltensdeterminante ist, als dies in der Blütezeit der eigenschaftstheoretischen Persönlichkeitsforschung suggeriert worden war. Die Situationisten haben in einer Reihe von Bereichen Persönlichkeitseigenschaften als angemessene Kategoriensysteme für Verhaltenstendenzen aufgenommen. Für vielfältige anwendungsbezogene Fragestellungen ist die Unmöglichkeit der Vorhersage einzelner Verhaltensakte keine unüberwindliche Einschränkung, wie das folgende Zitat – möglicherweise überpointiert – darlegt:

„Yet, there is no reason to consider the limitation greater than that imposed on physics by the physicist's inability to predict the location of a single molecule in time and space." (Epstein, 1980, S. 795)

3.1.1.2 Konsequenzen für die Berufseignungsdiagnostik

Für Persönlichkeitstests in personenbezogenen Entscheidungssituationen ist (wie bei der Anwendung jedweden Instrumtentariums) in erster Linie die Validität eines Verfahrens entscheidend (z. B. Hossiep & Wottawa, 1993; Sarges, 1996; Wottawa & Hossiep, 1997). Allerdings ist die Konsistenz des mit der Eigenschaft verknüpften Verhaltens eine Voraussetzung für die Validität: Bei der Auswahl bestimmter Eignungsprädiktoren für eine Eignungsuntersuchung werden üblicherweise aus der Kenntnis der Stellenanforderungen bestimmte Eigenschaften abgeleitet, die Voraussetzungen für eine erfolgreiche Bewältigung der Anforderungen darstellen. Es existieren Ansätze, persönlichkeitsbezogene Anforderungen einer Position per Fragebogen zu erfassen (vgl. Raymark, Schmit & Guion, 1997). Der Bewerber müßte das mit bestimmten Eigenschaften verknüpfte Verhalten also konsistent und über die Testsituation hinausgehend im Berufsalltag zeigen, um erfolgreich zu sein. Dies gilt selbstverständlich nur dann, wenn die entsprechenden Eigenschaften tatsächlich kritische Erfolgsdeterminanten sind. Abbildung 10 veranschaulicht diesen Zusammenhang.

Aus der langjährigen Debatte um die Konsistenz menschlichen Verhaltens lassen sich vor dem diskutierten Hintergrund einige Konsequenzen für den Einsatz von Persönlichkeitstests bei Personalentscheidungen ableiten:

Menschliches Verhalten ist nicht, wie Mischel (1968) postuliert, derart stark durch die Situation determiniert, daß Persönlichkeitseigenschaften keine Prädiktionskraft für zukünftiges Verhalten haben können. Dies gilt lediglich für die Vorhersage einzelner Verhaltensakte, was jedoch für die Berufseignungsdiagnostik ohnehin von geringem Belang ist. Wird durch die Aggregation einzelner Verhaltensitems das charakteristische zukünftige Verhalten vorhergesagt, so zeigen sich zufriedenstellende Konsistenzkoeffizienten (z. B. Epstein & O'Brien, 1985; Schmitt, Dalbert & Montada, 1985). Bei der Frage nach

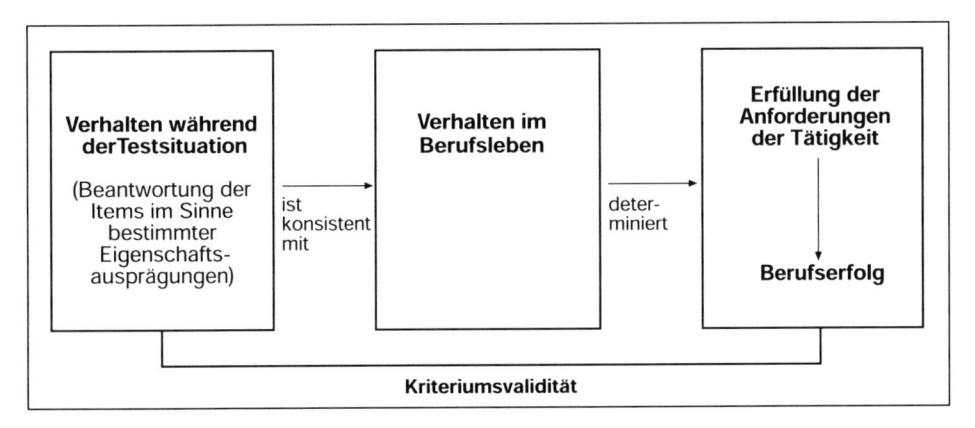

Abbildung 10: Der Zusammenhang von Konsistenz und Validität

der beruflichen Bewährung steht insbesondere das typische zukünftige Verhalten im Zentrum der Aufmerksamkeit. Validitätsuntersuchungen, in denen das Kriterium durch die Leistung bei einer isolierten Aufgabe operationalisiert wird, sind aus diesem Grund unzureichend sowie ungeeignet, eine vermutete mangelnde Brauchbarkeit von Persönlichkeitstests für die Vorhersage beruflicher Leistung zu belegen (s. Weiss & Adler, 1984).

Bei Validitätsuntersuchungen müssen Prädiktoren und Kriterien auf dem gleichen Abstraktionsniveau gemessen werden, wenn die Resultate stichhaltig sein sollen. Sehr breit greifende Prädiktoren werden sehr enge und spezifische Kriterien nicht vorhersagen können – und umgekehrt. Dies sei an folgendem Beispiel veranschaulicht: Die fünf Faktoren des Big-Five-Modells der Persönlichkeit werden vermutlich keinen herausragenden Zusammenhang mit der Effektivität, mit welcher Elektriker Fehler in Stromkreisläufen identifizieren können, aufweisen (Adler & Weiss, 1988). Analog erläutert Sarges (1995a), daß umfassende Konstrukte wie Extraversion oder Neurotizismus nur gering mit beruflichem Erfolg korrelieren (vgl. Barrick & Mount, 1991; Tett, Jackson & Rothstein, 1991), während recht spezifische Subkonstrukte, die speziell auf Anforderungen im Managementbereich abgestimmt sind, deutlich bessere Vorhersagen erbringen (Guion, 1991; Robertson, 1993; Scholz & Schuler, 1993; vgl. auch die Ausführungen zur Kombination von übergreifenden und spezifischen Konstrukten bei Ozer & Reise, 1994).

In zahlreichen Untersuchungen zur Validität von Persönlichkeitstests werden Ratings als Kriterium verwendet. Es liegt nunmehr die Vermutung nahe, daß die Beurteiler – zumeist die direkten Vorgesetzten – implizit Leistungsindikatoren über die Zeit und über verschiedene Situationen sammeln und deshalb mit einem solchen Rating eine aggregierte Messung vorliegt. Demzufolge müßten die Voraussetzungen gegeben sein, unter denen Persönlichkeitstests ihre Prädiktionskraft entfalten können. Allerdings ist die Qualität der Aggregation in hohem Maße fraglich, denn die einzelnen Leistungsindikatoren gehen mit ungleicher und nicht nachvollziehbarer Gewichtung in den Gesamtwert ein. Darüber hinaus ist die Unabhängigkeit und Repräsentativität der Beobachtungen nicht gesichert, und Zeiteffekte (Primacy-Recency-Effekte) können nicht kontrolliert werden. Ein solches Kriterium muß also durch Daten, die mit anderen Methoden erhoben werden, ergänzt werden.

Mit den genannten methodischen Grundüberlegungen existiert eine konzeptuelle Basis, auf der die Argumente der Situationisten gegen den Einsatz von Persönlichkeitstests zu Selektionszwecken an Bedeutung verlieren. Selbstverständlich darf andererseits bei der Untersuchung der Relevanz individueller Differenzen für den Berufserfolg nun nicht die folgende Frage ausschlaggebend sein: „How can we operationalize behavior so that it is predictable from personality?" (Weiss & Adler, 1984, S. 29). Vielmehr sollte sich der Zusammenhang zwischen Persönlichkeit und Berufserfolg theoretisch begründet aus den Positionsanforderungen ableiten lassen.

3.1.2 Situationsspezifische Einflüsse

Während zuvor die Diskussion um die Konsistenz menschlichen Verhaltens vor allem mit Blick auf die Person diskutiert wurde, soll an dieser Stelle eine Auseinandersetzung mit den situationalen Einflüssen erfolgen. Eingeleitet wird dies mit grundsätzlichen Überlegungen zum Einfluß der Situation auf das Verhalten, um anschließend die Konsequenzen der Befunde für den Einsatz von Persönlichkeitstests in der Berufseignungsdiagnostik zu diskutieren.

3.1.2.1 Die Relevanz situationaler Einflüsse

Der Einfluß der Situation auf das Verhalten wird explizit von Teilgebieten der Psychologie untersucht, etwa der Allgemeinen Psychologie oder der Sozialpsychologie. Die große Bedeutsamkeit situationaler Faktoren für das Verhalten ist hinlänglich belegt. Bei der Diskussion um die Bedeutung von Person- und Situationseinflüssen wurde vielfach mit den Varianzanteilen argumentiert, die sich im Rahmen varianzanalytischer Versuchspläne durch Eigenschaften und Situationsmerkmale erklären lassen (z.B. Weiss & Adler, 1984, S. 21–24). Diese Sichtweise der Interaktion von Person und Situation ist als der sogenannte „statische Interaktionismus" in die Literatur eingegangen (Sarges, 1995a). Es ergibt sich, daß die Varianzanteile des Verhaltens, welche sich auf individuelle Unterschiede zurückführen lassen, üblicherweise deutlich geringer sind als jene Varianzanteile, die sich durch die Situation erklären. Dieser Umstand hat über viele Jahre die Untersuchung der Rolle individueller Differenzen in der angewandten organisationspsychologischen Forschung gelähmt, schien doch die Relevanz von Persönlichkeitseigenschaften für das Verhalten am Arbeitsplatz eher gering zu sein (vgl. Furnham, 1995, S. 15–19; Weiss & Adler, 1984). Gegen diese pessimistische Auffassung spricht allerdings eine Anzahl von Argumenten, die sowohl methodischer als auch empirischer Natur sind.

In zahlreichen Laboruntersuchungen zu dieser Fragestellung wurden Versuchspersonen mit Situationen konfrontiert, die sie natürlicherweise überhaupt nicht aufgesucht hätten. Diese Situationen sind „ökologisch unvalide" (vgl. Pawlik, 1982). Um den Einfluß individueller Unterschiede zu untersuchen, müssen Personen solchen Umgebungsbedingungen ausgesetzt werden, die repräsentativ für die Situationen sind, auf die generalisiert werden soll.

Üblicherweise sind in der Allgemeinen Psychologie individuelle Unterschiede weniger erwünscht, und bei der Vorbereitung einer Untersuchung werden im allgemeinen große Anstrengungen unternommen, die Varianz zu maximieren, die sich auf die experimentellen Variationen zurückführen läßt (Weiss & Adler, 1984). Vor diesem Hintergrund ist die geringe Varianzaufklärung durch Persönlichkeitsvariablen nicht erstaunlich.

In einer Varianzanalyse hängt der Anteil der Kriteriumsvarianz, der durch einen bestimmten Prädiktor erklärt wird, wesentlich von der Kovarianz mit anderen Prädiktoren ab. Wie verfälschend die Annahme sein kann, von der geringen Varianz, die eine Prädiktorvariable mit einem Kriterium teilt, auf ihre Unbedeutsamkeit zu schließen, demonstriert Wottawa (1984) anschaulich am Beispiel der Varianzzerlegung von Anlage- und Umwelteinflüssen.

Die Auswahl von Situationen, denen sich Menschen aussetzen, ist ebenfalls nicht zufällig, sondern wesentlich durch ihre persönlichen Dispositionen mitdeterminiert. Dieses Argument liegt zum Beispiel der Anwendung biographischer Fragebogen für die Personalauswahl zugrunde. Die bisherige Situationsselektion der Bewerber wird hier als Prädiktor für zukünftiges Verhalten verstanden (vgl. Sarges, 1995 a). Dieser Ansatz, der neben der wechselseitigen Einflußnahme von Person und Situation auch noch die differentielle Selektion von Situationen durch Personen explizit konzeptualisiert, wird in der Literatur als „dynamischer Interaktionismus" bezeichnet. Ein anschauliches Beispiel für eine solche Theorie ist das Leistungs-Risiko-Wahlmodell von Atkinson (s. Heckhausen, 1989). In diesem Modell wird nämlich für unterschiedliche Ausprägungen der Leistungsmotivation gleichzeitig eine Bevorzugung unterschiedlicher Aufgabenschwierigkeiten (und damit eine Selektion bestimmter Situationen) vorhergesagt. Ein Prozeßmodell der Selbstselektion von potentiellen Führungsnachwuchskräften bei ihrer Stellensuche hat Nerdinger (1994) vorgeschlagen, wobei auf der Personenseite vor allem unterschiedliche Wertorientierungen als Wirkgrößen eingehen. Ein Modell der Situationsselektion im Berufsleben stellt auch Schneider (1987) vor.

Die Situation an sich übt keinen direkten Einfluß auf das Verhalten aus, sondern lediglich die kognitive Repräsentation der Situation. Diese ist allerdings nicht unabhängig von individuellen kognitiven Verarbeitungsstilen (Hatzelmann & Wakenhut, 1995), also auch nicht unabhängig von bestimmten Persönlichkeitsdispositionen.

Die oben genannten Aspekte sprechen durchaus nicht gegen die Auffassung, daß das Verhalten durch Person, Situation und die Wechselwirkung zwischen diesen beiden Faktoren determiniert ist, sondern lediglich gegen das Postulat der relativen Unwichtigkeit dispositioneller Unterschiede, wie es zum Beispiel Chell (1987, S. 4–10) formuliert.

3.1.2.2 Konsequenzen für die Berufseignungsdiagnostik

Für die Berufseignungsdiagnostik hat sich vor allem ein Konzept in der Debatte als nützlich herausgestellt, nämlich das Konstrukt des „situational constraint" (Mischel, 1977), mit dem starke (hoch strukturierte und das Verhalten einschränkende) und schwache (wenig eindeutige und somit offene) Situationen voneinander abgegrenzt werden. Starke Situationen zeichnen sich nach Weiss und Adler (1984, S. 21) durch folgende Merkmale aus (vgl. auch Mischel, 1977):

„1. Lead everyone to construe the situation in the same way.
 2. Induce uniform expectancies regarding appropriate response patterns.
 3. Provide adequate incentives for the performance of that response pattern.
 4. Require skills that everyone has."

Im Gegensatz dazu sind schwache Situationen durch folgende Charakteristika zu beschreiben:

„1. Are not uniformly encoded.
 2. Do not generate uniform expectancies.
 3. Do not offer incentives for performance.
 4. Fail to provide the learning conditions necessary for successful genesis of behavior."

Die sogenannten schwachen Situationen bieten für den Akteur einen Gestaltungsspielraum, in dem Persönlichkeitseigenschaften ihre differenzierende Wirkung entfalten können. Je strukturierter und determinierter eine Arbeitssituation beschaffen ist, um so weniger können individuelle Differenzen eine Rolle spielen. So ist zum Beispiel die Arbeitsverrichtung an einem Fließband mit einer vom dort Tätigen unbeeinflußbaren

Taktfrequenz eine überaus starke Situation. Die Arbeitssituation einer Führungskraft dürfte wesentlich mehr Spielraum für eigene Gestaltungen geben. Aus diesem Grunde argumentiert Sarges (1995 a), daß in der Managementdiagnostik eine wesentlich günstigere prognostische Ausgangsposition besteht. Einen empirischen Nachweis für dieses Postulat legen Barrick und Mount (1993) vor. Sie konnten in einer Studie zur Validität des Fünf-Faktoren-Modells bei 146 Führungskräften nachweisen, daß die Validität der Persönlichkeitsfaktoren Gewissenhaftigkeit und Extraversion zur Vorhersage von Vorgesetztenbeurteilungen höher war, wenn die Führungskräfte über hohe Autonomie verfügten. Bei geringem Gestaltungsspielraum der beurteilten Manager nahm hingegen die Validität der Persönlichkeitsdimensionen ab. Natürlich gibt es für Mitarbeiter mit Führungsauftrag eine Reihe von situationalen Zwängen (konjunkturelle Einflüsse, technische Entwicklungen, gesellschaftspolitische Trends und Werthaltungen, gesetzliche Reglementierungen, branchenspezifische Besonderheiten, Konkurrenzsituation, Mitarbeiterpotentiale, Organisationsstruktur, finanzielle Ressourcen, Unternehmenskultur etc.), die die Situationen, in denen eine Führungskraft agiert, „stark" machen können. Dieses ist bei der Situationsanalyse zu berücksichtigen (vgl. Wottawa, 1995).

Einen in diesem Zusammenhang interessanten Effekt konnte Hossiep (1995a; vgl. Abb. 11) nachweisen. In seiner Validierungsstudie der Testbatterie eines großen Finanzdienstleistungskonzerns (N = 958), welche aus Leistungs- und Persönlichkeitsskalen bestand, zeigte sich eine beachtliche Prognosekraft des langfristigen Berufserfolges durch die Ergebnisse des Einstellungstests über eine zeitliche Erstreckung von annähernd 20 Jahren. Bei Teilstichproben von besonders lang im Unternehmen beschäftigten Personen wurden multiple Korrelationen bis zu einem Wert von R = .67 erreicht, zu denen auf Prädiktorseite Dimensionen der Persönlichkeit und der intellektuellen Leistungsfähigkeit bedeutsame Beiträge leisteten. Auf dieser Basis konnte (mit maximal 45% Varianzaufklärung) auf Karriereindikatoren wie Aufstiegsgeschwindigkeit in den außertariflichen Vergütungsbereich oder die Höhe des Entgeltes geschlossen werden. Bemerkenswert ist insbesondere das Phänomen, daß die Tests über eine gute Prognosekraft für die Ausbildungsleistung verfügen, die Validität des Verfahrens aber nicht über den gesamten Zeitraum gleichermaßen zum Tragen kommt – ab einer Betriebszugehörigkeit von etwa zehn Jahren steigt die Vorhersagegüte jedoch wieder deutlich an (der sog. „Wanneneffekt"). Der relative Anteil der Kriteriumsvarianz, der durch kognitive Variablen (z. B. rechnerisches Denken) erklärt wird, nimmt mit der Zeit deutlich ab, wohingegen die Persönlichkeitsvariablen ihre höchste Validität erst 18 Jahre nach der Testung erreichen.

Das zuvor diskutierte Konzept des „situational constraint" bietet eine nachvollziehbare theoretische Begründung für dieses Phänomen. Während der Ausbildung und der ersten Berufsjahre dürfte die Wirkung der Situation auf das Verhalten der Mitarbeiter so stark sein, daß lediglich kognitive Leistungsvariablen (wie rechnerisches Denken) eine Differenzierung hinsichtlich kognitiver Kriterienanforderungen (z. B. IHK-Abschlußprüfungen) erlauben. Darüber hinaus wird es in der Regel wenig Gestaltungsspielräume geben, die es ermöglichen würden, daß sich Persönlichkeitsdispositionen deutlich in Leistungsunterschieden widerspiegeln. Zu stark dürften formale und informelle Regelungen das Verhalten der Mitarbeiter in dieser Zeit determinieren. Erst mit wach-

Zeitlicher Verlauf der Prädiktionskraft hinsichtlich des Berufserfolges

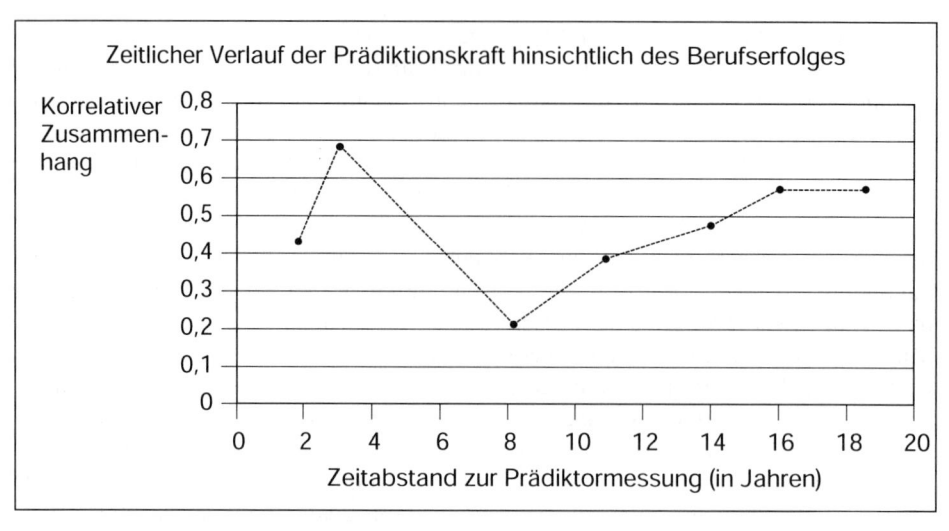

[Diagramm: Korrelativer Zusammenhang (0 bis 0,8) gegen Zeitabstand zur Prädiktormessung (in Jahren, 0 bis 20)]

Abbildung 11: Der Wanneneffekt bei der langfristigen Prognose beruflichen Erfolges (Hossiep, 1995a)

sender Berufserfahrung, der Übernahme neuer Verantwortung, dem hierarchischen Aufstieg und größerer Sicherheit hinsichtlich der informellen Gesetze werden die Situationen als ausreichend „schwach" wahrgenommen, so daß durch Persönlichkeitsunterschiede (und nicht hauptsächlich durch kognitive Fähigkeiten) bedingte Verhaltensunterschiede sich tatsächlich in als unterschiedlich eingeschätzten beruflichen Leistungen widerspiegeln können.

Als Fazit der Betrachtungen zur Relevanz situationaler Einflüsse können abschließend folgende Überlegungen zusammengefaßt werden:

– Der Einfluß der Situation auf das Verhalten ist unbestritten. Allerdings läßt sich daraus nicht die Einflußlosigkeit von Persönlichkeitsfaktoren auf das Verhalten ableiten, denn diese moderieren (im Rahmen des Konzeptes eines „dynamischen Interaktionismus") die Wahrnehmung der Situation und die differentielle Selektion von Situationen.
– Das Konstrukt des „situational constraint" bietet einen angemessenen Rahmen, um zu beschreiben, unter welchen Bedingungen eine gute Prognosekraft von Persönlichkeitstests zu erwarten ist.
– Persönlichkeitstests werden vermutlich eher den langfristigen Berufserfolg prognostizieren (der „Honeymoon Effect in Job Performance" – unmittelbar nach der Einstellung ist die Varianz der Leistung deutlich geringer, erst mit der Zeit differenzieren sich deutliche Unterschiede heraus; Helmreich, Sawin & Carsrud, 1986). Hierzu liegen aber leider noch zu wenige Untersuchungen vor, die einen ausreichend langen Zeitraum betrachten (vgl. hierzu Hossiep, 1995a).
– Schließlich ist die Flexibilität, spezifisches Verhalten an unterschiedliche Situationen anzupassen, gerade für Führungskräfte von großer Bedeutung (Sarges, 1995a). Zu starke Konsistenz auf der Verhaltensebene dürfte eher dysfunktional sein und den möglichen Reaktionsspielraum einengen. Insofern ist es sogar wünschenswert, wenn die Situation eine gewisse Rolle bei der Auswahl von Handlungsalternativen spielt (was selbstverständlich nicht zu einer fehlenden Berechenbarkeit persönlicher Reaktionsweisen führen sollte).

3.1.3 Stabilität und Veränderung von Persönlichkeitsmerkmalen

In seinem Buch „Principles of Psychology" macht William James (1981, Erstveröffentlichung 1890) eine heute vielzitierte Bemerkung zur Stabilität von Persönlichkeitseigenschaften:

> „Already at the age of twenty-five you see the professional mannerism settling down on the young commercial traveller, on the young doctor, on the young minister, on the young counsellor-at-law. You see the little lines of cleavage running through the character, the tricks of thought, the prejudices, the ways of the 'shop', in a word, from which the man can by-and-by no more escape than his coat sleeve can suddenly fall into a new set of folds (…). In most of us, by the age of thirty, the character has set like plaster, and will never soften again." (James, 1981, S. 125–126)

Die Diskussion um Stabilität und Veränderung von Persönlichkeit über die Zeit ist auch in den letzten Jahren keineswegs verstummt (Heatherton & Weinberger, 1994), sondern wird weiterhin engagiert geführt. Gerade bei diesem Thema war und ist die Auseinandersetzung oftmals weltanschaulich geprägt, werden doch mit dem Standpunkt der Stabilität eher die negativ besetzten Begriffe Determinismus und Statik in Verbindung gebracht, wohingegen mit Veränderbarkeit eher persönliches Wachstum, Reifungspotential und ein positives Menschenbild assoziiert werden (Rubin, 1981). Es erscheint sinnvoll, diejenigen Aspekte der menschlichen Persönlichkeit zu identifizieren, die einer Veränderbarkeit gut zugänglich sind, um gezielte Interventionsmaßnahmen vorbereiten zu können (z. B. durch Verhaltenstrainings oder therapeutische Bemühungen), und die eher stabilen Anteile herauszuarbeiten, die dann für langfristige Verhaltensprognosen nutzbar gemacht werden können. Im folgenden werden die wichtigsten methodischen und konzeptuellen Grundlagen der Untersuchung von Veränderung und Stabilität der Persönlichkeit diskutiert. Des weiteren werden einige zentrale Befunde vorgestellt und Konsequenzen für die Berufseignungsdiagnostik erörtert.

3.1.3.1 Methodische und konzeptuelle Grundlagen

Da Persönlichkeitseigenschaften stets aus Verhaltensindikatoren erschlossen werden, beschreiben sie im wesentlichen, „wie sich ein Mensch in bestimmten Lebensumständen zu verhalten pflegt" (Brandstätter, 1989, S. 12). Veränderungen liegen dann vor, wenn in der gleichen Klasse von Lebensumständen ein anderes Verhalten gezeigt wird als früher. Die diesbezüglich bevorzugte Forschungsstrategie ist die Längsschnittstudie, mittels derer Ausprägungen von Persönlichkeitseigenschaften zu verschiedenen Zeitpunkten verglichen werden können (Conley, 1984; Nesselroade & Boker, 1994). Auf der Basis der Ergebnisse von Längsschnittstudien können zwei Aspekte der Stabilität oder der Veränderung diskutiert werden (Costa & McCrae, 1989, 1994 a):

1. Um Hypothesen bezüglich genereller Reifungsvorgänge zu testen (z. B. die Annahme, daß Extraversion mit zunehmendem Alter abnimmt), können Mittelwertvergleiche zwischen verschiedenen Zeitpunkten durchgeführt werden. Liegen die Mittelwerte auf gleichem Niveau, wird dies in der Regel als Beleg gegen die Annahme genereller Reifungsvorgänge gesehen (Costa & McCrae, 1980). Diese Interpretation ist allerdings nicht unproblematisch. Es kann sich ebensogut ein Teil der untersuchten Stichprobe in die eine Richtung

und der andere Teil in die entgegengesetzte Richtung entwickelt haben, so daß zwar keine Mittelwertunterschiede nachweisbar sind, aber dennoch markante Veränderungen stattgefunden haben, die sich statistisch gegenseitig aufheben.
2. Aus diesem Grunde wird als zweiter Indikator eine von Mittelwertunterschieden unabhängige Korrelation herangezogen. Ein hoher korrelativer Zusammenhang zwischen den Eigenschaftsausprägungen zu verschiedenen Zeitpunkten kann als Beleg dafür gewertet werden, daß zumindest die Rangfolge der Personen erhalten geblieben ist, also eine relative Stabilität vorliegt.

Zahlreiche Längsschnittstudien wurden auf der Grundlage von Persönlichkeitstestdaten durchgeführt, wobei in einigen Untersuchungen Tests mit weiteren Erhebungsmethoden kombiniert wurden (Conley, 1985; McCrae & Costa, 1982). Schon a priori lassen sich eine Reihe von Argumenten dafür finden, von eher stabilen oder veränderbaren Persönlichkeitseigenschaften auszugehen. Stabilität ist notwendig, um sich überhaupt in der Umgebung zu orientieren, um Handlungsalternativen vor dem Hintergrund der Antizipation der Reaktionen anderer Menschen bewerten zu können. Aber auch für das Verständnis der eigenen Person und der individuellen Lebensplanung ist Stabilität bzw. Kontinuität von Bedeutung.

So wird zum Beispiel die Entscheidung für das Ergreifen eines bestimmten Berufes in der Erwartung gefällt, daß man sich auch in Zukunft durch gleiche Interessen und eine ähnliche Motiv- und Persönlichkeitsstruktur auszeichnen wird. Ohne diese Perspektive wäre eine rationale Berufswahl kaum möglich. Vergleichbares gilt auch bezüglich der Entscheidung für den Lebenspartner. Auf der anderen Seite muß unsere Persönlichkeit flexibel genug sein, sich an veränderte Lebensbedingungen und möglicherweise auch an verschiedene kulturelle Kontexte anzupassen oder sich weiterzuentwickeln. Haftstrafen werden (im Idealfall) vor dem Hintergrund verhängt, daß durch den Strafvollzug eine Veränderung hinsichtlich der kriminellen Motivation erfolgt. In Therapien, Trainings oder durch Coachings sollen nachhaltige Veränderungsprozesse induziert werden. Zweifellos lassen sich zahlreiche Belege für die Stabilität, ebenso jedoch für die Veränderbarkeit von Persönlichkeit finden. Welcher der beiden Aspekte im Rahmen einer wissenschaftlichen Untersuchung nachgewiesen werden kann, ist unter anderem davon abhängig, wie Persönlichkeit definiert und operationalisiert wird und auf welche Weise Stabilität und Veränderung jeweils gemessen werden (Weinberger, 1994).

Vor der Darstellung einiger ausgewählter Befunde sei noch darauf eingegangen, welche Aspekte dieser Diskussion für berufseignungsdiagnostische Fragestellungen von Bedeutung sind. Hierbei sind fünf Fälle zu unterscheiden:

1. Die mit einer bestimmten Tätigkeit verknüpften Anforderungen an die persönlichen Eignungsvoraussetzungen sind auf lange Sicht gleichbleibend (was nicht bedeutet, daß einzelne Anforderungsaspekte selbst völlig identisch bleiben). Bei einem potentiellen Kandidaten, der die entsprechenden Eigenschaften in ausreichendem Umfang mitbringt, müßten die Dimensionen in hinreichender Weise stabil bleiben (Sarges, 1995a), oder eine Veränderung dürfte nur in „positiver" Richtung erfolgen.
2. Die mit einer Tätigkeit verknüpften Anforderungen sind auf lange Sicht gleichbleibend, aber der potentielle Kandidat kann sie derzeit noch nicht erfüllen. Erforderlich ist hier eine Vorhersage darüber, ob eine Veränderung in Richtung auf die Anforderungen wahrscheinlich ist (Potentialdiagnostik).

3. Die mit einer Tätigkeit verknüpften Anforderungen werden sich in voraussehbarer Weise ändern, und der Kandidat bringt bereits die zukünftig erforderlichen Qualifikationen mit. Hier wäre erneut eine Aussage darüber zu treffen, ob bei diesen Aspekten keine nachteiligen Veränderungen erfolgen beziehungsweise die Eigenschaften stabil bleiben.
4. Die mit einer Tätigkeit verknüpften Anforderungen werden sich in absehbarer Weise ändern, aber der Kandidat verfügt noch nicht über die zukünftig erforderlichen Qualifikationen. Optimal wäre eine Aussage über das Potential zu einer Veränderung in Richtung auf die zukünftigen Anforderungen (Potentialdiagnostik).
5. Die mit einer Tätigkeit verknüpften Anforderungen werden sich in Zukunft ändern, aber die erforderlichen persönlichen Kompetenzen sind noch nicht vorhersehbar. In diesem Fall wären hohe Verhaltensflexibilität und Lernpotential bedeutsame Dimensionen, um eine Prognose zu ermöglichen (Sarges, 1995c).

Aus diesen Fragestellungen wird bereits deutlich, daß zeitliche Stabilität der Indikatoren für die Eignungsdiagnostik nicht unbedingt erforderlich ist (s. a. Wottawa & Hossiep, 1987). Sie ist lediglich beim ersten und dritten Fall von Bedeutung. Auf empirischer Grundlage lassen sich derzeit in der Tat vor allem für diese beiden Fälle Belege für Stabilität aufzeigen. Bislang existieren innerhalb der eigenschaftsorientierten Persönlichkeitspsychologie kaum Modelle der Entfaltungslogik von Persönlichkeitstraits über eine längere zeitliche Distanz. Dies wäre notwendig, um auf der Basis von Daten aus Persönlichkeitstests konsistente Muster von Veränderungen („consistent patterns of change", Larsen, 1989, S. 177) vorhersagen zu können, wie sie zum Beispiel durch die Untersuchungen von Howard und Bray (1988) impliziert werden. Im allgemeinen sind Persönlichkeitstraits jedoch so konzeptualisiert und definiert, daß sie explizit als zeitlich überdauernde und stabile Verhaltensdispositionen verstanden werden. Eine Ausnahme bildet in diesem Zusammenhang zum Beispiel die Theorie der Reifestadien der Macht (vgl. Wottawa & Gluminski, 1995), die besagt, daß sich Machtmotivation in einer vorhersagbaren und konsistenten Weise entwickelt.

3.1.3.2 Empirische Belege für zeitliche Stabilität und Veränderung von Persönlichkeitsmerkmalen

In jüngerer Zeit haben sich zwei US-amerikanische Forscher um den Nachweis einer langfristigen Stabilität von Persönlichkeitseigenschaften bemüht: Paul Costa und Robert McCrae. In einer Vielzahl von teilweise sehr aufwendigen Längsschnittstudien wurden vor allem Belege für die zeitliche Stabilität der Faktoren des Big-Five-Modells erbracht. Tabelle 1 zeigt die Median-Korrelationen der Faktoren über einen Zeitraum von 3–30 Jahren, wobei verschiedene Untersuchungen in die Berechnungen eingeflossen sind (vgl. Costa & McCrae, 1994b).

In einer von den gleichen Autoren durchgeführten Längsschnittstudie über einen Zeitraum von 6 Jahren (Costa & McCrae, 1988) wurden die gefundenen Korrelationen um die Meßungenauigkeit korrigiert. Die resultierenden Kennzahlen sind in Tabelle 2 zusammengefaßt (Costa & McCrae, 1988):

Die Höhe der True-Score-Korrelationen (also der Schätzwerte für die tatsächlichen Zusammenhänge zwischen den Variablen, nach Korrektur um die geschätzten Meßungenauigkeiten) wird von den Autoren als deutlicher Beleg für die zeitüberdauernde Stabilität von Eigenschaften gewertet. Diese Interpretation ist nicht ohne Kritik ge-

Tabelle 1: Stabilitätskoeffizienten der Faktoren des Big-Five-Modells (Costa & McCrae, 1994b)

Faktor	Median-Korrelation
Neurotizismus	.64
Extraversion	.64
Offenheit für Erfahrung	.64
Verträglichkeit	.64
Gewissenhaftigkeit	.67

Tabelle 2: Stabilität von drei Faktoren des Big-Five-Modells über einen Zeitraum von sechs Jahren (vgl. Costa & McCrae, 1988)

Faktor	Korrigierte Stabilität
Neurotizismus	.95
Extraversion	.90
Offenheit für Erfahrung	> .95

blieben. So gibt Brody (1988) zu bedenken, daß diese Befunde eher auf ein relativ invariantes Selbstbild als auf stabile Verhaltensmanifestationen hinweisen könnten. Außerdem sei es wahrscheinlich, daß identische Testitems in unterschiedlichen Lebensabschnitten völlig unterschiedliche Dinge bedeuten. So ist sicherlich die Beantwortung der Frage „Ich gehe gern auf Parties" sowohl vom Lebensalter abhängig als auch durch Generationseffekte beeinflußt.

Eine auf der Q-Sort-Methode basierende Längsschnittstudie, die einen Zeitraum von 50 Jahren abdeckt, legen Haan, Millsap und Hartka (1986) vor. Über 50 Jahre hinweg wurden zu sieben Zeitpunkten Persönlichkeitsmessungen durchgeführt. Die Stabilitätskoeffizienten erreichen selbst bei dieser ausgesprochen großen Zeitspanne Werte zwischen .47 und .62.

Ein insbesondere für wirtschaftsbezogene Fragestellungen relevanter Beitrag zur Frage der Stabilität von Eigenschaften liegt mit der bei AT & T durchgeführten Management-Progress-Study vor (Bray & Grant, 1966; Bray, Campbell & Grant, 1974), in der Führungskräfte über Jahrzehnte ihres Berufslebens hinweg begleitet wurden (Howard & Bray, 1988, 1990). Neben den individuellen Karrierewegen der Führungskräfte wurden zu mehreren Zeitpunkten Verhaltensstichproben im Rahmen von Assessment Centern erhoben und durch verschiedene Tests ergänzt, so daß Daten über einen Zeitraum von insgesamt 20 Jahren verfügbar sind. Damit liegt nicht nur eine beeindruckende Studie zur Validität psychologischer Auswahlverfahren vor, sondern zugleich auch eine Untersuchung zur Stabilität und Veränderung berufsrelevanter Persönlichkeitseigenschaften. Die stärkste Veränderung fanden die Autoren beim Faktor

Ehrgeiz. Während der durchschnittliche Ehrgeizwert beim Eintritt in das Unternehmen beim 50. Perzentil liegt (dieser Wert ergibt sich aus dem Vergleich mit einer Normstichprobe des Erhebungsinstrumentes), sinkt dieser Wert nach zwanzig Berufsjahren auf das siebte Perzentil ab. Die Leistungsmotivation steigt allerdings im selben Zeitraum vom 65. Perzentil auf das 85. Perzentil. Auch das Interesse an Macht und Führung nimmt weiter zu. Deutliche Veränderungen zeigen sich auch bei der im Laufe der Zeit geringer werdenden Anschlußmotivation und bei den Faktoren Feindseligkeit und Autonomie, die kontinuierlich ansteigen. Darüber hinaus gelingt den Autoren der Nachweis, daß unterschiedliche Muster von Veränderungen mit unterschiedlichen Karrierewegen in Zusammenhang stehen. In jedem Fall konnten die von Costa und McCrae gefundenen Stabilitätskennwerte für die von Howard und Bray untersuchten Dimensionen nicht repliziert werden.

Die derzeitige Befundlage scheint also nahezulegen, daß sehr breite Verhaltenstendenzen (wie die Big-Five-Faktoren, die in den meisten Studien von Costa und McCrae herangezogen wurden) relativ stabil über die Zeit bleiben, jedoch deutliche Veränderungen bei einigen enger definierten Dimensionen auftreten, was sich vielfach auch nachträglich plausibel begründen läßt. So fanden Howard und Bray (1988) etwa, daß der Ehrgeiz gerade bei den Personen absinkt, bei denen ein weiterer Aufstieg nicht mehr wahrscheinlich ist (weil z. B. die individuellen Leistungsgrenzen erreicht sind) und für diese Personen der Anreizwert von Familie und Freizeit deutlich ansteigt. Die von Costa und McCrae (1992) weitgehend geleugneten Reifungs- und Veränderungsvorgänge finden auf dieser Ebene offenbar sehr wohl statt. Neben den hier berichteten kontinuierlichen Veränderungen finden natürlich auch bisweilen abrupte und dramatische Persönlichkeitsveränderungen statt, denen meist ein bestimmtes kritisches Lebensereignis vorausgeht (Baumeister, 1994; Miller & C'deBaca, 1994). Auf diese Veränderungen soll hier aber nicht eingegangen werden, da kaum Untersuchungen zur Verfügung stehen, die Auswirkungen kritischer Lebensereignisse auf berufliches Verhalten zum Inhalt haben.

3.1.3.3 Konsequenzen für die Berufseignungsdiagnostik

Unmittelbare Konsequenzen für berufseignungsdiagnostische Fragestellungen ergeben sich in folgenden Punkten:

Bei entsprechend breiten Verhaltensdispositionen kann von recht hoher Stabilität ausgegangen werden. „The assertive 19-year-old is the assertive 40-year-old is the assertive 80-year-old (...)" (Costa & McCrae, 1980, zitiert nach Rubin, 1981, S. 20). Auch wenn zweifellos ein Potential für Veränderungen besteht, legt die gesicherte derzeitige Befundlage doch nahe, von langfristiger Stabilität auszugehen.

Viele spezifischere Dimensionen verändern sich einerseits durch Reifungsvorgänge, andererseits in Abhängigkeit von bestimmten Karrierewegen. Hier liegen allerdings noch zu wenige Untersuchungen vor, um bestimmte Veränderungsmuster modellhaft diagnostischen Entscheidungsfindungsprozessen zugrunde legen zu können.

Für praktische Fragestellungen ist vor allem die Validität entscheidend. Wenn auch ohne nachgewiesene Stabilität der Indikatoren eine gute Vorhersage möglich ist, so ist dies in der konkreten Entscheidungssituation eine ausreichende Rechtfertigung für den

Einsatz von Persönlichkeitstests oder anderen diagnostischen Instrumenten (Wottawa & Hossiep, 1987). Allerdings würden Modelle der Persönlichkeitsentwicklung und -veränderung im Berufsleben (Kohn & Schooler, 1982) nicht nur eine theoretische Bereicherung darstellen, sondern zudem wahrscheinlich Ansatzpunkte für die diagnostische Praxis bieten. Schließlich ist insbesondere die Potentialdiagnostik, die dem frühzeitigen Erkennen von Entwicklungsmöglichkeiten dient (s. Sarges & Weinert, 1991), theoretisch bislang noch nicht ausreichend fundiert.

3.2 Ein Modell zur Bedingtheit von Berufserfolg durch persönliche und situationale Variablen

Vor dem Hintergrund der in den vorangegangenen Kapiteln dargelegten Diskussion läßt sich nunmehr ein Rahmenmodell erarbeiten, mit dem die Bedingtheit des Berufserfolges durch personale und situationale Einflußfaktoren beschrieben werden kann (vgl. Sarges, 1995 a). Beispielhaft soll hier die Führungskraft im Mittelpunkt stehen (s. Abb. 12).

Mit diesem Modell wird versucht, die Interaktion von Person und Situation abzubilden. Zunächst sei hierbei die Situation des Managements betrachtet. Die Pfeile mit der Beschriftung „a" sollen andeuten, daß eine Reihe von Wirkgrößen existieren, die die Situation determinieren, die eine Führungskraft vorfindet (Mitarbeiterpotentiale, Kapital, wirtschaftliche Situation, Unternehmenskultur, gesellschaftliches und politisches Klima usw.) und die nicht unmittelbar zu beeinflussen sind. Diese Situation kann

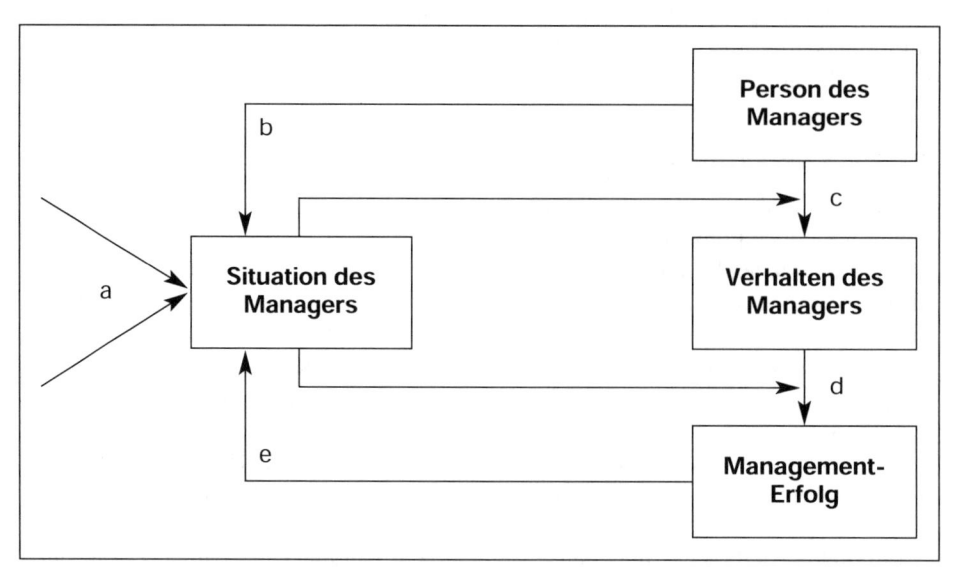

Abbildung 12: Bedingtheit des Management-Erfolges durch Person und Situation (modifiziert nach v. Rosenstiel, 1993, S. 339 und Sarges, 1995a, S. 4)

gemäß dem weiter oben beschriebenen Konzept des „situational constraint" eher stark oder eher schwach sein. Zugleich soll der Pfeil „b" symbolisieren, daß die Situation insofern von der Person des Managers abhängt, als daß sich dieser durch eine aktive Situationsselektion lediglich bestimmten Situationen aussetzt. In welcher Weise sich nun bestimmte Persönlichkeitseigenschaften im Verhalten manifestieren können (Pfeil c), hängt wiederum von der Situation ab, bzw. von der kognitiven Repräsentation dieser. Nur bei schwachen Situationen kann Pfeil „c" eine deutliche Einflußgröße repräsentieren. Auch der Zusammenhang zwischen manifestiertem Verhalten und Berufserfolg wird durch die Situation moderiert (Pfeil d). Wenn eine „starke" ungünstige Situation vorliegt, so kann auch objektiv „ideales" Verhalten nicht zum gewünschten Erfolg führen. Schließlich wirkt natürlich der Berufserfolg stark auf die Situation des Managements zurück und führt zu schrumpfenden oder erhöhten Gestaltungsspielräumen (d.h. die situationale Stärke verändert sich). Gleichwohl ließen sich in dieses Modell eine Reihe weiterer Verbindungen aufnehmen, zum Beispiel zwischen Management-Erfolg und Person des Managers (vermutlich führt ein hoher Erfolg zu geänderten Selbstwirksamkeitsüberzeugungen) oder vom Verhalten des Managers zur Management-Situation.

Der mit diesem Modell implizierte dynamische Interaktionismus (Pervin, 1989) legt eine enge wechselseitige Abhängigkeit von Person- und Situationsvariablen nahe, deren Einfluß sich nicht durch schlichte Varianzzerlegungen beschreiben läßt. Daraus folgt für die Verwendung von Persönlichkeitseigenschaften in der Berufseignungsdiagnostik, daß nur im Zusammenhang mit einer Situationsdiagnose (Hatzelmann & Wakenhut, 1995; Wottawa, 1995) eine optimale und erfolgversprechende Verbindung von bestimmten Situationen mit bestimmten Eigenschaften möglich ist und damit der berufliche Erfolg hinreichend sicher prognostizierbar wird. Es existiert kein homogenes, übergreifend gültiges Profil der Passung von Situation und Person, sondern ausschließlich die Berücksichtigung der wechselseitigen Bedingtheit läßt erfolgreiche Diagnosen zu:

> „Je nach Bereich (Wirtschaft, Militär, Politik, Kirche etc.), hierarchischer Position (z.B. Meister vs. Geschäftsführer), Ressort/Funktion (z.B. Produktion vs. Vertrieb), Branche (z.B. Handel vs. Industrie), Unternehmensgröße (Mittelstand vs. Konzern), Entwicklungsphase (z.B. Pionierunternehmen vs. reife „Bürokratie"), Technologie (z.B. Pharma vs. Dachziegelhersteller) etc. werden unterschiedliche Gewichte der generellen Eignungsprädiktoren und zusätzlich spezifische Anforderungen der besonderen Situation eine Rolle spielen." (Sarges, 1995a, S. 13)

Dem widerspricht natürlich durchaus nicht, daß einige Prädiktoren gegeben sind, die für eine Vielzahl von Situationen hohe Vorhersagekraft besitzen, also quasi „generelle" Eignungsprädiktoren sind. Oberstes Ziel der Persönlichkeitsdiagnostik bleibt jedoch die optimale Person/Situations-Passung, beziehungsweise der „person-job-fit", wie das Konzept in der organisationspsychologischen Literatur bezeichnet wird (z. B. Caston & Braito, 1985; Chatman, 1989; Patsfall & Feimer, 1985; Smith, 1994).

4 Persönlichkeitstests in der Berufseignungsdiagnostik

Die Häufigkeit der Anwendung von Persönlichkeitstests in der Berufseignungsdiagnostik stand über lange Zeit in krassem Gegensatz zu der geringen wissenschaftlichen Aufmerksamkeit und Wertschätzung dieser Verfahren (diese Feststellung gilt hauptsächlich für den US-amerikanischen Bereich und den gesamten westlichen Wirtschaftskontext und meist weniger für Deutschland). Dies begann sich erst Mitte der 80er Jahre zu wandeln (vgl. Guion, 1987):

> „Despite an almost feverish enthusiasm for personality testing in certain areas of government and industry, many authorities in industrial/organizational psychology are sceptical of its value." (Hogan, Carpenter, Briggs & Hansson, 1985)

Während sich in den Vereinigten Staaten von Amerika Persönlichkeitstests seit geraumer Zeit wieder spürbar im Aufwind befinden (Saville, 1983), ist in Deutschland die wissenschaftliche Beachtung nach wie vor relativ gering. Parallel hierzu wird die Bedeutung von Persönlichkeit für den beruflichen Erfolg in Wissenschaft und Wirtschaftspraxis (besonders deutlich wird dies in den Stellenanzeigen; z.B. Klinkenberg, 1994) betont und das Thema von der Tagespresse immer wieder aufgegriffen (z.B. Miketta, Gottschling, Wagner-Roos & Gibbs, 1995; Szymaniak, 1995). Auch die populärwissenschaftliche Literatur hat sich des Themas angenommen (Narramore, 1994; Siewert, 1989). Selbstverständlich ist dieses neu erwachte Interesse nicht ohne Kritik geblieben (vgl. hierzu Stone, 1985; Davis-Blake & Pfeffer, 1989; Taylor & Zimmerer, 1988). Die Einsatzhäufigkeit von Persönlichkeitstests ist hierzulande aber deutlich geringer als zum Beispiel in den Vereinigten Staaten (s. Kap. 4.1).

Persönlichkeits*diagnostik* findet in einer Eignungsuntersuchung immer statt (Weinert, 1995), allerdings nicht in standardisierter Form, sondern – etwa im Rahmen eines Interviews – mit Hilfe des „gesunden Menschenverstandes". Eine Ursache für die beschriebene Situation liegt vermutlich in der zwiespältigen Haltung von Bewerbern und Entscheidern gegenüber Persönlichkeitstests. Entsprechend nennt Anastasi (1985) die Erwartungen vieler Bewerber und Personalpraktiker an psychologische Testverfahren „bizarr". Die größte Befürchtung der Bewerber dürfte sein, daß durch einen Test

Informationen erhoben werden können, die man nicht offen mitzuteilen bereit ist, daß ein Test also in der Lage sei, jemanden gegen seinen Willen zu „durchschauen" und unangenehme oder „peinliche" Facetten der Persönlichkeit offenzulegen. Die Ansprüche mancher nicht psychologisch vorgebildeter Personalpraktiker gehen möglicherweise in eine ähnliche Richtung, wobei die Beteiligung eines Diplom-Psychologen in einem solchen Fall angeraten erschiene, um eine sachgerechte Interpretation der Ergebnisse vornehmen zu können.

Um auch in Deutschland Persönlichkeitstests als ein selbstverständliches Instrument der Personalarbeit etablieren zu können, ist noch viel Überzeugungsarbeit zu leisten, worum sich einige Autoren bemühen (z. B. Hossiep & Paschen, 1999; Hossiep, 1996a; Sarges, 1996). Ein Ziel ist es, ein realistisches Bild von der Leistungsfähigkeit dieser Instrumente zu vermitteln: Persönlichkeitstests sind standardisierte Formen der Selbstbeschreibung, in denen die Kandidaten der testdurchführenden Institution mitteilen, wie sie gern wahrgenommen werden möchten. Zu glauben, daß Testkandidaten in einem Test ausnahmslos valide Selbstbeschreibungen von sich abgeben, die ihrem tatsächlichem Verhalten nahezu entsprechen, hieße, zahlreiche Befunde zu ignorieren (Hogan et al., 1985; Johnson, 1981; vgl. auch Kap. 6.1). Aber gerade vor dem Hintergrund dieses eher bescheidenen Anspruches an die Möglichkeiten von Persönlichkeitstests dürfte sehr gut zu vermitteln sein, daß Testverfahren wichtige Werkzeuge sein können, um die für die jeweilige diagnostische Fragestellung relevanten Persönlichkeitsfacetten im Gespräch zu thematisieren und um das Selbstbild einer Person so objektiv wie möglich zu erheben. Selbstverständlich sind die Ergebnisse eines solchen Verfahrens keine ausreichende Entscheidungsgrundlage bei einer Selektionsentscheidung, sondern durch andere Informationen zu ergänzen (z. B. durch Verhaltensbeobachtungen im Rahmen von Assessment Centern). Die höchstmögliche Validität wird gewiß nur durch einen Methodenmix zu erreichen sein (Howard & Bray, 1988, 1990; Sarges, 1996). Persönlichkeitstests können im Rahmen eines solchen multimethodalen Vorgehens aber zu Recht einen Platz beanspruchen (Jackson & Rothstein, 1993).

4.1 Der Einsatz von Persönlichkeitstests im internationalen Vergleich

Was den Einsatz von Persönlichkeitstests angeht, rangiert Deutschland im internationalen Vergleich weit hinten. Nur 7 % der befragten deutschen Personalleiter gaben bei einer Untersuchung von Schuler, Frier und Kaufmann (1993) an, Persönlichkeitstests als ein Mittel bei der Auswahl von Führungskräften zu nutzen. Tabelle 3 zeigt die Umfrageergebnisse für verschiedene Verfahren in Spanien, Frankreich, Deutschland, Benelux und Großbritannien.

Nach einer relativ aktuellen Untersuchung von Baker und Cooper (1995) sind Persönlichkeitstests in Großbritannien die am häufigsten eingesetzten Testverfahren im Bereich der Personalauswahl (vgl. auch Tyler & Miller, 1986). Dies kontrastiert auffällig mit den Ergebnissen einer knapp 10 Jahre älteren Untersuchung, denn zu diesem Zeitpunkt spielten Persönlichkeitstests noch keine bedeutende Rolle (Robertson & Makin, 1986). In Frankreich werden bei 25 % aller Selektionsentscheidungen für den Managementbereich in großen Unternehmen (> 500 Mitarbeiter) Persönlichkeitstests eingesetzt (Shackleton & Newell, 1991). In der Schweiz werden immerhin von 27,8 % der Personalberatungen Persönlichkeitstests zur Unterstützung von Personalentscheidungen herangezogen (Huber, 1989). Bei einer Untersuchung in Neuseeland zeigte sich, daß der überwiegende Teil der Personalberatungen, der mit Psychologen zusammenarbeitet, auch Persönlichkeitstests einsetzt (Dakin, Nilakant & Jensen, 1994). Interessant sind zu diesem Themenkomplex auch die Arbeiten von Lohff (1996) sowie von Shackleton und Newell (1994), die zu ähnlichen Ergebnissen gelangen.

Tabelle 3: Anwendung verschiedener Auswahlverfahren für Führungskräfte im europäischen Vergleich (Angaben in Prozent der befragten Unternehmen; nach Hossiep, 1996a, S. 55)

	Deutschland	Frankreich	Spanien	Benelux	Großbritannien
Strukturiertes Interview	55	76	70	91	90
Persönlichkeitstest	7	42	74	71	69
Leistungstest	3	35	38	6	3
Intelligenztest	2	30	55	54	35
Biographischer Fragebogen	15	40	63	44	18
Assessment Center	14	7	10	15	33
Graphologisches Gutachten	7	89	17	19	4

Die größte Einsatzhäufigkeit haben Persönlichkeitstests wahrscheinlich in den Vereinigten Staaten. Bei einer umfangreichen Befragung von Arbeits- und Organisationspsychologen gaben 84,7 % der Befragten an, Persönlichkeitstests bei Selektionsentscheidungen zu nutzen. Damit rangieren Persönlichkeitstests in Amerika gleichrangig neben Intelligenztests und werden in der Einsatzhäufigkeit nur noch vom Interview (94,4 %) übertroffen (Ryan & Sackett, 1987a). Schorr (1995; s.a. Schorr, 1991) berichtet über eine Umfrage zur Verwendung von Tests bei deutschen Psychologen. Da die Ergebnisse anders aufbereitet wurden, ist ein direkter Zahlenvergleich mit den US-amerikanischen Daten nicht möglich. Nach Schorr sind 29,1 % der in deutschen Unternehmen verwandten Tests Persönlichkeitstests. Die übrigen 70,9 % verteilen sich auf andere Testverfahren. Diese Zahl läßt aber keine Rückschlüsse auf die tatsächliche Einsatzhäufigkeit von Persönlichkeitstests zu, sondern lediglich über die relative Einsatzhäufigkeit in Bezug zu anderen Testverfahren.

Für die relativ geringe Einsatzhäufigkeit in Deutschland ist sicherlich zu einem gewissen Teil das Fehlen von adäquaten Instrumenten verantwortlich. Des weiteren haben die durch den Arbeitskreis Assessment Center (1992) herausgegebenen Standards der Assessment Center-Technik mit ihrer ausschließlichen Verhaltensorientierung die oben beschriebene Situation vermutlich gerade im Bereich der Führungskräfteauswahl begünstigt (Sarges, 1996; Hossiep, 1996a).

Zur Verwendungshäufigkeit in weiteren Ländern sollen an dieser Stelle einige Literaturhinweise gegeben werden: Über den Einsatz von Personalauswahlverfahren bei luxemburgischen Finanzdienstleistern berichten Hossiep und Elsler (1999), über den Einsatz psychologischer Tests in Australien informiert Hicks (1991). Zur Testanwendung in Hong-Kong geben Chan und Lee (1995) sowie Tsoi und Sundberg (1989) einen Überblick. Über Verwendung psychologischer Tests in der Volksrepublik China berichten Ryan, Dai und Zheng (1994). Den Einsatz psychologischer Testverfahren in den Vereinigten Staaten diskutieren Lubin, Wallis und Paine (1971) sowie Lubin, Larsen und Matarazzo (1984), wobei in diesen Arbeiten ein Zeitraum von mehreren Jahrzehnten beleuchtet wird. Historisch interessant ist auch die Arbeit von Swenson und Lindgren (1952), in der speziell auf die Verwendung psychologischer Testverfahren im industriellen Bereich fokussiert wird.

4.2 Rechtliche Rahmenbedingungen

In Deutschland sind bestimmte Fragen der Durchführung und Interpretation von diagnostischen Verfahren im Rahmen von Eignungsuntersuchungen gesetzlich geregelt. Allerdings kommt es nur sehr selten vor, daß Bewerber oder Mitarbeiter gegen die Verletzung entsprechender Vorschriften klagen, so daß für die meisten konkreten Problemfälle eine tatsächliche Rechtsprechung fehlt (Comelli, 1995). Über die rechtlichen Fragen zum Einsatz von Persönlichkeitstests in den Vereinigten Staaten informiert O'Meara (1994).

Im Folgenden wird ein Überblick über die rechtliche Situation gegeben, ohne auf die entsprechenden Paragraphen im einzelnen einzugehen. Für eine tiefergehende Auseinandersetzung mit der Problematik sei auf die einschlägige Literatur verwiesen (z. B. Dingerkus, 1990; Gaul, 1990; Klein, 1982; Kühne, 1987; Püttner, 1999). Zur Frage der Rechtmäßigkeit von Persönlichkeitstests im Personalbereich sind folgende Aspekte festzuhalten (vgl. Klein, 1982):

Bei der Anbahnung eines neuen Arbeitsverhältnisses ist der Arbeitgeber verpflichtet, die Persönlichkeit des Bewerbers zu achten. Unklar ist bei der Interpretation der gesetzlichen Lage, ob es sich hierbei um eine Fürsorgepflicht schwächeren Umfangs oder um eine Schutzpflicht handelt. Der Arbeitgeber verstößt gegen diese Pflicht, wenn psychologische Tests eingesetzt werden, die gegen das allgemeine Persönlichkeitsrecht verstoßen. Dieses allgemeine Persönlichkeitsrecht ist kein geschriebenes Recht, sondern sogenanntes Richterrecht, daß heißt, der BGH hat das allgemeine Persönlichkeitsrecht unter Hinweis auf Artikel 1 (Menschenwürde) und Artikel 2 (Persönlichkeitsentfaltung) des Grundgesetzes entwickelt (Brox, 1995, S. 306, Rdnr. 673; Medicus, 1994, S. 400, Rdnr. 1076f.).

Ein tatbestandsmäßiger Eingriff in das allgemeine Persönlichkeitsrecht liegt dann vor, wenn in die Individual-, Privat- oder Intimsphäre eingegriffen wird. Diese drei Sphären werden in der Rechtswissenschaft im Rahmen eines Schichtenmodells der Persönlichkeit unterschieden (vgl. Abb. 13). Je tiefer eine Schicht angesiedelt ist, um so stärker wird dieser Bereich vom Gesetzgeber geschützt. Einige Persönlichkeitsmerkmale sind der Privat- oder Intimsphäre zuzuordnen. Je tiefer die Testfragen in die Privat- oder Intimsphäre eindringen, um so massiver ist in der Regel die Verletzung des allgemeinen Persönlichkeitsrechts.

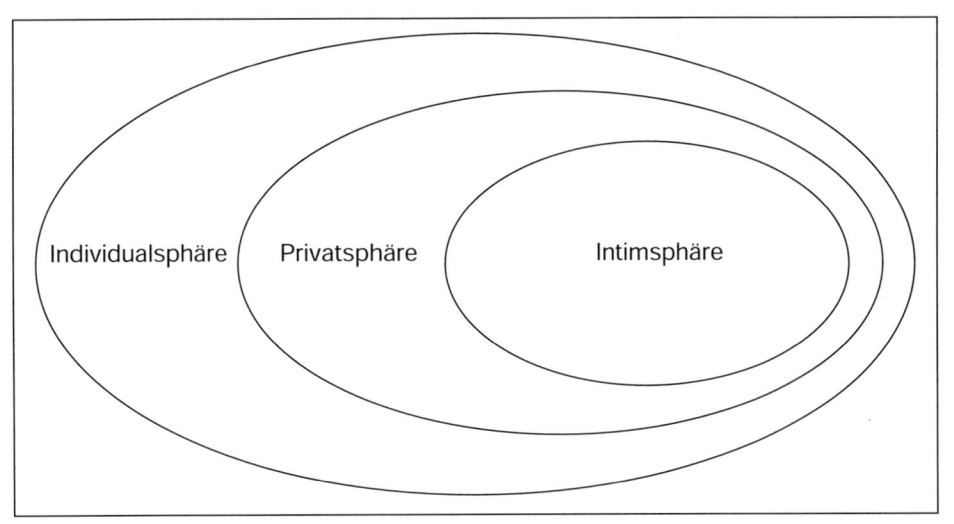

Abbildung 13: Schichtenmodell der Persönlichkeit im Rahmen des allgemeinen Persönlichkeitsrechts

Jede Anwendung eines Persönlichkeitstests ist dementsprechend mit einem Eingriff in das allgemeine Persönlichkeitsrecht verbunden. Häufig stellt bereits die Durchführung des Tests einen solchen Eingriff dar, in jedem Fall sind aber Auswertung und Interpretation so einzuordnen.

Der Eingriff in das allgemeine Persönlichkeitsrecht ist jedoch dann gerechtfertigt, wenn der Arbeitnehmer in die psychologische Begutachtung einwilligt. Die Einwilligung zur Durchführung der psychologischen Untersuchung erfolgt quasi automatisch durch die schlüssige Teilnahme, wobei eine schriftliche Einwilligungserklärung zwar vorzuziehen, aber insbesondere im Führungskräftebereich unüblich ist.

Die Einwilligung kann aber nur insoweit als Rechtfertigung für den Eingriff in das allgemeine Persönlichkeitsrecht herangezogen werden, wie von seiten des Arbeitgebers im Vorfeld über Art und Umfang der Untersuchung aufgeklärt wurde. Wenn der Arbeitgeber oder die testende Institution dieser Aufklärungspflicht nicht nachkommt, ist die Einwilligung nicht rechtsgültig. Die Einwilligung ist auch dann nicht rechtsgültig, wenn der Test in unangemessener Weise in die Intimsphäre eines Bewerbers eingreift, selbst wenn der Bewerber hierüber aufgeklärt wurde. Das allgemeine Persönlichkeitsrecht ist ein Grundrecht und selbst ein absichtsvoller Verzicht auf Grundrechte ist bekanntermaßen nicht möglich.

Die Einwilligung ist nur wirksam, wenn ein berechtigter Anlaß für die psychodiagnostische Begutachtung besteht. Die Beurteilung eines Bewerbers ist als ein solcher Anlaß zu verstehen.

Es dürfen nur solche Tests zum Einsatz kommen, die arbeitsplatzbezogene Merkmale erfassen. Bei Persönlichkeitstests ist außerdem folgendes zu beachten:
Es dürfen keine Verfahren zum Einsatz kommen, die die gesamte Persönlichkeitsstruktur abbilden. Der Einsatz des 16 PF (Schneewind, Schröder & Cattell, 1994) oder des FPI (Fahrenberg, Hampel & Selg, 1994) ist also nur in solchen Ausnahmefällen rechtmäßig, bei denen es entscheidend auf die gesamte Persönlichkeitsstruktur ankommt und nicht nur auf einzelne arbeitsplatzbezogene Merkmale. Dies ist zum Beispiel bei Führungspositionen eher der Fall als bei weniger komplexen Tätigkeiten.

Erfaßt der Test neben einzelnen arbeitsplatzbezogenen Merkmalen auch solche Eigenschaften, die für die Fragestellung nicht relevant sind, so ist eine Durchführung des Tests nicht rechtswidrig, wenn diese Skalen nicht zur Interpretation herangezogen werden.

Es ist bei vielen Positionen rechtswidrig, Persönlichkeitsmerkmale des Intimbereiches zu ermitteln:

„Ferner ist es trotz einer Einwilligung des Arbeitnehmers rechtswidrig, Persönlichkeitsmerkmale des Intimbereiches zu ermitteln. Es wird daher im Regelfall unzulässig sein, Merkmale wie Neurotizismus, Schizophrenie oder manische Depressivität zu ermitteln. Ausnahmsweise könnte es rechtmäßig sein, zum Beispiel einen Bewerber, der Pilot bei einer Luftverkehrsgesellschaft werden will, daraufhin zu begutachten, ob er manisch depressiv ist, da durch eine Psychose zahlreiche Menschenleben gefährdet würden." (Klein, 1982, S. 117)

Auch solche Fragen, die sexuelle Verhaltensweisen oder religiöse Überzeugungen beinhalten, betreffen den Intimbereich. Konsequenterweise ist auch die Anwendung zum Beispiel des MMPI (Hathaway & McKinley, 1977; deutsch: Spreen, 1963) im Rahmen von Eignungsuntersuchungen als rechtlich problematisch einzustufen. Ausnahmen sind möglich, wenn nachgewiesen werden kann, daß die Merkmale für den in Frage stehenden Arbeitsplatz von unmittelbarer und entscheidender Bedeutung sind.

Tests, die bewußt so angelegt sind, daß der Bewerber die gestellten Fragen nicht durchschauen kann, dürfen nicht zur Anwendung kommen.

Es dürfen nur Tests zum Einsatz kommen, die mit wissenschaftlichen Methoden ihre Zuverlässigkeit unter Beweis stellen konnten. Falls Eigenkonstruktionen Anwendung finden (wie es bei Unternehmensberatungen häufiger der Fall ist), muß der Testkonstrukteur sich selbständig um entsprechende Belege bemühen.

Die Einwilligung des Bewerbers bezüglich des Eingriffes in das allgemeine Persönlichkeitsrecht schließt die Erlaubnis ein, dem Arbeitgeber das Eignungsurteil mitzuteilen. Inwieweit eine ausführliche Begründung in Form eines Gutachtens zulässig ist, ist allerdings nicht unumstritten (Comelli, 1995), gleichwohl ist eine gutachterliche Stellungnahme durch den Eignungsdiagnostiker üblich. Die in der Wirtschaft gelegentlich anzutreffende Praxis, dem Arbeitgeber die gesamten Untersuchungsunterlagen zur Verfügung zu stellen, ist in jedem Fall rechtswidrig. Die Untersuchungsunterlagen verbleiben im Besitz des testenden Psychologen (zur Vernichtung von Unterlagen bei Einstellung bzw. Nicht-Einstellung von Bewerbern vgl. auch Frage 14 in Kap. 8.1). Die Sektion Arbeits-, Betriebs- und Organisationspsychologie im Berufsverband Deutscher Psychologen (1988) hat in ihren „Grundsätzen für die Anwendung psychologischer Eignungsuntersuchungen in Wirtschaft und Verwaltung" die Verhaltensstandards des Berufsverbandes zu diesen Punkten formuliert. Diese gehen in ihren Forderungen über die rechtliche Notwendigkeit hinaus und bieten auch unter ethischen Gesichtspunkten eine gute Grundlage für den verantwortungsvollen Umgang mit diagnostischen Instrumenten.

Im Zweifelsfall muß immer ein juristischer Experte hinzugezogen werden, da es „für einen juristischen Laien nicht empfehlenswert ist, sein eigenes Verständnis in den jeweiligen Gesetzestext hineinzuinterpretieren" (Wottawa & Hossiep, 1987, S. 73). Leider werden sich auch beim Einsatz gemäß dieser Empfehlungen Uneindeutigkeiten ergeben, da zahlreiche Fragen in diesem Zusammenhang entweder auch von Seiten der Juristen nicht letztendlich geklärt sind beziehungsweise immer wieder neu geklärt werden müssen.

4.3 Durchführung testgestützter Eignungsuntersuchungen

Der Berufsverband Deutscher Psychologen (BDP) fordert bei testgestützten Eignungsuntersuchungen die Beteiligung eines Fachpsychologen. Die Testvorlage und Testdurchführung kann oftmals auch von entsprechend geschultem Personal durchgeführt werden, doch bei der Auswahl der Instrumente, der Interpretation, der Gutachtenerstellung und vor allem der Rückmeldung an die Kandidaten sollte immer ein Psychologe mit entsprechender diagnostischer Ausbildung federführend beteiligt sein. Nur dieser ist in der Lage, die damit verbundene Verantwortung auch tatsächlich wahrzunehmen. Selbstverständlich ist es vielfach auch wünschenswert, daß ein Psychologe an der Testdurchführung direkt beteiligt ist, denn er ist am besten qualifiziert, die Fragen zu beantworten, die von Seiten der Testkandidaten in der Situation selbst formuliert werden könnten. Allerdings dürfte eine zu rigide Handhabung dieser an sich wünschenswerten Forderungen eher kontraproduktiv sein, wenn sie dazu führt, daß dann solche Testverfahren (leider meist minderer Qualität) eingesetzt werden, die ohne wissenschaftlich-psychologische Beteiligung entwickelt und vertrieben werden.

4.3.1 Sinnvolle Auswahl psychologischer Testverfahren

Bei der Auswahl und Zusammenstellung von Testverfahren für eine bestimmte diagnostische Fragestellung sind vor allem zwei Aspekte zu beachten:
1. *Welche Konstrukte* soll das Instrument erfassen? (Hier sind in der Personalauswahl entweder der Bezug zu den beruflichen Anforderungen oder – im Idealfall – Zusammenhänge der Indikatoren zu Maßen des beruflichen Erfolges die entscheidenden Größen.)

2. *Welcher Test* ist von seiner psychometrischen Qualität und sozialen Akzeptanz geeignet, zur Beantwortung der diagnostischen Fragestellungen in sinnvoller Weise beizutragen?

Leider existieren im deutschsprachigen Raum nur wenige Persönlichkeitstests, die durch gleichermaßen gute wissenschaftliche Fundierung und engen Bezug zu den praktischen Aufgabenstellungen des Eignungsdiagnostikers gekennzeichnet sind. Zahlreiche Instrumente sind aus der Grundlagenforschung heraus entstanden, und oftmals sind die zugrundeliegenden Konzepte nicht nur betagt (was kein Nachteil sein muß), sondern auch überholt. Auch haben viele Persönlichkeitstests eine enge Verschränkung mit klinischen, das heißt konkret mit pathologischen Ansätzen. Deshalb ist der Einsatz im wirtschaftlichen Kontext häufig nicht nur aus inhaltlichen, sondern auch aus rechtlichen und ethischen Gründen bedenklich. In Kapitel 5 findet sich eine Zusammenstellung von Instrumenten, die für die diagnostische Arbeit in der Wirtschaft in Betracht gezogen werden können. Es steht zu hoffen, daß mit dieser Aufstellung die Entscheidung für oder gegen den Einsatz eines bestimmten Verfahrens erleichtert werden kann.

Auf dem frei zugänglichen Markt wird – neben den hier besprochenen Tests – eine Reihe weiterer Verfahren angeboten, die sich häufig deutlich enger an den Anforderungen der Praxis zu orientieren scheinen. Vielfach werden diese Instrumente von Unternehmensberatungen oder freien nicht-wissenschaftlichen Verlagen vertrieben. Der Einsatz dieser Tests ist somit prinzipiell auch durch Nicht-Psychologen möglich. Deutlich ratsamer ist es allerdings, solche Verfahren zu nutzen, bei denen Testkonstruktion und -bewährung genau nachvollzogen werden können.

Die folgende Übersicht (Abb. 14) stellt die wichtigsten Kriterien dar, die überprüft werden sollten, wenn man die Seriosität eines Verfahrens abschätzen möchte. Im Zweifelsfall ist man gut beraten, die entsprechenden Belege einzufordern und/oder einen Fachpsychologen beratend hinzuzuziehen.

In zahlreichen Unternehmen ist die Anwendung von Persönlichkeitstests ein heikles Thema. Dies liegt vor allem daran, daß gegenüber psychologischen Tests immer wieder ein gewisses Mißtrauen artikuliert wird („Persönlichkeit kann man doch nicht messen"). Um so wichtiger ist vor diesem Hintergrund eine sachgemäße Auswahl der Verfahren. Nur bei seriösen, leistungsfähigen und sozial akzeptablen Verfahren können sowohl Bewerber als auch Unternehmen langfristig profitieren.

4.3.2 Zur Einbettung eines Tests in die Gesamtuntersuchung

Bei jeder Eignungsuntersuchung stehen im Prinzip drei mögliche Zugänge zu den diagnostisch relevanten Informationen zur Verfügung (s. Abb. 15).

Jede dieser drei Informationsquellen kann wichtige Aspekte zur Unterstützung der Entscheidung beitragen, und idealerweise sollte keiner der Zugänge vernachlässigt werden. Das Interview ist vermutlich auch deswegen ein so beliebtes und weit verbreitetes Auswahlinstrument, weil alle drei Aspekte zum Tragen kommen. Meist wird dem Kandidaten zu Beginn des Interviews die Möglichkeit gegeben, sich selbst zu beschreiben, im allgemeinen orientiert an seinem Lebenslauf. Häufig schließt sich eine Phase des Nachfragens an, wobei bestimmte Stationen des Lebenslaufes genauer ausgeleuchtet

Seriöser Persönlichkeitstest oder mangelhaftes Verfahren – ein Fragenkatalog

Testkonzeption und -entwicklung

- Ist der in Frage kommende Test auf der Grundlage psychologisch-wissenschaftlicher Erkenntnisse konstruiert worden? Welche Qualifikation haben in diesem Zusammenhang die Testautoren?
- Ist der Test in der Lage, die für die jeweilige Fragestellung relevanten Dimensionen zu erfassen?
- Liegen für den Test Bewährungsstudien hinsichtlich vergleichbarer Entscheidungssituationen vor?
- Wird das Verfahren über einen seriösen Anbieter (z. B. wissenschaftlicher Testverlag) vertrieben?
- Liegen Normen für die interessierende Population vor? (Orientierungsgröße: mindestens 300 Personen je Normgruppe)
- Ist die Reliabilität zufriedenstellend? (Orientierungsgrößen: Cronbach`s alpha > 0.7, Retest-Reliabilität > 0.6)
- Gibt es Hinweise auf die Validität? (Orientierungsgröße: Bei Persönlichkeitstestverfahren sollten die zur Interpretation herangezogenen Koeffizienten mindestens 0.2 betragen und statistisch signifikant sein. Höhere Korrelationen sind wünschenswert, zu hohe Korrelationen (z. B. $r = 0.7$) sollten jedoch skeptisch machen – bei seriöser Datenauswertung sind sie kaum möglich.)
- Steht die Anzahl der erfaßten Dimensionen in sinnvoller Relation zur Anzahl der Testfragen? (Jede Dimension sollte auf keinen Fall durch weniger als 5 Items repräsentiert sein)

Testmaterial

- Werden Testentwicklung, Durchführung und Auswertung genau und ausführlich dokumentiert?
- Werden Anwendungsbereiche und -grenzen definiert?
- Wird die bisherige Befundlage zu dem Verfahren transparent und überprüfbar kommuniziert? (z. B. durch Veröffentlichungen in anerkannten Fachzeitschriften oder Fachverlagen, oder liegen lediglich selbst zusammengestellte Unterlagen des Vertreibers vor?)
- Sind die Instruktionen an die Teilnehmer exakt spezifiziert?

Abbildung 14: Fragenkatalog zur Beurteilung von Persönlichkeitstests

Seriöser Persönlichkeitstest oder mangelhaftes Verfahren – ein Fragenkatalog (Fortsetzung)

Durchführung

- ❏ Sind die Voraussetzungen für eine sinnvolle Testanwendung exakt beschrieben?
- ❏ Werden alle Durchführungsschritte praxisnah und vollständig dargestellt?
- ❏ Werden ausreichende Hinweise zur Gestaltung der diagnostischen Situation gegeben?
- ❏ Ist das Verfahren für die Testteilnehmer in der vorgeschlagenen Anwendungssituation (z.B. Personalauswahl) akzeptabel (u. a. keine Fragen zur Intimsphäre)?
- ❏ Sind die einzelnen Testfragen insoweit transparent, als der Teilnehmer zumindest theoretisch richtig abschätzen kann, welche Verhaltensaspekte die jeweilige Frage erfassen soll – oder erscheinen die Zusammenhänge zwischen der Testfrage und dem interessierenden Persönlichkeitszug „verstiegen" und eher abwegig?
- ❏ Kann dem Kandidaten mitgeteilt werden, welches bzw. welche Verfahren Anwendung gefunden haben, oder sieht das Instrument eine Geheimhaltung vor?

Auswertung

- ❏ Liegen Anweisungen und Instrumente (z. B. Schablonen oder EDV-Programme) zur standardisierten Auswertung vor?
- ❏ Werden Auswertungsbeispiele gegeben?
- ❏ Sind alle Auswertungsschritte eindeutig und mit ausreichender Genauigkeit beschrieben?

Interpretation und Rückmeldung

- ❏ Gibt es ausführliche Interpretationshilfen?
- ❏ Werden Interpretationsbeispiele angeführt?
- ❏ Sieht das Verfahren ausdrücklich eine Rückmeldung an die Testteilnehmer vor und gibt entsprechende Hilfen?

Abbildung 14: Fragenkatalog zur Beurteilung von Persönlichkeitstests (Fortsetzung)

Objektive Informationen, z. B.
- Ausbildung
- Fort- und Weiterbildung
- Bisherige Tätigkeiten
- Auslandserfahrung etc.

Selbstbild
- Präsentation in Anschreiben und Lebenslauf
- Selbstbeschreibung im Interview/ Einstellungsgespräch
- Persönlichkeitstests

Fremdbild
- Gesprächseindruck
- Verhaltensbeobachtung Fremdbilder anderer Personen (z. B. Arbeitszeugnisse oder persönl. Referenzen)

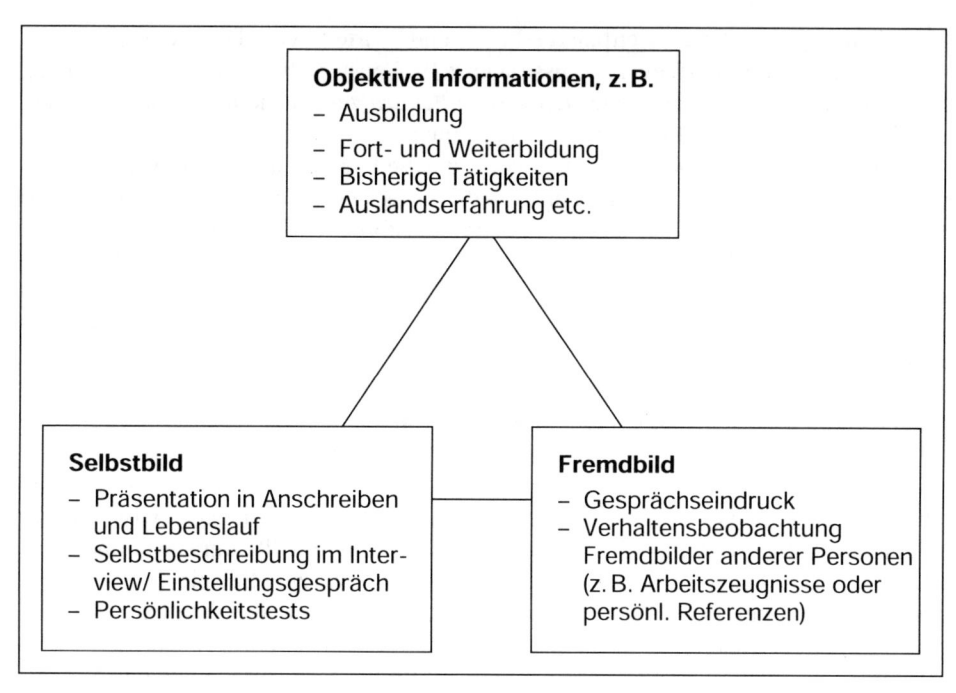

Abbildung 15: Die drei Quellen diagnostischer Information

werden. Ziel dabei ist es, etwas über die „kognitiven Repräsentationen von Welt und Selbst zu erfahren" (Sarges, 1995b, S. 480), also eine differenzierte Vorstellung von Selbstbild und Denkhaltungen des Kandidaten zu bekommen. Dieses Selbstbild hat Längsschnittcharakter, da der Kandidat Informationen über die Sicht seiner beruflichen Entwicklung preisgibt. Neben dem Selbstbild können im Interview auch objektive Informationen über Ausbildung und bisherige Tätigkeiten erhoben werden, indem man die entsprechenden Fakten erfragt.

Die Art der Fremdbeurteilung im Rahmen eines persönlichen Gespräches hängt stark davon ab, wie standardisiert das Interview durchgeführt wird. Sehr offene Gespräche enden in der Regel mit einem eher intuitiven Eindruck über den Gegenüber, bei anderen, stärker strukturierten Formen wird unter Umständen das Fremdbild auf differenzierten Ratingskalen festgehalten (allerdings ist die durchschnittliche Validität stärker strukturierter Interviews der Validität von freien Interviews deutlich überlegen; Marchese & Muchinsky, 1993; Wiesner & Cronshaw, 1988; Wright, Lichtenfels & Pursell, 1989). Im Gegensatz dazu liefern die Rollenübungen im Assessment Center vor allem Fremdbildinformationen (oftmals wird das Verhalten der Kandidaten durch die Instruktion in eine bestimmte Richtung gelenkt und damit das potentiell mögliche Verhaltensrepertoire auf die interessierenden Aspekte eingeschränkt). Üblicherweise werden die Kandidaten von mehreren geschulten Führungskräften beobachtet, um eine möglichst hohe Differenziertheit und Reliabilität der Einschätzungen zu erreichen. Diese Fremdbildinformation hat im wesentlichen *Querschnittcharakter*, da lediglich das

Verhalten zu genau diesem Zeitpunkt erhoben und beurteilt wird. Die Fremdbildinformation, die man durch Arbeitszeugnisse (vgl. z. B. Weuster, 1994) oder Referenzen gewinnt, haben demgegenüber eher *Längsschnittcharakter*, da sie auf Beobachtungen und Einschätzungen über einen längeren Zeitraum basieren.

Persönlichkeitstests liefern Hinweise auf das Selbstbild eines Kandidaten, wobei – ähnlich wie beim Assessment Center – diese als *Querschnittsinformation* zu betrachten sind, da sie auf das augenblickliche Selbstbild abzielen. Es sollte in diesem Zusammenhang nicht übersehen werden, daß Persönlichkeitsfragebogen und Assessment Center einander ergänzen und unterschiedliche Beiträge zur Prognose des beruflichen Erfolgs liefern können. Es trifft insofern nicht zu, daß ein Assessment Center den Einsatz eines Fragebogenverfahrens ersetzen kann – oder etwa umgekehrt (vgl. auch Goffin, Rothstein & Johnston, 1996). Idealerweise wird man in einer eignungsdiagnostischen Entscheidungssituation keine der möglichen Informationsquellen vernachlässigen oder gar ausschließen. Denn ein tragfähiges Gesamtbild über den Kandidaten kann am ehesten dann entstehen, wenn Selbst- und Fremdbilddaten sowohl mit Quer- als auch Längsschnittcharakter vorliegen. Gerade Abweichungen zwischen früher und heute oder zwischen Selbst- und Fremdbild sollten willkommene Grundlagen für eine weitergehende Exploration sein. Wenn sich jemand zum Beispiel in einem Test als sehr extravertiert und kontaktstark beschreibt, im Interview aber deutlich anders erlebt wird, so wird man diese Abweichung sicherlich thematisieren, um ein besseres Verständnis der „subjektiven Wirklichkeit" (Sarges, 1995b, S. 486) des Kandidaten zu erreichen.

Vor dem Hintergrund dieser Betrachtungsweise wird auch deutlich, warum Persönlichkeitstests in ein diagnostisches Gesamtkonzept eingebettet werden müssen. Im Rahmen dieses Gesamtkonzeptes werden verschiedene Möglichkeiten der Informationserhebung kombiniert und die Ergebnisse miteinander verglichen. Persönlichkeitstests sind als alleinige Grundlage der Entscheidungsfindung oder sogar nur als Vorauswahlinstrument nicht geeignet. Sie sind eher als ein nützliches Werkzeug zu verstehen, mit dem gewisse Facetten des Selbstbildes der Kandidaten standardisiert erhoben werden können. Die Ergebnisse müssen Gegenstand eines Gespräches werden und können so einen nützlichen Beitrag zu einem sich formenden Gesamtbild liefern.

Ein Aspekt, der in der diagnostischen Praxis leider häufig vernachlässigt wird, liegt in der adäquaten Information der Testteilnehmer beziehungsweise Kandidaten über die hier diskutierten Sachverhalte sowie in der Schaffung einer maximalen Transparenz. Mit verstärkten diesbezüglichen Bemühungen werden nicht nur Vorteile bei der Informationserhebung, sondern insbesondere hinsichtlich des Personalmarketings der testenden Organisation verknüpft sein. Ein Weg wird – für das Feld der Persönlichkeitstests – mit der Broschüre „Selbstbild, Fremdbild und Persönlichkeit" beschritten, die beim Einsatz des Bochumer Inventars zur berufsbezogenen Persönlichkeitsbeschreibung (BIP, Hossiep & Paschen, 1998) den Teilnehmern nach Bearbeitung des Verfahrens – mit Hilfe der dazu vorliegenden Fremdbeschreibungsbogen – ausgehändigt werden soll. Diese eigens zur Information der Testkandidaten entwickelte Broschüre enthält Hinweise zum Thema Selbstbild sowie zu dessen Entstehung. Ebenso werden Hinweise zur Einbettung des Selbstbildes in die Persönlichkeit und nicht zuletzt zur Interpretation der sich ergebenden Testprofile vorgelegt (vgl. Abb. 16; vgl. auch Kap. 6.1).

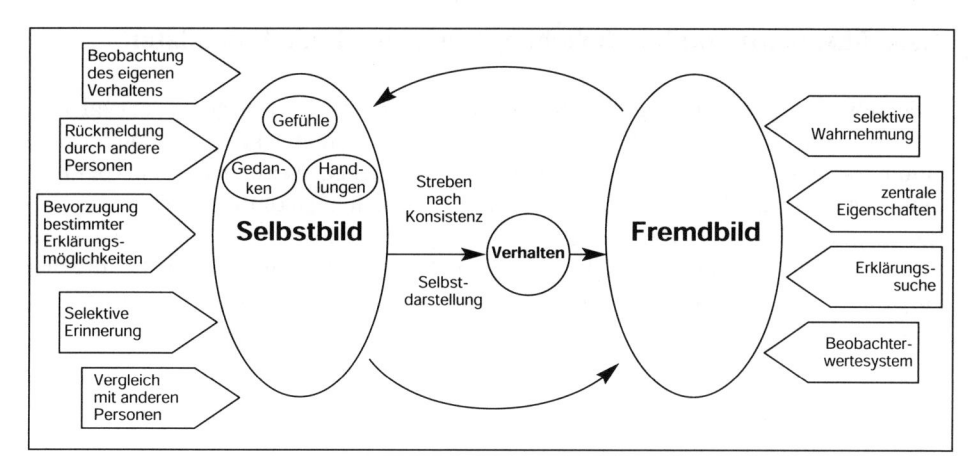

Abbildung 16: Abschließende Darstellung der Zusammenhänge zwischen Selbst- und Fremdbild in der Informationsbroschüre „Selbstbild, Fremdbild und Persönlichkeit" zum Bochumer Inventar zur berufsbezogenen Persönlichkeitsbeschreibung (BIP, Hossiep & Paschen, 1998)

4.3.3 Gestaltung der diagnostischen Situation

Die meisten psychologischen Testverfahren (insbesondere Persönlichkeitstests) eignen sich sowohl für die Einzel- wie auch für die Gruppendurchführung. Um hierbei eine möglichst zuträgliche Atmosphäre sicherzustellen, geben Schneewind et al. (1994, S. 21) einige allgemeine Hinweise zur Testdurchführung:

Gerade das Wort „Test" kann bei vielen Personen zu Mißtrauen und Nervosität führen, wird doch dieser Begriff im Alltagsverständnis – häufig nicht zu unrecht – mit einer Prüfungssituation assoziiert. Der nochmalige Hinweis darauf, daß sich alle Fragen auf persönliche Einstellungen und Verhaltensweisen der Teilnehmer beziehen und es keine richtigen oder falschen Antworten gibt, kann hier zu einer Klärung beitragen.

Der Diagnostiker sollte sich, so gut dies in einer Bewerbungssituation gelingen kann, um eine vertrauensvolle und motivierende Atmosphäre bemühen. Hierzu gehört, daß den Testkandidaten die Stellung des Tests im Kontext der gesamten Eignungsbeurteilung erläutert wird. Hierbei sollte sehr deutlich darauf hingewiesen werden, daß auf der Grundlage des Testergebnisses allein keine Entscheidung gefällt wird, sondern die Resultate primär als Kommunikationsmedium für eine weitergehende Exploration dienen werden.

Trotz einer schriftlichen Instruktion ist es gelegentlich sinnvoll, die Anweisungen nochmals mit dem oder den Testkandidaten durchzugehen. So kann etwa direkt zu Beginn die häufig gestellte Frage geklärt werden, wie die Testkandidaten sich verhalten sollen, wenn sie sich durch keine der Antwortalternativen repräsentiert fühlen (meist wird auf diesen Einwand geantwortet, es solle diejenige Alternative gewählt werden, die noch am ehesten zutrifft). Hinweise zu einer möglichst fairen Gestaltung der Testsituation finden sich unter anderem bei Wottawa (1980).

4.3.4 Akzeptanz von Persönlichkeitstests durch die Kandidaten

Jede Bewerbungssituation stellt für Kandidaten zweifellos eine Belastung dar (vgl. z. B. Althoff, 1984; Jäger, 1995). Das Ergebnis der Auswahlverfahren kann existentielle oder zumindest einschneidende Konsequenzen nach sich ziehen. Aus dem Ergebnis der Eignungsuntersuchung können Folgen erwachsen, die sich in zukünftigem Prestige, Einkommen und Erfolg des Betroffenen niederschlagen. Eine eignungsdiagnostische Situation ist unter anderem durch die folgenden Aspekte charakterisiert, wobei die hier aufgeführten Punkte besonders den Einsatz von Persönlichkeitstests betreffen (vgl. Spitznagel, 1982):

1. Asymmetrische Selbstenthüllung
Mit dem diagnostischen Prozeß ist untrennbar verbunden, daß einseitig Informationen über den Kandidaten gesammelt werden und kein wechselseitiger, völlig offener Austausch möglich ist.

2. Vertrauen auf Vertraulichkeit
Die Bereitschaft des Kandidaten, in einem Persönlichkeitstest auch sozial unerwünschte Verhaltensweisen einzuräumen, wird unter anderem auch davon abhängen, ob der Kandidat sicher sein kann, daß seine Daten absolut vertraulich behandelt werden und ausschließlich zum Zwecke der Eignungsfeststellung genutzt werden (Anastasi, 1985).

3. Intransparenz des Urteils
Gerade bei Persönlichkeitstests ist für den Laien kaum nachvollziehbar, wie die Antworten auf die einzelnen Fragen zu einem Gesamtergebnis zusammengefaßt werden. Auch die Tatsache, daß durch den Profilverlauf auf den einzelnen Dimensionen die Abweichung des Teilnehmers vom Mittelwert der Bezugsgruppe beschrieben wird, ist nicht ohne weiteres unmittelbar einsichtig.

Die angeführten Aspekte machen das Erleben einer eignungsdiagnostischen Situation zu einer für den Bewerber möglicherweise unerfreulichen Erfahrung. Die Bewertung von Auswahlverfahren hängt zudem zentral davon ab, ob die Bewerbung erfolgreich oder nicht erfolgreich war (Lounsbury, Bobrow & Jensen, 1989). Statistisch gesehen sind negative Bescheide um ein vielfaches häufiger als Vertragsangebote. Dementsprechend ist zu erwarten, daß die meisten Auswahlverfahren in der öffentlichen Meinung eher negativ beurteilt werden (Fruhner, Schuler, Funke & Moser, 1991). Für die Unternehmen ist diese negative Beurteilung insofern ein nicht zu unterschätzendes Problem, als die eingesetzten Auswahlverfahren auch für das Personalmarketing von Bedeutung sind. Negative Urteile oder Vorurteile in bezug auf die Auswahlprozeduren können zu einer für das Unternehmen ungünstigen Selbstselektion von potentiellen Bewerbern führen. Vor diesem Hintergrund sollte jedes Auswahlverfahren auch daraufhin überprüft werden, inwieweit eine Akzeptanz der eignungsdiagnostischen Situation bei den Bewerbern vorhanden ist.

Nachfolgend wird dargestellt, welche Aspekte sich förderlich auf die Akzeptanz auswirken, wobei auch ein Vergleich mit anderen Auswahlverfahren vorgenommen wird. Auf die validitätsbezogenen Effekte unterschiedlicher Motivation und Einstellungen gegenüber psychologischen Testverfahren verweisen zum Beispiel Arvey, Strickland, Drauden und Martin (1990) sowie Schmit und Ryan (1992).

4.3.4.1 Bedingungen für eine positive Bewertung von Auswahlverfahren

Die Eignungsdiagnostik steht vor einem Dilemma, was den Wunsch hinsichtlich der positiven Bewertung ihrer Instrumente angeht: Diejenigen Verfahren, für die eine hohe Prognosekraft belegt ist, besitzen häufig nur eine geringe Wertschätzung durch die Bewerber. Testdurchführungen werden diesbezüglich sogar ungünstiger beurteilt als die Heranziehung von Schulnoten, obwohl Testergebnisse für Prognosen nachweislich besser geeignet sind. Ein unstandardisiertes Auswahlgespräch hingegen wird von den Bewerbern im allgemeinen als recht positiv erlebt, besitzt aber keine hohe prognostische Validität (Fruhner et al., 1991). Hinzu kommt, daß Tests häufig zur Vorselektion benutzt werden, und darum gerade die abgelehnten Bewerber keine Gelegenheit zu einem persönlichen Gespräch erhalten. Der Mißerfolg der Bewerbung kann somit darauf zurückgeführt werden, daß keine Chance zu einem persönlichen Kontakt bestand.

Im Rahmen des Konzeptes der „sozialen Validität" von Schuler und Stehle (1983) läßt sich angesichts des Gesagten die Bevorzugung des Interviews nachvollziehen. Soziale Validität dient als Sammelbegriff für alles, „was die eignungsdiagnostische Situation zu einer akzeptablen sozialen Situation macht" (Schuler & Stehle, 1983, S. 35). Abbildung 17 stellt die einzelnen Komponenten der sozialen Validität dar, deren Berücksichtigung für eine akzeptable Bewerbungssituation zu fordern ist:

Unter der Berücksichtigung *sozialpsychologischer Anforderungen* verstehen Schuler und Stehle die diagnostische Verwertung von Informationen über das Sozialgefüge der Organisation (z. B. Organisationsklima oder Führungsstil). *Partizipation* bedeutet die Einbeziehung von Organisationsmitgliedern, wenn es um die Entwicklung oder Durchführung von Auswahlverfahren geht. Diese Mitwirkung fordern die Autoren für den gesamten Prozeß der Entwicklung des Auswahlverfahrens, angefangen von der Arbeitsplatzanalyse bis hin zur Formulierung der Empfehlung. Des weiteren soll die diagnostische Situation *transparent* (d. h. ihr Sinn soll einsichtig und die Verfahren augenscheinvalide) sein. Die Beurteilungsmaßstäbe müssen dabei für die Kandidaten nachvollziehbar sein. Schließlich sollte die *Kommunikation* so gestaltet werden, daß ein wechselseitiger Informationsaustausch gefördert wird *(Inhaltsaspekt),* und zugleich soll durch die Wahrung entsprechender Distanz Rücksicht auf die Persönlichkeitssphäre des Kandidaten genommen werden. Hierbei ist es hilfreich, wenn sich die mit einem Auswahlinstrument erfaßten Aspekte verständlich in einer Sprache darstellen lassen, die einen direkten Bezug zum Erfahrungsbereich der Testkandidaten hat *(Formaspekt).*

Die geschilderten Komponenten sind in der Einschätzung durch die Bewerber im allgemeinen eher im Interview zu verwirklichen als bei einem Test. Nach Fruhner et al. (1991) erleben die Bewerber ein Interview so, daß sie den Prozeß beeinflussen können, und es erscheint ihnen stärker auf die spätere Tätigkeit bezogen. Außerdem haben die Bewerber den Eindruck, durch das Interview mehr über den zukünftigen Arbeitgeber zu erfahren. Ähnlich ungünstig schneiden psychologische Tests im Vergleich zum idealtypischen Assessment Center ab.

Interviews und Assessment Center befinden sich – wenn sachkundig durchgeführt – in einer deutlich günstigeren Ausgangslage, um vom Großteil der Bewerber akzeptiert zu werden. Selbstverständlich existieren dennoch Möglichkeiten, auch die Ak-

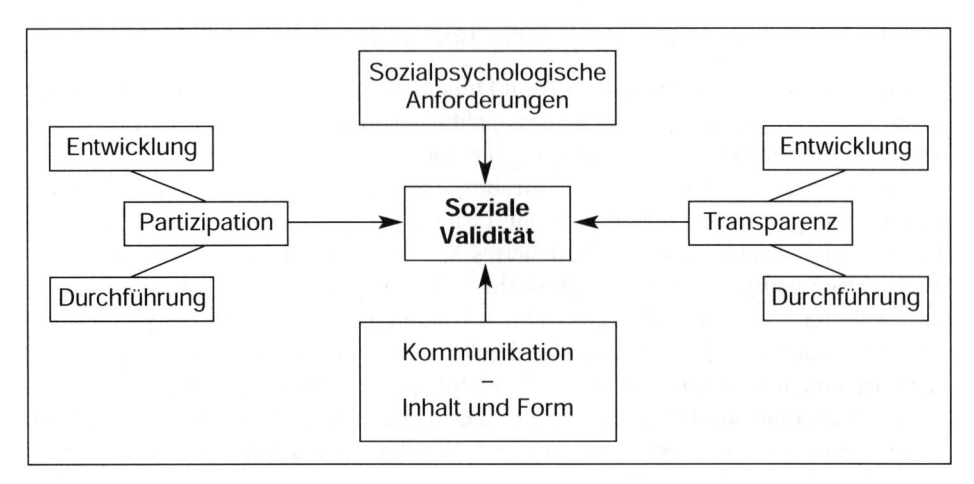

Abbildung 17: Die Komponenten der sozialen Validität (Schuler & Stehle, 1983)

zeptanz von Persönlichkeitstestverfahren deutlich zu erhöhen. Hierzu sollten die folgenden Aspekte berücksichtigt werden:

- Es ist bei der hier diskutierten Zielrichtung sinnvoll, vor allem Verfahren mit direktem Berufsbezug einzusetzen. Dadurch ist eine hohe Augenscheinvalidität (Transparenz der Situation) gegeben, die eine wichtige Grundlage für die Akzeptanz darstellt (Nevo, 1986; Spörli, 1995). Angesichts solcher Verfahren entsteht bei den Testkandidaten in eher geringem Maße das Gefühl einer unzulässigen Verletzung der Privatsphäre.
- Auf Seiten der Konstrukte sollte darauf geachtet werden, daß die Bedeutung der einzelnen Dimensionen gut vermittelbar ist und daß gleichzeitig die Relevanz für das Berufsleben den Kandidaten plausibel erscheint (Kommunikation der Form). Skalen, die mit Kunstwörtern belegt werden oder Skalen mit psychopathologischem Inhalt (z. B. Hypochondrie) sind in der Rückmeldung sicherlich schwieriger darzustellen.
- Andere Aspekte der sozialen Validität, in denen Interview und Assessment Center psychologischen Testverfahren überlegen sind, sind nicht im Verfahren selbst begründet, sondern sind durch den Diagnostiker beeinflußbar.
- Es ist ausgesprochen förderlich, den Testkandidaten die Funktionsweise psychologischer Tests zu erläutern (Transparenz der Bewertung). Hierzu gehört beispielsweise das Prinzip, daß die Beschreibung einer Person stets relativ zum Mittelwert der jeweiligen Vergleichsgruppe erfolgt (s. Wottawa, 1980).
- Außerdem sollte erwähnt werden, daß einzelne Antworten in aller Regel nicht interpretiert, sondern zu Summenwerten zusammengefaßt werden. Durch ein solches Vorgehen könnte die „Entmystifizierung" von Persönlichkeitstests vorangetrieben und ein Abbau von übertriebenen Erwartungen oder Befürchtungen erreicht werden. (Beim Bochumer Inventar zur berufsbezogenen Persönlichkeitsbeschreibung (BIP, Hossiep & Paschen, 1998) steht hierzu eine Informationsbroschüre zur Verfügung, die allen Testkandidaten ausgehändigt werden kann. Die Broschüre enthält unter anderem Erläuterungen zum Begriff „Persönlichkeit", zur Erfassung von Verhaltensdispositionen durch Persönlichkeitsfragebogen sowie zum Zustandekommen der Testergebnisse. Sie kann dazu genutzt werden, den Testteilnehmern ein grundlegendes Verständnis der Funktionsweise eines Persönlichkeitstests zu vermitteln und eventuell vorhandene Befürchtungen zu reduzieren). Hin-

sichtlich der Auswertung und Interpretation besteht etwa teilweise die Vorstellung, daß die Antworten auf einzelne Testfragen von Psychologen zum „Aufdecken verborgener Schwächen" genutzt werden könnten – diese überkommenen Befürchtungen werden leider durch verschiedene Ratgeber zum „Testknacken" genährt (vgl. Kap. 4.3.8). Tracy und Fiske (1974) konnten zeigen, daß von einer Gruppe von Untersuchungsteilnehmern, die bei der Bearbeitung eines Persönlichkeitstests lediglich Standardinstruktionen erhielten, negativere Einstellungen gegenüber Tests formuliert wurden als von einer Gruppe, der eine kurze zusätzliche Erklärung zu Idee und Prinzip psychologischer Tests gegeben wurde. Auf die Testergebnisse hatten die unterschiedlichen Instruktionen hingegen keinen Einfluß. Beim MMPI erreichten Fink und Butcher (1972), daß durch eine Erläuterung der Prinzipien der kriteriumsorientierten Testkonstruktion und der Erwähnung, daß einzelne Items nicht interpretiert werden, die Vorbehalte gegenüber dem Verfahren deutlich abnahmen.
– Schließlich sollte gerade auch bei einem Persönlichkeitstest eine angemessene Rückmeldung an den Teilnehmer niemals unterlassen werden. Es sollte zum Standard der Durchführung von Assessment Centern gehören, daß den Kandidaten eine differenzierte Rückmeldung gegeben wird und ihnen persönliche Weiterentwicklungsmöglichkeiten aufgezeigt werden. Nach Testdurchführungen geschieht dies leider nicht immer, und es bleibt den betroffenen Personen vielfach unklar, welche Informationen letztlich aus ihren Antworten gezogen werden. Die Akzeptanz von Tests und im besonderen von Persönlichkeitstests dürfte in Bewerbungssituationen deutlich steigen, wenn die Kandidaten auch hier – ähnlich wie beim Assessment Center – durch die Rückmeldung profitieren können. Dies kann zum Beispiel dadurch gefördert werden, indem das Ergebnisprofil im Rahmen des Interviews thematisiert wird (vgl. Kline, 1994).
– Ausgesprochen gute Erfahrungen wurden damit gemacht, Gelegenheit zum gegenseitigen Feedback zu geben, so daß auch der Teilnehmer seinen Eindruck über das Verfahren formulieren kann (Benziman, 1986).

Möglicherweise werden auch sachgerecht durchgeführte Persönlichkeitstests hinsichtlich ihrer sozialen Validität hinter angemessen durchgeführten Interviews oder Assessment Centern zurückbleiben. Da der Einsatz von Persönlichkeitsfragebogen jedoch in aller Regel im Verbund mit anderen diagnostischen Verfahren erfolgt, spielt die vergleichende Einzelbewertung eine untergeordnete Rolle, soweit jedes Verfahren selbst hinreichend akzeptabel ist. Für den Praktiker wird es vielmehr darauf ankommen, den gesamten Prozeß mit allen Bestandteilen möglichst transparent und akzeptabel zu gestalten – sowohl, um eine optimale Informationserhebung zu realisieren, als auch aus Gründen des Personalmarketings.

4.3.5 Motivationale Einflüsse und Fehlerfaktoren bei der Bearbeitung von Persönlichkeitstests

Zur inhaltlichen Beantwortung von Testfragen konnten in der Forschung Faktoren identifiziert werden, die für die Bearbeitung Relevanz besitzen (z.B. „Response sets" bzw. „Response styles"). Zu den viel beachteten – und gerade im Zusammenhang mit Einstellungsuntersuchungen diskutierten – Phänomenen der sozialen Erwünschtheit gehören auch Effekte wie Antwortabhängigkeiten in Bezug auf Itemlänge, Wortfolge oder seriale Position (vgl. Amelang & Bartussek, 1997). In den folgenden Abschnitten werden diejenigen Fehlerfaktoren diskutiert, die am meisten Beachtung finden und gelegentlich als problematisch für den praktischen Einsatz eingeschätzt werden.

4.3.5.1 Beantwortungen im Sinne sozialer Erwünschtheit

Als größtes Problem von Persönlichkeitstests in Auswahlsituationen werden häufig der Aspekt der sozialen Erwünschtheit und daraus folgende Effekte gesehen (Paulhus, 1989). Bei relativ transparenten Testverfahren, die also aus Items mit hoher Augenscheinvalidität bestehen, lassen sich auch von Laien mit relativ guter Treffsicherheit Hypothesen darüber bilden, was die jeweilige Frage erfassen will. Das eröffnet dem Bewerber die Möglichkeit, sich tendenziell so darzustellen, wie er in der jeweiligen Situation gern gesehen werden möchte. Diese Einflußmöglichkeit auf das Testergebnis hat einige Autoren zu der Auffassung gelangen lassen, daß sich Persönlichkeitstests grundsätzlich für jeglichen Selektionsprozeß verbieten (z.B. Hampel & Klinkhammer, 1978). Allerdings bleiben es die Autoren meist schuldig, alternative Strategien zur Persönlichkeitsdiagnostik im Rahmen von Selektionsentscheidungen vorzuschlagen, für die auch noch eine geringere Anfälligkeit für soziale Erwünschtheitseffekte zu belegen wäre (Howard, 1994). Im folgenden werden einige Untersuchungen zur sozialen Erwünschtheit zusammengefaßt und es wird diskutiert, wie kritisch das Problem der sozialen Erwünschtheit für die praktische Verwendung von Persönlichkeitstests im berufsbezogenen Kontext ist.

Empirische Befunde zur sozialen Erwünschtheit

Im klassischen Untersuchungsparadigma zur Erforschung der Effekte sozialer Erwünschtheit wird in der Regel folgendermaßen vorgegangen: Versuchspersonen wird – in aller Regel in Laborsituationen – ein Persönlichkeitstest mit jeweils unterschiedlichen Instruktionen vorgelegt. Ein Teil der Versuchspersonen wird gebeten, möglichst ehrlich zu antworten, und ein anderer Teil wird instruiert, sich möglichst positiv darzustellen (z.B. Furnham & Craig, 1987; Furnham & Henderson, 1982; Jeske & Whitten, 1975; Lautenschlager, 1986; Schwab, 1971). Bei starken Abweichungen zwischen den sich ergebenden Testergebnissen dieser beiden Gruppen wird geschlossen, daß Menschen in der Lage sind, den Test in gewisser Weise zu „durchschauen" und ein gewünschtes Bild zu vermitteln. Die Ergebnisse sind recht eindeutig und wenig überraschend: Bei entsprechender Instruktion können Menschen ihre Antworten in die gewünschte Richtung manipulieren (Hough, Eaton, Dunnette, Kamp & McCloy, 1990; Thornton & Gierasch, 1980). Um die mit der sozialen Erwünschtheit zusammenhängenden Probleme zu kontrollieren, werden nunmehr verschiedene Strategien vorgeschlagen:

– Es werden sogenannte Forced-Choice-Items entwickelt, bei denen die Wahlalternativen gleiche soziale Erwünschtheit aufweisen sollten (Paulhus, 1986, S.153). Dies wird in der Regel durch Einschätzungen verschiedener Beurteiler sichergestellt. Auch wenn dieses Vorgehen ursprünglich als Königsweg zur Vermeidung sozialer Erwünschtheitseffekte erschien, konnte nachgewiesen werden, daß auch dieses Itemformat durchaus verfälscht werden kann.
– Die Items werden möglichst subtil formuliert, damit die Testkandidaten nicht unmittelbar auf das erfragte dahinterliegende Konstrukt schließen können (z.B. im CPI, Weinert et al., 1982: „Ich mag große Frauen"). Diese Items finden sich vor allem in Tests, die nach der sogenannten externalen Methode der Testkonstruktion entwickelt wurden (Burisch, 1984). Bei diesem Ansatz werden Items ohne Rückgriff auf ein bestimmtes Konstrukt entwickelt. Sie sollen lediglich in der Lage sein, zwischen sich empirisch ergebenden verschiedenen

Gruppen zu differenzieren. Beispiele für solche Tests sind der MMPI (Hathaway & McKinley, 1977) oder einige Skalen des CPI. Allerdings birgt auch dieser Ansatz einige Probleme: Zum einen sind subtile Items offenbar weniger valide als transparente Items (Duff, 1965; Holden & Jackson, 1979). Zum zweiten existieren kaum überzeugende Belege, daß diese Items tatsächlich weniger anfällig für soziale Erwünschtheit sind (Hough et al., 1990; Worthington & Schlottmann, 1986). Auch dürfte gerade in Bewerbungssituationen die Akzeptanz dieser Form der Fragestellung geringer sein, da die Testkandidaten kaum einen Zusammenhang zu den beruflichen Anforderungen herstellen können.

- Testteilnehmer werden vor den Folgen unwahrheitsgemäßer Beantwortung gewarnt, oder es wird ihnen mitgeteilt, daß Falschantworten als solche identifiziert werden. Die Studien, in denen explizit die Wirkung dieser Strategie untersucht wurden, konnten einen reduzierenden Effekt dieser Instruktion auf soziale Erwünschtheitstendenzen nachweisen (Goffin & Woods, 1995; Hough et al., 1990). Allerdings beinhaltet dieses Vorgehen eine Täuschung der Kandidaten, die zu Forschungszwecken vielleicht tolerierbar, in Auswahlsituationen jedoch sicherlich als ethisch bedenklich einzustufen ist. Zudem sind unerwünschte Wechselwirkungen insofern denkbar, als sich nicht alle Testanden gleichermaßen von den Warnungen beeindrucken lassen, und etwa Moderatorvariablen wie Selbstbewußtsein oder Ängstlichkeit in unkontrollierter Weise zum tragen kommen können.
- Dem Testverfahren werden spezielle Skalen beigefügt, die soziale Erwünschtheit oder Lügentendenzen erfassen sollen. Eine ganze Reihe von Persönlichkeitstests enthält entsprechende Skalen (z.B. CPI, Weinert et al., 1982; MMPI, Hathaway & McKinley, 1977 und PRF, Stumpf, Angleitner, Wieck, Jackson & Beloch-Till, 1985). Teilweise existieren Verrechnungsregeln, wie die Skalenwerte bei entsprechenden Ausprägungen der sozialen Erwünschtheit zu korrigieren sind – eine nicht unumstrittene Methode: „If the subject tells lies to the tester there is no way to convert the lies to truth" (Cronbach, 1970, S. 510).
- Es erfolgt eine faktorenanalytische Kontrolle der sozialen Erwünschtheit (Paulhus, 1984, 1986; Zerbe & Paulhus, 1987). Hierbei wird auf Basis faktorenanalytischer Ergebnisse angenommen, daß die erste unrotierte Hauptachse nach einer Hauptkomponentenanalyse mit der sozialen Erwünschtheit des Iteminhaltes hoch korreliert ist. Wenn sich diese Annahme als richtig herausstellt, könnte durch eine Elimination dieser Achse der Einfluß sozialer Erwünschtheit reduziert werden.
- Aus dem Gesamttest werden lediglich die einzelnen Skalen vorgelegt, die sich für die jeweilige Fragestellung als valide herausgestellt haben. Allerdings scheint durch den so geschaffenen neuen Itemkontext der im Test verbliebenen Items das Problem der Verfälschungstendenzen eher noch verstärkt zu werden (vgl. dazu Zalinski & Abrahams, 1979).

Konsequenzen für den Einsatz von Persönlichkeitstests bei Plazierungsentscheidungen

Paulhus (1989) beschreibt eine häufige Erfahrung von Testkonstrukteuren: „After laboring to develop a new personality test, they discover high correlations with SDR (Socially Desirable Responding, Anm. d. Verf.) and cry out, 'the horror, the horror!'" (Paulhus, 1989, S. 202). Inwieweit diese heftige Reaktion tatsächlich gerechtfertigt ist, erscheint aus zwei Gründen zumindest fraglich:

1. Es liegen ausreichende Belege dafür vor, daß Menschen bei entsprechender Instruktion ihr Testergebnis im Sinne sozialer Erwünschtheit verändern können. Entscheidend für die Anwendung eines Instrumentes ist jedoch, ob sie dies in den entsprechenden realen Auswahlsituationen auch tatsächlich tun.

2. Hauptsächliches Bewertungskriterium für einen Persönlichkeitstest muß seine Prognosekraft und Nützlichkeit für praktische Fragestellungen sein. Eine Strategie zur Eindämmung der Effekte sozialer Erwünschtheit erscheint vor diesem Hintergrund insbesondere dann gerechtfertigt, wenn Bedenken existieren, daß Antwortstrategien im Sinne sozialer Erwünschtheit die externe (und nicht unbedingt die Konstrukt-) Validität von Persönlichkeitstests gefährden.

Eine aufwendige Untersuchung, die auf die beiden skizzierten Problemstellungen fokussiert, liegt in einer Studie von Hough et al. (1990) vor. Die Autoren legten verschiedenen Stichproben von Militärpersonal einen eigens entwickelten Persönlichkeitstest sowie eine Soziale-Erwünschtheits-Skala vor und erhoben gleichzeitig verschiedene Validitätsindikatoren. Ein Teil des Militärpersonals bearbeitete den Test ausschließlich für die wissenschaftliche Untersuchung, und es folgten aus den Ergebnissen keine beruflichen Konsequenzen. Dieser Gruppe wurden drei verschiedene Instruktionen gegeben: In der ersten Bedingung wurden die Versuchsteilnehmer gebeten, sich ihre Bewerbungssituation bei der Armee vorzustellen und den Test so zu bearbeiten, daß eine Einstellung als sicher gelten kann („Fake Good"). Eine zweite Instruktion gab den Teilnehmern die Anweisung, sich so zu beschreiben, daß die Armee sie auf keinen Fall einstellen würde („Fake Bad"). In der dritten Bedingung wurde einfach um eine ehrliche Selbstbeschreibung gebeten. Als Ergebnis zeigte sich bei den meisten Skalen eine entsprechend den Instruktionen verschobene Verteilung. Des weiteren wurde der Test auch in einer realen Bewerbungssituation eingesetzt, bei der den Kandidaten explizit mitgeteilt wurde, daß der Test über die weitere Karriere bei der Armee mitentscheidet (hierbei handelte es sich allerdings um eine Fehlinformation). Entgegen den vielfach geäußerten Befürchtungen finden die Autoren kaum Mittelwertunterschiede zwischen den in der realen Bewerbung ausgefüllten Tests und den Werten der Kandidaten, die ihn lediglich zu wissenschaftlichen Zwecken bearbeiten mußten und um eine ehrliche Darstellung gebeten wurden. Ebenso bemerkenswert ist die Tatsache, daß die externe Validität des Tests (gemessen anhand einer Reihe von Variablen wie Vorgesetzten/Kollegen-Ratings, militärische Auszeichnungen, disziplinarische Maßnahmen, physische Fitness etc.) kaum vom Ausmaß der sozialen Erwünschtheit beeinträchtigt wird. Mindernd auf die Validität wirkte sich lediglich eine nachlässige Testbearbeitung aus („Careless Responding"). Die zum Teil recht beeindruckenden Stichprobengrößen (zwischen 125 und 9359 Personen je Gruppe) lassen hier einen robusten Effekt vermuten.

Zu einem vergleichbaren Ergebnis kommen Hampel und Klinkhammer (1978) in einer Studie zum Freiburger Persönlichkeitsinventar (FPI, Fahrenberg et al., 1994). Untersuchungsteilnehmer waren Polizisten und Polizeibewerber. Während in *vorgestellten* Bewerbungssituationen deutliche Verschiebungen in Richtung sozialer Erwünschtheit zu finden sind, unterscheiden sich die Testwerte in einer *realen* Bewerbungssituation kaum von denjenigen, die anonym zu wissenschaftlichen Zwecken erhoben wurden. Mit einem nahezu identischen Design überprüften Ryan und Sacket (1987b) die Tendenz zu sozial erwünschten Antworten bei einem Ehrlichkeitsfragebogen („Honesty Testing"). Auch sie fanden keine Unterschiede zwischen den Ergebnissen aus einer echten Bewerbungssituation und einer anonymen Erhebung, aber deutliche Unterschiede dieser beiden Bedingungen zu einer „Fake-Good-Bedingung". Das heißt, daß in „Ernstsituationen" möglicherweise Faktoren einen Einfluß gewinnen, die einer Verfälschungsneigung entgegenwirken, wie zum Beispiel die Befürchtung, daß Verfälschungen durchschaut werden können. Selbstverständlich ist nicht zu schlußfolgern, daß soziale Erwünschtheit in Auswahlsituationen überhaupt nicht auftritt (Norman, 1963 a), sondern es ist lediglich fraglich, von welcher Tragweite und Relevanz der Effekt tatsächlich ist. Die Befunde weisen darauf hin, daß bei zahlreichen Testverfahren nur geringe Verfälschungseffekte bestehen, und andererseits das Auftreten sozial erwünschten Antwortverhaltens auch mit der Ausprägung spezifischer Persönlichkeitsdimensionen auf seiten der Teilnehmer in Verbindung zu bringen ist (namentlich mit den Dimensionen Emotionale Stabilität und Gewissenhaftigkeit des Fünf-Faktoren-Modells; vgl. Ones, Viswesvaran & Reiss, 1996).

Anders stellt sich die Situation bei Skalen klinisch-psychologischen Inhalts dar, deren Verwendung aber ohnehin in der Personalauswahl zumeist nicht zu rechtfertigen ist. So zeigt zum Beispiel Heron (1956), daß sich in einer Stichprobe von Bewerbern um eine Tätigkeit als Busfahrer wesentlich weniger Personen als emotional instabil beschrieben als in einer vergleichbaren Stichprobe, bei der die Ergebnisse anonym blieben. Kelley, Jacobs und Farr (1994) konnten nachweisen, daß bei mehrmaliger MMPI-Applikation Bewerber „test-weise" werden und sich die Profile in Richtung auf mehr Normalität verschieben. Gleichwohl ist auch bei den Ergebnissen dieser Untersuchung die Unangemessenheit des Verfahrens für berufsbezogene Eignungsfragestellungen in Rechnung zu stellen.

In mehreren Untersuchungen konnte nachgewiesen werden, daß die Kontrolle sozialer Erwünschtheit keinen positiven Effekt auf die Validität hat (Nicholson & Hogan, 1990). So finden zum Beispiel Christiansen, Goffin, Johnston und Rothstein (1994), daß eine entsprechende Korrektur des 16 PF nur einen sehr geringen Effekt auf die externe Validität bewirkt. Auch Borkenau und Amelang (1986) weisen nach, daß eine faktorenanalytische Kontrolle sozialer Erwünschtheit die externe Validität des Freiburger Persönlichkeitsinventares (FPI, Fahrenberg et al., 1994) eher noch herabsetzt. Elliott (1981) diskutiert sogar einen positiven Effekt von sozialer Erwünschtheit für echte Auswahlsituationen („He is able to present a brave face to the world (…) in some circumstances a high lie score may be a positive advantage rather than a drawback" Elliott, 1981, S. 14). Borkenau und Ostendorf (1989 a) konnten untermauern, daß Personen mit hohen sozialen Erwünschtheitswerten weniger neurotisch und stärker gewissenhaft sind als Personen mit niedrigen Werten. McCrae und Costa (1983) schlagen in diesem Zusammenhang vor, soziale Erwünschtheit eher als substantiellen Faktor mit eigener Vorhersagekraft zu betrachten, anstatt sie ausschließlich als Antwortstil aufzufassen („More Substance than Style").

Schließlich ist ein letzter Aspekt von erheblicher Bedeutung. Die Selbstdarstellung in Bewerbungssituationen im Sinne von sozialer Erwünschtheit ist nicht unbedingt eine Form von Unsicherheit, Lügen oder absichtlicher Täuschung (Seisedos, 1993), sondern es ist eigentlich *die beste Möglichkeit, an die gegebenen Umstände zu adaptieren.* („It may be something like going to a rendezvous wearing one's best dress or suit, or after having visited the hairdresser", Seisedos, 1993, S. 91). Denn sich selbst möglichst positiv zu präsentieren ist die zentrale Anforderung in Bewerbungssituationen – und durchaus kein Phänomen, das ausschließlich bei der Bearbeitung von Persönlichkeitstests wirksam wird, sondern ebenso beim Bewerbungsanschreiben oder beim Interview von Bedeutung ist. Insofern wird auch unmittelbar einsichtig, warum soziale Erwünschtheit teilweise direkt mit Berufserfolg korreliert ist, wie zum Beispiel mit dem Verkaufserfolg von Außendienstmitarbeitern (Ruch & Ruch, 1967): Sich in bestimmten Kontexten in einem gewissen Umfang sozial erwünscht zu verhalten, spricht für eine intelligente Adaptation an die Erfordernisse der Situation. Eine Überstrapazierung sozial erwünschten Verhaltens hingegen wird sicherlich Skepsis hervorrufen.

4.3.5.2 Zustimmungstendenzen

Neben der sozialen Erwünschtheit ist auch die Zustimmungstendenz zu Item-Aussagen untersucht worden (Akquieszenz). Mit Zustimmungstendenz (oder Ja-Sage-Tendenz) ist gemeint, daß ein Item weitgehend unabhängig von seinem Inhalt eher bejaht wird. Es liegen Hinweise dafür vor, daß sich Personen hinsichtlich dieser Tendenz unterscheiden. Experimentell kann eine Untersuchung auf folgende Weise vorgenommen werden: Bei exakten Itemspiegelungen (zum Beispiel: „Ich nehme lieber ein Duschbad als ein Vollbad" versus „Ich nehme lieber ein Vollbad als ein Duschbad") müßten die entsprechenden Items perfekt negativ korreliert sein, wenn ausschließlich der Iteminhalt die Beantwortung determiniert. Bei einer perfekten positiven Korrelation würde die Antwort ausschließlich auf die Zustimmungstendenz zurückgehen. Liegen die Korrelationen dazwischen, so ist davon auszugehen, daß die Effekte konfundiert sind (vgl. Amelang & Bartussek, 1997).

Zur Kontrolle dieser Effekte wird etwa eine Balancierung der Skalen vorgeschlagen, indem die Hälfte der Items positiv gepolt ist, die andere Hälfte negativ (Kline, 1986). Dies beseitigt das Problem allerdings nicht, denn damit könnte die Hälfte der Items immer noch aufgrund von Zustimmungstendenzen bejaht werden, ohne daß dies bei einer optischen Prüfung der Antworten ins Auge fallen würde. Die Balancierung der Skala erlaubt lediglich, Personen mit extrem ausgeprägter Zustimmungstendenz von solchen zu trennen, die tatsächlich über eine hohe Ausprägung auf der Dimension verfügen. Allerdings ist es für eine solche Ausbalancierung von Bedeutung, daß die Spiegelung der Itemtexte überhaupt möglich und das Item trotzdem noch verständlich, semantisch äquivalent und eindeutig ist. Falls diese Bedingungen nicht gegeben sind, wird die Aussagekraft des Tests eher aufgrund von ungünstigen Itemformulierungen leiden als durch Zustimmungstendenzen (Kline, 1986).

Bei der Bewertung der Bedeutsamkeit von Akquieszenz ist noch ein weiterer Aspekt wichtig, nämlich die Frage, unter welchen Bedingungen das Auftreten wahrscheinlich oder unwahrscheinlich ist. So scheinen Zustimmungstendenzen vor allem dann virulent zu werden, wenn die Testkandidaten dem Iteminhalt indifferent gegenüberstehen (vgl. dazu Amelang & Bartussek, 1997). Es ist nicht auszuschließen, daß die beiden Aussagen „Ich lese gern Comics" beziehungsweise „Ich lese ungern Comics" von der gleichen Person bejaht werden, weil Comics gegenüber keine differenzierte Haltung oder Einstellung besteht. Andererseits dürften die Fragen „Ich bin als Kind häufig von meinem Vater geschlagen worden" versus „Ich bin als Kind nie von meinem Vater geschlagen worden" eine wesentlich geringere Wahrscheinlichkeit besitzen, ausschließlich auf Basis von Zustimmungstendenzen beantwortet zu werden. Zudem ist maßgebend, ob die Items zum Erfahrungsbereich der Testkandidaten gehören, also überhaupt sinnvoll beantwortbar sind. Bei den Items „Ich vermeide es, mir von Hunden die Hand ablecken zu lassen" versus „Ich habe nichts dagegen, mir von Hunden die Hand ablecken zu lassen" wird die Zustimmungstendenz wahrscheinlich vor allem dann eine große Rolle spielen können, wenn die befragte Person überhaupt keinen Kontakt zu der infrage kommenden Tierart hat. Zusammenfassend ist Rorer (1965) zuzustimmen, der herausarbeitet, daß der Effekt bei sorgfältig konstruierten Testverfahren kaum Gefahren für die praktische diagnostische Arbeit mit sich bringt.

4.3.5.3 Bevorzugung extremer oder mittlerer Antwortkategorien

Ein drittes Antwortmuster besteht in der Bevorzugung bestimmter Antwortkategorien (etwa mittlerer Kategorien). Dieses Problem tritt logischerweise ausschließlich bei Verfahren mit mehr als zwei Beantwortungsalternativen auf. Neben der Interpretation als Response-Set ist gerade bei der Tendenz zu bestimmten Antwortkategorien auch zu überlegen, ob nicht auch hier (ähnlich wie bei der sozialen Erwünschtheit) „more substance than style" vorliegen könnte. Gemäß dem Ansatz von Bem und Allen (1974) unterscheiden sich Personen dahingehend, wie geeignet Persönlichkeitseigenschaften zu ihrer Beschreibung sind, also wie stark situationsvariabel ihr Verhalten ist. Möglicherweise sind diejenigen Menschen, bei denen das Verhalten stärker über Situationen hinweg variiert als bei anderen, dadurch gekennzeichnet, daß sie eher die mittleren Antwortkategorien bevorzugen. Solche Personen hingegen, die durch eine gewisse „Rigidität" weniger von situationalen Einflüssen abhängig sind, könnten eher zu den extremen Antwortkategorien neigen (vgl. Amelang & Borkenau, 1984, S. 96). Sollte sich diese Annahme bestätigen lassen, wäre eine entsprechende Antworttendenz bereits eine wichtige diagnostische Information. Letztendlich dürfte eine sorgfältige Itemformulierung (keine vagen, uneindeutigen und unspezifischen Items) den besten Schutz vor allen Response-Sets darstellen (Kline, 1986).

4.3.5.4 Zusammenfassende Einschätzung der Fehlerfaktoren

Es soll in dieser Arbeit keineswegs die Auffassung vertreten werden, daß die möglichen Response-Sets für die praktische Arbeit trivial sind, auch wenn die Befundlage auf eine Überbewertung hinweist. Letztendlich läßt sich wahrscheinlich bezüglich aller Response-Sets am sinnvollsten der Standpunkt von Paulhus (1989) teilen:

„The reactions of veteran personality assessors seem to fall into one of three general categories. Hardcore cynics are adamant that personality is mostly SDR. (Selective cynics apply this criticism only to scales they dislike). Escapists know about the controversy but repress the fact: seeing the problem as unsolvable, they advise to ignore it. The Pragmatists emphasize validity: if one's measure can be demonstrated to perform as claimed in predicting behavior, then the problem of SDR is trivial." (Paulhus, 1989, S. 202)

4.3.6 Zur Gestaltung des Rückmeldegespräches

Die diagnostische Situation ist in der Personalarbeit als ein Problemlösungsprozeß zu verstehen, in dem der Kandidat und der Diagnostiker gemeinsam herausfinden sollen, ob die angestrebte Tätigkeit und der Bewerber möglichst optimal zueinander passen. Natürlich sind die Einflußmöglichkeiten auf eine diesbezügliche Entscheidung ausgesprochen ungleich verteilt – letztendlich hat der Diagnostiker die Definitionsmacht, ob eine Übereinstimmung mit den Anforderungen gegeben erscheint oder nicht. Auch die Gelegenheiten zur Informationserhebung sind deutlich zugunsten des Diagnostikers verschoben. Es gehört zu den impliziten Übereinkünften in einer diagnostischen Situation, daß der Kandidat etwas über seine Person preiszugeben hat, während der Diagnostiker in diesem Punkt keine Erwartungen erfüllen muß (Spitznagel, 1982). Die Informationspflichten des Diagnostikers kreisen um eine Beschreibung der angestrebten Tätigkeit und des Unternehmens. Diese Grundstruktur ist allerdings in keiner Weise eine einsame Situation, die ausschließlich im Rahmen eignungsdiagnostischer Problemstellungen gegeben ist. Ganz im Gegenteil: Jedwede Untersuchungs- beziehungsweise Prüfungssituation mit der „Zielrichtung Mensch" ist gleichartig strukturiert. So wird der Fahrlehrer bei der entscheidenden Fahrt im Rahmen der Prüfung zur Erlangung der Fahrerlaubnis ungleich mehr über die Fähigkeiten zum Führen von Kraftfahrzeugen des Prüflings erfahren als umgekehrt. Gleiches gilt zum Beispiel auch für jede ärztliche Diagnostik; so gut wie nie wird der Patient etwa beim EKG erfahren, wie denn dasjenige seines behandelnden Arztes im einzelnen aussieht. Angesichts solcher Überlegungen erhält die in der Psychologenschaft bisweilen geführte Diskussion bezüglich eines Machtgefälles gelegentlich weltfremde Züge.

Die strukturell ungleiche Ausgangssituation muß allerdings nicht in jedem Fall dazu führen, daß die Machtposition des Diagnostikers von den Kandidaten als unangenehm erlebt wird. Gerade im Führungskräftebereich werden die Kandidaten oftmals sehr zuvorkommend behandelt. Dies hat freilich weniger mit einer besonderen Wertschätzung der menschlichen Würde zu tun als mit den üblichen Verhaltenskodizes im Umgang mit Personen höherer Hierarchiestufen (Ringelband & Birkhan 1995). Im Gegensatz dazu gibt es besonders im Ausbildungsbereich immer wieder Hinweise darauf, daß Bewerber von einigen Unternehmen sehr unangenehmen Erfahrungen ausgesetzt werden (siehe z. B. Maier, 1987).

Gleichwohl besteht im Rahmen einer diagnostischen Situation zur Eignungsfeststellung auch eine wechselseitige Verpflichtung. Natürlich hat der Kandidat die Pflicht, einem berechtigten Informationsbedürfnis des potentiellen neuen Arbeitgebers zu entsprechen. Der Kandidat stellt hierfür Zeit und Mühe zur Verfügung. Dieses Engagement sollte schlüssigerweise durch eine differenzierte Rückmeldung an den Kandidaten gewürdigt werden, insbesondere dann, wenn schon mehrere Stufen des Bewerbungsprozesses – etwa im Rahmen eines mehrstufig sequentiellen Vorgehens (vgl. Hossiep, 1995b) – durchlaufen wurden. Bei seriös durchgeführten Assessment Centern ist das Feedback-Gespräch mittlerweile nicht mehr wegzudenken. Auf diese Weise können auch abgelehnte Kandidaten von dem Assessment Center nachhaltig profitieren, was auch unter Personalmarketinggesichtspunkten von nicht zu unterschätzender Bedeutung ist.

Bei testgestützten Eignungsuntersuchungen oder auch nach ausführlichen Interviews ist eine solche Rückmeldung vielfach nicht vorgesehen. Dies hinterläßt neben der nachvollziehbaren Unzufriedenheit bei den abgelehnten Kandidaten auch noch Ratlosigkeit darüber, in welchen Punkten Defizite oder fehlende Passung erlebt wurden und welche Tätigkeit für sie möglicherweise eher empfehlenswert wäre. Leider ersparen sich noch immer AC-Durchführer die (manchmal wegen unrealistisch überzogener Selbstbilder namentlich von Hochschulabsolventen) bisweilen äußerst mühseligen ernsthaften Rückmeldegespräche.

Die Besprechung eines testgestützten Persönlichkeitsprofiles kann neben der Basis für Interviews im Rahmen des AC`s eine Grundlage für Feedback-Gespräche sein. Dem Kandidaten kann anhand dieses Profiles mitgeteilt werden, in welchen Punkten er – im Vergleich zu einer Referenzgruppe – besondere Stärken oder Entwicklungsnotwendigkeiten aufweist. Zugleich kann dem Bewerber deutlich gemacht werden, in welchen Bereichen er durch den Diagnostiker ähnlich erlebt wurde und in welchen Aspekten das Selbstbild von den Beobachtungen des Diagnostikers beziehungsweise des Beobachterkreises abweicht. Ein solches Gespräch wird von den Kandidaten im allgemeinen ausgesprochen positiv erlebt, wenn der Diagnostiker es mit einer entsprechenden Beratung des Bewerbers verknüpft. Die Einbeziehung von Ergebnissen testgestützter Eignungsfeststellungen in ein Rückmeldegespräch hat mehrere Vorteile:

– Ausgangspunkt der Rückmeldung ist bei Testergebnissen stets das Selbstbild des Kandidaten. Für den Kandidaten können auf diese Weise dissonante Fremdbildinformationen leichter integriert werden, indem ihm dargelegt wird, daß es keine absolute Wahrheit bei der Persönlichkeitsbeschreibung gibt, sondern allenfalls mehr oder weniger Konsens zwischen Kandidat und Diagnostiker. Das letztendliche Definitionsrecht über die Ausprägung bestimmter Persönlichkeitszüge verbleibt immer beim Kandidaten. Letztere Schlußfolgerung basiert auf der Überlegung, daß jeder Mensch über sich selbst (potentiell) die meisten Informationen besitzt (Ringelband & Birkhan, 1995).
– Die Hinzuziehung eines Persönlichkeitstests wird von den Kandidaten – zumindest, wenn es sich um einen offenen und transparenten Test handelt – auch als *Wertschätzung des Diagnostikers gegenüber der eigenen Sichtweise ihrer Persönlichkeit erlebt,* wohingegen bei weniger differenzierten Möglichkeiten zur Selbstdarstellung die Definitionsmacht über die Ausprägung bestimmter Persönlichkeitszüge deutlich stärker in Richtung der Auffassung des Diagnostikers verschoben ist.

In der Tat hängt es im wesentlichen von der Art und Weise des Rückmeldegespräches ab, ob die Situation vom Kandidaten als angenehm und unterstützend oder als unangenehm erlebt wird. Abbildung 18 stellt ein mögliches Vorgehen in einem Feedbackgespräch dar (vgl. auch Ringelband & Birkhan, 1995). Durch das hier skizzierte Vorgehen soll ein möglichst hoher Nutzen für die Kandidaten sichergestellt werden.

4.3.7 Schriftlegung der Ergebnisse: Die gutachterliche Stellungnahme

Falls neben der reinen Empfehlung in Form einer Eignungsaussage auch ein Gutachten als Ergebnis des diagnostischen Prozesses angefertigt wird, sind bei der Schriftlegung der Ergebnisse bestimmte Qualitätsmerkmale sicherzustellen. Grundsätzlich sollten als Mindeststandard bei der Gutachtenerstellung die entsprechenden Vorschriften der Berufsordnung für Psychologen (Berufsverband Deutscher Psychologen, 1986) berücksichtigt werden. Abbildung 19 gibt die relevanten Textpassagen des Abschnittes VIII wieder.

Gesprächseröffnung:
- Dem Kandidaten wird erläutert, daß nunmehr das Feedback- und Beratungsgespräch erfolgt.
- Der Diagnostiker erklärt, auf welcher Datenbasis er seine Rückmeldung vornehmen wird. Er verdeutlicht, daß er bereit ist, sich auch mit der Sichtweise des Kandidaten auseinanderzusetzen und diese zu diskutieren.

▼

Rückmeldung durch den Kandidaten:
- Der Kandidat wird befragt, ob er Rückmeldung geben oder darauf verzichten möchte.
- Der Kandidat erhält die Gelegenheit zu beschreiben, wie er den diagnostischen Prozeß wahrnimmt.
- Der Kandidat erhält die Möglichkeit, seine Leistung oder Wirkung in der vorangegangenen diagnostischen Situation selbst einzuschätzen.

▼

Rückmeldung an den Kandidaten:
- Der Diagnostiker erläutert dem Kandidaten dessen Ergebnisprofil: Hierbei schildert er im einzelnen, welche diagnostischen Indikatoren oder Beobachtungen ihn zu welcher Einschätzung veranlaßt haben.
- Der Darstellung liegen die üblichen Feedbackregeln zugrunde, nach denen die Rückmeldung beschreibend – nicht wertend, offen, direkt und konkret ist. In der Regel ist es empfehlenswert, mit positiven Aspekten zu beginnen und abzuschließen.

▼

Abgleich der Einschätzungen:
- Der Kandidat erhält die Gelegenheit, Fragen zu stellen und sich einzelne Ergebnisse näher erläutern zu lassen. Auf diese Weise können Verständnisschwierigkeiten oder Mißverständnisse weitgehend vermieden werden.
- Wenn Abweichungen zwischen den Beobachtungen des Diagnostikers und der Selbsteinschätzung des Kandidaten auftreten, werden diese angesprochen. Möglicherweise ist bei einer differenzierten Betrachtung ein Konsens auf einer neuen Ebene möglich.
- Diese Abstimmung erfolgt für alle beurteilten Aspekte.

▼

Gesprächsabschluß:
- Der Diagnostiker nimmt eine abschließende Einschätzung vor und bietet dem Kandidaten weitergehende Beratungshinweise an.
- Der Kandidat läßt dem Diagnostiker eine Rückmeldung über den Ablauf des Feedbackgespräches zukommen und erläutert, inwieweit das Gespräch für ihn hilfreich war.

Abbildung 18: Das diagnostische Rückmeldegespräch

Ausstellung von Gutachten und Untersuchungsberichten

1. *Sorgfaltspflicht*

   Allgemein gilt, daß die Erstellung und Verwendung von Gutachten und Untersuchungsberichten vom Psychologen größtmögliche Sachlichkeit, Sorgfalt und Gewissenhaftigkeit erfordert. Gutachten und Untersuchungsberichte sind frist- und formgerecht anzufertigen.

2. *Transparenz*

   Gutachten und Untersuchungsberichte müssen für den Adressaten inhaltlich nachvollziehbar sein.

3. *Einsichtnahme*

   (1) Sind Auftraggeber und Begutachteter nicht identisch, kann das Gutachten bzw. der Untersuchungsbericht nur mit Einwilligung des Auftraggebers dem Begutachteten zugänglich gemacht werden.
   (2) Der Psychologe ist gehalten, darauf hinzuwirken, daß der Begutachtete das Gutachten bzw. den Untersuchungsbericht auf Wunsch einsehen kann, sofern für ihn kein ernsthafter Schaden zu befürchten ist.
   (3) Falls der Auftrag eine Einsichtnahme von vornherein ausschließt, muß der Klient/Patient vorab davon in Kenntnis gesetzt werden.

4. *Gefälligkeitsgutachten*

   Gefälligkeitsgutachten sind nicht zulässig.

5. *Stellungnahme zu Gutachten von Kollegen*

   Stellungnahmen zu Gutachten von Kollegen sind zulässig, wobei der Abschnitt V Ziffer 1 dieser Berufsordnung zu beachten ist.

Abbildung 19: Grundsätze der Gutachtenerstellung in der Berufsordnung für Psychologen (Berufsverband Deutscher Psychologen, 1986, S. 12)

Neben diesen grundsätzlichen Standards müssen die Gutachten auch noch einer weiteren wesentlichen Anforderung genügen: Sie sollen so vollständig und transparent sein, daß sie dem Auftraggeber alle zur Entscheidungsfindung relevanten Informationen mitteilen. Zur Umsetzung dieser Grundregel empfiehlt Fisseni (1995) die Berücksichtigung von vier „Leitideen":

„Die Rückmeldung sollte
- *vollständig* sein (alle Konstrukte enthalten, welche für die ausgeschriebene Funktion oder Position relevant sind);
- *prägnant* sein (die Konstrukte eindeutig beschreiben, Überschneidungen – also Redundanz – vermeiden);
- *strukturiert* sein (den Zusammenhang sichtbar machen, in dem die Konstrukte stehen);
- *kommunikationsfreundlich* sein (für den Auftraggeber ohne umständliche Erklärungen verstehbar)." (Fisseni, 1995, S. 804)

Abzuwägen ist außerdem, ob die Rückmeldung standardisiert, halbstandardisiert oder unstandardisiert erfolgen soll (Fisseni, 1995). Nach der Durchführung der Testverfahren ist eine standardisierte Rückmeldung in der Regel problemlos vorzunehmen, indem zum Beispiel die Ergebnisse nach einer computerunterstützten Testung in Form von Textbausteinen ausgegeben werden, und so unmittelbar eine schriftliche Ergebniszusammenfassung zur Verfügung steht. Zahlreiche von Unternehmens- oder Personalberatungen selbstentwickelte Testverfahren arbeiten mit auf diese Weise erstellten Gutachten.

Die Vorteile der Standardisierung liegen vor allem in dem deutlich reduzierten Aufwand, in der Objektivität und Vergleichbarkeit der Beurteilungen. Problematisch ist allerdings, daß solche Textbausteine der individuellen Situation eines Kandidaten kaum gerecht werden können und daher mit einem relativ großen Allgemeinheitsgrad formuliert werden müssen. Bei einer vollständig unstandardisierten Ergebniszusammenfassung hat der Diagnostiker weitgehend freie Hand bei Aufbau, Gewichtung und Interpretation der Ergebnisse. Mit einem solchen Vorgehen läßt sich eine individuelle Charakterisierung des Kandidaten natürlich eher erreichen. In der Praxis wird man das Vorgehen weitgehend an den Charakteristika der Position ausrichten, für die eine Entscheidung erfolgen soll. Je einzigartiger (in gewissem Sinne unstandardisierter) sich eine bestimmte Tätigkeit darstellt, um so eher wird man auch auf eine unstandardisierte Ergebniszusammenfassung zurückgreifen (vgl. Fisseni, 1995).

Einen praxisorientierten Leitfaden mit Hilfen zur Gutachtenerstellung haben Westhoff und Kluck (1998) vorgelegt. Speziell auf die Prinzipien der schriftlichen Ergebniszusammenfassung von psychologischen Testverfahren hebt die Arbeit von Boerner (1993) ab.

4.3.8 Testtraining und „Testknacker"

Besonders Testteilnahmen in Auswahlsituationen sind für manche Kandidaten eine schwierige und möglicherweise auch angstbesetzte Erfahrung. Dieses potentielle Unbehagen wird mittlerweile von einer Unmenge an Publikationen aufgegriffen, mit der sich Bewerber auf verschiedene Arten von Eignungstests vorbereiten können. So gab es zum Beispiel zur Vorbereitung auf den Hochschulzulassungstest für medizinische Studiengänge regelmäßig Veröffentlichungen mit den Testverfahren vergangener Jahre (z.B. Institut für Test- und Begabungsforschung, 1995), mit deren Hilfe sich Interessierte mit dem Verfahren vertraut machen konnten. Auch einige andere Publikationen bemühen sich um eine sachgerechte und ausgewogene Darstellung von Testverfahren (z.B. Reichel, 1993; Van Minden, 1994; vgl. auch Demmer, 1999).

Prinzipiell ist ein Training für die Teilnehmer gerade bei Leistungstests durchaus nicht abträglich. Die Varianz zwischen den Teilnehmern scheint sich durch solche Trainings eher zu vergrößern als zu verkleinern. Dies ist dadurch erklärbar, daß begabtere Personen von dem Training mehr profitieren können als andere. Auch die Validität von Leistungstests scheint durch ein vorgeschaltetes Training aller Teilnehmer eher zu steigen als zu sinken (Diemand, Schuler & Stapf, 1991). Insofern ist eine Vorbereitung der Testteilnehmer vor allem dann zu begrüßen, wenn sich sicherstellen läßt, daß *alle* Interessenten von dem Trainingsangebot profitieren können.

Viele Bücher über Einstellungstests zielen allerdings nicht auf eine seriöse Vorbereitung der Testkandidaten ab, sondern verbinden mit dem Testtraining zumeist auch eine massive Kritik am Einsatz psychologischer Testverfahren (sogenannte „Testknacker"). Die Autoren beschreiben sich dabei als Anwälte der Bewerber, die einer ungerechtfertigten und unzumutbaren Prüfungssituation gegenüberstehen:

> „Vor dem Erscheinen unseres ersten Buches zu dieser Thematik (…) wurden junge Menschen in einer für sie sehr bedeutsamen Lebensphase, dem Eintritt ins Berufsleben, völlig unvorbereitet mit Einstellungstests (…) konfrontiert. Oftmals handelt es sich um fragwürdige, zum Teil sogar quälerische Testprozeduren, denen die jungen Bewerber hilflos und ohnmächtig ausgesetzt wurden. (…) Unser Ziel war es, durch die erstmalige Veröffentlichung dieser fragwürdigen Testverfahren eine konkrete Vorbereitung und damit Hilfeleistung für die betroffenen Bewerber zu ermöglichen. Außerdem sollte das Buch eine kritische Diskussion in Gang bringen und die gängige Test- und Wissenschaftsgläubigkeit erschüttern. Dies erscheint uns weitestgehend gelungen. Überrascht waren wir nicht nur von den vielen Briefen junger Bewerber (meist angehende Azubis), sondern auch von den vielen Berichten älterer, berufserfahrener Bewerber (z. B. mit Weiterbildungs- und Aufstiegswünschen), die Opfer höchst fragwürdiger Testverfahren geworden waren." (Hesse & Schrader, 1990, S. 19)

Bestimmte „Testknacker" fordern ihre Leser dazu auf, sich die Originaltestunterlagen zu beschaffen, die bislang von seriösen Testverlagen nur bestimmten Personenkreisen zugänglich gemacht werden. Problematisch dabei ist, daß durch die Originaltestunterlagen nicht nur bestimmte Aufgabentypen trainierbar sind (was das Ziel eines Testtrainings ist), sondern sich durch das Auswendiglernen der Lösungen die eigentliche Testprozedur unterlaufen läßt:

> „Als Schüler würde ich meinen Lehrer bitten, mir einen solchen Test zu bestellen. Er könnte das für die SMV machen oder sogar den Test mit der ganzen Klasse durchüben. Wenn er kooperativ und dem Vorhaben gegenüber aufgeschlossen ist, dann teilt er jedem Schüler das Ergebnis mit und gibt ihm auch die Testunterlagen (Testheft) mit nach Hause, um ein noch intensiveres Üben zu ermöglichen. (…) Da ich aber kein Schüler bin, kann ich solche Ratschläge nicht geben. Als Autor muß ich davon abraten, schon allein, um nicht mit bestimmten Berufsverbänden in Konflikt zu geraten." (Siewert & Siewert, 1995, S. 49)

Die Autoren reflektieren jedoch, daß gerade durch ein solches Vorgehen Unfairneß für Schüler mit weniger kooperativen Lehrern entsteht (zu dem vermeintlichen Einfluß der Testknacker auf eine Erhöhung der Chancengleichheit siehe auch Wottawa & Amelang, 1985). Viele der Testtrainingsbücher sind relativ ähnlich aufgebaut und folgen in ihrer Argumentation im wesentlichen dem Klassiker „Der Testknacker" (v. Paczensky, 1976), der erstmals 1974 erschienen ist und seitdem in unveränderter Form regelmäßig neu aufgelegt wird. Dieses Buch stellt – wie auch Veröffentlichungen jüngeren Datums (vgl. Hesse & Schrader, 1998) – im wesentlichen Persönlichkeitstests in den Mittelpunkt. Gleichwohl waren bereits die Argumente von v. Paczensky nicht neu. Bereits Mitte der 60er Jahre waren in den USA vergleichbare Werke publiziert worden (z.B. Alex, 1965). Die Hauptkritik bezieht sich in fast allen „Testknackern" auf folgende Aspekte:

1. Personalselektion ist prinzipiell ein politisch und ethisch zu verurteilendes Vorgehen, weil durch sie ungerechtfertigterweise Lebenschancen versperrt werden. Für den Einsatz der Testverfahren gibt es keine rationale oder wissenschaftliche Begründung.

2. Der Einsatz von Testverfahren ist unrechtmäßig.
3. Die eingesetzten Tests sind für die Bewerber undurchschaubar, und die Ergebnisse werden nicht sachgerecht zurückgemeldet.
4. Die verwendeten Testverfahren sind ursprünglich für andere diagnostische Fragestellungen konstruiert worden.
5. Der mit der Testung verbundene Eingriff in die Intimsphäre ist eine Schikane für die Bewerber.

Nachfolgend werden einige Beispiele für die Argumentation in den einschlägigen Veröffentlichungen gegeben, und es wird jeweils kurz auf die wichtigsten dort genannten Kritikpunkte eingegangen. Obgleich der Kritik nicht in allen Aspekten gefolgt werden kann, gibt es doch einige berechtigt erscheinende Gesichtspunkte, hinsichtlich derer eine Prüfung der gängigen Testpraxis sinnvoll erscheint.

Zu 1: Die Kritik an den Selektionsmechanismen der Personalauswahl ist im allgemeinen eher politisch als methodisch motiviert. Diesbezüglich konzentriert sich die Ablehnung bevorzugt deswegen auf Testverfahren, weil sie – gerade bei Ausbildungsplatzbewerbern – die augenscheinlichste Hürde vor dem angestrebten Einstieg in das Berufsleben sind. Irreführenderweise werden sie als Ursache dafür präsentiert, daß nicht jeder Bewerber Zugang zu der Tätigkeit erhalte, die ihm eigentlich zustehe: „Noch immer werden nachweislich die lukrativsten Stellen – seien es Ausbildungsplätze, seien es feste Arbeitsstellen – durch Tests versperrt" (Siewert & Siewert, 1995, S. 11). Des weiteren wird argumentiert, eine Selektion stehe grundsätzlich den Interessen der Bewerber entgegen:

> „Diese Arbeit (gemeint ist der Einsatz von Testverfahren, Anm. d. Verf.) wird vom Auftraggeber bezahlt, sie muß also seinen Interessen dienen. Das Unternehmen, die Behörde, in deren Namen getestet wird, erwartet, daß ihr Profit sich entsprechend erhöht, um die Testkosten wieder hereinzubringen. Der Unternehmer kauft eine Dienstleistung, einen Filter, der die besten Bewerber aussortiert; der Testleiter wird sich bemühen, diesem Auftrag gerecht zu werden. Die Menschen, die er testet, sind dabei nur der Werkstoff. Die nackte ökonomische Wirklichkeit ist häßlich anzusehen; darum wird sie meist mit Rankwerk verziert." (v. Paczensky, 1976, S. 117)

Diese Argumentation ähnelt strukturell einer früheren gewerkschaftlichen Forderung nach „mehr Ausbildungsplätzen statt Tests". Diese Gegenüberstellung ist inhaltlich nicht haltbar, denn selbstverständlich schafft der Verzicht auf Tests nicht einen einzigen zusätzlichen Ausbildungsplatz – sie würden statt dessen mit einer anderen, möglicherweise qualitativ nachrangigen Zuordnungsmethode vergeben. Ein Mangel an Ausbildungsplätzen kann möglicherweise durch gesellschaftliche und politische Maßnahmen beeinflußt werden; die Verfahren zur Mangelverwaltung können jedoch kaum für diesen selbst verantwortlich gemacht werden (Wottawa & Hossiep, 1987). Demgegenüber können Testverfahren selbst unter der Maßgabe einer ausreichenden Versorgung mit Berufsausbildungsofferten die Plazierung der Bewerber sinnvoll unterstützen.

Bei nahezu allen Publikationen zum Thema Testtraining bleibt die Frage unbeantwortet, ob leistungsbezogene Selektion *prinzipiell* abgelehnt wird oder ob lediglich die derzeit angewandten Auswahlmethoden abgelehnt werden. Alternative Vorgehensweisen, die – so wird es oftmals dargestellt – den Bewerbern aus „Bösartigkeit" vorenthalten bleiben, werden nicht genannt („Der Erfolg, die Gnade eines exzellenten Arbeitsplatzes, ist also nach wie vor gespickt mit unangenehmen, ja bösartigen Tests", Siewert & Siewert, 1995, S. 11). „Bösartig" könnte hingegen am ehesten ein Testverfahren genannt werden, das den Bewerbern gegenüber in dem Sinne unfair ist, daß Bewerber zugunsten von weniger geeigneten Kandidaten abgelehnt werden. Wenn jedoch sachgerechte, faire und valide Verfahren zum Einsatz kommen, läßt sich nicht nachvollziehen, inwiefern diese den Testteilnehmern gegenüber „bösartig" sind oder welche Auswahlmechanismen grundsätzlich als „gutartig" bezeichnet werden könnten.

Zu 2: Von den meisten „Testknackern" wird geleugnet, daß es eine rationale Begründung für den Einsatz von psychologischen Testverfahren gibt und diese Instrumente zur Entscheidungsfindung beitragen können. So urteilen Hesse und Schrader (1995):

„Einstellungstests, wie in diesem Buch beschrieben, halten wir über alle Maßen für zweifelhaft und unseriös. Die von uns kritisierten Intelligenz-, Konzentrations-, Leistungs- und Eignungstests sind nicht im entferntesten in der Lage, das zu halten, was sie versprechen." (S. 18)
„Aus psychologischer Sicht ist die Ableitung und Vorhersagbarkeit von Testerfolg auf Berufserfolg nicht möglich." (S. 283)

Diese Behauptung ist schlichtweg unrichtig – zahlreiche Befunde hinsichtlich der gegebenen Validität von Testverfahren werden nicht zur Kenntnis genommen. Die Vermutung liegt nicht fern, daß die obige Darstellung interessenspolitisch motiviert sein könnte (die beiden Autoren führen Testtrainings durch, die zumindest wohlhabenden Schülern eine intensive Vorbereitung ermöglichen) und eine sachgerechte Diskussion nicht vorrangig angestrebt wird. Als weitergehendes Beispiel für die Kritik am Einsatz psychologischer Diagnostik sei an dieser Stelle das Buch „Die Seelenschnüffler" (Müller-Thurau, 1995) zitiert:

„Es geht in diesem Buch darum, seinen Kopf für sich zu behalten, indem man den selbsternannten Seelenexperten etwas genauer auf die Finger schaut. Dabei könnte dann herauskommen, daß deren Auskünfte etwa so hilfreich sind wie die jenes vielzitierten Psychiaters, der, von einem Passanten nach dem Weg zum Bahnhof befragt, antwortet: ‚Keine Ahnung – aber ich finde es unheimlich gut, daß wir uns darüber unterhalten haben.' Das wäre einer der harmlosen Fälle. Der Spaß hört da auf, wo *im Namen der Psychologie an einer kollektiven Überwindung der Vernunft gearbeitet wird.*" (Müller-Thurau, 1995, S. 11, Hervorhebung durch die Verf.)

Viele der vom Autor dargestellten Verfahren („Zitronensafttest", Astrologie oder Lüscher-Farbtest) würden sowohl von einem breiteren Publikum als auch von testtheoretisch ausgebildeten Personen ähnlich ablehnend beurteilt. Die Publikation belegt vor allem den bedauerlicherweise noch zu geringen Informationsstand hinsichtlich einer fachlich fundierten psychologischen Diagnostik und der Abgrenzung von anderweitig entstandenen „Prüf- und Meßverfahren". Müller-Thurau trägt zu einer diesbezüglichen Erhöhung der Transparenz jedoch nicht bei und differenziert in seiner Darstellung keineswegs zwischen dem „Zitronensafttest" und einem Assessment Center; die Astrologie steht gleichberechtigt neben der computergestützten Diagnostik. Möglicherweise auf Basis seines persönlichen Kenntnisstandes nimmt der Autor eine Einschätzung der vielfältigen wissenschaftlichen Bemühungen vor: „Sicherheitshalber halten wir uns aber noch vorläufig an Berthold Brecht: ‚Die Wissenschaft ist eine Hure. Sie geht mit jedem'." (Müller-Thurau, 1995, S. 180)

Zu 3: Vielfach wird die Unrechtmäßigkeit der eingesetzten Testverfahren unterstellt:

> „Aus juristischer Sicht muß festgestellt werden, daß die heutige Einstellungspraxis überwiegend rechtswidrig gehandhabt wird. Die Hauptkritikpunkte: Die vorgeschriebene Beschränkung von Test- und Vorstellungsgesprächsfragen auf arbeitsplatzbezogene Fähigkeiten und Leistungsmerkmale wird bei weitem überschritten. Häufig kommt es zum Einsatz selbstgestrickter und willkürlich zusammengestellter Tests und wissenschaftlich nicht ausreichend abgesicherter Testverfahren. (…) In etwa 90% der Fälle gibt es keine fachlich kompetente Leitung, Auswertung und Beurteilung bei diesen Testverfahren, die – wenn überhaupt – nur von Fachpsychologen durchgeführt werden dürfen." (Hesse & Schrader, 1995, S. 283)
>
> „Unserer Meinung nach stellt der absolute Anspruch des Arbeitgebers, genau wissen zu wollen, welche Persönlichkeitsstruktur und welches Seelenleben ein Arbeitsplatzbewerber oder ein Mitarbeiter besitzt, eine rechtswidrige Ausnutzung eines Abhängigkeitsverhältnisses und eine grobe Verletzung von grundlegenden Persönlichkeitsrechten dar." (Hesse & Schrader, 1998, S.8)

Es ist unbestritten, daß es psychologisch und juristisch fragwürdige Auswahlmethoden gibt, die zu Selektionszwecken herangezogen werden. So ist es etwa durchaus fragwürdig, wenn projektive Testverfahren zur Anwendung kommen. Dieser Mißstand wird auch von wissenschaftlicher Seite erkannt; es wird daher von berufsständischen Vereinigungen der Psychologenschaft bei der Testdurchführung eine fachpsychologische Beteiligung gefordert (Sektion Arbeits-, Betriebs- und Organisationspsychologie im Berufsverband Deutscher Psychologen, 1988). Die genaue Häufigkeit des Einsatzes juristisch angreifbarer Testverfahren läßt sich hingegen nur schwer feststellen. Da Hesse und Schrader (1995, S. 283) die von ihnen angegebene Häufigkeit von 90% rechtswidrig durchgeführter Eignungsuntersuchungen nicht belegen, scheint es sich dabei eher um eine persönliche Einschätzung der Autoren zu handeln.

Zu 4: Viele „Testknacker" kritisieren an Persönlichkeitstests, daß diese für Bewerber undurchschaubar sind:

> „Mit ausgeklügelten Fragebögen wollen Testanwender beispielsweise herausfinden, ob Sie Dominanzstreben besitzen oder wie ausgeprägt Ihr Leistungswille und Ihr Durchsetzungsvermögen sind. Mit Fragen, deren Sinn Uneingeweihte oft nicht erkennen können, sollen Schwächen in der Persönlichkeit der Bewerber aufgedeckt werden, wie etwa verborgene Triebe, Ängste, Aggression oder Labilität." (Klein, 1994, S. 12)
>
> „Für Bewerber, die sich in diesem Metier nicht auskennen, erscheint es praktisch unmöglich, den Test zu durchschauen. (…) Nicht selten werden die gewünschten Informationen den Getesteten gezielt vorenthalten, die wahren Sachverhalte verschleiert, die Geprüften bewußt verunsichert." (Klein, 1994, S. 15f.)

Die Vermutung, mit Persönlichkeitstests verborgene und unerwünschte Facetten der Persönlichkeit offenlegen zu können, gehört zu den gängigen Vorurteilen gegenüber diesen Instrumenten. Untersuchungen zur sozialen Erwünschtheit haben gezeigt, daß Testergebnisse durchaus in eine gewünschte Richtung verändert werden können. Oft empfehlen insbesondere die Autoren von Publikationen zum Thema Testtraining ausdrücklich eine über das übliche „Selbstmarketing" hinausgehende Vorgabe oder ein Verschweigen spezifischer Eigenschaften. Diese zumeist eher abträglichen Ratschläge ergeben nur deswegen Sinn, weil von den Aussagen in Persönlichkeitsfragebogen häufig mit recht großer Sicherheit auf daraus abzuleitende Dimensionen geschlossen werden kann.

Die Aufforderung zu sozial erwünschtem Verhalten geschieht etwa unter dem Deckmantel von „Bewältigungsstrategien" (Hesse & Schrader, 1998, S.115ff.). Siewert & Siewert (1995) entwickelten im Rahmen ihres Testtrainings eine „Visualisierungsübung", die den Kandidaten helfen soll, in der Testsituation entsprechend sozial erwünschte Stereotype bereit zu halten (wobei dort vorausgesetzt wird, daß es sozial wünschenswert ist, die Mutter stärker als den Vater zu lieben). Um einen Eindruck von der Skurrilität dieser Übung gewinnen zu können, die zusammen mit anderen Publikationen vermutlich die erste Einschätzung von Auswahlverfahren bei einer nicht geringen Anzahl von Personen beeinflußt, werden die Empfehlungen in Abb. 20 wiedergegeben (Siewert & Siewert, 1995, S. 47).

Der Vorwurf der Geheimhaltung oder Undurchschaubarkeit von Persönlichkeitstests bezieht sich aber nicht nur auf den Testinhalt, sondern auch auf die Rückmeldung der Ergebnisse:

> „Der Psychologe ist, wie ihm seine ‚Berufsethischen Verpflichtungen' bescheinigen, ‚in jeder beruflichen Situation auf das Wohl der Menschen bedacht, die von seiner Berufsausübung betroffen werden', und so hat er natürlich auch das Wohl des Betroffenen im Auge, wenn er ihm die Testergebnisse verschweigt. Es sei, das ist einhellige Standesmeinung, außerordentlich schädlich, ja gefährlich für den Probanden, wenn er zuviel über sich selbst erfährt. Schon die Kenntnis des eigenen Intelligenzquotienten kann schlimme Fol-

---

Visualisierungsübung für den idealen Bewerber

a) Lesen Sie den Satz, das Statement, zunächst halblaut durch. Schließen Sie nun die Augen, und stellen Sie sich den Inhalt des Satzes bildlich vor.

b) Beispiel: Ich liebe meine Mutter, ich liebe meinen Vater, ich liebe meine Mutter ein wenig mehr als meinen Vater.

Visualisierung: Stellen Sie sich die Liebe zu Ihrer Mutter bildlich vor, das Gefühl der Liebe und Wärme steigt in Ihnen auf. Stellen Sie sich nun die Liebe zu Ihrem Vater bildlich vor, das Gefühl der Liebe und Wärme steigt in Ihnen auf. Das Gefühl der Liebe zu Ihrer Mutter ist ein wenig stärker, die Hingezogenheit, die Wärme ist etwas größer. Sie lieben jedoch beide Personen sehr innig und herzlich.

c) Ergebnis: Sind Sie mit dem Satz fertig, so gehen Sie zum nächsten weiter. Die Intensität der Vorstellung spielt zunächst noch keine Rolle. Wichtig ist, daß Sie diese Übung zweimal täglich durchführen, besonders in der Woche vor dem Test.

Abbildung 20: Übung zur Vorbereitung auf einen Test (Siewert & Siewert, 1995, S. 47)

gen haben, ein Blick aufs eigene Persönlichkeitsprofil ist keinem zu wünschen. Welche Folgen da allerdings zu befürchten sind, welche krassen Schäden durch ungeschminkte Testergebnisse ausgelöst werden, das wissen auch die Experten nicht genau. Selbst eine so experimentierfreudige Wissenschaft wie die Psychologie hat es bislang nicht gewagt, diese Gefahren auszuprobieren; jedenfalls läßt sich keine Literatur darüber entdecken." (v. Paczensky, 1976, S.11)

Dieser Vorwurf wäre – wenn die Anschuldigung zuträfe – in der Tat berechtigt. Selbstverständlich hat jeder Testteilnehmer ein Anrecht auf die Erläuterung und Interpretation seiner Ergebnisse (Ringelband & Birkhan, 1995). Es ist keineswegs gängige Praxis, daß den Betroffenen die Testresultate grundsätzlich verschwiegen werden und dies in einhelliger Standesmeinung mit dem Schutz der Teilnehmer begründet wird. Entgegen der Darstellung der Autorin ist gerade die sachgerechte Rückmeldung von Testergebnissen Bestandteil berufsethischer Grundsätze psychologisch-diagnostischer Tätigkeit.

Zu 5: Ein häufiger Vorwurf betrifft die Unangemessenheit von Persönlichkeitstests für Personalentscheidungen im beruflichen Kontext:

„Während die Interpretation Ihres Händedrucks, die Einschätzung Ihres Auftretens, der Versuch der Analyse Ihrer Körperhaltung etc. viel mit Intuition, subjektiven Sympathie- oder Antipathieempfindungen zu tun haben und vor allem eher der Trickkiste von Taschenpsychologen entspringen, sind die jetzt hier vorgestellten klassischen Persönlichkeitstests, der 16 PF und der FPI, wissenschaftlich entwickelte Testverfahren. Diese werden im klinischen Bereich, also z.B. im Krankenhaus, angewendet und lassen hier sehr wohl eine gewichtige Aussage über den Getesteten, in der Regel Probanden oder Patienten zu. Werden sie von Personalchefs im Berufsleben eingesetzt, um bei der Bewerberauswahl die Qual der Wahl aus Arbeitgebersicht zu erleichtern, so ist dies juristisch unzulässig. Wo aber kein Kläger ist, ist bekanntlich auch kein Beklagter, und so wird diese inhumane, gefährliche Testwaffe immer häufiger verwendet." (Hesse & Schrader, 1998, S. 40)

„Die meisten der zum Einsatz kommenden Fragebögen wurden ursprünglich zu klinischen Zwecken entwickelt und sind für die Personalauswahl ungeeignet. (…) Was immer sie auch erfassen mögen, für die Realität am Arbeitsplatz ist es ohne Bedeutung." (Klein, 1994, S. 15)

„Den Übergang in das Personalgewerbe hat der Test (gemeint ist der MMPI, Anm. d. Verf.) reibungslos vollzogen. Ganz gleich, wo die Personalauslese stattfinden soll, ob in Handel, Industrie oder öffentlichem Dienst: Nur allzu oft werden Sie sich als Bewerber dem MMPI-Fragebogen ausgesetzt sehen." (Klein, 1994, S. 79)

Die zitierten Einwände gegen den Testeinsatz im wirtschaftsbezogenen Kontext erscheinen verständlich, insoweit tatsächlich Verfahren mit klinisch-psychologisch orientierten Fragen eingesetzt werden. In den meisten „Testknackern" wird vorrangig über solche eher klinisch ausgerichteten Testverfahren berichtet (z. B. MMPI und FPI), deren Sinnhaftigkeit für das Personalmanagement in der Tat fragwürdig ist. Der in der Personalauswahl häufig verwandte CPI (vgl. Kap. 5.5) wird demgegenüber in den vorliegenden Publikationen nicht erwähnt. Beinahe durchgängig bezieht sich die Kritik auch auf projektive Persönlichkeitstests (Leibold, 1987), deren Nutzen für klinisch-psychologische Fragestellungen nicht bestritten werden soll. Hinsichtlich berufseignungsdiagnostischer Entscheidungen erscheint ihr Einsatz aber im Sinne einer möglichst anforderungsbezogenen Entscheidungsgrundlage als nicht zielführend und aus Sicht des Personalmarketings als ungünstig und abträglich.

Zu 6: Vehement wird in den „Testknackern" der Eingriff in die Intimsphäre der Kandidaten angeprangert:

> „Das Testmaterial ist oft peinlich. Persönlichkeits-Fragebogen erkundigen sich zudringlich nach Träumen und Sexualverhalten. Die taktlosesten Fragen nach geheimen Lastern, nach ehelichen Intimitäten oder peinlichen Kindheitserinnerungen will man entrüstet zurückweisen (…)." (v. Paczensky, 1976, S. 15)

> „Oft verstoßen sie gegen die elementarsten Regeln der Testpsychologie oder dringen auf ungesetzliche Weise tief in die Intimsphäre der Betroffenen ein, ohne daß diese es wissen und wollen. Häufig versuchen solche Verfahren mehr die Schwächen ihrer Opfer bloßzulegen als deren Stärken." (Klein, 1994, S. 15)

Auch in diesem Punkt wäre eine differenziertere Auseinandersetzung der Autoren mit den verfügbaren Instrumenten wünschenswert, da derartige Stellungnahmen leicht zu verzerrten Einschätzungen der Ziele von Auswahlverfahren führen können, die weder der durchführenden Organisation noch dem Bewerber dienen. Zwar existieren Verfahren, die in der oben beschriebenen Weise in die Intimsphäre der Teilnehmer eingreifen. Sie sind aber für spezifische – meist klinische – Fragestellungen entwickelt worden und haben möglicherweise in diesem Kontext eine berechtigte Funktion. Viele Persönlichkeitsfragebogen respektieren die Persönlichkeit des Teilnehmers in angemessener Weise (z. B. der 16 PF, der MBTI, das NEO-FFI oder das BIP). Der oben genannte Vorwurf kann daher nicht – wie es in den „Testknackern" geschieht – auf die gesamte testgestützte Eignungsdiagnostik generalisiert werden, sondern gilt allenfalls für einen Ausschnitt der Testpraxis. Insofern ist der unsachgemäße und unangemessene Einsatz bestimmter Instrumente in der Personalarbeit kritikwürdig, nicht ein spezifisches Instrument an sich.

> „So wird die Praxis der Personalauslese, der Psychoterror der Persönlichkeitstests unwidersprochen hingenommen, als gäbe es keinen Zweifel, daß der Arbeitnehmer mit seiner Arbeitskraft zugleich auch seine Persönlichkeit verkaufen muß. (…) Dies Buch will Persönlichkeitstests kritisch und heimtückisch durchleuchten, so kritisch und so heimtückisch, wie die Psychotester seit jeher mit ihren Opfern verfahren." (v. Paczensky, 1976, S. 9)

Vermutlich haben die „Testknacker" durch vergleichbare Stellungnahmen dem Anliegen und öffentlichen Ansehen der Testpsychologie beträchtlichen Schaden zugefügt. Rückblickend läßt sich feststellen, daß zum Zeitpunkt des Erscheinens des ersten „Testknackers" im Jahre 1974 (v. Paczensky, unveränderter Nachdruck 1976) einige der Vorwürfe möglicherweise berechtigter waren als 25 Jahre später. Die Sensibilität vieler Personalfachleute für die sachgemäße Anwendung von Persönlichkeitstests hängt auch mit der öffentlichen Aufmerksamkeit zusammen, die durch diese und ähnliche Veröffentlichungen einseitig auf bestimmte Themen geleitet wurde. Während sich jedoch in vielen Unternehmen die Praxis der Personalauswahl gewandelt hat, sind die Vorwürfe der „Testknacker" im wesentlichen nicht verändert worden. Wenn sie dazu beitragen, den tatsächlichen Mißbrauch von Testverfahren einzudämmen, so ist dies auch von wissenschaftlicher Seite sehr begrüßenswert. Wo „Testknacker" allerdings durch eine pauschale und undifferenzierte Kritik die sachgemäße öffentliche Auseinandersetzung behindern, liegt dies keineswegs im Interesse der Bewerber, als deren „Anwälte" sich die Autoren vielfach bezeichnen:

„Auch die Autoren von sogenannten Testknackern tragen zu einer massiven Verunsicherung der Leser bei. Statt sachliche Informationen über psychologische Tests zu geben, profitieren sie von einer pauschalen und unqualifizierten Verunglimpfung dieser Auswahlverfahren. Damit erzeugen sie Angst und Mißtrauen bei den Lesern und verhindern eine natürliche Einstellung gegenüber Tests. Einen Nutzen haben solche Testknacker kaum, eine Erhöhung seiner Kompetenz kann der Leser durch sie nicht erzielen." (Reichel, 1993, S. 9)

Letztlich verdichtet sich der Eindruck, daß es den Protagonisten der Testknackerbewegung, die angeblich ja heere Ziele bewegen, doch zuvorderst um die Realisierung eigener wirtschaftlicher Interessen geht. So wird fast nach Belieben mit den gerade passenden Partnern kollaboriert, um die Lesergilde mit immer neuen Ergüssen zumeist seit 30 Jahren veralteter Aspekte zu beglücken (Berg, 1999). Bei nur kurzem Blick auf den florierenden Testknackermarkt lassen sich über die bereits erwähnten hinaus schnell Handanweisungen im Dutzend ausmachen, die dem kundigen Leser teils zum Kopfschütteln, teils zur Erheiterung, dem unkundigen Ratsuchenden meist zur Desorientierung dienen mögen: Brenner und Dilger (1983); Hesse und Schrader (1985, 1988, 1991a,b,c, 1992, 1994); Jogschies (o.J.); Ruddies (1977); Wuth (1991).

4.4 Zur Vorhersagekraft von Persönlichkeitstests für beruflichen Erfolg

Üblicherweise gehört es zum Konzept der Validität als Ausdruck für eine Prädiktor-Kriteriumsbeziehung, daß sie für jede diagnostische Situation neu bestimmt werden muß (Guion, 1991, S. 361). Psychologische Testverfahren haben keine generelle Validität, so daß auch im Feld der Personalauswahl die Gültigkeit von Testverfahren für bestimmte Fragestellungen stets erneut untersucht werden muß (Binning & Barrett, 1989). Guion (1976) argumentiert demgegenüber, daß Personalauswahl mit psychologischen Testverfahren nicht wirklich auf wissenschaftlicher Grundlage basiert, solange die Validität nicht eindeutig über unterschiedliche Situationen generalisiert werden kann.

Schmidt und Hunter (1977; sowie Hunter & Schmidt, 1990) haben eine Methode entwickelt, mit der Hypothesen getestet werden können, welche die Generalisierbarkeit von Validitätskoeffizienten über verschiedene Situationen betreffen. Da diese Methode der „metaanalytischen Validitätsgeneralisierung" großen Einfluß auf das wiedererwachte Interesse an Persönlichkeitstests für die Eignungsdiagnostik hatte, wird sie im nachfolgenden Abschnitt beschrieben. Anschließend werden die wichtigsten diesbezüglichen Befunde zur Validität von Persönlichkeitstests dargestellt und ihre Konsequenzen für Wissenschaft und Praxis diskutiert.

4.4.1 Die Methode der Validitätsgeneralisierung nach Schmidt und Hunter

Die grundlegende Logik der Methode von Schmidt und Hunter (1977; sowie Hunter & Schmidt, 1990) basiert auf der Überlegung, daß jeder Korrelationskoeffizient, der den Zusammenhang zwischen einem Prädiktor und einem Kriterium beschreibt, aus einer „wahren" Korrelation p und einer Fehlerkomponente e besteht. Die Fehlerkomponente gilt als mit anderen Größen unkorreliert. Bedingt durch diesen Fehler variieren die Validitätskoeffizienten in verschiedenen Untersuchungen, selbst wenn die „wahren" Korrelationen identisch sind. Aber auch wenn diese „wahren" Zusammenhänge tatsächlich ungleich sind, hat die Verteilung der beobachteten Koeffizienten durch den Einfluß der Fehlerkomponenten eine höhere Varianz als die Verteilung der „wahren" Koeffizienten. Nach Schmidt und Hunter (1977) kann nun die Varianz der beobachteten Validitätskoeffizienten verschiedener Untersuchungen auf aus der Untersuchung resultierende Artefakte zurückgehen (dies gilt vor allem, wenn die gleiche Vorhersagehypothese innerhalb einer Gruppe zumindest ähnlicher Berufstätigkeiten getestet wurde).

Insgesamt nennen die Autoren sieben Quellen, die – neben der möglichen Varianz der „wahren" Validitätskoeffizienten – für die Variation der beobachteten Koeffizienten verantwortlich sein können:

1. Stichprobenfehler aufgrund zu kleiner oder stark variierender Stichprobengrößen
2. Unterschiede in der Eingeschränktheit der Kriteriumsvarianz
3. Unterschiede in der Kriteriumsreliabilität
4. Unterschiede in der Testreliabilität
5. Unterschiede in der Kontamination des Kriteriums
6. Technische Fehler, Rechenfehler, Fehler bei der Datenerhebung
7. Unterschiede in der faktoriellen Struktur der eingesetzten Tests.

Als größte Varianzquellen gelten Stichprobenfehler, Einschränkung der Kriteriumsvarianz und mangelnde Kriteriumsreliabilität.

Es können nunmehr zwei Aspekte der „wahren" Validität untersucht werden:

– Wenn nach Berücksichtigung der drei wichtigsten Varianzquellen (durch Korrekturformeln) 95% der korrigierten Validitätskoeffizienten über einem minimal nützlichen Level liegen („minimum useful level of validity", vgl. Schmidt & Hunter, 1977), kann geschlossen werden, daß mit 95%iger Sicherheit die „wahre" Validität mindestens auf dem gleichen Level liegt, und eine Generalisierung auf neue Situationen möglich ist. Dies gilt allerdings nur, wenn der gleiche Testtyp in einer Situation angewandt wird, die eine gleichartige Population wie die bereits untersuchten Situationen aufweist, also dasselbe Tätigkeitsfeld betrifft. Bei dieser Betrachtungsweise steht nicht die Schätzung eines präzisen Validitätskoeffizienten im Vordergrund. Das Ziel ist vielmehr der Nachweis, daß die Validität auf einem bestimmten Niveau über Situationen generalisiert werden kann, auch wenn der Grad der Validität möglicherweise unterschiedlich ausfällt.
– Des weiteren kann der Mittelwert der Verteilung der korrigierten Validitätskoeffizienten als Schätzer für die Population angesehen werden. Dieser ist um so besser, je mehr der Varianz der Koeffizienten auf die oben beschriebenen Artefaktquellen zurückgeht und je weniger „wahre" situationsspezifische Varianzanteile der Validität es gibt. Die Autoren schlagen hier als „Daumenregel" („Rule of Thumb", vgl. Schmidt & Hunter, 1977) vor, Validität als situationsunspezifisch anzusehen, wenn 75% der Varianz sich auf Stichprobenfehler sowie Varianzeinschränkung und Unreliabilität des Kriteriums zurückführen lassen. Falls dies nicht möglich ist, aber trotzdem 95% der Koeffizienten über dem minimal nützlichen Level liegen, so ist die Validität zwar generalisierbar, aber nicht in verschiedenen Situationen identisch.

Das von Schmidt und Hunter vorgeschlagene Vorgehen wirft allerdings eine Reihe von Problemen auf (vgl. Guion, 1991):

- Die Wahrscheinlichkeit, eine moderate Varianz der „wahren" Korrelationen zu entdekken, ist sehr niedrig, wenn nicht sehr große Datenmengen vorhanden sind. Aus diesem Grund wird die Situationsspezifizitätshypothese mit hoher Wahrscheinlichkeit zurückgewiesen, auch wenn sie in Wahrheit zutrifft. Selbst bei hoher Varianz der „wahren" Validität reicht die Macht des Tests nicht aus, bei typischen Stichprobengrößen (N = 100) und einer üblichen Anzahl von Studien (25) die Situationsspezifität der Validität nachzuweisen.
- Ein weiteres Problem ist in der Auswahl der Daten zu sehen. Einige der Untersuchungen berichten über unterschiedliche Ergebnisse, die auf Basis nur eines Datensatzes berechnet wurden, so daß bei Einbeziehung aller Ergebnisse die Unabhängigkeit der Daten nicht mehr gegeben ist. Des weiteren ist strittig, ob auch Untersuchungen von geringer methodischer Qualität zugunsten einer vollständigen Übersicht einbezogen werden sollten. Dies führte vermutlich zu einer wenig reliablen Schätzung der „wahren" Validität („garbage in begets garbage out", Guion, 1991, S. 363).
- Schließlich ist auch der Grad der Präzision umstritten, mit dem die Hypothese über den Prädiktor-Kriteriums-Zusammenhang formuliert werden muß. Ein Korrelationskoeffizient steht normalerweise für lineare Zusammenhänge zwischen Variablen. Diese inhaltliche Interpretation ist bei dem geschätzten „wahren" Koeffizienten kaum möglich. In den meisten Studien werden sehr unterschiedliche Kriterien zur Validität herangezogen (Ratings, objektive Maße wie Absatzzahlen oder Produktivitätskennziffern, Absentismus etc.), so daß die Bedeutung des Koeffizienten nicht klar bestimmbar ist. Ein Ausweg besteht allerdings darin, alle Kriterien als unterschiedliche Operationalisierungen des Konstrukts „berufliche Bewährung" (oder Ähnliches) zu verstehen.
- Ein äußerst kontrovers diskutierter Aspekt besteht darüber hinaus in der Frage, ob die Korrektur der Unreliabilität der Messung sowohl am Kriterium als auch an den Prädiktoren vorgenommen werden soll. Eine Korrektur der Kriterien wird üblicherweise als weniger problematisch betrachtet (Guion, 1991), da das Kriterium nicht zur diagnostischen Entscheidung herangezogen wird. Allerdings kann auch nachvollziehbar gegen einen Eingriff in die Kriteriumslage argumentiert werden, indem darauf fokussiert wird, daß eben diese der betrieblichen Wirklichkeit entstammen und damit nicht nachkorrigiert werden dürfen (zur Problematik der Operationalisierung von „Berufserfolg" vgl. auch Murphy & Shiarella, 1997). Problematischer erscheint gleichwohl die Frage nach der Korrektur der Prädiktoren. Die Gegner einer Korrektur von Prädiktoren argumentieren, daß der Prädiktor eine Entscheidungsgrundlage darstellt und seine Ungenauigkeit in dessen Bewertung integriert werden muß. Befürworter der Korrektur führen an, daß die geschätzten „wahren" Validitätskoeffizienten die generelle Validität eines Traits repräsentieren sollen – und nicht die Validität seiner Operationalisierungen. Augenscheinlich ist die Meinungsverschiedenheit dahingehend aufzulösen, daß unkorrigierte Koeffizienten die praktisch erreichbare Vorhersagegüte von Instrumenten beschreiben, während korrigierte Koeffizienten den Zusammenhang zwischen den hypothetischen Konstrukten schätzen und damit eher aus rein wissenschaftlicher Perspektive von Interesse sind.

Zusammenfassend kann festgehalten werden, daß die Methode der Validitätsgeneralisierung durchaus nicht unumstritten ist. Letztendlich muß die Frage aufgegriffen werden, ob Metaanalysen nicht lediglich eine quantitative Literaturübersicht darstellen (deren mathematischen Grundlagen auf methodisch teilweise recht fragwürdigen Annahmen beruhen) und im Grunde keinen direkten Erkenntniszuwachs bieten. Die Publikation der Methode zur Validitätsgeneralisierung hat einige viel zitierte metaanalytische Studien zur Validität von Persönlichkeitstests nach sich gezogen. Im folgenden werden die wichtigsten Befunde zusammengefaßt.

In der ersten berichteten Metaanalyse von Guion und Gottier (1965) wurde keine quantifizierende Zusammenfassung vorgenommen. Die Studie wird dessen ungeachtet beschrieben, da sie einen großen Einfluß auf die Bewertung von Persönlichkeitstests für eignungsdiagnostische Fragestellungen hatte. Auf den insbesondere historisch interessanten Überblicksartikel von Ghiselli und Barthol (1953) sei der tiefergehend interessierte Leser hingewiesen. Erst kürzlich legten Schmidt und Hunter (1998b) ihre über 20jährigen Forschungsbemühungen zur Validitätsgeneralisierung in deutscher Sprache vor, so daß zu erwarten ist, daß die Methode auch im deutschsprachigen Raum noch vermehrte Aufmerksamkeit erfährt.

4.4.1.1 Metaanalytische Befunde zur Validität von Persönlichkeitstests in der Berufseignungsdiagnostik

1) Guion und Gottier (1965)
Validity of Personality Measures in Personnel Selection

Guion und Gottier (1965) analysierten für ihren Überblicksartikel zwölf Jahrgänge der Zeitschriften *Journal of Applied Psychology* und *Personnel Psychology* (1952–1963). Die Autoren listen die einbezogenen Untersuchungen und ihre wichtigsten Ergebnisse deskriptiv auf, eine darüber hinausgehende quantitative Auswertung erfolgt nicht. Allerdings wird angeführt, daß lediglich 12% der Hypothesen, die sich auf eine prädiktive Validität der Testverfahren beziehen, bestätigt werden können, wohingegen in 88% der Fälle die Null-Hypothese nicht verworfen werden kann. Dementsprechend fällt das Urteil der Autoren aus:

„(…) it is equally clear that no case has been established for any generalized predictive validity of such instruments – or even any good odds for predictive validity in specific situations." (Guion & Gottier, 1965, S. 141)

Guion und Gottier ziehen aus ihrer Literaturübersicht noch einige weitere Schlüsse und geben Empfehlungen für die Zukunft:

- Die Untersuchungsdesigns sind vielfach inadäquat, die Messungen des Kriteriums häufig ungeeignet und meist fehlen Hypothesen hinsichtlich der Frage, warum ein bestimmter Persönlichkeitstrait mit einem Kriterium zusammenhängen sollte. Ein höheres methodisches Niveau der Untersuchungen könnte die Befundlage durchaus verändern.
- Weiterhin zeigte sich, daß rein empiristisch und für praktische Zwecke entwickelte Instrumente oftmals bessere Prädiktionskraft haben als theoretisch fundierte und standardisierte psychologische Tests. Guion und Gottier vermuten den Grund hierfür in der mangelnden berufspraktischen Relevanz der den üblichen psychologischen Tests zugrundeliegenden Theorien. Die Autoren fordern ein stärkeres diesbezügliches Engagement in der psychologischen Theoriebildung.
- Guion und Gottier erkennen keinen generalisierbaren Beleg für die Nützlichkeit von Persönlichkeitstests für die Personalauswahl, sondern sehen – im Gegensatz zu der Bewertung von Intelligenz- und Leistungstests – sogar die Gefahr von negativer Validität.

„In brief, it is difficult in the face of this summary to advocate, with a clear conscience, the use of personality measures in most situations as a basis for making employment decisions about people." (Guion & Gottier, 1965, S. 160)

Dieser Artikel hat die Beschäftigung mit Persönlichkeitstests zu Selektionszwecken über Jahre gelähmt. Eine Neuauflage der Untersuchung, die Guion (1987) unternehmen wollte, scheiterte aus Autorensicht an der geringen Anzahl der zwischenzeitlich veröffentlichten Studien (ein Argument, das angesichts der übrigen über diesen Zeitraum vorgenommenen Metaanalysen nicht völlig stichhaltig erscheint). Ein Aspekt wurde bei der Interpretation der Befunde von Guion und Gottier (1965) allerdings vielfach übersehen oder mißverständlich wiedergegeben (Guion, 1991): Die Autoren kritisieren den Gebrauch von Persönlichkeitstests nur dann, wenn der Test die Grundlage einer Selektionsentscheidung darstellt. Zu anderen Zwecken sehen die Autoren trotz der Befundlage durchaus sinnvolle Einsatzmöglichkeiten. In neuerer Zeit wird der Gebrauch von Persönlichkeitstests in der Personalauswahl deutlich optimistischer beurteilt. Die Gründe hierfür liegen unter anderem in den Befunden anschließender Metaanalysen.

2) Schmitt, Gooding, Noe und Kirsch (1984)
Metaanalyses of Validity Studies Published Between 1964 and 1982 and the Investigation of Study Characteristics

Schmitt et al. (1984) gehen in ihrem Überblicksartikel über Validitätsuntersuchungen unter anderem der Frage nach, wie sich die Art des Untersuchungsdesigns (konkurrent, prädiktiv sowie prädiktiv unter Hinzuziehung des Selektionsinstrumentes) und die Wahl des Kriteriums auf die gefundenen Validitätskoeffizienten auswirken. Hierzu wurden insgesamt 99 Untersuchungen ausgewertet, die in den Jahren 1964–1982 im *Journal of Applied Psychology* und in *Personnel Psychology* publiziert wurden.

Bezüglich des Untersuchungsdesigns finden die Autoren eine geringe Unterlegenheit der Vorhersagegüte in Untersuchungen zur prädiktiven Validität. Dies gilt vor allem dann, wenn das Instrument gleichzeitig zu Selektionszwecken benutzt wurde.
Die folgende Tabelle zeigt die nach der oben beschriebenen Methode von Schmidt und Hunter korrigierten Validitätskoeffizienten für verschiedene Kriterien. Es werden ausschließlich die Befunde für Persönlichkeitstests wiedergegeben.

Abgesehen von der Vorhersage des Gehaltes bleibt auch in dieser Metaanalyse die Prädiktionskraft von Persönlichkeitstests deutlich hinter der Validität anderer Verfahren zurück. Da aber die Beziehung spezifischer Eigenschaften zu bestimmten Prädiktoren nicht betrachtet wird, lassen sich keine Aussagen darüber ableiten, ob einzelne konsistente und relevante Zusammenhänge zwischen bestimmten Eigenschaften und bestimmten Maßen beruflicher Bewährung bestehen. Herangezogen wird lediglich die mittlere Vorhersagekraft der Persönlichkeitstests, wobei möglicherweise der schon von Guion und Gottier (1965) kritisierte mangelnde Berufsbezug vieler Verfahren eine Ursache für die geringe durchschnittliche Validität darstellt. In der anschließend beschriebenen Untersuchung wird auf der Basis ähnlicher Überlegungen eine andere Vorgehensweise gewählt.

Tabelle 4: Validitätskoeffizienten nach Schmitt et al. (1984, S. 417)

Art des Kriteriums	Korrigierte Validität
Leistungsbeurteilungen	0.21
Wechsel des Arbeitgebers	0.12
Hierarchische Position	0.15
Änderung des Status	0.13
Gehalt	0.27
Durchschnitt über alle Kriterien	0.15

3) Barrick und Mount (1991)
The Big Five Personality Dimensions and Job Performance: A Meta-Analysis

Um systematische Zusammenhänge bestimmter Persönlichkeitsdimensionen mit Kriterien des beruflichen Erfolgs untersuchen zu können, stützen sich Barrick und Mount (1991) auf das Fünf-Faktoren-Modell der Persönlichkeit, welches als taxonomischer Rahmen verbreitete Akzeptanz gefunden hat (Digman, 1990). Die Autoren fassen die Skalen aller Testverfahren, die in den einzelnen Untersuchungen Anwendung gefunden haben, unter den fünf Dimensionen Emotionale Stabilität, Extraversion, Offenheit für Erfahrung, Gewissenhaftigkeit und Verträglichkeit zusammen. Diese Zuordnung erfolgte durch mehrere trainierte Beurteiler. Anschließend wurde mit der Methode der Validitätsgeneralisierung nach Schmidt und Hunter die „wahre" Validität dieser Dimensionen geschätzt. Hierbei betrachteten die Autoren fünf verschiedene berufliche Gruppen (Professionals, Police, Managers, Sales, Skilled/Semi-Skilled Workers) bezüglich dreier unterschiedlicher Leistungskriterien (Job Proficiency, Training Proficiency, Personnel Data). Für die Berufsgruppen wurden folgende deutsche Bezeichnungen gewählt: Spezialisten (Professionals), Polizisten (Police), Manager (Managers), Verkäufer (Sales) und Facharbeiter/angelernte Kräfte (Skilled/Semi-Skilled Workers).

Das Kriterium „Job Proficiency" (im folgenden übersetzt mit „Berufserfolg") besteht im wesentlichen aus Leistungsbeurteilungen und Produktivitätsdaten. „Training Proficiency" („Trainingserfolg") ergibt sich vor allem aus Ratings über den Erfolg bei Weiterbildungsveranstaltungen und „Personnel Data" („Personaldaten") weitgehend aus dem Gehalt, den Arbeitgeberwechseln und Beförderungen. Die folgende Tabelle zeigt die korrigierten Validitätskoeffizienten für die Berufsgruppen.

Die anschließend dargestellte Tabelle zeigt die Koeffizienten für die verschiedenen Kriterien.

Als bedeutsamstes Ergebnis Ihrer Metaanalyse werten Barrick und Mount (1991), daß es differentielle Zusammenhänge zwischen einzelnen Traits und bestimmten Maßen beruflichen Erfolges gibt – ebenso wie deutliche Unterschiede in der Prognosti-

Tabelle 5: Korrigierte Validitäten der Big-Five-Persönlichkeitsdimensionen für die Vorhersage beruflichen Erfolges (alle Kriterien) in verschiedenen beruflichen Gruppen nach Barrick und Mount (1991, S. 13)

Dimension	Berufsgruppe	Korrigierte Validität
Extraversion	Spezialisten	−0.09
	Polizisten	0.09
	Manager	0.18
	Verkäufer	0.15
	Facharbeiter/angelernte Kräfte	0.01
Emotionale Stabilität	Spezialisten	−0.13
	Polizisten	0.10
	Manager	0.08
	Verkäufer	0.07
	Facharbeiter/angelernte Kräfte	0.12
Verträglichkeit	Spezialisten	0.02
	Polizisten	0.10
	Manager	0.10
	Verkäufer	0.00
	Facharbeiter/angelernte Kräfte	0.06
Gewissenhaftigkeit	Spezialisten	0.20
	Polizisten	0.22
	Manager	0.22
	Verkäufer	0.23
	Facharbeiter/angelernte Kräfte	0.21
Offenheit für Erfahrung	Spezialisten	−0.08
	Polizisten	0.00
	Manager	0.08
	Verkäufer	−0.02
	Facharbeiter/angelernte Kräfte	0.01

zität für unterschiedliche berufliche Gruppen auftreten. Die Autoren argumentieren, daß eine Untersuchung der generellen Zusammenhänge zwischen Persönlichkeit und Berufserfolg wenig erfolgversprechend sei. Statt dessen sollten ihrer Ansicht nach die Forschungsbemühungen stärker auf eine hypothesengeleitete Untersuchung der Validität einzelner Traits für bestimmte Maße beruflicher Bewährung in bestimmten Berufsgruppen gerichtet werden. Als besonders vielversprechend werten die Autoren hier die Vorhersagekraft des Merkmals Gewissenhaftigkeit, das in allen Berufsgruppen mit verschiedenen Erfolgskriterien positiv korreliert ist. Ebenfalls konsistent zu den Hypothesen ist der Befund, daß Extraversion lediglich für die Berufsgruppen der Manager und der Verkäufer ein valider Prädiktor ist. Als plausibel und für die Vorhersagen der Autoren bestätigend erweist sich weiterhin, daß die Offenheit für Erfahrungen nur mit dem Kriterium Trainingserfolg korreliert ist. Dieses Konstrukt soll in der Tat die Bereitschaft zu neuen Lernerfahrungen erfassen. Die insgesamt eher gering anmutenden Werte der Koeffizienten begründen Barrick und Mount zumindest teilweise mit ihrer sehr konservativen Auswahl der Untersuchungen sowie einer Form der Datenzusammenfassung, die Unterschätzungen der „wahren" Koeffizienten begünstigt. Tatsächlich mag aber auch die Wahl des Big-Five-Modells dazu beigetragen haben, wie in Kapitel 3.1.1.2 erläutert wird.

Tabelle 6: Korrigierte Validitäten der Big-Five-Persönlichkeitsdimensionen für die Vorhersage beruflichen Erfolges (alle Berufsgruppen) in verschiedenen Kriterien nach Barrick und Mount (1991, S. 15)

Dimension	Kriterium	Korrigierte Validität
Extraversion	Arbeitsleistung Trainingserfolg Personaldaten	0.10 0.26 0.11
Emotionale Stabilität	Arbeitsleistung Trainingserfolg Personaldaten	0.07 0.07 0.09
Verträglichkeit	Arbeitsleistung Trainingserfolg Personaldaten	0.06 0.10 0.14
Gewissenhaftigkeit	Arbeitsleistung Trainingserfolg Personaldaten	0.23 0.23 0.20
Offenheit für Erfahrung	Arbeitsleistung Trainingserfolg Personaldaten	−0.03 0.25 0.01

4) Tett, Jackson und Rothstein (1991)
Personality Measures as Predictors of Job Performance: A Meta-Analytic Review

Tett et al. (1991) vertreten die Ansicht, daß eine gemittelte Validität von Persönlichkeitstests über verschiedene Berufsgruppen und Anforderungen geringer ausfallen muß als die gemittelte Validität kognitiver Variablen. Dies entspricht auch der bisherigen metaanalytischen Befundlage zur Validität der zwei Verfahrensklassen. Denn während für höhere kognitive Leistungsfähigkeit generell eine bessere berufliche Bewährung prognostiziert werden kann (eine höhere Intelligenz scheint für fast alle beruflichen Aufgaben förderlich zu sein), ist für den Persönlichkeit-Berufserfolg-Zusammenhang eine deutlich differenzierte Betrachtung erforderlich (es gibt keinen g-

Faktor der Persönlichkeit, sondern unterschiedliche Anforderungen bedingen die Notwendigkeit unterschiedlicher Eigenschaftsprofile, Baehr & Orban, 1989; Guion, 1991). Daher erwarten die Autoren substantielle Zusammenhänge vor allem dann, wenn Eigenschaftsmessungen vor dem Hintergrund der Anforderungen einer bestimmten Tätigkeit durchgeführt werden oder zumindest hypothesengeleitet erfolgen.

Auf Basis der Psychological Abstracts identifizieren die Autoren für ihre Metaanalyse insgesamt 494 veröffentlichte Artikel und Dissertationen zur Validität von Persönlichkeitstests für den Berufserfolg aus den Jahren 1968–1990. Von diesen wurden 86 Studien aufgrund bestimmter methodischer Voraussetzungen für eine Metaanalyse ausgewählt. Wie in den vorgenannten Publikationen wird die Validitätsgeneralisierung auch in diesem Fall nach der Methode Schmidt und Hunters vorgenommen. Gemäß ihrer zuvor skizzierten Annahme schätzen die Autoren die Validität von Persönlichkeitstests in Untersuchungen, in denen explizit eine konzeptuelle Verbindung zwischen Eigenschaft und Kriterium hergestellt wird (Konfirmatorische Designs), als gegenüber solchen Designs überlegen ein, in denen ein beliebiger Satz von Persönlichkeitsprädiktoren mit einem ebenfalls beliebigen Satz von Kriterien korreliert wird (Exploratorische Designs). Bei letzteren Untersuchungen ist augenscheinlich vielfach die Verfügbarkeit von Daten für die Wahl der Operationalisierungen ausschlaggebend. Tabelle 7 zeigt die von Tett et al. gefundenen Ergebnisse:

In Studien, die der Auswahl der Prädiktoren eigens eine Tätigkeitsanalyse zugrunde legten, fanden die Autoren sogar eine korrigierte mittlere Validität von 0.325. Diese Befunde belegen deutlich die Relevanz einer rationalen Auswahl von Eigenschaftsprädiktoren für die Vorhersage beruflichen Erfolges. Wenn eine nicht konzeptgeleitete Korrelation von Persönlichkeitsmaßen mit Bewährungskriterien dennoch hoch ausfällt, so ist das nach Ansicht der Autoren lediglich eine „glückliche Koinzidenz".

Zur Schätzung der Validität einzelner Eigenschaften bedienen sich auch Tett et al. des Big-Five-Modells als taxonomischen Rahmens, wobei eine Erweiterung um drei Eigenschaftskategorien erfolgte: Kontrollüberzeugung, Typ-A-Verhalten und eine weitere Kategorie für nicht näher zu klassifizierende Traits. Die nachfolgende Tabelle zeigt die für die jeweiligen Eigenschaftsbereiche gefundenen korrelativen Zusammenhänge mit dem Berufserfolg, in die nur Koeffizienten aus konfirmatorischen Studien eingeflossen sind. Validitätskennwerte mit negativen Vorzeichen deuten auf einen negativen Zusammenhang zwischen einer Eigenschaft und beruflichen Erfolg hin; so geht zum

Tabelle 7: Korrigierte Validitäten von Persönlichkeitstests für die Vorhersage beruflichen Erfolges bei untersc<hiedlichen Untersuchungsstrategien (Tett et al., 1991, S. 722)

Art der Untersuchung	Korrigierte Validität
Exploratorische Designs	0.11
Konfirmatorische Designs	0.26

Beispiel eine höhere Ausprägung der Dimension Neurotizismus mit geringerem beruflichen Erfolg einher (vgl. Tab. 8).

Die Autoren werten ihre Befunde als weiteren Beleg der Nützlichkeit von Persönlichkeitstests für eignungsdiagnostische Fragestellungen. Allerdings vermuten sie, daß durch die relativ grobe Taxonomie des Fünf-Faktoren-Modells viele potentiell leistungsfähigere Trait-Kriteriumsbeziehungen unentdeckt bleiben (siehe dazu auch Kapitel 3.1.1.1 und 3.1.1.2). Auch wenn das methodische Vorgehen dieser Untersuchung Gegenstand von Kritik ist (Ones, Mount, Barrick & Hunter, 1994 und die Replik bei Tett, Jackson, Rothstein & Reddon, 1994), so ist doch die Forderung der Autoren nach einer rationalen Auswahl von Eigenschaftsprädiktoren vor dem Hintergrund der Anforderungen einer Tätigkeit überzeugend.

Die im folgenden referierte Metaanalyse berücksichtigt einen weiteren, zuvor vernachlässigten Aspekt: Berufserfolg ist in hohem Maße multideterminiert, und es ist wenig plausibel anzunehmen, daß überwiegende Varianzanteile beruflicher Bewährung ausschließlich durch die Persönlichkeit erklärt werden. Bei der Bewertung der Nützlichkeit der mittels Persönlichkeitstests getroffenen Aussagen ist deswegen die rein beträgliche Höhe des Zusammenhanges mit Kriterien des Berufserfolges allein keine geeignete Größe. Die Koeffizienten für persönlichkeitsdiagnostische Verfahren bleiben erwartungsgemäß in der Regel deutlich hinter den Werten für kognitive Verfahren zurück (z.B. Schmitt et al., 1984). Entscheidend ist hingegen, ob Persönlichkeitstests einen eigenen inkrementellen Beitrag zur Vorhersage des Berufserfolgs leisten können, der nicht durch kognitive Tests oder andere Verfahren abgedeckt wird. Ein solcher zusätzlicher Beitrag zur Vorhersagegüte würde einen entscheidenden Beleg der Nütz-

Tabelle 8: Korrigierte Validitäten von Persönlichkeitstests hinsichtlich der Vorhersage beruflichen Erfolges für unterschiedliche Persönlichkeitsdimensionen (Tett et al., 1991, S. 726)

Dimension	Korrigierte Validität
Neurotizismus	−0.19
Extraversion	0.13
Offenheit für Erfahrung	0.23
Verträglichkeit	0.28
Gewissenhaftigkeit	0.16
Kontrollüberzeugung	0.12
Typ-A-Verhalten	−0.14
Weitere, nicht klassifizierte Traits	0.08

lichkeit von Persönlichkeitstests für eignungsdiagnostische Fragestellungen darstellen, auch wenn die absoluten Werte der Validität hinter denen anderer Verfahren zurückbleiben.

5) Robertson und Kinder (1993)
Personality and job competencies: The criterion-related validity of some personality variables

Robertson und Kinder (1993) beschränken sich in ihrer Metaanalyse auf Untersuchungen, in denen explizite Hypothesen über den Zusammenhang von Persönlichkeit und Berufserfolg formuliert werden, da sie die Überlegenheit eines derartigen Vorgehens bei Betrachtung bisheriger Metaanalysen als hinreichend erwiesen erachten. Dar-

Tabelle 9: Alleinige und inkrementelle Validitäten des OPQ für die Vorhersage verschiedener Kriterien beruflichen Erfolges (Robertson & Kinder, 1993, S. 235–237)

Kriterium	Mittlere Validität des OPQ (durchschnittliche, mit der Stichprobengröße gewichtete Korrelation)	Semi-partielle Korrelation des OPQ mit den Kriterien bei Einbezug von Leistungstests
Analysis	0.32	0.21
Planning/Organizing	0.13	0.12
Creative	0.33	0.30
Decision-Making	0.17	0.14
Managing staff	0.26	0.26
Persuasiveness	0.12	0.12
Interpersonal	0.16	0.16
Communication	0.20	0.19
Adaptability	0.09	0.07
Resilience	0.20	0.20
Energy	0.27	0.26
Business Sense	0.14	0.13

über hinaus beziehen sie ausschließlich Untersuchungen ein, die sich auf ein spezifisches berufsbezogenes Instrument stützen (den Occupational Personality Questionnaire, OPQ, Saville & Holdsworth, 1990), und in denen zugleich auch ein Leistungstest Bestandteil der Erhebungen war, um die inkrementelle Validität der unterschiedlichen Eigenschaftsdimensionen schätzen zu können. Eine Besonderheit dieser Metaanalyse ist darin zu sehen, daß die 20 herangezogenen Untersuchungen im einzelnen zuvor nicht publiziert wurden. Der Berufserfolg wurde zumeist durch Vorgesetztenratings erfaßt. Tabelle 9 veranschaulicht die ermittelten alleinigen und inkrementellen Validitätskennwerte.

Neben einem deutlichen Beweis des eigenen inkrementellen Beitrages von Persönlichkeitstests sehen die Autoren ihre Ergebnisse als Beleg der besseren Eignung spezifischer, berufsbezogener Subkonstrukte für die Eignungsdiagnostik, etwa im Vergleich zu den fünf Faktoren des Big-Five-Modells.

6) Salgado (1997)
The Five Factor Model of Personality and Job Performance in the European Community

Salgado (1997) untersucht in seiner Metaanalyse den Zusammenhang zwischen den Dimensionen des Fünf-Faktoren-Modells der Persönlichkeit und Maßen beruflichen Erfolges, bezieht jedoch im Gegensatz zu den zuvor vorgestellten Arbeiten ausschließlich Studien aus Staaten der Europäischen Gemeinschaft in die Analyse ein. Mit diesem Vorgehen will der Autor unter anderem prüfen, inwieweit sich die fünf Persönlichkeitsdimensionen auch länderübergreifend als valide für die Vorhersage von Berufserfolg erweisen. Salgado knüpft dabei an die Arbeiten von Barrick und Mount (1991), Hough et al. (1990) sowie Tett et al. (1991) an und stellt auf Basis der vorliegenden Ergebnisse folgende Hypothesen auf: Er vermutet, daß sich die Dimensionen Gewissenhaftigkeit und Emotionale Stabilität auch in europäischen Ländern über verschiedene Berufsgruppen hinweg als valide Prädiktoren für unterschiedliche Maße beruflichen Erfolgs erweisen werden. Als Kriteriumsmaße dienen ihm die Kategorien „Leistungsbeurteilung" (z.B. erfaßt über Vorgesetztenurteile), „Trainingserfolg" (z.B. Beurteilung des Erfolgs von Weiterbildungsmaßnahmen) sowie eine Kategorie, die verschiedene weitere mitarbeiterbezogene Daten umfaßt (etwa die Höhe des Einkommens, Fehlzeiten oder Arbeitsunfälle) – er bildet also Kriteriumsgruppen, die bereits in der Studie von Barrick und Mount (1991) in sehr ähnlicher Form gewählt wurden.

Salgados Analyse umfaßt nach der Aussonderung der aus unterschiedlichen Gründen als nicht geeignet erscheinenden Studien 36 Untersuchungen, die er durch Datenbankrecherche, Durchsicht europäischer Fachzeitschriften sowie Befragung von Verlagen und zum Thema forschenden Kollegen identifizierte. Sämtliche herangezogenen Arbeiten sind nicht in die Analyse der drei zuvor genannten Studien eingeflossen. Hinsichtlich der Anzahl und Größe vertretener Berufsgruppen umfassen sie insgesamt 987 Manager, 578 Polizisten, 576 Verkäufer, 1.264 Facharbeiter sowie eine Gruppe von 408 Spezialisten (professionals). Die von den Untersuchungsteilnehmern bearbeiteten Instrumente beinhalteten nicht die eigentlichen Dimensionen des Fünf-Faktoren-Modells, vielmehr wurden die zur Verfügung stehenden Skalen durch verschiedene Forscher dem jeweils inhaltlich passenden Faktor der Big-Five zugeordnet. Zur Korrektur der ursprünglich berichteten Validitätskoeffizienten nutzt Salgado die Formeln von Hunter und Schmidt (1990). Über die bei Barrick und Mount (1991) sowie Tett et al. (1991) vorgenommenen Korrekturen hinaus bereinigt der Autor die gefundenen Validitätskennziffern auch um die Effekte, die sich daraus ergeben, daß nicht die Konstrukte des Fünf-Faktoren-Modells selbst, sondern bedeutungsähnliche Skalen zur Messung verwendet wurden (zusätzliche Korrektur um die Konstruktvalidität nach Mount & Barrick, 1995). Die sich ergebenden Validitätskennwerte sind in der nachfolgende Tabelle dargestellt (die dort fehlenden Werte werden von Salgado nicht angegeben).

Salgado sieht insgesamt mit den gefundenen berufsgruppenübergreifenden Validitäten seine Hypothese bestätigt, daß Gewissenhaftigkeit und Emotionale Stabilität

Tabelle 10: Korrigierte Validitäten der Big-Five-Persönlichkeitsdimensionen für die Vorhersage beruflichen Erfolges (alle Kriterien) in der Gesamtstichprobe sowie in verschiedenen beruflichen Gruppen nach Salgado (1997, S. 34 u. 37)

Dimension	Berufsgruppe	Korrigierte Validität
Emotionale Stabilität	*Alle Berufsgruppen zusammen*	0.19
	Spezialisten	0.43
	Polizisten	0.22
	Manager	0.12
	Verkäufer	−0.07
	Facharbeiter	0.25
Extraversion	*Alle Berufsgruppen zusammen*	0.12
	Polizisten	0.20
	Manager	0.05
	Verkäufer	−0.11
	Facharbeiter	0.08
Offenheit für Erfahrung	*Alle Berufsgruppen zusammen*	0.09
	Polizisten	0.18
	Manager	0.03
	Facharbeiter	0.17
Verträglichkeit	*Alle Berufsgruppen zusammen*	0.02
	Spezialisten	0.14
	Polizisten	0.14
	Manager	−0.04
	Verkäufer	0.02
	Facharbeiter	0.05
Gewissenhaftigkeit	*Alle Berufsgruppen zusammen*	0.25
	Polizisten	0.39
	Manager	0.16
	Verkäufer	0.18
	Facharbeiter	0.23

unabhängig von spezifischen beruflichen Tätigkeiten auch in europäischen Ländern mit verschiedenen Maßen für den Berufserfolg verknüpft sind. Die Validität der übrigen drei Faktoren läßt sich – wie aus Tabelle 10 deutlich wird – nicht über alle Berufsgruppen generalisieren, sondern ist nur teilweise gegeben. Bemerkenswert, jedoch vom Autor nicht näher diskutiert, erscheint der (wenn auch geringe) negative Zusammenhang zwischen Emotionaler Stabilität sowie Extraversion und den Kriterien für Berufserfolg bei Verkäufern. Analog zur Studie von Barrick und Mount (1991) stellt auch Salgado die Validitätskennwerte der fünf Faktoren für die unterschiedlichen Kriterien beruflichen Erfolges dar (vgl. Tabelle 11).

Tabelle 11: Korrigierte Validitäten der Big-Five-Persönlichkeitsdimensionen für die Vorhersage beruflichen Erfolges (alle Berufsgruppen) anhand verschiedener Kriterien nach Salgado (1997, S. 35)

Dimension	Kriterium	Korrigierte Validität
Emotionale Stabilität	Leistungsbeurteilung Trainingserfolg Personaldaten	0.18 0.27 0.12
Extraversion	Leistungsbeurteilung Trainingserfolg Personaldaten	0.14 0.03 0.12
Offenheit für Erfahrung	Leistungsbeurteilung Trainingserfolg Personaldaten	0.02 0.26 0.11
Verträglichkeit	Leistungsbeurteilung Trainingserfolg Personaldaten	−0.02 0.31 0.02
Gewissenhaftigkeit	Leistungsbeurteilung Trainingserfolg Personaldaten	0.26 0.39 0.11

Der Autor schlußfolgert auf Basis der dargestellten korrigierten Validitäten, daß die Faktoren Gewissenhaftigkeit und Emotionale Stabilität valide Prädiktoren für alle herangezogenen Kriterien beruflichen Erfolges sind. Für die Dimensionen Offenheit für Erfahrungen sowie Verträglichkeit trifft dies aus seiner Sicht lediglich hinsichtlich des Trainingserfolges zu. Salgados Studie ist insofern von Bedeutung, als er die Generalisierbarkeit der Validität einiger Dimensionen des Fünf-Faktoren-Modells auch für den europäischen Raum belelgen kann.

8) Vinchur, Schippmann, Switzer und Roth (1998)
A Meta-Analytic Review of Predictors of Job Performance for Salespeople

Vinchur, Schippmann, Switzer und Roth (1998) verfolgen mit ihrer Metaanalyse die Suche nach validen Prädiktoren für den Berufserfolg von Verkäufern. Bereits in den zuvor dargestellten Metaanalysen war diese Berufsgruppe verschiedentlich berücksichtigt; untersucht wurde jedoch zumeist die Kriteriumsvalidität der Big-Five-Dimensionen. Die Autoren greifen zusätzlich auf die von Hough et al. (1990) sowie Hough (1992) vorgeschlagene Strukturierung zurück, welche folgende Dimensionen umfaßt: *Anpassung* (adjustment; entspricht der Emotionalen Stabilität des Fünf-Faktoren-Modells), Verträglichkeit (agreeableness; entspricht der gleichnamigen Dimension des Fünf-Faktoren-Modells), *„Intellectance"* (entspricht der Dimension Offenheit für Erfahrung des Fünf-Faktoren-Modells), *Soziabilität* und *Eindrucksstärke* (affiliation und potency – etwa im Sinne von „Stärke und Nachhaltigkeit der Außenwirkung" beide aus der Dimension Extraversion des Fünf-Faktoren-Modells abgeleitet), *Kompetenzstreben* und *Zuverlässigkeit* (achievement – im Sinne des Strebens nach Kompetenz im eigenen Beruf sowie dependability; beide aus der Dimension Gewissenhaftigkeit des Fünf-Faktoren-Modells abgeleitet).

Zusätzlich wurden zwei weitere Skalen aufgenommen: *„Rauher" Individualismus* (rugged individualism; im Sinne von schnellem, unsentimentalem Entscheiden und Handeln) sowie *Kontrollüberzeugung* (locus of control; Überzeugtheit von der Wirksamkeit des eigenen Handelns). Vinchur et al. (1998) greifen damit bereits zuvor berichtete Befunde auf, nach denen spezifische Subkonstrukte, die mit den beruflichen Anforderungen einer Positionsklasse theoretisch verknüpft werden können, bessere Validitäten erwarten lassen als umfassendere Faktoren.

Auf der Grundlage von Datenbankrecherchen, Durchsicht von Fachzeitschriften der angewandten Psychologie aus den Jahren 1940–1997 sowie einschlägigen Testmanualen und Befragung von wissenschaftlich publizierenden Kollegen und Beratungsgesellschaften identifizierten sie insgesamt 98 Studien (16 davon zuvor unveröffentlicht) mit zusammen 45.944 Teilnehmern. Neben den persönlichkeitsbeschreibenden Skalen zogen die Autoren der Metaanalyse auch weitere Prädiktorklassen heran (etwa Maße der kognitiven Leistungsfähigkeit oder auch Interessensskalen; vgl. Tab. 12). Zur Korrektur der ursprünglich berichteten Validitätskoeffizienten wurden auch in dieser Metaanalyse die Formeln von Hunter und Schmidt (1990), sowie Schmidt & Hunter, (1977) verwandt. Die in den herangezogenen Studien berichteten Validitätskennzahlen wurden ausschließlich um Effekte eingeschränkter Kriteriumsvarianz sowie eingeschränkter Kriteriumsreliabilität korrigiert; beim Kriterium „Verkaufserfolg" erfolgte die Korrektur lediglich um eingeschränkte Kriteriumsvarianz. Die auf dieser Basis ermittelten Validitäten werden für die beiden von Vinchur et al. (1998) gebildeten Berufserfolgskriterien Leistungsbeurteilung und Verkaufserfolg in der folgenden Tabelle abgebildet (fehlende Angaben zu Kennwerten oder zuvor genannten Dimensionen wurden auch von den Autoren nicht berichtet).

In Übereinstimmung mit den Befunden von Barrick und Mount (1991) finden Vinchur et al. (1998), daß die Dimensionen Gewissenhaftigkeit und Extraversion des Fünf-Faktoren-Modells gute Prädiktoren für den Berufserfolg von Verkäufern darstellen. Die

Tabelle 12: Korrigierte Validitäten verschiedener Prädiktoren für die Vorhersage des Berufserfolges von Verkäufern nach Vinchur et al. (1998, S. 591)

Prädiktor	Kriterium	Korrigierte Validität
Extraversion (nach dem Big-Five-Modell)	Leistungsbeurteilung Verkaufserfolg	0.18 0.22
Soziabilität (Subdimension der Extraversion)	Leistungsbeurteilung Verkaufserfolg	0.12 0.15
Eindrucksstärke (Subdimension der Extraversion)	Leistungsbeurteilung Verkaufserfolg	0.28 0.26
Gewissenhaftigkeit (nach dem Big-Five-Modell)	Leistungsbeurteilung Verkaufserfolg	0.21 0.31
Kompetenzstreben (Subdimension der Gewissenhaftigkeit)	Leistungsbeurteilung Verkaufserfolg	0.25 0.41
Zuverlässigkeit (Subdimension der Extraversion)	Leistungsbeurteilung Verkaufserfolg	0.18 0.18
„Rauher" Individualismus	Leistungsbeurteilung Verkaufserfolg	0.20 –

berichteten korrigierten Validitäten für die als Subdimension konzipierten Skalen interpretieren sie dahingehend, daß die *Eindrucksstärke* derjenige Anteil der Extraversion zu sein scheint, der in besonderem Maße den Verkaufserfolg determiniert, während hinsichtlich der Dimension Gewissenhaftigkeit das darunter zu fassende *Kompetenzstreben* der Verkäufer besonders relevant für den Verkaufserfolg erscheint.

Als weitere Prädiktoren mit Prognosekraft für den verkäuferischen Berufserfolg nennen die Autoren die allgemeine kognitive Leistungsfähigkeit (r = .40 für Leistungsbeurteilung und r = .04 für Verkaufserfolg), ferner etwa Verkaufsfähigkeiten (ermittelt durch Fragebogen über Verkaufstechniken, r = .45 bzw. .37), biographische Daten (ermittelt z. B. durch biographische Fragebogen, r = .52 bzw. .28) oder Interessen (ermittelt durch Interessenstests, r = .50 bzw. .50).

4.4.1.2 Weitere Belege für die inkrementelle Validität von Persönlichkeitstests

Es dürfte Konsens dahingehend zu erzielen sein, daß die inkrementelle Validität von Persönlichkeitstests (also der spezifische Beitrag, den der zusätzliche Einsatz von Persönlichkeitstests bei der Prognose z. B. des Berufserfolges erbringt) die wichtigste Bewertungsgrundlage für Fragen der praktischen Einsetzbarkeit darstellt (vgl. etwa Robertson (1993, 1994). Vielfach werden die Ergebnisse für kognitive Verfahren und Persönlichkeitstests getrennt berichtet. Allerdings sind die Befunde zumeist ermutigend, wenn tatsächlich die inkrementelle Validität der Verfahren untersucht wird (z. B. Day & Silverman, 1989; Irving, 1993; Schmidt & Hunter, 1998a).

Rosse, Miller und Barnes (1991) finden, daß in einer Stichprobe von 202 im medizinischen Bereich tätigen Personen 5% der Varianz von Vorgesetztenratings durch kognitive Tests erklärbar sind. Durch den eingesetzten Persönlichkeitstest können ebenfalls 5–8% der Varianz erklärt werden, wobei sich nur geringe Überschneidungen mit den Intelligenz- und Leistungsmessungen ergeben.

Baehr und Orban (1989) identifizieren in einer Gruppe von insgesamt 800 Führungskräften eine multiple Korrelation von 0.33 zwischen den Ergebnissen von vier kognitiven Tests und dem Einkommen. Der Zusammenhang zwischen den persönlichkeitsdiagnostischen Verfahren und dem Einkommen beträgt 0.31. Die multiple Korrelation erreicht einen Wert von 0.43, so daß auch hier von substantiellen inkrementellen Validitätsanteilen der Persönlichkeitstests ausgegangen werden kann.

In einer sehr aufwendigen Studie erweitern McHenry, Hough, Toquam, Hanson, und Ashworth (1990) eine Testbatterie, die zur Auswahl von Militärpersonal eingesetzt wird, um die Erhebung spezifischer Dimensionen der Persönlichkeit. Sie finden neben einer inkrementellen Validität dieser Maße sogar eine Überlegenheit von Persönlichkeitstests hinsichtlich mancher Kriterien (Bereitschaft zu zusätzlicher Anstrengung, Bereitschaft zur Unterstützung von Kameraden und persönliche Disziplin). Dementsprechend empfehlen die Autoren:

> „The results suggest that the Army can improve the prediction of job performance by adding non-cognitive predictors to its present battery of predictor tests." (McHenry et al., 1990, S. 335)

Schippmann und Prien (1989) können zeigen, daß die Vorhersage der hierarchischen Positionierung in einer Gruppe von 0.33 auf 0.40 verbessert werden kann, wenn neben dem Fähigkeitstest auch Persönlichkeitsmaße einfließen. Auch wenn eine derartige Anhebung der Korrelationskoeffizienten auf den ersten Blick marginal erscheint, darf nicht verkannt werden, daß hiermit auf Seiten der Varianzaufklärung und damit dem wahrscheinlich bedeutsamsten Maß, dem Determinationskoeffizienten, eine Anhebung von .11 auf .16 erfolgt.

Die genannten Studien bestätigen die durchaus plausible Annahme, daß Persönlichkeitstests insbesondere in der Kombination mit anderen Verfahren ihre nutzenmaximierende Wirkung für praktische Entscheidungen entfalten können. In einer aktuellen und weitgreifenden Untersuchung geben Schmidt und Hunter (1998b) die inkrementellen Validitäten für unterschiedliche Auswahlverfahren im Vergleich an. Ihre Ergebnisse basieren auf korrigierten Validitätskoeffizienten, die im Rahmen unterschiedlicher Metaanlysen Studien aus einer Zeitspanne von 85 Jahren einbeziehen. Für alle vorgestellten Verfahren werden die korrigierten Validitätskoeffizienten hinsichtlich der Kriterien Berufserfolg (vgl. Tab. 13) sowie Lernerfolg (der Erwerb von Wissen über die Tätigkeit am Arbeitsplatz, in Schulungen und Qualifikationsprogrammen) dargestellt. Darüber hinaus geben Schmidt und Hunter die inkrementellen Validitäten an, also die zusätzlichen Validitätsbeiträge, die sich durch den Einsatz des jeweiligen Verfahrens zusätzlich zu der Erfassung der allgemeinen kognitiven Leistungsfähigkeit (GMA, general mental ability) ergeben. Die Wahl der allgemeinen kognitiven Leistungsfähigkeit als Grundlage für die Berechnung der inkrementellen Validitäten anderer Verfahren wird von den Autoren wie folgt begründet:

- Im Vergleich zu anderen Instrumenten, die sowohl bei Berufsanfängern als auch bei berufserfahrenen Bewerbern angewandt werden können, weisen Tests der allgemeinen kognitiven Leistungsfähigkeit die höchste Validität hinsichtlich beruflichen Erfolges und die niedrigsten Durchführungskosten auf.
- Die empirischen Befunde zur Validität von kognitiven Leistungstests sind weitaus umfangreicher als die zu anderen Verfahren: „Literally thousands of studies have been conducted over the last nine decades" (Schmidt & Hunter, 1998b, S. 264).
- Die allgemeine kognitive Leistungsfähigkeit erweist sich als bester Prädiktor für den Erwerb berufsbezogenen Wissens am Arbeitsplatz, in Schulungen und Qualifikationsprogrammen.

Die Tabelle 13 zeigt hinsichtlich des Einsatzes von Persönlichkeitstests die Ergebnisse für zwei Gruppen von Verfahren: Integritätstests, die insbesondere von US-amerika-

Tabelle 13: Korrigierte und inkrementelle Validitäten unterschiedlicher Auswahlverfahren für die Vorhersage des Berufserfolges nach Schmidt und Hunter (1998b, S. 265)

Auswahlverfahren	Korrigierte Validität des Verfahrens	Multiple Korrelation (R) bei Einsatz mit kognitivem Leistungstest	Validitätsgewinn durch zusätzlichen Einsatz des Verfahrens	Prozentuale Erhöhung der Validität
Tests der allg. kogn. Leistungsfähigkeit	0.51			
Arbeitsproben	0.54	0.63	0.14	24 %
Tests zur Erfassung der Integrität	0.41	0.65	0.14	27 %
Tests zur Erfassung der Gewissenhaftigkeit	0.31	0.60	0.09	18 %
Strukturierte Einstellungsinterviews	0.51	0.63	0.12	24 %
Biographische Fragebogen	0.35	0.52	0.01	2 %
Assessment Center	0.37	0.53	0.02	4 %

nischen Organisationen eingesetzt werden, um etwa Selbsteinschätzungen hinsichtlich des eigenen „kontraproduktiven" beruflichen Verhaltens zu erheben (z. B. Alkohol- und Drogenmißbrauch, Diebstahl). Die Ergebnisse dieser Instrumente korrelieren kaum mit den Resultaten kognitiver Leistungstests, weshalb sie einen nicht unbeträchtlichen zusätzlichen Beitrag zur Erklärung beruflichen Erfolgs zu leisten vermögen. Darüber hinaus werden die Beiträge von Tests zur Erfassung der Gewissenhaftigkeit untersucht – obgleich sie geringer als diejenigen der Integritätstests ausfallen, sind Gewissenhaftigkeitstests ebenfalls in der Lage, die Validität von kognitiven Leistungstests deutlich zu erhöhen. Bezüglich des zuvor beschriebenen Kriteriums „Lernerfolg" erweisen sich die Maße der Integrität und Gewissenhaftigkeit als noch bedeutsamer: Ihr zusätzlicher Einsatz erhöht die Validität der kognitiven Leistungstests von .56 um 20% (Integritätstests mit einer inkrementellen Validität von .11) beziehungsweise um 16% (Gewissenhaftigkeitstests mit einer inkrementellen Validität von .09; Schmidt & Hunter, 1998b, S. 266).

Trotz verschiedenartiger, einschränkender Bedingungen (u. a. die Kombination von jeweils lediglich zwei Auswahlinstrumenten, die Hinzuziehung von nur zwei ausschließlich persönlichkeitsbeschreibenden Testverfahren) können die Autoren auf breitester Datenbasis folgende Befunde unterstützen:

1. Tests der allgemeinen kognitiven Leistungsfähigkeit erweisen sich hinsichtlich der Prognose beruflichen Erfolges als leistungsfähigste Verfahrensklasse (zur Geschichte und Funktion von Intelligenztests s. a. Schmid, 1977).
2. Persönlichkeitstests leisten als ergänzende Verfahren einen bedeutsamen zusätzlichen Beitrag zur Prognose des Berufserfolges; insbesondere bei kombiniertem Einsatz mit den vorgenannten Testverfahren.

4.4.1.3 Konsequenzen für Wirtschaft und Wissenschaft

Für zukünftige wissenschaftliche Forschungsbemühungen läßt sich als Konsequenz der bisherigen Metaanalysen vor allem die Notwendigkeit einer höheren methodischen Qualität der Validitätsuntersuchungen ableiten. Hierbei scheint eine hypothesengeleitete Untersuchung des Zusammenhanges spezifischer Eigenschaften mit spezifischen Kriterien beruflicher Bewährung vielversprechend. Ein zu geringer Wert wird bislang auf die inkrementelle Validität von Persönlichkeitstests gelegt, obschon die vergleichsweise wenigen Studien zu dieser Fragestellung ermutigende Befunde erbrachten.

Des weiteren zeichnet sich die Notwendigkeit eines stärkeren Berufsbezuges der eingesetzten Verfahren deutlich ab. Für besonders leistungsfähige Personen (High-Potentials) steht aus der Bomat-Verfahrensgruppe ein differenzierungsfähiger Test der kognitiven Leistungsfähigkeit zur Verfügung (Bomat – advanced – Bochumer Matrizentest, Hossiep, Turck & Hasella, 1999). Im Vergleich zu Intelligenztests ist der Zusammenhang von Persönlichkeitsvariablen mit dem Berufserfolg differenzierter; befriedigende Validitäten dürften insbesondere bei eng definierten berufsbezogenen Konstrukten erwartet werden. Schließlich ist zu hoffen, daß zukünftig vermehrt psychologische Modelle zur Beschreibung der Determinanten beruflicher Bewährung zur Verfügung stehen werden, so daß nicht nur ein konzeptuell gestützter, sondern auch theoretisch fundierter Testeinsatz erfolgen kann.

Abschließend sei auf die betriebspraktischen Konsequenzen eher geringer Validitätskoeffizienten von Testverfahren verwiesen. Nur in wenigen Untersuchungen erreichen die Validitätskoeffizienten von Persönlichkeitstests einen für andere Auswahlverfahren dokumentierten Betrag. Bei der Bewertung der Validität sollte jedoch nicht außer acht gelassen werden, daß die absolute Höhe dieser Koeffizienten keine direkte Aussage über den praktischen Nutzen der Instrumente zuläßt. Auch bei geringeren Validitätskoeffizienten kann durchaus eine relevante Verbesserung der Trefferquote erreicht werden (vgl. Taylor & Russell, 1939). Sie läßt sich vor allem dann erzielen, wenn die Grundquote (der Anteil der geeigneten Kandidaten unter den Bewerbern) und die Selektionsquote (der Anteil der eingestellten Bewerber) eher im mittleren Bereich liegen.

Ist die Grundquote sehr hoch (sind also nahezu alle Bewerber geeignet), so kommt prinzipiell den Validitätskennzahlen der Auswahlverfahren eine geringere Bedeutung zu – die Trefferquote wird unter diesen Bedingungen bei niedriger Selektionsquote hoch sein. Wenn hingegen von einer sehr geringen Grundquote ausgegangen werden kann (es gibt kaum geeignete Kandidaten unter den Bewerbern) und zugleich eine große Anzahl an Personen eingestellt werden muß (hohe Selektionsquote), so kann selbst mit höchst validen Auswahlinstrumenten keine einhundertprozentige Trefferquote erzielt werden. Taylor und Russell (1939) kalkulieren für unterschiedliche Grund- und Selektionsquoten den Einfluß einer spezifischen Validität auf die Trefferquote. Der Nutzen, der sich demnach auch bei geringeren Validitätskennwerten eines Verfahrens ergibt, sei anhand eines Beispiels illustriert:

Unterstellt man einen Anteil geeigneter Personen unter den Bewerbern von 30% sowie eine Selektionsquote von 10% (zehn von 100 Bewerbern werden eingestellt), so ergeben sich in Abhängigkeit von der Validität des Auswahlverfahrens zum Beispiel folgende statistisch zu erwartende Trefferquoten:

– Trefferquote 30% bei Zufallsauswahl (Validität von .00)
– Trefferquote 40% bei einer Validität von .15
– Trefferquote 50% bei einer Validität von .30
– Trefferquote 61% bei einer Validität von .45
– Trefferquote 82% bei einer Validität von .70.

Das relativ willkürlich herausgegriffene Beispiel verdeutlicht, daß sich der Einsatz möglichst valider Auswahlverfahren insbesondere auch dann auszahlt, wenn unter den Bewerbern nur wenige als geeignet erscheinen. Über die Bestimmung von Trefferquoten hinaus sind differenziertere Abschätzungen zum Nutzen des Einsatzes von Testverfahren in Geldeinheiten möglich (vgl. z.B. Barthel, 1989; Gerpott, 1989; Schuler, Funke, Moser & Donat, 1995; Hossiep, 1999); diese erlauben, die Auswirkungen psychologisch gestützter Personalauswahl in betriebswirtschaftlich relevanten Größen auszudrücken. Das Prinzip derartiger Nutzenmeßkonzepte besteht darin, die Kosten der Auswahl als Investition aufzufassen, denen die Leistungsbeiträge der ausgewählten Personen in Geldeinheiten gegenübergestellt werden. Der Geldwert der individuellen beruflichen Leistungsbeiträge weist dabei erhebliche Schwankungen von mehreren hundert Prozent auf (so schon bei Hull, 1928), woraus der Nutzen einer verbesserten Personalauswahl unmittelbar einsichtig wird.

Die ursprünglichen Modelle zur Nutzenschätzung in Geldeinheiten von Cronbach und Gleser (1965) wurden in nachfolgenden Arbeiten erheblich ausdifferenziert (vgl. Boudreau, 1983a,b; Cronshaw & Alexander, 1985):

$$K_0 = \sum_{k=1}^{F} \{[\sum_{k=1}^{k}(N_{ZU(k)} - N_{AB(k)})][1/(1+i)^k] \cdot r_{xy} \cdot Z_x \cdot SD_y \cdot (1+V)$$
$$(1-TAX)\} - \sum_{k=1}^{k}\{C_k \cdot (1-TAX)[(1+i)^{(k-1)}]\}$$

In der Formel bedeuten:

K_0 Kapitalwert der Investition im Zeitpunkt 0 (Gegenwart)
F   Wirkungsdauer des Verfahrens (Anwendungsdauer + Betriebszugehörigkeit der ausgewählten Mitarbeiter)
k   Zeiteinheit für Wirkungsdauer
$N_{ZU(k)}$ Zahl der Zugänge, d.h. der ausgewählten Mitarbeiter, die in der Periode k eingestellt werden
$N_{AB(k)}$ Zahl der Abgänge, d.h. der zuvor ausgewählten Mitarbeiter, die in der Periode k das Unternehmen verlassen
r_{xy} prognostische Validität des Auswahlverfahrens
i   Kalkulationszins
SD_y geschätzte Standardabweichung der Mitarbeiterleistung in DM
TAX   Gewinnsteuersatz
V   Anteil der variablen Kosten, die mit der Leistungssteigerung einhergehen
C_k Durchführungskosten des Verfahrens in DM (jeweils für die Gesamtzahl der Bewerber einer Anwendungsperiode).

Ein Kernstück der Formel ist die Standardabweichung der Mitarbeiterleistung in Geldeinheiten (SD_y), deren exakte Bestimmung allerdings erhebliche Schwierigkeiten birgt. Unter den verschiedenen Methoden zur Abschätzung dieses Parameters hat sich die Prozentregel von Hunter und Schmidt (1982), derzufolge SDy 40% bis 70% des jährlichen Personalkostenaufwandes für die betreffende Position beträgt, als ökonomische und konservative Schätzmethode erwiesen. Im folgenden sind für einen Fall aus dem gehobenen mittleren Management realistische Zahlen in die zuvor aufgeführte Formel eingesetzt worden. Die Berechnung wird dabei zweifach durchgeführt: Zum einen für den Nutzen eines üblichen Auswahlprozesses, bei dem die Entscheidung allein auf ein Gespräch mit dem Bewerber gestützt wird; zum anderen für den inkrementellen Nutzen, der aus dem zusätzlichen Einsatz eines Persönlichkeitstests erwächst.

Die Einsatzdauer des Verfahrens wird auf ein Jahr festgesetzt, $N_{ZU(k)}$ betrage 1 und $N_{AB(k)}$ null, da lediglich der Nutzen der Besetzung einer Vakanz abgeschätzt werden soll. Darüber hinaus wird von einer zehnjährigen Betriebszugehörigkeit des ausgewählten Kandidaten und einem Kalkulationzins von 10% ausgegangen. Insgesamt werden jährliche Personalkostenaufwendungen von DM 350.000,– angenommen. Als Schätzer für die Standardabweichung der Mitarbeiterleistung (SD_y) wird ein Betrag von DM 175.000,–, also 50% der Personalaufwendungen, angesetzt. Die Selektionsquote betrage 20%, was bedeutet, daß von fünf Kandidaten, die dem Auswahlverfahren unterzogen werden, einem ein Vertragsangebot unterbreitet wird.

Die prognostische Validität des Interviews wird in Anlehnung an Schmidt und Hunter (1998b) mit .38 angesetzt, wobei diese Maßzahl angesichts der in Deutschland üblichen Praxis, daß Gespräche fast ausschließlich in den Fachabteilungen geführt werden, als zu hoch angesehen werden kann. Als konservativer Schätzwert des Validitätszuwachses durch einen Persönlichkeitsfragebogen, der zusätzlich zum Interview durchgeführt wird, wird .10 angenommen; je nach Qualität des eingesetzten Bogens kann dieser Wert noch erheblich höher liegen. Um das Beispiel anschaulich zu halten, werden die variablen Kosten der Leistungssteigerung sowie die steuerliche Belastung der Erträge nicht berücksichtigt; die entsprechenden Parameter werden gleich null gesetzt. Entsprechend der Selektionsquote von 20 % beträgt die Gesamtzahl der zu begutachtenden Kandidaten fünf, so daß sich bei Auswahlkosten von DM 1.000,- pro Bewerber die Gesamtkosten der Auswahl auf DM 5.000,- belaufen.

Summarisch berechnet sich in dem Zeitraum, in dem der ausgewählte Mitarbeiter dem Unternehmen angehört, hier also zehn Jahre, ein Nutzen von rund DM 567.000,- bei Durchführung lediglich eines Interviews. Bei Annahme von zusätzlichen Kosten von DM 100,- je Kandidat beträgt der Nutzenzuwachs durch die zusätzliche Durchführung eines Persönlichkeitstests DM 150.000,- (dies entspricht einer Steigerung von über 25 % gegenüber dem Nutzen des alleinigen Interviewseinsatzes).

Das Rechenbeispiel verdeutlicht, daß die Kosten für die Anschaffung beziehungsweise Durchführung eines (geeigneten) Persönlichkeitstests minimal sind gegenüber dem Nutzen, der aus seiner Anwendung erwächst.

4.5 Ethische Fragen bei eignungsdiagnostischen Untersuchungen

Die Diskussion um die ethische Rechtfertigung psychologischer Diagnostik ist besonders in der Mitte der siebziger Jahre mit Vehemenz geführt worden. Die teilweise leidenschaftliche und emotionalisierte Debatte verdeutlicht in hohem Maße, daß die „Ethik der Psychodiagnostik (...) demzufolge nicht nur ein schwieriges, sondern auch ein heikles Thema (ist), an dem sich die Geister noch lange scheiden werden" (Schmid, 1995, S. 122). Nicht zuletzt deshalb ist auch heute jeder praktisch arbeitende Diagnostiker aufgerufen, sich mit den ethischen Grundlagen seines Handelns auseinanderzusetzen (vgl. dazu Comelli, 1995). Dabei stehen zwei Fragen im Mittelpunkt:

1. Ist psychologische Diagnostik überhaupt ethisch zu verantworten? (s. Pulver, Lang & Schmid, 1978)
2. Wie ist eine ethisch verantwortbare psychologische Diagnostik zu betreiben? (Bei positiver Beantwortung der ersten Frage)

Diese Fragestellungen betreffen grundsätzliche Aspekte der psychologischen Diagnostik und sind somit weitgehend unabhängig von den eingesetzten Instrumenten zu sehen. Beide Fragen werden hier mit Blick auf die Personalauswahlthematik diskutiert, da in anderen Anwendungsfeldern durchaus verschiedene Akzentuierungen gegeben sind. Die klinisch – psychologische Diagnostik ist beispielsweise darauf ausgerichtet, eine möglichst optimale Interventionsstrategie für den Patienten vorzubereiten. Sie entspricht damit weitgehend dem Denkmodell der medizinischen Diagnostik, die sich durch den erzielten Heilerfolg rechtfertigt (Schmid, 1978). Bei auswahlbezogenen diagnostischen Bemühungen steht der Nutzen für die selektierende Institution im Vordergrund (was meist auch bedeutet, daß die Gesamtgesellschaft und die Kandidaten von dieser Strategie profitieren). Besonders deutlich wird dies zum Beispiel bei dem Test für medizinische Studiengänge (TMS, vgl. z. B. Trost, 1988), indem die Anzahl der zu Unrecht angenommenen Studenten – also der potentiellen Studienabbrecher – möglichst gering sein soll. Die zu Unrecht abgewiesenen Studienplatzbewerber stehen nicht im Mittelpunkt des Interesses.

Zu 1: Die Frage, ob psychologische Diagnostik ethisch verantwortbar durchgeführt werden kann, wird publikumswirksam vor allem von der Arbeitsgruppe um S. Grubitzsch für eine Vielzahl von Anwendungsfeldern verneint. Für Grubitzsch (1991, s. auch Grubitzsch & Rexilius, 1978) sind Tests Legitimationsinstrumente der gegenwärtigen gesellschaftlichen Machtstrukturen, und sie dienen dazu, die ungleiche Verteilung an Lebenschancen im Sinne der „Mächtigen" aufrechtzuerhalten. Ähnlich kritisch bewerten Blanke und Sterzel (1978) in dem von den genannten Autoren herausgegebenen Band den Einsatz von Tests als eine Verletzung der Menschenwürde.

Lang (1978), ein Protagonist der Krisendebatte Mitte der siebziger Jahre, sieht einen prinzipiell unauflösbaren Antagonismus zwischen professionell betriebener psychologischer Diagnostik und der Autonomie der Person, da durch die Diagnostik die Wahlfreiheit der Handlungsalternativen eingeschränkt würde. Diese Einschätzungen dürften im Rahmen der angewandt – wissenschaftlichen Bemühungen um die Psychologische Diagnostik als weitestgehend überwunden angesehen werden. Spätestens seit Mitte der achtziger Jahre – nach fast 20 Jahre währenden Lähmungserscheinungen – konzentriert sich die wissenschaftlich ambitionierte Psychologie wieder verstärkt darauf, an der Lösung der sich tatsächlich auftuenden Problemstellungen mitzuwirken. Eine schlichte Verweigerungshaltung, die sich wohl nur noch an vereinzelten Hochschulinstituten eine Nische erhalten hat, befördert weder das Interesse der Bewerber, der Wirtschaft, noch der damit befaßten Psychologen. Es geht darum, die dringend benötigten Instrumente und auch in Person von Psychologen das fachwissenschaftliche Know-how bereitzustellen. Denn es ist eine Illusion zu glauben, daß ohne Beteiligung der Psychologie auch nur eine Personalentscheidung besser, günstiger, humaner etc. erfolgen würde.

Bedauerlicherweise werden vereinzelte tatsächliche Fehlentwicklungen immer wieder öffentlichkeitswirksam „aufgekocht" oder aber einseitige, verzerrende Darstellungen fast gebetsmühlenartig immer wieder präsentiert (so z. B. Jogschies, 1996). Demgegenüber besteht unter anerkannten Fachleuten seit geraumer Zeit Konsens, daß psychologische Diagnostik sehr wohl auf der Grundlage ethischer Prinzipien durchzuführen ist.

Selbstverständlich ist der Argumentation von Grubitzsch insofern zuzustimmen, daß die gegenwärtigen gesellschaftlichen Machtstrukturen auch durch Testverfahren aufrechterhalten werden. Dies trennt Testverfahren aber nicht vom Kraftstoffvertrieb, Postdienstleistungen oder der Freizeitindustrie – all dies und noch viele mehr sind insofern tatsächlich staatstragend. Natürlich werden auch Ressourcen auf der Basis von Testleistungen zugewiesen (z. B. durch die Auswahl von Studienplatzbewerbern), und zwar zugegebenermaßen im Sinne der gegenwärtigen „Machthaber". Allerdings widerspricht es in keiner Weise den Grundprinzipien unseres demokratischen Systems, daß gesellschaftliche Positionen unter Berücksichtigung der individuellen Eignung vergeben werden und nicht, wie in anderen politischen Systemen, auf der Grundlage von Rasse, Partei- oder Religionszugehörigkeit, Abstammung oder etwa sozialer Schicht. Es soll hiermit nicht behauptet werden, daß in unserer Gesellschaft diese Faktoren keine Rolle spielen, aber psychologische Diagnostik kann zumindest im Prinzip dazu beitragen, den Einfluß der nicht leistungsbezogenen Größen abzumildern. Dies bedeutet jedoch ausdrücklich: Um Objektivität bemühte psychologische Diagnostik strebt eine das Leistungselement betonende Auswahl an – und zwar im Sinne eines funktionierenden Gefüges in der Gesamtgesellschaft und dem Staat. Gelegentlich ist der Eindruck zu gewinnen, daß dieses Zielrichtung nicht von allen an der Diskussion beteiligten Kräften verfolgt wird.

Um Fairness bemühte psychologiegestützte Auswahlverfahren sind in der Geschichte stets von extremen Positionen angegriffen worden, sei es in der Sowjetunion unter Stalin, in Deutschland im Dritten Reich oder in den USA zur Zeit der 50er Jahre unter der Ägide von Goldwater (dort fanden öffentliche Testverbrennungen statt, weil man psychologische Tests für Instrumente der kommunistischen Ausforschung hielt, vgl. Nettler, 1978). Auch im Gefolge der Studentenbewegung Ende der 60er Jahre entstand in Deutschland eine weitverbreitete Haltung (siehe z.B. Köhler, 1980), die unzuträgliche Effekte nach sich zog (vgl. dazu ausführlich Wottawa & Hossiep, 1987). Schließlich folgt aus der Gesamtschau , daß es von einer unethischen Handlungsweise zeugen würde, psychologisches Expertenwissen im Bereich von Personalentscheidungen nicht zur Verfügung zu stellen. Zudem ist bemerkenswert, daß Angehörigen anderer Berufsstände (z.B. Kaufleute, Juristen etc.) bezüglich der hier diskutierten Thematik weit geringere berufsethische Restriktionen auferlegt werden als Psychologen – letztere somit zur Beachtung besonders hoher ethischer Standards bei der Berufsausübung verpflichtet sind. Selbstverständlich werden gewisse gesellschaftliche Ressourcen sinnvollerweise auch nach dem Bedürfnis- oder Gleichheitsprinzip vergeben. Diese Entscheidungen gehören jedoch häufig nicht zum Gegenstandsbereich der psychologischen Diagnostik. Zweifellos werden diagnostische Entscheidungen meistens unter Unsicherheit gefällt, aber dies kann kein Argument gegen die Durchführung psychologischer Diagnostik sein, denn auch jede andere Entscheidungsstrategie ist fehlerbehaftet. Sinnvoll kann nur eine Strategie sein, mit der versucht wird, positive Effekte zu maximieren und negative Effekte zu minimieren.

Eine professionell betriebene Diagnostik kann den Handlungsspielraum von Individuen sogar erweitern, anstatt ihn zu beschneiden, wenn neue Handlungsalternativen und Problemlösestrategien generiert werden können („Diagnostik im Dienste des Realitätsprinzips", Spörli, 1978). Dies gilt natürlich besonders für den Beratungs- und den klinischen Bereich, denn es ist ja gerade das Ziel der psychologischen Intervention, auf Grundlage der Diagnose neue Handlungsmöglichkeiten zu erschließen. Aber auch bei der Ablehnung von Bewerbern bei der Personalauswahl ist die Einschränkung des Handlungsspektrums nicht auf den Einsatz der psychologischen Zuordnungshilfe zurückzuführen, sondern darauf, daß eine Entscheidung über beschränkte Ressourcen zu treffen ist. Die Diagnostik kann sogar dazu beitragen (ein entsprechendes Feedback an die abgelehnten Bewerber vorausgesetzt), daß eigene Potentiale und Entwicklungsmöglichkeiten besser identifiziert und realistischer eingeschätzt werden können. Hierdurch lassen sich gegebenenfalls Wege für die Suche nach einer passenderen Tätigkeit eröffnen, die sonst nicht beschritten würden. Natürlich muß dabei berücksichtigt werden, daß jede Zuordnungsentscheidung (und damit auch psychologiegestützte Strategien) zwangsläufig immer einen Eingriff in die Erlebens- und Verhaltensbereiche anderer Menschen darstellt.

Zu 2: Als wichtige Grundlage ethisch vertretbarer praktischer Diagnostik ist die gegebene Validität der eingesetzten Instrumente zu sehen (z. B. Messick, 1965, 1980). In diesem Zusammenhang sind allerdings zwei Fragen voneinander abzugrenzen:

1. Ist psychologische Diagnostik für die vorliegende Problemstellung geeignet?
   (Diese Frage kann auf wissenschaftlicher Basis beantwortet werden. Eine hohe Validität ist eine notwendige und hinreichende Bedingung zur Bejahung dieser ersten Frage).
2. Sollte psychologische Diagnostik zur Bearbeitung der vorliegenden Problemstellung eingesetzt werden?

Letztere Frage ist ethischer wie politischer Natur. Validität ist lediglich eine notwendige Bedingung für eine positive Entscheidung. Darüber hinaus müssen zum Beispiel auch Fragen der Testfairneß (Wottawa, 1980), der Belastung der Teilnehmer oder der Verteilung der Ressourcen abgewogen werden. Zur Beantwortung dieser Frage erscheinen bestimmte Verhaltensstandards sinnvoll, um über einen allgemein akzeptierten Bewertungsmaßstab zu verfügen (Comelli, 1995). Diese Standards sind von der Sektion Arbeits-, Betriebs- und Organisationspsychologie im Berufsverband Deutscher Psychologen (BDP, 1988) als „Grundsätze für die Anwendung psychologischer Eignungsuntersuchungen in Wirtschaft und Verwaltung" formuliert worden und gehen in ihren Forderungen über die rechtlichen Vorgaben hinaus. So werden zum Beispiel Standards für Auswahl der Instrumente, praktische Durchführung oder für die Schriftlegung definiert. Bei Zuwiderhandlungen sind die Sanktionsmöglichkeiten durch den BDP allerdings begrenzt, und die Einhaltung der ethischen Standards liegt im wesentlichen in der Verantwortung des einzelnen Diagnostikers. Die Standards legen zum Beispiel eindeutig fest, daß „projektive Untersuchungsverfahren und klinisch-diagnostische Tests (…) bei psychologischen Eignungsuntersuchungen im Betrieb grundsätzlich nicht (angewendet werden)" (Sektion Arbeits-, Betriebs- und Organisationspsychologie im Berufsverband Deutscher Psychologen, 1988, S. 6). Trotzdem kommen diese Verfahren sowohl in Wirtschaft als auch in Verwaltung zum Einsatz.

In der aktuellen Situation besteht insofern ein gewisses Dilemma: Ethische Standards und Durchführungsrealität dürften vielfach auseinanderklaffen. Verweigert der diagnostisch ausgebildete Psychologe aufgrund dieser Erkenntnis seine Mitarbeit, so ist die Gefahr hoch, daß Personen solcher Berufsgruppen die Aufgaben übernehmen, die dafür nicht nur weit schlechter ausgebildet, sondern wahrscheinlich auch weniger für die Komplexität und ethische Problematik der Thematik sensibilisiert sind (Comelli, 1995). Der praktisch tätige Psychologe muß jeweils im Einzelfall vor dem Hintergrund seiner moralischen Standards eine möglichst optimale Entscheidung im Sinne aller Betroffenen verantworten.

5 Testverfahren im wirtschaftsbezogenen Kontext

5.1 Der 16-Persönlichkeits-Faktoren-Test (16 PF)

Der 16 PF (Schneewind, Schröder & Cattell, 1994) kann als der große „Klassiker" unter den psychometrischen Persönlichkeitstests betrachtet werden. Mittlerweile blickt das Verfahren auf etwa 50 Jahre praktischer Anwendung zurück und wird besonders im anglo-amerikanischen Raum nach wie vor intensiv beforscht. Erst relativ spät nach der englischen Publikation des Tests konnte sich im deutschsprachigen Raum eine Übersetzung etablieren. Erste deutsche Versionen sahen sich teilweise massiver Kritik ausgesetzt, die Rezeption verlief aus diesen Gründen eher zögerlich. Hieraus erklärt sich auch, daß für die deutsche Fassung dieses international renommierten Instrumentes kaum Validitätsstudien zur Verfügung stehen, während die Leistungsfähigkeit im englischsprachigen Raum vielfach belegt werden konnte. Für die sehr positiv verlaufende Beurteilung des Verfahrens im anglo-amerikanischen Sprachbereich ist unter anderem Cattells immense wissenschaftliche Aktivität und sein unermüdliches (aber nicht kritiklos hingenommenes) Werben für das Instrument verantwortlich:

> „The confident, breezy Cattell style, familiar to readers of his books, might be persuasive for those who are not familiar with past criticisms of the 16 PF, for he hides some of the test's 'warts' and covers others with cosmetic rationalizations." (Zuckerman, 1985, S. 1392)

Die folgenden Ausführungen beschränken sich auf den deutschen 16 PF und gehen nur selten auf die teilweise beträchtlichen Unterschiede zu den englischsprachigen Originalversionen ein; dies sollte bei der Lektüre der hier erwähnten anwendungsbezogenen Befunde zum 16 PF berücksichtigt werden. Auch die Autoren der deutschen Fassung raten bei der Übertragung der Befunde auf den hiesigen Sprachraum zur Vorsicht (Schneewind et al., 1994, S. 10).

5.1.1 Theoretischer Hintergrund

Raymond Bernard Cattell (1905–1997) hat der Persönlichkeitspsychologie eine derart beeindruckende Menge an Theorien und Befunden hinterlassen, daß eine Zusammenfassung auf wenigen Seiten kaum möglich ist. Seine Persönlichkeitstheorie wird daher nur kurz gestreift und statt dessen vor allem die dem Verfahren zugrundeliegende Idee beschrieben. Der 16 PF ist ursprünglich mit der Intention entstanden, einen die gesamte Persönlichkeitstruktur umfassenden Test zu entwickeln. Die anfängliche Forschungsfragestellung repräsentierte also ein grundlagenwissenschaftliches Problem der Persönlichkeitspsychologie: Wie viele und welche Persönlichkeitseigenschaften liegen den Unterschieden zwischen Menschen zugrunde?

Zur Identifikation dieser Eigenschaften baute Cattell auf dem sogenannten psycholexikalischen Ansatz auf: Nach dieser Theorie bilden sich alle relevanten Beschreibungsdimensionen zwischenmenschlicher Unterschiede in der Sprache ab (vgl. auch Benjafield & Carson, 1985 sowie McCrae, 1990). Je bedeutsamer ein bestimmter Aspekt individueller Differenzen ist, um so wahrscheinlicher ist es, daß die Sprache ein Wort für diesen Aspekt bereithält. Ausgangspunkt für Cattell war demzufolge die Analyse des Sprachgebrauches, wobei er an die Befunde von Allport und Odbert (1936) anknüpfte. Die beiden Autoren hatten durch die Analyse eines Nachschlagewerkes (Webster's New International Dictionary) insgesamt 17.953 eigenschaftsbeschreibende Begriffe gefunden. Von diesen ordneten die Autoren 4.504 Begriffe der Kategorie der persönlichkeitsbeschreibenden Begriffe zu, die auf stabile und konsistente zwischenmenschliche Unterschiede verwiesen und zugleich in möglichst hohem Maße wertfrei sein sollten. Cattell (1943) reduzierte diese Variablenmenge auf eine Liste von 171 Gegensatzpaaren, indem er die mehr als viertausend Begriffe mit statistischen Mitteln hinsichtlich ihrer semantischen Ähnlichkeit gruppierte. Auf Basis dieser Liste wurden im Anschluß 100 Erwachsene von je zwei Bekannten eingeschätzt. Nach einer weiteren Reduktion durch die bereits zuvor angewandte Gruppierungsmethode verblieben 35 Variablen, die einer zweiten Beurteilungsstudie mit 208 Personen dienten. Auf der Grundlage dieser Befunde führte Cattell schließlich eine Faktorenanalyse durch, mit der er zwölf Faktoren extrahierte. Sie sind über die Jahre hinweg praktisch unverändert geblieben; für die spätere Fragebogenkonstruktion wurden lediglich vier testspezifische Faktoren ergänzt. Die genauen Konstruktionsschritte des Fragebogens sind nicht mehr exakt nachvollziehbar:

> „Obgleich sich dieses Verfahren auch außerhalb der Schule Cattells einer außerordentlichen Beliebtheit erfreut (…) bleibt seine Konstruktion ‚weitgehend im Dunkeln' (…)."
> (Amelang & Bartussek, 1997, S. 314)

Entgegen einem weit verbreiteten Mißverständnis ist der 16 PF kein originär faktorenanalytisch entstandenes Instrument, sondern zwölf der 16 Skalen standen bereits vor der Fragebogenkonstruktion fest – auf Basis der oben beschriebenen Ratingergebnisse der Eigenschaftsworte. Die Tatsache, daß trotz widersprüchlicher Befundlage von Cattell und seinen Schülern konsequent am 16-Faktoren-Modell festgehalten wurde, ist nicht ohne Kritik geblieben:

> „Obwohl Cattell wie kaum ein anderer Forscher die über die Befundlage hinausgehenden Schlüsse in weiteren Studien stets erneut empirischen Überprüfungen unterzieht, ist das

Beschreibungssystem (...) im Laufe der Jahre praktisch unverändert geblieben. Dies stimmt um so bedenklicher, als im Zuge des erwähnten Variablenreduktionsprozesses einigen wenigen Personen eine relativ entscheidende Funktion zukam, sei es bei der Bestimmung von Synonymen und Itemgruppen durch einen Psychologie- und einen Sprachstudenten in Harvard, sei es bei der Festlegung, was als Gegensatz zu einem Attribut oder als Schlüsselbegriff zu einer Itemgruppierung gelten könne. (...) Auch die Zahl der Meßwertträger bzw. der Rater in den Beurteilungsversuchen nimmt sich angesichts der daraus abgeleiteten Schlußfolgerungen als relativ bescheiden aus, von ihrer soziodemographischen Zusammensetzung ganz abgesehen." (Amelang & Bartussek, 1997, S. 313)

5.1.2 Kontroverses zum Hintergrund des Verfahrens

Die Kritik am persönlichkeitstheoretischen Hintergrund des 16 PF hat sich vor allem auf zwei Aspekte konzentriert:
– Die häufige Nichtreplizierbarkeit der 16 Faktoren
– Der erkenntnistheoretische Status der 16 Persönlichkeitsfaktoren.

Cattell hat im wesentlichen immer an der Anzahl seiner Faktoren festgehalten, obgleich sich die Befunde häuften, daß in anderen als von ihm ursprünglich untersuchten Populationen, in anderen Ländern und zu anderen Zeiten (immerhin ist das Verfahren in seiner Grundkonzeption annähernd 50 Jahre alt) andere Faktorlösungen sinnvoller gewesen wären (Zuckerman, 1985). Auch bei der Entwicklung der deutschen Version war die Beibehaltung dieser 16 Faktoren obligatorisch, so daß entsprechende methodische Anstrengungen unternommen wurden (vgl. Kap. 5.1.1.3), diese Faktoren zu replizieren (zu diesen Anstrengungen gehörte übrigens keine Faktorenanalyse über die Ursprungsitems).

Die mit einer Faktorenanalyse gefundene Dimensionsstruktur eines bestimmten Variablensatzes ist in so hohem Maße stichprobenabhängig (Wottawa, 1979), daß bei Lösungen mit einer hohen Anzahl von Faktoren selten völlige Stabilität dieser Faktoren zu erwarten ist. Etwas anders verhält es sich im Falle von Faktoren mit einem breiten Abstraktionsniveau, diese scheinen deutlich besser replizierbar zu sein (vgl. Kap. 3). Möglicherweise hat diese Geschlossenheit des von Cattell begründeten theoretischen Systems eine Weiterentwicklung des Verfahrens eher behindert. Im Gegensatz zum 16 PF versteht sich der CPI (California Psychological Inventory, Gough, 1975) ausdrücklich als offenes System, das jederzeit an eine sich verändernde Befundlage angepaßt werden kann. Der CPI tut sich freilich wesentlich leichter, das Verfahren in derartiger Weise zu öffnen, da dem Test keine elaborierte Persönlichkeitstheorie zugrunde liegt. Cattells Bemühungen zielten im Vergleich viel deutlicher auf die Formulierung einer allgemeinen Eigenschaftstheorie der Persönlichkeit ab, und der 16 PF war das zu diesem theoretischen Rahmen gehörige Forschungsinstrument.

Bei der Diskussion um die Probleme der faktoriellen Struktur des 16 PF sollte allerdings ein Aspekt nicht in Vergessenheit geraten: Die „richtige" oder „angemessene" Anzahl von Faktoren zur Beschreibung der menschlichen Persönlichkeit und die „besten" Verfahren zur Faktorenrotation und -extraktion waren über lange Jahre hinweg ein kontrovers diskutiertes Thema in der eigenschaftstheoretischen Persönlichkeitsforschung (Cattell, 1972; Eysenck, 1977; Guilford, 1975, 1977). Mit der Entwicklung und breiten

Akzeptanz des Big-Five-Modells der Persönlichkeit als integrierendem Rahmen hat sich die Auseinandersetzung zunehmend beruhigt (McCrae & John, 1992).

Für den konkret nach einer Entscheidungshilfe suchenden, praktisch arbeitenden Diagnostiker galt allerdings immer schon das Primat der Validität: Erlaubt ein Instrument prognostisch nützliche Vorhersagen, so ist die Spekulation darüber nachrangig, ob die Varianz der Items auf zehn, zwölf oder 16 Faktoren abgebildet wird. Von Bedeutung ist vielmehr, ob die für eine Entscheidung relevanten Informationen durch das Testergebnis repräsentiert werden und die erhobenen Redundanzen den Testkandidaten zumutbar sind (Zuckerman, 1985). Letztlich kann die Frage nach der geeigneten Anzahl von Faktoren nicht rein faktorenanalytisch entschieden werden. Darüber hinaus entstehen Faktoren stets durch eine Zusammenfassung von semantisch und inhaltlich ähnlichen Items, die in nahezu beliebiger Menge und Gestalt konstruiert werden können: „In truth there can be as many factors as item writers can construct from groups of similar items" (Kline, 1993, S. 304).

Ein weiterer bedeutsamer Bereich der Kritik am 16 PF bezog sich auf die Interpretation der Faktoren durch Cattell, denn er billigte ihnen nicht nur einen beschreibenden, sondern auch erklärenden Charakter zu (Cattell, 1972). In seinen Veröffentlichungen gewannen die Dimensionen ein gewisses „Eigenleben" und entfernten sich zunehmend von dem, als das man sie streng genommen nur bezeichnen kann: Eine deskriptive Zusammenfassung von Verhaltenstendenzen auf Grundlage ihrer Interkorrelationen. Allerdings ist mit einer solchen Sichtweise keine wirkliche Einschränkung der praktischen Verwendbarkeit eines Persönlichkeitsfragebogens verbunden (Borkenau & Ostendorf, 1993, S. 10), so daß auf eine intensivere Diskussion der Frage an dieser Stelle verzichtet wird.

5.1.3 Die Entwicklung der deutschsprachigen Version des Verfahrens

Für die Entwicklung der deutschen Fassung wurde der ursprüngliche Konstruktionsaufwand nicht wiederholt, sondern die Items der englischen Version in die deutsche Sprache übersetzt. Der erste hiesige 16 PF ist eine von Pawlik übersetzte Version, die auf der englischsprachigen Ausgabe des Jahres 1957 basiert. Des weiteren existiert eine vom Institute for Personality and Ability Testing (IPAT) vertriebene Übersetzung, der die englische Version des Jahres 1962 zugrunde lag. Schließlich stand auch eine an der Hamburger Klinik Eppendorf vorgenommene Übersetzung des Fragebogens zur Verfügung (Meyer, Arnold, Freitag & Balck, 1977). Wie eingangs angedeutet, erfolgte die Rezeption dieser deutschen Ausgaben recht kritisch (Bartussek, Weise & Heinze, 1972; Bartussek, 1974; Fürntratt, 1966; Greif, 1970; Timm 1968). Als Schwerpunkt der Kritik der deutschen Übersetzungen geben Schneewind et al. folgende Aspekte an (1994, S. 10):

– Die unzureichenden teststatistischen Kennwerte (geringe Trennschärfen und Reliabilitäten)
– Die uneinheitlichen Ergebnisse des Bemühens um die Replikation der Catellschen Faktorstruktur
– Die geringe Stabilität der im folgenden Abschnitt vorgestellten Sekundärfaktoren.

Auch die teilweise recht seltsam anmutenden Skalenbezeichnungen mögen zur Zurückhaltung der Testanwender beigetragen haben. Welcher Diagnostiker meldete seinen Testkandidaten schon gern die Ergebnisse einer Dimension mit der Bezeichnung „Empfindsame Vertrauensseligkeit vs. paranoider Argwohn" (s. Hall & Lindzey, 1979) zurück? Auch die Wortneuschöpfungen einiger Skalen („Threctia", „Harria") sind nur schwer in allgemein geläufige Begrifflichkeiten übertragbar und haben sich als Fachtermini nicht durchsetzen können.

Mit der von Schneewind et al. (1994) vorgelegten dritten Auflage des 16 PF, die auf der englischsprachigen Version von 1970 beruht, sollten diese Problembereiche angegangen werden. Bei der Konstruktion der deutschen Übersetzung wählten die Autoren folgendes Vorgehen: Einer Stichprobe von 3250 Erwachsenen wurden Übersetzungen von vier aktuellen Versionen des 16 PF vorgelegt (im anglo-amerikanischen Sprachraum existieren sechs verschiedene Fassungen). Insgesamt mußte jeder Untersuchungsteilnehmer 564 Items beantworten. Im Prinzip hätten nun vier deutsche Parallelversionen vorliegen müssen, aber den Autoren gelang es mit einer Hauptachsenanalyse nicht, die jeweils vier zusammengehörigen Skalen als Markiervariablen auf einem gemeinsamen Faktor abzubilden. Schließlich wurden die Items aufgrund von Trennschärfeindizes zu Skalen zusammengefaßt und dabei gleichzeitig darauf geachtet, daß die Korrelationen zu anderen Skalen möglichst gering blieben. Das exakte Prozedere wird im Testmanual nicht erläutert, die Autoren geben lediglich an, daß das Verfahren „so lange wiederholt (wurde), bis hinreichend akzeptable teststatistische Eigenschaften der Items erreicht schienen" (Schneewind et al., 1994, S. 12). Im Ergebnis wurden für jede Skala zwölf Items beibehalten. Ohne klare methodisch plausible Begründung haben die Autoren hierbei an einer Lösung mit 16 Faktoren festgehalten, was durch den Umstand erklärlich wird, daß offenbar in jedem Falle ein dem englischen Original analoger Test entstehen sollte.

In einem nächsten Schritt wurde jede der 16 Skalen in zwei Subskalen zu je sechs Items aufgeteilt und über die so entstandenen 32 Subskalen eine Faktorenanalyse gerechnet. Die Autoren extrahierten bei diesem Vorgehen wiederum 16 Faktoren, obwohl dies bei der optischen Inspektion des Eigenwertabfalls durchaus nicht zwingend erscheint. Bedenklicher ist jedoch, daß nur fünf der 16 Faktoren Eigenwerte über einem Betrag von eins aufweisen (Höfer & Neuser, 1994). Anschließend erfolgte eine hypothesenorientierte Zielrotation, die als Konzeptvalidierung dienen sollte. Die Ergebnisse dieser Rotation sind aber ohne weiteres als methodisches Artefakt zu erklären:

> „Es ist wohl kaum verwunderlich, wenn die Halbskalen ihre höchsten Ladungen auf den Faktoren aufweisen, die diese Halbskalen selbst enthalten. Eher erscheint es uns verwunderlich, daß dabei zum Teil recht geringe Ladungen erzielt wurden (...) In jedem Falle ist aber die Wahrscheinlichkeit gering, die willkürlich festgesetzte Zahl und die Zusammensetzung der Faktoren mit der eingesetzten Methode falsifizieren zu können." (Höfer & Neuser, 1994, S. 79)

Bei der Extraktion der Sekundärfaktoren beschritten die Autoren allerdings wieder den gängigen Weg einer Hauptachsenanalyse mit anschließender orthogonaler Varimaxrotation über die ersten 16 Skalen. Diese Faktorenanalyse führte zu fünf Faktoren mit Eigenwerten über einem Betrag von eins. Die Faktorwerte dieser Skalen können auf der Basis multipler Regressionsgleichungen für jeden Testkandidaten berechnet werden.

Neben diesem methodisch stellenweise fragwürdigen Vorgehen formulieren Höfer und Neuser (1994) weitere Kritikpunkte hinsichtlich der beschriebenen Vorgehensweise:

- Die Analysestichprobe wird von den Testautoren mehrfach als repräsentativ bezeichnet, gleichwohl werden keine Informationen darüber gegeben, bezüglich welcher Parameter diese Repräsentativität gelten soll. Sie gilt nicht für das Alter und Geschlecht der Teilnehmer (die beiden einzig erwähnten Charakteristika), wie ein Vergleich mit den Daten des statistischen Bundesamtes zeigt.
- Die Items wurden zwar hinsichtlich möglichst hoher Trennschärfe den jeweiligen Skalen zugeordnet, aber viele Trennschärfeindizes sind dennoch unbefriedigend (so liegen 40% aller Trennschärfewerte unter .30).
- Obwohl die internen Konsistenzen recht hoch sind, sind die Retestreliabilitäten bei einigen Skalen nicht zufriedenstellend.

Inwieweit es den Autoren tatsächlich gelungen ist, ihr Ziel einer „testtheoretisch hinreichend abgesicherten Neukonstruktion des 16 PF" zu erreichen (Schneewind et al., 1994, S. 10), ist aus den oben angeführten Gründen nicht unumstritten. Durch den selbstauferlegten Zwang, das mittlerweile recht betagte 16-Faktoren-Modell zu replizieren, sieht sich der Test wiederholt in der methodischen Kritik. Dringend benötigte Validitätsstudien erfolgen demgegenüber eher zögerlich.

5.1.4 Skalen und Interpretationshinweise

Der 16 PF umfaßt 16 direkt aus den Rohwerten auszählbare Primärdimensionen und fünf Sekundärfaktoren, die durch gewichtete Summen der Skalenrohwerte errechnet werden können. In Tabelle 14 werden neben den aktuellen deutschen Skalenbezeichnungen auch die Benennungen der englischen Version angegeben. Alle Skalen des Instrumentes sind bipolar, allerdings ist der psychologische Gegensatz bei einigen Dimensionen nicht unmittelbar einsichtig, wenn vom Alltagsverständnis dieser Begriffe ausgegangen wird (Warum sind z.B. Flexibilität und Pflichtbewußtsein entgegengesetzte Pole der gleichen Dimension?).

In der eignungsdiagnostischen Praxis haben sich über diese Benennungen hinaus einige sprachliche Anker für die Primär- und Sekundärdimensionen etabliert, die sowohl bei der Rückmeldung an den Kandidaten, wie auch bei der Gutachtenerstellung hilfreich sein können (Tab. 15; vgl. auch Graupner & Simon, 1987).

Schneewind und seine Kollegen haben sich bemüht, die Dimensionen hinsichtlich ihrer sozialen Wertigkeit so neutral wie möglich zu formulieren, was vor allem aus der Perspektive der Testanwender zu begrüßen ist. Schließlich wurde auch auf solche Begriffe verzichtet, welche die Nähe einer Skala zu anderen persönlichkeitstheoretischen Konstrukten vermuten ließ. So haben bei der Konzeption der Skalen „Lower ego strength vs. Higher ego strength" und „Weaker super ego strength vs. Stronger super ego strength" im Ursprung tatsächlich die entsprechenden Konstrukte des psychoanalytischen Persönlichkeitsmodells als Vorbild gedient. Da jedoch der Beleg für die theoretische Angemessenheit dieser Bezüge noch aussteht, haben die deutschen Autoren anderen Skalenbezeichnungen den Vorzug gegeben. Zu allen Skalen geben die Test-

Tabelle 14: Die Primär- und Sekundärdimensionen des 16 PF
(Schneewind et al., 1994, S. 29)

Dimension	Englische Bezeichnung (nach Cattell, Eber & Tatsuoka, 1970)	Deutsche Bezeichnung in der Version von Schneewind et al., 1994
Die 16 Primärdimensionen:		
A	Sizothymia vs. Affektothymia	Sachorientierung vs. Kontaktorientierung
B	Low intelligence vs. high intelligence	Konkretes Denken vs. Abstraktes Denken
C	Lower ego strength vs. higher ego strength	Emotionale Störbarkeit vs. Emotionale Widerstandsfähigkeit
E	Submissiveness vs. Dominance	Soziale Anpassung vs. Selbstbehauptung
F	Desurgency vs. Surgency	Besonnenheit vs. Begeisterungsfähigkeit
G	Weaker super ego strength vs. stronger super ego strength	Flexibilität vs. Pflichtbewußtsein
H	Threctia vs. Parmia	Zurückhaltung vs. Selbstsicherheit
I	Harria vs. Premsia	Robustheit vs. Sensibilität
L	Alaxia vs. Protension	Vertrauensbereitschaft vs. Skeptische Haltung
M	Praxernia vs. Autia	Pragmatismus vs. Unkonventionalität
N	Artlessness vs. Shrewdness	Unbefangenheit vs. Überlegtheit
O	Untroubled adequacy vs. Guilt-proneness	Selbstvertrauen vs. Besorgtheit
Q1	Conservativism of temperament vs. Radicalism	Sicherheitsinteresse vs. Veränderungsbereitschaft
Q2	Group adherence vs. Self-sufficiency	Gruppenverbundenheit vs. Eigenständigkeit
Q3	Low self-sentiment integration vs. high strength of self-sentiment	Spontaneität vs. Selbstkontrolle
Q4	Low ergic tension vs. High ergic tension	Innere Ruhe vs. innere Gespanntheit
Die 5 Sekundärdimensionen:		
Q I		Geringe Normgebundenheit vs. Hohe Normgebundenheit
Q II		Geringe Belastbarkeit vs. hohe Belastbarkeit
Q III		Geringe Unabhängigkeit vs. hohe Unabhängigkeit
Q IV		Geringe Entschlußbereitschaft vs. Hohe Entschlußbereitschaft
Q V		Geringe Kontaktbereitschaft vs. Hohe Kontaktbereitschaft

Tabelle 15: Ergänzungen zu den Benennungen der Dimensionen des 16 PF

Dimension	Polarität in der Version von Schneewind et al., 1994 (jeweils fett)		
A	**Sachorientierung**	vs.	**Kontaktorientierung** Kontaktinteresse Kontaktfreudigkeit
B	**Konkretes Denken** Pragmatisches Denken	vs.	**Abstraktes Denken** Abstraktionsvermögen Analytische Sichtweise
C	**Emotionale Störbarkeit** Emotionale Dynamik	vs.	**Emotionale Widerstandsfähigkeit** Emotionale Belastbarkeit Emotionale Stabilität
E	**Soziale Anpassung** Unterwürfigkeit Folgebereitschaft Rücksichtnahme	vs.	**Selbstbehauptung** Dominanz(streben)
F	**Besonnenheit** Ausdrucksarmut	vs.	**Begeisterungsfähigkeit** Energie Ausdrucksfreude Tatkraft
G	**Flexibilität** Selbstzweckorientierung	vs.	**Pflichtbewußtsein** Verläßlichkeit Selbstlosigkeit Idealismus
H	**Zurückhaltung**	vs.	**Selbstsicherheit** aktives Kontaktstreben (soziale) Initiative Risikobereitschaft
I	**Robustheit**	vs.	**Sensibilität** Feinfühligkeit Empfindsamkeit
L	**Vertrauensbereitschaft** soziale Akzeptanz Toleranz	vs.	**Skeptische Haltung** Mißtrauen Argwohn Skepsis
M	**Pragmatismus**	vs.	**Unkonventionalität** Unbekümmertheit Phantasie Individualismus Originalität
N	**Unbefangenheit** Offenheit	vs.	**Überlegtheit** Cleverness Scharfsinn
O	**Selbstvertrauen** Zuversicht	vs.	**Besorgtheit** Schuldneigung Ängstlichkeit selbstkritische Haltung
Q1	**Sicherheitsinteresse** Konservativismus Konventionalität	vs.	**Veränderungsbereitschaft** Aufgeschlossenheit Radikalisierung
Q2	**Gruppenverbundenheit** Teamorientierung	vs.	**Eigenständigkeit** Selbständigkeit Eigenständigkeit
Q3	**Spontaneität**	vs.	**Selbstkontrolle**
Q4	**Innere Ruhe** Ausgeglichenheit Entspanntheit	vs.	**Innere Gespanntheit** nervöse Spannung Angespanntheit

autoren vergleichsweise ausführliche Interpretationshilfen, die sich jeweils auf fünf Aspekte beziehen:

1. Allgemeiner Verhaltensstil
2. Emotionale Reaktion
3. Soziales Verhalten
4. Arbeitsverhalten
5. Verhalten in Problemsituationen.

Beispielhaft soll der Interpretationsprozeß bezüglich dieser Aspekte anhand der Primärdimension I (Robustheit vs. Sensibilität, Tab. 16) dargestellt werden (vgl. Schneewind et al., 1994, S. 32).

Auch für die fünf Sekundärdimensionen bieten die Autoren ähnliche Beschreibungen der Skalenpole an. Neben diesen direkten Verhaltensbeschreibungen geben die Autoren einige weitere Interpretationshilfen, die bei der Beurteilung der Testergebnisse herangezogen werden können, etwa Formeln für die Berechnung von Konfidenzinter-

Tabelle 16: Beispiele für Interpretationshinweise zum 16 PF (vgl. Schneewind et al., 1994, S. 32)

	Robustheit	**Sensibilität**
Allgemeiner Verhaltensstil	verhält sich eher illusionslos und zupackend; beschäftigt sich intensiver mit realen Gegebenheiten; fügt sich eher Sachzwängen	verhält sich eher feinfühlig und ästhetisch anspruchsvoll; beschäftigt sich intensiver mit Vorstellungen und Gefühlen; verhält sich eher ungeduldig und fordernd
Emotionale Reaktion	erwartet eher wenig Gefühlszuwendung; läßt sich eher durch Zahlen und Fakten beeindrucken	erwartet eher Aufmerksamkeit und Zuneigung; läßt sich eher durch künstlerische Situationen beeindrucken
Soziales Verhalten	ist eher trocken im Gespräch; bleibt eher bei der Sache	ist im Gespräch eher einfallsreich und ausdrucksvoll; springt eher von einer Sache zur anderen
Arbeitsverhalten	Handelt eher auf der Grundlage von konkreten und logischen Beweisen; erwartet eher gute Leistungen bei sich wie bei anderen; übernimmt bereitwilliger Verantwortung	handelt eher intuitiv; zeigt eher Nachsicht gegenüber Leistungsmängeln bei anderen; zögert eher, Verantwortung zu übernehmen
Verhalten in Problemsituationen	bewältigt eher reale Notsituationen; steht harte Auseinandersetzungen eher durch	sucht in realen Notsituationen eher Hilfe; geht harten Auseinandersetzungen eher aus dem Wege

vallen oder zur Überprüfung der statistischen Bedeutsamkeit von Differenzen zwischen zwei Skalen oder zwischen Profilen.

5.1.5 Normen und Gütekriterien

Es liegen alters- und geschlechtsspezifische Normen auf der Basis von insgesamt 3250 Personen vor – auf die nicht exakt spezifizierte Repräsentativität dieser Stichprobe wurde bereits verwiesen. Altersspezifische Normtabellen werden für die folgenden Intervalle angegeben: 18–29 Jahre, 30–39 Jahre, 40–49 Jahre und über 50 Jahre. Die Rohwerte werden hierbei in Sten-Werte transformiert. Problematisch – und bei der Testinterpretation auf jeden Fall zu berücksichtigen – erscheint, daß die Rohwertverteilungen in einigen Gruppen offenbar so schief ausfallen, daß extreme Sten-Werte teils überhaupt nicht erreicht werden können. Für den unerfahrenen Anwender birgt das die Gefahr, tatsächlich recht massive Fehlinterpretationen vorzunehmen und damit falsche Empfehlungen zu geben. Die Angabe der Gütekriterien beschränkt sich auf interne Konsistenzen und Retestreliabilitäten der Skalen, Angaben zur Validität werden nicht gemacht.

5.1.6 Testdurchführung und -auswertung

Die Autoren geben einige allgemeine Hinweise zur Gestaltung von Testsituationen und zur Instruktion der Teilnehmer. Die Durchführungszeit (192 Testitems) wird mit etwa 30–45 Minuten angegeben, die Auswertung, die auch durch eine eingewiesene Hilfskraft erfolgen kann, nimmt ca. 15 Minuten in Anspruch. Computerprogramme liegen sowohl zur Auswertung als auch zur Applikation des Verfahrens vor. Die Ergebnisse können auf der Basis von Sten-Werten in ein graphisches Profil übertragen werden.

5.1.7 Ausgewählte Befunde zur Leistungsfähigkeit

Zum 16 PF existiert mittlerweile eine derart große Untersuchungsanzahl aus verschiedensten Anwendungsbereichen, daß ein erschöpfender Literaturüberblick ein nahezu aussichtsloses Unterfangen wäre. Gerade der Anspruch Cattells, der 16 PF beschreibe die gesamte Persönlichkeitsstruktur, hat dazu geführt, daß diesem Test kein spezifisches Anwendungsfeld zugewachsen ist. Somit erscheint er grundsätzlich für fast jede Fragestellung geeignet, in der die Persönlichkeit eine Rolle spielt:

> „Another problem that may occur with the 16 PF is that it's limits of applicability are not clearly defined. It seems curious, and perhaps a bit too much to expect, that one instrument, with a limited range of items, could provide substantive personality descriptions that span such broad fields as personality research, pre-marital counseling, law enforcement officer selection, and clinical problem cases." (Butcher, 1985, S. 1392)

Es seien an dieser Stelle lediglich beispielhaft einige Untersuchungen referiert, um das breite Spektrum der Arbeiten zum 16 PF anzudeuten.

5.1.7.1 Zur prädiktiven Validität für berufliche Bewährung

Da die Dimensionen des Verfahrens sehr allgemein gehalten sind, beschränkt sich die Testanwendung nicht a priori auf bestimmte Berufsfelder oder Tätigkeitsbereiche.

Titus (1969) legte 67 Führungskräften eine umfangreiche Testbatterie vor, zu der auch der 16 PF gehörte. Insgesamt betrachtet er 38 Prädiktorvariablen, die er mit elf Kriteriumsmaßen (die meisten davon Leistungsbeurteilungen durch Vorgesetzte) korreliert. Einige dieser Korrelationen erreichten ein signifikantes Niveau, auch hingen Skalen des 16 PF mit verschiedenen Kriteriumsmaßen zusammen. Die absolute Höhe der signifikanten Koeffizienten streut zwischen .24 und .32, die große Anzahl an durchgeführten Signifikanztests und die relativ kleine Stichprobe legen aber Vorsicht bei der Interpretation der Ergebnisse nahe.

Porter (1970) vergleicht die mittleren Normwerte des 16 PF mit den Ergebnissen von Führungskräften, Mitarbeitern und ehemaligen Mitarbeitern eines mittelständischen Unternehmens. Bei den Führungskräften und Mitarbeitern des Betriebes zeigen sich bei mehreren Skalen deutliche Abweichungen vom mittleren Normwert, wohingegen zwischen den beiden Gruppen kaum Unterschiede auftreten. Erwähnenswert ist auch, daß diejenigen Personen, welche das Unternehmen verließen, ein von den verbliebenen Personen signifikant abweichendes Profil aufweisen.

Bei einer Untersuchung von Toole, Gavin, Murdy und Sells (1972) steht nicht ein genereller Validitätsnachweis für den 16 PF im Vordergrund. Die Autoren wollen vielmehr einen Beleg dafür erbringen, daß sich für bestimmte Minoritäten Validitäten ergeben, die von denjenigen in der Gesamtpopulation abweichen, und hieraus eine Unfairneß des Tests resultieren kann. Insgesamt bearbeiteten 520 Mitarbeiter eines Flughafens eine umfangreiche Testbatterie; 111 Personen der Stichprobe gehören bezüglich ihrer Hautfarbe einer Minorität an. Als Kriterium dienen Beurteilungen durch den jeweiligen Vorgesetzten. In der Gesamtstichprobe korrelieren neun der 16 Skalen des 16 PF signifikant mit den Vorgesetztenratings, aber entsprechend den Vermutungen der Autoren zeigen sich in der Minoritätengruppe zum Teil deutlich abweichende Befunde. Die Autoren plädieren dafür, sich stärker um den Nachweis differentieller Validitäten für bestimmte Subpopulationen zu bemühen.

Murdy, Sells, Gavin und Toole (1973) können die Prognosekraft einiger Skalen des 16 PF belegen. Die Autoren erheben eine größere Anzahl von Kriterien, wobei der 16 PF jedoch lediglich mit einem korreliert, der sogenannten „Infraction Information". In dieses Kriterium gehen Vorschriftsverletzungen von Stewardessen und Beschwerden über deren Verhalten seitens der Passagiere ein. Eine Bewertung dieses Zusammenhangs ist jedoch diffizil, da die Autoren keine konkreten Ergebniswerte und Signifikanztests angeben, sondern nur sehr allgemein über ihre Befunde berichten.

Eine andere Berufsgruppe wurde von Schuerger, Kochevar und Reinwald (1982) untersucht. Die Verfasser korrelieren die Leistungsbeurteilungen von Mitarbeitern im Strafvollzug mit den 16 PF-Ergebnissen und finden bei einigen Skalen signifikante Korrelationen. Zusätzlich vergleichen sie die Profile von Mitarbeitern im Strafvollzug mit mittleren Profilen von Polizisten, Schlossern, Ingenieuren und Sozialarbeitern und identifizieren auch hier eine Reihe systematischer Differenzen.

Mit der Methode der Profilvergleiche arbeiten ebenfalls Ghosh und Manerikar (1971). Sie vergleichen die Werte indischer Bankmanager mit denen von Führungskräften im Personalbereich. Einige Dimensionen unterscheiden sich in diesen beiden Populationen signifikant. Der Ausbildungserfolg 123 weiblicher Piloten dient als Kriterium in einer Studie von Ferris, Bergin und Gilmore (1986). Die Autoren berichten über einen (allerdings korrigierten) multiplen Korrelationskoeffizienten von .46 mit der Ausbildungsleistung.

Austin und Murray (1993) vergleichen die 16 PF-Profile von 178 Mitarbeitern eines Unternehmens mit den Profilen von 100 Personen, die von diesem Unternehmen entlassen worden waren. Kürzlich entlassene Mitarbeiter zeichnen sich zum Beispiel durch höhere Unabhängigkeit und geringere Sensibilität aus. Die Autoren empfehlen, diese Aspekte bei der Beratung von Arbeitslosen zu berücksichtigen.

In einer der wenigen deutschsprachigen Untersuchungen zum Verfahren, die auf anwendungsbezogene Fragen im Kontext der Wirtschaft eingehen, vergleicht Kuipers (1991) die Profile von 85 Unternehmensgründern mit den mittleren Normwerten und findet bei einigen Skalen deutliche Abweichungen vom Populationsdurchschnitt. Auch offenbaren sich Unterschiede zwischen erfolgreichen Gründern und solchen, die ihre Unternehmungen innerhalb der ersten fünf Jahre wieder aufgeben mußten. Allerdings ist bei dieser Untersuchung kritisch anzumerken, daß die Darstellung der Ergebnisse rein deskriptiv erfolgte und keinerlei statistische Absicherung der berichteten Unterschiede dokumentiert wird.

Während die deutsche Version des 16 PF keine Skala zur Erfassung von Effekten der sozialen Erwünschtheit oder Verfälschungstendenzen enthält, ist in einigen der englischsprachigen Versionen eine solche integriert worden. Mit bestimmten Korrekturformeln sollen sich die Testergebnisse so um verzerrende Tendenzen korrigieren lassen (zur Problematik eines derartigen Vorgehens siehe Kap. 4.3.5.1). Christiansen et al. (1994) untersuchen den Effekt dieser Korrektur auf die Validität des 16 PF und auf gegebenenfalls abgeleitete Einstellungsempfehlungen. Sie können nachweisen, daß die Validität – abermals gemessen an Vorgesetztenbeurteilungen – von einer Korrektur um Effekte sozialer Erwünschtheit praktisch nicht berührt wird. Ein weitaus problematischer erscheinender Aspekt des Einsatzes von Korrekturformeln offenbart sich in der Beobachtung, daß die korrigierten Ergebniswerte zu anderen Einstellungsempfehlungen führen als die unkorrigierten. Aufgrund nicht nachgewiesener negativer Effekte auf die Validität raten die Autoren darum dringend von einer Korrektur der Werte bei Eignungsfeststellungen ab.

Erwähnenswert, weil eher selten Gegenstand wissenschaftlicher Betrachtung, erscheint schließlich eine Studie von Britt (1983). In dieser Untersuchung werden bei 111 Missionaren Persönlichkeitsvariablen und biographische Daten mit dem missionarischen Erfolg bei Auslandseinsätzen korreliert. In der multiplen Regressionsgleichung tragen die beiden Skalen „Undisciplined vs. Controlled" und „Forthright vs. Astute" signifikant zur Erhöhung des multiplen Korrelationskoeffizienten bei. Als Kriterium dient eine Erfolgsbeurteilung durch Direktoren der Institution auf den vier Dimensionen „personal maturity", „emotional maturity", „social maturity" und „spiritual maturity". Dabei zeigte sich, daß die als erfolgreich eingeschätzten Missionare sich als stärker „astute" (scharfsinnig) im Sinne ausgeprägterer Selbstreflektion sowie eher „controlled" im Sinne eines ausgewogenen Umgangs mit Unsicherheit beschreiben.

5.1.7.2 Sonstige Arbeiten zum 16 PF

Bernardin (1977) untersucht die Zusammenhänge von Absentismus und Kündigung mit Persönlichkeitsvariablen. Zwei Skalen des 16 PF, die Primärfaktoren G (Conscientiousness) und Q4 (Anxiety), korrelieren signifikant mit beiden Maßen. Bei einer ähnlichen Fragestellung, nämlich der Vorhersage von Absentismus bei Lehrern an öffentlichen Schulen, finden Ferris, Bergin und Wayne (1988) signifikante Zusammenhänge zwischen dem Absentismus und den Skalen „Ability to control anxiety" und „Independence".

In Deutschland sehr wenig gebräuchlich ist das sogenannte „Honesty-testing", das vor allem in den Vereinigten Staaten von vielen Unternehmen durchgeführt wird. Ziel ist es, mit Paper/Pencil-Verfahren bei der Einstellung vorhersagen zu können, ob sich der getestete Mitarbeiter später ehrlich verhalten wird. Die „honesty-tests" enthalten beispielsweise Fragen bezüglich der Einstellungen zu Recht und Bestrafung. Kochkin (1987) findet, daß einige Skalen des 16 PF substantiell mit einem in Amerika sehr gebräuchlichen „honesty-test" korrelieren.

Abschließend soll eine Untersuchung aus dem Bereich der Geschlechtsrollenforschung dargestellt werden. Lemkau (1983) vergleicht die Profile des 16 PF von Frauen, die in einem stark männerdominierten beziehungsweise einem dem Geschlechtsrollenstereotyp konformen Beruf tätig sind. Unterschiede zwischen diesen Frauengruppen können auf den folgenden Dimensionen nachgewiesen werden: A (Reserved vs. Outgoing), B (Dull vs. Bright), E (Humble vs. Assertive), I (Tough vs. Tender-Minded) und L (Trusting vs. Suspicious). Die Richtung der Unterschiede entspricht der Erwartung der Autorin, daß sich Frauen in männlich dominierten Settings durch größere Robustheit und höhere Selbstbehauptung auszeichnen.

5.1.8 Zusammenfassende Einschätzung

Die große Bandbreite der Untersuchungen zum 16 PF im amerikanischen Raum und der Mangel an anwendungsbezogenen Studien in Deutschland lassen eine abschließende Einschätzung des Verfahrens nicht in eindeutiger Weise zu. Bezüglich des Erreichens von sozialer Validität bringt der 16 PF ein erfolgversprechendes Potential mit, denn im Gegensatz zu den englischen Versionen sind die Items der deutschen Übersetzung auch für Bewerbungssituationen sozial akzeptabel. Inwieweit die zuvor angeführten methodischen Mängel der deutschen Übersetzung die Nützlichkeit des Verfahrens für praktisch-diagnostische Aufgabenstellungen tatsächlich in Frage stellen, ist strittig.

Die diesbezüglichen Erfahrungen der Autoren dieses Buches sind grundsätzlich positiv. Das Ergebnisprofil ist recht gut kommunizierbar (trotz der bisweilen etwas „holprigen" Gegensatzpaare) und meist kann bei der Interpretation der Ergebnisse mit den Testkandidaten Übereinstimmung erzielt werden. Eine gleichzeitige Vorlage des NEO-

FFI führt auf den entsprechenden Skalen meist zu ähnlichen Ergebnissen. Kritisch ist anzumerken, daß die Operationalisierungen einiger Skalen wenig facettenreich sind. So wird etwa die Dimension „Sachorientierung vs. Kontaktfreude" fast ausschließlich über berufliche Interessenspräferenzen operationalisiert („Wenn ich wählen könnte, wäre ich lieber a) Förster, b) unsicher, c) Lehrer"). Hier ließe sich eine repräsentativere Zusammenstellung von Items für die im Vergleich breit angelegte Dimension vorstellen.

Ein bedeutsames Problem des 16 PF bleibt jedoch die bislang vernachlässigte Validierung der deutschen Version in Hinblick auf berufseignungsdiagnostische Fragestellungen. So läßt sich die generell positive Einschätzung des praktischen Nutzens – die freilich vor allem auf persönlicher Erfahrung mit dem Instrument beruht – bisher nicht durch wissenschaftliche Befunde erhärten. Möglicherweise schafft hier die Ende 1998 erschienene revidierte Fassung des 16 PF-R (Schneewind & Graf, 1998) Abhilfe. Diese revidierte deutsche Fassung basiert nunmehr auf der englischsprachigen fünften Auflage. Für den 16 PF-R sind – so die Auskünfte des Verlages; ein Exemplar lag den Verfassern bei Abfassung dieses Textes noch nicht vor – leichte Umbenennungen einzelner Dimensionen erfolgt. Diese wurden offenbar an den zeitgemäßen Sprachgebrauch angepaßt (z. B. anstatt „Kontaktorientierung" nunmehr „soziale Kompetenz"). Zudem wurde die in englischsprachigen Versionen übliche Skala zur Überprüfung von Antworttendenzen einbezogen. Darüber hinaus sind Items neu formuliert sowie eine neue Normierung vorgenommen worden.

5.2 Das NEO-Fünf-Faktoren-Inventar (NEO-FFI)

Das NEO-Fünf-Faktoren-Inventar (Borkenau & Ostendorf, 1993) ist ein lediglich vergleichsweise kurzer Persönlichkeitsfragebogen mit 60 Items, der die neuere Befundlage faktorenanalytischer Eigenschaftsforschung integrieren soll. In den letzten Jahrzehnten wurde eine zunehmende Anzahl an Belegen dafür gefunden, daß sich ein Großteil der Varianz verschiedener Persönlichkeitstests oder Erhebungen des Fremdbildes auf fünf relativ robusten Faktoren abbilden läßt. Durch das hohe Abstraktionsniveau der Faktoren geriet das Instrument zwar recht „grob", aber umfassend – es kann als Messung mit einer hohen Bandbreite durchgeführt werden:

„Daraus ergeben sich wichtige Folgerungen bezüglich der Anwendungsbereiche von Instrumenten wie des NEO-FFI, welche auf dem Fünf-Faktoren-Modell basieren: Solche Meßinstrumente sollten insbesondere dann eingesetzt werden, wenn weniger an spezifischen Persönlichkeitskonstrukten Interesse besteht als vielmehr an einer groben, aber vollständigen Erfassung der Bereiche individueller Unterschiede, welche in Selbst- und Bekanntenurteilen unterschieden werden. Daran dürfte einerseits im Kontext zahlreicher Forschungsprojekte Interesse bestehen, in denen ohne spezielles Interesse an einzelnen Konstrukten Persönlichkeitsvariablen allgemein untersucht werden. Andererseits dürfte im Rahmen der angewandten Diagnostik häufig Interesse an Breitbandverfahren bestehen, welche einen groben, aber vollständigen Überblick über die Ausprägung der Kandidaten auf den wichtigsten Dimensionen individueller Persönlichkeitsunterschiede eröffnen. Auch als ein solches Breitbandverfahren eignet sich das NEO-FFI." (Borkenau & Ostendorf, 1993, S. 8)

Die Abkürzung „NEO" steht für die drei ursprünglichen Dimensionen der amerikanischen Version, namentlich Neurotizismus (oder auch: Emotionale Stabilität), Extraversion sowie Offenheit für Erfahrung. Die Bezeichnungen der weiteren, dem Fünf-Faktoren-Modell zugehörigen Dimensionen (in der deutschen Version Gewissenhaftigkeit und Verträglichkeit) sind im Titel des Fragebogens nicht repräsentiert. Durch breit angelegte Forschungsbemühungen hat sich das Fünf-Faktoren-Modell mittlerweile einen festen Platz in der Organisationspsychologie gesichert (vgl. hierzu etwa Holland, 1996; Weinert, 1998)

5.2.1 Theoretischer Hintergrund

Der theoretische Hintergrund des NEO-FFI geht – vergleichbar dem 16 PF – auf den psycho-lexikalischen Ansatz zurück (vgl. Kap. 2.2). Zahlreiche, in der Forschungstradition Cattells stehende Autoren haben nach den sprachlich repräsentierten Eigenschaften gesucht, mit denen sich die Unterschiede zwischen Personen hinreichend genau beschreiben lassen. Eysenck wählte hierzu ein Modell mit nur drei Faktoren, Cattell identifizierte zunächst 12 Faktoren, ergänzte seinen Fragebogen im folgenden jedoch um weitere vier Skalen. Bei einer Reanalyse der Daten Cattells wurde demgegenüber schon relativ frühzeitig eine Lösung mit fünf Faktoren vorgeschlagen (Tupes & Christal, 1958, zitiert nach Borkenau & Ostendorf, 1993, S. 6). Auch in anderen frühen faktorenanalytischen Arbeiten zeichnete sich eine derartige Lösung als angemessen ab, um Daten aus unterschiedlichen Quellen zusammenzufassen (Fiske, 1949; Norman, 1963b).

Auch wenn Cattell und andere faktorenanalytisch operierende Persönlichkeitspsychologen an ihren Modellen festhielten, wurden zunehmend mehr Befunde publiziert, die untermauern, daß diese fünf Faktoren im Vergleich weitaus weniger von den jeweiligen Stichproben abhängig sind. Diese Replizierbarkeit gilt auch für relativ ungleiche Stichproben. Die Ergebnisse sind ferner weitgehend unabhängig von der Art der Beobachter, den Instrumenten, den Methoden der Faktorenrotation und -extraktion und sogar dem Kulturraum (für eine Literaturübersicht über diese Befunde siehe Digman, 1990; John, Angleitner & Ostendorf, 1988; McCrae & John, 1992; Ostendorf, 1990 und Wiggins & Pincus, 1992). Diese Befundlage hat zwei wesentliche Vertreter des Fünf-Faktoren-Modells zu einer optimistischen Einschätzung der Gründe für die Replizierbarkeit der Fünf-Faktoren-Lösung angeregt:

> „We believe it is simply an empirical fact, like the fact that there are seven continents on earth or eight American presidents from Virginia, Biologists recognize eight classes of vertebrates (mammals, birds, reptiles, amphibians, and four classes of fishes, one extinct), and the theory of evolution helps to explain the development of these classes." (Costa & McCrae, 1992, S. 194)

5.2.2 Kontroverses zum Hintergrund des Verfahrens

Obgleich erstaunlich viele Befunde zur Robustheit des Fünf-Faktoren-Modells vorliegen, ist auch dieser Ansatz nicht ohne Kritik geblieben. Sie bezieht sich zum einen auf die methodische Entwicklung des Modells, zum anderen auf die mit der Breite der Faktoren verknüpfte Validitätsproblematik. Die Faktorenanalyse ist als deskriptives Verfahren kaum zur Prüfung von Hypothesen geeignet und beinhaltet verschiedene Arbeitsschritte, die eine ausschließlich subjektiv – und nicht empirisch – begründbare Entscheidung des Forschers erfordern. Die teils frappierenden Unterschiede in den Ergebnissen mehrerer Faktorenanalysen über identisches Datenmaterial finden ihre wesentliche Ursache in diesen subjektiven Entscheidungsprozessen. So hat bereits Banks (1948) in einer Reanalyse der Daten von Cattell die gefundene Faktorstruktur nicht wiederholen können. Es sollte jedoch berücksichtigt werden, daß eine Faktorenanalyse zu dieser Zeit ein ausgesprochen aufwendiges Unterfangen war; leistungsfähige EDV-Anlagen standen erst wesentlich später zur Verfügung. Gemeinsam mit dem Konsens über die Angemessenheit des Fünf-Faktoren-Modells hat sich aber ebenso eine Übereinkunft über die replizierbare Anwendung von Faktorenanalysen gebildet:

> „However, their (gemeint sind die Vertreter des Fünf-Faktoren-Modells, Anm. d. Verf.) claim that there may well be five factors, which are probably identifiable in the systems of Eysenck, Cattell and Comrey, is hardly convincing, as it stands: the new agreement seems no less arbitrary than the previous disagreements. This is because the authors have failed to indicate that different results were attributable to poor factor analytic methodology and that now there is agreement how replicable factor analyses may be obtained." (Kline, 1993, S. 304)

Ein zweiter Aspekt der Kritik bezieht sich auf die Schwierigkeiten des Validitätsnachweises im Rahmen des Fünf-Faktoren-Modells. Wie in Kapitel 3.1.1 beschrieben wurde, ist die Aussicht auf hohe Korrelationen mit externen Vergleichsmaßen gering, wenn die Prädiktoren auf einem sehr hohen Abstraktionsniveau, die Kriterien jedoch anhand möglichst konkreter Tatbestände gemessen werden. Sarges (1995a) erwartet diesbezüglich, daß gerade für den Bereich der Managementdiagnostik spezifisch für diesen Anwendungsfall zugeschnittene Subkonstrukte deutlich bessere Vorhersagevaliditäten erbringen dürften als die basalen Faktoren des „Big-Five". Mershon und Gorsuch (1988) überprüfen diese Vorhersage empirisch, indem sie eine Reihe von Validitätsstudien hinsichtlich einer Steigerung der Validität durch Hinzuziehung einer größeren Anzahl von prädiktiven Faktoren untersuchen. Tatsächlich offenbart sich bei einer größeren Faktorenanzahl eine bessere Vorhersage externer Kriterien, was die Autoren zu folgendem Schluß veranlaßt:

> „We concluded that the 5- to 8-factor position has limited usefulness; use of more factors is strongly supported." (Mershon & Gorsuch, 1988, S. 675)

5.2.3 Die Entwicklung des Verfahrens

Um auch dem deutschsprachigen Raum ein Verfahren zugänglich zu machen, das die Dimensionen des Big-Five-Modells umfaßt, wurde zunächst die amerikanische Version des NEO-Personality Inventory (NEO-PI, Costa & McCrae, 1985) mit 248 Items übersetzt (Borkenau & Ostendorf, 1989b). Der NEO-PI erhebt bei drei der fünf Faktoren zusätzlich jeweils sechs Subskalen, woraus sich die im Vergleich zum NEO-FFI hohe Anzahl der Items erklärt. Die Übersetzung des NEO-PI war eher durch ein Bemühen um inhaltliche Äquivalenz als um wortgetreue Wiedergabe geprägt. Die deutsche Fassung wurde von einer zweisprachigen Person in die englische Sprache zurückübersetzt und im Anschluß von den Autoren der Originalversion überprüft, um einen vergleichbaren Bedeutungsgehalt der Items sicherzustellen. Da sich die Subskalen nicht replizieren ließen (Borkenau & Ostendorf, 1991), entschlossen sich die Autoren zunächst zur Entwicklung einer deutschen Kurzform des NEO-PI, welche die Subskalen aussparte. Alle Items dieser Fassung, des sogenannten NEO-FFI, sind ebenfalls in der Übersetzung des NEO-PI enthalten. Es mußten daher die 60 Items des Fragebogens lediglich gesondert analysiert werden; eine neuerliche Datenerhebung oder Übersetzung des amerikanischen NEO-FFI war nicht erforderlich. Auf Basis einer Stichprobe von 300 Personen ergaben sich zufriedenstellende interne Konsistenzen der Skalen; eine Faktorenanalyse auf Itemebene ergab, daß 58 der 60 Items ihre höchste Korrelation mit dem Faktor aufwiesen, zu dem sie inhaltlich gruppiert worden waren.

Zum Zeitpunkt der Manualerstellung lagen den Autoren Daten von insgesamt 2112 Teilnehmern vor. Eine Faktorenanalyse förderte sieben Faktoren mit einem Eigenwert >1 zutage, jedoch zeigte sich ein deutlicher Eigenwertabfall vom fünften zum sechsten Faktor. Die Korrespondenz zur amerikanischen Version blieb somit vollständig erhalten. Borkenau und Ostendorf überprüften weiterhin, ob sich ihre Faktorstruktur auch in den einzelnen Teilstichproben wiederfindet und berichteten eine sehr hohe Konsistenz der Faktorlösung. 300 Teilnehmer bearbeiteten neben dem NEO-FFI weitere Persönlichkeitstests. Über die insgesamt 30 vorliegenden Skalen wurde eine Hauptkomponentenanalyse gerechnet, und auch hier erschien die Lösung mit fünf Faktoren zur Abbildung der Varianz der verwandten Verfahren als angemessen.

5.2.4 Skalen und Interpretationshinweise

Die Dimensionen des NEO-FFI werden in der folgenden Tabelle dargestellt, die kurzen Skalencharakterisierungen wurden dem Testmanual entnommen. Jede Skala umfaßt zwölf Items, bezüglich der Zuordnung sei auf das Manual verwiesen.

Neben der Kurzbeschreibung werden zu allen Skalen ausführlichere Interpretationshilfen gegeben. Beispielhaft seien hier die Hinweise zur Skala „Offenheit für Erfahrung" wiedergegeben:

> „Die Skala erfaßt das Interesse an und das Ausmaß der Beschäftigung mit neuen Erfahrungen, Erlebnissen und Eindrücken. Personen mit hohen Punktwerten geben häufig an, daß sie ein reges Phantasieleben besitzen, ihre eigenen Gefühle, positive wie negative, akzentuiert wahrnehmen und an vielen persönlichen und öffentlichen Vorgängen interessiert sind. Sie beschreiben sich als wißbegierig, intellektuell, phantasievoll, experimentierfreudig, und künstlerisch interessiert. Sie sind eher bereit, bestehende Normen kritisch zu hinterfragen und auf neuartige soziale, ethische und politische Wertvorstellungen einzugehen. Sie sind unabhängig in ihrem Urteil, verhalten sich häufig unkonventionell, erproben neue Handlungsweisen und bevorzugen Abwechslung. Personen mit niedrigen Punktwerten neigen demgegenüber eher zu konventionellem Verhalten und zu konservativen Einstellungen. Sie ziehen Bekanntes und Bewährtes dem Neuen vor, und ihre emotionalen Reaktionen sind eher gedämpft." (Borkenau & Ostendorf, 1993, S. 28)

Tabelle 17: Die Skalen des NEO-FFI (Borkenau & Ostendorf, 1993, S. 5)

Skala	Beschreibung
Neurotizismus	Personen mit hohen Werten in Neurotizismus neigen dazu, nervös, ängstlich, traurig, unsicher und verlegen zu sein und sich Sorgen um ihre Gesundheit zu machen. Sie neigen zu unrealistischen Ideen und sind weniger in der Lage, ihre Bedürfnisse zu kontrollieren und auf Streßsituationen angemessen zu reagieren.
Extraversion	Probanden mit hohen Werten in Extraversion sind gesellig, aktiv, gesprächig, personenorientiert, herzlich, optimistisch und heiter. Sie mögen Anregungen und Aufregungen.
Offenheit für Erfahrung	Probanden mit hohen Werten bezüglich Offenheit für Erfahrung zeichnen sich durch eine hohe Wertschätzung für neue Erfahrungen aus, bevorzugen Abwechslung, sind wißbegierig, kreativ, phantasievoll und unabhängig in ihrem Urteil. Sie haben vielfältige kulturelle Interessen und interessieren sich für öffentliche Ereignisse.
Verträglichkeit	Probanden mit hohen Werten in der Skala Verträglichkeit (Agreeableness) sind altruistisch, mitfühlend, verständnisvoll und wohlwollend. Sie neigen zu zwischenmenschlichem Vertrauen, zur Kooperativität, zur Nachgiebigkeit, und sie haben ein starkes Harmoniebedürfnis.
Gewissenhaftigkeit	Die Skala Gewissenhaftigkeit schließlich unterscheidet ordentliche, zuverlässige, hart arbeitende, disziplinäre, pünktliche, penible, ehrgeizige und systematische von nachlässigen und gleichgültigen Personen.

5.2.5 Normen und Gütekriterien

Bisher wurden von den Autoren keine Normen publiziert, da zwar eine große, jedoch nicht repräsentative Stichprobe vorliegt. Auch auf die Angabe von Standardwerten und Prozenträngen wurde aus gleichem Grund verzichtet. Möchte ein Testanwender dennoch mit Prozenträngen arbeiten, ist eine Berechnung auf Basis der im Manual enthaltenen Mittelwerte und Standardabweichungen möglich. Borkenau und Ostendorf empfehlen aber, von dieser Option nur mit entsprechender Vorsicht und bei zurückhaltender Interpretation Gebrauch zu machen.

Die Reliabilität des NEO-FFI wird mittels Cronbach's alpha ausgewiesen, die hohen internen Konsistenzen der Skalen sind unter Berücksichtigung der geringen Itemanzahl je Skala bemerkenswert. Die Berechnung der Retest-Reliabilität basiert auf einer Teilstichprobe von 146 Personen, die den Fragebogen nach Ablauf von zwei Jahren erneut bearbeiteten (vgl. Tab. 18).

Als Beleg der Konstruktvalidität liegen neben den Testwerten Selbsteinschätzungen und Bekanntenratings von 300 Teilnehmern auf siebenstufigen Adjektivskalen vor (vgl.

Tabelle 18: Die Reliabilitäten des NEO-FFI (vgl. Borkenau & Ostendorf, 1993, S. 13)

Skala	Cronbach's alpha (N = 2112)	Retest-Korrelation nach 2 Jahren
Neurotizismus	.85	.80
Extraversion	.80	.81
Offenheit für Erfahrung	.71	.76
Verträglichkeit	.71	.65
Gewissenhaftigkeit	.85	.81

Borkenau & Ostendorf, 1993, S. 21). Die Korrelationen der Werte des NEO-FFI mit den Bekanntenratings streuen zwischen .27 und .45 – da die Einschätzungen jedoch durch den Teilnehmern nicht intensiv vertraute Personen vorgenommen wurden, kann ein die Validität verringernder Einfluß von Seiten des Kriteriums vermutet werden. Bei einer postalischen Befragung näherer Bekannter von 116 Testteilnehmern lagen die konvergenten Validitäten auf deutlich höherem Niveau, die Koeffizienten streuen zwischen .43 und .61. Allerdings war bei dieser Untersuchung (aufgrund der postalischen Befragung) die Unabhängigkeit von Selbst- und Fremdeinschätzung nicht sichergestellt, so daß die Validitäten möglicherweise überschätzt wurden.

Zur Kriterienvalidierung haben die Autoren bisher keine Studien vorgelegt, diese werden von ihnen auch als weniger relevant eingeschätzt. Die Aufgabe des NEO-FFI sehen sie vielmehr in „der Erfassung faktorenanalytisch gewonnener Konstrukte und nicht in der Vorhersage spezifischer Kriterien" (Borkenau & Ostendorf, 1993, S. 21).

5.2.6 Testdurchführung und -auswertung

Die Testdurchführung ist sehr zeitökonomisch und unkompliziert. Die Bearbeitungsdauer beträgt laut Handanweisung nur etwa zehn Minuten (bei 60 Items), auch die Auswertung mittels einer Schablone ist in wenigen Minuten möglich. Es existiert kein gesondertes Antwortblatt; der Testkandidat trifft seine Einschätzungen im Fragebogen selbst, wozu ihm zu jeder Aussage eine fünffach abgestufte Skala zur Verfügung steht. Die Auswertungsergebnisse werden anschließend in einer auf dem Fragebogen positionierten Tabelle eingetragen.

5.2.7 Ausgewählte Befunde zur Leistungsfähigkeit

Ein Großteil der Befunde zum Fünf-Faktoren-Modell haben nicht den NEO-FFI selbst einbezogen, sondern die fünf Dimensionen aus anderen Instrumenten abgeleitet. Insofern belegen viele dieser Studien eher die Validität des Modells als diejenige eines spezifischen Tests. Hierzu zählen insbesondere die beiden in Kapitel 4.4.1 ausführlich dargestellten Metaanalysen von Barrick und Mount (1991) und Tett et al. (1991). Die Autoren des deutschen NEO-FFI betrachten aber auch diese Befunde als Beitrag zur Validierung des NEO-FFI (Borkenau & Ostendorf, 1993, S. 22). Allerdings weist eine Untersuchung von Schmit und Ryan (1993) darauf hin, daß die Faktorstruktur des NEO-FFI in *einer* Population von Bewerbern nicht der Faktorstruktur in *anderen* Stichproben entsprechen muß. Die Autoren fanden, daß im Gegensatz zu einer Erhebung unter Studierenden in einer Stichprobe von 293 Bewerbern eine sechs-Faktoren-Lösung angemessener erschien. Zu einem vergleichbaren Ergebnis (bessere Angemessenheit einer 6-Faktoren-Lösung) kommen Cellar, Miller, Doverspike und Klawsky (1996) in einer Untersuchung mit 423 in Ausbildung befindlichen Flugbegleitern. Unter der Maßgabe des großen Anteils der nur vom Modell her übertragbaren Untersuchungen sind daher weitere Studien angezeigt, die explizit auf die Konstruktvalidität des NEO-FFI abzielen.

Validitätsstudien aus dem wirtschaftspsychologischen Kontext sind den Verfassern dieses Bandes nicht bekannt, zum NEO-PI liegen jedoch einige Untersuchungen vor. So korrelierten Piedmont und Weinstein (1994) die NEO-PI-Werte von 211 Arbeitnehmern verschiedenster Tätigkeitsbereiche mit den Leistungsbeurteilungen durch ihre Vorgesetzten. Der überwiegende Anteil signifikanter Koeffizienten liegt um .20, die höchste Korrelation (r =.29) besteht zwischen der Testdimension „Conscientiousness" (Gewissenhaftigkeit) und der Beurteilungsdimension „Task Orientation" (Aufgabenorientierung). Auch in dieser Studie erweist sich die Dimension Gewissenhaftigkeit als der beste Prädiktor für alle Vorgesetztenratings; die diesbezüglichen metaanalytischen Befunde erfahren somit eine Bestätigung.

Rosse, Miller und Stecher (1994) fanden heraus, daß die Akzeptanz des NEO-PI bei Bewerbern dann am höchsten ist, wenn zusätzlich auch ein kognitiver Leistungstest bearbeitet wurde. In dieser Kombination wurde die diagnostische Situation durch die Bewerber ebenso positiv eingeschätzt wie bei ausschließlichem Einsatz eines Interviews. Wird der Persönlichkeitstest hingegen lediglich mit einem Interview kombiniert, ist die Einschätzung durch die Bewerber weniger positiv. Die Autoren empfehlen daher, in Bewerbungssituationen Persönlichkeitsfragebogen immer mit Leistungstests zu kombinieren.

Blickle (1995) setzte den NEO-FFI ein, um den Zusammenhang zwischen Berufsorientierungen, Motiven und Persönlichkeitsstruktur zu untersuchen. Mit Hilfe dieser Prädiktoren gelang es ihm, zwischen 6% und 33% der Varianz der drei Berufsorientierungen „Karriereorientierung", „Freizeitorientierung" und „Alternative Orientierung" aufzuklären.

Eine Studie, die erneut auf die allgemeine Validität des Big-Five-Modells abzielt, führten Dunn, Mount, Barrick und Ones (1995) durch. Die Autoren legten verschiedenen Personalverantwortlichen Beschreibungen über 39 hypothetische Bewerber vor, die mittels der fünf Persönlichkeitsfaktoren und des Faktors allgemeine Intelligenz konstruiert worden waren. Sie baten die Personalverantwortlichen um eine Einschätzung darüber, welche Bewerber eingestellt werden könnten und von welchen Bewerbern sie eher kontraproduktives Verhalten erwarten würden. Die Einschätzung der „Hirability" („Einstellbarkeit") ließ sich am besten durch die beiden Prädiktoren Gewissenhaftigkeit und allgemeine Intelligenz vorhersagen, „Counterproductivity" („Kontraproduktivität" im Falle der Einstellung) wurde vor allem bei Bewerbern mit geringer Gewissenhaftigkeit und geringer Verträglichkeit erwartet. Die Autoren argumentieren, daß Personalverantwortliche bei der Auswahl offenbar – bewußt oder unbewußt – Eigenschaftsbereiche heranziehen, die auch aufgrund der empirischen Befunde zielführend erscheinen. Judge, Martocchio und Thoresen (1997) konnten unter Nutzung der Dimensionen des Fünf-Faktoren-Modells die Hypothese belegen, daß Absentismus mit der Persönlichkeitsstruktur der Beschäftigten zusammenhängt. Sie finden, daß die Dimensionen Extraversion und Gewissenhaftigkeit als Prädiktoren für Absentismus von Nutzen sein können. Neben diesen Befunden existieren einige Überblicksartikel zur Nützlichkeit des Big-Five-Modells für die praktisch-diagnostische Arbeit in der Wirtschaft (z.B. Adler, 1994; Deary & Matthews, 1993; Goldberg, 1994; Organ, 1994).

5.2.8 Zusammenfassende Einschätzung

Der NEO-FFI zeichnet sich vor allem durch das der Entwicklung zugrundeliegende persönlichkeitstheoretische Modell aus, welches in der Psychologie weitgehende Akzeptanz gefunden hat. Insofern ist zu erwarten, daß die Forschungsbemühungen zu diesem Instrument sogar noch zunehmen werden:

> „If this hypothesis (gemeint ist das Fünf-Faktoren Modell, Anm. d. Verf.) is correct – if we have truly discovered the basic dimensions of personality – it marks a turning point for personality psychology. Instead of the interminable disputes among competeting systems that so long paralyzed the field, we could see cooperative research and cumulative findings." (McCrae & John, 1992, S. 177)

Das Instrument ist über die theoretische Fundierung hinaus durch seine Ökonomie und hohe Transparenz auch in der Personalarbeit zweckmäßig einsetzbar. Die Testautoren raten allerdings von einer Anwendung zu Selektionszwecken ab, sie sehen den NEO-FFI eher als nützliche Unterstützung in der beruflichen Beratung. Der problematischste Aspekt des Verfahrens beim Einsatz in der Personalarbeit von Unternehmen liegt im hohen Abstraktionsniveau der fünf Faktoren und der fehlenden Spezifität der Ergebnisse in Hinblick auf berufsbezogene Entscheidungen. Der NEO-FFI erlaubt zwar eine umfassende Beschreibung von Personen, bleibt in den Ergebnissen jedoch zwangsläufig grob und eher unkonkret. Insofern liegt gegebenenfalls eine Kombination mit weiteren Instrumenten nahe, welche die für eine spezielle Fragestellung relevanten Konstrukte erfassen. Der NEO-FFI kann in einer solchen Kombination zum Beispiel als unterstützendes Screening-Instrument betrachtet werden, oder etwa als zusätzliche Absicherung eines spezifischeren Verfahrens auf basaler Ebene dienen. Gerade bei letzterem Einsatzgebiet konnten in der diagnostischen Praxis zufriedenstellende Resultate in Kombination mit dem 16 PF (Schneewind et al., 1994) erzielt werden.

5.3 Der Myers-Briggs Typenindikator (MBTI)

Der Myers-Briggs-Typenindikator (MBTI), der in deutscher Fassung von Bents und Blank (1995 a) vorgelegt wurde, gehört in den Vereinigten Staaten von Amerika zu den im vergangenen Jahrzehnt am stärksten öffentlich beachteten Tests. Hierzu hat vor allem das Buch „*Please understand me*" von Keirsey und Bates (1984) beigetragen, das schon kurz nach seiner Veröffentlichung ein Bestseller wurde und dies bis heute geblieben ist. Es enthält neben einer Einführung in die psychologische Typenlehre C. G. Jungs (1989) auch eine auswertbare Version des MBTI, der diese Typentheorie anwendbar machen soll. Vor der Veröffentlichung des Buches fand der Test in den Vereinigten Staaten zwar schon Verwendung, war jedoch nicht öffentlich zugänglich – die Erlaubnis zur Anwendung im Bereich der öffentlichen Verwaltung etwa setzte ein Zertifikat des „Center of Psychological Type" voraus (Coe, 1992). Intensiv genutzt wurde der MBTI seit 1962 vor allem in Japan, der Anwendungsbereich war allerdings auf die Karriereberatung beschränkt (McCaulley, 1990). Auch in Deutschland wurden sämtliche Items des Verfahrens zu Zwecken der Selbsterkenntnis sogar via Wirtschaftsmagazin öffentlich zugänglich gemacht (vgl. Jung & Schwertfeger, 1998).

Der MBTI ist kein Verfahren, welches speziell für den Einsatz in der Personalarbeit konstruiert wurde – gleichwohl findet er dort sein häufigstes Anwendungsfeld. Als Ursache hierfür ist primär zu sehen, daß der MBTI keine klinisch relevanten Persönlichkeitsaspekte erfaßt. Der von den Verfassern empfohlene Anwendungsschwerpunkt liegt in der Beratung, Unterstützung von Teamentwicklungsmaßnahmen und im Trainingsbereich. Die Auswertungsergebnisse des MBTI sollen in erster Linie den Teilnehmern selbst dienen, die hierdurch ein besseres Verständnis über ihre „individuelle Herangehensweise an die Welt" gewinnen sollen. In diesem Sinne kann der MBTI etwa dazu beitragen, Konflikte in Arbeitsgruppen zu analysieren, die auf unterschiedlichen Wahrnehmungs- und Verhaltensgewohnheiten der Gruppenmitglieder beruhen. Verschiedene Fallstudien weisen auf seine Nützlichkeit in der Organisationsberatung hin (McClure & Werther, 1993), der Einsatz in Auswahlsituationen sollte jedoch nur mit großer Vorsicht erfolgen.

Aufgrund der theoretischen Verankerung des Verfahrens fordern die Testautorinnen, daß vor dem Einsatz eine intensive Auseinandersetzung mit C. G. Jungs Typenlehre erforderlich ist. Stellenweise ist die Verknüpfung des theoretischen Fundamentes mit konkreten Testresultaten recht kompliziert, so zum Beispiel, wenn es um den Einfluß einer Dimension auf die Interpretation der übrigen Bereiche geht. An dieser Stelle kann daher nur eine Einführung gegeben werden, die eine erste Einschätzung des Fragebogens erlauben soll. Weitergehende Informationen über die Grundlagen des Instrumentes enthalten das Testmanual und das Buch „Typisch Mensch" von Bents und Blank (1995b), welches auf sehr anschauliche Weise in die Typentheorie einführt.

5.3.1 Theoretischer Hintergrund

Dem MBTI liegt die Typentheorie des Schweizer Arztes und Psychoanalytikers Carl Gustav Jung zugrunde. Jung erklärte die interindividuellen Unterschiede vor allem dadurch, daß jeder Mensch seine Umwelt in einer für ihn charakteristischen Weise wahrnimmt *(Wahrnehmung)* und aus diesen Wahrnehmungen charakteristische Schlußfolgerungen zieht *(Beurteilung)*. Er ging davon aus, daß diese Präferenzen von Geburt an feststehen. Das Verhalten eines Menschen ist im Sinne dieser Theorie durch seine individuellen Präferenzen, seine spezifische Herangehensweise und Interpretation der Wirklichkeit erklärbar. Eine gesunde psychische Entwicklung hängt demgemäß davon ab, ob diese individuellen Präferenzen im Laufe eines Lebens gefördert und entwickelt werden. Persönlich reife Menschen zeichnen sich nach Jung dadurch aus, daß ein immer effektiverer Umgang mit den eigenen Präferenzen möglich wird und insbesondere die andersgearteten Präferenzen anderer Personen nicht mehr als Bedrohung erlebt werden. Diese skizzenhafte Darstellung verdeutlicht bereits, daß nicht bestimmte Präferenzen prinzipiell als günstiger erachtet werden oder zu einer besseren psychischen Anpassung führen sollen. Entscheidend für psychisches Wohlbefinden und zuträgliche Persönlichkeitsentwicklung ist nach Jung nicht die Veränderung oder Annäherung an spezifische Eigenschaftsausprägungen, sondern vielmehr die *Förderung und Entwicklung* der jeweiligen individuellen Präferenzen.

Katherine Briggs veröffentlichte 1926 eine eigene Klassifikation der Persönlichkeit, ging aber ebenfalls davon aus, daß Menschen sich vor allem durch ihre Zugänge zum Leben unterscheiden. Als sie zufällig auf eine Publikation Jungs stieß, erkannte sie die Parallelen zu ihrer Theorie und beschäftigte sich nun intensiver mit dessen Konzeption. Ein bedeutsames Ereignis im Verlaufe der Forschungsbemühungen, die sie vor allem mit ihrer Tochter Isabel Myers-Briggs vorantrieb, war der Ausbruch des Zweiten Weltkrieges und der Nationalsozialismus in Deutschland (Coe, 1992). Die Forscherinnen kamen zu der Überzeugung, daß zahlreiche Konflikte maßgeblich aus der Unfähigkeit resultieren, Unterschiede zwischen Menschen zu verstehen und mit ihnen umgehen zu können. Die Autorinnen setzten sich die Entwicklung eines Fragebogens zum Ziel, mit dem interindividuelle Differenzen der Wahrnehmung und Beurteilung der Wirklichkeit gemessen werden können. Im Jahre 1941 begannen sie mit der Itemsammlung, nach ausführlichen Testphasen in den 40er und 50er Jahren wurde schließlich 1962 die erste Forschungsversion des Myers-Briggs-Typenindikators vom „Education Testing Service" publiziert (McCaulley, 1990). Erst 1975 wurde das Verfahren vor dem Hintergrund der nunmehr über 30-jährigen Forschungsbemühungen als reif für die praktische Arbeit eingeschätzt und für den Einsatz in der Beratung publiziert. Bis zu ihrem Tode im Jahr 1980 hat Isabel Briggs-Myers an der Weiterentwicklung ihres Instrumentes gearbeitet.

Generell unterscheidet der MBTI in der Beschreibung individueller Unterschiede zwei *Einstellungen* und zwei *Funktionen*. Die erste Einstellung beschreibt, ob der Teilnehmer eher außen- oder innenorientiert ist. Entsprechend der Jungschen Begriffe werden die komplementären Pole dieser Einstellung als Extraversion (Außenorientierung) und Introversion (Innenorientierung) bezeichnet. Die zweite Einstellung bezieht sich auf die Interpretation der Außenwelt; unterschieden wird dabei zwischen einer eher beurteilenden und einer eher wahrnehmenden Herangehensweise. Auf welche Weise das Herangehen an die Außenwelt geschieht, wird durch eben diese beiden Funktionen beschrieben. Die Erste trennt in Hinblick auf die Wahrnehmung zwischen einer sinnlichen („über die Sinne vermittelten", also konkreten) und intuitiven (eher gefühlsmäßigen)

Informationsaufnahme und -verarbeitung. Die zweite Funktion beschreibt die Art der Bewertung, namentlich ob sie – analog zur Wahrnehmung – eher analytisch oder gefühlsmäßig erfolgt. Tabelle 19 stellt die vier Bereiche im Überblick dar (vgl. Bents & Blank, 1995 a). Die Abkürzungen der Präferenzbezeichnungen entsprechen der amerikanischen Version, daher stimmen sie nicht in jedem Fall mit den deutschen Anfangsbuchstaben überein.

Der theoretischen Grundlage des Verfahrens folgend sind die ableitbaren „Typen" jedoch nicht in „Reinform" anzutreffen, sondern in unterschiedlichem Ausmaß in jedem Menschen angelegt. Mit dem MBTI soll erfaßt werden, welche der Einstellungen und Funktionen präferiert werden. Das Prinzip ist dem der Händigkeit ähnlich: Die

Tabelle 19: Die durch den MBTI erfaßten Präferenzen (vgl. Bents & Blank, 1995 a)

Präferenz	Beschreibung
1. Extraversion (E) versus Introversion (I)	In der nach außen orientierten Einstellung werden Beurteilungs- und Wahrnehmungsvorgänge eher an der Außenwelt orientiert (Extraversion). Diese Personen tendieren dazu, ihre Wahrnehmung und Beurteilung vor allem auf Menschen oder Gegenständliches zu richten. Bei nach innen gerichteten Personen werden Impulse vorwiegend aus der eigenen Innenwelt aufgenommen, die Wahrnehmung und Beurteilung richtet sich vor allem auf innere Vorstellungen und Ideen (Introversion).
2. Sinnliche Wahrnehmung (S) versus Intuitive Wahrnehmung (N)	Der sinnlich Wahrnehmende verläßt sich eher auf das, was die fünf Sinne vermitteln, also an konkreten Fakten und Ereignissen direkt wahrgenommen werden kann. Intuitiv Wahrnehmende erfassen demgegenüber in höherem Ausmaß Bedeutungen und Beziehungen, die außerhalb der bewußten Wahrnehmung liegen.
3. Analytische Beurteilung (T) versus Gefühlsmäßige Beurteilung (F)	Der analytisch Beurteilende verläßt sich vorrangig auf eher logische und rationale Überlegungen. Die gefühlsmäßige Beurteilung erfolgt stärker aufgrund persönlicher oder sozialer Wertvorstellungen.
4. Beurteilung (J) versus Wahrnehmung (P)	Diese Präferenz erfaßt, inwieweit Personen auf ihre Außenwelt in beurteilender oder wahrnehmender Weise zugehen. Beurteiler zeichnen sich dadurch aus, daß sie aus ihren Beobachtungen sehr schnell Schlußfolgerungen ziehen und Entscheidungen treffen. Bei wahrnehmender Herangehensweise an die Wirklichkeit wird länger in der Beobachtung verharrt und eine Beurteilung bzw. Entscheidung erfolgt erst deutlich später.

meisten Tätigkeiten können sowohl mit der rechten als auch mit der linken Hand ausgeführt werden, fast durchgängig werden Rechtshänder jedoch die rechte und Linkshänder die linke Hand für bestimmte Tätigkeiten bevorzugt benutzen. Entsprechend der Typentheorie wird für jeden Teilnehmer des MBTI hinsichtlich der vier Präferenzen immer eine eindeutige Zuordnung bestimmt; im Ergebnis liegt demnach eine Präferenz entweder von Introversion oder Extraversion vor. Die in anderen Persönlichkeitsfragebogen anzutreffende graduelle Abstufung der Attribute einer Person existiert hier nicht. Da durch das Instrument vier Dimensionen erfaßt werden, ergeben sich insgesamt 16 verschiedene Typen, die jeweils durch unterschiedliche Kombinationen der Präferenzen entstehen (2 x 2 x 2 x 2 Kombinationsmöglichkeiten). Die Typen werden durch die vier Buchstaben ihrer jeweiligen Präferenzen beschrieben (z. B. „E S T J" für einen auf die Außenwelt orientierten (E), hinsichtlich seiner Wahrnehmung „nüchternen" (S), rational urteilenden (T) und Sachverhalte schnell bewertenden (J) Menschen. Neben dieser generellen Unterteilung können weitere, jedoch für den Teilnehmer weniger kennzeichnende Präferenzen nachrangiger Ordnung abgeleitet werden (für eine detaillierte Übersicht sei auf das Manual des MBTI verwiesen). Auf diese Weise kann ein der geläufigen Profildarstellung von Eigenschaften entsprechender Differenzierungsgrad in der Ergebnisdarstellung erreicht werden.

Die Typentheorie geht ferner davon aus, daß Menschen ihre Fähigkeiten eher bezüglich der *präferierten* Einstellungen und Funktionen entwickeln können. Demnach fällt es einer extravertierten Person leichter, sich mit der Außenwelt effektiv auseinanderzusetzen, während die Beschäftigung mit der Innenwelt, etwa Vorstellungen und Gedanken, nicht in gleicher Weise gelingt. Wer bevorzugt über die fünf Sinne wahrnimmt, ist gegenüber intuitiv Wahrnehmenden versierter im Umgang mit Fakten und objektiven Daten. Vor dem Hintergrund dieser Theorie liegt der Nutzen des Verfahrens, etwa beim Einsatz im Rahmen eines Teamtrainings, in der Verdeutlichung der individuell unterschiedlichen Präferenzen: Aus der Darstellung und Aufklärung über die von den Teammitgliedern jeweils bevorzugten „Stile" soll Verständnis und Akzeptanz für unterschiedliche Vorgehensweisen erwachsen.

5.3.2 Kontroverses zum Hintergrund des Verfahrens

Kaum einem psychologischen Testverfahren liegt eine derart elaborierte Theorie zugrunde wie dem MBTI. Ob diese Typentheorie jedoch auf die heutige psychologische Theorienbildung fruchtbar wirken kann, ist zu bezweifeln. Da sie lediglich 16 Typen zuläßt, bleibt das Ergebnisraster relativ grob. Demgegenüber haben sich in der Psychologie in den letzten Jahren eher diejenigen Konstrukte zur Beschreibung zwischenmenschlicher Unterschiede durchgesetzt, welche eine feinstufige Einschätzung ermöglichen – dabei jedoch teils eine bemerkenswerte Nähe zu den Dimensionen des MBTI aufweisen. In besonderem Maße trifft dies auf die Ähnlichkeit der Introversions-Extraversions-Präferenz zur entsprechenden (kontinuierlichen) Eigenschaft im Rahmen der Eysenckschen Persönlichkeitstheorie oder dem Extraversionsfaktor im Big-Five-Modell zu. Auch die Präferenz für Beurteilung oder Wahrnehmung (J vs. P) hat in der modernen Motivationspsychologie ein zumindest verwandtes Konstrukt: Die

Handlungs- beziehungsweise Lageorientierung (Kuhl & Beckmann, 1994). Handlungsorientierte Personen neigen danach im Anschluß an eine Entscheidung dazu, ihre Handlungstendenzen direkt in konkretes Verhalten umzusetzen. In ähnlicher Weise werden beurteilende Typen beschrieben: „(…) die Person (…) sucht nach Geschlossenheit im Vorgang, plant Handlungsabläufe oder organisiert Aktivitäten" (Bents & Blank, 1995a, S.12). Lageorientierte Personen hingegen beschäftigen sich kognitiv weiterhin mit der gegenwärtigen Situation und setzen dadurch Handlungstendenzen nicht unmittelbar in Verhalten um. Entsprechend suchen – je nach Präferenz entweder sinnlich oder intuitiv – wahrnehmende Menschen verstärkt nach weiteren Informationen. Trotz dieser theoretischen Nähe einzelner Aspekte zu Konstrukten der differentiellen Psychologie spielt die Jungsche Typentheorie in der gegenwärtigen persönlichkeitstheoretischen Diskussion lediglich eine untergeordnete Rolle (vgl. dazu Asendorpf, 1996; Fisseni, 1998).

Gleichwohl sind die Grundlagen der Typentheorie relativ verständlich und die beträchtliche Popularität des MBTI in den Vereinigten Staaten erklärt sich sicherlich auch aus der hohen Plausibilität der Theorie für den Umgang mit Konflikten und Unterschieden zwischen Menschen:

> „Von der Einzigartigkeit eines Menschen zu reden, bleibt zunächst eine vordergründige Aussage. Es stimmt zwar in dem Sinne, daß jeder ein Produkt seiner Erbfaktoren und seiner Umgebung ist, und sich folglich von jedem anderen Menschen unterscheidet. Aber die Behauptung der Einzigartigkeit führt praktisch nicht weiter, wenn es darum geht, diejenigen zu verstehen, mit denen wir täglich zu tun haben und mit denen wir arbeiten bzw. leben. Im alltäglichen Umgang gehen wir meist unbewußt davon aus, daß das Verhalten der anderen sich nach den gleichen Prinzipien richtet wie unser eigenes. Aber eine solche Annahme nützt praktisch nicht viel. Allzu oft denken Menschen anders als wir selbst, sie teilen nicht die gleichen Wertvorstellungen wie wir und haben andere Interessen. Die Theorie, die dem MBTI zugrunde liegt, ermöglicht uns, mit einem spezifisch unterschiedlichen Verhalten von Personen zu rechnen und konstruktiver mit Menschen und ihren Eigenarten umzugehen, als wir es sonst tun könnten. Kurz und bündig: Die Theorie besagt, daß scheinbar zufällige Unterschiede im menschlichen Verhalten eben nicht zufällig sind; sie resultieren vielmehr aus grundlegenden und feststellbaren Präferenzen." (Bents & Blank, 1995a, S. 10)

Aus Anwenderperspektive kann die Typentheorie eine gute Heuristik sein, mit der Konflikte oder ihnen zugrundeliegende verschiedenartige Auffassungen erklärt werden können – vermutlich ist hierin auch der Anwendungsschwerpunkt im Bereich des Trainings und der Teamentwicklung begründet. Als besonders vorteilhaft für den Einsatz in Gruppen, insbesondere hinsichtlich der Akzeptanz des Verfahrens, erweist sich dabei der Verzicht auf jegliche Wertung hinsichtlich der unterschiedlichen Typen. Dies läßt auch die Offenlegung und Diskussion der individuellen Testergebnisse in einer Gruppe relativ unproblematisch erscheinen, während andere Testverfahren eine größere „Überwindung" der Teilnehmer erforderlich machen. Aufgrund der Wertungsfreiheit bei der Ergebnisdarstellung liegt der Nutzen des MBTI vor allem darin, den Teilnehmern eine Modellvorstellung individueller Verhaltensunterschiede zu vermitteln, die etwa in konkreten Konfliktsituationen zur Ursachenklärung und Konsensfindung dienlich sein kann.

5.3.3 Die Entwicklung des Verfahrens

Der erste Schritt bei der Entwicklung des deutschen Verfahrens lag in der Übersetzung der insgesamt 290 Items der englischen Version. Dabei wurde eine möglichst große Nähe zu den Ursprungsitems angestrebt, zugleich aber eine sprachlich-kulturelle Anpassung vorgenommen. Die Testfragen werden im forced-choice-Format vorgegeben (dies bedingt die Auswahl einer von zwei Antwortalternativen, welche jeweils eine spezifische Präferenz repräsentieren), daher war darauf zu achten, daß beide Alternativen gleichwertig sind, und keine Präferenz einer anderen gegenüber als minderwertig oder überlegen betrachtet wird. Den Autoren lag aufgrund des nicht-klinischen Einsatzgebietes vor allem daran, daß die Fragen keine extrem seltenen oder ungewöhnlichen Einstellungen oder Verhaltensweisen beinhalten, sondern eine hohe Meßgenauigkeit im „Mittelfeld" erreicht wird: Gerade dort ist die Unterscheidung der Präferenzen am schwierigsten. Diese Bemühungen sollten dazu führen, daß jeder Testkandidat eine ihm gemäße Alternative wählen kann, ohne dabei inhaltlich durch die Wahlmöglichkeiten irritiert oder gelenkt zu werden: „Die Harmlosigkeit ermuntert zu Offenheit" (Bents & Blank, 1995a, S. 56).

Das forced-choice-Format mag Vorteile hinsichtlich einer geringeren Häufigkeit von „Ja-Sage-Verhalten" oder Effekten sozialer Erwünschtheit bieten – insbesondere dann, wenn die Alternativen tatsächlich gleichermaßen sozial erwünscht sind. Problematisch erscheint hingegen, daß solche Wahlmöglichkeiten entwickelt werden müssen, die sich in psychologischer Hinsicht gegenüberstehen – logisch schließen sie sich in keiner Weise aus. Die Testautoren erklären, daß dies von vielen analytisch beurteilenden Personen als störend empfunden wird. Beispielhaft seien hier drei Items wiedergegeben (Bents & Blank, 1995a):

2. Achten Sie eher A) auf die Gefühle anderer Menschen oder B) auf deren Rechte?
12. Was ist für Sie das größere Kompliment? A) Als Mensch mit echten Gefühlen oder B) als beständiger oder vernünftiger Mensch angesehen zu sein?
20. Ärgern Sie eher A) verrückte Theorien oder B) Leute, die keine Theorien mögen?

Die ursprünglich 290 Items wurden einer Stichprobe von 548 Personen vorgelegt und Itemanalysen anhand der resultierenden Daten durchgeführt. Das Ziel dieses Vorgehens lag in der Auswahl jener Items, die tatsächlich zwischen den beiden Polen einer Präferenzskala differenzieren und gleichzeitig nur mit einer der vier Skalen korrelieren. Nach mehreren Schritten wurden 90 Items ausgewählt, die diese Kriterien möglichst optimal erfüllten. Eine völlige Unabhängigkeit der Skalen konnte jedoch nicht erreicht werden, so daß gewisse Zusammenhänge zwischen den Dimensionen verblieben. Eine Faktorenanalyse mit anschließender Varimax-Rotation ergab jedoch, daß alle Items auf dem zu ihnen gehörigen Faktor die höchste Ladung aufwiesen. Kritisch muß jedoch angemerkt werden, daß durch die vier Faktoren lediglich 21 % der Gesamtvarianz erklärt werden können.

5.3.4 Skalen und Interpretationshinweise

Da der MBTI vor allem für den Einsatz in beratenden Situationen empfohlen wird, haben die Autoren detaillierte Konzepte für die Rückmeldung der Ergebnisse entwickelt. Das Testmanual enthält Gestaltungsvorschläge für die Besprechung der Ergebnisse und sehr umfassende Interpretationshinweise. Den Schwerpunkt des Rückmeldegespräches nehmen die umfangreichen Typenbeschreibungen im Manual ein, die den Teilnehmern vorgelegt werden sollen und sich als Grundlage eines anschließenden Gesprächs anbieten. Das Manual gibt anschließend Hinweise, wie Aspekte der Förderung und Entwicklung abgeleitet und angesprochen werden können. Da die vier Dimensionen bereits zuvor dargestellt wurden, wird an dieser Stelle auf eine weitere Beschreibung verzichtet. Für die Ergebnisrückmeldung sollen ohnehin nicht einzelne Dimensionen, sondern der sich als Kombination daraus ergebende Typ thematisiert werden. Um einen Eindruck von der Interpretation eines solchen Typs zu geben, sei an dieser Stelle beispielhaft die Charakterisierung des ENFP-Typen wiedergegeben. Dieser ist gemäß obiger Tabelle ein außenorientierter (E) und intuitiv wahrnehmender Mensch (N), der Sachverhalte gefühlsmäßig beurteilt (F) und anstelle eines schnellen Urteils eher weitere Informationen sucht (P):

> „Personen mit ENFP-Präferenzen sind begeisterungsfähige, innovative, kreative und für Neues aufgeschlossene Menschen. Sie entdecken immer wieder neue Möglichkeiten, Dinge anders und unkonventionell zu erledigen. Sie sind kreativ und initiativ, wenn es darum geht, neue Projekte zu beginnen. Diese können sie dann auch erfolgreich zum Abschluß bringen. Schwierigkeiten sind für sie Herausforderungen, und kreative Lösungswege lassen sich aus ihrer Sicht ohne weiteres finden. Sie können so mit einem ihrer neuesten Projekte beschäftigt sein, daß sie für nichts anderes mehr Zeit haben. Sie regenerieren sich, indem sie immer wieder einen neuen Anlaß zur Begeisterung finden. Sie sehen ständig neue Projekte am Horizont. Ihre eigene Begeisterung weckt bei anderen Interesse. Sie sehen so viele Projekte, daß es ihnen manchmal schwerfällt, ihre Kraft in solche zu investieren, die die besten Aussichten auf Erfolg haben. Ihr gefühlsmäßiger Eindruck kann ihnen bei der Auswahl von Projekten nützlich sein und gibt ihren intuitiven Einsichten den nötigen Tiefgang. Daß sie subjektiv gefühlsmäßig beurteilen, korrespondiert mit ihrem grundsätzlichen Interesse für andere Menschen. Sie verstehen sich auf den Umgang mit Menschen und haben oft erstaunliche Einsichten in die Entwicklungsmöglichkeiten einer Person. Sie haben eine Antenne für andere in ihrer Umgebung. Ihnen geht es eher um Verstehen als Beurteilen. Sie sind gute Berater, können inspirierende Lehrer sein, besonders wenn sie die Freiheit haben, neue Wege auszuprobieren. Sie können auf fast allen Gebieten erfolgreich sein, für die sie sich interessieren – Kunst, Journalismus, Wissenschaft, Werbung, Verkauf, als Berater oder Autoren, um nur einige Beispiele zu nennen. Mit geistlosen Routinearbeiten tun sie sich schwer. Sie finden die Beschäftigung mit notwendigen Details unerträglich – insofern es Details sind, die nichts mit ihren größeren Interessen zu tun haben. Es kann noch schlimmer kommen: Sie können Interesse an ihren eigenen Projekten verlieren, sobald die größeren Probleme gelöst sind oder die anfängliche Herausforderung ihren Reiz verloren hat. Sie müssen lernen durchzuhalten, sind aber an solchen Arbeitsplätzen am besten und effektivsten, an denen sie ein Projekt nach dem anderen erledigen können und ein anderer es übernehmen kann, sobald es auf dem Weg ist. Weil sich Personen mit einem ENFP-Profil immer gern auf neue Möglichkeiten einlassen, ist es von kritischer Bedeutung, daß sie ihr Urteilsvermögen entwickeln. Wenn es unterentwickelt bleibt, entscheiden sie sich im Nu für ein falsches Projekt, können eine

Sache nicht zum Abschluß bringen und vergeuden ihren Einfallsreichtum mit angefangenen, aber nie zu Ende geführten Aufgaben." (Bents & Blank, 1995a, S. 34)

Man mag einer solchen Persönlichkeitsbeschreibung horoskopartige Formulierungen vorwerfen – in gewissem Maße wird sich jeder Leser darin wiedererkennen können (möglicherweise zum Teil auch gern wollen) und einer solchen Auswertung Beliebigkeit entgegenhalten. Dies ist jedoch fast immer der Fall, wenn mit vorbereiteten und standardisierten Textbausteinen gearbeitet wird – die Individualität einer Person läßt sich natürlich auf diese Weise nicht vollständig abbilden, insbesondere bei nur 16 unterschiedlichen Kombinationsmöglichkeiten. Aber als Gesprächsgrundlage können solche Bausteine trotzdem gute Dienste tun, wenn etwa mit einem Teilnehmer gemeinsam reflektiert wird, für welche der angeführten Charakterisierungen er konkrete Verhaltensbeispiele schildern kann und für welche nicht.

5.3.5 Normen und Gütekriterien

Die Autoren legen verschiedene Gütekriterien ihres Instrumentes vor. Die über Cronbach's alpha geschätzte Reliabilität der vier Dimensionen liegt zwischen .86 und .91 und ist somit als durchaus zufriedenstellend zu bezeichnen. Für die Retest-Reliabilität halten die Autoren die Korrelation der Rohwerte für weniger bedeutsam, vielmehr messen sie einer identischen Typenklassifizierung nach einem bestimmten Zeitintervall eine hohe Bedeutung im Sinne der Zuverlässigkeit und Genauigkeit zu. Zu diesem Zweck bearbeiteten 52 Personen den Test nach einem Zeitraum von 6 Wochen erneut. Vollständige Übereinstimmung (Identität aller vier Buchstaben) konnte in 67,5% der Fälle erreicht werden, bei 25% der Personen bestand immerhin Übereinstimmung bei drei Buchstaben. Über die Test-Wiederholungsreliabilität einer deutschsprachigen Gruppe von Teilnehmern informieren Bents und Wierschke (1996).

Als Beleg für die Konstruktvalidität führen die Autoren vor allem die Verteilung der Typen bei spezifischen Berufen an. Dieses Vorgehen wird wie folgt begründet: Falls tatsächlich ein bestimmter Typ in einem Beruf überrepräsentiert ist, für den er nach der Theorie in besonderer Weise Interesse zeigen sollte, so sei dies ein Beleg für die Konstruktvalidität der Skalen. Im deutschen Sprachraum wurden mit dieser Intention Studenten der Betriebswirtschaft, Führungskräfte, Restaurantleiter und Personalentwickler getestet. Es ergaben sich Typenverteilungen, die tendenziell den Vorhersagen der Theorie entsprachen. Zur weitergehenden Absicherung der Konstruktvalidität wurden die Interkorrelationen mit anderen Persönlichkeitsfragebogen bestimmt, die dies aufgrund inhaltlich ähnlicher Dimensionen zuließen. Dabei zeigten sich einige substantielle Zusammenhänge. In Hinblick auf die externe Validität des Instrumentes können lediglich Untersuchungen angeführt werden, die aus dem anglo-amerikanischen Sprachraum stammen und sich auf die Originalfassung des MBTI beziehen – für den deutschsprachigen Bereich stehen sie noch aus. Zur Normierung sind derzeit Mittelwerte und Standardabweichungen für verschiedene Altersgruppen angegeben; diese charakterisieren allerdings die amerikanische Normstichprobe. Eine Datenbank deutschsprachiger Teilnehmer befindet sich laut Aussage der Autoren derzeit in Entwicklung.

5.3.6 Testdurchführung und -auswertung

Da der MBTI aus nur 90 Fragen besteht, ist eine Bearbeitung in 10–20 Minuten möglich, zur Auswertung (ca. 5–10 Minuten) stehen Schablonen zur Verfügung. Die Rohwerte werden nach der Auszählung in sogenannte korrigierte Werte umgewandelt, womit die unterschiedliche Anzahl von Items pro Skala berücksichtigt wird. Mittels einer einfachen Rechenvorschrift kann anschließend für jede Skala der präferierte Pol ermittelt und somit der Typ festgestellt werden. Eine computergestützte Fassung liegt nicht vor, ebensowenig sind diesbezüglich Entwicklungsbemühungen bekannt.

5.3.7 Ausgewählte Befunde zur Leistungsfähigkeit

Wie erläutert, liegen die Anwendungsschwerpunkte des MBTI im Wirtschaftskontext vor allem im Beratungsbereich, weniger in der Personalplazierung. Dementsprechend betreffen die meisten veröffentlichten Befunde auch diesen Bereich. Im folgenden werden die Belege für die Nützlichkeit des Verfahrens in unterschiedlichen Einsatzbereichen dargestellt.

5.3.7.1 Zur beruflichen Bewährung

Bushe und Gibbs (1990) ließen 64 Teilnehmer eines Kurses für Organisationsentwicklung (dieser Kurs sollte auf Beratertätigkeiten in diesem Feld vorbereiten) den MBTI bearbeiten. Gleichzeitig wurden alle Teilnehmer von je zwei anderen Teilnehmern und von zwei Trainern hinsichtlich ihrer Beratungskompetenz beurteilt; dieses Maß dient als Kriterium. Mit der Trainereinschätzung der Kompetenz korreliert lediglich die Skala sinnliche vs. intuitive Wahrnehmung im Sinne einer höheren Eignungseinschätzung von Personen, die sich als intuitiv wahrnehmend beschreiben.

In einer interkulturellen Vergleichsstudie korrelieren Furnham und Stringfield (1993) die MBTI-Werte von 371 europäischen und chinesischen Führungskräften mit verschiedenen Vorgesetztenbeurteilungen. Sie finden keine bedeutsamen Zusammenhänge der Testergebnisse mit den Beurteilungsmaßen. Allerdings ergeben sich in allen vier Dimensionen auf Rohwertbasis signifikante Unterschiede zwischen den europäischen und chinesischen Führungskräften: Verglichen mit den chinesischen Managern tendieren die europäischen Entscheidungsträger stärker zu Extraversion, zu intuitiver Wahrnehmung, gefühlsmäßiger Beurteilung und weisen eher eine Präferenz hinsichtlich weiterer Informationsaufnahme denn schneller Beurteilung auf. Wenn allerdings die vorgesehene Dichotomisierung vorgenommen wurde und die Beschreibung nur noch durch den Typ erfolgt, verschwinden diese Unterschiede bis auf die erstgenannte Differenz bezüglich Intro- vs. Extraversion.

In einer recht interessanten Untersuchung erheben Rice und Lindecamp (1989) das jährliche Einkommen von Kleinunternehmern. Sie vermuten, daß Personen mit einer Präferenz für Extraversion als Unternehmer erfolgreicher arbeiten und dementsprechend mehr verdienen würden. Die gefundenen Effekte sind erstaunlich deutlich: Unter den 102 Kleinunternehmern beschreiben sich 67 als extrovertierte und 35 als introvertierte Typen. Das jährliche Durchschnittseinkommen der Extravertierten betrug $ 32.000, wohingegen die Introvertierten sich mit $ 21.500 pro Jahr begnügen mußten. In einer weiteren Hypothese wurde geprüft, ob analytisch beurteilende Unternehmer erfolgreicher als gefühlsmäßig beurteilende arbeiten. Auch diese Hypothese konnte bestätigt werden ($ 33.500 vs. $ 23.700).

5.3.7.2 Zum Nutzen in der Ausbildung

Aus der Typentheorie läßt sich ableiten, daß eine Kongruenz der Wahrnehmung der Umwelt zwischen Schülern und Lehrern vorteilhaft ist, wenn die Wissensvermittlung erfolgreich verlaufen soll. Conley und Simon (1993) zeigen in einer Stichprobe von Studenten der Landwirtschaft, daß hinsichtlich der Verteilung spezifischer Typen systematische Unterschiede zwischen Studenten und Lehrern vorliegen. Ihre Haupthypothese aber, daß bei den Studenten bestimmte Typen durch bestimmte Prüfprozeduren bevorzugt werden (z.B. Extravertierte im Vergleich zu Introvertierten im Falle mündlicher Prüfungen), konnte nicht bestätigt werden.

In einer Studie zur prädiktiven Validität des MBTI untersuchen Martin und Bartol (1986), ob sich die Schwerpunktsetzung im Rahmen des MBA-Studiengangs (Master of Business Administration) durch das Verfahren vorhersagen läßt. Hierzu bearbeiteten 168 Studenten dieser Fachrichtung den Test. Es wurde überprüft, ob sich in den verschiedenen Schwerpunkten des Studiengangs – Finanzen, Marketing, Management etc. – systematische Unterschiede hinsichtlich der Verteilung der Typen ergaben. Die Autoren finden jedoch keine Effekte, die für eine Validität des MBTI hinsichtlich dieser Fragestellung sprechen. Ähnlich erfolglos verlief eine Studie von Rowe, Waters, Thompson und Hanson (1992). Auch in dieser Arbeit konnte der MBTI nicht sinnvoll zwischen den Studenten verschiedener Schwerpunkte in Wirtschaftsstudiengängen differenzieren.

Systematische Unterschiede zwischen einzelnen Studienrichtungen findet hingegen McCaulley (1976). Sie diskutiert mögliche Konsequenzen für die Gestaltung der Ausbildung.

Gordon, Coscarelli und Sears (1986) korrelieren den MBTI mit drei anderen Testverfahren, die in den Vereinigten Staaten zur Berufs- und Karriereberatung genutzt werden. Sie finden keinen Zusammenhang des MBTI mit den anderen Verfahren und empfehlen daher, ihn als zusätzliche Informationsquelle zu nutzen.

5.3.7.3 Zur Häufigkeit bestimmter Typen in spezifischen Settings

Der Großteil der Studien zum MBTI bezieht sich auf den Nachweis, daß gewisse Typen bestimmte Settings präferieren. Diese Untersuchungen sind eher ein Beitrag zur Konstruktvalidität des Verfahrens, als daß sich unmittelbar praktische Handlungsempfehlungen ableiten ließen. Auch ist – weil fast immer mittels Querschnittsdaten vorgegangen wird – die argumentative Basis äußerst schwach: Bevorzugen nun bestimmte Typen bestimmte Settings oder produzieren bestimmte Settings spezifische Typen?

Osborn und Osborn (1990) untersuchen, ob der MBTI zwischen lateinamerikanischen und U.S.-amerikanischen Führungskräften diskriminieren kann. Tatsächlich fanden die Autoren teilweise deutliche Unterschiede in der Verteilung der Ergebnisse und diskutieren folgende Hypothese:

> „This may mean, if such broad hypothesis can be made to stand, that the culture of the typical Latin firm may be more solid and stable, but also more bureaucratic and resistant to change than that of U.S. organizations." (Osborn & Osborn, 1990, S.452)

Allerdings steht den Autoren deutlich vor Augen, daß die bisherige Datenbasis für derart weitreichende Schlußfolgerungen noch zu gering ist. Zahlreiche Untersuchungen stellen schlicht die Unterschiede in der Verteilung der Typen in bestimmten Settings gegenüber und weisen somit einen rein deskriptiven Charakter auf. So findet zum Beispiel Otte (1984) unterschiedliche Präferenzstrukturen in verschiedenen Bereichen bei Mitarbeitern in Finanzdienstleistungsunternehmen. Oswick (1993) vergleicht die Ergebnisse des MBTI von 642 Führungskräften mit der Normpopulation und findet eine Reihe von Abweichungen. In ähnlicher Weise präsentiert Barber (1990) die Unterschiede in den Ergebnissen erfahrener Offiziere des Militärs im Vergleich zur Normpopulation. Unterschiedliche Präferenzen findet auch Roberts (1989) bei Ingenieuren mit hoher vs. niedriger unternehmerischer Grundhaltung.

Die wohl ausführlichste Datenzusammenstellung über Typenunterschiede in verschiedenen Settings präsentiert McCaulley (1990). Die dort berichteten Verteilungen beruhen vielfach auf Stichproben mit einer fünfstelligen Anzahl von Daten, so daß relativ stabile Effekte zu vermuten sind. Allerdings ist die Interpretation dieser Befunde nicht unkompliziert. Was bedeutet etwa das Vorliegen von Unterschieden zwischen Militäroffizieren und der „Normalpopulation" hinsichtlich der Wahrnehmung und Beurteilung der Welt? In erster Linie erscheinen die Ergebnisse als Beleg für die Konstruktvalidität des MBTI. Für den praktischen Gebrauch reicht diese allein jedoch nicht aus, selbst für Beratungszwecke müßte gleichzeitig bekannt sein, ob bestimmte Typen in den jeweiligen Settings zum Beispiel erfolgreicher oder zufriedener sind. Aus dem häufigen Auftreten von Menschen mit spezifischer Präferenzstruktur in bestimmten Berufsfeldern allein läßt sich kaum eine Beratungsempfehlung ableiten – warum sollte einer Person mit einem vom Modalprofil abweichenden Resultat von der entsprechenden Tätigkeit abgeraten werden, so lange nicht als geklärt gelten kann, inwieweit der jeweils vorliegende Präferenztyp sich hinsichtlich eines relevanten Kriteriums von anderen unterscheidet? Während unterschiedliche Verteilungen der Typen in verschiedenen Berufsfeldern durch den MBTI recht gut belegt sind, ist die Datenbasis für unterschiedliches Verhalten oder unterschiedliche berufliche Bewährung (anhand welchen Kriteriums auch immer operationalisiert) deutlich spärlicher.

5.3.8 Zusammenfassende Einschätzung

Der MBTI ist ein Verfahren, daß sich durch seinen elaborierten theoretischen Hintergrund von vielen anderen Instrumenten abhebt. Zugleich hat die zugrundeliegende Typenlehre durch ihre Nähe zu Alltagskonzepten das Potential, für bestimmte Interventionen nützlich sein zu können. Die große Popularität in den Vereinigten Staaten spricht dafür, daß die Testergebnisse für die jeweiligen Teilnehmer von Interesse sind und als

Bereicherung erlebt werden. Es existieren demzufolge einige Einsatzbereiche, in denen der MBTI mit Gewinn Verwendung finden kann, insbesondere im Bereich von Teamentwicklung oder -training. Allerdings sollte der Anwender sich vor einem Einsatz die Begrenzungen des Verfahrens vor Augen führen, die besonders eine Durchführung zur Unterstützung von Plazierungsentscheidungen nur mit einer gehörigen Portion Vorsicht angeraten erscheinen lassen (vgl. Coe, 1992):

– Der MBTI mißt zwar eine Präferenz für bestimmte Funktionen (z.B. analytische Beurteilung), gibt aber keinerlei Auskunft darüber, wie erfolgreich diese Funktion genutzt werden kann. Es ist durchaus vorstellbar, daß Teilnehmer eine analytische Beurteilung präferieren und trotzdem nur über sehr geringe analytische Fähigkeiten verfügen – dies kann mit dem MBTI nicht geprüft werden. Gleiches gilt natürlich auch im gegenteiligen Fall: Eine Person kann zwar eine gefühlsmäßige Beurteilung bevorzugen, aber dennoch über hervorragende analytische Fähigkeiten verfügen, die sie bei Bedarf sehr erfolgreich einsetzt.
– Da die Items des MBTI im forced-choice-Format präsentiert werden, kann keine Aussage dahingehend getroffen werden, wie intensiv Teilnehmer auch die jeweils andere Einstellung oder Funktion verwenden. Auch bei einer Selbstbeschreibung als eher beurteilender Typ wird selbstverständlich zudem eine wahrnehmende und informationssammelnde Herangehensweise anzutreffen sein (so konzipiert es die Typentheorie, nach der die beurteilende Herangehensweise lediglich präferiert wird). Hier besteht die Gefahr einer ungerechtfertigten Stereotypisierung, die den Teilnehmern jedoch dadurch „schmackhaft" gemacht werden kann, daß keine der Präferenzstrukturen eine negative Bewertung erfährt.
– Sollte man daher den MBTI zur Unterstützung einer Plazierungsentscheidung nutzen wollen, so müssen die Ergebnisse äußerst behutsam interpretiert werden. Gewiß sollte man keinen Bewerber von einer spezifischen Position ausschließen, weil entweder sein Profil in diesem Berufsfeld seltener anzutreffen ist (vgl. Kap. 5.1.4.7) oder weil die Interessenstruktur nicht kompatibel erscheint – denn die Ausprägung des nicht präferierten Pols einer Dimension wird bei der Interpretation des jeweiligen Typs nicht berücksichtigt. Nicht selten wird es sogar so sein, daß einzelne Personen gerade deshalb besonders erfolgreich sind, weil sie der gängigen Typisierung in bestimmten Berufsfeldern eben nicht entsprechen (vgl. dazu sehr anschaulich Schmale, 1995). Schwierig erscheint auch die Neutralität der Präferenzstrukturen, die den in Auswahl- und Plazierungssituationen vorhandenen „Soll-Korridoren" gewünschter Persönlichkeitsmerkmale entgegensteht. In keinem Fall sollte eine Situation eintreten, in der einem Bewerber die Ergebnisse zunächst mit der Erläuterung gegeben werden, keiner der abgebildeten Typen sei generell negativ oder positiv, um anschließend eine abschlägige Entscheidung auf Basis der nicht für passend erachteten persönlichen Präferenzen zu treffen.

Werden diese Begrenzungen des MBTI bedacht, können die Testergebnisse als tragfähige Grundlage für ein Beratungsgespräch dienen. Trotzdem bietet es sich aus Gründen der Validität und der Durchführungsökonomie an, berufsbezogene Verfahren mit quantifizierbaren Ergebnissen in die Überlegungen zur Instrumentenauswahl einzubeziehen.

5.4 Der Mehrdimensionale Persönlichkeitstest für Erwachsene (MPT-E)

Der Mehrdimensionale Persönlichkeitstest für Erwachsene (Schmidt, 1981) ist einer der wenigen ausdrücklich berufsbezogenen Persönlichkeitstests deutschsprachigen

Ursprungs. Seine Beachtung in der wissenschaftlichen Literatur blieb allerdings bisher äußerst gering. Dies mag vor allem daran liegen, daß dieses Verfahren explizit für die „Berufs- und Betriebspraxis" (Schmidt, 1981, S. 4) entwickelt wurde und keine weitergehenden wissenschaftlichen Ziele verfolgt. Die Darstellung des Tests muß sich daher auf jene Informationen beschränken, die im Testmanual zur Verfügung gestellt werden.

5.4.1 Theoretischer Hintergrund

Der MPT-E hat keinen persönlichkeitstheoretischen Entstehungshintergrund, er ist vielmehr ausschließlich in Bezug auf die Anforderungen der Praxis entwickelt worden. Der Testautor gibt für sein Verfahren folgende Ziele an:
- „Der Test soll Aufschlüsse über charakteristische Verhaltensmerkmale eines Menschen geben.
- Die Dimensionen des Tests sollen in sich geschlossene Einheiten bilden, die in ihrer Aussage interpretierbar sind.
- Die 'statements' des Tests sollen allgemein verständlich sein.
- Der Test soll auch für Personen zumutbar sein, für die die Testsituation Prüfungscharakter hat." (Schmidt, 1981, S. 4)

Auch wenn der MPT-E auf keiner expliziten Persönlichkeitstheorie basiert, weisen doch die meisten Dimensionen eine gewisse Nähe zu psychologischen Konstrukten anderer Testverfahren auf, namentlich zum 16 PF (Schneewind et al., 1994), der neben anderen als Quelle zur Itemgenerierung gedient hat.

5.4.2 Kontroverses zum Hintergrund des Verfahrens

Da der Autor keine Diskussion der dem Test zugrundeliegenden oder bei der Konstruktion anvisierten psychologischen Konstrukte vornimmt, kann eine weiterführende Darstellung nicht erfolgen. Eine Übersicht über die Skalen des Verfahrens findet sich in Tabelle 20.

5.4.3 Die Entwicklung des Verfahrens

Der erste Schritt der Testkonstruktion lag in der Identifikation jener Kategorien, „die in Ausbildung und Beruf von praktischer Relevanz sind" (Schmidt, 1981, S. 5). Hierzu analysierte der Autor 200 von Diplom-Psychologen verfaßte Persönlichkeitsgutachten, die im Rahmen von Personalauswahlprozessen erstellt worden waren. Das Ziel dieses Vorgehens lag darin, diejenigen Verhaltens- und Persönlichkeitsmerkmale zu identifizieren, die im Verlaufe von Auswahlentscheidungen zur Charakterisierung der zu beurteilenden Personen herangezogen werden. Der Autor fand, daß – neben der Begabung – folgende Merkmalsbereiche im überwiegenden Anteil der Gutachten angesprochen wurden (vgl. Schmidt, 1981):

- Psychische Stabilität – neurotische Fehlanpassung
- Psychopathische Fehlanpassung
- Einstellung zur Umwelt – Kontakt – Introversion – Extraversion
- Rigidität – Flexibilität
- Aggression – Selbstbehauptung – Durchsetzung
- Einstellung zur Arbeit – Leistungsmotivation.

Der Autor sammelte aus verschiedenen, bereits bestehenden Fragebogen Items, die zu den oben genannten Kategorien paßten, wobei er in einer zusätzlichen Kategorie auch „Lügen-Items" mit aufnahm, die zur späteren Kontrolle der Tendenzen zu sozial erwünschter Selbstdarstellung dienen sollten. Im weiteren Verlauf entwickelte der Verfasser selbst einige Aussagen und kam so zu einem ersten Itempool von 212 Items, die er 150 Versuchspersonen vorlegte. Mit den Ergebnissen dieser Voruntersuchung wurden sprachlich unverständliche Items sowie diejenigen mit extremem Schwierigkeitsgrad eliminiert, wodurch sich der Itempool halbierte. Erneut wurden daraufhin bereits bestehende Fragebogen inspiziert und geeignet erscheinende Items entnommen und umformuliert. Zusammen mit den von der ersten Version verbliebenen Aussagen des Tests entstand nun ein neuer Fragebogen mit 172 Aussagen, der von 426 Personen bearbeitet wurde. Nach der nochmaligen Aussonderung schwieriger oder unverständlicher Items wurden die im Test verbliebenen 138 Items einer ersten Faktorenanalyse unterzogen, deren exakte Verfahrensweise hier nicht detailliert erläutert werden soll. Am Ende verblieben 89 Items, deren Varianz sich durch 6 Faktoren zusammenfassen ließ. Zu diesen wurden 15 Kontrollitems – mit denen eine nachlässige Bearbeitung identifiziert werden sollte – hinzugefügt, so daß die publizierte Version 104 Items umfaßt. Die Skalierung der Items erfolgt auf einer vierfach abgestuften Skala. Die größere Spannbreite der Antwortmöglichkeiten sollte insbesondere den Teilnehmern zugute kommen, indem Items auch in eine sozial weniger erwünschte Richtung beantwortet werden können, falls eine eindeutige Zustimmung oder Ablehnung nicht als angemessen erlebt wird. Der Autor vermutet folgendes:

> „Sie (die Testkandidaten, Anm. d. Verf.) fühlen sich häufig dem Konflikt ausgesetzt, sich bei einer Frage durch eine undifferenzierte Antwort für ein Extrem entscheiden zu müssen, welches sie für übertrieben und somit für nicht zutreffend halten. Widerspricht nun dieses Extrem den sozialen Wertvorstellungen des Bearbeitenden und wird auf jeden Fall eine Beantwortung der Frage erwartet, so werden sich Teilnehmer häufig für die Richtung entscheiden, die weniger konfliktbesetzt ist, selbst dann, wenn sie ebenfalls nicht als zutreffend empfunden wird (…). Eine abstufende Beantwortung ermöglicht es, die zutreffende Richtung einzuschlagen, ohne sich gezwungen zu fühlen, eine als unzutreffend oder übertrieben aufgefaßte Extremaussage geben zu müssen. Diese Problematik dürfte einen erheblichen Stellenwert haben, wenn die Testsituation von einer Person als ‚Prüfung' erlebt wird." (Schmidt, 1981, S. 6)

Diese Differenzierung der Antworten wird jedoch bei der Auswertung nicht berücksichtigt. Die Items werden lediglich hinsichtlich Zustimmung oder Ablehnung ausgezählt, so daß letztendlich doch dichotome Items in die Berechnung der Ergebnisse einfließen. Dies hat vor allem empirische Gründe, denn die ungewichteten Antworten erbrachten in einer Untersuchung des Autors höhere Validitäten als die gewichteten.

5.4.4 Skalen und Interpretationshinweise

Zur Definition und Benennung der Dimensionen betrachtet Schmidt neben den Korrelationen seiner Skalen mit denen anderer Instrumente vor allem den Inhalt der Items. Tabelle 20 stellt die 7 Skalen des MPT-E dar.

Zu jeder Skala legt der Testautor eine ausführliche Beschreibung vor. Hierbei sind neben der inhaltlichen Interpretation der Items auch weitere Beurteilungen einiger Versuchspersonen eingeflossen, die dem Autor in Form von Gutachten oder biographischem Datenmaterial vorlagen und die zur Charakterisierung extremer Ausprägungen dienen. Beispielhaft soll hier die detaillierte Skalenbeschreibung zur Dimension Rigidität (RG) wiedergegeben werden:

Tabelle 20: Die Skalen des MPT-E (nach Schmidt, 1981, S. 7ff.)

Skala	Haupttendenzen bei hohen Werten	Haupttendenzen bei niedrigen Werten
Ich-Schwäche (IS)	emotionale Labilität, Depression, Erregbarkeit, geringe Frustrationstoleranz, evtl. Simulation	emotionale Stabilität, Belastbarkeit, Ausgeglichenheit, evtl. verminderte Sensibilität oder auch Dissimulation
Soziale Erwünschtheit (SE)	Undifferenziertheit, Unreife, formale Überangepaßtheit, evtl. Dissimulation	Reife, Selbstsicherheit, korrekte Testbearbeitung, evtl. auch mangelnde Anpassungsbereitschaft, Neigung zu Schuldgefühlen
Rigidität (RG)	Starrheit, Kleben am Gewohnten, soziale Zurückhaltung, Zwanghaftigkeit	Flexibilität, Wechselhaftigkeit, Aufgeschlossenheit
Risikobereitschaft (RB)	Risikobereitschaft, Draufgängertum, Neigung zur Selbstüberschätzung, Undifferenziertheit	geringe Risikobereitschaft, Vorsicht, kritische Selbsteinschätzung, Reife, Ängstlichkeit
Antriebsspannung (AS)	hohe Antriebsspannung, innere Unruhe, zwanghaftes Getriebensein, verminderte Kooperationsbereitschaft, starre Selbstbehauptung	geringe Antriebsspannung, Ausgewogenheit, Bescheidenheit, Kompromißbereitschaft, evtl. mangelnde Durchsetzungsfähigkeit und verminderte Antriebsdynamik
Soziale Zurückhaltung (SZ)	Kontaktscheuheit, Gehemmtheit, mangelndes Selbstvertrauen	Kontaktbereitschaft, Selbstvertrauen, Aufgeschlossenheit, evtl. Aufdringlichkeit
Kontrollskala	unkorrekte Testbearbeitung, Eintragungsfehler	korrekte Testbearbeitung, keine wesentlichen Eintragungsfehler

> „In der RG-Skala weisen hohe Werte auf eine starke Fixierung auf gewohnheitsmäßige Einstellungen und Verhaltensweisen hin. Offenbar liegt in dieser Fixierung aber auch eine Tendenz zur Zwanghaftigkeit. Die Auseinandersetzung mit Ungewohntem wird als äußerst störend empfunden und kann zu Erregungszuständen führen. Personen mit hohen RG-Werten erwecken gelegentlich den Eindruck, als wenn hinter ihrer scheinbaren Unkompliziertheit eher eine angstbedingte Abneigung besteht, sich mit Konflikten und Problemen auseinanderzusetzen. Nicht zuletzt auch in Anbetracht der recht hohen Korrelation zu IS-Skalen weisen hohe RG-Werte auf einen gestörten Umweltbezug hin. Die Korrelationen der RG-Skala zu Leistungstests sind durchweg negativ. Die geistige Beweglichkeit von Personen mit hohen Skalenwerten wird ebenso negativ beurteilt wie deren psychische Stabilität und Durchsetzungsvermögen." (Schmidt, 1981, S. 8)

Die Kontrollskala (K) besteht aus Items, die von 90% aller Versuchspersonen in gleicher Weise beantwortet wurden („Geld ist mir völlig gleichgültig", „Freunde sollten immer die gleichen Ansichten haben"). Wenn ein Teilnehmer dort stark von der Norm abweichende Antworten gibt, können eine unkorrekte Testbearbeitung oder Eintragungsfehler nicht ausgeschlossen werden. Der Autor empfiehlt, bei T-Werten >70 auf eine Interpretation der Testergebnisse zu verzichten.

5.4.5 Normen und Gütekriterien

Der Testautor legt Normen vor, die auf den Ergebnissen der Verfahrensbearbeitung von 520 Personen beruhen. Eine Einteilung in Untergruppen (etwa nach Alter oder Beruf) erfolgt nicht. Während Schmidt sehr allgemein über seine 900 Personen umfassende Untersuchungsstichprobe berichtet („So sind zum Beispiel Schlosser, Bäcker, Metzger, und Friseure ebenso vertreten wie Verkäufer, Bank- und Verwaltungsangestellte", Schmidt, 1981, S. 11), werden über die Normstichprobe keine weiteren Angaben gemacht. In welchem Zusammenhang die 520 Personen den Test bearbeitet haben, bleibt ebenfalls unklar. Als Gütekriterien legt der Autor eine Tabelle mit Reliabilitätskoeffizienten vor, die er in folgender Weise kommentiert:

> „Die eng gesetzten Kriterien bei der Item-Auswahl ließen erwarten, daß die Skalen des MPT-E höhere Reliabilitätskoeffizienten aufweisen würden, als diese gemeinhin bei Fragebogenskalen anzutreffen sind. In der Tat sind die (...) Ergebnisse als zufriedenstellend anzusehen." (Schmidt, 1981, S. 11)

Die nachfolgende Tabelle 21 zeigt die Werte im Detail. Die Validitäten des Tests werden in Kapitel 5.4.7 berichtet.

Tabelle 21: Die Reliabilitäten des MPT-E (vgl. Schmidt, 1981, S. 11)

Skala Berechnungs-methode	IS	SE	RB	RG	AS	SZ
Halbierungskoeffizient	.84	.65	.55	.56	.48	.56
Konsistenzkoeffizient	.83	.68	.52	.60	.45	.51

5.4.6 Testdurchführung und -auswertung

Die Bearbeitungsdauer des Tests (104 Items) wird mit 30 Minuten angegeben. Die Auswertung erfolgt mit Schablonen, die Ergebnisse können in einem grafischen Profil dargestellt werden. Über eine computergestützte Applikation oder Auswertung werden keine Angaben gemacht.

5.4.7 Ausgewählte Befunde zur Leistungsfähigkeit

Da den Verfassern des vorliegenden Bandes keine Forschungsbefunde zum MPT-E bekannt sind, können lediglich die Untersuchungen referiert werden, die Schmidt selbst vorgenommen hat. Ihm lagen Testergebnisse von 109 Meistern aus der chemischen Produktion, 53 Werkstattmeistern, 66 Angestellten ohne Führungsfunktion und 53 Werkschutzangestellten vor, zugleich verfügte er über die Ergebnisse dieser Personen aus vier verschiedenen Leistungstests (erfaßte Dimensionen: Intelligenz, Technisches Verständnis, Merkfähigkeit und Konzentration) sowie über Vorgesetztenbeurteilungen in den folgenden vier Bereichen: Intelligenz, Durchsetzung, Kooperation, Psychische Stabilität (Schmidt, 1981). Der Autor konnte eine Reihe statistisch bedeutsamer Zusammenhänge identifizieren, wobei die signifikanten Korrelationen mit den Leistungstests zwischen .19 und .53, diejenigen mit den Beurteilungsmaßen zwischen .21 und .58 streuen.

5.4.8 Zusammenfassende Einschätzung

Aufgrund der fehlenden Forschungsaktivitäten zum MPT-E ist eine zusammenfassende Einschätzung seiner wissenschaftlichen Fundierung schwierig. Die Validitätsbefunde des Autors sind ermutigend, gleichwohl in hohem Maße replikationsbedürftig. Kritische Anmerkungen zum Verfahren beziehen sich weniger auf wissenschaftliche oder testtheoretische Aspekte, sondern sie erfolgen eher aus der Perspektive des Testanwenders:

– Die Dimensionen des Tests lassen unschwer Parallelen zu denen des 16 PF erkennen. Es wird jedoch nicht verdeutlicht, in welcher Hinsicht der MPT-E dem 16 PF überlegen sein soll und deswegen in der Praxis zu bevorzugen wäre. Im Rahmen der Testentwicklung legte der Autor den Versuchspersonen neben anderen Instrumenten auch eine eigens übersetzte Kurzversion des 16 PF vor. Hinsichtlich der Itemschwierigkeiten und -verständlichkeiten erwies sich nach Aussage des Autors nur „ein Drittel der Items aller Fragebögen als brauchbar" (Schmidt, 1981, S.5). Wenn vor allem bessere Itemstatistiken die Überlegenheit seines Verfahrens begründen, so ist unverständlich, warum diese im Manual nicht angegeben werden.
– Die bislang vorgenommene Normierung an 520 Personen, ohne exakte Angaben zur Zusammensetzung der Normstichprobe, läßt Vorsicht bei der Interpretation der Testergebnisse sinnvoll erscheinen.
– Wesentliche Teile des MPT-E beziehen sich auf die Erhebung eventueller psychischer Fehlanpassung. Die Skalenbenennungen („Ich-Schwäche") und -beschreibungen des Au-

tors vermitteln stellenweise den Eindruck eines klinisch-psychologisch orientierten Verfahrens. Die Dominanz dieser Aspekte erschwert vermutlich eine Rückmeldung des Tests im Rahmen von Personalauswahlprozessen. Selbstverständlich soll an dieser Stelle nicht der Vernachlässigung eventuell bestehender psychischer Auffälligkeiten das Wort geredet werden. Eine augenscheinliche Schwerpunktlegung auf diesen Bereich seitens eines Persönlichkeitsfragebogens in beruflichen Entscheidungssituationen erscheint jedoch als ungünstig und vermeidbar.

5.5 Das California Psychological Inventory (CPI)

Das California Psychological Inventory (Gough, 1975) beziehungsweise der „Deutsche CPI" (Weinert et al., 1982) gehört zu den am weitesten verbreiteten psychologischen Instrumenten. Das Verfahren liegt in allen Weltsprachen vor; seit der Veröffentlichung haben unzählige Teilnehmer den Test bearbeitet. Der Autor der deutschen Version bezeichnet den CPI als das „zur Frühidentifikation von Führungstalent mit Sicherheit (…) geeignetste und attraktivste Verfahren, das zur Zeit im deutschsprachigen Raum zur Verfügung steht" (Weinert, 1989). Es ist zu vermuten, daß zu keinem weiteren Persönlichkeitsfragebogen derart viele Untersuchungen aus dem Managementbereich existieren. Dieser fraglos sehr beeindruckenden Bilanz stehen Optimierungsfelder des Verfahrens gegenüber, die in Kapitel 5.5.2 dargelegt werden. Die Schwierigkeiten beim Einsatz des CPI liegen weniger in seiner prädiktiven oder konkurrenten Validität – diese ist zumindest für die englischsprachige Version vielfach belegt – als in der sozialen Validität des Verfahrens.

Seit einiger Zeit ist eine Revision der deutschen Version des CPI angekündigt (z.B. Weinert, 1989), die neben einigen neuen Skalen und einer Veränderung des Itempools auch eine komplette Neunormierung an einer repräsentativen Stichprobe deutscher Teilnehmer beinhalten soll. Da diese Revision zum Zeitpunkt der Erstellung dieses Bandes noch nicht vorliegt, muß sich die Testbesprechung auf die bisherige Version des Deutschen CPI beziehungsweise auf die Informationen, die bereits vorab vom Autor publiziert wurden, beziehen.

5.5.1 Theoretischer Hintergrund

Vorrangiges Ziel des CPI ist die Identifikation von Führungspotential, das Verfahren wird dementsprechend vor allem in der Berufseignungsdiagnostik eingesetzt. Darüber hinaus soll der Test für eine Reihe weiterer praktischer und wissenschaftlicher Fragestellungen genutzt werden können, etwa zur Schul-, Berufs- und Studienberatung, Planung von Personalentwicklungsprogrammen, interkulturellen Forschung sowie Selbsterfahrung der Teilnehmer. Der Testautor erklärt, daß mit dem CPI keine psychologischen Traits im wissenschaftlichen Sinne, sondern kulturübergreifende Alltagskonzepte gemessen werden sollen:

„(…) das CPI-Verfahren (zielt) auf den andauernden und laufenden Fluß des Normalen, Gewöhnlichen, Durchschnittlichen, des Alltäglichen, und des Versuchs, die klassifikatorischen und prädiktiven Konzepte zu messen, derer sich Menschen überall auf der Welt bedienen, um ihr eigenes Verhalten, wie auch das Verhalten anderer, zu begreifen und erklären zu können." (Weinert, 1993, S. 66)

Durch diese enge Verbindung der Skalen mit den Erklärungskonzepten des Alltags sollen sie bereits eine „funktionale Validität" besitzen; sie haben demnach durch ihren Gebrauch im Alltag ihre Relevanz für die Beschreibung von Verhaltensunterschieden zwischen Menschen bereits erwiesen. Die aus den Ergebnissen ableitbaren Aussagen werden vom Autor wie folgt charakterisiert (vgl. Weinert, 1993, S. 66):

1. Vorhersage dessen, was Personen in einem spezifischen Kontext sagen oder tun werden.
2. Identifikation von Personen, die in einer bestimmten zwischenpersönlich signifikanten Weise bewertet und beschrieben werden.

Das Skalenkonzept sei „von klassifikatorischer und prädiktiver Wichtigkeit und ist frei von jedem Zusammenhang mit einer Trait-Vorstellung" (Weinert et al., 1982, S. 2).

Im Sinne dieser Konzeption ist Persönlichkeit etwas Öffentliches und Beobachtbares: Im Alltag werden in bestimmter, konsistenter Weise Persönlichkeitsbeschreibungen genutzt, um das Verhalten von Mitmenschen vorherzusagen und „einzuordnen". Anhand von alltäglichen Persönlichkeitskonzepten, deren Wert ausschließlich aus ihrer prädiktiven Kraft resultiert, soll auch durch den CPI Verhalten prognostiziert und klassifiziert werden. Die dazu herangezogenen Dispositionsbezeichnungen sind daher frei von metaphysischen Grundannahmen oder physiologischer Konstruktvalidität, wie sie etwa von Eysenck angestrebt wird. Ihr Charakter ist eher beschreibender als erklärender Natur. Vor dem Hintergrund dieses Konzeptes überrascht es nicht, daß die meisten Skalen des CPI kriteriumsorientiert entwickelt worden sind, und somit die Qualität eines Items oder einer Skala aufgrund des Zusammenhanges zu spezifischen Verhaltensbeobachtungen beurteilt wurde. Erwähnenswert ist ebenfalls, daß die Skalen des CPI als kulturübergreifend verstanden werden – sie sollen in gleicher Form überall dort bedeutsam sein, „wo Menschen in Gruppen zusammenkommen und wo sich gesellschaftliche Funktionen entwickeln" (Weinert et al., 1982, S. 2). Den Prozeß der Itembeantwortung versteht der Autor nicht als Informationsweitergabe des Teilnehmers über sein „wahres" Verhalten, sondern als Prozeß der Selbstpräsentation gegenüber der testenden Institution:

„Sowohl beim Ausfüllen eines Tests, als auch im realen Leben, versuchen Personen, durch Selbstpräsentation (die unbewußt sein kann oder durch gewohnheitsmäßige Formen zustandekommt), die Eindrücke, die sich andere von ihnen bilden und verschaffen, zu beeinflussen und zu kontrollieren. Bei der Reaktion auf einen Fragebogen ist es daher weniger wichtig, ob die Antworten richtig oder falsch sind. Das Wesentliche ist hierbei das Selbst-Image und die typische Art und Weise, wie die Person dieses Image entwirft. Item-Response ist immer eine Art der Selbstpräsentation (kein ‚Selbstreport'). Man könnte auch sagen, daß Personen, die ein Inventar ausfüllen, im Grunde genommen auf die Frage eines anonymen Interviewers reagieren. Das Beantworten von Tests ist eine Form der sozialen Interaktion: Leute verwenden die Test-Items als Mittel zur Selbstpräsentation – ganz so, wie in einem Einstellungsinterview. In jedem Fall ist das Ziel des Probanden dasselbe: er möchte uns sagen, wie er/sie gesehen werden möchte, wofür man ihn/sie halten soll (und auf dieser Basis sollten auch Fälschungsmanöver gesehen werden)." (Weinert, 1993, S. 60)

Im Sinne der Selbstkonzepttheorien von Super (1963) und Holland (1976) streben Personen die Wahrnehmung solcher Rollen an, die zu ihrem Selbstkonzept möglichst kompatibel sind (zum Beispiel Führungstätigkeiten). In den beruflichen Rollen, bei denen die beste Übereinstimmung von Selbstkonzept und Eignung vorliegt, ist eine erfolgreiche Berufsausübung am wahrscheinlichsten. In diesem Sinne kann der CPI als Kommunikationshilfe verstanden werden, mittels derer ein Teilnehmer der testenden Organisation sein Selbstkonzept mitteilt und diese prüft, inwieweit die mit einer vakanten Position verbundene Rollendefinition dazu kompatibel ist. Da dem CPI keine abgeschlossene Persönlichkeitstheorie zugrunde liegt, stellt er aus Autorensicht ein „offenes System" dar (Weinert, 1993, S. 63), dem je nach Erfordernis neue Skalen hinzugefügt oder bestehende entfernt werden können. Auch sollen weitere Indizes für spezielle Fragestellungen kalkuliert werden können, etwa hinsichtlich des verkäuferischen Verhaltens von Teilnehmern.

5.5.2 Kontroverses zum Hintergrund des Verfahrens

Kontrovers erscheint beim CPI die Hypothese, durch seine Nähe zu kulturübergreifenden Alltagskonzepten sei das Verfahren „frei von jedem Zusammenhang mit einer Trait-Vorstellung". Die moderne Persönlichkeitspsychologie konzeptualisiert Traits als „relativ breite und zeitlich stabile Dispositionen zu bestimmten Verhaltensweisen, die konsistent in verschiedenen Situationen auftreten" (Amelang & Bartussek, 1997, S. 49). Weinert beschreibt die mit dem CPI erfaßten Alltagskonzepte in völlig analoger Weise. Auch er versteht sie als „Dispositionen im Hinblick auf Alltagsverhalten, Talent, Eignung und Neigung" (Weinert et al., 1982, S. 2) oder als „Aspekte, Eigenschaften, Merkmale und Attribute zwischenpersönlichen Verhaltens" (Weinert, 1989, S.88). Diesen Konstrukten, „die bereits früh im Leben eines Menschen beobachtbar und meßbar vorhanden sind" (Weinert, 1991, S. 55), billigt er durchaus Erklärungswert für zukünftiges Verhalten zu. Die Unterschiede in der Konzeptualisierung des Meßgegenstandes vermitteln sich durch diese Erläuterung kaum. Es handelt sich bei den Dimensionen im CPI nicht um faktorenanalytisch gewonnene Beschreibungsdimensionen, die aufgrund von Ökonomieüberlegungen oder bestimmten meta-theoretischen Vorannahmen orthogonal zueinander stehen müssen, sondern um korrelierte Konstrukte anderer Genese. Jedoch impliziert der Eigenschaftsbegriff der differentiellen Psychologie nicht unbedingt, daß nur auf diese Weise gewonnene Dimensionen als Trait zu bezeichnen sind. Obgleich zweifellos ein großer Teil der psychologischen Konstrukte in der differentiellen Psychologie auf Basis faktorenanalytischer Befunde gewonnen wurde, sind die Methode zur Gewinnung eines Konstruktes und dessen theoretische Konzeption im Prinzip voneinander unabhängig. Wenn Traits als überdauernde Verhaltensdispositionen verstanden werden, so sind sie generell probabilistische Konstrukte, die Verhalten vorhersagen können. Dies scheint in analoger Weise für die Skalen des CPI zu gelten.

Problematisch erscheint weiterhin das Postulat der kulturübergreifenden Gültigkeit der Skalen. Um diesen hohen Anspruch zu rechtfertigen, müßten auch die Items von den Testanwendern in psychologisch vergleichbarer Weise interpretiert werden. Die Tatsache, daß kulturübergreifende identische Alltagskonzepte existieren und diese sich in vergleichbarer Weise in der Sprache widerspiegeln bedeutet für sich allein genommen noch nicht, daß identisches Itemmaterial geeignet ist, in verschiedenen Kulturen psychologisch deckungsgleiche Konzepte zu konstituieren. Inhaltlich identische Items können in unterschiedlichen Kulturen eine völlig andere Bedeutung aufweisen: So kommt vermutlich Aussagen des CPI wie „Man sollte es Frauen nicht gestatten, allein in Kneipen zu gehen" oder „Ich finde, daß Frauen genauso viel sexuelle Freiheit haben sollten wie Männer" in den liberalen Niederlanden eine andere psychologische Bedeutung zu als in Staaten mit islamisch geprägter Kultur und Tradition. Inwieweit also interkulturelle Gleichheit bestimmter Testprofile etwas über die Identität der den Konzepten entsprechenden Verhaltenstendenzen und Einstellungen beziehungsweise Beschreibungskategorien aussagt, erscheint zweifelhaft. Gleiches gilt für interkulturelle *Unterschiede*.

Ein weiterer Kritikpunkt der theoretischen Konzeption des CPI liegt in der Hypothese, daß das Selbstkonzept einer Person mit dem Verfahren in solcher Weise erhoben wird, die eine Prüfung der Kompatibilität zu bestimmten beruflichen Rollen erlaubt. Weinert (1993) kann hinsichtlich des Verständnisses eines Testergebnisses als „Selbst-Präsentation" zugestimmt werden; allerdings sollten die zu bewertenden Aussagen des Verfahrens einen Berufsbezug auch zulassen. Einige Items des CPI erfassen Aspekte des Selbstbildes, die zumindest aus Teilnehmersicht keinen Bezug zum beruflichen Verhalten erkennen lassen und teilweise skurril anmuten: „Manchmal habe ich das Gefühl zu platzen", „Ein oder mehrmals in der Woche wird mir ohne ersichtlichen Grund plötzlich ganz heiß". Möglicherweise werden auch durch diese Items Aspekte des Selbstbildes erhoben – inwieweit diese jedoch geeignet sind, die Kompatibilität zu spezifischen beruflichen Rollen zu überprüfen, ist zumindest a priori nicht einsichtig und sowohl für Teilnehmer als auch für psychologisch nicht vorgebildete Personalfachleute kaum nachzuvollziehen.

Letztlich erschließt sich nicht vollständig, inwieweit der Ansatz der kriteriumsorientierten Testkonstruktion, also der Selektion von Items hinsichtlich der Korrelation mit beobachtbarem Verhalten, mit der Aussage vereinbar ist, der CPI würde das Selbstkonzept erfassen. Das vorgenannte Konstruktionsprinzip ist generell eher unpsychologisch, Items können *völlig unabhängig von ihrem Inhalt* mit bestimmten Fremdbildindikatoren, etwa Verhaltensbeobachtungen, korrelieren und sind dann im Sinne dieses Ansatzes sinnvoll und valide. Bei einem derartigen Fragebogen trifft die vielfach bestehende Annahme zu, der Teilnehmer erfahre durch den Test etwas ihm selbst Unbekanntes – in diesem Fall Informationen über das Bild, daß er anderen vermittelt. Genau dies soll mit dem CPI geleistet werden, daher kann das Verfahren einem Kandidaten Gelegenheit zur Selbsterfahrung bieten. Demgegenüber ist das Selbstkonzept einer Person ihr zumindest teilweise direkt zugänglich insbesondere, wenn Bereiche in Rede stehen, für die im populären Sprachgebrauch differenzierte Begrifflichkeiten existieren. Zur Erfassung des Selbstkonzeptes müssen Items inhaltsvalide hinsichtlich des zugehörigen Konstruktes sein, was im Rahmen der kriteriumsorientierten Testkonstruktion und bei reiner Vorhersageorientierung nicht erforderlich ist.

Durch die psychologische Forschung ist hinreichend belegt, daß Selbst- und Fremdbild einer Person nicht immer deckungsgleich sind, wozu eine Reihe von wahrnehmungs- und sozialpsychologischen Phänomenen beitragen (vgl. Kap. 6.1). Ein ausschließlich kriteriumsorientierter Test kann zweifellos Informationen über das Fremdbild eines Testkandidaten erbringen, wiewohl ein inhalts- und augenscheinvalider Selbstbeschreibungsbogen eine gute Beschreibung des Selbstkonzeptes eines Teilnehmers ermöglichen kann. Diskussionswürdig ist allerdings, ob beides aufgrund des Spannungsfeldes zwischen Selbst- und Fremdbild durch ein einziges Verfahren erreichbar ist.

5.5.3 Die Entwicklung des Verfahrens

Das kriteriumsorientierte Vorgehen bei der Konstruktion des CPI wurde bereits zuvor grob umrissen. Der Ausgangspunkt einer Skala bestand jeweils in der Definition einer bestimmten Kriteriumsdimension, die gemessen werden sollte; in einem zweiten Schritt wurden Items für diese Dimension definiert. Von allen Personen, welche die Items einer Skala bearbeiteten, lagen zugleich von der Testbearbeitung unabhängige Messungen vor – bei der Skala Dominanz waren etwa zweistufige Einschätzungen der Dominanz durch Bekannte der Teilnehmer erhoben worden. Ein Item wurde endgültig der Skala zugeordnet, wenn es in der Gruppe der als hoch dominant eingeschätzten Personen häufiger in eine Richtung beantwortet wurde als in der Gruppe der niedrig dominanten Personen. Das amerikanische Testmanual enthält eine Aufstellung der Kriterien, mit der in der ersten Konstruktionsphase die Zuordnung von Items zu Skalen geschah. In der Mehrzahl der Fälle erfolgte die Testbearbeitung in diesem Entwicklungsabschnitt durch Schüler oder Studenten. Die davon unabhängigen Einstufungen auf den Kriterien wurden von Lehrern oder Mitarbeitern der Universität vorgenommen. Im weiteren Verlauf wurde diese Strategie auf andere Gruppen ausgedehnt, etwa auf Soldaten und Angehörige verschiedenster Berufsgruppen. Einige Skalen wurden nicht kriteriumsorientiert, sondern auf Basis interner Konsistenzprüfungen entwickelt. Hierzu wurden diejenigen Personen identifiziert, die besonders hohe beziehungsweise niedrige Punktwerte aufwiesen und auf der Grundlage dieser Teilstichproben diejenigen Items ausgewählt, die eine möglichst gute Trennung der Gruppen erlaubten. Schließlich entstanden auch Skalen, bei denen ein gemischtes Vorgehen gewählt wurde.

Zahlreiche Items des heutigen CPI entstammen noch der ersten Version des Verfahrens. Da bei deren Konstruktion unter anderem der MMPI (Minnesota Multiphasic Personality Inventory; vgl. auch Goldberg, 1971) als Itemquelle diente, hinterläßt dessen klinisch-psychologische Ausrichtung auch im CPI ihre Spuren. Man vergleiche hierzu etwa die nachfolgenden Items „Ich merke oft ein Kribbeln, Brennen und Prickeln oder das Gefühl des Eingeschlafenseins an verschiedenen Stellen meines Körpers", „Ich habe keine Schwierigkeiten gehabt, meinen Stuhlgang nach Belieben zu beginnen und zurückzuhalten" des CPI mit jenen des MMPI: „Teile meines Körpers bekommen oft das Gefühl des Brennens, Prickelns, Kribbelns oder Einschlafens", „Ich habe keine Schwierigkeiten gehabt, Stuhl zu lassen oder zu halten".

5.5.4 Skalen und Interpretationshinweise

Der „Revidierte Deutsche CPI" (Weinert, i. V.) wird nach Ankündigung des Autors (Weinert, 1993) gegenüber der Standardversion des „Deutschen CPI" zusätzliche Skalen, veränderte Bezeichnungen für bereits bestehende, Modifikationen des Itempools und eine vollständige Neunormierung beinhalten. Da Skalen und Interpretationshinweise der neuen Fassung bereits publiziert wurden, sollen sie auch hier vorgestellt werden; eine ausführliche Beschreibung der ursprünglichen englischen Version gibt Gough (1968). Der CPI beinhaltet insgesamt 22 Skalen, die in fünf Obergruppen zusammengefaßt werden. Die nachfolgende Tabelle enthält eine Zusammenstellung dieser Dimensionen.

Bei der Interpretation der Ergebnisse des CPI ist über diese Hinweise hinaus zu bedenken, daß die Skalen in Abhängigkeit voneinander stehen. Hierzu gibt es in der einschlägigen Literatur eine Fülle von Interpretationsbeispielen und -hinweisen zu bestimmten Profilmustern. Die Rückmeldung und Interpretation des CPI darf sich also nicht nur auf die Beschreibung der jeweiligen Skalen beschränken, sondern muß auch das Zusammenspiel der Dimensionen und die Besonderheiten des Profilverlaufs berücksichtigen.

Des weiteren ist zum CPI ein Typenmodell der Persönlichkeit entwickelt und validiert worden (Gough, 1990; Weinert, 1993). Dieses „Cuboid-Modell" der Persönlichkeit besteht aus drei orthogonal aufeinanderliegenden Vektorskalen, durch die vier verschiedene Persönlichkeitstypen definiert werden. Abbildung 21 zeigt die Vektorskalen V1 und V2 und gibt Kurzcharakterisierungen der jeweiligen Persönlichkeitstypen (vgl. Weinert, 1993). Die dritte Vektorskala V3 kennzeichnet den Grad der Selbstverwirklichung und Kompetenz auf den beiden anderen Skalen. Gough (1990) unterscheidet insgesamt sieben Level der Verwirklichung. Die in Abbildung 21 angegebenen Charakterisierungen betreffen jeweils Personen, die das höchste Ausmaß an Verwirklichung erreicht haben. Demgegenüber werden zum Beispiel Alphatypen des niedrigsten Levels als „angreifend, dienstbeflissen, übereifrig und einmischerisch" beschrieben (Weinert, 1993, S. 63).

Eine weitere Hilfe für den Testanwender sind Gleichungen auf der Grundlage multipler Regressionen, die im Rahmen von Validitätsstudien kalkuliert wurden. So gibt Gough, (1969) für die Vorhersage von Führungspotential folgende Gleichung an:

„*Leadership = 14.130 + .372 · Dominance + .696 · Self-Acceptance + .345 · Well-Being − .133 · Good Impression + .274 · Achievement via Independence*".

Das Ergebnis dieser Gleichung ist so normiert, daß in der Population ein Mittelwert von 50 gilt. Je weiter der Ergebniswert der Gleichung für eine Person von diesem Mittel abweicht, um so niedriger beziehungsweise höher ist ihr Führungspotential einzuschätzen. Bei der praktischen Nutzung derartiger Gleichungen ist allerdings Vorsicht geboten. Regressionsgewichte sind sehr sensibel für „Ausreißer" in Stichproben und derartige Gleichungen sollten nur nach sorgfältiger Replikation zur Unterstützung von Entscheidungen herangezogen werden (Zuckerman, 1985).

5.5.5 Normen und Gütekriterien

In der 1982 publizierten Version des CPI werden keine Gütekriterien der deutschen Version berichtet. Normen und Reliabilitäten des Verfahrens werden erst mit der überarbeiteten Version des CPI vorgelegt (Weinert, i.V.).

Tabelle 22: Die Skalen des CPI (vgl. Weinert, 1991, S. 56ff.)

Dimension	Zweck der Skala
Klasse I	**Zwischenpersönliche Domäne – Meßskalen zur sozialen/gesellschaftlichen Rolle wie Ausgeglichenheit, bestimmende Einflußnahme, Selbstsicherheit und zwischenmenschliche Kompetenz.**
1. Dominanz	Messen von Faktoren der Führungsfähigkeit, Dominanz, Beharrlichkeit und gesellschaftlichen Initiative, Wettbewerbsorientierung, Streben nach Macht, Einfluß und Kontrolle.
2. Erfolgspotential	Dient als Hinweis für die Fähigkeit einer Person, Erfolg zu haben; mißt Eigenschaften und Qualitäten, die zu Erfolg führen, Ehrgeiz, Interesse an Erfolg, Karrierestreben, Streßreaktion.
3. Geselligkeit	Identifiziert Personen, die ein geselliges, umgängliches Temperament haben, die aus sich herausgehen und gern und aktiv an Gruppenaktivitäten teilnehmen.
4. Soziales Auftreten	Mißt Faktoren wie Stabilität, innere Ausgeglichenheit, Spontaneität, Selbstvertrauen in persönlichen und gesellschaftlichen Beziehungen und das Energie- und Wirksamkeitsniveau.
5. Selbstbejahung	Mißt Faktoren wie das Gefühl für den persönlichen Wert oder Selbstwert, die Fähigkeit zu unabhängigem Handeln und Selbstbewußtsein, die Freiheit von Selbstzweifeln.
6. Eigenständigkeit	Identifiziert Personen, die unabhängig, selbstsicher und findig sind, entschlossen und zielorientiert, willensstark und tüchtig.
7. Mitgefühl	Mißt die Fähigkeit, über Leute intuitiv nachzudenken und ihre Gefühle und Einstellungen nachvollziehen zu können, sich in die Situation anderer intuitiv hineinversetzen zu können.
Klasse II	**Intrapersönliche Domäne – Meßskalen für Sozialisation, Maturität, Verantwortlichkeit und intrapersönliche Wertsystemstrukturierung.**
8. Verantwortlichkeit	Identifiziert Personen mit gewissenhaften/pflichtbewußten, verantwortungsvollen und zuverlässigen Dispositionen und Temperament, Personen, die Verantwortung übernehmen und ihren Verpflichtungen nachkommen.
9. Soziale Anpassung	Weist hin auf den Grad der sozialen Reife, der Integrität und der Redlichkeit, auf die Tendenz, Regeln und Verhaltensnormen in Frage zu stellen und die Neigung, risikofreudig oder risikoscheu zu handeln.
10. Selbstanpassung	Mißt Grad und Qualität der Selbststeuerung, der Selbstbeherrschung, die Neigung zu impulsiven Handlungen und die Tendenz, Veränderungen einzuleiten/auszulösen, zu unterstützen oder sich dagegen zu stellen (Status quo).
11. Guter Eindruck	Identifiziert Personen, die einen günstigen Eindruck bewirken wollen, die sich darüber sorgen, wie andere ihnen gegenüber reagieren, die an der Meinung anderer sehr interessiert sind und ihre eigenen Ideen gut verkaufen können.
12. Konventionalität	Weist darauf hin, zu welchem Grad die Reaktionen und Antworten einer Person dem allgemeinen Muster in der Bevölkerung ähnlich sind; weist auf das Zusammenpassen/Hineinpassen hin, indem die Person die gleichen Reaktionen und Gefühle hat, wie jeder andere auch.

Tabelle 22: Die Skalen des CPI (Fortsetzung)

Dimension	Zweck der Skala
13. Wohlbefinden	Identifiziert Personen, die ihre Sorgen, Klagen und Beschwerden auf ein Minimum reduzieren und die relativ frei sind von Selbstzweifeln und Enttäuschung; weist auf Personen hin, die als zufrieden mit ihrer jetzigen Lebenssituation wahrgenommen werden.
14. Toleranz	Identifiziert Personen mit zulassenden, erlaubenden und nicht be- und verurteilenden gesellschaftlichen Meinungen und Einstellungen; die tolerant, offen und ohne starke Vorurteile sind.
Klasse III	**Meßskalen für Leistungspotential und intellektuelle Effizienz**
15. Leistung durch Anpassung	Identifiziert jene Interessen- und Motivationsfaktoren, die eine Leistung bzw. Ausführung in all jenen Situationen erleichtern/fördern, in denen Anpassung als positives Verhalten gewertet wird (Personen mit einem starken Leistungsbedürfnis, die am besten in Situationen mit genauen Regeln und Strukturen arbeiten).
16. Leistung durch Unabhängigkeit	Identifiziert jene Interessen- und Motivationsfaktoren, die eine Leistung bzw. Ausführung in all jenen Situationen erleichtern/fördern, in denen Autonomie und Unabhängigkeit/Selbständigkeit als positityes Verhalten gewertet wird (Personen mit einem starken Leistungsbedürfnis, die am besten in neuen oder unerprobten Situationen, in denen sie allein und ohne externe Anleitung arbeiten).
17. Einsatz von Intelligenz	Zeigt den Grad der persönlichen und intellektuellen Effizienz/Leistungsfähigkeit an, den die Person erreicht hat (Effizienz, mit der man seine intellektuellen und persönlichen Ressourcen verwendet; eine Aufgabe rasch beginnt und über längere Zeit verfolgt).
Klasse IV	**Dispositions-Domäne: Meßskalen für persönliche Orientierung und Lebenseinstellung**
18. Psychologisches Feingefühl	Mißt den Grad, zu dem eine Person interessiert ist an sowie eingeht auf die inneren Bedürfnisse, Motive und Erfahrungen/Erlebnisse anderer; die Sensibilität der Wahrnehmung und die Treffsicherheit der Personenbeurteilung.
19. Flexibilität	Zeigt den Grad an Flexibilität und Anpassungsfähigkeit im Denken und im gesellschaftlichen Verhalten – auch die Flexibilität gegenüber Veränderungen und Überraschungen.
20. Rationalität/ Intuition	Mißt die rationale oder intuitive Grundhaltung einer Person, Sensibilität gegenüber Kritik, die Maskulinität oder Femininität der Interessen.
Klasse V	**Meßskalen für Managementpotential und Arbeitsethik**
21. Management Potential	Identifiziert Personen, die Interesse an bzw. besondere Fähigkeiten für Aufsichts- und Führungsrollen haben, und die auch dazu neigen, solche Positionen anzustreben (guter Prädiktor für zukünftige Führungsleistung beim Berufsstart). Diagnostiziert die Wirksamkeit des Verhaltens und Zielorientierung.
22. Arbeitsorientierung	Identifiziert Personen, die bei der Arbeit Pflicht-/Verantwortungsbewußtsein/Selbstdisziplin zeigen, und die vermutlich sogar bei eintönigen Tätigkeiten und unterstellten Positionen gute Arbeit leisten (guter Indikator für Personen, die mit Ausdauer, Zuverlässigkeit und sorgfältiger Aufmerksamkeit ihrer Arbeit und ihren Pflichten nachgehen).

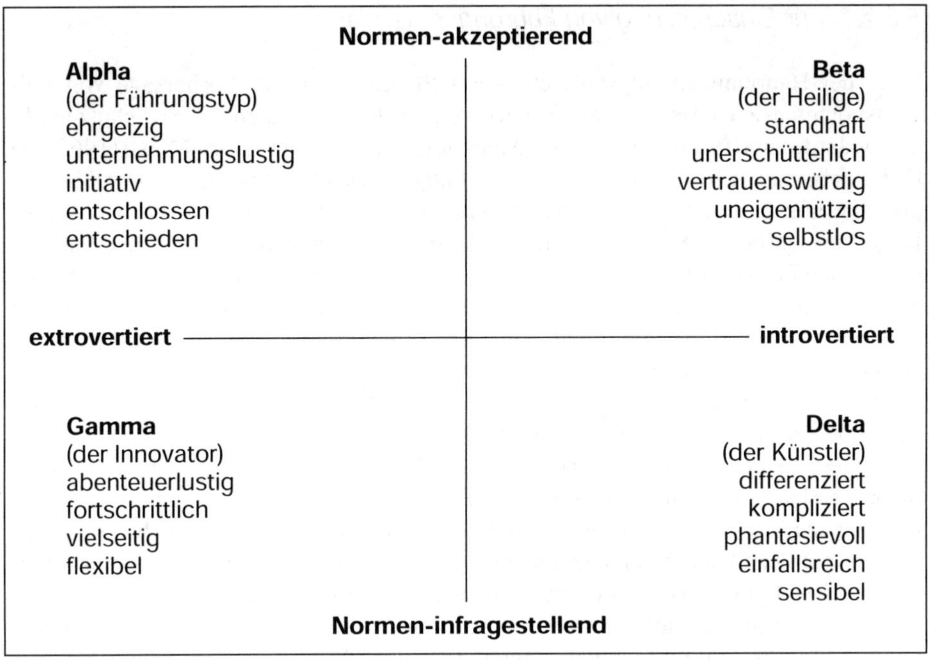

	Normen-akzeptierend	
Alpha (der Führungstyp) ehrgeizig unternehmungslustig initiativ entschlossen entschieden		**Beta** (der Heilige) standhaft unerschütterlich vertrauenswürdig uneigennützig selbstlos
extrovertiert ———————	———————	——————— **introvertiert**
Gamma (der Innovator) abenteuerlustig fortschrittlich vielseitig flexibel		**Delta** (der Künstler) differenziert kompliziert phantasievoll einfallsreich sensibel
	Normen-infragestellend	

Abbildung 21: Das Cuboid-Modell der Persönlichkeit (vgl. Weinert, 1993)

5.5.6 Testdurchführung und -auswertung

Die Vorlage des CPI-Testheftes mit 480 Items (in der revidierten Version 462 Items) nimmt etwa 60–90 Minuten in Anspruch. Für die Auswertung steht ein Foliensatz zur Verfügung, in Kürze werden vermutlich entsprechende Computerprogramme erhältlich sein. Die Testergebnisse können in ein Profilblatt eingetragen werden, wobei unterschiedliche Profilblätter für Männer und Frauen zur Verfügung stehen. Beispielprofile mit ausführlichen Interpretationen finden sich bei Weinert (1991, 1993).

5.5.7 Ausgewählte Befunde zur Leistungsfähigkeit

Zum CPI liegen derart viele Befunde aus der anwendungsbezogenen Forschung vor, daß an dieser Stelle nur ein Bruchteil der verfügbaren Literatur referiert werden kann. Nahezu alle dokumentierten Untersuchungen entstammen dem anglo-amerikanischen Raum; eine Übertragung auf den deutschsprachigen Bereich ist nur mit großer Vorsicht vorzunehmen. Die hier zitierten Befunde sollen keinen repräsentativen Überblick über den gesamten Forschungsstand geben, sondern lediglich die Vielfalt der untersuchten Fragestellungen beleuchten.

5.5.7.1 Zur Einschätzung von Führungspotential

Einer der Hauptanwendungsbereiche des CPI besteht in der Vorhersage von Führungspotential. Zu diesem Aspekt liegen diverse Validitätsstudien vor. So benutzen Mahoney, Jerdee und Nash (1960) sowie Mahoney, Sorenson, Jerdee und Nash (1963) den CPI – neben einer Reihe von anderen Prädiktoren wie etwa Intelligenz – und biographische Informationen dazu, die Effektivität des Führungsverhaltens vorherzusagen. Insgesamt wurden 498 Führungskräfte aus unterschiedlichen Unternehmen und verschiedenen Funktionsbereichen untersucht. Als Kriterium dient eine globale Einschätzung der Effektivität dieser Führungskräfte durch je sechs Mitarbeiter. Die Autoren können zeigen, daß die von ihnen gewählten Prädiktoren mit guten Trefferquoten in der Lage sind, zwischen hoch und wenig effektiven Managern zu differenzieren.

Hogan (1978) validiert die zuvor aufgeführte Gleichung zur Vorhersage von Führungspotential an einer Stichprobe von 50 Sportlern eines amerikanischen Colleges. Jede dieser Personen wurde von zwei Trainern hinsichtlich ihres Führungspotentials auf einer Siebener-Skala eingestuft. Der Mittelwert dieser beiden unabhängig voneinander vorgenommenen Einstufungen korreliert zu .62 mit dem Leadership-Index. Die bivariate Korrelation mit der Skala Dominanz, die als besonders valide zur Identifikation von Führungspotential gilt, erbringt eine ebenso hohe Korrelation mit dem Kriterium.

Brown, Grant und Patton (1981) vergleichen die CPI-Ergebnisse von Ingenieuren und Führungskräften und können zeigen, daß einige Skalen des CPI signifikant zwischen diesen beiden Gruppen differenzieren. Hoffmann und Davis (1995) korrelieren die CPI-Ergebnisse von 114 Bewerbern eines Dienstleistungsunternehmens im Freizeitbereich mit Beurteilungen, die zwei Jahre nach der Einstellung durch den Personalleiter vorgenommen wurden. Sie finden, daß die beiden Skalen „Work-Orientation" und „Managerial Potential" signifikant mit einigen Beurteilungsdimensionen zusammenhängen. Die signifikanten Korrelationen liegen zwischen .22 und .31. Neben diesen beiden Skalen, denen das Hauptinteresse der Autoren gilt, können auch für einige andere Dimensionen signifikante Korrelationen festgestellt werden, zumeist auf ähnlichem Niveau. Besonders vorhersagestark erweist sich abermals die Skala „Dominance", bei der eine Korrelation von .43 belegt werden konnte.

Etwas schwieriger zu beurteilen ist der Beitrag des CPI zur Validität einer Testbatterie in der Untersuchung von Hakstian, Woolsey und Schroeder (1987). Die Autoren legen 238 Mitarbeitern einer Telefongesellschaft neben dem CPI auch den 16-Persönlichkeits-Faktoren-Test sowie andere Verfahren vor. Als Kriterium dienen Beurteilungen durch Vorgesetzte. Die Skalen des CPI wurden allerdings nicht direkt in die Vorhersage einbezogen, sondern gemeinsam mit dem 16 PF einer Faktorenanalyse unterzogen. Die sechs von den Autoren extrahierten Faktoren stellen die eigentlichen Prädiktoren dar. Die multiplen Korrelationskoeffizienten der aus der Gesamttestbatterie extrahierten Faktoren liegen mit Werten zwischen .51 und .59 auf beachtlichem Niveau. Der Anteil des CPI an diesen Ergebnissen ist allerdings nicht exakt abschätzbar.

Gough (1990) nimmt in einer umfangreichen Untersuchung eine Validierung des „Cuboid-Modells" (vgl. Abb. 21) vor. Entsprechend der Vorhersage dieses Modells müßten Personen mit Führungspotential vor allem im Quadranten Alpha oder auf höheren Levels im Quadranten Gamma zu finden sein. Die vom Autor untersuchte Stichprobe umfaßte mehrere tausend Personen, vorwiegend Schüler, Studenten oder Angehörige einer Militärakademie. Von allen Teilnehmern liegt neben den Ergebnissen des CPI eine davon unabhängige Einschätzung des Führungspotentials vor, die etwa durch Schuldirektoren oder Klassenkameraden vorgenommen wurden. Gough weist nach, daß „Alpha-Persönlichkeiten" tatsächlich in signifikant stärkerem Ausmaß Führungspotential zugeschrieben wird als Personen, die hinsichtlich ihrer Testergebnisse in anderen Quadranten zu lokalisieren sind.

5.5.7.2 Zur Bewährung im Polizei- und Sicherheitsbereich

Obwohl in den Vereinigten Staaten für die Eignungsdiagnostik von Mitarbeitern des Polizeidienstes vor allem der MMPI eingesetzt wird, existieren diesbezüglich ebenfalls Studien zum CPI. So vergleicht Pugh (1985) die Beurteilung von 61 Polizeibeamten nach zwei und viereinhalb Dienstjahren mit den CPI-Daten, die bei der Einstellungsuntersuchung angefallen sind. Nach zwei Jahren bildeten sich nur auf einer der 18 Skalen („Capacity for Status") Unterschiede zwischen den gut und weniger gut beurteilten Polizisten ab. Nur geringfügig günstiger stellen sich die Befunde nach viereinhalb Jahren dar. Hier finden sich Unterschiede auf den beiden Skalen „Well-Being" und „Responsibility".

Hiatt und Hargrave (1988b) lassen 55 Mitarbeiter eines privaten Sicherheitsdienstes durch ihre Vorgesetzten hinsichtlich ihrer beruflichen Bewährung in die beiden Kategorien „zufriedenstellend" und „nicht zufriedenstellend" einordnen. Diese Zuordnung wird mit dem psychologischen Eignungsurteil bei der Einstellung verglichen, dem unter anderen der CPI sowie der MMPI zugrunde liegen. Bei der Einstellungsentscheidung werden auch einige Bewerber akzeptiert, die als nicht geeignet beurteilt worden waren. Der Vergleich zwischen Eignungsurteil und späterer Einschätzung durch den Vorgesetzten ergibt übereinstimmende Urteile in 69% der Fälle.

Dem gleichen Berufsfeld entstammt eine Studie von Hogan (1971). 114 Polizeikadetten und 42 Polizisten werden durch Vorgesetzte beurteilt und diese Beurteilungen mit den Resultaten des zur gleichen Zeit durchgeführten CPI korreliert. Substantielle Korrelationen finden sich für die Faktoren „Dominanz" ($r = .23$), „Geselligkeit" (engl. Sociability; $r = .20$), „Selbstbejahung" ($r = .22$) sowie „Einsatz von Intelligenz" ($r = .30$).

Auf die Vorhersage des Ausbildungserfolges von Fluglotsen zielt die Studie von Cobb (1962) ab. Die Skalen des CPI liefern allerdings nur geringe Beiträge zur multiplen Korrelation mit dem Ausbildungserfolg, die vorhersagestärksten Prädiktoren entstammen erwartungsgemäß dem Bereich der kognitiven Leistungsfähigkeit.

Eine Validierung der drei Vektor-Skalen des CPI legen Blake, Potter und Slimak (1993) vor. In dieser Studie werden die Leistungsbeurteilungen von Junior-Offizieren der amerikanischen Küstenwache mit den CPI-Skalen korreliert. Die drei Vektorskalen V1, V2 und V3 weisen signifikante multiple Korrelationen (zwischen .29 und .45) mit Leistungsbeurteilungen auf. Allerdings erreichen – wie bereits in einigen der zuvor geschilderten Studien – die bivariaten Korrelationen der Leistungsbeurteilung mit der Skala „Dominance" ein vergleichbares, teilweise sogar besseres Niveau, so daß die Überlegenheit der Vektorskalen gegenüber den Einzelskalen hinsichtlich der Validität nicht belegt werden kann.

5.5.7.3 Weitere Untersuchungen aus anderen Anwendungsfeldern

Um das breite Spektrum der Forschung zum CPI zu verdeutlichen, sollen drei weitere Untersuchungen dargestellt werden. Mossholder, Bedeian, Touliatos und Barkman (1985) finden Unterschiede zwischen Mitarbeitern des öffentlichen Dienstes und Beschäftigten der Privatwirtschaft. Bei in der Privatwirtschaft beschäftigten Männern ergeben sich höhere Werte für „Responsibility", „Socialization" und „Intellectual Efficiency" und niedrigere Werte auf der Skala „Self-Acceptance". Allerdings sollte nicht unerwähnt bleiben, daß die berichteten Effektgrößen relativ klein sind.

Scott und Sedlacek (1975) weisen nach, daß sich fortgeschrittene Studenten verschiedener Fachbereiche signifikant in den bei Studienbeginn erhobenen CPI-Befunden unterscheiden. Die Autoren schlagen vor, den CPI bei unentschlossenen Studenten zur Unterstützung der Studienberatung hinzuzuziehen. Abschließend soll eine Untersuchung von Biersner und LaRocco (1983) erwähnt werden, in der eine Stichprobe von Tauchern der amerikanischen Marine mit der Normstichprobe verschiedener Testverfahren verglichen wird. Im CPI finden sich in der Skala „Socialization" signifikante Unterschiede zwischen dem Mittelwert der Taucher und dem Mittelwert der Normstichproben.

5.5.8 Zusammenfassende Einschätzung

Hinsichtlich der vielfältigen Forschungsbemühungen für den Führungskräftebereich bleibt der CPI ohne Konkurrenz. Die seit 45 Jahren andauernde Fortentwicklung und Validierung hat das Verfahren anderen Instrumenten voraus. Sein hieraus resultierender Vorteil besteht darin, daß durch eine Vielzahl von Befunden eine Validität für die Prognose bestimmter Aspekte des beruflichen Erfolges – häufig in Form von Leistungsbeurteilungen – nachgewiesen werden konnte. Wie bereits beim 16 PF gilt dies allerdings zumeist für den anglo-amerikanischen Raum. Die Bevorzugung von Leistungsbeurteilungen als Kriterium erscheint beim CPI sinnvoll, da der Fragebogen explizit die im Alltag verwendeten Klassifikationskonzepte abbilden will. Durch die Übersetzung in alle Weltsprachen hat der CPI auch auf die interkulturelle Persönlichkeitsforschung stimulierend gewirkt.

Wenn dennoch ein gewisses Unbehagen gegenüber dem Einsatz des CPI formuliert wird, ist dies nicht nur in den im deutschsprachigen Raum ausstehenden Validitätsbemühungen begründet. Schwerwiegender erscheinen Probleme bezüglich der Akzeptanz des Testverfahrens seitens der Teilnehmer sowie hinsichtlich der sozialen Validität. Die überwiegende Mehrzahl der Bewerber wird sich hüten, im Rahmen einer Eignungsuntersuchung Vorbehalte gegenüber einem Test zu thematisieren. Es ist jedoch aus Gesprächen mit Personalpraktikern und Teilnehmern bekannt, daß eine Reihe von Fragen als unangebracht, invasiv, skurril und irritierend beurteilt werden (z. B. „Ich bin ein- oder mehrmals wegen meines sexuellen Verhaltens in Schwierigkeiten gewesen"). Häufig ist hierin der Grund für einen Verzicht auf das Instrument zu sehen. Testaussagen, welche die Intimsphäre betreffen, sind auch aus rechtlichen Gründen problematisch (vgl. Kap. 4.2). Die Instruktion zum CPI enthält den folgenden Abschnitt – vermutlich, um einem Mißmut der Teilnehmer vorzubeugen:

„Einige Fragen mögen Ihnen vielleicht zu persönlich oder komisch erscheinen. Denken Sie aber bitte dabei daran, daß dieser Fragebogen vielleicht auch Leuten mit besonderen Problemen und Schwierigkeiten vorgelegt werden soll. Versuchen Sie deshalb so aufrichtig wie möglich zu sein." (Aus der Testanweisung zum deutschen CPI, Weinert et al., 1982)

Gerade diese Instruktion wirkt insofern etwas paradox, als sie impliziert, daß jede den Test bearbeitende Person offenbar nicht zu den „Leuten mit besonderen Problemen und Schwierigkeiten" gehört. Die Formulierung ermuntert den Teilnehmer, sich von einigen Testaussagen zu distanzieren – es bleibt jedoch ungenannt, welche dies sind. Somit steht es im Ermessen des Teilnehmers, alle ihm „komisch" erscheinenden Items anders – möglicherweise leichtfertiger – zu beantworten. Gemäß der Logik des genannten Abschnittes drängt sich dem Bearbeiter des CPI jedoch auch die Frage auf, aus welchem Grund die Testaussagen enthalten sind, wenn sie – laut Instruktion – offenbar für keinen der Teilnehmer Relevanz besitzen. Es ist zu vermuten, daß die Instruktion nicht ausreicht, die bei der Testbearbeitung entstehende Dissonanz nachhaltig zu reduzieren. Insbesondere bei Eignungsbeurteilungen stellt sich für Teilnehmer die Frage, inwieweit die offensichtlich nicht bedeutsamen Testaussagen das Ergebnis und die Einstellungsentscheidung beeinflussen. Weil dem Personalmarketing der Unternehmen eine stetig wachsende Bedeutung zukommt, sollte dieser Aspekt nicht unterschätzt werden: Auch die Eindrücke, welche Bewerber beim Auswahlverfahren gewinnen, prägen das öffentliche Bild von der Organisation. Es ist diesbezüglich anzuraten, unter den validen Verfahren nur solche zum Einsatz zu bringen, deren Sinn sich den Teilnehmern vermitteln läßt und die auch rechtlich unbedenklich sind.

5.6 Eysenck-Persönlichkeits-Inventar (EPI)

Beim Eysenck-Persönlichkeits-Inventar (EPI; Eggert, 1983) handelt es sich um die deutschsprachige Fassung des „Eysenck Personality Inventory" (Eysenck, 1964; in fünfter Auflage 1971). Das Verfahren basiert auf dem von Eysenck (1960) entwickelten Persönlichkeitsmodell und soll dieses in der psychologischen Forschung und Praxis anwendbar machen. Das EPI ist eine Weiterentwicklung des MMQ (Maudsley Medical Questionaire, Eysenck, 1959; Knapp, 1962) sowie des MPI (Maudsley Personality Inventory) und dient der Erfassung der beiden aus Autorensicht bedeutsamsten Dimensionen der Persönlichkeit: Extraversion und Neurotizismus. Das Verfahren umfaßt insgesamt 57 Testfragen. Jeweils 24 Items sind den zwei genannten Skalen zugeordnet, weiterhin ist eine „Lügenskala" mit neun Items enthalten. Nach Eysencks Theorie und den Ergebnissen seiner faktorenanalytischen Untersuchungen leisten die beiden bipolaren Dimensionen Extraversion und Neurotizismus im Vergleich zu anderen Skalenpaaren den bedeutsamsten Beitrag zur Beschreibung der Persönlichkeit. Den beobachtbaren Aspekten der Persönlichkeit, in diesem Fall also etwa der Selbstbeschreibung im Fragebogen, liegt eine Kombination aus Umweltfaktoren und erblichen Aspekten zugrunde, die nach Eysencks Auffassung experimentell vielfach bestätigt worden sind. Gegenüber den zwei vorhergehenden Fragebogen (MMQ und MPI) sieht Eysenck im EPI folgende Vorteile realisiert:

– Ausarbeitung zweier paralleler Formen (zur Vorher-Nachher-Messung, um etwa den Erfolg einer Therapie zu erfassen) sowie einer Lügenskala zur Erfassung von Antworten im Sinne sozialer Erwünschtheit
– Weitgehende Unabhängigkeit der erfaßten Konstrukte
– Anwendbarkeit des Verfahrens bei Personen mit niedrigem Intelligenzquotienten beziehungsweise niedrigem Bildungsniveau durch eine leichtere Verständlichkeit der Testfragen.

Das Instrument wird vor allem für den klinischen Einsatz in Forschung und Praxis, darüber hinaus auch für Beratungszwecke (Erziehungs- und Berufsberatung) empfohlen. Eysenck selbst äußerte sich sogar dahingehend, daß das EPI in allen Situationen sinnvoll einsetzbar sein kann, in denen persönlichkeitsbezogene Aussagen von Relevanz sind (vgl. Eggert, 1983, S. 31).

5.6.1 Theoretischer Hintergrund

Ebenso wie bei Guilford und Cattell stellt auch für Eysenck die Faktorenanalyse ein wichtiges Instrument zum Auffinden von persönlichkeitsbeschreibenden Dimensionen dar. Das Verfahren erfährt bei Eysenck jedoch eine etwas andere Bewertung, da es nur eine von mehreren Techniken der von ihm propagierten „Hypothetico-deduktiven Methode" darstellt:

> „Die Faktorenanalyse ist ein Werkzeug, das dazu dient, uns bei der Suche nach Wissen zu helfen, aber sie kann aus sich weder die wahre Struktur oder die wahren Kausalbeziehungen in einem besonderen Bereich erschließen. Nur wenn die Wahrheit uns schon bekannt ist, können wir die Informationen verwenden, die eine Faktorenanalyse als Hypothese liefert. Nur weil wir die Existenz von Extraversion und Neurotizismus sowie ihre Beziehung zueinander aus fundamentalen und allgemeinen Theorien ableiten können, heben wir die faktorenanalytischen Ergebnisse hervor, die unsere allgemeine Position stützen, nicht etwa umgekehrt. Die Faktorenanalyse spielt letztlich ihren Part als Teil der hypothetisch-deduktiven Methode, die Wissenschaft allgemein kennzeichnet; keineswegs ist sie ein einsames, geheimes Spiel mit mathematischen Symbolen." (Eysenck & Eysenck, 1969, S. 169)

Die beiden Hauptdimensionen Extraversion und Neurotizismus bilden die Grundpfeiler des Eysenckschen Persönlichkeitsmodells, das sich nach seiner Auffassung mit dem antiken Persönlichkeitsschema der vier Temperamente verbinden läßt (vgl. Abb. 22; vgl. auch Abb. 5).

Zum Zusammenhang von erblich-konstitutionellen Voraussetzungen und beobachtbaren und über das EPI erfaßbaren Aspekten der Persönlichkeit vertritt Eysenck folgende Auffassung:

> „Als ein weiterer Hintergrund des EPI ist die Überzeugung Eysencks zu sehen, daß diese Persönlichkeitsdimensionen (Extraversion und Neurotizismus, Anm. d. Verf.) mit der experimentellen und theoretischen Psychologie zu verbinden sind. Seiner Meinung nach lassen sich experimentelle Untersuchungen in großer Zahl finden, nach denen nachweisbar ist, daß der Neurotizismusfaktor sehr eng mit dem angeborenen Grad der Labilität des autonomen Nervensystems verbunden ist, während der Faktor Extraversion sehr eng mit dem Grad der Erregung und der Hemmung verbunden ist, die im zentralen nervösen System überwiegt (Eysenck, 1960a). (Eggert, 1983, S. 9f.)

Unstabil

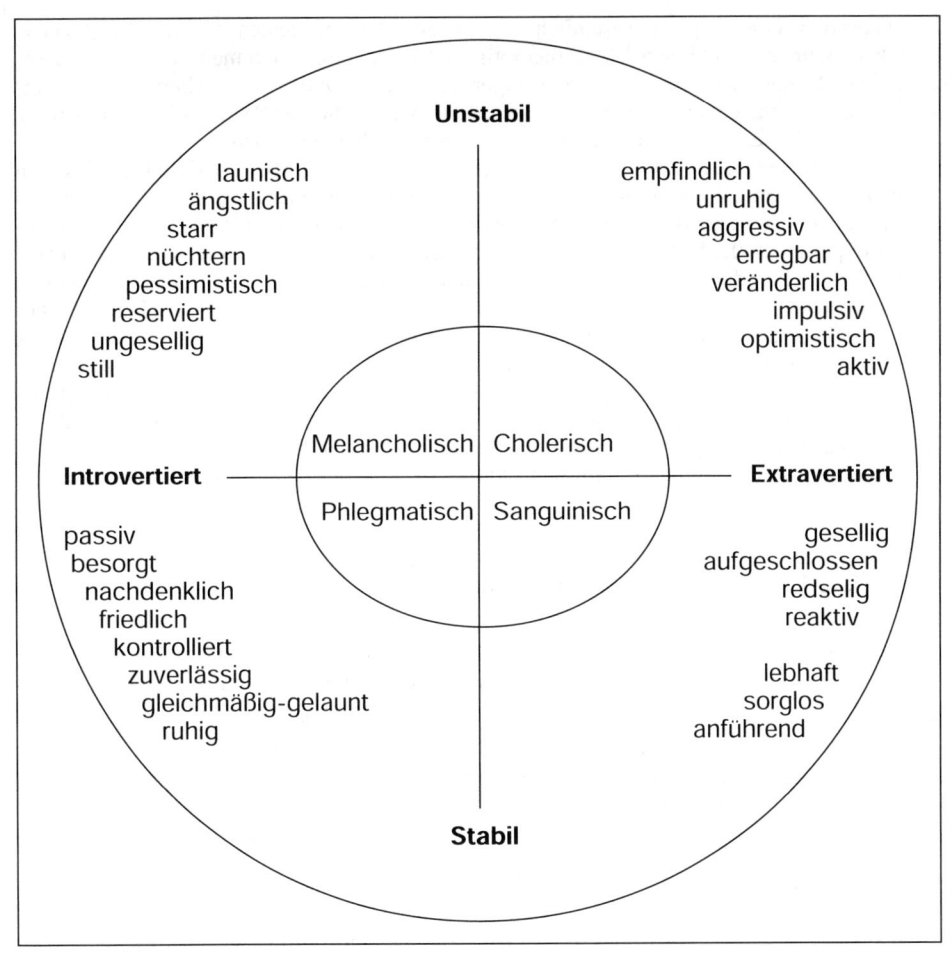

launisch
ängstlich
starr
nüchtern
pessimistisch
reserviert
ungesellig
still

empfindlich
unruhig
aggressiv
erregbar
veränderlich
impulsiv
optimistisch
aktiv

Melancholisch | Cholerisch

Introvertiert ——————————————— **Extravertiert**

Phlegmatisch | Sanguinisch

passiv
besorgt
nachdenklich
friedlich
kontrolliert
zuverlässig
gleichmäßig-gelaunt
ruhig

gesellig
aufgeschlossen
redselig
reaktiv

lebhaft
sorglos
anführend

Stabil

Abbildung 22: Die Verbindung zwischen den Persönlichkeitsdimensionen Extraversion und Neurotizismus nach Eysenck mit dem antiken Persönlichkeitsmodell der vier Temperamentstypen (vgl. Eggert, 1983, S. 10)

Wie im folgenden Abschnitt ausgeführt wird, ist diese Position nicht ohne Kritik geblieben.

5.6.2 Kontroverses zum Hintergrund des Verfahrens

Eysencks Theorie sieht eine geringe Anzahl von Faktoren vor. Ebenso wie bei Cattells 16 PF kann kritisch hinterfragt werden, ob die gefundenen Primärfaktoren die Persönlichkeit maßgeblich zu beschreiben vermögen; dies insbesondere in Hinblick auf berufsbezogene Fragestellungen. Amelang und Bartussek (1997) nehmen nach einer Darstellung der Eysenckschen Theorie zusammenfassend folgendermaßen Stellung:

"Ganz ohne Frage liegt ein wesentliches, wenn nicht das entscheidende Verdienst Eysencks darin, in unvergleichlicher Weise theoretische Vorstellungen und mehr noch experimentelle und empirische Untersuchungen angeregt zu haben, und zwar gleichermaßen bei Anhängern wie bei entschiedenen Gegnern, womit der Fundus der Persönlichkeitsforschung in methodischer und inhaltlicher Hinsicht nachhaltig bereichert wurde.

Andererseits ist unverkennbar, daß innerhalb der Gesamtarbeit zu viele Einzelstudien gleichsam atomisiert nebeneinander stehen, verbunden nur durch die gemeinsame Theorie, höchst selten aber durch eine Überlappung gemeinsamer Variablen. Das gängige Schema experimenteller Untersuchungen sieht die Klassifikation von Meßwertträgern mit Hilfe der N-, E- oder P-Skala und den Vergleich mit deren Werten in einer abhängigen Variable vor (...). Nur bei simultanem Einbezug mehrerer abhängiger Variablen ist es aber möglich, deren Beziehungen untereinander zu ermitteln. Solche Zusammenhänge, von der Theorie gefordert, müßten aufzeigbar sein, sind bislang aber nicht gesichert; im Zuge einer umfassenden Überprüfung der Eysenckschen Theorie ließen sich meist nicht einmal die Beziehungen zwischen Fragebogen-Scores auf der einen Seite und experimentalpsychologischen sowie psychophysiologischen Variablen auf der anderen replizieren (s. Amelang, 1987; Amelang & Ullwer, 1990, 1991b)." (Amelang & Bartussek, 1997, S. 358)

5.6.3 Die Entwicklung des Verfahrens

Das EPI wurde vor allem entwickelt, um verschiedene Mängel seiner Vorgänger zu beheben. Die Itemauswahl erfolgte durch Erprobungen an einer repräsentativen Stichprobe von mehr als 30.000 Personen in England. Nach faktorenanalytischen Berechnungen wurden aus 128 Items die geeignetsten Fragen beibehalten und auf die beiden Parallelformen verteilt. Die Teilnehmer dieser Untersuchung waren neben Studenten „verschiedene Gruppen aus sozialen Unter- und Oberschichten, die sich in ihrer Alters- und Geschlechtszusammensetzung unterschieden" (Eggert, 1983, S. 13). Die Fragebogen sind teilweise von den Versuchspersonen selbst bearbeitet worden, teilweise wurden die Fragen von Interviewern mündlich vorgegeben. Die Erprobung der deutschsprachigen Übersetzung des EPI erfolgte 1964/65 an einer Gruppe von 2.110 Hamburger Schülern der 8. Schulklasse. Schwierigkeits- und Trennschärfekennwerte auf Itemebene sind für diese Stichprobe bei Eggert (1971) angegeben. Das Verfahren besteht aus den beiden parallelen Formen A und B, die jeweils eine Extraversionsskala und eine Neurotizismusskala mit je 24 Items sowie eine „Lügenskala" zur Aufdeckung von Effekten sozialer Erwünschtheit mit neun Items enthalten. Die Testfragen sind dichotom konstruiert, also vom Teilnehmer zu bejahen oder zu verneinen. Je nach Antwortrichtung werden bei Zustimmung/Ablehnung ein oder null Punkte vergeben und zum jeweiligen Skalenwert aufaddiert.

5.6.4 Normen und Gütekriterien

Die in der aktuellen Handanweisung vorgelegten geschlechtsspezifischen Stanine-Werte zum EPI basieren auf einer Normstichprobe aus den Jahren 1974/76, die Lehramts- sowie Ingenieurstudenten, Schüler und Lehrer (insgesamt 1.561 Personen) umfaßt. Als weiterer Anhaltspunkt zur Interpretation der Rohwerte werden zahlreiche Vergleichswerte deutschen und englischen Ursprungs mitgeteilt. Deutsche Vergleichswerte (Mittelwert und Streuung) finden sich für verschiedene (dem Wortlaut der Handanweisung zufolge) „normale" und klinisch auffällige Stichproben unterschiedlicher Größenordnung. Berechnungen zur Realiabilität der Formen A und B liegen für mehrere Stichproben als Retest- und Split-Half-Reliabilität vor. Die Retest-Reliabilität der deutschen Fassung des EPI wurde über ein Zeitintervall von einem Tag bis zu annähernd drei Monaten bestimmt. Zusätzlich wurden getrennte Berechnungen für Jugendliche und Erwachsene vorgenommen. In Tabelle 22 werden jeweils die sich ergebenden höchsten beziehungsweise geringsten Kennwerte aus den unterschiedlichen Berechnungen dargestellt (Vergleich von Form A mit Form B; es wurde also nicht eine einzelne Form des Fragebogens zweimal vorgelegt). Die Split-Half-Reliabilität wurde anhand der Angaben von circa 2.000 Jugendlichen errechnet, sie wird in der folgenden Tabelle ebenfalls mit den höchsten sowie geringsten Werten ausgewiesen. Für eine ausführlichere Darstellung sei auf die Handanweisung zum Test verwiesen.

Insgesamt ergeben sich geringe bis ausreichende Reliabilitätskennwerte, die insbesondere für die Extraversions- sowie die Lügenskala nicht auf befriedigendem Niveau liegen. Eggert (1983, S. 16) empfiehlt daher für Einzeluntersuchungen eine gemeinsame Durchführung der Formen A und B, um die Reliabilität zu erhöhen. Hinsichtlich der konvergenten Validität des EPI zeigen sich mittlere bis höhere Korrelationen (r = .42 bis .80) zwischen der Neurotizismusskala des EPI und den gleichlautenden Skalen des MMQ, MPI sowie des Brengelmann-E-N-NR-Fragebogen (Brengelmann & Brengelmann, 1960). Als etwas geringer erwies sich der Zusammenhang zwischen der Extraversionsskala des EPI und den entsprechenden Skalen des MPI und des E-N-NR-Fragebogens (r = .55 bis .70), während die Lügenskalen von EPI und MMQ zu .64 (Form A) sowie zu .49 (Form B) miteinander korrelieren.

Die divergente Validität wurde unter anderem über die Korrelationen der Skalen des EPI mit der Intelligenz ermittelt; es findet sich diesbezüglich lediglich ein geringer Zusammenhang zwischen der gemessenen Intelligenz und der „Lügenskala" von r = .08 bis .16. Eggert (1983, S. 21) verweist auf nicht veröffentlichte und nicht näher spezifizierte Untersuchungen, bei denen der EPI als therapiebegleitendes Instrument zwischen Therapiebeginn und -ende Unterschiede in den Dimensionen Neurotizismus sowie Extraversion anzeigte, die auf die therapeutischen Interventionen zurückgeführt werden können.

Tabelle 23: Die Reliabilitäten des EPI (vgl. Eggert, 1983, S. 15f.)

Skala	Split-Half-Reliabilität	Retest-Reliabilität
Neurotizismus	.73 – .78	.54 – .89
Extraversion	.55 – .75	.55 – .68
Lügenskala	.44 – .55	.32 – .75

5.6.5 Skalen und Interpretationshinweise

Zur Dimension Extraversion des EPI wird in der Handanweisung folgende Beschreibung vorgenommen:

„Der typisch Extravertierte ist gesellig, mag Veranstaltungen gern, hat viele Freunde, braucht Menschen, mit denen er sprechen kann, und ist ungern allein. Er sehnt sich nach Anregung, nutzt günstige Gelegenheiten stets aus, agiert oft spontan, wagt viel und ist allgemein impulsiv. Er mag handfeste Späße, hat immer eine schnelle Antwort und liebt allgemein Veränderungen; er ist sorglos, leichtmütig, optimistisch, lacht gern und ist gern fröhlich. Er neigt dazu, sich andauernd zu bewegen und Dinge zu tun, neigt dazu, aggressiv zu sein und seine Geduld schnell zu verlieren; zusammengefaßt sind seine Gefühle nicht immer unter enger Kontrolle, und er kann nicht immer als zuverlässige Person gekennzeichnet werden.

Der typisch Introvertierte ist ruhig, eine eher zurückhaltende Person, introspektiv, liebt Bücher mehr als Menschen; er ist reserviert und distanziert, außer bei sehr engen Freunden. Er neigt dazu, Pläne im voraus zu machen, ist behutsam und mißtraut den Impulsen des Moments. Er liebt die Erregung nicht, nimmt die Dinge des täglichen Lebens mit gewisser Ernsthaftigkeit auf und schätzt einen gut geordneten Lebensstil. Er hält seine Gefühle unter enger Kontrolle, verhält sich selten aggressiv und verliert seine Geduld nicht leicht. Er ist zuverlässig, eher pessimistisch und legt großen Wert auf ethische Normen." (Eysenck & Eysenck, 1963; zitiert nach Eggert, 1983, S. 11)

Zur Skala Neurotizismus wird keine umfassende Beschreibung gegeben, weiterhin fehlen ausführlichere Interpretationshilfen für den Anwender. Die Interpretation der ermittelten Werte kann aber durch einen Vergleich mit den normalen Untersuchungsgruppen und den klinischen Gruppen vorgenommen werden. Eggert (1983) weist in diesem Zusammenhang darauf hin, daß mit der Form A der Neurotizismusskala in der Regel niedrigere Werte ermittelt werden als mit der Form B. Für einen Vergleich wird daher geraten, dem ermittelten Rohwert zwei Neurotizismuspunkte hinzuzurechnen, um das diesbezügliche Ergebnis der Formen A und B miteinander vergleichen zu können.

5.6.6 Testdurchführung und -auswertung

Das EPI liegt in zwei parallelen Papierformen vor und kann als Gruppen- oder Einzeltest durchgeführt werden. Der Zeitaufwand für die Bearbeitung der 57 Items dürfte zwischen 5 bis 15 Minuten variieren (vgl. auch Brickenkamp, 1997, S. 544). Wenn, wie zuvor beschrieben, bei Einzeluntersuchungen zur Erhöhung der Reliabilität beide Formen des EPI vorgelegt werden, ist mit einer entsprechenden Verlängerung der Bearbeitungszeit zu rechnen. Eine computergestützte Fassung des Verfahrens liegt vor; sie kann im Rahmen des Hogrefe-Testsystems (Hogrefe-Verlag, Göttingen) angewendet werden. Die manuelle Auswertung des EPI erfordert wenige Minuten und erfolgt mit Hilfe der entsprechenden Schablonen, die unterschiedliche Markierungen für die Skalen E, N und L enthalten. Es ist möglich, eine Transformation in Stanine-Werte durchzuführen, die getrennt nach Geschlechtern vorliegen. Ein separater Bogen zur Eintragung der Roh- oder Normwerte existiert nicht.

Ausgehend von der Anwendung in der Grundlagenforschung regt Eysenck eine routinemäßige Durchführung des EPI-Fragebogens bei allen experimentellen Untersuchungen an, in denen persönlichkeitsbezogene Aussagen Relevanz besitzen. Im Bereich der angewandten Forschung kam das EPI in der Marktforschung zum Einsatz. Vor allem aber sollte das Instrument aus Autorensicht im Bereich der klinischen Psychologie zur Anwendung gelangen, des weiteren in Kliniken, Erziehungs- und Berufsberatungsstellen, etwa für individuelle Testuntersuchungen. Eysenck äußert sich dazu wie folgt:

> „Zusammengefaßt hat man nun einen kurzen, zuverlässigen und gültigen Meßwert für die zwei am bedeutendsten scheinenden Dimensionen der Persönlichkeit. Ein solches Meßinstrument kann in jeder Untersuchung sinnvoll sein, wo man erwartet, daß Persönlichkeit und inter- und intraindividuelle Differenzen eine Rolle spielen." (Eysenck, o.J., zitiert nach Eggert, 1983, S. 31)

5.6.7 Ausgewählte Befunde zur Leistungsfähigkeit

Faktorenanalytische Untersuchungen zu den EPI Skalen liegen von v. Eye und Krampen (1979) und von Amelang und Borkenau (1982) mit teils widersprüchlichen Ergebnissen vor. Während die ersteren Autoren an einer Stichprobe von 384 Personen verschiedener Altersgruppen keine Trennung der Neurotizismus- beziehungsweise der Extraversionsdimension für die Form A ermitteln konnten und für die Form B eine völlig unterschiedliche Faktorenmatrix erhalten, bestätigen Amelang und Borkenau die weitgehende Unabhängigkeit der Eysenckschen Grunddimensionen. Darüber hinaus konnten sie auch die von Eysenck postulierte Binnenstruktur der Extraversionsskala für die Form A bestätigen. Für die Form B konstatieren sie eine mindere „faktorielle Reinheit" – womit ausgedrückt wird, daß einige Items Ladungspräferenzen zeigen, die ihrer dimensionalen Zuordnung entgegenstehen. Zur Unabhängigkeit der Extraversions- beziehungsweise Neurotizismus-Skala ermittelt Eggert (1983) an der Normstichprobe Hamburger Jugendlicher Zusammenhänge von $r = .00$ bis $-.12$ zwischen beiden Dimensionen. Amelang und Borkenau (1982) finden negative Korrelationen geringerer Höhe. Die Überprüfung elektroenzephalographischer Merkmale in Aktivierungssituationen (Rösler, 1975) erbringt ebenfalls nur schwache Belege für Hypothesen, die aus dem Persönlichkeitsmodell Eysencks abgeleitet wurden.

5.6.8 Zusammenfassende Einschätzung

Ungeachtet der Befundlage zum theoretischen Modells Eysencks werden mit dem EPI zwei grundlegende Beschreibungsdimensionen erfaßt, die auch im Rahmen des Fünf-Faktoren-Modells der Persönlichkeit (vgl. Kap. 5.2) weitgehende Akzeptanz gefunden haben. Das Instrument ist darüber hinaus durch den geringen Itemumfang sehr zeitökonomisch einsetzbar. Kritikwürdig sind neben der geringen Reliabilität der Skalen für einen Einsatz außerhalb von klinisch-psychologischer Forschung und Praxis weiterhin die folgenden Aspekte:

- Das forced-choice-Format der Antworten, welches nur zwei Antwortalternativen zuläßt
- Der Einsatz einer Lügenskala (Beispielitem: „24. Ist Ihr Benehmen i m m e r gut und einwandfrei?")
- Klinisch-psychologisch orientierte Testfragen (Beispielitem: „35. Haben Sie Schüttelanfälle bzw. fangen Sie plötzlich an zu zittern?")
- Die Beschränkung auf lediglich zwei „breite" Dimensionen der Persönlichkeit.

Auch wenn das EPI für den Einsatz im Rahmen klinisch-psychologischer oder medizinischer Untersuchungen wichtige Hinweise liefern kann, ist Eysenck nicht zuzustimmen, der die Durchführung bei allen persönlichkeitsbezogenen Fragestellungen anregt. Für den Einsatz in der Personalarbeit ist das EPI aufgrund der zuvor genannten Kritikpunkte kaum zu empfehlen – und auch nicht entwickelt worden. Grundsätzlich ist festzustellen, daß einige Testverfahren (namentlich das NEO-FFI; vgl. Kap. 5.2) über die im EPI enthaltenen Dimensionen hinaus weitere Skalen integrieren, ohne dadurch zeitlich weniger handhabbar zu sein (wenn etwa ein Fragebogen gesucht wird, der als grobes Screening-Instrument mit geringem Zeitaufwand eingesetzt werden soll). Die Beschränkung auf zwei Dimensionen läßt das EPI auch für Beratungszwecke nicht als Instrument der Wahl erscheinen. Sofern ein Persönlichkeitsfragebogen als Gesprächsgrundlage und Orientierungshilfe zur Selbsterkundung genutzt wird, ist der Anwender vermutlich eher an einer breiten Informationsgrundlage interessiert. Zugleich wird es ihm wichtig sein, zentrale Aspekte der Persönlichkeit umfassend zu beleuchten.

5.7 Das Bochumer Inventar zur berufsbezogenen Persönlichkeitsbeschreibung (BIP)

Das Bochumer Inventar zur berufsbezogenen Persönlichkeitsbeschreibung (BIP, Hossiep & Paschen, 1998) wurde entwickelt, da die Verfasser existierende Verfahren zum Teil als weniger geeignet für die praktische diagnostische Arbeit in der Wirtschaft erlebt haben und mit dem BIP eine Alternative zur Verfügung gestellt werden sollte. Die folgenden Ausführungen zum Verfahren lehnen sich dabei eng an das Ende 1998 erschienene Testmanual an. Das BIP umfaßt 210 Testfragen, die anhand von 14 Dimensionen zusammengefaßt werden. Die Items sind vom Teilnehmer auf einer sechsfach abgestuften Antwortskala zu bewerten. Die Dimensionen des BIP sind nach vier Bereichen geordnet (vgl. Abb. 23).

Dem Instrument liegt keine alle Skalen umfassende Theorie der Persönlichkeit zugrunde; theoretische Ansätze und Befunde der differentiellen Psychologie und der Motivationspsychologie wurden jedoch zur Konzeptualisierung der Dimensionen genutzt. Ziel des BIP ist die standardisierte Erfassung des Selbstbildes eines Testkandidaten in Hinblick auf relevante Beschreibungsdimensionen aus dem Berufsleben. Seine Einsatzgebiete liegen in der unterstützenden Durchführung bei Personalauswahlprozessen, im Einsatz bei Personalentwicklungsvorhaben (z.B. Teamentwicklung) sowie im Einsatz bei Berufs- und Karriereberatungen. Zum BIP liegt auch ein Fremdbeschrei-

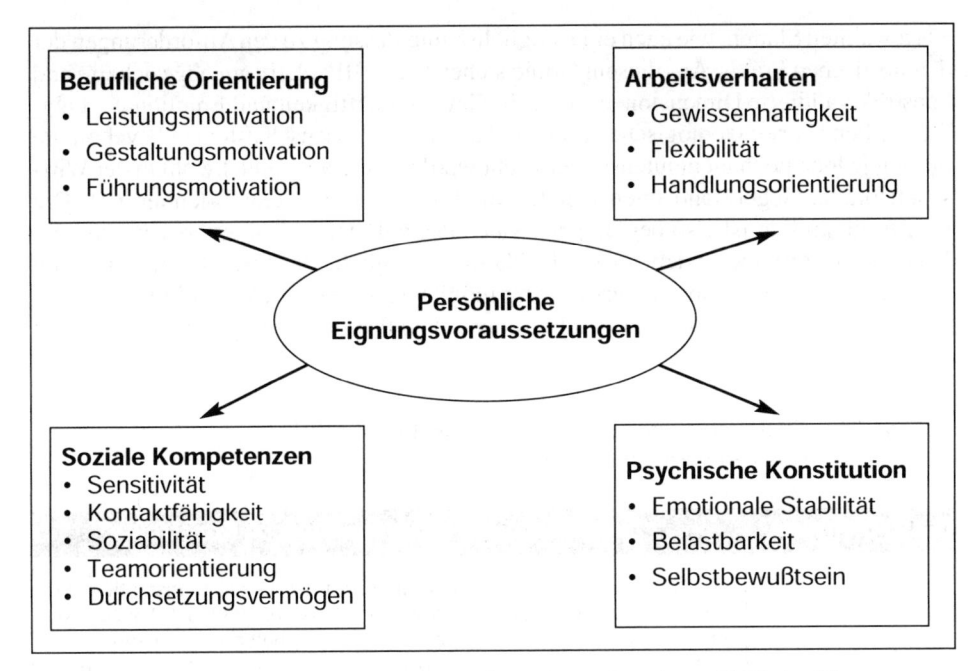

```
┌─────────────────────────────────┐         ┌─────────────────────────────────┐
│ Berufliche Orientierung         │         │ Arbeitsverhalten                │
│ • Leistungsmotivation           │         │ • Gewissenhaftigkeit            │
│ • Gestaltungsmotivation         │         │ • Flexibilität                  │
│ • Führungsmotivation            │         │ • Handlungsorientierung         │
└─────────────────────────────────┘         └─────────────────────────────────┘
                    ↘                             ↗
                         ( Persönliche
                           Eignungsvoraussetzungen )
                    ↗                             ↘
┌─────────────────────────────────┐         ┌─────────────────────────────────┐
│ Soziale Kompetenzen             │         │ Psychische Konstitution         │
│ • Sensitivität                  │         │ • Emotionale Stabilität         │
│ • Kontaktfähigkeit              │         │ • Belastbarkeit                 │
│ • Soziabilität                  │         │ • Selbstbewußtsein              │
│ • Teamorientierung              │         │                                 │
│ • Durchsetzungsvermögen         │         │                                 │
└─────────────────────────────────┘         └─────────────────────────────────┘
```

Abbildung 23: Die Dimensionen des BIP (Hossiep & Paschen, 1998, S. 17)

bungsbogen vor, der die gleichen Dimensionen wie das BIP umfaßt, jedoch wesentlich kürzer gestaltet wurde (insgesamt 52 Items). In der Kombination aus BIP und Fremdbeschreibungsbogen kann das Verfahren zum Beispiel in betrieblichen Feedbackprozessen (z. B. 360-Grad-Feedback; vgl. Kap. 6.2) Anwendung finden.

5.7.1 Theoretischer Hintergrund

Die Skalen des BIP wurden aus den Anforderungen der diagnostischen Praxis entwickelt, indem zahlreiche Personalfachleute zu den aus ihrer Sicht bedeutsamen Dimensionen der Persönlichkeit befragt wurden. Weiterhin wurden vorliegende Befunde zur Validität von Persönlichkeitskonstrukten gesichtet, um relevante Beschreibungsdimensionen zu identifizieren. Somit ergibt sich teils eine relativ große Nähe zu bestehenden psychologischen Konstrukten, teils eine Konstruktion entlang des Alltagsverständnisses der jeweiligen Begrifflichkeiten. Tabelle 24 stellt die theoretische Fundierung der Dimensionen im einzelnen dar.

5.7.2 Kontroverses zum Hintergrund des Verfahrens

Das BIP ist nicht auf Basis einer einzigen, spezifischen theoretischen Konzeption entstanden. Ziel bei der Testkonstruktion war stets sowohl die theoretische Fundierung der ausgewählten Skalen, wie auch eine möglichst gute Passung zu den Anforderungen der diagnostischen Praxis. Aus diesem Grund stehen beim BIP relativ gut abgesicherte und konstruktvalidierte Dimensionen (wie z. B. Gewissenhaftigkeit und Emotionale Stabilität) neben eher praxeologischen Skalen, die von der wissenschaftlichen Psychologie bislang jedoch noch nicht intensiv beforscht werden – die aber gleichwohl in der Wirtschaftspraxis Gegenstand intensiver Diskussion sind (etwa Teamorientierung). Die Konstruktvalidität ist also bei einigen Skalen des BIP noch nicht untersucht, und ein Verweis auf Befunde ist demzufolge bisher nicht möglich. Die Testautoren haben sich nicht an erster Stelle um die Verwendung möglichst gut konstruktvalidierter psychologischer Dimensionen bemüht, sondern eher um im Personalmanagement bedeutsame

Tabelle 24: Die theoretische Fundierung der Skalen des BIP (Hossiep & Paschen, 1998, S. 22 ff.)

Dimension	Zugrundeliegende psychologische Konstrukte
Leistungs-motivation	Die Dimension greift konzeptuell das Konstrukt der Leistungsmotivation nach McClelland (1987b; vgl. auch Heckhausen, 1989) auf: Leistungsmotivation wird hier verstanden als die Bereitschaft zur Auseinandersetzung mit einem hohen Gütemaßstab sowie als Bemühen, die eigenen Leistungen kontinuierlich zu messen und gegebenenfalls zu steigern. Zahlreiche Befunde zeigen, daß eine hohe Ausprägung der Leistungsmotivation einen starken Impuls für überdurchschnittliche berufliche Anstrengungen darstellt (McClelland, 1965; McClelland & Winter, 1969; McClelland & Boyatzis, 1982; McClelland, 1987a; Prochaska, 1998).
Gestaltungs-motivation	Diese Skala weist gemeinsam mit der Skala Führungsmotivation deutliche Überschneidungen mit dem Konzept der Machtmotivation nach McClelland (1987b; vgl. auch Heckhausen, 1989) auf. Beide erfassen die Bereitschaft, andere zu einem Tun zu veranlassen, das sie ohne diese Einflußnahme nicht unbedingt zeigen würden. Im BIP wird zwischen der direkten sozialen Einflußnahme (Führungsmotivation) und der Einflußnahme auf Prozesse und Strukturen (Gestaltungsmotivation) unterschieden. Dies gründet sich gemäß der Befundlage auf die relativ niedrigen Korrelationen beider Facetten in einigen Berufsfeldern.
Führungs-motivation	Die Skala mißt denjenigen Teil der Machtmotivation, der sich auf direkte Einflußnahme bezüglich sozialer Vorgänge bezieht (vgl. auch die Anmerkungen zur Gestaltungsmotivation). Sie orientiert sich damit am deutlichsten an der ursprünglichen Konzeption der Machtmotivation. Jedoch erfaßt die Skala zusätzlich Aspekte, die nicht unbedingt zum Machtmotiv selbst gehören, sondern eher mit der Selbsteinschätzung machtmotivierter Menschen einhergehen (etwa das Bewußtsein, Autorität auszustrahlen oder anderen Personen als Orientierung zu dienen).
Gewissen-haftigkeit	Die Dimension entspricht partiell der Gewissenhaftigkeit des Big-Five-Modells (z. B. Costa & McCrae, 1980; Borkenau & Ostendorf, 1993). Allerdings ist der Big-Five-Faktor breiter angelegt als diese Skala, welche im wesentlichen Aspekte der Sorgfalt und Präzision erfaßt. Dieser engere Konzeptionsrahmen wurde gewählt, da sich gerade in diesem

Tabelle 24: Die theoretische Fundierung der Skalen des BIP (Fortsetzung)

Dimension	Zugrundeliegende psychologische Konstrukte
	Punkt (Pragmatismus vs. Perfektionismus) viele Tätigkeitsanforderungen deutlich unterscheiden und eine mit anderen Aspekten möglichst nicht konfundierte Messung sichergestellt werden sollte.
Flexibilität	Dieses Skala weist eine Überschneidung mit dem Konstrukt „Offenheit für Erfahrung" im Big-Five-Modell auf. Der Big-Five-Faktor ist wiederum breiter angelegt; die mit ihm erfaßte Offenheit und Umstellungsfähigkeit greift weite Lebensbereiche ab. „Offenheit für Erfahrung" bezieht sich etwa auch auf die Bereitschaft, ungewöhnliche Speisen zu verzehren. Der Gegenstandsbereich im BIP ist auf die berufliche Flexibilität beschränkt. Die Skala erfaßt im wesentlichen die Bereitschaft und Fähigkeit, sich auf veränderliche berufliche Bedingungen und wechselnde Situationen einzustellen.
Handlungsorientierung	Die Dimension entspricht weitgehend dem Konstrukt der Handlungsorientierung nach Entscheidungen gemäß Kuhl und Beckmann (1994). Dieses bipolare kontinuierliche Konstrukt (Lage- vs. Handlungsorientierung) ist sowohl als Trait- wie auch als State-Variable konzipiert. Lageorientierte Personen beschäftigen sich nach einer Entscheidung demnach eher mit Aspekten der Situation und verharren in ihren Überlegungen, die im ungünstigen Fall die Handlungsbereitschaft lähmen. Handlungsorientierte Personen hingegen möchten nach einer Entscheidung unverzüglich aktiv werden und ihre Absichten umsetzen. Zudem gelingt es ihnen, weitere Informationen oder Ablenkungen auszublenden und ihre Energien auf die Handlung selbst zu richten. Aus der bisherigen Befundlage läßt sich jedoch nicht ableiten, daß handlungsorientierte Personen besser oder zweckmäßiger handeln. Sicher ist vielmehr, daß sie ihre Aktivitäten zeitlich schneller aufnehmen.
Sensitivität	Die Skala entstand ohne direkte Anlehnung an ein bestehendes psychologisches Konstrukt. Umgangssprachlich würde man wohl am ehesten von Einfühlungsvermögen sprechen. Diese Bezeichnung wurde jedoch vermieden, da sie eine gewisse „prosoziale" Komponente beinhaltet. Empfindsamkeit wird jedoch mit der Skala nicht erhoben, sondern lediglich die Fähigkeit zur Wahrnehmung auch schwacher Signale im zwischenmenschlichen Bereich. Die Bereitschaft, sein Verhalten auf diese Signale abzustimmen, ist eher dem Gegenstandsbereich der Skala Soziabilität zuzuordnen.
Kontaktfähigkeit	Diese Dimension weist Überschneidungen mit dem Konstrukt „Extraversion" im Big-Five- beziehungsweise im Drei-Faktoren-Modell der Persönlichkeit von Eysenck (1960, vgl. auch Amelang & Bartussek, 1997) auf. Allerdings werden hier im wesentlichen Aspekte des Aufbaus von zwischenmenschlichen Beziehungen und des „Networking" im Sinne von Aufbau, Pflege und Nutzung beruflicher Kontakte erfaßt. Diese Aspekte erscheinen als die im beruflichen Kontext relevanten der Extraversion. In die zuvor genannten Konstrukte wurden darüber hinaus auch Teilaspekte wie Optimismus oder Lebensfreude integriert (McCrae & Costa, 1987), was beim BIP nicht gegeben ist.
Soziabilität	Die Skala weist deutliche Ähnlichkeiten mit dem Konzept „Soziale Verträglichkeit" des Big-Five-Modells auf. Erfaßt wird mit ihr eine im sozialen Umgang freundliche und rücksichtsvolle Grundhaltung, der Wunsch

Tabelle 24: Die theoretische Fundierung der Skalen des BIP (Fortsetzung)

Dimension	Zugrundeliegende psychologische Konstrukte
	nach harmonischen sozialen Beziehungen und eine gewisse Anpassungsbereitschaft, vor allem mit dem Ziel der Vermeidung von Konflikten und Spannungen (i. S. eines ausgeprägten Harmoniebedürfnisses).
Teamorientierung	Die Skala entstand ohne direkte Anlehnung an ein spezifisches psychologisches Konstrukt. Sie wurde im wesentlichen unmittelbar aus dem populären Sprachgebrauch des Begriffes abgeleitet. Erfaßt wird das Interesse und die Bereitschaft, die eigene Position zugunsten der Zusammenarbeit in einem Team zurückzunehmen. Verbunden ist hiermit eine aktive Verantwortungsübernahme für den Fortschritt der Kooperation sowie die Bereitschaft, Teamentscheidungen mitzutragen und zu unterstützen.
Durchsetzungsstärke	Mit der Skala wird das Ausmaß der Bereitschaft erfaßt, sich trotz Widerständen aktiv durchzusetzen und eigene Auffassungen auch dann weiterzuverfolgen, wenn sich Schwierigkeiten ergeben, die durch andere Personen verursacht sind. Auch hier hat kein bestehendes Konstrukt als unmittelbares „Vorbild" gedient, sondern eher die alltagspraktische Begriffsbildung. Die Skala weist jedoch eine gewisse Nähe zum Konstrukt „Machtmotivation" auf, insoweit hiermit die Bereitschaft erhoben wird, bestimmte „Machtbasen", etwa Informationsvorsprünge oder formale Weisungsbefugnisse (vgl. Heckhausen, 1989, S. 361–368) auszunutzen, um eigene Vorstellungen zu verwirklichen.
Emotionale Stabilität	Die Skala entspricht im wesentlichen dem Konstrukt „Neurotizismus" im Big-Five- oder der Neurotizismusdimension im Eysenckschen Modell der Persönlichkeit (vgl. auch Amelang & Bartussek, 1997). Hiermit wird die Disposition zu einer allgemein ausgeglichenen emotionalen Grundhaltung erfaßt, die eine angemessene Kontrolle der eigenen emotionalen Reaktionen begründet.
Belastbarkeit	Die Skala entstand ohne direkte Anlehnung an ein psychologisches Konstrukt. Mit ihr wird erhoben, inwieweit sich ein Teilnehmer als (physisch) robust und bei Schwierigkeiten als widerstandsfähig erlebt. Diese Selbsteinschätzung muß nicht unbedingt mit der tatsächlichen körperlichen Fitneß korrespondieren: Eine Reihe von Personen, die sich als hoch belastbar erleben, leiden gerade infolge der immensen Belastungen, denen sie sich aussetzen, unter körperlichen Beschwerden.
Selbstbewußtsein	Auch bei dieser Skala existiert kein direkt korrespondierendes psychologisches Konstrukt. Selbstbewußtsein erfährt im Alltagsverständnis eine andere Konnotation als im psychologischen und philosophischen Sinne („sich seiner selbst bewußt sein"). Im alltäglichen Sprachgebrauch wird dieses Wort eher im Sinne von „emotionaler Unabhängigkeit" im Umgang mit anderen interpretiert. Selbstbewußtsein wird analog dazu im BIP als Bereitschaft konzeptualisiert, seine eigenen Vorstellungen, Ziele und Verhaltensweisen auch dann offen zu vertreten, wenn diese möglicherweise Mißbilligung bei anderen Personen hervorrufen. Ein niedrig ausgeprägtes Selbstbewußtsein weist dementsprechend eher auf ein besorgtes Hinterfragen der eigenen Außenwirkung hin.

und verständliche Begrifflichkeiten. Insofern ist nicht primär damit zu rechnen, daß durch das BIP auch eine Stimulierung der persönlichkeitsbezogenen Theorienbildung erfolgt. Andererseits bietet das gewählte Vorgehen den Vorteil, daß auch Nicht-Psychologen sich relativ leicht in die Konzepte des BIP einarbeiten können, und die Rückmeldung an Teilnehmer ohne schwierige definitorische Prozesse zur Bedeutung einzelner Dimensionen erfolgen kann.

5.7.3 Die Entwicklung des Verfahrens

Die Auswahl der mit dem BIP zu erfassenden Konstrukte wurde auf der Grundlage publizierter wissenschaftlicher Befunde zur Validität von Persönlichkeitskonstrukten und in Hinblick auf Anforderungen der diagnostischen Praxis vorgenommen. Hierzu erfolgte zunächst die Analyse einschlägiger Literatur, in der sich Hinweise auf berufserfolgsrelevante Persönlichkeitsdimensionen finden (u. a. Begley & Boyd, 1987; Caird, 1993; Faix, 1995; Gavrilovici, 1995; Ghiselli, 1959, 1963; Graham & Calendo, 1969; Harrell, 1969, 1970; Hogan, 1978; Hollander, 1992; Hull, Bosley & Udell, 1980; House & Howell, 1992; Katz, o. J.; Kenny & Zaccaro, 1983; Kirkpatrick & Locke, 1991; Klinkenberg, 1994; Kinder & Robertson, 1994; Levinson, o. J. a; Levinson, o. J. b; Lord, De Vader & Alliger, 1986; Luthans, 1988; Mahoney et al., 1960; Mahoney et al., 1963; Mann, 1959; McClelland, 1987a; Meffert & Wagner, 1992; Miketta et al., 1995; Morrow & Stern, 1990; Okechuku, 1994; Sarges & Weinert, 1991; Stogdill, 1948).

Ein weiterer Ansatzpunkt bestand im intensiven Austausch mit in der Personalarbeit tätigen Psychologen und weiteren Experten, um deren Auffassungen bezüglich erfolgsrelevanter psychologischer Verhaltensdispositionen in Erfahrung zu bringen. Auf Basis dieser Analysen erfolgte eine erste Auswahl der Dimensionen, die im weiteren Verlauf der Testentwicklung teilweise modifiziert wurde. Die Konzeptualisierung der letztlich gewählten Dimensionen wird in Tabelle 24 erläutert (vgl. Kap. 5.7.4). Für die Skalen zur beruflichen Orientierung ergab sich hinsichtlich der Benennung folgende Problematik: Die wissenschaftliche Psychologie unterscheidet das „Motiv" als grundlegende, der Selbstbeschreibung zugängliche Verhaltenstendenz von der „Motivation", dem in einer spezifischen Situation aktivierten Motiv. Letzterer Begriff wurde für die Dimensionsbenennung dennoch gewählt, obgleich er aus wissenschaftlicher Perspektive das Erhobene nicht exakt bezeichnet. Mit dieser Benennung sollte dem Umstand Rechnung getragen werden, daß der Begriff „Motivation" trotz wissenschaftlicher Unschärfe für Teilnehmer des BIP gewohnter und verständlicher sowie für Testanwender weniger erklärungsbedürftig ist.

Die veröffentlichte Fassung des BIP ist das Resultat dreimaliger intensiver Überarbeitung innerhalb eines Zeitrahmens von etwa drei Jahren. Das Verfahren wurde in dieser Zeit von ca. 8.000 Personen bearbeitet, die zum Bespiel im Rahmen von Artikeln in der Wirtschaftspresse auf das Verfahren aufmerksam wurden und es zur persönlichen Standortbestimmung oder Berufsvorbereitung bearbeiteten. Sie erhielten von den Testautoren ausführliche schriftliche Auswertungsunterlagen und wurden um Rückmeldungen gebeten. Bei der beschriebenen Personengruppe handelte sich im wesentlichen um berufstätige Fach- und Führungskräfte sowie Hochschulabsolventen und Studierende (diese Teilnehmergruppe bildet auch die Grundlage für die zum BIP vorgelegten Normen). Die Ergebnisse der Teilnehmerrückmeldungen werden im Abschnitt 5.7.8 graphisch dargestellt. Sie wurden zusammen mit zahlreichen weitergehenden Anregungen zur Optimierung des Instrumentes systematisch ausgewertet und weitestmöglich genutzt.

„Während des gesamten Prozesses der Testentwicklung wurden alle aufgrund teststatistischer Befunde sinnvoll scheinenden Veränderungen (etwa Itemumgruppierungen) stets auch auf inhaltliche Plausibilität und Sinnhaftigkeit geprüft. Angestrebt wurden inhaltlich eindeutige, augenscheinvalide, gut interpretierbare und kommunizierbare Skalen (…). Im Zweifelsfall haben stets inhaltliche Erwägungen den Ausschlag gegeben, welcher Skala ein Item zugeordnet und ob eine Umformulierung als sinnvoll betrachtet wurde. Allerdings waren die aufgrund itemstatistischer Analysen gebotenen Veränderungen in nahezu allen Fällen gleichermaßen inhaltlich plausibel. Die gewählte Konstruktionsstrategie hat jedoch dazu geführt, daß einige teststatistische Eigenschaften des BIP noch nicht völlig zufriedenstellend sind: Während die Item- und Skalenkennwerte nunmehr ein respektables Niveau erreicht haben, erscheinen vor dem Hintergrund der üblichen Anforderungen an Persönlichkeitstests am ehesten die relativ hohen Interkorrelationen der Skalen problematisch. Trotz dieser teilweise nicht unbedeutenden Skaleninterkorrelationen wurden keine Dimensionen aus dem Test entfernt oder zusammengefaßt. Ursächlich für diese Entscheidung war, daß die Konstrukte des BIP relativ eng aus den umgangssprachlichen beziehungsweise im Alltag gebräuchlichen Bedeutungen der entsprechenden Eigenschaftsworte abgeleitet wurden, und die sich ergebenden Korrelationen vermutlich gut jene Zusammenhänge widerspiegeln, die diese Konstrukte im normalen Sprachgebrauch ebenfalls aufweisen. Vergleichbar argumentiert etwa auch Weinert (1993) bezüglich der hohen Skaleninterkorrelationen des CPI (…). Die Beibehaltung führt selbstverständlich dazu, daß bestimmte Aspekte des Verfahrens eine höhere Gewichtung erhalten, da die durch sie erklärten Varianzen in mehreren Skalen repräsentiert sind." (Hossiep & Paschen, 1998, S. 19f.)

5.7.4 Skalen und Interpretationshinweise

Die theoretische Fundierung der Dimensionen des Verfahrens wurden bereits zuvor vorgestellt (vgl. Tab. 25). Die folgende Tabelle zeigt die Konzeptualisierung dieser Dimensionen im BIP.
Die Handanweisung zum BIP enthält neben diesen Skalenbeschreibungen auch ausführliche Interpretationshinweise zu jeder Dimension sowie detaillierte Interpretationsbeispiele. Abbildung 24 zeigt beispielhaft die Hinweise zur Interpretation der Skala Führungsmotivation.

5.7.5 Normen und Gütekriterien

Für das BIP existieren neben einer Gesamtnormtabelle auch eine Reihe von differenzierten Normtabellen für die in der wirtschaftsbezogenen Diagnostik relevanten Subgruppen. Die im Testmanual angegebenen Tabellen erlauben die Ergebnisdarstellung in Form eines neun- oder zehnstufigen Ergebnisprofils, so daß auch Anwender anderer Verfahren beim Einsatz des BIP nur einen geringen Umstellungsaufwand betreiben müssen. Obgleich die angegebenen Normen keine Repräsentativität hinsichtlich ver-

Tabelle 25: Die Definitionen der mit dem BIP erfaßten Konstrukte
(Hossiep & Paschen, 1998, S. 18)

Dimension	Konzeptualisierung (Bedeutung einer hohen Skalenausprägung)
Leistungsmotivation	Bereitschaft zur Auseinandersetzung mit einem hohen Gütemaßstab; Motiv, hohe Anforderungen an die eigene Leistung zu stellen; große Anstrengungsbereitschaft, Motiv zur fortwährenden Steigerung der eigenen Leistungen
Gestaltungsmotivation	Ausgeprägtes Motiv, subjektiv erlebte Mißstände zu verändern und Prozesse und Strukturen nach eigenen Vorstellungen gestalten zu wollen; ausgeprägte Bereitschaft zur Einflußnahme und zur Verfolgung eigener Auffassungen
Führungsmotivation	Ausgeprägtes Motiv zur sozialen Einflußnahme; Präferierung von Führungs- und Steuerungsaufgaben; Selbsteinschätzung als Autorität und Orientierungsmaßstab für andere Personen
Gewissenhaftigkeit	Sorgfältiger Arbeitsstil; hohe Zuverlässigkeit; detailorientierte Arbeitsweise; hohe Wertschätzung konzeptionellen Arbeitens; Hang zum Perfektionismus (Beipielitem: „Ich nehme die Dinge ganz genau.")
Flexibilität	Hohe Bereitschaft und Fähigkeit, sich auf neue oder unvorhergesehene Situationen einzustellen und Ungewißheit zu tolerieren; Offenheit für neue Perspektiven und Methoden; hohe Veränderungsbereitschaft
Handlungsorientierung	Fähigkeit und Wille zur raschen Umsetzung einer Entscheidung in zielgerichtete Aktivität sowie zur Abschirmung einer gewählten Handlungsalternative gegenüber weiteren Entwürfen
Sensitivität	Gutes Gespür auch für schwache Signale in sozialen Situationen; großes Einfühlungsvermögen; sichere Interpretation und Zuordnung der Verhaltensweisen anderer
Kontaktfähigkeit	Ausgeprägte Fähigkeit und Präferenz des Zugehens auf bekannte und unbekannte Menschen und des Aufbaus sowie der Pflege von Beziehungen; aktiver Aufbau und Pflege von beruflichen wie privaten Netzwerken
Soziabilität	Ausgeprägte Präferenz für Sozialverhalten, welches von Freundlichkeit und Rücksichtnahme geprägt ist; Großzügigkeit in Bezug auf Schwächen der Interaktionspartner; ausgeprägter Wunsch nach einem harmonischen Miteinander
Teamorientierung	Hohe Wertschätzung von Teamarbeit und Kooperation; Bereitschaft zur aktiven Unterstützung von Teamprozessen; bereitwillige Zurücknahme eigener Profilierungsmöglichkeiten zugunsten der Arbeitsgruppe
Durchsetzungsstärke	Tendenz zur Dominanz in sozialen Situationen; Bestreben, die eigenen Ziele auch gegen Widerstände nachhaltig zu verfolgen; hohe Konfliktbereitschaft (Beispiel: „Ich lasse mir nichts gefallen.")
Emotionale Stabilität	Ausgeglichene und wenig sprunghafte emotionale Reaktionen; rasche Überwindung von Rückschlägen und Mißerfolgen; ausgeprägte Fähigkeit zur Kontrolle eigener emotionaler Reaktionen
Belastbarkeit	Selbsteinschätzung als (physisch) hoch widerstandsfähig und robust; starke Bereitschaft, sich auch außergewöhnlichen Belastungen auszusetzen und diesen nicht auszuweichen
Selbstbewußtsein	(Emotionale) Unabhängigkeit von den Urteilen anderer; hohe Selbstwirksamkeitsüberzeugung; großes Selbstvertrauen bezüglich der eigenen Fähigkeiten und Leistungsvoraussetzungen

Führungsmotivation/Niedrige Skalenwerte

Im Rahmen der beruflichen Tätigkeit andere Menschen zu führen, stellt für Personen mit niedrig ausgeprägten Skalenwerten keinen nachhaltigen Anreiz dar. Fachliche Kompetenzen stehen demgegenüber vermehrt im Mittelpunkt ihres Engagements. Es widerstrebt ihnen, in den Handlungsspielraum anderer einzugreifen oder sich in Gruppen um die Führung zu bemühen. Beim Erteilen von Anweisungen fühlen sie sich „nicht ganz wohl in ihrer Haut". Wenn eine Leitungsfunktion zur Disposition steht, bemühen sie sich nicht mit Nachdruck um deren Übernahme. In Arbeitsgruppen werden persönliche Fähigkeiten eher zur Bewältigung von fachlich anspruchsvollen Aufgaben eingesetzt. Während die Skala Gestaltungsmotivation auf die Motivation zur Einflußnahme auf Prozesse und Strukturen abzielt, wird mit der Skala Führungsmotivation das Bestreben zur sozialen Einflußnahme – also Führung im engeren Sinne – erfaßt. Personen mit niedrigen Werten weisen nicht nur ein geringeres Motiv zur Wahrnehmung von Führungsaufgaben auf, ihnen fehlen auch einige für Führungskräfte typische Facetten des Selbstbildes, etwa die Ausstrahlung von Autorität.

Bei zahlreichen Personen mit niedrigen Werten auf dieser Skala geht das geringere Führungsmotiv mit einer hohen Wertschätzung für fachlich anspruchsvolle Aufgaben einher. Sie sehen sich eher als Spezialisten oder in Stabsfunktionen, weniger in direkter Linienverantwortung. Es fehlt in der Regel die für eine erfolgreiche Wahrnehmung von Führung notwendige gewisse „positive Aggressivität" – Führung muß als intentionale Beeinflussung gewollt werden.

Führungsmotivation/Hohe Skalenwerte

Für Personen mit ausgeprägtem Führungsmotiv ist es von großer Bedeutung, im Rahmen ihrer Tätigkeit auch Führungsaufgaben zu übernehmen. Es zählt zu ihren beruflichen Zielsetzungen, die Tätigkeit anderer anzuleiten und zu koordinieren. Bei Bedarf sind sie in der Lage, in den Handlungsspielraum anderer einzugreifen. Hierbei geben sie, ohne zu zögern, die entsprechenden Anweisungen. In Gruppen sehen sie sich gern in der Leitungsfunktion und genießen es, andere für ihre Auffassungen zu begeistern und für ihren Standpunkt zu gewinnen. Sie betrachten sich als Führungspersönlichkeit und schreiben sich die für Führungskräfte typischen Merkmale zu, namentlich etwa andere zu begeistern oder Orientierung zu stiften. Personen mit einem hohen Skalenwert erleben sich in der sozialen Einflußnahme als stark und kompetent. Sie erwarten, daß man ihnen für gewöhnlich folgt.

Bei hohen Werten auf dieser Skala ist folgendes zu überprüfen: Insbesondere wenn Führungskräfte bereits über längere Zeiträume hinweg Führungsverantwortung wahrnehmen, sind die Gelegenheiten zu offenen und realistischen Rückmeldungen hinsichtlich ihres Verhaltens häufig stark eingeschränkt. Die Skalenausprägung korrespondiert deutlich mit der tatsächlich erreichten Hierarchiehöhe, insofern wird also das für Führungskräfte typische Selbstbild abgebildet. Allerdings enthält die Skala vor allem positiv konnotierte Aspekte des Führungsverhaltens, wie etwa Begeisterungs- und Motivationsfähigkeit. Es ist nicht auszuschließen, daß es bei dieser Dimension zu gewissen Diskrepanzen in der Selbst- und Fremdwahrnehmung kommen kann. In diesem Zusammenhang können, beispielsweise im Rahmen von Coaching-Maßnahmen, durchaus auch einzelne Itembeantwortungen als Gesprächsgrundlage herangezogen und gegebenenfalls mit Fremdeinschätzungen verglichen werden.

Abbildung 24: Interpretationshinweise zur Skala Führungsmotivation des BIP (Hossiep & Paschen, 1998, S. 41)

schiedener Bevölkerungsparameter aufweisen, sind aus Autorensicht zwei maßgebliche Vorteile realisiert worden:

– Die Normen sind aktuell (bei älteren Persönlichkeitsfragebogen liegen teilweise keine aktuellen Normtabellen vor).
– Die Normen basieren auf genau den Personengruppen, für die das BIP vermutlich seine häufigste Anwendung finden wird (Hochschulabsolventen und berufstätige Fach- und Führungskräfte).

Im einzelnen liegen folgende Vergleichsgruppen vor:

– Gesamtnorm für Absolventen von Fachhochschulen und Hochschulen
– Nach Fachbereich getrennte Normen:
  – Wirtschaftswissenschaften
  – Geisteswissenschaften und empirische Humanwissenschaften
  – Ingenieurwissenschaften
  – Naturwissenschaften
– Gesamtnorm berufstätiger Fach- und Führungskräfte
– Nach Position getrennte Normen:
  – Sachbearbeiter/Fachkraft
  – Gruppenleiter/Teamleiter und Abteilungsleiter
  – Hauptabteilungsleiter/Bereichsleiter
  – Geschäftsführer und Vorstand
– Alters- und Geschlechtsnormen für die Gesamtstichprobe.

Die Reliabilitäten des BIP wurden auf zweifache Weise bestimmt: Zum einen erfolgte eine Berechnung der internen Konsistenz der Skalen (Cronbach's alpha), darüber hinaus wurde die Retest-Reliabilität (nach einem Zeitraum von acht bis zehn Wochen) kalkuliert. Die folgende Tabelle zeigt die resultierenden Koeffizienten. Die dargestellten Werte bewegen sich auf einem Niveau, das für Persönlichkeitsfragebogen üblich ist und liegen teilweise darüber. Die gefundenen Reliabilitätswerte sprechen dafür, daß die Dimensionen des BIP vom Inhalt her recht homogen sind, und die mit ihnen erfaßten Aspekte der Verhaltensdispositionen mit zufriedenstellender Genauigkeit gemessen werden.

Zur Validität des BIP liegen zum Zeitpunkt der Veröffentlichung des vorliegenden Bandes nur diejenigen Befunde vor, die von den Testautoren im Rahmen der Entwicklungsarbeiten gesammelt wurden. Es handelt sich hierbei um konkurrente Validitätskennwerte; die entsprechenden Daten wurden also in Zusammenhang mit der Bearbeitung des BIP vorgenommen. Trotz dieser einschränkenden Bedingung, die bei der Erstpublikation eines Verfahrens jedoch kaum vermeidbar ist, finden sich vielversprechende Hinweise auf die Gültigkeit der mit dem BIP erfaßten Dimensionen. Zusätzlich zum BIP wurden die derzeit noch Studierenden um Angaben zum bisherigen Ausbildungsweg sowie zur Berufsplanung gebeten, die Grundlage für die nachfolgend berichteten Kennwerte sind. Angestrebt wurde die Erfassung derjenigen Daten, die von Unternehmen zu einer ersten Einschätzung der sich bewerbenden Hochschulabsolventen herangezogen werden. Hierzu zählen die in Schule und Studium erbrachten Leistungen sowie die Dauer des Studiums. Darüber hinaus wird in der Regel den absolvierten Praktika und dem über das Studium hinausweisenden Engagement Beachtung geschenkt.

Tabelle 26: Die Reliabilitäten des BIP (vgl. Hossiep & Paschen, 1998, S. 25)

Skala	Cronbach's alpha N = 5354	Retest-Reliabilität N = 108
Leistungsmotivation	.81	.79
Gestaltungsmotivation	.75	.77
Führungsmotivation	.88	.87
Gewissenhaftigkeit	.83	.85
Flexibilität	.87	.86
Handlungsorientierung	.86	.82
Sensitivität	.85	.84
Teamorientierung	.89	.78
Durchsetzungsstärke	.85	.81
Emotionale Stabilität	.89	.86
Belastbarkeit	.92	.84
Selbstbewußtsein	.85	.86

Grundlage des in den folgenden Tabellen ausgewiesenen „adjustierten R^2" ist die multiple Korrelation (R), also der gemeinsame Zusammenhang aller Skalen des BIP mit dem Kriterium. Hieraus kann das Bestimmtheitsmaß „R^2" errechnet werden. Dieser Kennwert gibt an, inwieweit die Unterschiede im Kriterium durch die Selbsteinschätzung im BIP erklärt (beziehungsweise prognostiziert) werden können (ein R^2 mit einem Betrag von .10 bedeutet demzufolge, daß die Unterschiede im Kriterium zu 10 % durch die Selbsteinschätzung im BIP erklärt werden können). Weil der Wert von „R^2" jedoch eine Überschätzung der „wahren" Verhältnisse in der Gesamtheit aller – hier nur stichprobenweise untersuchten – Personen darstellen kann, wird in den nachfolgenden Tabellen das „adjustierte R^2" angegeben. Dieses Maß stellt einen konservativen (d. h. vorsichtigen) Schätzwert für den „wahren Zusammenhang" sowie die Güte der Anpassung des Regressionsmodells (erklärter Varianzanteil) dar. Es dokumentiert die tatsächlich gegebenen Verhältnisse also angemessener als ein unkorrigiertes „R^2".

Die Korrelationen deuten darauf hin, daß die Skalen des BIP kaum mit der kognitiven Leistungsfähigkeit zusammenhängen (Schul- und Studienleistungen), also kaum Überschneidungen mit dem Meßgegenstand von Leistungstests aufweisen. Demgegenüber zeigen sich (auch bei konservativer Abschätzung) deutliche Zusammenhänge mit denjenigen Kriterien, die von Unternehmen zur Einschätzung der Persönlichkeit von Bewerbern herangezogen werden (Praktika, Zielorientierung, Engagement). In der Gesamtschau zeigen sich besonders ausgeprägte Zusammenhänge zwischen Kriterien wie „Entscheidungssicherheit für den späteren Tätigkeitsbereich" oder „gesellschaftliches Engagement" und verschiedenen Skalen der beruflichen Orientierung (Gestaltungs- und Führungsmotivation), der Arbeitsweise (Flexibilität und Handlungsorientierung), der sozialen Kompetenzen (Kontaktfähigkeit, Teamorientierung, Durchsetzungsstär-

Tabelle 27: Kriteriumsvalidität des BIP in Hinblick auf Ausbildungs- und Studienverlauf (Hossiep & Paschen, 1998, S. 71 ff.)

Kriterium	Adjustiertes R^2	N
Durchschnittsnote des Hochschulzugangszeugnisses	.01	178
Note des Vordiploms bzw. der Zwischenprüfung am Ende des ersten Studienabschnittes	–.02	132
Außeruniversitäre Praktika (Anzahl/Gesamtdauer)	.11 / .15	170 / 159
Entscheidungssicherheit für den angestrebten späteren Tätigkeitsbereich	.24	174
Gesellschaftliches Engagement über das Studium hinaus	.24	174

ke) sowie allen Skalen der psychischen Konstitution (Belastbarkeit, emotionale Stabilität und Selbstbewußtsein). Die berufstätigen Teilnehmer des BIP wurden ebenfalls um zusätzliche Angaben gebeten, die eine Abschätzung der externen Validität des Verfahrens ermöglichen sollen. Hierzu zählten das berufliche Entgelt, die Einschätzung des eigenen beruflichen Erfolges sowie die Einschätzung der eigenen Arbeitszufriedenheit. Die Zusammenhänge zwischen diesen Maßen und der Selbstbeschreibung im BIP werden in der folgenden Tabelle dargestellt.

Tabelle 28: Kriteriumsvalidität des BIP in Hinblick auf Maße des Berufserfolges und der Arbeitszufriedenheit (Hossiep & Paschen, 1998, S. 76 ff.)

Kriterium	Adjustiertes R^2	N
Einschätzung der eigenen Arbeitszufriedenheit	.14	3.431
Berufliches Entgelt (um Alterseffekte bereinigt)	.15	3.403
Einschätzung des eigenen Berufserfolges	.17	3.702

5.7.6 Testdurchführung und -auswertung

Die Testdurchführung dauert etwa 45–60 Minuten, für die Auswertung der Papierversion mittels Folien können ca. 20 Minuten veranschlagt werden. Das BIP ist sowohl als Papier- und Bleistift-Version wie auch als Computerversion publiziert; die PC-gestützte Fassung ist im Rahmen des Hogrefe-Testsytems erhältlich. Zur Durchführung und Auswertung kann ein Computer eingesetzt werden; ebenso ist eine Auswertung von Papierversionen des BIP mittels Software geplant.

5.7.7 Ausgewählte Befunde zur Leistungsfähigkeit

Aufgrund der erst kurz vor Veröffentlichung des vorliegenden Bandes erfolgten Publikation des BIP liegen noch keine über das Testmanual hinausgehenden Angaben zur Prognosekraft oder zum Zusammenhang mit anderen persönlichkeitspsychologischen Konstrukten vor. Die bisherigen Durchführungen des BIP bei praktischen diagnostischen Fragestellungen – vielfach im Rahmen von Assessment Centern – haben allerdings darauf hingewiesen, daß das Verfahren bei den Teilnehmern eine sehr hohe Akzeptanz findet, wenn sich eine sachgerechte Rückmeldung an die Durchführung anschließt. Ebenfalls zeigte sich, daß die Diskussion des Testprofils mit dem Teilnehmer eine nützliche Grundlage für die Hypothesenprüfung und weitergehende Informationssammlung des Diagnostikers ist. Für die Testautoren überraschend erwies sich, daß eine Reihe von Personen – entgegen den üblichen Annahmen zur sozialen Validität von Testverfahren – es als ausgesprochen positiv bewerteten, daß das den Test durchführende Unternehmen den Bewerbern eine ausführliche Möglichkeit zur Selbstbeschreibung bietet. Die Durchführungspraxis zahlreicher Assessment Center zeigt allerdings auch, daß eine solche Gelegenheit zur Stellungnahme mit ausführlicher Diskussion häufig nicht vorgesehen ist. Auf die soziale Akzeptanz des Verfahrens weist des weiteren die positive Rückmeldung von 1.573 befragten Testteilnehmern hin, die das Verfahren im Rahmen des Forschungsprojektes bearbeiteten (vgl. Abb. 25–28).

5.7.8 Zusammenfassende Einschätzung

Im einzelnen scheinen nach den bisherigen Befunden aus Testentwicklung und praktischem Einsatz die folgenden anvisierte Vorteile des BIP realisiert zu sein:
- Das Verfahren findet – bei sachgerechter Durchführung (vgl. Kap. 4.3; Anm. d. Verf.) – eine hohe Akzeptanz bei den Testteilnehmern.
- Die Normierung erfolgte an einer Stichprobe, die der für den Einsatzbereich des Instrumentes relevanten Population entstammt.
- Das Verfahren ist durch seinen direkten Berufsbezug rechtlich unproblematisch.
- Die Benennung der Dimensionen des BIP bietet eine geeignete Grundlage für die Kommunikation des Testergebnisses an die Teilnehmer und Entscheidungsträger, die nicht durch umfangreiche Rückübersetzungen von psychologischen Fachbegriffen in die Alltagssprache belastet ist.

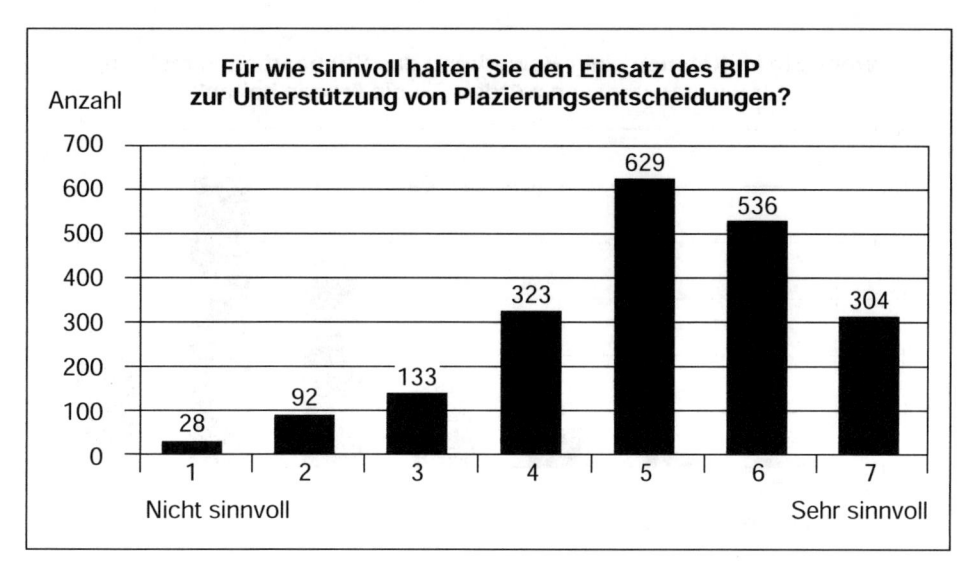

Abbildung 25: Einschätzung der Sinnhaftigkeit des BIP zur Unterstützung von Plazierungsentscheidungen (Hossiep & Paschen, 1998, S. 85)

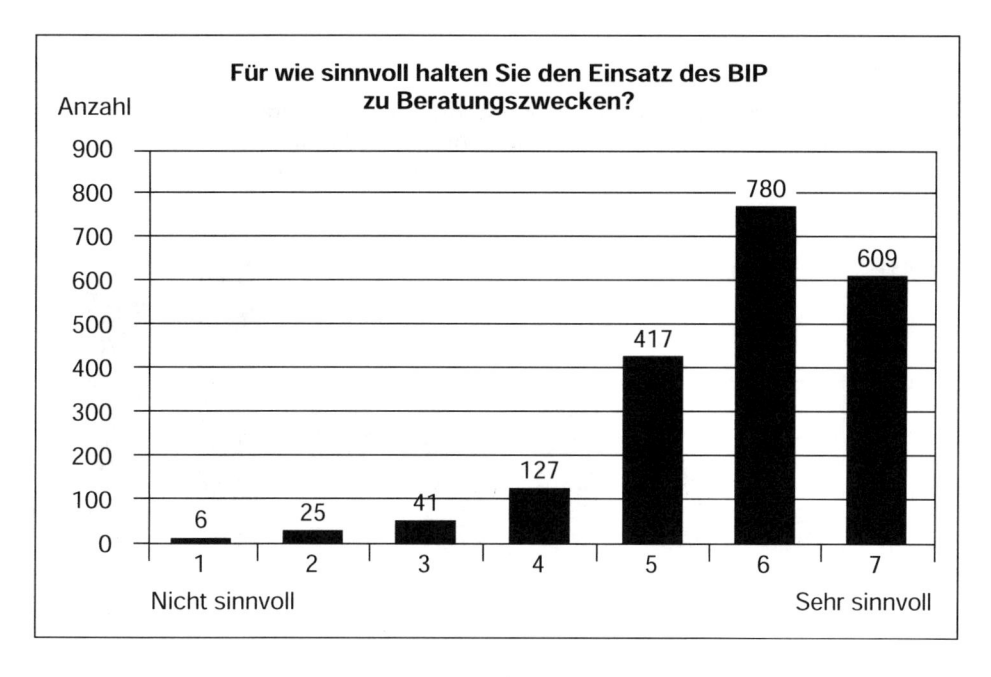

Abbildung 26: Einschätzung der Sinnhaftigkeit des BIP zu Beratungszwecken (Hossiep & Paschen, 1998, S. 85)

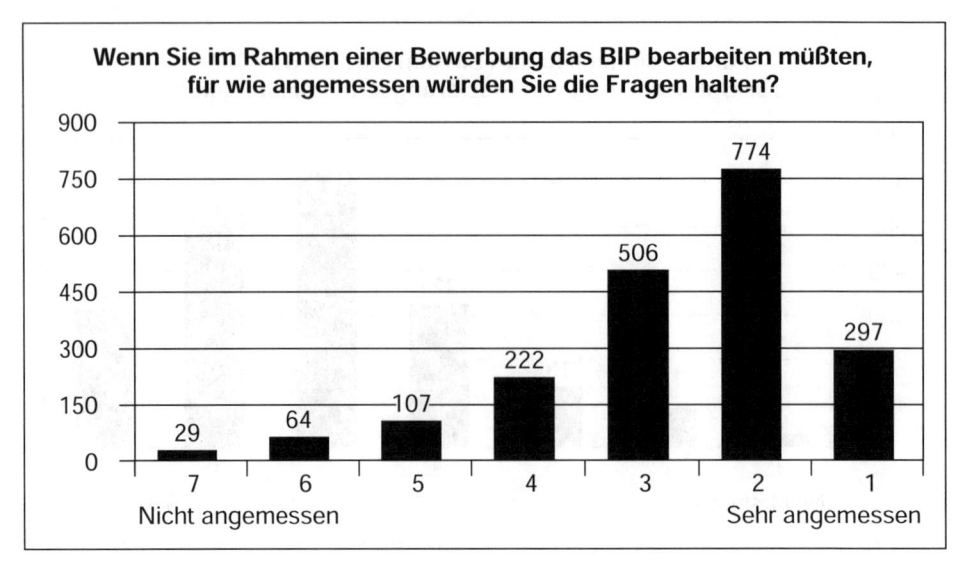

Wenn Sie im Rahmen einer Bewerbung das BIP bearbeiten müßten, für wie angemessen würden Sie die Fragen halten?

Skala	7 (Nicht angemessen)	6	5	4	3	2	1 (Sehr angemessen)
Anzahl	29	64	107	222	506	774	297

Abbildung 27: Einschätzung der Angemessenheit der Fragen des BIP im Bewerbungsprozeß (aus Hossiep & Paschen, 1998, S. 86)

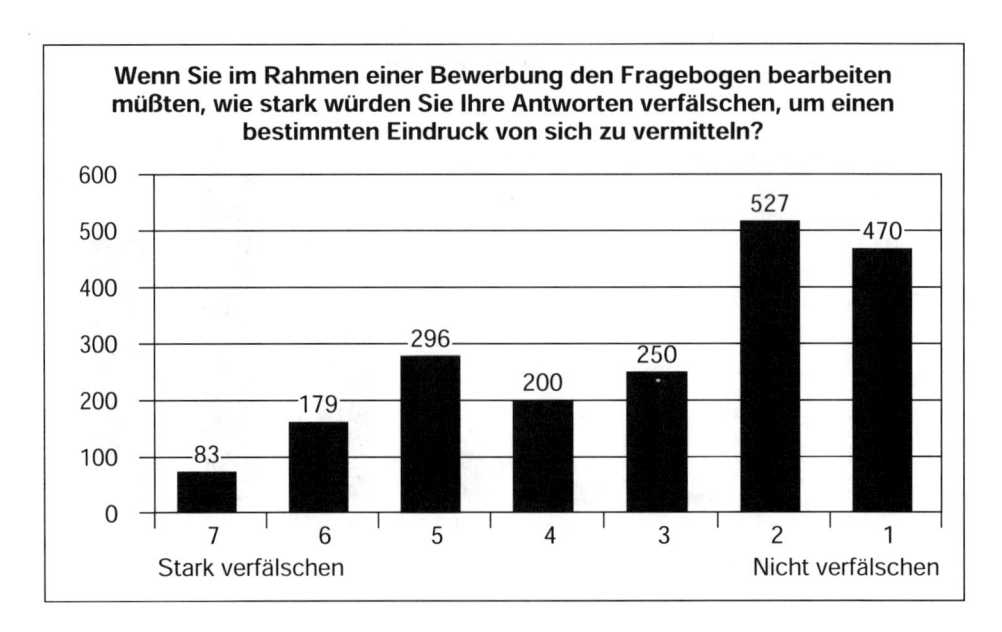

Wenn Sie im Rahmen einer Bewerbung den Fragebogen bearbeiten müßten, wie stark würden Sie Ihre Antworten verfälschen, um einen bestimmten Eindruck von sich zu vermitteln?

Skala	7 (Stark verfälschen)	6	5	4	3	2	1 (Nicht verfälschen)
Anzahl	83	179	296	200	250	527	470

Abbildung 28: Einschätzung der eigenen Tendenz zu verfälschenden Antworten durch die Testteilnehmer (aus Hossiep & Paschen, 1998, S. 86)

- Die Hinweise auf die externe Validität sind ermutigend.
- Die bisherigen Einsätze in der diagnostischen Praxis weisen darauf hin, daß die Testergebnisse eine substantielle zusätzliche Informationsquelle darstellen.

Kritikwürdig erscheinen bisher die folgenden Punkte, die in weiteren Forschungsaktivitäten verbessert werden sollten:

- Die einzelnen Skalen des BIP weisen zum Teil substantielle Interkorrelationen auf.
- Die Repräsentativität der Normstichprobe ist nicht sichergestellt, da die Teilnahme an dem Testverfahren freiwillig erfolgte (nur diese Freiwilligkeit sicherte überhaupt die Möglichkeit, die relevante Zielgruppe zu erreichen).
- Die Konstruktvalidität der Dimensionen ist bislang nicht untersucht.
- Der enge Berufsbezug führte zu einem aus anderer Perspektive weniger facettenreichen Test, der sich für zahlreiche dem Wirtschaftsleben entfernte Fragestellungen nicht gleichermaßen eignet.
- Zu Unterschieden zwischen der Computerversion und der Papierversion des Verfahrens können zur Zeit noch keine differenzierten Aussagen gemacht werden, da die Teilnehmer der Testentwicklungsphase die Darbietungsform frei wählen konnten.

5.8 Minnesota Multiphasic Personality Inventory (MMPI Saarbrücken)

Der MMPI (Hathaway & McKinley, 1977; deutsch: Spreen, 1963) ist ein für die historische Entwicklung der Testdiagnostik sehr bedeutsames Verfahren. Dennoch wird er bei wirtschaftsbezogenen Fragestellungen vermutlich nur selten das Instrument der Wahl sein, da das Verfahren im wesentlichen der Aufdeckung von psychischen Fehlanpassungen dient. Es wird aus den folgenden Gründen dennoch vorgestellt:

- Der Test ist in den Vereinigten Staaten auch zu Zwecken der Personalauswahl weit verbreitet, es liegen zahlreiche Befunde zur Validität für dieses Einsatzgebiet vor.
- In Deutschland wird der MMPI hin und wieder in der Personalarbeit eingesetzt, was aber im allgemeinen deutliche Irritationen hervorruft (vgl. z.B. Wottawa & Hossiep, 1987, S. 80f.).

Im Handbuch wird der Test ausdrücklich auch für die Personalauswahl empfohlen („Der MMPI ist ein psychometrisches Instrument, das mit der Absicht entworfen wurde, in einem einzigen Test Meßwerte für alle wesentlichen Persönlichkeitsbereiche zu erhalten (…). Die Bedeutung eines Persönlichkeitszuges wurde unter dem Gesichtspunkt eines im klinischen Bereich oder in der Personalauslese Arbeitenden bestimmt (…)." Spreen, 1963, S. 11).

Von der Anwendung des MMPI hinsichtlich Fragestellungen der Personalauswahl und -entwicklung muß allerdings abgeraten werden. Auch wenn Befunde existieren, die eine prädiktive Validität des Verfahrens bei gewissen beruflichen Anforderungen zu belegen scheinen, so sprechen neben Fragen der sozialen Validität auch rechtliche und ethische Gründe gegen den Einsatz des Verfahrens. Die kritische Betrachtung des Tests für die hier ins Auge gefaßten Anwendungen soll selbstverständlich nicht implizieren, daß es nicht andere psychodiagnostische Fragestellungen gibt, in denen der Einsatz des MMPI von Nutzen sein kann.

5.8.1 Theoretischer Hintergrund

Der MMPI ist ein rein kriteriumsorientiert konstruiertes Meßinstrument: Er wurde ohne Rückgriff auf psychologische Theorien entwickelt (vgl. hierzu auch die Ausführungen in Kap. 5.5.3). Das Verfahren enthält eine große Anzahl von Items, die jederzeit zu neuen Skalen gruppiert werden können, wenn diese mit bestimmten externen Kriterien korrelieren. Zu diesem Zweck finden sich im Test rund 160 Items, die nicht in die Testauswertung einfließen. Sie sollen Wissenschaftlern und Praktikern Material für die Entwicklung „beliebig viele(r) potentieller Skalen" (Spreen, 1963, S. 12) bieten. Ursprüngliches Ziel des Tests war die Erkennung derjenigen Persönlichkeitszüge, „die charakteristisch für krankhafte oder in anderer Weise störende psychische Auffälligkeiten sind" (Spreen, 1963, S.11). Die Validierung des MMPI für diesen Einsatzbereich erfolgte durch den Vergleich der Testwerte von Personen mit einer klinisch-psychologischen Diagnose mit der „Normalpopulation". Sofern sich ein Zusammenhang zwischen verschiedenen Testfragen und einer spezifischen Diagnose ergab, wurden die Items zu einer Skala zusammengefaßt. Der inhaltliche Zusammenhang der Items mit der entsprechenden Skala erschließt sich allerdings in vielen Fällen nur schwerlich, wie die folgenden Itembeispiele verdeutlichen:

– *Skala Maskulinität–Femininität:*
„Ich liebe Gedichte."
„Ich habe mich nie ungewöhnlichen sexuellen Betätigungen hingegeben."

– *Skala Hysterie:*
„Ich hatte nie Schwierigkeiten, beim Gehen das Gleichgewicht zu halten."

5.8.2 Die Entwicklung des Verfahrens

Für die deutsche Version wurden die Items so exakt wie möglich übersetzt. Lediglich Testaussagen, die Allgemeinwissen betrafen, wurden an den hiesigen Bildungshintergrund adaptiert. Anschließend bearbeitete eine Gruppe von 998 klinisch nicht auffälligen Versuchspersonen das Verfahren, um zu Standardwerten einer Normalpopulation zu gelangen. Im nächsten Schritt wurde der Test 367 Personen vorgelegt, für die klinisch-psychologische oder psychiatrische Diagnosen vorlagen. Für diese Personen gibt das Manual verschiedene Profilverläufe an.

5.8.3 Skalen und Interpretationshinweise

Das Testmanual liefert neben ausführlichen Beschreibungen der einzelnen Skalen und ihrer klinischen Bedeutung auch kurze Interpretationshinweise, „die sich vor allem zur Persönlichkeitsbeschreibung im normalen Bereich eignen" (Spreen, 1963, S. 38). Diese seien hier wiedergegeben, um das Spektrum des Tests zu verdeutlichen. Neben den beschriebenen Skalen enthält der MMPI auch drei Validitätsskalen, die zur Aufdeckung von sozial erwünschtem Antwortverhalten, nachlässiger Testbearbeitung und Abwehr-

Tabelle 29: Kurzbeschreibung der Skalen des MMPI (vgl. Spreen, 1963, S. 38f.)

Skala	Bedeutung erhöhter Werte
Hypochondrie	Besorgt über Körperfunktionen und Gesundheit, Neigung zu körperlichen Beschwerden, Pessimismus, Mutlosigkeit, Sturheit.
Depression	Depression, Niedergeschlagenheit, Mutlosigkeit, Verzagtheit, subjektive Erschöpfung.
Hysterie	Unreif, unrealistisch, zugänglich für Gruppenideen, freundlich, höflich, naiv, braucht soziale Billigung, narzißtisch, uneinsichtig, Konversionssymptome (...), offen und freundlich, muß sich immer von der besten Seite zeigen, leutselig, braucht Beliebtheit.
Psychopathie	Unverantwortlich, unzuverlässig, impulsiv, egozentrisch, trotzig, asozial, individualistisch, taktlos, unbedachtsam, mangelnde Fähigkeit zur Beurteilung des eigenen Eindrucks auf andere, affektiv flach, wirkt bezaubernd, kein Lernen aus Erfahrung, Auflehnung gegen Autorität, nonkonformistisch, unfähig, Formen einzuhalten.
Maskulinität-Femininität	*Männer:* Große Interessenbreite, ungeduldig, selbstzufrieden, snobistisch, milde, verständnisvoll. *Frauen:* Unbefriedigt, antreibend, energisch, entschlossen.
Paranoia	Aggressiv, kritisch, irritierbar, launisch, sensibel, durch Kritik leicht verletzt, hartnäckig, skeptisch, Bedürfnis zu dominieren, feindselig, reizbar.
Psychasthenie	Besorgt, gespannt, zögernd, unsicher, selbstunsicher, Minderwertigkeitsgefühle, verwirrt, ängstlich, erregt, um Einzelheiten besorgt, macht sich Sorgen, ob etwas richtig gemacht worden ist oder gemacht wird, nervös, unentschlossen, durch Kleinigkeiten irritierbar, macht sich selbst schlecht, fühlt sich bedroht, unbehaglich, bis zur Zwanghaftigkeit genau.
Schizophrenie	Schüchtern, in sich zurückgezogen, überempfindlich, schließt sich ab, vorsichtig, ungenau, ergeben, wird von Gruppen abgelehnt, hat Schwierigkeiten, in Gruppen aufgenommen zu werden, tagträumt statt mitzumachen.
Hypomanie	Zuversichtlich, überempfindlich, nicht ausdauernd, aggressiv, charmant, expansiv, irritierbar, ungeduldig, geht aus sich heraus, redet gern, verfolgt begeistert eine Aufgabe, die er dann bald fallen läßt, überaktiv, ungewöhnlich ruhelos, hat Freude an körperlicher Betätigung.

haltung gegenüber dem Verfahren empfohlen werden. Eine dieser Skalen wird bei entsprechend erhöhten Werten zur Korrektur der übrigen herangezogen.

Bei der Interpretation muß berücksichtigt werden, daß die entscheidende Information durch die Deutung des Gesamtprofils entsteht. Diese ist in hohem Maße subjektiv, was im Testmanual auch keineswegs verschwiegen wird:

> „Die MMPI-Profile reichen nicht zur Bewertung der Symptombedeutungen und ihres Einflusses auf die Anpassungsfähigkeit der Versuchspersonen aus; aus diesen und anderen Gründen liefert das MMPI-Profil selbst bei der Mehrheit der psychiatrischen Patienten keinen definitiven Anhalt auf eine Erkrankung oder eine Diagnose. Das Profil muß vom Untersuchenden subjektiv auf Grund seiner Beurteilung der Symptombedeutungen ausgewertet werden; dies gilt sowohl bei der Beurteilung der Vorstellung der Versuchspersonen von sich selbst als auch bei der prognostischen Beurteilung, wobei das kulturelle Milieu der Versuchspersonen besonders berücksichtigt werden muß." (Spreen, 1963, S. 40)

Als Hilfestellung für den Anwender existieren zum MMPI sogenannte „Atlanten", in denen die Profile dokumentierter klinischer Fälle studiert werden können. Entsprechend dem zuvor erläuterten theoretischen Prinzip des Tests lassen sich durch Neugruppierung der Items jederzeit neue Skalen erstellen. Das Testmanual von 1963 berichtet bereits über 213 (!) unterschiedliche Skalen, die aus dem Itemmaterial gebildet werden können. Die meisten dieser Skalen beziehen sich auf klinische Symptome, es liegen jedoch auch Kuriositäten vor, etwa „Erfolg im Baseball-Spiel" oder „Wahl der Säuglingsernährung". Einige Skalen wurden aufgrund von Befunden zum Einsatz des MMPI in der Wirtschaft konstruiert, beispielsweise die Skala „Führungseigenschaften" oder „Beraterpersönlichkeit". Um auf der Skala „Beraterpersönlichkeit" hohe Werte zu erzielen, muß der Teilnehmer beispielsweise das Item „Ich sage nicht immer die Wahrheit" bejahen, während die Aussage „Ich glaube, die Arbeit eines Förster würde mir gefallen" verneint werden sollte.

Viele der Skalen sind auf Basis relativ kleiner Stichproben entstanden; dieses Vorgehen ist als äußerst problematisch zu bewerten. Wird etwa einer Stichprobe von 30 Führungskräften und 30 Nicht-Führungskräften der MMPI mit seinen 564 Fragen vorgelegt, so ist die Wahrscheinlichkeit hoch, daß zehn, zwanzig oder sogar dreißig Items identifiziert werden, die zufällig zwischen diesen beiden Gruppen unterscheiden. Auf Basis eines solchen Befundes eine neue Skala abzuleiten, erscheint daher gewagt. Erst sorgfältige Kreuzvalidierungen (vgl. z. B. Bortz, 1999) würden dieses Vorgehen rechtfertigen. Aufgrund des Fehlens überzeugender Validitätshinweise und der ohnehin recht mangelhaften statistischen Gütekriterien ist der MMPI immer wieder in das Kreuzfeuer der Kritik geraten. Selbst im klinischen Bereich, dem ursprünglichen Anwendungsfeld des Verfahrens, sind die Validitätsnachweise nicht in jedem Fall überzeugend.

5.8.4 Ausgewählte Befunde zur Leistungsfähigkeit

Nur im Überblick sollen einige Befunde zum Einsatz des MMPI als Auswahlinstrument vorgestellt werden. Alle zitierten Untersuchungen entstammen dem nordamerikanischen Raum. Überblicksarbeiten zum Einsatz des MMPI in der Industrie haben Butcher (1979) und Hedlund (1965) vorgelegt.

5.8.4.1 Zur beruflichen Bewährung in der Wirtschaft

Harrell (1969; 1970) findet, daß der MMPI – neben anderen Instrumenten – zwischen MBAs (Masters of Business Administration) differenzieren kann, die ein hohes beziehungsweise niedriges Einkommen erhalten. Nach Harrell und Harrell (1973) korrelieren einige Skalen des Tests mit der Aufstiegsgeschwindigkeit von Führungskräften. Weniger auf direkte berufliche Bewährung als auf Führungseigenschaften zielt eine Studie von Carson und Parker (1966). Hier differenzierte der MMPI zwischen „Leader-" und „Non-Leader-Gruppen", allerdings wurde auch das Kriterium durch eine Selbsteinschätzung erhoben. Signifikante Korrelationen des MMPI mit dem Verkaufserfolg im Außendienst belegen Ruch und Ruch (1967).

5.8.4.2 Zur beruflichen Bewährung im Polizei- und Sicherheitsbereich

Die häufigste Anwendung im Wirtschaftskontext erfährt der MMPI in den Vereinigten Staaten bei der Auswahl von Polizisten und anderen Mitarbeitern im Sicherheitsbereich (z. B. das Sicherheitspersonal eines Atomkraftwerks; Kelley et al., 1994). Der Test wird dabei häufig als „screening"-Verfahren genutzt, mit dem psychisch fehlangepaßte Personen in einem frühen Stadium des Auswahlprozesses identifiziert werden sollen. Ziel ist es, ausschließlich psychisch stabile Personen mit sensiblen Aufgaben in diesen Bereichen zu betrauen (Burbeck & Furnham, 1985; Johnson, 1983). Arvey, Mussio und Payne (1972) korrelieren die Leistungsbeurteilungen von 73 Feuerwehrleuten mit deren Ergebnissen im MMPI. Sie finden einige geringe Korrelationen und schätzen den praktischen Nutzen des Verfahrens zur Auswahl von Feuerwehrpersonal als gering ein.

Inwald und Shusman (1984) arbeiten heraus, daß sich durch den Einsatz des MMPI die Trefferquote bei der Vorhersage des Ausbildungserfolges von Polizeirekruten steigern läßt. Cortina, Doherty, Schmitt, Kaufman und Smith (1992) untersuchten bei 314 Polizeioffizieren die Validität des MMPI an einer Reihe von Kriterien (z. B. Leistungsbeurteilungen). Sie können nicht nachweisen, daß der MMPI neben dem ebenfalls durchgeführten Test kognitiver Leistungen eine nennenswerte inkrementelle Validität hinsichtlich der untersuchten Kriterien aufweist. Erfolglos verliefen auch die Untersuchungen von Schoenfeld, Kobos und Phinney (1980) sowie Shusman (1987). In einer recht aufwendigen Längsschnittstudie erhob Bartol (1991) bei 600 Polizeioffizieren 13 Jahre nach Einsatz des MMPI verschiedene Leistungskriterien. Die Korrelationen sind gering (max. r = .18), wenngleich signifikant. Mit relativ guten Trefferquoten läßt sich jedoch durch den MMPI vorhersagen, ob sich ein Polizist nach 13 Jahren noch im Dienst befand oder das Arbeitsverhältnis zwischenzeitlich beendet hatte. Hargrave (1985) sowie Hargrave und Hiatt (1987) berichten, daß sich die Validität und Reliabilität von Einstellungsentscheidungen von Polizisten durch den zusätzlichen Einsatz des MMPI steigern läßt. Ebenfalls erfolgreich verlief die Studie von Saxe und Reiser (1976), die wiederum die berufliche Bewährung von Polizisten zum Thema hatte.

Hiatt und Hargrave (1988 a) vergleichen die MMPI-Profile von Offizieren, die aufgrund dienstlicher Vergehen mit disziplinarischen Konsequenzen zu rechnen hatten, mit den Profilen solcher Offiziere, gegen die nie wegen dienstlicher Vergehen ermittelt wurde. Sie konnten deutliche Unterschiede bei einigen Skalen des MMPI statistisch absichern. Mit einer mehrere tausend Personen umfassenden Stichprobe weisen Knatz, Inwald, Brockwell und Tran (1992) nach, daß sich durch den MMPI verschiedene Arten von Fehlverhalten im Beruf vorhersagen lassen. Untersucht wurden dabei Mitarbeiter im Strafvollzug.

5.8.5 Zusammenfassende Einschätzung

Der MMPI ist in seiner gegenwärtigen Fassung kein Instrument, daß sich für die Personalauswahl in der Wirtschaft empfiehlt:

> „The MMPI was not designed to predict job performance in normal populations and in fact doesn't do this very well. More important, the MMPI samples only one area of personality – adjustment – which is an important but necessarily restricted domain of personality. People can be well adjusted but unimaginative, dishonest, lazy, and socially inept; conversely, maladjusted people can be creative, honest, ambitious, and socially adroit. There is more to personality than what is mapped by the MMPI, and it is a mistake to equate personality measurement with this one venerable inventory." (Hogan, 1991, S. 895)

Selbst wenn sich bei bestimmten Berufsfeldern eine Überprüfung der psychischen Stabilität als relevant erweist, ist der diesbezügliche Nutzen des MMPI nicht unumstritten. Für den „normalen" Bewerber dürfte hingegen folgendes gelten: „(...) many items (...) may appear bizarre when asked in a selection situation" (Cortina et al., 1992, S. 120). Fragen nach sexuellen Schwierigkeiten oder ungewöhnlichen religiösen Erlebnissen bieten für Zwecke der betrieblichen Personalauswahl in der Regel keinen Nutzen, jedoch vielfältiges Schadenspotential.

5.9 Das Freiburger Persönlichkeitsinventar (FPI)

Beim Freiburger Persönlichkeitsinventar (FPI) von Fahrenberg, Hampel und Selg (1994) handelt es sich um einen mehrdimensionalen Persönlichkeitstest, der seinen Ursprung in Deutschland hat. Der Test wird mit großem Aufwand weiterentwickelt und regelmäßig überarbeitet. In einer laufend aktualisierten Literaturdatenbank werden die Studien zum FPI dokumentiert. Mittlerweile liegen auch bevölkerungsrepräsentative Normen vor. Zweifellos ist das FPI ein mit methodischer Sorgfalt konstruiertes Verfahren, dessen externe Validität an verschiedensten Kriterien nachgewiesen werden konnte. Allerdings weisen nur einige der Skalen des FPI Relevanz für berufsbezogene Fragestellungen auf, der Test soll eher übergreifend bedeutsame Aspekte der Persönlichkeit erheben. Bei der Auswahl der Skalen ließen sich die Testautoren von folgender Überlegung leiten: „Das Freiburger Persönlichkeitsinventar ist aus den theoretischen Interessen der Autoren an bestimmten Persönlichkeitseigenschaften entstanden" (Fahrenberg et al., 1994, S. 13). Verbindungen zu bestimmten beruflichen Anforderungen lassen sich bei einem Großteil der Skalen nur sehr begrenzt herstellen; der Einsatz des Verfahrens ist eher zu Beratungszwecken oder bei beruflichen Problemsituationen indiziert. Untersuchungen zum FPI beziehen sich dementsprechend auch überwiegend auf klinische oder allgemeinpsychologische Fragestellungen. Vor diesem Hintergrund wird hier nur ein kurzer Überblick gegeben. Bei weitergehendem Interesse sei auf das sehr ausführliche Testmanual und die bei den Autoren des Instrumentes erhältliche Literaturdatenbank verwiesen.

5.9.1 Entwicklung und Skalen des Verfahrens

Obwohl im Verlauf der Konstruktion des FPI auch Faktorenanalysen durchgeführt wurden, ist der Test eher ein deduktiv konstruiertes Verfahren. Die Autoren haben die für sie interessant erscheinenden Konstrukte definiert und durch entsprechende Items operationalisiert. Die anschließend durchgeführte Faktorenanalyse diente eher der Optimierung der Itemzuordnungen als dem Auffinden von Dimensionen. Bei der endgültigen Itemzuordnung behielten sich die Testautoren daher einen Ermessensspielraum vor, um auch Testaussagen mit geringer Ladung einem bestimmten Konstrukt zuzuordnen, wenn ihnen dies aufgrund inhaltlicher Überlegungen sinnvoll erschien. Die revidierte Version des FPI (138 Items) enthält gegenüber der ursprünglichen Fassung einige neue Skalen. Tabelle 30 gibt eine Übersicht über die Skalen der revidierten aktuellen Version. Die Durchführungszeit beträgt etwa 10–30 Minuten.

Die Dimensionen Extraversion und Emotionalität sind unabhängig von den übrigen Skalen entwickelt und bei vielen Analysen gesondert behandelt worden. Sie wurden daher nicht in die fortlaufende Skalennummerierung einbezogen. Zu allen Skalen existieren ausführliche Beschreibungen. Beispielhaft sei hier die Interpretationshilfe zur Dimension „Leistungsorientierung" wiedergegeben:

> „Probanden mit hohem Skalenwert sind leistungsorientiert und leistungsmotiviert. Sie sehen sich als Tatmenschen, welche die wesentlichen Aufgaben energisch anpacken und dann schnell und effizient bewältigen. Es macht ihnen auch Spaß, mit anderen zu wetteifern, und sie lassen sich auch zu ernster Konkurrenz herausfordern. Berufliches Engagement ist ihnen deshalb oft wichtiger als Freizeitbeschäftigungen. Probanden mit niedrigem Skalenwert zeigen wenig Ehrgeiz oder Konkurrenzverhalten. Sie lehnen diese Leistungsorientierung vielleicht grundsätzlich ab oder sind eher passive und wenig leistungsmotivierte Menschen, für die beruflicher Erfolg und engagierte Arbeit nicht wesentlich sind." (Fahrenberg et al., 1994, S. 45)

Die Auswertung des FPI erfolgt über ein Profilblatt. Es liegen Stanine-Normen (9-stufig) vor, die nach Altersgruppen und Geschlecht gestaffelt sind.

5.9.2 Zusammenfassende Einschätzung

Das FPI ist ein Persönlichkeitstest, der in Deutschland vielfältige Forschungsarbeiten angeregt hat. Da die Prognose beruflichen Erfolges nicht zu den ursprünglichen Fragestellungen zu zählen ist, liegen zu diesem Bereich kaum Untersuchungen vor. Die Autoren geben im Testmanual an, daß die Leistungsorientierung zu r = .30 mit einer höheren beruflichen Belastung durch Verantwortung korreliert, ausführliche Studien aus dem Wirtschaftskontext sind hingegen rar. Das FPI ist ein anerkanntes Forschungsinstrument und für vielfältige praktische Fragestellungen im Bereich der kli-

Tabelle 30: Die Skalen des FPI (vgl. Fahrenberg et al., 1994, S. 44–49)

Skala	Hohe Ausprägung	Niedrige Ausprägung
1. Lebenszufriedenheit	lebenszufrieden, gute Laune, zuversichtlich	unzufrieden, bedrückt, negative Lebenseinstellung
2. Soziale Orientierung	sozial verantwortlich, hilfsbereit, mitmenschlich	Eigenverantwortung in Notlagen betonend, selbstbezogen, unsolidarisch
3. Leistungsorientierung	leistungsorientiert, aktiv, schnell handelnd, ehrgeizig, konkurrierend	wenig leistungsorientiert oder energisch, wenig ehrgeizig, wenig konkurrierend
4. Gehemmtheit	gehemmt, unsicher, kontaktscheu	ungezwungen, selbstsicher kontaktbereit, ruhig
5. Erregbarkeit	erregbar, empfindlich, unbeherrscht	ruhig, gelassen, selbstbeherrscht
6. Aggressivität	aggressives Verhalten, spontan und reaktiv, sich durchsetzend	wenig aggressiv, kontrolliert, zurückhaltend
7. Beanspruchung	angespannt, überfordert, sich oft „im Streß" fühlend	wenig beansprucht, nicht überfordert, belastbar
8. Körperliche Beschwerden	viele Beschwerden, psychosomatisch gestört	wenige Beschwerden, psychosomatisch nicht gestört
9. Gesundheitssorgen	Furcht vor Erkrankungen, gesundheitsbewußt, sich schonend	wenig Gesundheitssorgen, gesundheitlich unbekümmert, robust
10. Offenheit	offenes Zugeben kleiner Schwächen und alltäglicher Normverletzungen, ungeniert, unkonventionell	an Umgangsnormen orientiert, auf guten Eindruck bedacht, mangelnde Selbstkritik, verschlossen
E Extraversion	extravertiert, gesellig, impulsiv, unternehmungslustig	introvertiert, zurückhaltend, überlegt, ernst
N Emotionalität	emotional labil, empfindlich, ängstlich, viele Probleme und körperliche Beschwerden	emotional stabil, gelassen, selbstvertrauend, lebenszufrieden

nischen Psychologie oder verwandter Problemstellungen ein nützliches Hilfsmittel. Es wird jedoch empfohlen, einen Einsatz zur Unterstützung von Plazierungsentscheidungen nur mit großer Vorsicht vorzunehmen. Gerade die eher klinisch ausgerichteten Skalen (Erregbarkeit, Gehemmtheit, Körperliche Beschwerden und Gesundheitssorgen) könnten zu Irritationen bei Bewerbern führen. Für einen Testeinsatz, bei dem die Ergebnisse ausschließlich der Beratung des Teilnehmers dienen, können die Dimensionen hingegen wertvoll sein.

5.10 Die deutsche Personality Research Form (PRF)

Die deutsche Personality Research Form (PRF, Stumpf, Angleitner, Wieck, Jackson & Beloch-Till, 1985) ist eines der wenigen Verfahren, das durchgängig auf der Grundlage einer psychologischen Theorie konstruiert wurden. In diesem Fall bildet die sogenannte Personologie Murrays (1938) den Ausgangspunkt der Testentwicklung. Die Theorie Murrays ist ein eher motivationspsychologisch ausgerichteter Ansatz, der zahlreiche Forschungen angeregt hat. Einige Ansätze, die von Murray entwickelt wurden, spielen bis heute in der Motivationspsychologie eine große Rolle (z. B. das Konzept der Leistungsmotivation). Die ursprüngliche Version der PRF wurde 1970 von Jackson erstellt, der die Skalen direkt aus der Theorie Murrays ableitete. Die deutsche Version ist eine Übersetzung dieses Verfahrens und wurde unter anderem mit dem Ziel entwickelt, die Personalarbeit des psychologischen Dienstes der Bundeswehr zu unterstützen (Angleitner, Stumpf & Wieck, 1976). Das hauptsächliche Einsatzgebiet des Verfahrens ist eher in der psychologischen Forschung zu sehen, darüber hinaus wird die PRF in einer Reihe weiterer Anwendungsfelder eingesetzt: Die Autoren zitieren im Testmanual Untersuchungen aus dem pädagogischen, sozialpsychologischen, berufspsychologischen und klinischen Bereich. Der Großteil der Studien wurde allerdings im anglo-amerikanischen Raum durchgeführt. Im wirtschaftspsychologischen Kontext scheint ein Einsatz des Tests vor allem im Rahmen der Berufsberatung sinnvoll. Die Skalen der PRF sind – entsprechend der Theorie Murrays – als *Bedürfnisse* (needs) konzipiert. Insofern erscheint es plausibel, daß berufliche Interessen mit den Skalen der PRF korrelieren, wenn vorausgesetzt wird, daß bestimmte individuelle Bedürfnisstrukturen zu bestimmten Präferenzen bei der Wahl beruflicher Aufgaben führen (vgl. Siess & Jackson, 1970). Auch über die PRF (234 Intems; Bearbeitungszeit ca. 30 Minuten, Auswertung ca. 15 Minuten) wird im folgenden nur kurz berichtet, da sich das Verfahren in der praktischen Personalarbeit in Deutschland bislang wenig etablieren konnte. Des weiteren hat es deutlich weniger als etwa der CPI oder der MBTI stimulierend auf wirtschaftsbezogene Forschungsarbeiten gewirkt. Interessierte Leser seien auf das sehr ausführliche Testmanual verwiesen.

5.10.1 Entwicklung und Skalen des Verfahrens

Die PRF basiert auf der Motivationstheorie von Murray (1938), wurde aber erst Jahrzehnte nach deren Publikation konstruiert. Murray hat bereits relativ früh bei der Vorhersage von Verhalten sowohl Kräfte der Situation als auch der Person in seine theoretische Konzeption einbezogen – und damit die Überlegungen des modernen „Interaktionismus" (vgl. Kap. 3) vorgezeichnet. Auf der Personenseite wirken nach Murray die sogenannten *needs*, die Bedürfnisse, die er wie folgt definiert:

> „A need is a construct (a convenient fiction or hypothetical concept) which stands for a force (the physio-chemical nature of which is unknown) (...) which organizes perception, apperception, intellection, conation and action in such a way as to transform in a certain direction an existing, unsatisfying situation." (Murray, 1938, S. 123–124)

Auf der Seite der Situation wirkt der *press*, die Repräsentation eines bestimmten wünschenswerten Zielzustandes. Die Wechselwirkung und das Zusammenspiel zwischen den beiden Variablen bezeichnet Murray als *thema*. Durch diese theoretische Grundlage wird die Nähe zum modernen Interaktionismus deutlich: Jeder *need* hat auf der Situationsseite sein entsprechendes *press* und umgekehrt. Die *needs* werden von Murray in primäre Bedürfnisse (z. B. Ernährung und Sexualität) und sekundäre Bedürfnisse eingeteilt. Von den sekundären Bedürfnissen haben einige sehr anregend auf die motivationspsychologische Forschung gewirkt und viele theoretische Ansätze hervorgebracht, so etwa die *Leistungsmotivation* (nAch = need for achievement). Jackson (1974) entschied sich bei der Auswahl der Dimensionen seines Persönlichkeitstests auch deshalb für die Theorie von Murray, weil diese Konstrukte dem Allgemeinverständnis entsprechen, und damit eine problemlose Übertragung der Ergebnisse in die Sprache der Testanden möglich ist:

> „Diese (...) hervorgehobene Verwandtschaft der PRF-Konstrukte mit der landläufigen Beurteilung von Personen hat sich beim Einsatz des Inventars in vielerlei Hinsicht günstig ausgewirkt. Sie bedeutet u. a., daß PRF-Ergebnisse (im Gegensatz etwa zu 16-PF- und MMPI-Profilen) auch für Laien relativ leicht zu kommunizieren sind und sich dementsprechend vergleichsweise leicht in die Terminologie anderer Persönlichkeitstheorien übertragen lassen." (Stumpf et al., 1985, S.10)

Die Testkonstruktion ist mit erheblichem Aufwand und methodischer Sorgfalt vorgenommen worden. So ist beispielsweise die amerikanische PRF auf der Grundlage der Analyse von 3000 eigens für die Testentwicklung konstruierten Items vorgenommen worden. Mit einem mehrstufigen Vorgehen wurde die endgültige Itemauswahl vorgenommen. Für die deutsche Übersetzung wurden verschiedene Äquivalenzprüfungen vorgenommen, durch die eine möglichst große inhaltliche Übereinstimmung mit der Originalversion sichergestellt werden sollte. Der Test liegt in zwei Parallelformen vor. Aus Tabelle 31 sind die Skalen der deutschen Version des Verfahrens ersichtlich.

Über diese Kurzbeschreibungen hinaus führen die Autoren als Interpretationshilfen auch Beschreibungen von Personen mit niedriger Merkmalsausprägung sowie merkmalsbeschreibende Adjektive an.

5.10.2 Zusammenfassende Einschätzung

Es sind insgesamt nur sehr wenige Untersuchungen existent, bei denen die Zusammenhänge der PRF mit Variablen des beruflichen Erfolgs verknüpft wurden. Gellatly, Pau-

Tabelle 31: Die Skalen der deutschen PRF (Stumpf et al., 1985, S. 44–46)

Skala	Beschreibung einer Person mit hoher Merkmalsausprägung
Achievement (Leistungsstreben)	Strebt danach, schwierige Aufgaben zu lösen; stellt sich hohe Anforderungen und ist gewillt, auf ferne Ziele hinzuarbeiten; geht selbstsicher auf Wettbewerb ein; nimmt bereitwillig Mühen auf sich, um hervorragende Leistungen zu vollbringen.
Affiliation (Geselligkeit)	Ist gerne mit Freunden oder überhaupt mit anderen Menschen zusammen; akzeptiert andere Leute bereitwillig; gibt sich Mühe, Freundschaften einzugehen und Verbindungen zu anderen Menschen aufrechtzuerhalten.
Aggression (Aggressivität)	Liebt Auseinandersetzungen; ist leicht zu verärgern; ist manchmal bereit, andere Leute zu verletzen, um seinen Willen durchzusetzen; versucht unter Umständen mit Leuten abzurechnen, die ihm seiner Meinung nach geschadet haben.
Dominance (Dominanzstreben)	Versucht, seine Umwelt unter Kontrolle zu halten und andere Leute zu beeinflussen oder zu lenken; vertritt seine Meinung nachdrücklich; gefällt sich in der Rolle des Anführers und kann sie spontan übernehmen.
Endurance (Ausdauer)	Ist bereit, lange Zeit zu arbeiten; gibt bei einer Schwierigkeit nicht gleich auf; ist beharrlich, selbst angesichts großer Schwierigkeiten; ist geduldig und unermüdlich bei der Arbeit.
Exhibition (Bedürfnis nach Beachtung)	Will im Mittelpunkt der Aufmerksamkeit stehen; hat gerne Zuhörer; nimmt Verhaltensweisen an, die die Aufmerksamkeit anderer erregen; ist gerne lebhaft oder witzig.
Harmavoidance (Risikomeidung)	Hält nichts von aufregenden Betätigungen, besonders, wenn Gefahr dabei ist; vermeidet das Risiko körperlicher Verletzungen; ist auf größte persönliche Sicherheit aus.
Impulsivity (Impulsivität)	Neigt dazu, aus der Laune des Augenblicks und ohne Überlegung zu handeln; gibt seinen Gefühlen und Wünschen leicht nach; redet offen; kann oberflächlich sein im Ausdruck von Gefühlen.
Nurturance (Hilfsbereitschaft)	Vermittelt Zuneigung und Trost; hilft anderen, wenn immer möglich; hat Interesse daran, sich um Kinder, Behinderte und Schwache zu kümmern; bietet Leuten, die es nötig haben, Unterstützung an; erweist anderen bereitwillig Gefälligkeiten.
Order (Ordnungsstreben)	Bemüht sich, sein persönliches Eigentum und seine Umgebung in Ordnung zu halten; kann Unordnung, Durcheinander und Mangel an Organisation nicht leiden; ist daran interessiert, Methoden zu entwickeln, um Material in Ordnung zu halten.
Play (Spielerische Grundhaltung)	Unternimmt vieles nur zum Spaß; verbringt viel Zeit beim Spielen, Sport, geselligen Unternehmungen und anderen Vergnügungen; hat gern Witze und komische Geschichten; hat eine unbeschwerte, unbekümmerte Lebenseinstellung.
Social Recognition (Soziale Anerkennung)	Möchte ein hohes Ansehen bei seinen Bekannten haben; ist besorgt um seinen guten Ruf und darüber, was andere Leute von ihm denken; strengt sich an, um die Zustimmung und Anerkennung anderer zu erhalten.
Succorance (Anlehnungsbedürfnis)	Sucht oft Sympathie, Schutz, Zuneigung, Rat und Bestätigung durch andere Menschen; fühlt sich ohne derartige Unterstützung unter Umständen unsicher oder hilflos; vertraut Schwierigkeiten leicht einer verständnisvollen Person an.
Understanding (Allgemeine Interessiertheit)	Möchte sich in vielen Wissensgebieten auskennen; schätzt sinnvolle Verknüpfung von Gedanken, beweisbare Verallgemeinerungen, logisches Denken, besonders, wenn es darum geht, theoretische Wißbegier zu befriedigen.

nonen, Meyer, Jackson und Goffin (1991) können zeigen, daß Skalen der PRF mit der Leistungsbeurteilung von Führungskräften korrelieren. Day und Silverman (1989) weisen nach, daß die PRF einen inkrementellen Beitrag bei der Vorhersage beruflichen Erfolges leisten kann, wenn sie zusammen mit kognitiven Leistungstests eingesetzt wird. Allerdings ist die untersuchte Stichprobe mit N = 43 so klein, daß Stichprobeneffekte nicht auszuschließen sind. Auch Peacock und O'Shea (1984) identifizieren Zusammenhänge der Skalen des PRF mit Maßen für den beruflichen Erfolg bei Gesundheitsbeauftragten in Organisationen. Lamont und Lundstrom (1977) finden signifikante Korrelationen der Dimensionen *Dominance*, *Endurance* und *Social Recognition* (Dominanz, Ausdauer und Soziale Anerkennung) mit der Leistungsbeurteilung von Managern. Mowday, Porter und Stone (1978) berichten in einer Längsschnittuntersuchung bei weiblichen Büroangestellten, daß bestimmte Skalen der PRF in der Lage sind, Kündigungen des Arbeitsverhältnisses durch die Arbeitnehmer vorherzusagen. Weniger erfolgreich verlief eine Studie von Goeters, Timmermann und Maschke (1993), die den Einsatz der PRF zur Auswahl von Teilnehmern an einer Pilotenausbildung evaluierten. Bei einigen Skalen ergaben sich deutliche Deckeneffekte, die Goeters et al. (1993) auf Tendenzen zu sozial erwünschter Testbearbeitung zurückführen.

In einer aktuellen deutschsprachigen Validitätsstudie wird die PRF herangezogen, um den Verkaufserfolg von 86 Außendienstmitarbeitern vorherzusagen (Riemann & Schumacher, 1996). Die Autoren finden nicht nur deutliche mittlere Profilunterschiede zwischen der Normstichprobe und den untersuchten Außendienstmitarbeitern, sondern konnten auch nachweisen, daß substantielle Zusammenhänge (r = .20) einiger PRF-Skalen (Aggression, Gesellkeit, Hilfsbereitschaft, Anlehnungsbedürfnis, allgemeine Interessiertheit) mit dem herangezogenen Kriterium Verkaufserfolg bestehen. Darüber hinaus können die Autoren keine Moderatoreffekte für die Soziale Erwünschtheits- beziehungsweise für die Infrequenz-Skala nachweisen, was als weiterer Hinweis darauf gelten kann, daß die validitätsmindernden Effekte der Antworttendenzen im Sinne sozialer Erwünschtheit oftmals überschätzt werden (vgl. Kap. 4.3.5).

Die PRF bietet vor allem für die berufliche Beratung ein vielversprechendes Potential. Durch die Analyse der individuellen Motivations- und Bedürfnisstruktur – wie sie durch die PRF möglich ist – läßt sich hilfreiches Material für ein Gespräch über die Laufbahnplanung gewinnen. Durch die Nähe der Skalen zu den Alltagskonzepten ist eine Verbindung zu bestimmten Tätigkeitsfeldern und den damit verbundenen Verstärkungsmechanismen, also den press-Faktoren, relativ problemlos herstellbar. Die Items des Tests sind in Beratungssituationen sozial akzeptabel, der Test ist nur wenig invasiv und berührt die Intimsphäre nicht. Bei Plazierungsentscheidungen kann die Personality Research Form vermutlich auch Hilfestellungen leisten, allerdings muß bei der Interpretation folgendes beachtet werden: Die Skalen des Verfahrens sind theoretisch eindeutig als Bedürfnisse konzipiert und nicht als Kompetenz-Faktoren. Die PRF kann demzufolge hilfreich sein, die Passung zu den Anreizbedingungen der Zielposition zu überprüfen. So wird etwa ein Kandidat mit hohem Wert auf der Skala Exhibition (Bedürfnis nach Beachtung) offensichtlich bei beruflichen Aufgaben ohne Austauschmöglichkeiten oder soziale Kontakte kaum optimal positioniert sein. Vermutlich wird er durch die seinen Bedürfnissen nicht entsprechende Tätigkeit sein Leistungspotential nicht voll entfalten können. Ein hoher Wert auf der Skala Exhibition beinhaltet aber nicht notwendigerweise, daß der Testkandidat in besonders kompetenter Weise in der Lage ist, Situationen zu bewältigen, in denen er tatsächlich im Mittelpunkt der Aufmerksamkeit steht. Diese Konzeptualisierung der Skalen sollte daher bei der Interpretation und insbesondere der Rückmeldung an die Teilnehmer Beachtung finden. Insgesamt erweist sich die PRF als Verfahren, daß nicht nur für die Forschung ein breit einsetzbares Instrument darstellt, sondern auch für den praktischen Einsatz mehr Potential bereithält, als die gegenwärtig eher geringe Anwendungshäufigkeit vermuten läßt (derzeit gehört die PRF wohl nicht zu den zwanzig am häufigsten angewandten Testverfahren; s. Schorr, 1995).

5.11 Weitere Persönlichkeitstests

Die zuvor besprochenen Persönlichkeitstests sind ausnahmslos bei renommierten Testverlagen publiziert worden. Gerade für den Einsatz in der Personalarbeit existieren jedoch eine Vielzahl weiterer Verfahren, die häufig von Beratungsunternehmen erstellt, aber nicht veröffentlicht wurden und insofern nur beschränkt erhältlich sind. Hierzu gehören etwa der Occupational Personality Questionnaire (OPQ, Saville & Holdsworth, 1990) und das DNLA-Verfahren (Discovery of Natural Latent Abilities, GMP, Gesellschaft für Management und Personalentwicklung mbH). Andere Verfahren sind offen publiziert und können – zur eigenen Standortbestimmung, Selbsterfahrung oder zu Beratungszwecken – von jedem Interessenten erworben werden (etwa das DISG-Persönlichkeitsprofil, Gay, 1998). Bei den nicht publizierten Verfahren ist eine Besprechung naturgemäß schwierig, da zur Konstruktion und Validierung häufig keine Informationen vorliegen. Einige Verfahren sind jedoch mit ausgewählten Informationen zum Entstehungshintergrund und zu den Gütekriterien in Buchform publiziert und frei erhältlich (etwa der Persönlichkeits-Strukturtest (PST) von Bambeck, 1991; zu sog. „Bambeck-Profilen" s. auch I.H.R., 1999).

5.11.1 Occupational Personality Questionnaire (OPQ)

Eine gewisse Ausnahme zu den nicht publizierten Verfahren bildet der OPQ (Occupational Personality Questionnaire, Saville & Holdsworth, 1990). Obwohl der Test ausschließlich von einem spezialisierten Beratungsunternehmen vertrieben wird, existieren einige in wissenschaftlichen Journalen publizierte Untersuchungen (vgl. auch Abschnitt 5 in Kap. 4.4.1.1). Bei diesen handelt es sich um faktorenanalytische Befunde (Ferguson, Payne & Anderson, 1994; Matthews & Stanton, 1994) oder um Zusammenhänge mit anderen Testverfahren (Saville & Munro, 1986; Swinburne, 1985). Allerdings entstammen die Studien wiederum ausschließlich dem englischen Sprachraum. So sind die in der Informationsbroschüre zum deutschen OPQ berichteten Validierungsuntersuchungen an der englischsprachigen Version und in britischen Unternehmen erfolgt.

Mit dem OPQ werden insgesamt 30 berufsbezogene Eigenschaften erfaßt, die zu den drei Bereichen „Zwischenmenschliches Verhalten", „Denkstil" und „Motivation" gruppiert werden. Die Fragen des OPQ liegen zumindest bei einigen Versionen des Verfahrens im „forced-choice"-Format vor, das heißt, bei jedem Item muß eine Entscheidung zwischen mehreren Alternativen getroffen werden. Abbildung 29 zeigt zwei Beispielitems der deutschen Fassung. Es wird also nicht für jede Testaussage eine bewertende Einschätzung vorgenommen, sondern es muß immer eine eindeutige Präferenz zwischen vier Wahlmöglichkeiten angegeben werden. Im Unterschied zum – normativen – 16 PF, bei dem auch eine Auswahl zwischen zwei oder drei Alternativantworten erfolgen muß, sind bei diesem Test die verschiedenen Antwortmöglichkeiten unterschiedlichen Skalen zugeordnet, während etwa beim 16 PF oder MBTI die Alternativen jeweils die beiden Pole der selben Skala kennzeichnen. Dieses Itemformat ist nicht ohne Kritik geblieben, und die Interpretation der statistischen Kennzahlen ipsativer Tests ist nicht unumstritten (Johnson et al., 1988; Saville & Willson, 1991). Beim OPQ gibt es etwa nur vernachlässigenswerte Korrelationen zwischen der ipsativen und normativen Version des Tests, obwohl die Inhalte der Skalen praktisch identisch sind (Fletcher, 1989).

Inhaltlich wird bei diesem Itemformat kritisiert, daß den Testteilnehmern Entscheidungen abverlangt werden, die sie im realen Leben vermutlich nicht treffen müßten. Die Bearbeitung ist daher mitunter schwierig. Weiterhin ist während der Testkonstruktion ein sehr sorgfältiges Balancieren der Alternativen unabdingbar, denn im Prinzip kann – durch die Unmöglichkeit, alle Alternativen zu verneinen oder zu bejahen – ein Teilnehmer zu beliebigen Entscheidungen gezwungen werden („Which of these statements best describes you? 1) I regularly torture my children. 2) I often steal from pensioners"; Fletcher, 1989, S. 48). Auf der anderen Seite argumentieren Saville und Willson (1991), daß durch ipsative Items Tendenzen zur sozialen Erwünschtheit redu-

---

Wählen Sie aus, welche der vier Aussagen für Sie am MEISTEN und welche am WENIGSTEN zutrifft.

Ich bin jemand, der...

1 A Freude daran findet, mit einem Kunden zu verhandeln
   B Freude an physisch aktivem Zeitvertreib hat
   C Hochgesteckte Ziele erreichen kann
   D Sich freundlich persönlicher Probleme anderer annimmt

2 A Darauf besteht, Dinge nach eigenen Vorstellungen zu erledigen
   B Schwächen in einem Argument erkennen kann
   C Künstlerische Entwürfe schätzt
   D Zurückhaltend mit dem Ausdruck von Gefühlen ist

Abbildung 29: Beispielitems des deutschen Occupational Personality Questionnaire (Saville & Holdsworth, 1990, S. 4)

ziert werden können, und daß im Leben ständig verschiedenartigste Entscheidungen getroffen werden müssen:

> „A second line of argument is that behavior requires us continuously to choose between options: in that sense life is ipsative." (Saville & Willson, 1991, S. 222)

Letztendlich ist diese Diskussion für den Praktiker nur dann bedeutsam, wenn nachgewiesen werden kann, daß bestimmte Itemformate zu besseren Validitäten führen. Die Befundlage ist hier uneindeutig, zumindest kann noch keine abschließende Empfehlung gegeben werden. Da für den OPQ eine Reihe von Validitätshinweisen vorliegen, erscheint es sinnvoll, die Forschungsbemühungen auch zum Bereich der ipsativen Tests zu intensivieren. Im Vordergrund der Publikationen zur Validität des OPQ steht die metaanalytische Untersuchung von Robertson und Kinder (1993, vgl. auch Kinder & Robertson, 1994; Robertson, 1993, 1994). Eine ausführliche Würdigung dieser Befunde erfolgte in Kapitel 4.4.1. Saville und Holdsworth bemühen sich darüber hinaus auch um die Erfassung spezifischer Subkonstrukte der Persönlichkeit. Mit einem Fragebogen zur Kundenorientierung (CSQ, Customer Services Questionnaire) werden Ansätze unternommen, den Zusammenhang zwischen Kundenorientierung und beruflichem Erfolg zu erfassen (vgl. Furnham, 1994).

5.11.2 Discovery of Natural Latent Abilities (DNLA)

Ein weiterer in Deutschland sehr verbreiteter, von einer Beratungsgesellschaft vertriebener Persönlichkeitstest ist das sogenannte DNLA (GMP, Gesellschaft für Management und Personalentwicklung mbH). Der Test wird von einer Unternehmensberatung vermarktet, die sich eine Zitierung aus ihrem Informationsmaterial verbeten hat (Wottawa, 1996). Insofern muß bei der Beschreibung des Verfahrens auf andere Publikationen zurückgegriffen werden, zumeist Berichte in Wirtschaftsmagazinen oder Tageszeitungen. Das DNLA-Verfahren ist ein computerunterstützter Test, mit dem 17 Skalen erfaßt werden, darunter solche Faktoren wie „Leistungsdrang, Kontaktfreudigkeit, Selbstsicherheit, Motivation oder Fähigkeit, mit Kritik umzugehen" (Beuthner, 1994, S. 134). Die Auswertung erfolgt per Computer. Für die getesteten Personen werden ein Profil und ein Eignungsgutachten erstellt sowie persönliche Entwicklungsempfehlungen formuliert. Besonderes Gewicht wird bei der Vermarktung des Verfahrens auf die wissenschaftliche Absicherung gelegt:

> „Um Qualifikationen oder Defizite zu erkennen, hat GMP am Max-Planck-Institut München ein Verfahren erarbeiten lassen, das DNLA-Management (Discovery of Natural Latent Abilities), das ‚die natürlich vorhandenen Fähigkeiten bei Führungskräften aufzudecken und zu entwickeln hilft'. Das computerunterstützte Verfahren, das in über sieben Jahren unter Leitung von Professor Wolfgang Strasser entwickelt wurde, basiere auf der Lebens- und Führungserfahrung von mehreren hundert Managern, Psychologen und Trainern, erläutert Loitsch. So sei DNLA-Management auch kein Test, sondern ein wissenschaftliches Gutachten, versehen mit einem ‚Gütesiegel von Professor Dr. Bo Ekehammer von der Universität Stockholm'. Und worin unterscheidet sich DNLA-Management von anderen Auswahlverfahren? ‚Auch in der hohen Validität', unterstreicht Loitsch die kontinuierliche Entwicklung von aktuellen Aspekten wie Wertewandel oder veränderten Verhaltensstrukturen." (Schröter, 1995)

Aber gerade an der vielfach unterstrichenen Wissenschaftlichkeit des Verfahrens mehren sich die Zweifel. Nachforschungen der Deutschen Gesellschaft für Psychologie haben hier eine Reihe von Unregelmäßigkeiten zutage gefördert:

> „So wird etwa in den Unterlagen von GMP versprochen, bei Nachfrage die jeweils verwendeten Original-Berichte erhalten zu können; trotz Bitte der Fachgruppe erfolgte aber keine Zusendung von solchem wissenschaftlichen Material. Insbesondere war es nicht möglich, von GMP den als einzige Quelle für die überraschenden Befunde zur Validität des DNLA angegebenen Bericht (Ekehammer, 1990, June) zu erhalten – oder wenigstens genauere Angaben zur Publikation dieser Arbeit. Außerdem wurden trotz ursprünglicher Zusage auch die zur Erleichterung der Kontaktaufnahme erbetenen Adressen der für die ‚Wissenschaftlichen Gütekriterien' zuständigen Fachkräfte nicht zur Verfügung gestellt. (…) Am 5.3.1996 traf ein Schreiben von Professor Bo Ekehammer (datiert vom 28.2.1996) ein, in dem er sich über den Sachverhalt, seinen Namen und das Logo der Universität Stockholm auf dem Deckblatt der Broschüre ‚Wissenschaftliche Gütekriterien' zu finden ‚rather surprised and upset' erklärte. Er versicherte, diese Broschüre noch nie gesehen zu haben; sie sei seinem Eindruck nach nicht von einem ‚professional' verfaßt und ganz sicher nicht von ihm. Mit Fax vom 11.3.1996 teilte die GMP mit, die ‚Wissenschaftlichen Gütekriterien' im Markt nicht mehr verwenden zu wollen. Als Begründung für die beanstandeten Inhalte wurde ein technisches Versehen beim Kopieren und Binden angegeben." (Wottawa, 1996, S. 683)

Ausführungen zum Einsatz von Testverfahren – mit Fokus auf dem DNLA-Verfahren – als Monitoring-Instrument in Ergänzung zum Assessment Center, Einstellungsinterviews und dem 360-Grad-Feedback (vgl. Kap. 6.2) finden sich bei Strasser (1998). Eine abschließende Beurteilung des DNLA wird erst möglich sein, wenn die Unterlagen über die zum Verfahren durchgeführten Untersuchungen für eine Einsichtnahme zur Verfügung gestellt werden.

5.11.3 DISG-Persönlichkeitsprofil

Ein mit den Originalunterlagen publizierter Test, der vor allem zur Selbsterfahrung und eigenen Stärken-/Schwächenanalyse angeboten wird, ist das „DISG-Persönlichkeits-Profil" (Gay, 1998; Neuefeind, 1993; Wagner, 1993). Praktischen Einsatz findet dieses Verfahren vor allem bei einem Trainingsinstitut, das auf der Grundlage des DISG-Modells zum Beispiel Trainings zur Persönlichkeitsentwicklung oder auch Karriere- und Partnerberatungen anbietet. Das Verfahren beruht auf dem Persönlichkeitsmodell des amerikanischen Psychologen William Moulton Marston (Marston, 1928). Nach diesem Modell werden Personen durch zwei voneinander unabhängige Faktoren beschrieben, nämlich einen *Extroversions/Introversions-Faktor* und einen Faktor *Aufgabenorientierung vs. Menschenorientierung*. Beide Faktoren sind auch in zahlreichen anderen psychologischen Modellen vertreten. Der Extroversions/Introversions-Faktor ist in nahezu alle Persönlichkeitstests und -theorien integriert. Der Faktor Aufgabenorientierung vs. Menschenorientierung hat vor allem in der Führungsstilforschung große Beachtung gefunden (vgl. Gebert & v. Rosenstiel, 1992, S. 153–160). Entsprechend der Positionierung auf den Faktoren werden die vier Verhaltensstile beschrieben, die dem Verfahren seinen Namen gaben (vgl. Seiwert & Gay, 1996):

1. D – Dominant = aufgabenorientiertes und extrovertiertes Verhalten
2. I – Initiativ = extrovertiertes und menschenorientiertes Verhalten
3. S – Stetig = menschenorientiertes und intovertiertes Verhalten
4. G – Gewissenhaft = introvertiertes und aufgabenorientiertes Verhalten

Neben diesen vier Stilen werden auch noch eine Reihe von „Mischstilen" erläutert, die sich durch bestimmte weniger eindeutige Kombinationen ergeben. Für jeden Typ werden nun ausführlich Stärken und „Engpässe" beschrieben und Empfehlungen für verschiedene Tätigkeiten (Mitarbeiterführung, Verkauf) und bestimmte private Problemfelder (Partnerschaft, Kindererziehung) gegeben. Auch beim „DISG-Persönlichkeitsprofil" handelt es sich um ein Verfahren im „forced-choice"-Format. Die Teilnehmer müssen bei vier Adjektiven immer diejenigen auswählen, die sie am ehesten oder am wenigsten beschreiben. Abbildung 30 zeigt zwei Beispiele der 24 Items des DISG-Profils.

Zu den wissenschaftlichen Hintergründen des Verfahrens wird ein sogenannter „Kaplan-Report" aus dem englischen Sprachraum angeführt, in dem Befunde über die Validität des Verfahrens berichtet werden. Es werden jedoch keine Angaben zu konkreten Kennwerten gemacht. In der Untersuchung von Kaplan wurden die DISG-Ergebnisse von 103 Personen mit den Ergebnissen aus anderen Tests korreliert. In der deutschen Publikation des Verfahrens (Gay, 1998) wird über die Ergebnisse folgendes berichtet:

„Die Untersuchungen Kaplans zur Validität des DISG-Persönlichkeits-Profils haben gezeigt, daß über die statistische Zufallserwartung hinaus DISG mit allen vorgenannten Persönlichkeitsinstrumenten, d.h. mit dem 16 PF, MBTI, WAIS, SCII und MMPI eindeutig in Beziehung steht." (Gay, 1998, S. 139)

Gruppe 1	Am ehesten	Am wenigsten
freundlich, verbindlich		
überzeugend		
bescheiden		
originell, innovativ		
Gruppe 2	**Am ehesten**	**Am wenigsten**
attraktiv		
selbstbeobachtend		
stur		
freundschaftlich		

Abbildung 30: Beispielitems des DISG-Profils (Gay, 1998, S. 17)

Weiterhin wird eine deutsche Untersuchung von Dr. Miriam Kragness beschrieben, in der die Reliabilitäten des DISG-Verfahrens berechnet wurden. Die Werte für Cronbach's alpha liegen für die 4 Skalen zwischen .71 und .81 (vgl. Gay, 1998, S. 141). Die wissenschaftliche Absicherung des Verfahrens ist damit als durchaus zufriedenstellend zu bezeichnen. Da das Instrument vor allem zur Selbstexploration dient und weniger zur Personalauswahl und -plazierung herangezogen werden soll, sind ausführliche Studien zur Vorhersagevalidität nicht unbedingt erforderlich. Als günstig für den Einsatz in Trainings ist anzusehen, daß das Verfahren keine positiv oder negativ besetzten Skalenpole beinhaltet: Es werden für alle durch den Test identifizierten Typen sowohl Stärken als auch Defizite definiert.

5.11.4 Hirn-Dominanz-Instrument bzw. Herrmann-Dominanz-Instrument (H.D.I.)

Das im folgenden vorgestellte Verfahren ist ein Fragebogen zur Selbsteinschätzung, der „individuell unterschiedliche Denkstile deutlich sichtbar und damit vergleichbar macht. Aus der Auswertung ergibt sich ein Profil, das zeigt, in welchem Maße unterschiedliche Denkstile bevorzugt, genutzt oder vermieden werden" (Das Herrmann Dominanz Model, Herrmann Institut Deutschland, 1997, o. S.). Es wird von einer Unternehmung vertrieben und ausgewertet (Herrmann Institut Deutschland GmbH), die in ihren Informationsunterlagen unterschiedliche Titel für das Verfahren angibt („*Hirn-Dominanz-Instrument*" in der Informationsbroschüre „Systematische Persönlichkeitsentwicklung durch das H.D.I." sowie „*Herrmann-Dominanz-Instrument*" in der Informationsbroschüre „Das Herrmann Dominanz Modell"). Der Fragebogen basiert auf den Überlegungen des Amerikaners Ned Herrmann zum Zusammenhang von menschlicher Kreativität und Ergebnissen aus der Hirnforschung. Ausgehend von der Hemisphärenspezialisierung des menschlichen Gehirns (der unterschiedlichen Verarbeitung von Informationen durch die beiden Gehirnhälften) entwickelte Herrmann ein Modell, das verschiedene „Denkstile" mit verschiedenen Bereichen des Gehirns in Verbindung bringt (vgl. Abb. 31). Ob eine Verbindung zwischen den Hirnregionen und den zugeordneten „Denkstilen" des Modells tatsächlich existieren soll, wird in den Informationsbroschüren zur deutschen Version des Verfahrens widersprüchlich beantwortet. So heißt es einerseits:

> „Diese Einteilungen geben den komplexen Aufbau und die Arbeitsweise des Gehirns nur sehr unvollständig wieder. Sie sollen als Modell dienen, ähnlich wie eine Landkarte uns als Modell einer Landschaft dient." (Das Herrmann-Dominanz-Modell, Herrmann Institut Deutschland, 1997, o. S.)

Bereits im folgenden Abschnitt wird jedoch formuliert:

> „Die Gültigkeit (Validität) des Herrmann Dominanz Instruments ist unabhängig von der Frage, in welchem Maße unser Denken und Verhalten tatsächlich von den oben beschriebenen gehirnphysiologischen Funktionen gesteuert wird; das Instrument ist in sich valide." (Das Herrmann Dominanz Modell, Herrmann Institut Deutschland, 1997, o. S.)

Dem Leser stellt sich somit die Frage, wie – um im gewählten Bild zu bleiben – eine Landkarte gleichzeitig das Modell einer Landschaft sein soll, aber andererseits völlig unabhängig vom tatsächlichen Aussehen der Landschaft sein kann. Diese unvereinbaren Positionen, welche die Vertreiber des H.D.I. gleichzeitig für ihr Verfahren in Anspruch nehmen, spiegeln sich im weiteren sowohl im Testmaterial als auch in den Ergebnisunterlagen wider. Zuvor soll jedoch auf einen weiteren Widerspruch in der Beschreibung der mit dem Verfahren erhobenen Informationen eingegangen werden: Während die graphische Abbildung des Herrmann-Dominanz-Modells vier Bereiche unterschiedlicher „Denkprozesse" beschreibt, beziehen sich einige dieser Bereiche (die Ausschnitte B und C) im Ergebnisprofil ohne weitergehende Begründung auf das „*Verhalten*" des Teilnehmers. Auch im beschreibenden Text der Broschüren zum H.D.I. wird hinsichtlich der Frage, was der Meßgegenstand des Fragebogens ist, verschiedentlich von „Denkstilen", an anderen Stellen wiederum von „Denk- und Verhaltensstilen" gesprochen. Sowohl Anwender als auch Teilnehmer des H.D.I. werden somit offenbar im Unklaren darüber gelassen, was genau der Meßgegenstand des Verfahrens ist, welcher Art der Zusammenhang von „Denkstilen" und „Verhaltensstilen" sein soll und inwieweit das zugrundeliegende Modell lediglich als „Metapher" verwendet wird, oder sich doch auf empirische Zusammenhänge zwischen Hirnprozessen und anderen Merkmalen stützt.

Der Fragebogen beginnt mit einer annähernd einseitigen Erläuterung unterschiedlicher Begriffe, die in den Aufgaben in einem spezifischen Sinne Verwendung finden (z.B. „Kreatives Schreiben", „Sequentiell", „Spirituell"). Die Aufgaben selbst bezie-

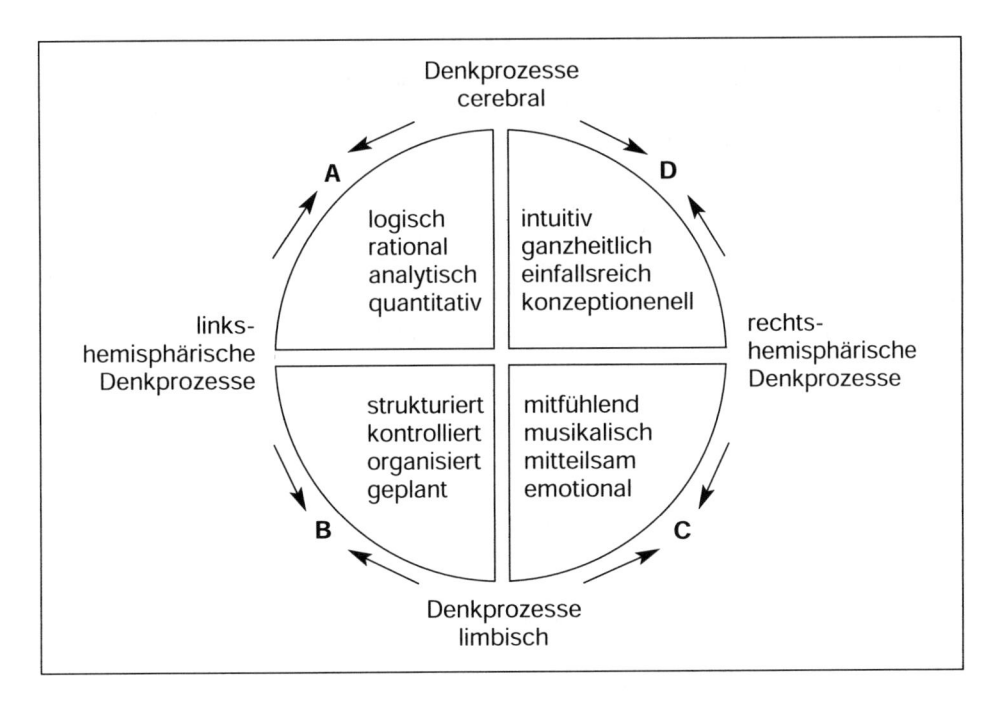

Abbildung 31: Das Herrmann-Dominanz-Modell (Das Herrmann Dominanz Modell, Herrmann Institut Deutschland, 1997, o. S.)

hen sich auf sehr heterogene Bereiche und weisen unterschiedlichste Antwortformate auf. Da die Auswertungsschritte des H.D.I. nicht im einzelnen zugänglich sind, kann an dieser Stelle nur auf die zum Instrument gegebenen Informationen zurückgegriffen werden. In der deutschen Übersetzung des von Herrmann vorgelegten Bandes „Kreativität und Kompetenz" werden nur einige Dimensionen genannt:

> „Eine der Stärken des Instruments ist es, daß die in ihm enthaltenen Fragen über mehrere Schlüssel-Gebiete gestreut sind, ohne einen besonderen Hinweis darauf zu geben, was die Antworten wahrscheinlich andeuten. Diese Gebiete sind unter anderem:
> 1. Ausbildungsschwerpunkt
> 2. Arbeit (Karrierewahl, Beruf und beste/schlechteste Schulnote)
> 3. Die Verwendung der Freizeit (Hobbies und Sport)
> 4. Die Wahrnehmung des inneren Selbst (Schlüssel-Beschreibung des Selbst)
> 5. Werte (20 Fragen)
> 6. Inneres/äußeres Selbst (Skala Introvertiertheit/Extrovertiertheit)." (Herrmann, 1991, S. 72f.)

Über die genannten Fragenbereiche hinaus finden sich im H.D.I. Aufgaben zu folgenden Themenstellungen:

> – Angabe zur Stifthaltung beim Schreiben (anhand graphischer Beispiele)
> – Angabe zur Händigkeit (Rechtshänder, Linkshänder, kombinierte Formen)
> – Einschätzung als Tag- oder Nachtmensch (bzw. als Tag- *und* Nachtmensch)
> – Angabe zum Auftreten von Reisekrankheit
> – Weitere Aufgabenbereiche, bei denen der Teilnehmer sich Attribute zuschreiben soll.

Die Beantwortung der Fragen des H.D.I. ist bei nahezu allen zehn Aufgabenbereichen in einem unterschiedlichen Format vorzunehmen und stellenweise (im Vergleich zu anderen persönlichkeitsbezogenen Verfahren) als kompliziert zu bezeichnen. So werden die Teilnehmer im Abschnitt „Persönliche Merkmale" zu folgendem Vorgehen aufgefordert: „Von den folgenden Eigenschaften 26–50 suchen Sie bitte 8 aus, die am besten auf Sie zutreffen, und schreiben eine ‚2' in die entsprechende Zeile. Schauen Sie sich diese 8 Eigenschaften an und wählen Sie eine aus, die Sie am besten beschreibt. Bei dieser einen Eigenschaft ändern Sie die ‚2' in eine ‚3' " (Hervorhebungen im Original; Anm.d.Verf.). In der sich anschließenden Aufzählung finden sich Begriffe wie „Spirituell", die auf der Seite „Erläuterungen einiger Begriffe" nachgelesen werden müssen. Zum genannten Begriff heißt es dort: „Spirituell • Die Neigung, über die real beobachtbaren Zusammenhänge hinausgehend auch nicht wahrnehmbare oder übersinnliche Zusammenhänge zu sehen (geistig-seelischer Bereich)" (Trennungspunkt im Original; Anm.d.Verf.). Dem Teilnehmer werden im Fragebogen keine Informationen darüber gegeben, was die einzelnen Aufgabenbereiche erfassen sollen. Laut Informationsbroschüre erfolgt jedoch „das Ausfüllen des Fragebogens (…) nach einer kurzen Einführung in die Systematik des H.D.I.".

Das Ergebnis des H.D.I. bildet ein Profilblatt, das in Form eines Polardiagramms die unterschiedlichen Ausprägungen einer Person in den vier Quadranten des Herrmann-Modells angibt. In einer vierseitigen „Erläuterung zur Auswertung des Fragebogens" heißt es zur Bedeutung des Profils: „Diese Grafik zeigt Ihnen auf einen Blick, wo Ihre bevorzugten, d.h. dominanten und weniger dominanten Denkstile zu finden sind und wie sie sich über das ganze Modell verteilen" (Erläuterungen zur Auswertung des Fragebogens, Herrmann Institut Deutschland, 1997, o. S.). Im Widerspruch hierzu findet sich in einem vom Herrmann Institut vorgelegten Musterprofil eine Unterteilung in *„Denken"* (die oberen zwei Quadranten A und D) und *„Verhalten"* (die unteren zwei Quadranten B und C). Möglicherweise soll es dem Teilnehmer überlassen bleiben, ob die unteren Quadranten des Profils nun seine „Denkstile", oder aber seine „Verhaltensstile" widerspiegeln.

Zusätzlich zum Profil wird eine tabellarische Auflistung unterschiedlicher Ergebnisbereiche gegeben. Sie umfaßt im wesentlichen die zuvor beantworteten Aufgabenbereiche des Fragebogens und ordnet die Antworten den unterschiedlichen Quadranten des Herrmann-Modells zu. Auf diese Weise soll dem Teilnehmer offenkundig verdeutlicht werden, auf welche „Denkstile" gemäß Herrmann seine Merkmale aus unterschiedlichen Lebensbereichen schließen lassen. Ebenso wie das Aufgabenmaterial ist auch das tabellarische Ergebnisblatt des H.D.I. im Vergleich zu den Ergebnisunterlagen anderer persönlichkeitsbezogener Verfahren für die Teilnehmer vermutlich nicht leicht verständlich. Dies ist möglicherweise von den Entwicklern des Verfahrens beabsichtigt, denn sie benutzen bei Aufgabenstellungen und Ergebnisdarstellung eine dem Teilnehmer mutmaßlich kaum vertraute Terminologie, die durch recht umfangreiche zusätzliche Einweisungen (vor der Bearbeitung des Bogens, während der Bearbeitung des Bogens, zusätzlich zu den Ergebnissen) erst nachvollzogen werden muß. Zur Bearbeitung des Fragebogens und zum Verständnis der Ergebnisse ist somit eine (im Vergleich zu anderen Fragebogen) zeitaufwendige Einarbeitung der Teilnehmer erforderlich – hierin ist ein Nachteil gegenüber anderen Persönlichkeitsfragebogen zu sehen, die sich den teilnehmenden Personen unmittelbarer erschließen. Gemäß der vom vertreibenden Unternehmen zur Verfügung gestellten Unterlagen wird das H.D.I. unter anderem in folgenden Anwendungsbereichen genutzt:

– Berufs- und Partnerschaftsberatung
– Teamentwicklung und Projektmanagement
– Verkaufs-, Kreativitäts-, Kommunikations- und Führungskräftetraining.

Es soll ein „bewußtes Selbstmanagement" ermöglichen und „wir können damit einen Dialog darüber führen, was uns von anderen unterscheidet, was uns gemeinsam ist und wie wir mit den Unterschieden und Gemeinsamkeiten umgehen" (Systematische Persönlichkeitsentwicklung durch das H.D.I., Herrmann Institut Deutschland, o. J., o. S.). Aus den Unterlagen lassen sich für den Einsatz des Verfahrens in diesen Anwendungsbereichen folgende Limitierungen erkennen:

– Die Vertreiber der deutschen Fassung des Verfahrens beziehen in der Frage, ob das Verfahren tatsächlich mit den Prozessen und Gegebenheit im Gehirn zusammenhängen soll, gleichzeitig zwei unvereinbare Positionen.
– Die Frage, ob das H.D.I. wissenschaftlichen Standards genügen soll, wird von den Entwicklern der deutschen Fassung widersprüchlich beantwortet.
– Wenn jedoch das Herrmann-Dominanz-Modell mit den tatsächlichen Gegebenheiten und Prozessen im Gehirn der Teilnehmer nicht in nachweisbarem Zusammenhang steht (wie Herrmann selbst offensichtlich bereits 1989 in einer amerikanischen Veröffentlichung eingeräumt hat; vgl. Herrmann, 1991, S. 69), erscheint der mit der Durchführung verbundene Aufwand (Einführung in die Systematik, umfangreiche Begriffserläuterungen im Fragebogen, umfangreiche Erläuterungen zur Auswertung) kaum gerechtfertigt, da er weder Anwendern noch Teilnehmern einen Nutzen erbringt.

- Der Fragebogen ist im Vergleich zu anderen persönlichkeitsbeschreibenden Instrumenten für die Teilnehmer deutlich komplizierter zu beantworten (nahezu ständiger Wechsel des Antwortformates); die verwendeten Begrifflichkeiten müssen zum Teil von den Teilnehmern in einer anhängenden „Erläuterung" nachgelesen und nachvollzogen werden.
- Zur Bedeutung der Ergebnisse werden uneinheitliche Angaben gemacht (vgl. die zuvor ausgeführten Uneinheitlichkeiten in der Bezeichnung der Ergebnisse als „Denkstile" bzw. „Denk- und Verhaltensstile").

Eine grundsätzliche Problematik in der Entwicklung des H.D.I. könnte darin gesehen werden, daß für das Verfahren ursprünglich eine wissenschaftliche Absicherung angestrebt war (Herrmann, 1991, S. 69) – diese sich jedoch nicht realisieren ließ, und daher zur Beschreibung des Modells als „Metapher" übergegangen wurde. Möglicherweise liegen hierin auch die verschiedenen Widersprüche und Unvereinbarkeiten begründet, die in den Broschüren zum Verfahren zutage treten. Da für den Einsatz im Personalmanagement (auch für die zuvor beschriebenen Anwendungsbereiche) Instrumente existieren, die von ihrer Grundkonzeption eindeutig formuliert, nachprüfbar, sowie in Anwendung und Interpretation einfach handhabbar sind, liegen kaum Argumente vor, die für einen Einsatz des H.D.I. sprechen – jedoch zahlreiche Argumente dafür, von einem Einsatz des Verfahrens im berufsbezogenen Kontext abzusehen.

6 Weitere Einsatzbereiche für Persönlichkeitstests

Persönlichkeitsfragebogen werden in Unternehmen vielfach mit zwei Zielrichtungen eingesetzt: Zum einen zur Unterstützung in der Personalauswahl, zum anderen im Bereich der Personalentwicklung für Einzelne oder Gruppen (z. B. in Trainings oder Teamentwicklungsmaßnahmen etc.; vgl. Kap. 6.3). Während die Zielsetzung im erstgenannten Fall im wesentlichen auf die Diagnose, also die Informationsgewinnung abzielt, steht im zweiten Einsatzgebiet eher die Intervention im Sinne einer Veränderung im Vordergrund des Interesses. In Beratungseinrichtungen kann darüber hinaus der Einsatz von Persönlichkeitsfragebogen mit der Zielsetzung der Berufs- und Karriereberatung erfolgen; dies wird in Unternehmen jedoch weniger der Fall sein, wenn man von einer diesbezüglichen Wirkung von Feedbackgesprächen absieht. Die genannten Anwendungsgebiete zeichnen sich dadurch aus, daß bei der Durchführung und bei der Rückmeldung eine entsprechend ausgebildete Fachkraft, im idealen Falle ein Diplom-Psychologe, zur Verfügung steht, der in die Bearbeitung des Verfahrens einführt, die Ergebnisse erläutert und bei der Ableitung von gegebenenfalls durchzuführenden Interventionsmaßnahmen unterstützt.

Ein weiteres Einsatzgebiet, daß insbesondere in Unternehmen langsam an Verbreitung gewinnt, ist die Zurverfügungstellung von Persönlichkeitstests zum Zweck der persönlichen Standortbestimmung und Weiterentwicklung, auch als „Self-Assessment" bezeichnet (vgl. Kap. 6.4). Der Einsatz ist dadurch gekennzeichnet, daß interessierten Personen ein geeignetes Verfahren firmenintern zur Verfügung gestellt wird – zusammen mit allen für die Durchführung erforderlichen Informationen wie etwa Anleitungen. Die Auswertung erfolgt automatisiert, indem meist ein aus Textbausteinen zusammengestelltes schriftliches Gutachten erstellt wird. Die Bearbeitung des Verfahrens wird damit für diese Zielsetzung unabhängig von zeitlichen Ressourcen der Personalfachleute – sie kann vom Teilnehmer selbst initiiert und gesteuert werden. Die Bereitstellung der erforderlichen Unterlagen erfolgt dabei teilweise über unternehmensinterne Computernetzwerke (Intranet). Der Vorteil eines solchen Vorgehens liegt in einer höheren Transparenz und in der Übertragung von Verantwortung auf die Mitarbeiter selbst – ähnlich wie im Bereich fachlicher Kenntnisse in vielen Organisationen ein selbst initiiertes und selbstgesteuertes Lernen gefordert wird, ist dies auch im Bereich der überfachlichen Kompetenzen prinzipiell möglich. In den vorherigen Kapiteln dieses Bandes wurde auf die verschiedenen Informationsquellen verwiesen, die vielen Prozessen der Personalentwicklung zugrunde liegen (etwa die Erhebung des Selbstbildes und des Fremdbildes; vgl. Abb. 15). Im folgenden werden die psychologischen Wirkzusammenhänge dargestellt, die zur Entstehung von Selbst- und Fremdbild beitragen. Anschließend erfolgt eine ausführliche Beschreibung weiterer Einsatzgebiete für Persönlichkeitsfragebogen. Die Darstellung orientiert sich dabei an der im Kontext des BIP-Projektes (vgl. Hossiep & Paschen, 1998) angefertigten Arbeit von Külpmann (1997), die sich schwerpunktmäßig mit der Übereinstimmung von Selbst- und Fremdbild hinsichtlich berufsbezogener persönlicher Verhaltensdispositionen befaßt.

6.1 Exkurs: Zum Zusammenhang von Selbst- und Fremdbild

Die Entstehung von Selbst- und Fremdbild einer Person basiert auf zahlreichen kognitiven Mechanismen und motivationalen Effekten. Die Frage, wie Menschen sich und andere wahrnehmen und daraus bestimmte Eindrücke oder Einschätzungen ableiten, bildet einen Kernpunkt der Arbeiten aus dem Bereich der sozialen Informationsverarbeitung (vgl. Fiske & Taylor, 1984; Hastie, Ostrom, Ebbesen, Wyer, Hamilton & Carlston, 1980). Die Wahrnehmung eines anderen Menschen ist jedoch kein objektiver Prozeß. Die Kognition wird vielmehr von verschiedenen Merkmalen, wie etwa der Art der Beziehung, dem persönlichen Hintergrund des Beobachters oder der Sozialisation der beteiligten Personen beeinflußt. Die soziale Informationsverarbeitung läßt sich daher folgendermaßen charakterisieren:

> „Erstens ist ihr Ursprung sozialer Natur, da sie aufgrund sozialer Interaktion entsteht und durch sie gefördert wird. Zweitens, und noch offensichtlicher, ist ihr Objekt sozial, da sie sich auf soziale Sachverhalte bezieht. Und drittens ist sie sozial geteilt, da die Verarbeitung von Information durch verschiedene Mitglieder einer bestimmten Gesellschaft oder Gruppe Gemeinsamkeiten aufweist." (Leyens & Codol, 1990, S. 94)

Im Alltag dient die Einschätzung anderer Personen etwa dazu, Verhalten vorhersagbar zu machen und so die soziale Interaktion zu erleichtern oder eigene Zielsetzungen mit größerer Sicherheit erreichen zu können. Die Wichtigkeit einer „richtigen" Einschätzung hängt vom Kontext oder auch von der Art der Beziehung ab. So hat zum Beispiel in einer Einkaufsverhandlung die „Richtigkeit" der Einschätzung des Verhandlungspartners eine stärkere Relevanz für den Erfolg des Gespräches als die von einem Kassierer beim Kauf im Einzelhandel vorgenommene Einschätzung. Kognitions- und sozialpsychologische Theorien liefern Erklärungsansätze für die Wahrnehmung der eigenen Person sowie anderer Menschen. Die Kenntnis dieser Theorien und der bei einer diagnostischen Beurteilung ablaufenden Mechanismen bieten eine gute Voraussetzung dafür, Wahrnehmungsverzerrungen zu minimieren.

6.1.1 Zum Selbstkonzept und seinen Einflußfaktoren

In Anlehnung an Mummendey (1995) wird mit dem Begriff „Selbstkonzept" in den folgenden Ausführungen die Gesamtheit der Beurteilungen beziehungsweise Einstellungen bezeichnet, die auf die eigene Person bezogen sind. Das so verstandene Selbstkonzept beinhaltet drei Arten von Selbstbildern (vgl. Frey & Haußer, 1987): Das *kognitive Selbstbild* umfaßt die Eigenschaften und Merkmale, die sich eine Person selbst zuschreibt, das *konative Selbstbild* enthält die eigenen Handlungsmöglichkeiten und das *affektive Selbstbild* (oft auch als Selbstwertgefühl bezeichnet) bezieht sich darauf, wie die zuvor genannten Selbstbildaspekte bewertet werden. Das Selbstkonzept hat eine erhebliche handlungsleitende Funktion (vgl. Markus & Wurf, 1987). So spielt etwa das Berufskonzept als bereichsspezifisches Selbstkonzept eine zentrale Rolle bei der beruflichen Orientierung und der individuellen Laufbahn- und Karriereentwicklung (vgl. Scheller & Filipp, 1995). Die Begriffe Selbstkonzept und Selbstbild werden im folgenden weitgehend synonym verwendet.

Im folgenden Abschnitt findet sich eine Darstellung unterschiedlicher Faktoren, die Einfluß auf das Selbstbild nehmen. Zunächst erfolgt die Gegenüberstellung zweier recht konträrer Ansätze, die sich mit der Selbstwahrnehmung beschäftigen. Daran anschließend werden einige kognitive Effekte sowie Einflüsse, die sich aus der sozialen Interaktion ergeben, vorgestellt.

6.1.1.1 Subjektivität und Objektivität in der Selbstwahrnehmung

Im Zusammenhang mit den Arbeiten zur Selbstwahrnehmung lassen sich zwei grundlegend verschiedene Perspektiven ausmachen. Eine Forschungsrichtung, deren theoretische Grundlage die Selbstwahrnehmungstheorie von Bem (1972) darstellt, geht davon aus, daß die Wahrnehmung des Selbst auf den gleichen Informationen beruht wie die Fremdwahrnehmung: Auf der Basis von Verhaltensbeobachtungen werden bestimmte Rückschlüsse auf Einstellungen, Eigenschaften und Gefühle gezogen. Damit ist Handeln nicht bloß ein vom kognitiven und affektiven Subsystem gesteuertes Ergebnis, sondern auch ein die inneren Zustände beeinflussender Faktor (Witte, 1989). Dies gilt insbesondere dann, wenn die „internalen Hinweisreize schwach, mehrdeutig oder uninterpretierbar sind" (vgl. Bem, 1972, S. 2).

In verschiedenen Studien (z. B. Fazio, Effrein & Falender, 1981; Jones, Rhodewalt, Berglas & Skelton, 1981) zeigten Versuchspersonen, die man dahingehend bestärkte, sich in höherem Maße introvertiert beziehungsweise extrovertiert zu verhalten, sogenannte *„carry-over"-Effekte*: Die Internalisierung des „öffentlichen" Verhaltens führte demnach dazu, daß sich die Personen anschließend verstärkt entsprechend in Richtung des gezeigten Verhaltens einschätzten. Aus den dargestellten Ergebnissen läßt sich die Vermutung ableiten, daß sich Selbst- und Fremdeinschätzung – die beide auf ähnliche Informationen zurückgreifen – zumindest in einigen Bereichen relativ ähnlich sind. Für bestimmte Persönlichkeitseigenschaften, wie zum Beispiel Extraversion, konnten derartige Übereinstimmungen auch in entsprechenden Untersuchungen nachgewiesen werden (eine Übersicht findet sich bei McCrae & Costa, 1989).

Die zweite Perspektive geht davon aus, daß die Selbstwahrnehmung nicht den gleichen Mechanismen folgt wie die Fremdwahrnehmung, sondern sich aufgrund verschiedener Motive subjektiv verzerrt vollzieht. Zwei zunächst recht widersprüchlich anmutende Theorien liefern hier einen Erklärungsansatz. Die Selbstwerterhöhungstheorie postuliert, „daß Personen bei der Rezeption und Bewertung selbstrelevanter Informationen grundsätzlich bestrebt sind, ihr Selbstwertgefühl zu schützen bzw. zu erhöhen" (Petersen, Stahlberg & Dauenheimer, 1996, S. 232). Dies führt zu der Schlußfolgerung, daß Menschen affektiv und kognitiv positiver auf Informationen reagieren, die selbstwertdienliche Auswirkungen haben. Dies wird jedoch durch die Befunde von Swann, Pelham und Krull (1989) eingeschränkt. Die Autoren können zeigen, daß Menschen mit einem negativen Selbstkonzept dazu neigen, unvorteilhafte Rückmeldung zu bevorzugen. Derartige Befunde sprechen eher für die selbstkonsistenztheoretischen Ansätze, die davon ausgehen, daß Personen in erster Linie bestrebt sind, eine interne Konsistenz ihrer Einstellungen, Meinungen und Werthaltungen herzustellen und beizubehalten (vgl. Swann, 1983). Personen sollten demnach auf Informationen, die mit ihrem Selbstkonzept übereinstimmen, affektiv und kognitiv positiver reagieren, als auf erwartungsdiskrepante Hinweise (s. Petersen et al.,1996).

Die bereits seit den fünfziger Jahren andauernde Kontroverse darüber, ob nun die Selbstwerterhöhungs- oder die Konsistenztheorie Gültigkeit besitzt, greift der nachfolgend dargestellte Ansatz auf, indem er beide Theorien in ein Modell integriert. Mit dem integrativen Selbstschemaansatz (ISSA, Petersen, 1994) ist davon auszugehen, daß die Reaktion auf *selbstkonzeptrelevante Informationen* abhängig vom *Elaborationsgrad* des betreffenden Selbstkonzeptbereiches ausfällt. Die intensive Auseinandersetzung mit einem Selbstkonzeptbereich führt zu einer kognitiv tieferen Verarbeitung und erhöht damit dessen *Selbstwertrelevanz*. Parallel dazu steigt der *kognitive Änderungswiderstand*. Da die Integration von selbstkonzeptdiskrepanten Informationen weitreichende Umstrukturierungen der kognitiven Organisation des Selbstkonzeptes nach sich ziehen müßte, sollte hier die Theorie der Selbstkonsistenz mit der Annahme zum Tragen kommen, daß Personen bestrebt sind, derartige Eingriffe in ihr Selbstkonzept zu vermeiden. Gering elaborierte Selbstkonzeptbereiche zeichnen sich demgegenüber durch eine schwache Verankerung im kognitiven System einer Person aus und sind dementsprechend mit einem eher geringen Änderungswiderstand versehen, so daß hier beispielsweise positiv-diskrepante Informationen zum Zwecke der Selbstwerterhöhung relativ problemlos integriert werden können, was für die Gültigkeit der Selbstwerterhöhungstheorie spricht.

Zusammenfassend läßt sich daher vermuten, daß Personen insbesondere dann affektiv positiv auf selbstwerterhöhende Informationen reagieren, wenn diese sich auf Bereiche beziehen, in denen sie noch kein eindeutiges, stabiles Selbstbild entwickelt haben. Besitzen die Individuen dagegen bereits differenziertere Vorstellungen über das Selbst, werden durch konsistente Informationen angenehmere Gefühle und eine größere Zufriedenheit ausgelöst als durch positive Informationen. Obwohl die Befunde zu diesem Ansatz teilweise uneindeutig sind, scheint es sich um ein recht vielversprechendes Modell zu handeln, vor dessen Hintergrund weitere Forschungsbemühungen lohnend erscheinen (vgl. Stahlberg, Petersen & Dauenheimer, 1996).

In der diagnostischen Praxis ist der integrative Selbstschemaansatz insofern von Interesse, als er mit dazu beiträgt, die Wirkung von Rückmeldung auf den Feedbacknehmer besser einschätzen zu können. Je intensiver sich eine Person mit einem bestimmten Selbstkonzeptbereich auseinandergesetzt hat, desto stärker wird sie eine Rückmeldung ablehnen, die diesem Selbstbild widerspricht. Der Diagnostiker sollte daher abschätzen können, von welcher Relevanz die einzelnen Aspekte einer Rückmeldung für die Person sind. Stark selbstkonzeptrelevante Bereiche sollten der Person ggf. gemeinsam mit konkreten Hinweisen auf Möglichkeiten der Verhaltensänderung und unterstützenden Maßnahmen vermittelt werden.

6.1.1.2 Erklärung von Erfolg und Mißerfolg

Einen der am häufigsten untersuchten Bereiche der Sozialpsychologie stellen vermutlich die Attributionstheorien dar. Heider (1944, 1958) kann als Begründer und Wegbereiter dieser Forschungsrichtung betrachtet werden. Da seine Arbeiten jedoch eher einen konzeptuellen Rahmen darstellen und sich weniger durch dezidierte Hypothesen und empirische Befunde auszeichnen, fanden sie erst Mitte der 60er Jahre das Interesse verschiedener Forscher (vgl. dazu Weary, Stanley & Harvey, 1989).

Einen der wichtigsten Beiträge Heiders stellt die Unterscheidung zwischen persönlichen (internen) und situationalen (externen) Handlungsursachen dar. Dabei wird die Annahme zugrunde gelegt, daß Menschen stets versuchen, Ereignisse innerhalb ihrer sozialen Umwelt zu erklären. Bei der Zuschreibung dieser Ursachen treten jedoch Fehler und Verzerrungen auf. Im Zusammenhang mit der bereits dargestellten Theorie des Selbstwertschutzes stellt die attributionale Verzerrung – die „self-serving attribution" – eine effektive Strategie dar, um das Selbst vor diskrepanten Informationen zu schützen. In zahlreichen Studien konnte gezeigt werden, daß Menschen dazu tendieren, Erfolge der eigenen Disposition, Mißerfolge hingegen situationalen Faktoren zuzuschreiben (vgl. z.B. Greenberg, 1980). So wird sich ein Einkäufer für eine erfolgreich geführte Verhandlung eher selbst verantwortlich machen, indem er dies beispielsweise seiner Überzeugungskraft und seiner strategischen Vorgehensweise zuschreibt. Umgekehrt wird er die Verantwortung für eine gescheiterte Verhandlung eher ablehnen und externen Gründen – die sich seiner möglichen Einflußnahme und Verantwortung weitgehend entziehen – zuschreiben. Denkbare Erklärungen wären diesbezüglich etwa die Voreingenommenheit des Verhandlungspartners, dessen Stimmung oder Zeitmangel. Es handelt sich somit um zwei unterschiedliche Verzerrungen, denn einerseits wird durch die dispositionale Erklärung der Selbstwert gesteigert und andererseits durch die Ablehnung der Verantwortung für den Mißerfolg der Selbstwert geschützt (s. Hewstone & Fincham, 1996). Allerdings tritt der beschriebene Attributionsstil insbesondere bei Menschen mit einer hohen Selbstwerteinschätzung auf. Ein geringer Selbstwert kann sogar zu einer Umkehrung der Attributionstendenz führen. Personen mit einem sehr niedrigen Selbstwert führen Mißerfolge häufig eher auf sich selbst als auf externe Ursachen zurück (s. Ickes & Layden, 1978).

6.1.1.3 Selbstaufmerksamkeit

Da die Informationsverarbeitungskapazität des Menschen begrenzt ist, ist es nicht möglich, sämtliche umgebenden Reize und Informationen zu erfassen, noch kann er sich zugleich selbst in den Mittelpunkt der eigenen Aufmerksamkeit stellen. Die Theorie der Selbstaufmerksamkeit (z. B. Duval & Wicklund, 1972; Wicklund, 1975) geht von einer Dichotomie der Aufmerksamkeit aus und nimmt an, daß die Aufmerksamkeit eines Menschen überwiegend auf Objekte der Umwelt oder aber das Selbst gerichtet ist.

Im Zustand der Selbstaufmerksamkeit sieht sich die Person quasi selbst als „Beobachtungsobjekt". Dabei muß der Fokus nicht auf der Person als Ganzem liegen, sondern kann sich auf alle Aspekte der Persönlichkeit beziehen, die die Person als Teil ihres Selbst wahrnimmt. Dazu gehören etwa ihre Stimmungen, Selbsteinschätzungen, Erwartungen, Einstellungen und Ziele (Wicklund & Frey, 1993). Selbstaufmerksamkeit führt damit zunächst zu einer Akzentuierung der fokussierten Aspekte; sie treten in den Vordergrund. Dieser Prozeß ermöglicht es, daß einer Person die Abweichungen zwischen ihrem tatsächlichen Verhalten (Realbild) und ihrem Wunschbild (Idealbild) stärker bewußt werden (vgl. Abb. 32). Dies führt dazu,

> „daß diese kognizierten Diskrepanzen eine Motivation erzeugen, das Verhalten den jeweiligen Standards, Intentionen, Aspirationen und Zielen anzupassen, also die Diskrepanzen zwischen Standards, Intentionen, Aspirationen, Zielen und der jeweiligen Realität zu reduzieren." (Frey, Wicklund & Scheier, 1978, S. 193)

Idealbild
Wunschbild vom Selbst

Abgleich

Realbild
tatsächliches Verhalten

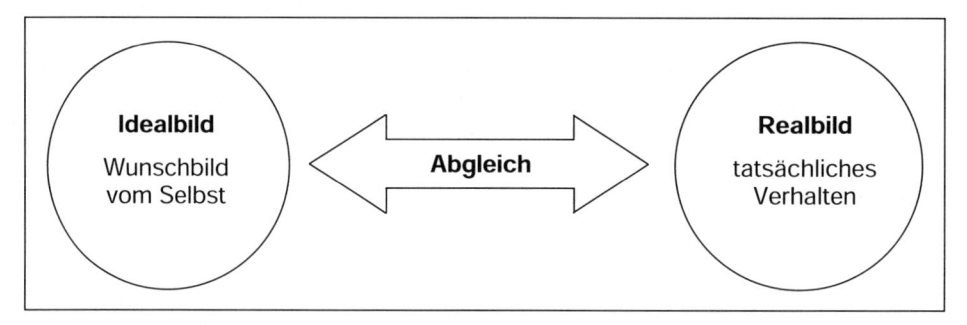

Abbildung 32: Die Wirkung der Selbstaufmerksamkeit (nach Wicklund & Frey, 1993)

Das Ausmaß der Selbstaufmerksamkeit und damit der Selbstreflexion hängt dabei von situativen Gegebenheiten und von der Aufmerksamkeitsdisposition ab. Situationen, in denen eine Person im Zentrum der Aufmerksamkeit anderer steht und etwa einen bestimmten Eindruck von sich vermitteln möchte (wie dies z. B. im Bewerbungsgespräch der Fall ist), führen zu verstärkter Selbstaufmerksamkeit und damit zur Überprüfung der eigenen Außenwirkung. Im Zustand der erhöhten Selbstaufmerksamkeit fallen affektive Beurteilungen und Bewertungen deutlicher aus (vgl. Scheier & Carver, 1980).

Zur Erfassung des dispositionellen Grades der Selbstaufmerksamkeit (self-consciousness) liegt ein von Fenigstein, Scheier und Buss (1975) konstruierter Fragebogen vor. Der Bogen unterscheidet zwischen privater und öffentlicher Selbstaufmerksamkeit (private self-consciousness vs. public self-consciousness). Verschiedene Untersuchungen (z. B. Carver & Scheier, 1978) liefern Belege dafür, daß sich Personen mit einer hohen „private self-consciousness" ähnlich verhalten wie Personen, die sich situativen Selbstaufmerksamkeitsauslösern (wie z.B. Spiegeln oder Kameras) gegenüber sehen. Personen mit hoch ausgeprägter privater Selbstaufmerksamkeit führen demnach häufiger einen Vergleich zwischen Ideal- und Realbild durch, wohingegen Personen mit hoher öffentlicher Selbstaufmerksamkeit sich eher mit den Merkmalen ihres Aussehens und Auftretens beschäftigen. Daher ist anzunehmen, daß bei hoch selbstaufmerksamen Menschen bereits die vermehrte Beschäftigung mit der eigenen Person zu einem differenzierteren Bild vom Selbst mit all seinen Stärken und Schwächen führen kann. Dies hat möglicherweise Auswirkungen auf die Übereinstimmung zwischen Selbst- und Fremdbild. Die kontinuierliche, kritische Auseinandersetzung mit dem eigenen Verhalten kann zu einer realistischeren Selbsteinschätzung und damit auch zu geringeren Abweichungen zwischen Selbst- und Fremdbild führen. Es läßt sich festhalten, daß hoch selbstaufmerksame Personen kognitiv in der Lage sein sollten, solche Diskrepanzen zu erkennen – und darüber hinaus auch motiviert sind, diese auszuräumen. Diese Personen werden also bestrebt sein, Selbstberichte, Selbsteinschätzungen und Verhalten einander anzugleichen.

6.1.2 Effekte der sozialen Interaktion

Nicht nur die Auseinandersetzung mit der eigenen Person beeinflußt das Selbstbild. Auch die Interaktion mit anderen Menschen und speziell der Vergleich mit diesen liefert Hinweise, welche das Selbstbild ergänzen oder aber auch korrigieren können. Dies gilt insbesondere auch für die Wirkung von Rückmeldungen.

6.1.2.1 Zum Selbstbild als Resultat sozialer Vergleichsprozesse

Nach der Theorie der sozialen Vergleichsprozesse (Festinger, 1954) folgt der Mensch einem Motiv nach Bewertung eigener Meinungen und Fähigkeiten: „There exists in human organism a drive to evaluate his opinions and abilities" (Festinger, 1954, S. 117). Das Motiv, die Bewertung der eigenen Meinungen und Fähigkeiten an möglichst zuverlässigen Kriterien zu überprüfen, entsteht aus der Notwendigkeit heraus, in verschiedenen sozialen Situationen angemessen reagieren zu können. Fehleinschätzungen und daraus entstehende Probleme in der sozialen Interaktion können so vermieden werden. Dieser „Realitätstest" kann sowohl anhand objektiver wie auch sozialer Kriterien erfolgen. Bei den *objektiven Kriterien* handelt es sich um überprüfbare Informationen, wie sie beispielsweise die gemessene Muskelkraft darstellt. Derartig objektive Hinweise stehen einer Person jedoch meist nicht zur Verfügung, so daß *soziale Kriterien,* also der Vergleich mit anderen Menschen, herangezogen werden müssen. Ein Fehlen von objektiven und sozialen Kriterien führt zu instabilen und unpräzisen Kognitionen. Dieser Zustand wird in der Regel als unangenehm empfunden, so daß eine Person in dieser Situation für Rückmeldungen jeglicher Art besonders empfänglich ist.

Ein wichtiges Merkmal innerhalb des sozialen Vergleichsprozesses stellt das Ausmaß dar, in welchem sich Individuum und Vergleichsperson ähnlich sind. Nach der *Ähnlichkeitshypothese* von Festinger (1954), ist es gerade die Ähnlichkeit der jeweiligen Vergleichspersonen, die einem Menschen maximale Informationen bezüglich der Korrektheit seiner Meinungen oder des Ausmaßes seiner Fähigkeiten liefert. Erst wenn die sonstigen relevanten Attribute beider Personen übereinstimmen, lassen sich Leistungsunterschiede mit großer Wahrscheinlichkeit auf unterschiedliche Fähigkeiten zurückführen.

Dem von Festinger (1954) postulierten Bedürfnis nach exakter Selbstbewertung steht die zuvor beschriebene *Theorie des Selbstwertschutzes bzw. der Selbstwerterhöhung* gegenüber. Um beide Annahmen zu integrieren, schlagen Frey, Dauenheimer, Parge & Haisch (1993) vor, von einem Motiv nach positiver Abgrenzung von anderen Menschen auszugehen. Eine Person, die eine Leistungsverbesserung anstrebt, wird den Vergleich mit anderen, ihr ähnlichen Personen anstreben, auch wenn dieser Vergleich zunächst eigene Defizite offenbart. Können diese Abweichungen im Folgenden nicht durch eine Veränderung der eigenen Fähigkeiten kompensiert werden, kommen zum Schutz des Selbstwertes verschiedene Mechanismen zum tragen:

– Eine Person, die ihre Leistung stabilen Merkmalen (wie z.B. der Intelligenz) zuschreibt und feststellt, daß sie schlechter als ihre Vergleichsperson abschneidet, wird einen „Vergleich nach unten" vornehmen, indem sie sich mit Personen geringerer Merkmalsausprägung vergleicht. Diese Strategie verliert an Bedeutung, sobald sich der Leistungsunterschied auf andere Weise attribuieren läßt.
– Eine weitere Möglichkeit des Selbstwertschutzes stellt der Wechsel der Vergleichsdimension dar. So kann sich die Person anstelle des Abgleiches hinsichtlich ihrer Kreativität auch hinsichtlich ihrer Eloquenz mit anderen vergleichen.
– Steht keine der bisher dargestellten Strategien zur Verfügung, verbleibt der Person noch die Möglichkeit der Abwertung ihrer Vergleichsperson.
– Als quasi „letzte Möglichkeit" kann der Vergleich mit anderen auch vermieden werden. Die Tendenz dazu wird um so stärker sein, je negativer die erwarteten, aus dem Vergleich resultierenden Konsequenzen sind.

Das Selbstbild ist in hohem Maße sozial geprägt. Zum einen wird es durch den Vergleich mit anderen Menschen beeinflußt, zum anderen – wie im folgenden Abschnitt beschrieben – auch durch deren Rückmeldungen.

6.1.2.2 Zum Einfluß von Rückmeldung auf das Selbstbild

Wie bereits im Zusammenhang mit der Theorie des Selbstwertschutzes beziehungsweise der Selbstwerterhöhung erörtert wurde, wirken sich alle Arten von Informationen, die das Selbstkonzept einer Person berühren, in irgendeiner Form auf das Selbstwertgefühl aus, indem sie eine stabilisierende, erhöhende oder herabsetzende Wirkung haben. Die Sozial- und Persönlichkeitspsychologie beschäftigt sich seit langem mit der Frage, wie Individuen auf die Rückmeldung durch andere Menschen reagieren und wie sie die Bewertung der eigenen Person verarbeiten. Menschen setzen eine Vielzahl von Strategien ein, um ihre Selbstkonzepte zu stützen. Dabei kann zwischen sozialen und kognitiven Strategien unterschieden werden (vgl. Swann, 1987).

1. Soziale Strategien

– *Selektive Interaktion*
  Menschen suchen diejenigen sozialen Kontexte auf, in denen sie mit selbstkonzeptkonsistenter Rückmeldung rechnen können. Interessanterweise bedeutet dies nicht nur, daß

Menschen mit einem positiven Selbstkonzept eine Umgebung bevorzugen, die sie ähnlich positiv bewertet, sondern auch, daß Personen mit negativem Selbstkonzept eher ein Umfeld aufsuchen, das sie gleichermaßen ungünstig einschätzt. Hierdurch wird die Veränderung eines „negativen" Selbstbildes stark erschwert, da die Person selbst die Quellen der positiven Selbstbestätigung ausschaltet.

- *Zurschaustellung von Identitätshinweisen*
  Derartige Hinweise dienen als Ausdruck der Identität einer Person. Hierzu müssen sie jedoch sowohl der Kontrolle der Person unterliegen als auch dazu angetan sein, die gewünschten Reaktionen der Interaktionspartner mit großer Wahrscheinlichkeit auszulösen. Nicht nur Kleidung, Frisur, Körpersprache sowie verschiedene Statussymbole gelten als deutliche Identitätshinweise, sondern auch soziale Konventionen, wie etwa akademische Titel oder Berufsbezeichnungen (vgl. Goffman, 1997).

- *Interaktionsstrategien*
  Menschen sind bestrebt, Beobachter davon zu überzeugen, sie so zu sehen, wie sie selbst sich sehen. Je sicherer sich eine Person bezüglich ihres Selbstbildes ist, desto intensiver wird sie beim Feststellen von Abweichungen zwischen Selbst- und Fremdbild versuchen, durch entsprechendes Verhalten im Sinne ihres Selbstbildes zu wirken (s. z.B. Swann & Ely, 1984).

2. Kognitive Strategien

- *Selektive Aufmerksamkeit*
  Personen suchen nicht nur aktiv nach selbst-bestätigender Rückmeldung, sondern richten auch ihre Aufmerksamkeit selektiv auf derartige Informationen aus.

- *Selektives Abspeichern und Erinnern*
  Die beschriebene selektive Aufmerksamkeit führt zudem dazu, daß die beschriebenen Informationen bevorzugt im Gedächtnis abgespeichert und erinnert werden (vgl. Swann & Read, 1981).

- *Selektive Interpretation*
  Selbstunterstützendes Feedback wird anders interpretiert als eine diskrepante Information. Ersteres schreibt der Feedbacknehmer seinen eigenen Merkmalen zu, letzteres eher einer „falschen Sicht" des Feedbackgebers (Swann, Griffin, Predmore & Gaines, 1987).

Ein dem Selbstkonzept entgegenstehendes Feedback führt aber nicht immer nur zu Abwehr, sondern kann auch eine verstärkte internale Aufmerksamkeit bezüglich des betroffenen Selbstkonzeptbereiches hervorrufen. Swann (1987) berichtet von einer Studie, in welcher selbstdiskrepante Rückmeldungen zu einer beschleunigten Selbstbeurteilung hinsichtlich der betroffenen Selbstkonzeptbereiche führen. Dies wird als Hinweis darauf gewertet, daß die entsprechenden selbstkonzeptrelevanten Inhalte als Reaktion auf das Feedback aus dem Gedächtnis abgerufen und dadurch kognitiv besser verfügbar werden. Die Person beschäftigt sich also intensiver mit ihrem Selbstkonzept und nimmt unter bestimmten Umständen auch Änderungen vor. Ob es zu einer solchen Selbstkonzeptänderung kommt, ist wiederum von verschiedenen Merkmalen der Person abhängig. So hat beispielsweise die Ausprägung der Selbstsicherheit einen großen Einfluß auf die Feedbackverarbeitung. Bei sehr unsicheren Personen genügt bereits eine abweichende Rückmeldung, um die Selbsteinschätzung ins Wanken zu bringen, selbstsichere Personen dagegen neigen dazu, die Richtigkeit eines derartigen Feedbacks anzuzweifeln, um so ihre Selbstkonsistenz beibehalten zu können. Offenbar werden gerade diejenigen Selbstkonzeptbereiche, über die eine hohe Gewißheit besteht, so vehement verteidigt, weil sie besonders nützlich für die Einordnung bisheriger Erfahrungen und richtungsweisend für das Verhalten sind. Einen weiteren Einflußfaktor stellt die *subjektive Wichtigkeit des jeweiligen Selbstkonzeptbereiches (Selbstwertrelevanz)* dar. Je größer die Bedeutung des betroffenen Bereiches für die Person ist, desto abweisender und nachhaltiger wird sie auf äußere Bedrohungen reagieren (Markus, 1977), da gerade elementare Selbstkonzeptbereiche in einer engen Beziehung zu den Zielen und Zukunftsplänen einer Person stehen.

Selbstkonzepte sind generell sehr widerstandsfähig gegenüber Veränderungen und dementsprechend zeitlich stabil. So ist davon auszugehen, daß die Möglichkeit zur Interaktion mit einem negativen Feedbackgeber bei der Person zu einem Verhalten führt, welches das erhaltene Feedback subjektiv widerlegt. Damit wird die unangenehme Rückmeldung „kognitiv untergraben". Stark strukturierte Situationen, in denen die Personen keine Möglichkeit zur Einflußnahme und damit zum Abweisen des Feedbacks haben, führen lediglich zu einer kurzfristigen Selbstkonzeptänderung, da die Person sofort nach Verlassen dieser Situation wieder das ursprüngliche Selbstkonzept stützende Informationen sammeln wird (Swann & Hill, 1982). Ausgehend von einer hierarchisch organisierten Struktur des selbstbezogenen Wissens, an deren Spitze eher globale Abstraktionen des Selbst stehen, die auf niedrigeren Ebenen spezifiziert werden, sollte nur die Veränderung dieser globalen Abstraktionen zu überdauernden Veränderungen der Selbstsicht führen (vgl. Markus & Wurf, 1987).

Mit einer dauerhaften Selbstkonzept-Änderung müssen weitreichende kognitive Umstrukturierungen einhergehen. Auch die Rückmeldung von Interaktionspartnern änderungswilliger Personen trägt entscheidend dazu bei, die neue Selbstsicht zu stützen. Für eine realistische Selbstwahrnehmung und eine objektive Abschätzung der Außenwirkung bedarf es der Rückmeldung von Freunden, Bekannten oder auch fremder Personen. Die Wahrscheinlichkeit, dabei ein ausgeprägt negatives Feedback zu erhalten, ist aufgrund sozialer Normen in der Regel relativ gering (Tesser & Rosen, 1975). Auch die Art der Beziehung spielt bei der Rückmeldung eine große Rolle (s. Harris & Schaubroek 1988; Vancouver & Morrison, 1995). Während Feedbackgeber in privaten Beziehungen entsprechend der sozialen Norm darauf achten werden, den anderen nicht zu kränken, findet etwa die Rückmeldung eines Vorgesetzten an seinen Mitarbeiter hingegen häufig in einem institutionalisierten Rahmen statt. Hier soll die sachlich-offene und konstruktive Rückmeldung bezüglich der Schwachstellen eines Mitarbeiters dessen fachlicher und persönlicher Weiterentwicklung dienen. Dieses Ziel stellt im Idealfall einen Bestandteil der Unternehmenskultur dar.

Im Kontrast dazu empfehlen die Protagonisten der ausschließlich kommerziell orientierten „Hurra-Veranstaltungen" der Trivial-Psycho-Szene ausdrücklich sogenanntes positives Erinnerungsmanagement (d. h. nichts anderes, als eine kollektive Verklärung der eigenen Lebensgeschichte bzw. beruflichen Laufbahnentwicklung).

6.1.3 Darstellung des Selbst in der sozialen Interaktion

Im vorhergehenden Abschnitt wurde eine Übersicht über Faktoren gegeben, die dazu führen, daß ein Mensch sich in einer spezifischen Art und Weise wahrnimmt: Er schreibt sich bestimmte Eigenschaften zu und ist sich – in unterschiedlichem Ausmaß – seiner Stärken und Schwächen (neudeutsch: z. B. Entwicklungsbereiche) bewußt. Die nachfolgenden Darstellungen beschäftigen sich mit der Frage, wie sich das Selbstbild im Verhalten manifestiert. Das Selbstbild eines Menschen spiegelt sich – ob bewußt oder unbewußt – auch in seinen sozialen Interaktionen wider. In zahlreichen Situationen orientiert er sich mit seinen Handlungen beinahe „automatisch" an seinen inneren Werten, Standards und Einstellungen. Eine Person kann ihr Verhalten jedoch auch zielgerichtet und bewußt einsetzen, um so zum Beispiel den Eindruck, den sich ihr Gegenüber von ihr macht, aktiv zu steuern. Ein Bewerber in einer Auswahlsituation wird häufig versuchen, möglichst freundlich, selbstbewußt und kompetent aufzutreten, um so die Sympathie seines Gegenübers zu gewinnen. Zudem wird er danach streben, seine positiven Eigenschaften zu betonen. Selbstverständlich lassen auch die Mutmaßungen des Bewerbers darüber, was in der Auswahlsituation positiv bewertet wird, wiederum Rückschlüsse auf sein Selbstbild zu.

6.1.3.1 Kontrolle des Ausdrucksverhaltens – Self-Monitoring

Im Zusammenhang mit der Darstellung einer Person nach außen sprechen Snyder und Campbell (1982) von einem handelnden Selbst. In dieser Bezeichnung kommt der aktive Aspekt der Selbstdarstellung zum Ausdruck. Das handelnde Selbst läßt sich grob in zwei Kategorien einteilen: Das *pragmatische Selbst* richtet sein Verhalten stark an den Erfordernissen der jeweiligen Situation aus. Die Theorie des Self-Monitoring (Snyder, 1974), die eine „allgemeinmenschliche Tendenz, sich selbst zu beobachten und zu überwachen" (Mummendey, 1995, S. 89) postuliert, spricht hier auch von hohem Self-Monitoring. Demgegenüber bleibt das *prinzipielle Selbst*, unabhängig von der Angemessenheit seines Handelns innerhalb einer Situation, eher seinen Grundsätzen treu, so daß hier entsprechend von niedrigem Self-Monitoring auszugehen ist. Bezogen auf die zuvor beschriebene Theorie der Selbstwahrnehmung sollte daher ein enger Zusammenhang zwischen hoher Selbstaufmerksamkeit und niedrigem Self-Monitoring bestehen. Menschen mit dieser Merkmalskombination orientieren sich stark an ihrem persönlichen Idealbild und verhalten sich auch nach außen entsprechend „authentisch". Sie bevorzugen Situationen, in denen sie sich entsprechend ihrem Selbstbild und ihrer aktuellen Gefühlslage verhalten können. Hohe Self-Monitorer präferieren dagegen eher Situationen mit klar definierten Rollenanforderungen. Sie schenken sozialen Vergleichen mehr Beachtung und zeigen in unterschiedlichen Situationen eher ein „Selbstpräsentationsverhalten" (vgl. Mummendey, 1995). Der Ausprägungsgrad des Self-Monitorings läßt sich mit der Self-Monitoring-Scale von Snyder (1974) erfassen. Eine Übersicht zu Persönlichkeits- und Verhaltensunterschieden zwischen hohen und niedrigen Self-Monitorern findet sich ebenfalls bei Snyder (1987).

6.1.3.2 Aktives Gestalten der Außenwirkung – Impression-Management

Der Impression-Management-Ansatz unterscheidet sich von den bisher dargestellten dahingehend, daß die Selbstdarstellung eine zentrale Rolle im Rahmen dieser Theorie einnimmt.

„Individuen kontrollieren (beeinflussen, steuern, manipulieren etc.) in sozialen Interaktionen den Eindruck, den sie auf andere Personen machen" (Mummendey, 1995, S. 111).

Mit „impression-management" sind somit Verhaltensstrategien gemeint, die Menschen benutzen, um in ihrer sozialen Umgebung ein ganz bestimmtes Bild von sich zu erzeugen (vgl. z.B. Tetlock & Manstead, 1985).

Eine theoretische Grundlage dieses Ansatzes bildet der symbolische Interaktionismus, wie ihn Mead (1934) geprägt hat. Für Mead setzt sich das Selbst einer Person aus dem „I" und dem „Me" zusammen. Das „I" steht für ein Selbstkonzept, das keine Interaktionspartner einbezieht. Das „Me" hingegen beinhaltet die Urteile der anderen Menschen über die eigene Person und ist damit dem „Spiegelbild-Selbst" von Cooley (1902) vergleichbar. Eine originelle Analogie zur sozialen Interaktion stammt von Goffman (1997). Er vergleicht das Alltagsleben mit einem Bühnenschauspiel, in dem Einzeldarsteller oder Ensembles Imagepflege betreiben, in dem es „vordere und hintere Bühnenräume" gibt, die dem Publikum mehr oder weniger zugänglich sind und daher für den Darsteller eher von Öffentlichkeit oder Privatheit geprägt sind. Die Ansätze von Mead und Goffman stimmen darin überein, daß es eine Wechselbeziehung zwischen Selbst- und Fremdbild gibt (vgl. Abb. 33). Dabei meint der Begriff Selbstpräsentation, daß die Person ihr Selbstbild präsentiert, um so das Bild, welches der Interaktionspartner von ihr gewinnt, zu beeinflussen (vgl. Mummendey, 1995).

Ursachen für Impression-Management

Die vielfältigen Gründe dafür, Impression-Management zu betreiben, lassen sich nach Leary und Kowalsk (1990) wie folgt zusammenfassen:

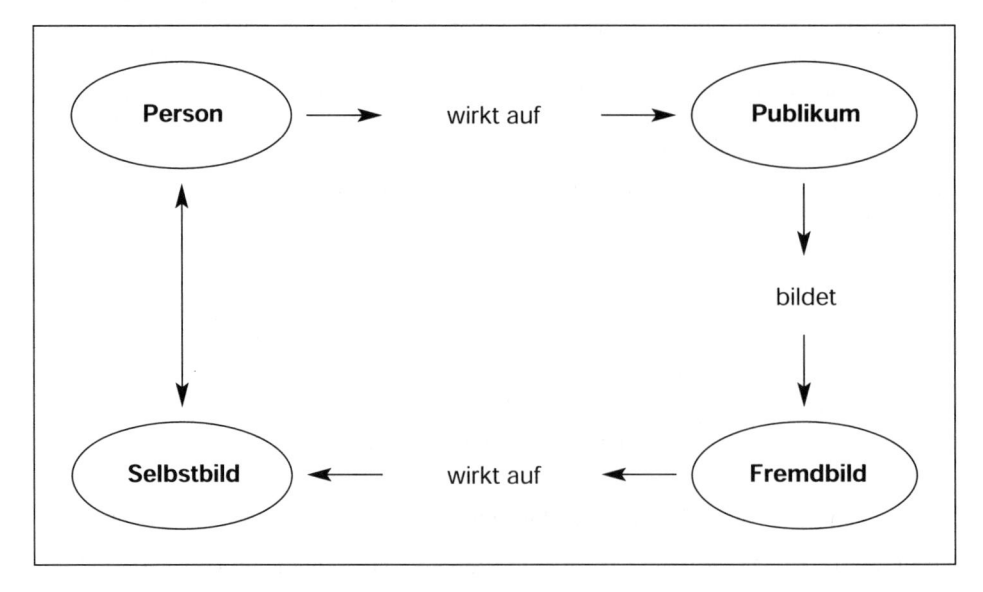

Abbildung 33: Wechselbeziehung zwischen Selbst- und Fremdbild in der Impression-Management-Theorie (Mummendey, 1995, S. 129)

1. *Maximierung einer Kosten-Nutzen-Relation in sozialen Beziehungen.* Geleitet durch die Motivation, Belohnung zu maximieren und Bestrafung zu minimieren, streben Menschen danach, ein Image aufzubauen, daß den potentiell größten Wert hat (maximale Belohnung). Diese Belohnung kann sowohl interpersonaler (z.B. Freundschaft) als auch materieller Art sein. Für einen Bewerber stellt mutmaßlich die Anstellung durch das Unternehmen die größtmögliche Belohnung dar.
2. *Erhöhung des eigenen Selbstwertgefühls.* Die Reaktionen der Interaktionspartner haben durch Lob und Anerkennung erhöhenden und durch Kritik und Zurückweisung beeinträchtigenden Einfluß auf das Selbstwertgefühl (s. Grundmann & Holling, 1991).
3. *Entwicklung einer gewünschten Selbstidentität.* Die Identität eines Menschen wird vor allem durch die einzigartigen persönlichen Qualitäten geprägt, die ihn von anderen Menschen unterscheiden. Mittels Selbstdarstellung trägt er diese ihn auszeichnenden Merkmale nach außen (vgl. Schlenker, 1980).

Leary und Kowalski (1990) unterscheiden beim Impression-Management zwischen den Prozessen der Eindrucksmotivation (impression motivation) und der Eindruckskonstruktion (impression construction). Die Motivation, einen bestimmten Eindruck zu erzeugen (Eindrucksmotivation), stellt den inneren Prozeß dar, der hinter dem Selbstdarstellungsverhalten steht (Mummendey, 1995). Der Wunsch nach einem bestimmten Eindruck muß jedoch nicht zwingend mit einer konkreten Handlung verbunden sein. Möglicherweise fehlt der Person das entsprechende Verhaltensrepertoire und/oder das Risiko einer mißlungenen Selbstdarstellung wird als zu hoch eingeschätzt. Die Phase der Eindruckskonstruktion zeichnet sich demgegenüber durch konkretes Verhalten aus, welches dazu dienen soll, eine angestrebte Außenwirkung zu erzielen. Hierbei steht der Person ein breites Repertoire an Verhaltensmöglichkeiten (z.B. verbale und nonverbale Kommunikation, äußere Erscheinungsweise usw.) zur Verfügung (vgl. DePaulo, 1992).

Impression-Management-Strategien und Taktiken

Die umfangreichste Taxonomie von Verhaltensweisen, die im Dienste des Impression-Managements stehen können, wurde von Tedeschi, Lindskold und Rosenfeld (1985) vorgelegt. Die Autoren unterscheiden zwei Dimensionen der Selbstpräsentation: Die erste bezieht sich auf den zeitlichen Charakter von Verhaltensweisen. Hier wird zwischen *Impression-Management-Strategien,* die eher langfristigen Charakter besitzen und damit situationsübergreifend eingesetzt werden, und *Impression-Management-Taktiken,* welche eher dem Erreichen kurzfristiger Ziele dienen und situationsspezifisch wirken, unterschieden. Die zweite Dimension beinhaltet den Grad der Aktivität. *Assertive Handlungsweisen* zeichnen sich durch das aktive Aufbauen eines gewünschten Images aus, wohingegen *defensive Verhaltensweisen* verteidigend und auf den Schutz der Identität angelegt sind. Tabelle 32 gibt einen Überblick über die entsprechenden Alternativen.

Individuelle Unterschiede beim Impression-Management

Fähigkeit und Motivation zum Impression-Management sind bei einzelnen Menschen unterschiedlich stark ausgeprägt. Derartige interpersonelle Unterschiede betreffen zum

Tabelle 32: Übersicht der verschiedenen Impression-Management-Taktiken und -strategien

	assertiv	defensiv
taktisch	– sich-beliebt-machen – einschüchtern – hilfsbedürftig-erscheinen – Eigenwerbung-betreiben – beispielhaft-erscheinen	– Abstreiten-von-Verantwortlichkeit – rechtfertigen – vorsorgliches-Abschwächen – sich-selbst-behindern (self-handicapping, taktisch) – sich-entschuldigen
strategisch	– Kompetenz – Attraktivität – Offenheit – Status/Prestige	– sich-selbst-behindern (self-handicapping, strategisch) – sich-entschuldigen

einen Art und Umfang der Nutzung von Impression-Management-Techniken, zum anderen die angestrebten Ziele.

Wie Abbildung 34 zeigt, haben unterschiedliche individuelle Merkmale Einfluß auf die Impression-Management-Fähigkeit. Nach dem Konzept des Self-Monitoring, welches bereits beschrieben wurde, betreiben niedrige Self-Monitorer weniger Impression-Management als hohe Self-Monitorer, da für erstere die eigene Außenwirkung eine eher

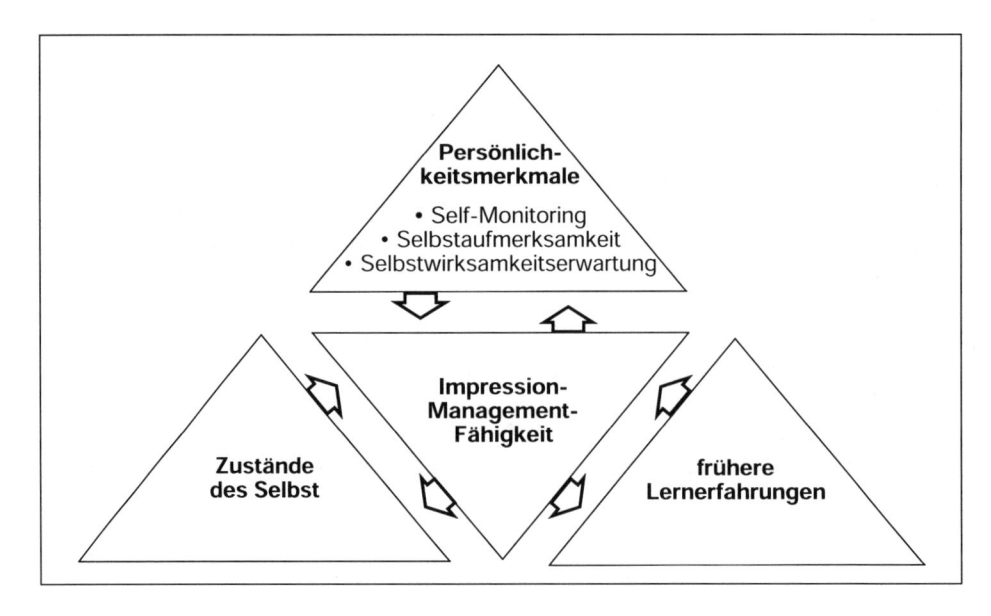

Abbildung 34: Einflußfaktoren der Impression-Management-Fähigkeit (nach Grundmann & Holling, 1991)

untergeordnete Rolle spielt. Für die Ausprägung individueller Unterschiede in der Impression-Management-Fähigkeit scheint auch die Abgrenzung zwischen privater und öffentlicher Selbstaufmerksamkeit, hinsichtlich derer sich verschiedene Personen unterscheiden, bedeutsam. Personen mit einer stärkeren privaten Selbstaufmerksamkeit streben gegenüber ihren Interaktionspartnern den Eindruck großer normativer Autonomie an. Sie möchten von anderen als aufrichtige und authentische Persönlichkeiten wahrgenommen werden, die nach eigenen Überzeugungen handeln. Personen mit hoher öffentlicher Selbstaufmerksamkeit hingegen möchten in den Augen ihrer Interaktionspartner als wohlüberlegt und aufmerksam gelten.

Der Impression-Management-Erfolg beider Aufmerksamkeitstypen ist selbstverständlich abhängig von den Interaktionspartnern. In einem Umfeld, das großen Wert auf Autonomie legt, wird der private Selbstaufmerksamkeitstyp wahrscheinlich erfolgreicher sein. Eine Umgebung, die Kooperation und Teamgeist als wichtige Werte betrachtet, wird möglicherweise eher den öffentlichen Selbstaufmerksamkeitstyp fördern (vgl. dazu Grundmann & Holling, 1991). Auf eine Bedrohung des präsentierten Bildes reagieren beide Typen in gleichem Ausmaß mit Änderungen ihres Selbstdarstellungsverhaltens. Personen mit hoher privater Selbstaufmerksamkeit werden bei einer Bedrohung der ihnen wichtigen Werte, wie etwa normativer Autonomie, verstärkt Verhaltensweisen zeigen, die das Fremdbild entsprechend zu korrigieren versuchen. Auf dieselbe Art und Weise streben auch Personen mit einer hohen öffentlichen Aufmerksamkeit eine Korrektur ihres Images an (Schlenker & Weigold, 1990).

Der dritte Faktor, der Einfluß auf das Impression-Management hat, ist die Selbstwirksamkeitserwartung der Person. Selbstwirksamkeit läßt sich verstehen als der Glaube des Individuums, daß seine Bemühungen und sein Verhalten geeignet sind, die gewünschten Resultate zu erzielen. Bandura (1986) unterscheidet zwei zentrale Kognitionen: Selbstwirksamkeitserwartung und Ergebniserwartung. Selbstwirksamkeitserwartung bezieht sich auf die Überzeugung einer Person, über Kompetenzen hinsichtlich eines spezifischen Verhaltens zu verfügen. Die subjektive Wahrscheinlichkeit, mit der dieses Verhalten auch zum gewünschten Ergebnis führen wird, bezeichnet der Begriff Ergebniserwartung. Vor dem Hintergrund dieser Annahmen ist zu vermuten, daß Personen mit einer hohen Selbstwirksamkeitserwartung in stärkerem Ausmaß Impression-Management-Strategien oder -Taktiken einsetzen als solche mit einer niedrigen Selbstwirksamkeitserwartung.

Impression-Management im organisationalen Kontext

Innerhalb des organisationalen Kontextes spielt Impression-Management eine wichtige Rolle (vgl. auch Giacalone & Rosenfeld, 1989). Nach Gardner und Martinko (1988) ist Selbstdarstellungsverhalten für den Erfolg eines Mitarbeiters innerhalb einer Organisation potentiell von Bedeutung. So konnten Kilduff und Day (1994) in ihrer fünfjährigen Längsschnittstudie nachweisen, daß Manager mit einem hohen Self-Monitoring sowohl beim Wechsel zu einem anderen Unternehmen als auch unternehmensintern häufiger befördert wurden als niedrige Self-Monitorer. Auch dies spricht für den bereits beschriebenen Zusammenhang zwischen hohem Self-Monitoring und einem hohen Ausmaß an Impression-Management. Das Impression-Management-Verhalten einer Führungskraft stellt zudem einen wichtigen Einflußfaktor dar, um Unterstützung durch Mitarbeiter zu erhalten. Die Qualität einer Führungskraft schlägt sich somit auch in der adäquaten Anwendung spezifischer Impression-Management-Verhaltensweisen nieder. Ebenso hat die Organisationsform – in Kombination mit dem Vorgesetztenverhalten – Einfluß auf die Ausbildung bestimmter Impression-Management-Taktiken.

Eine Gelegenheit zur Darstellung von Impression-Management-Verhalten bietet sich im Assessment Center. Diemand und Schuler (1991) kommen in ihrer Untersuchung zum Einfluß von Impression-Management auf die Beobachterurteile zu dem Schluß, daß die Leistungsbeurteilung der AC-Kandidaten durch assertive Selbstdarstellungsstrategien – und nicht etwa durch eine defensiv-konforme Normenerfüllung – positiv beeinflußt wird. Dies hängt vermutlich auch mit den später an die Kandidaten gestellten Anforderungen zusammen. Von potentiellen Führungskräften wird erwartet, daß sie Situationen aktiv steuern, anstatt nur zu reagieren, wobei sich die Kontrolle günstigenfalls auch auf die Selbstdarstellung beziehen sollte (s. auch umfassend Kleinmann, 1997).

6.1.4 Methoden der Selbstbilderfassung

Das Vorgehen bei der Erfassung des Selbstkonzeptes ist abhängig von der Zielsetzung der Informationserhebung. Grundsätzlich lassen sich zwei Verfahrensweisen unterscheiden. Beim ideographischen Vorgehen handelt es sich um eine auf das einzelne Individuum bezogene Erhebung, zum Beispiel in Form einer offenen und freien Befragung. Eine derartige Strategie wird unter anderem zur Hypothesenbildung oder zur Ergänzung und Interpretation quantitativer Messungen gewählt. Das nomothetische Vorgehen hat dagegen vergleichenden Charakter. Hier werden z.B. Beschreibungen und Bewertungen, die im Zusammenhang mit dem Selbstkonzept stehen, mit Hilfe entsprechend vorformulierter Fragen erfaßt und mit den Angaben anderer Personen verglichen. Dieses Vorgehen beinhaltet somit die Selbstkonzeptualisierung „mittels Eigenschaften oder auf Merkmalskontinua und -dimensionen, auf denen sich auch andere Personen anordnen lassen" (Mummendey, 1995, S. 72). Damit werden nicht nur die Selbstkonzepte verschiedener Personen, sondern auch Selbst- und Fremdkonzepte vergleichbar. Zusätzlich wird die längsschnittartige Erfassung von Selbtkonzeptveränderungen möglich. Die Erfassung von Selbstkonzepten ist damit nichts anderes als eine Einstellungs- oder Persönlichkeitsmessung (so auch Mummendey, 1995). Die Instrumente zur Erfassung von Selbstkonzepten lassen sich zunächst nach dem Ausmaß der Strukturiertheit unterscheiden:

1. *Strukturierte Meßinstrumente:* Persönlichkeitsfragebogen und Ratingskalen gehören zu den herkömmlichen Testverfahren mit festgelegten Items und Antwortmodalitäten. Offen ist lediglich die Wahl einer von mehreren vorgegebenen Antwortmöglichkeiten. (Strukturierte Meßinstrumente orientieren sich in der Regel am nomothetischen Ansatz).
2. *Unstrukturierte Meßinstrumente:* Hierzu zählen freie Selbstbeschreibungsverfahren, innerhalb derer einer Person sowohl Form als auch Inhalt ihrer Äußerungen freigestellt werden. (Unstrukturierte Meßinstrumente orientieren sich in der Regel am ideographischen Ansatz).

Neben diesen Möglichkeiten kommen in der Praxis verschiedene Mischformen zur Anwendung. Wie zuvor erläutert, besteht kaum ein Unterschied zwischen Selbstkonzept- und Persönlichkeitsmessung, so daß im Prinzip jeder Persönlichkeitstest zur Erfassung des Selbstkonzeptes herangezogen werden kann. Hinzu kommen speziell konstruierte Instrumente wie etwa die „Self-esteem-Skalen" von Janis und Field (1959) oder die „Frankfurter Selbstkonzeptskalen" von Deusinger (1986). Weitere Möglichkeiten der Erfassung stellen adjektivistische Selbstbeschreibungs-, Sortier- und Ratingverfahren sowie das semantische Differential dar. Tabelle 33 enthält eine Übersicht der verschiedenen Verfahren.

Tabelle 33: Übersicht von Verfahren zur Erfassung des Selbstkonzeptes (nach Mummendey, 1995)

Verfahren	Merkmale	Beispiel
Persönlichkeitsfragebogen	– Einschätzen von Aussagen bzw. Verhaltensbeschreibungen	– NEO-Fünf-Faktoren Inventar (NEO-FFI) nach Costa und McCrae, Borkenau & Ostendorf (1993) – Bochumer Inventar zur berufsbezogenen Persönlichkeitsbeschreibung (BIP) Hossiep & Paschen (1998)
Selbstkonzeptskalen	– gleiche Konstruktionsprinzipien wie Persönlichkeitsfragebogen	– Frankfurter Selbstkonzeptskalen (FSKN) Deusinger (1986)
Selbstbeschreibungsverfahren	– offene Form; Beschreibung mittels selbstgewählter Adjektive – geschlossene Form Beschreibung mittels vorgegebener Adjektive	– Adjective Generation Technique (AGT) Allen & Potkay (1977) – Adjective Check List (ACL) Gough & Heilbrun (1965)
Sortierverfahren (Q-Sort)	– Sortieren von personenbezogenen Feststellungen nach vorgegebenen Richtlinien (z. B. Nähe zur eigenen Person)	– California Q-Sets Block (1978)
Selbstratingmethode	– Selbstbeurteilung auf numerischen oder graphischen Ratingskalen – Ein-Item-Skalen oder Item-analysierte Skalen	– *Ein-Item-Skala:* Selbstrating-Version des California Psychological Inventory (CPI) John & Keil (1972) – *Itemanalysierte Skala:* Mehrdimensionales Selbstratingverfahren Mummendey, Riemann & Schiebel (1983)
Semantisches Differential	– Spezialfall eines Ratingsystems – bipolare Adjektivskalen	– Self-Concept Semantic Differential Pervin & Lilly (1967)

6.1.5 Zum Konzept des Fremdbildes

Das Bild vom Gegenüber entsteht innerhalb des Prozesses der interpersonalen Wahrnehmung, wobei nicht nur das aktuell Wahrgenommene in die Urteilsbildung einfließt, sondern auch bereits gemachte Erfahrungen:

> „Andere Menschen haben in besonderem Maße affektive Bedeutung für uns, wir sehen sie kaum ohne bestimmte Erwartungen und Einstellungen. Man kann vermuten, daß die Art und Weise der Interaktionsbeziehung nicht ohne Bedeutung für die gegenseitige Wahrnehmung ist und umgekehrt." (Jahnke, 1975, S. 11)

Der Eindruck, den ein Beobachter von einer anderen Person bekommt, ist das Ergebnis verschiedenster Wahrnehmungsprozesse sowie zusätzlicher Informationen, die zur Verfügung stehen. Das Fremdbild ist bei weitem nicht so facettenreich wie das Selbstbild. Einem Beurteiler stehen weder in dem Umfang die Informationen zur Verfügung, wie sie der Person selbst vorliegen, noch ist er – aufgrund von bestimmten Wahrnehmungsverzerrungen – in der Lage, sich ein „objektives" Bild von der Person zu machen (vgl. z. B. Leyens & Dardenne, 1996).

Eine große Bedeutung kommt den äußeren Personenmerkmalen zu, da sie den ersten Eindruck von einem Menschen entscheidend und nachhaltig prägen. Noch bevor es zu einer Interaktion zwischen zwei Personen kommt, werden in dieser Phase bereits anhand der äußeren Attribute zumeist unbewußte Einschätzungen vorgenommen. Hierdurch gewinnt der erste Eindruck besonderen Einfluß darauf, wie sich die weitere Interaktion entwickelt, denn die Einschätzungen des Beobachters werden sein künftiges Verhalten der Person gegenüber mitbestimmen.

Auch seine persönlichen Merkmale, wie etwa sein Wertesystem oder bestimmte Erwartungen, schlagen sich in dem Bild vom Anderen nieder. Es gilt daher zu klären, auf welche Weise Urteile über andere aus deren äußerer Erscheinung oder deren Verhalten abgeleitet werden und welche Bedingungsfaktoren Wahrnehmung und Urteilsbildung beeinflussen. Hinzu kommen Effekte selektiver Wahrnehmung sowie Attributionseffekte, das heißt, der Beobachter sucht nach Erklärungsmöglichkeiten für das Verhalten seines Gegenübers, indem er Ursachenzuschreibungen vornimmt. Diese Zuschreibungen folgen bestimmten Regelmäßigkeiten. Daneben haben auch personenunabhängige Umstände einen Einfluß auf das Fremdbild. Informationen darüber, was eine Person durch ihr Verhalten bewirkt hat, Kenntnisse von Situationen, in denen sie sich in einer ganz bestimmten Art und Weise verhalten hat, sowie das Wissen um sonstige Einflüsse, denen sie ausgesetzt war, fügen sich zu einer Einheit (s. z. B. Schneewind, 1982).

6.1.5.1 Determinanten des Fremdbildes

Im folgenden werden einige Faktoren und Randbedingungen diskutiert, die das Entstehen des Fremdbildes von einer Person bestimmen.

Erster Eindruck und der Einfluß äußerer Personenmerkmale

Eindrucksbildung ist ein Prozeß, der sich häufig wenig bewußt vollzieht:

> „Die Beurteilung und Einschätzung anderer ist bei allen Menschen ein derart stetig fortschreitender Prozeß, daß er gelegentlich fast automatisch vor sich geht, gewöhnlich

auf nichtverbaler und manchmal auf nahezu unbewußter Ebene abläuft." (Cline, 1964, S. 221)

Gerade der erste Eindruck von einem anderen Menschen entsteht eher unbewußt und stellt häufig die Weichen für die weitere Wahrnehmung und Bewertung des Gegenübers. Der nachfolgende Abschnitt beschreibt die von einem Beobachter subjektiv angenommenen Zusammenhänge zwischen äußeren und inneren Merkmalen einer Person. Wichtige Indikatoren für die Beurteilung und Einschätzung von anderen Personen stellen deren äußere Merkmale dar. Aufgrund von Aussehen, Mimik, Gestik, der Sprechweise und gezeigten Verhaltensweisen werden Rückschlüsse auf die innewohnenden Merkmale gezogen:

– *Äußere Erscheinung*

Generell ist davon auszugehen, daß das äußere Erscheinungsbild von Personen nach Maßstäben beurteilt wird, die historisch und kulturell variieren und vermittelt sind (vgl. Witte, 1994). Selbst die Menschen einer Kultur und einer Epoche unterscheiden sich unter Umständen sehr prägnant darin, welche Personen sie als „attraktiv" bezeichnen würden. Vagt & Majert (1979) fanden eine Interrater-Reliabilität von $r = .34$ hinsichtlich der Einschätzung des Ausmaßes von Attraktivität von Personen. Im Allgemeinen existiert jedoch zumindest eine grobe, sozial geteilte Vorstellung darüber, was „Schönheit" ausmacht. „Gutes" Aussehen hat insbesondere dann einen positiven Einfluß auf die Eindrucksbildung, wenn nur wenig zusätzliche Informationen zur Urteilsbildung herangezogen werden können (z.B. Gross & Crofton, 1977). Attraktiven Menschen werden in diesem Fall eher positive Eigenschaften wie etwa Freundlichkeit, Wärme, Hilfsbereitschaft und Stärke zugeschrieben (s. Dion & Berscheid, 1974). Ein weit überdurchschnittlich gutes Aussehen kann jedoch in bestimmten Fällen auch zu Ablehnung führen (vgl. Krebs & Adinolfi, 1975).

Abgesehen von der Gesamterscheinung werden speziell Merkmale wie Körpergröße und Körperbau sowie Gesicht und Haare zur Einschätzung eines anderen Menschen herangezogen. Hierzu existieren eine Reihe von zum Teil unterhaltsam anmutenden Befunden. So werden Brillenträger von zahlreichen Personen für intelligenter als Nicht-Brillenträger gehalten (Argyle & McHenry, 1971), beleibten Menschen werden Eigenschaften wie faul, geschwätzig, einfühlsam, gesellig und gutmütig zugeschrieben, wohingegen schlanke Menschen eher als ehrgeizig, angespannt, mißtrauisch, nervös, zäh und pessimistisch gelten. Personen mit einer Kombination aus niedriger Stirn und kurzer Nase gelten als glücklich, vertrauenswürdig und großzügig, wohingegen von einer hohen Stirn gemeinhin auf Intelligenz geschlossen wird (Bradshaw, 1969; Sleet, 1969). Verknüpfungen zwischen Haarfarbe und Persönlichkeitseigenschaften konnten ebenfalls in verschiedenen Studien belegt werden. So schreibt man blonden Frauen die Neigung zur Geselligkeit zu, brünette Frauen werden statt dessen mit Intelligenz und Verläßlichkeit in Zusammenhang gebracht (z.B. Lawson, 1971). Schwarzhaarige Männer werden eher mit den Attributen „stark" und „intelligent" belegt, wohingegen blonde Männer eher als freundlich gelten. Einschränkend muß zu den dargestellten Ergebnissen weiterhin erwähnt werden, daß in zahlreichen Situationen eine Verknüpfung von äußerer Erscheinung und sozialer Interaktion bedeutsam wird. Viele der erwähnten Untersuchungen verwendeten

Photos oder Zeichnungen, wodurch äußere Merkmale besondere Aufmerksamkeit erfuhren, da es an weiteren, darüber hinausgehenden Eindrücken hinsichtlich der zu beurteilenden Personen mangelte.

– *Mimik und Gestik*

Die Mimik scheint – obwohl im Grunde sehr informationshaltig – meist weniger beachtet zu werden als Körperhaltungen, Körperbewegungen oder auch Stimmcharakteristika. Möglicherweise gehen Beobachter davon aus, daß das Gesicht stärker kontrolliert wird als andere Verhaltensmodalitäten und daher weniger über den Akteur verrät (s. DePaulo, Rosenthal, Eisenstat, Rogers & Finkelstein, 1978; Wallbott, 1995). Kiener und Höfer (1972) fanden Hinweise darauf, daß Menschen unbewußt von der Größe der Lidspaltenöffnung auf die Intelligenz ihres Gegenübers schließen.

– *Verbaler Ausdruck*

In Zusammenhang mit dem Sprechakt haben verschiedene Merkmale Einfluß auf die Zuschreibung von Eigenschaften. Zu nennen sind hier Sprechtempo, Dynamik der Redeweise, Länge und Häufigkeit der Aussagen sowie die Differenziertheit des Wortschatzes und die Korrektheit der grammatikalischen Ausdrucksweise (Bradac & Wisegarver, 1984; Miller, Maruyama, Beaber & Valone, 1976; Scherer, 1978; Schönbach, 1979). Länderübergreifende Untersuchungen haben weiterhin gezeigt, daß sich der Akzent (Hochsprache vs. Dialekt) auf die wahrgenommene Kompetenz auswirkt (Stewart, Ryan & Giles, 1985).

– *Verhaltensweisen*

Der Einfluß, den beobachtbare Verhaltensweisen auf die Eindrucksbildung haben, dürfte ungleich größer sein als der Einfluß der zuvor aufgeführten Merkmale. Tacke (1985) berichtet von einer Studie, in der gezeigt werden konnte, daß es offensichtlich bestimmte Verhaltensweisen gibt, die von Beobachtern als Hinweise auf Intelligenz gedeutet werden. Zunächst schätzten Versuchspersonen auf einer Ratingskala ein, wie charakteristisch beziehungsweise typisch verschiedene Verhaltensweisen für das Konstrukt „Intelligenz" erscheinen. Eine zweite Gruppe erhielt daraufhin Kurzbeschreibungen von Personen, in denen die zuvor eingeschätzten Verhaltensweisen kombiniert wurden. In der Untersuchung zeigte sich ein deutlicher Zusammenhang zwischen den in den Kurzbeschreibungen thematisierten Verhaltensweisen und dem Ausmaß der zugeschriebenen Intelligenz. Damit deuten die Ergebnisse darauf hin, daß ein Beobachter – immerhin bei einigen Eigenschaften – von konkreten Verhaltensweisen einer Person auf dahinter vermutete Dispositionen schließt.

Generell sind für einen Beobachter diejenigen Verhaltensweisen besonders aussagekräftig, die nicht situationsangemessen wahrgenommen werden. So verhält sich eine Person, die in einer ernsten Situation ständig lächelt, unangemessen. Gleiches gilt, wenn in einer heiteren Umgebung ein ernster Gesichtsausdruck zur Schau getragen wird. Um hierbei zu einer zuverlässigeren Einschätzung kommen zu können, benötigt der Beobachter weitere Hinweise. Er müßte in die Lage versetzt werden, die betreffenden Personen in unterschiedlichen Situationen zu erleben, um beurteilen zu können, inwieweit die zuerst beschriebene Person wenig sensitiv für Stimmungen ist, oder inwieweit es sich bei der anderen Person eher um einen ernsten oder eher humorlosen Menschen handelt (Wallbott, 1995).

6.1.5.2 Erster Eindruck und der Einfluß der Beobachtermerkmale

„Social perception is a process dominated far more by what the judge brings to it than by what he takes in during it." (Gage & Gage, 1955, S. 420)

Nicht nur die spezifischen Merkmale des Gegenübers, sondern auch die individuellen Erfahrungen, Bedürfnisse, Wünsche, Absichten und Erwartungen des Beobachters selbst beeinflussen dessen Wahrnehmung. Eine bedeutende Untersuchung hierzu führten Dornbusch, Hastorf, Richardson, Muzzy und Vreeland (1965) durch. In dieser Studie wurden mehrere Personen von zwei Beobachtern beschrieben. Es zeigte sich, daß die Beschreibungen verschiedener Personen durch einen Beobachter untereinander hoch korrelierten, wohingegen die Beschreibungen ein und derselben Person durch zwei Beobachter einen geringeren Zusammenhang aufwiesen. Die Autoren kamen daher zu dem Schluß, daß der stärkste Einfluß auf die interpersonale Beschreibung die Art und Weise ist, in der der Beobachtende seine interpersonale Welt für sich strukturiert (vgl. Dornbusch et al., 1965, S. 440). Dies bedeutet, daß ein Beobachter bei der Beschreibung anderer Personen immer auch seine persönliche Betrachtungsweise einbringt. Daraus resultiert, daß er besonders auf die Merkmale oder Verhaltensweisen achten wird, die für ihn selbst wichtig sind. Ein gewissenhafter Vorgesetzter, dem Ordnung sehr viel bedeutet, wird beispielsweise bei einem neuen Mitarbeiter zunächst das Augenmerk auf den Ausprägungsgrad dieser Eigenschaft legen und möglicherweise dabei übersehen, daß dieser Mitarbeiter zwar weniger ordentlich, dafür aber in hohem Maße kreativ ist.

Beurteilungsfehler

– *„Halo"-Effekt*

Dieser von Thorndike (1920) geprägte Begriff (wörtlich übersetzt: Heiligenschein) steht für die Tendenz eines Beobachters, empirisch unabhängige oder nur gering korrelierte Eigenschaften von Personen oder Dingen als vermeintlich zusammenhängend wahrzunehmen. Es ist anzunehmen, daß der anfänglich gewonnene globale Eindruck einer Person beziehungsweise vorliegende Vorabinfomationen einen dominierenden Einfluß auf die Wahrnehmung spezifischer Merkmale haben. Hinsichtlich dieses Erwartungseinflusses liegt eine Reihe von Untersuchungen vor (z. B. Goldman, Cowles & Florez, 1983; Klauer & Klauer, Schmeling, 1990; Nathan & Lord , 1983; Schmitt, 1992), in welchen die Teilnehmer etwa vor einem Gespräch mit einer Person bestimmte Vorabinformationen (z. B. den Hinweis, die Person sei eher „kühl") erhalten. Diese Informationen wirken sich im Folgenden nachweisbar auf die Wahrnehmung des Beobachters aus, indem sie auf andere Eigenschaften „abstrahlen" beziehungsweise diese „überstrahlen".

– *Implizite Persönlichkeitstheorien*

Der Begriff „implizite Persönlichkeitstheorie" wurde von Cronbach (1955) geprägt, Bruner und Tagiuri (1954) sprachen von einer „Persönlichkeitstheorie des Laien". Beide Begrifflichkeiten umschreiben den Sachverhalt, daß Personen bei der Bewertung oder Einschätzung anderer Menschen ein System von Überzeugungen über die Zusammenhänge von Persönlichkeitseigenschaften zugrunde legen. Dies kann als „Matrix von Korrelationen zwischen Eigenschaften" (Jahnke, 1975, S. 75) definiert werden. So glauben Menschen beispielsweise häufig, daß gesprächige Personen auch gesellig sind (Borkenau, 1992). Geht man von der erwähnten Matrix aus, so stellt sich die Frage nach deren Komplexität. Bezogen auf den Beobachter sind bei der Betrachtung dieser Fragestellung Abhängigkeiten zwischen der Differenziertheit seiner Personenbeurteilungen und seinen individuellen Persönlichkeitsmerkmalen, wie etwa der kognitiven Komplexität, feststellbar. Das Konzept der kognitiven Strukturiertheit liefert zudem Erkenntnisse über die Art und Weise, wie Einzelne ihre soziale Umwelt wahrnehmen und strukturieren. Individuelle (d.h. präziser: interindividuelle) Unterschiede manifestieren sich zum Beispiel dergestalt, daß Personen mit einer hohen kognitiven Strukturiertheit zur Beschreibung anderer Menschen eine Vielzahl von Dimensionen heranziehen.

– *„Sich-selbst-erfüllende-Prophezeiungen"*
Die zu beurteilende Person wird kognitiv „zu dem gemacht", was der Beurteiler von ihr wahrnimmt oder wahrnehmen möchte. Derartige Annahmen können jedoch Verhaltensweisen hervorrufen, die das erwartete Handeln der Person tatsächlich eintreten lassen. Merton (1957) prägte für diesen Effekt den Begriff der „sich-selbst-erfüllenden-Prophezeiung", vielfach wird in der Literatur auch vom „Pygmalion-Effekt" gesprochen. Die Bestätigung einer Erwartung läßt sich in verschiedene Phasen unterteilen:

1. Zunächst bildet der Beobachter aufgrund direkter Beobachtungen oder auf Basis von Stereotypen *Erwartungen* über die Dispositionen und Intentionen der Stimulusperson.
2. Daraufhin *verhält* er sich der Person gegenüber seinem Eindruck entsprechend. Dies kann beispielsweise auch bedeuten, daß er bei negativ formulierten Verhaltenserwartungen einen direkten Kontakt zur Person vermeidet.
3. Die beobachtete Person *interpretiert* die Handlungen ihres Gegenübers ebenfalls, indem sie sein Verhalten auf bestimmte Ursachen, wie etwa die Situation oder Disposition zurückführt. Damit ist diese Phase geprägt von Attributionsprozessen.
4. Die betreffende Person *reagiert* nun auf die Einschätzung des Beobachters, indem sie versucht, einen bestehenden positiven Eindruck zu verstärken oder einen wahrgenommenen schlechten Eindruck zu revidieren.
5. *Bestätigt* sich aufgrund des gezeigten Verhaltens die Erwartung des Beobachters, so wird dieser seinen Eindruck verfestigen, kommt es zu Diskrepanzen, wird er vielfach trotzdem versuchen, diese Abweichungen entsprechend seinen Erwartungen einzupassen bzw. umzudeuten.
6. In der letzten Phase *interpretiert* die betreffende Person ihr Verhalten gegenüber dem Beobachter. Es kommt nunmehr entweder zu einer veränderten Situationsbeurteilung oder zu einer Modifikation des Selbstkonzeptes (vgl. Bierhoff, 1998).

– *Wertesystem des Beobachters*
Das Bild der zu beurteilenden Person wird auch von Einstellungen und Werten des Beobachters beeinflußt, wobei seine Einschätzung stark von den eigenen Präferenzen abhängt. Hier spielt etwa auch die „Tendenz zur Strenge" eine Rolle. Dieser Beurteilungseffekt in Richtung einer kritischen Beurteilung kommt zum Beispiel dann zustande, wenn der Beurteilende sich selbst gegenüber ein hohes Anspruchsniveau hat, welches er dann auf den

zu Beurteilenden überträgt (vgl. z. B. Berkel, Herzog & Schmid, 1991). Persönliche Werte – wie etwa Zuverlässigkeit oder Ehrlichkeit – werden verstärkt auch bei anderen gesucht. Mit dem Ausmaß der gefundenen Übereinstimmungen steigt zunächst die Sympathie für den anderen (zur Ähnlichkeits-Sympathie-Hypothese siehe Byrne, 1971). Werden die wahrgenommenen Ähnlichkeiten jedoch zu groß, tritt – zum Zwecke der Identitätswahrung – das Bestreben nach Abgrenzung vom anderen in den Vordergrund.

Die Eindrucksbildung: Vom ersten Eindruck zum Gesamtbild

Ein grundlegender Ansatz zur Eindrucksbildung stammt von Asch (1946). Vor dem Hintergrund der Gestaltpsychologie vertritt dieser die Auffassung, daß der Gesamteindruck eine Ganzheit beziehungsweise Gestalt ist, die sich aus dem Zusammenwirken von Einzeleindrücken zusammensetzt. Einen Bestandteil von Aschs Theorie stellt die sog. Bedeutungsänderungshypothese dar, wonach sich die Bedeutung einer Information erst aus dem Kontext ergibt (vgl. Tacke, 1985). So werden einzelne Eigenschaften als Teil eines Ganzen gesehen und entfalten erst im Zusammenhang mit anderen Eigenschaften ihre volle Bedeutung.

In seiner klassischen Versuchsreihe ging Asch folgender Frage nach: „How do the several characteristics function together to produce an impression of one person? What principles regulate this process?" (Asch, 1946, S. 258). Asch bot seinen Versuchspersonen Listen mit Eigenschaften dar, die eine imaginäre Person beschreiben sollten. Auf dieser Basis sollten die Versuchsteilnehmer anschließend ihren Eindruck von der beschriebenen Person schildern. Es zeigte sich, daß die Teilnehmer trotz spärlicher Informationen nicht nur zu einem umfassenden Eindruck gelangten, sondern daß sämtliche Personen außerdem zu ähnlichen Eindrücken kamen. Asch schloß daraus, daß Personen anhand vorliegender Informationen Rückschlüsse hinsichtlich weiterer Merkmale ziehen und daß die Art der Rückschlüsse offensichtlich sozial geteilt wird. Er konnte weiterhin zeigen, daß der Austausch einzelner Eigenschaften in der Liste zu einem völlig anderen Eindruck führte. Ersetzte er „warm" durch „kalt", so wurde die fiktive Person nicht mehr für großzügig und aufrichtig, sondern eher für berechnend gehalten. Einige Eigenschaften nehmen bei der Eindrucksbildung eine zentrale Stellung ein als andere. Das Gegensatzpaar „höflich – unhöflich" fällt bei der Eindrucksbildung weniger stark ins Gewicht als „warm – kalt". Derartig dominante Eigenschaften werden, da sie den Eindruck organisieren und somit die weitere Richtung der Eindrucksbildung bestimmen, als zentrale Persönlichkeitseigenschaften bezeichnet.

Ein weiteres, bedeutendes Ergebnis der Asch-Versuche stellt die Herausarbeitung des sogenannten *Reihenfolge-Effektes* dar. Eigenschaften, die einem Beobachter bezüglich einer bestimmten Person zuerst zugänglich sind (sei es durch Vorabinformation oder aufgrund von gezeigtem Verhalten), haben einen prägenden Einfluß auf die Eindrucksbildung und bestimmen auf diese Weise die Richtung des Gesamteindrucks. Dieser Prozeß wird als *Primacy-Effekt* bezeichnet und wurde in einer Reihe von Studien repliziert (z. B. Anderson, 1965). Erklären lassen sich diese Effekte mit einem Aufmerksamkeitsverlust auf seiten des Beobachters (Tetlock, 1983), mit der Abwertung inkonsistenter, also nicht zum ersten Eindruck passender Informationen (Anderson & Jacobson, 1965) oder einer Anpassung der späteren Informationen an den ersten Eindruck (Jones & Goethals, 1972). Letztere postulieren, daß ein Primacy-Effekt nur auftritt, wenn der Beurteiler davon ausgehen kann, daß die zu bewertende Eigenschaft zeitlich relativ stabil ist. Es wäre wenig sinnvoll, Erwartungen auszubilden, die über die Zeit hinweg immer wieder revidiert und aktualisiert werden müßten (vgl. Bierhoff, 1998). Neben den beschriebenen Vorrangeffekten lassen sich auch sogenannte *Recency-Effekte* nachweisen, wobei aktuelle Informationen über eine Person deren Einschätzung stärker beeinflussen als weiter in der Vergangenheit erhaltene Hinweise. Auch zu diesem Phänomen existieren unterschiedliche Erklärungsansätze (Jones & Goethals, 1972). Zum einen kann es sich um Erinnerungseffekte in dem Sinne handeln, daß die zuletzt erhaltenen (neueren) Informationen besser aus dem Gedächtnis abrufbar sind. Weiterhin können vor dem Hintergrund des Kontextes sogenannte *Kontrasteffekte* auftreten. Die Beurteilung des Verhaltens einer Person hängt damit stark davon ab, ob andere Personen vorher positiv oder negativ eingeschätztes Verhalten gezeigt haben. So kommt es im ersten Fall zu einer negativeren Bewertung des Verhaltens der betreffenden Person, im zweiten Fall hingegen zu einer Verschiebung in Richtung positiverer Einschätzung.

6.1.5.3 Kognitive Verarbeitung personenbezogener Merkmale

Unter dem Einfluß der vorgestellten Modelle entstand ein Forschungsansatz, der den Eindruck als organisierte, kognitive Repräsentation definiert, die der Beobachter von seinem Gegenüber bildet und im Gedächtnis speichert. Die kognitive Verarbeitung von Informationen läßt sich nach der Darstellung bei Wottawa und Gluminski (1995, vgl. Kap. 6) in folgende Prozesse aufspalten:

1. Erwerb von Information
   a) *Grobkategorisierung*: Zunächst wird die beobachtete Person einer groben Kategorie zugeordnet. Der Beobachter generiert globale Hypothesen bezüglich des zu erwartenden Verhaltens der Person.
   b) *Informationssammlung*: In der zweiten Phase werden weitere Informationen mit dem Ziel der genaueren Einordnung gesammelt.
   c) *Verifizierung*: Im dritten Schritt kommt es dann zur Annahme oder Verwerfung der zuvor vorgenommenen Kategorisierungen beziehungsweise der aufgestellten Hypothesen. Nun werden bevorzugt Informationen aufgenommen, die zur Stützung der vorgenommenen Einordnung geeignet sind.
   d) *Abschluß*: Im vierten und letzten Schritt wird der Kategorisierungsprozeß abgeschlossen. Die Aufnahme weiterer Informationen wird eingestellt, und der Beobachter schottet seine getroffene Einordnung gegen widersprüchliche Eindrücke ab, so daß die vorgenommene Kategorisierung möglichst stabil bleibt.
2. Informationsspeicherung im Gedächtnis
3. Informationsabruf aus dem Gedächtnis

Die menschliche Wahrnehmung erfolgt grundsätzlich selektiv, was zunächst durch die natürlichen *Grenzen der Aufnahmekapazität* des Wahrnehmungssystems bedingt ist. Aus diesem Grunde konzentriert man sich auf die Informationen, die in einer gegebenen Situation bzw. zu einem bestimmten Zeitpunkt für die Einschätzung seines Interaktionspartners am tragfähigsten erscheinen. Die hierfür herangezogenen Eindrücke sollten dazu zum einen möglichst eindeutig hinsichtlich ihrer Aussagen über bestimmte Persönlichkeitsmerkmale sein und zum anderen in hohem Maße manipulationssicher und damit glaubhaft erscheinen. Eine bedeutsame Rolle bei der Wahrnehmung anderer Personen spielt weiterhin der *Kontext* und die sich daraus ergebenden *Erwartungen* des Beobachters. Merkmale des Gegenübers, die dieser Erwartung widersprechen, werden abgeschwächt oder überhaupt nicht wahrgenommen. Besonders eindrucksvoll zeigt sich dies am klassischen Experiment von Rosenhan (1973), in dem sich gesunde Personen in psychiatrische Kliniken einweisen ließen, um zu überprüfen, wie lange es dauern würde, bis das Personal erkannte, daß es sich nicht um psychisch kranke Patienten handelte. Die Personen zeigten ihr gewohntes Verhalten, einige hatten jedoch beachtliche Mühe, das Pflegepersonal davon zu überzeugen, daß bei ihnen keine psychische Erkrankung vorlag. Das Zusammentreffen mit einer Person innerhalb eines bestimmten Kontextes kann demnach bei den Interaktionspartnern zu starken Erwartungen führen. Derartige Annahmen aktivieren Kategorien, denen der Handelnde zugeordnet wird. Daraufhin werden nur noch erwartungskonforme Informationen aufgenommen und erwartungsdiskonforme Beobachtungen abgewehrt. Grundsätzlich handelt es sich bei diesem Prozeß um einen Mechanismus, der auch beim täglichen Handeln von Personen im Organisationskontext wirksam wird. Dieses Geschehen vollzieht sich in der Regel allerdings unmerklich, so daß erfolgversprechende Lösungsansätze nur in Richtung einer Bewußtmachung des Prozesses (z. B. durch Feedback) gehen können.

6.1.5.4 Attributionstheoretische Erklärungsmodelle

In Zusammenhang mit dem Selbstbild wurde bereits auf den Attributionsansatz eingegangen (vgl. Kap. 6.1.1.2). Auch bei der Entstehung des Fremdbildes können die Annahmen der verschiedenen Attributionstheorien Erklärungsansätze liefern. Vor dem Hintergrund der Kernaussage, daß Attributionen aus dem Bedürfnis nach Vorhersagbarkeit und Kontrollierbarkeit der Welt heraus vorgenommen werden, wird der Bezug zur Entstehung und Ausbildung des Fremdbildes deutlich. Das Bild eines anderen Menschen erlaubt Vorhersagen bezüglich seines Verhaltens innerhalb bestimmter Situationen, es macht ihn somit berechenbarer und trägt zu einer „reibungsloseren" Interaktion bei. Angeregt durch Heiders Annahmen (Heider, 1958) entwickelte sich eine Vielzahl unterschiedlicher, sich teilweise ergänzender Theorien, so daß nicht von „der" Attributionstheorie gesprochen werden kann. Es handelt sich vielmehr um eine eigene Forschungsrichtung innerhalb der Sozialpsychologie.

Eine besonders umfassende Attributionstheorie stammt von Kelley (1967; vgl. z. B. auch Häcker & Stapf, 1998). Das von ihm formulierte Kovariationsprinzip behandelt die Frage, wie ein Beobachter (z. B. eine Führungskraft) einen Zusammenhang zwischen einem Ereignis (z. B. der geringen Arbeitsqualität eines Mitarbeiters) und möglichen Erklärungen (Ursachen) für dieses Ereignis herstellt. Kelley postuliert, daß der Beobachter eine Korrelation feststellt, die er dann als Kausalbeziehung interpretiert. Um eine solche Kausalbeziehung herstellen zu können, benötigt der Vorgesetzte also Informationen über das Ereignis und dessen Auftretensbedingungen. Dabei steht in Frage, ob sich das Verhalten auf den Mitarbeiter selbst, die Arbeitsaufgabe oder auf andere Umstände zurückführen läßt. Hierzu wird überprüft, ob der Mitarbeiter das als unzureichend eingeschätzte Verhalten lediglich im Zusammenhang mit einer bestimmten Aufgabe oder aber über verschiedene Aufgaben hinweg zeigt (Dimension der Distinktheit), ob das Verhalten nur in bestimmten oder in unterschiedlichen Situationen auftritt (Dimension der Konsistenz) und ob andere Mitarbeiter ein vergleichbares Verhalten an den Tag legen (Dimension des Konsensus). Bezogen auf die Art der Attribution ergibt sich daraus z.B. folgende Kombination:

So wird z.B. die geringe Arbeitsqualität eines Mitarbeiters der spezifischen Aufgabe zugeschrieben, wenn auch andere bei der gleichen Aufgabe ähnliche Ergebnisse erzielen (Konsensus hoch) und der Mitarbeiter bei anderen Aufgaben gute Leistungen erbringt (Distinktheit hoch), er jedoch bei dieser spezifischen Aufgabe keine verbesserten Ergebnisse erreicht (Konsistenz hoch).

Die Festlegung, worauf sich das Verhalten des Mitarbeiters ursächlich zurückführen läßt, bestimmt das weitere Vorgehen des Vorgesetzten. Eine Attribution auf die Aufgabe wird möglicherweise dazu führen, daß er die Aufgabenstellung verändert, die Attribution auf die Person selbst könnte den Vorgesetzten zu einem Mitarbeitergespräch veranlassen. Mit weiteren Aspekten, die einen bedeutsamen Einfluß auf die Personenattribution haben, befassen sich Jones und Davis (1965; vgl. auch Herkner, 1980) innerhalb ihres attributionstheoretischen Ansatzes. Ihre Theorie der korrespondierenden Schlußfolgerung beschäftigt sich mit der Frage nach den Bedingungen, unter denen man aus dem beobachteten Verhalten einer Person auf deren Merkmale schließt. Gemäß diesem Ansatz gliedert sich der Prozeß der Schlußfolgerung in zwei Stadien: Zunächst geht es um die Attribution einer Absicht: Hat der Handelnde die sich aus seiner Handlung ergebenden Konsequenzen beabsichtigt oder nicht? Eine wichtige Voraussetzung hierfür stellt die freie Wahl der gezeigten Verhaltensweise dar. Freiwillig gezeigtes Verhalten ermöglicht eher Rückschlüsse auf Dispositionen (interne Ursache) als eine „erzwungene" Handlung (externe Ursache; s. Hewstone & Fincham, 1996). Beobachtet ein Mitarbeiter beispielsweise, daß ein Kollege eine Aufgabe nachlässig ausführt, aber zugleich weiß, daß der Kollege die Anweisung erhalten hat, diese auch von allen Anderen ungeliebte Tätigkeit zu erledigen, so wird er dem Kollegen möglicherweise nicht mangelnde Gewissenhaftigkeit zuschreiben, sondern wird als Erklärung für dessen Verhalten die Situation heranziehen. Ergänzende Hinweise liefern die mit einem Verhalten verbundenen Konsequenzen. Sind alle Verhaltensmöglichkeiten mit ähnlichen Konsequenzen verbunden, so ist die Wahl eines Verhaltens weit weniger aussagekräftig, als wenn spezifische Konsequenzen zu erwarten sind. Zusätzlich erhöht wird die Aussagekraft, wenn diese spezifischen Konsequenzen eher negativ bewertet werden, da positive Konsequenzen in der Regel bevorzugt werden und somit kaum einen zusätzlichen Beitrag zur Beurteilung von Dispositionen leisten. Zusammenfassend läßt sich festhalten, daß insbesondere ein Verhalten, das den gängigen Erwartungen widerspricht, Aufschlüsse über den Handelnden gibt.

Attributionsfehler und ihr Einfluß auf das Fremdbild

Während die bisher dargestellten Ansätze unterstellen, daß ein Beobachter sich ähnlich einem Wissenschaftler verhält, der Daten sammelt, sie verarbeitet und bewertet, gehen die folgenden Ansätze davon aus, daß sich Menschen bei der Verarbeitung sozialer Informationen nur in den seltensten Fällen an normative Modelle halten. Daher kommt es auch im Attributionsprozeß zu Verzerrungen. Hewstone und Fincham definieren derartige Abweichungen folgendermaßen: „Eine Verzerrung liegt vor, wenn der soziale Beobachter ein ansonsten korrektes Verfahren systematisch verzerrt" (Hewstone & Fincham, 1996, S. 190). Für das Auftreten von Verzerrungen innerhalb der Kausalattribution sind insbesondere folgende kognitive und motivationale Effekte verantwortlich:

– *Kognitive Verzerrungen*

Ross (1977) prägte den Begriff des „falschen Konsensus". Danach neigen Menschen dazu, ihr eigenes Verhalten als üblich und situationsangemessen zu betrachten, andere Reaktionsweisen hingegen als unüblich, abweichend und unangemessen. Die beiden angebotenen Erklärungsmöglichkeiten für diesen Effekt beziehen sich auf Informationsmängel. Ross geht zum einen davon aus, daß die meisten Menschen vorwiegend Personen aus einem ähnlichen Milieu kennen, die entsprechend vergleichbare Verhaltensweisen und Meinungen teilen. Daher schließen Personen meist sozusagen von einer nicht repräsentativen Stichprobe, nämlich ihrem Umfeld, auf die gesamte Population. Hinzu kommt, daß sich zahlreiche Situationen durch Mehrdeutigkeit auszeichnen, was bedeutet, daß die Person fehlende Informationen ergänzen muß. Ross, Greene und House (1977) konnten weiterhin belegen, daß ein Beobachter die Verhaltensweisen einer Person stärker deren Dispositionen zuschreibt, wenn sie von seinem eigenen Verhalten abweichen, als wenn sie ihm ähnlich sind.

Eine weitere „Komponente" innerhalb des Informationsverarbeitungsprozesses bezieht sich auf die Berücksichtigung vorhandener Informationen. Die Unterscheidung in Konsensus-, Distinktheits- und Konsistenzinformationen wurde bereits zuvor erläutert. Es läßt sich feststellen, daß die Konsensusinformationen bei der Urteilsbildung nur unzureichend genutzt werden. Die Frage also, ob andere Menschen sich ähnlich verhalten würden, wird vergleichsweise wenig berücksichtigt. Da Konsensusinformationen insbesondere für die Stimulusattribution herangezogen werden, ist es eine nicht überraschende Konsequenz, daß es aufgrund einer Vernachlässigung dieser Art von Informationen verstärkt zu Personenattributionen kommt. Das Verhalten einer Person wird also häufiger ihren Dispositionen als den Umständen zugeschrieben. Ross (1977) spricht daher auch vom fundamentalen Attributionsfehler und meint damit die generelle Tendenz, die Bedeutung von persönlichen Faktoren und Dispositionen im Vergleich zu Umgebungseinflüssen zu überschätzen. Dieser Attributionsfehler wurde in einer Vielzahl von Kontexten nachgewiesen, der Effekt kann daher als sehr robust gelten. Trotzdem gelang es Tetlock (1985) in einer Studie, eine Bedingung zu belegen, innerhalb derer es nicht verstärkt zu dispositionalen Zuschreibungen kam. Fordert man Personen nämlich zu einem sorgfältigen und verantwortlichen Umgang mit Informationen auf, entsteht eine erhöhte Sensitivität für situationale Faktoren, was zu einer Verringerung des fundamentalen Attributionsfehlers führt (vgl. Weary et al., 1989).

Der Ansatz von Jones und Nisbet (1971) beschäftigt sich mit den unterschiedlichen Wahrnehmungsperspektiven von Beobachter und handelnder Person („actor-observer differences"). Die Autoren gehen davon aus, daß ein Handelnder die Gründe für sein

Verhalten eher in der Situation sieht, wohingegen ein Beobachter dasselbe Verhalten eher auf stabile Dispositionen des Handelnden zurückführt. Jones und Nisbet führen zwei sich ergänzende Erklärungen für die unterschiedlichen Attributionsmuster an. Zunächst stellen sie heraus, daß Handelndem und Beobachter unterschiedliche *Hintergrundinformationen* zur Verfügung stehen. Der Handelnde weiß generell mehr über sein Verhalten und seine Erfahrungen. Er erinnert sich daran, daß sein Verhalten über ähnliche Situationen hinweg eine gewisse Variabilität aufwies und verfügt damit über Konsistenz- und Distinktheitsinformationen. Außerdem kennt er – im Gegensatz zum Beobachter – die Intentionen und Empfindungen, welche seinem Verhalten zugrunde liegen. Der Beobachter hingegen besitzt in der Regel keine Hinweise darauf, wie sich die Person in der Vergangenheit verhalten hat. Ein derartiges Informationsdefizit führt daher eher zu einer dispositionalen Attribution (Weary, Stanley & Harvey, 1989).

Der zweite Erklärungsansatz hat seinen Ursprung in der Gestaltpsychologie. Ausgangspunkt sind die Erkenntnisse über die Wahrnehmung im Zusammenhang mit *Figur und Grund* (Koffka, 1935). Für den Beobachter stellt die handelnde Person die „Figur" vor dem „Hintergrund", nämlich der Situation dar. Bei der beobachteten Person kann der umgekehrte Effekt angenommen werden. Sie sieht ihr eigenes Verhalten kaum, wohl aber die sie umgebenden Situationsreize und Verhaltenskonsequenzen. Dieser „Auffälligkeitseffekt" wurde unter anderem in einer Untersuchung von Storms (1973) bestätigt, dem es gelang, aufgrund eines Perspektivenwechsels, der durch eine Videokamera erzeugt wurde, eine Umkehrung der Attributionseffekte zu erreichen. Handelnde, die die Möglichkeit haben, sich selbst in der Situation zu beobachten, schreiben ihr Verhalten verstärkt ihren Dispositionen zu. Dies ist ein Effekt, den man sich in videounterstützten Verhaltenstrainings mit Führungskräften gern zunutze macht, indem man versucht, den Beteiligten auf diese Weise ihr Verhalten vor Augen zu führen.

– *Motivationale Verzerrungen*

Aus dem Bedürfnis heraus, die Welt vorhersagbar und kontrollierbar zu machen, ist Kontrolle vorrangig in wichtigen Situationen erforderlich; daher erfolgt in diesen Situationen eine Attributionsanalyse. Als wichtig ist eine Situation etwa dann anzusehen, wenn der Beobachter persönlich von Handlungen einer anderen Person betroffen ist (vgl. Berscheid, Graziano, Monson & Dermer, 1976). Gerade in derartigen Situationen gewinnt die Vorhersagbarkeit von Verhalten an Bedeutung, was im Sinne der vertieften Informationssammlung zu einer erhöhten Aufmerksamkeit und nachhaltigeren Speicherung der gewonnen Hinweise im Gedächtnis führt. Je abhängiger eine Person von der anderen Person und deren Reaktionen ist, desto

– mehr Aufmerksamkeit widmet sie ihr,
– mehr Einzelbeobachtungen erinnert sie ,
– extremere Eigenschaften schreibt sie ihr zu,
– größer ist ihre Sicherheit bezüglich der Dispositionsattribution,
– sympathischer und anziehender beurteilt sie diese. (nach Herkner, 1980, S. 35)

Nicht nur bei der Entstehung des Selbstbildes wird die Attribution von Wunschvorstellungen geleitet. Auch die Wünsche und Sympathien eines Beobachters haben Einfluß auf dessen Bewertung der handelnden Person. In diesem Zusammenhang weisen

Regan, Straus und Fazio (1974) nach, daß vom Beobachter als „positiv" klassifizierte Handlungen bei beliebten Personen auf Dispositionen, bei unbeliebten dagegen eher auf Situationsfaktoren zurückgeführt werden. Der umgekehrte Effekt findet sich bei als „negativ" bewerteten Handlungen. Zusammenfassend ist festzustellen, daß sowohl die Merkmale der wahrgenommenen (handelnden) Person, die Situation, in der die Bewertung stattfindet, wie auch die persönlichen Attribute der wahrnehmenden Person (Beobachter) einen Einfluß auf die Personenwahrnehmung haben. Abbildung 35 (vgl. Külpmann, 1997) faßt die beschriebenen Faktoren zusammen, wobei das Selbstbild als Teil des Akteurs und das Fremdbild als Teil des Beobachters jeweils mit kognitiven, affektiven und konativen Anteilen dargestellt ist. Auf beiden Seiten wirken die unterschiedlichen, vorgestellten Mechanismen. Zwischen handelnder und beobachtender Person wirkt zum einen das Selbstdarstellungsverhalten des Akteurs in Form von Self-Monitoring und Impression-Management. Zum anderen wirkt aber auch der Beobachter beziehungsweise dessen Fremdbild auf das Selbstbild der Person zurück. Dies kann zum einen ganz bewußt geschehen, indem der Beobachter dem Akteur eine Rückmeldung zu dessen Außenwirkung gibt. Zum anderen hat der Beobachter aber auch bestimmte Erwartungen hinsichtlich des Handelns des Akteurs. Diese Erwartungen vermittelt er durch sein Verhalten. Der Akteur reagiert ebenfalls mit einem bestimmten Verhalten, welches sich dementsprechend wiederum auf sein Selbstbild auswirkt.

6.1.6 Zur Erhebung des Fremdbildes

Grundsätzlich kann bei der systematisierten Erfassung des Fremdbildes zwischen der direkten Verhaltensbeobachtung, wie sie etwa innerhalb des Assessment Centers vorgenommen wird, und einer schriftlichen Erfassung, die eher eine gedächtnisgestützte Personeneinschätzung darstellt, unterschieden werden. Zu letzterem ist der zum Bochumer Inventar zur berufsbezogenen Persönlichkeitsbeschreibung (BIP, Hossiep & Paschen, 1998) vorgelegte Fremdbeschreibungsbogen zu rechnen. Während sich die Verhaltensbeobachtung also sehr zeitnah an beobachtbaren Merkmalen des Akteurs orientiert und versucht, Interpretationen und Schlußfolgerungen auf dahinter liegende Eigenschaften zunächst zu vermeiden, geht die schriftliche Erfassung häufig über bloße Verhaltensaussagen hinaus. Die urteilende Person ist gefordert, auch Schlüsse hinsichtlich bestimmter Eigenschaften oder Motive der Person zu ziehen. Die Gedächtnispsychologie beschäftigt sich in diesem Zusammenhang mit der Frage, ob Eigenschaften spontan (im Zusammenhang mit einem beobachteten Verhalten) oder nur bei Rückgriff auf die bereits im Gedächtnis gespeicherten Verhaltensweisen abgeleitet werden. Befunde sprechen dafür, daß Eigenschaften unter bestimmten Bedingungen nicht unmittelbar abgeleitet werden. Dies ist etwa dann der Fall, wenn der Beobachter über ein gering ausgeprägtes Abstraktionsvermögen verfügt. In diesem Fall wird zunächst lediglich das Verhalten abgespeichert. Es wird zudem davon ausgegangen, daß Verhaltensweisen und Eigenschaften voneinander getrennt im Personengedächtnis abgespeichert werden (Edeler & Petzold, 1993). Bei der Suche nach Informationen im Personengedächtnis verwenden die Beobachter unterschiedliche Strategien. Während die einen primär innerhalb der abgespeicherten Eigenschaften nach

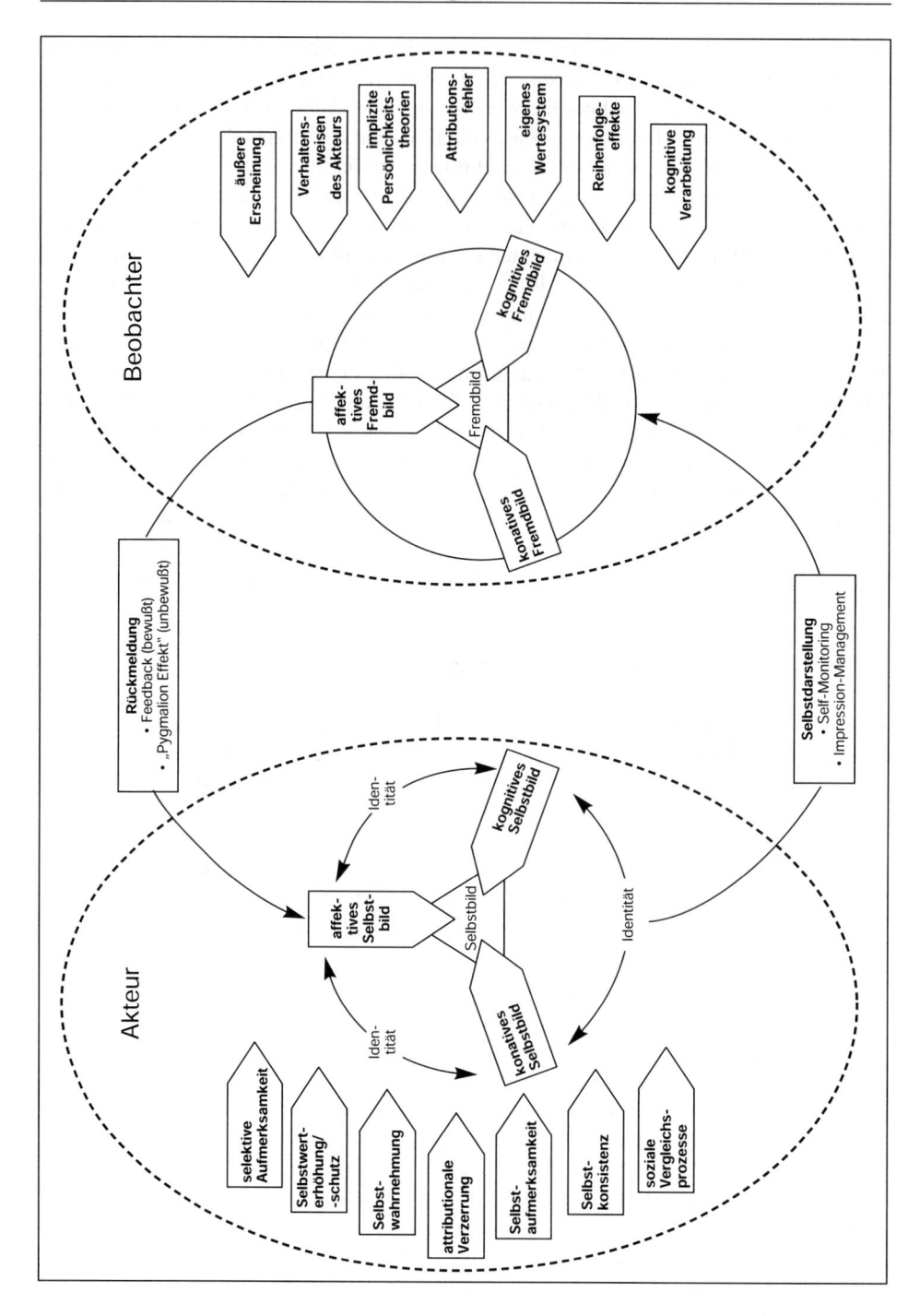

Abbildung 35: Wirkzusammenhänge im Kontext von Selbst- und Fremdbild

der gefragten Eigenschaft suchen, weiten die anderen ihre Suche auf die abgespeicherten Verhaltensweisen aus und überprüfen, ob sich aus diesen die gesuchte Eigenschaft ableiten läßt.

Unabhängig davon, ob Eigenschaften parallel zur Verhaltensbeobachtung abgeleitet werden, oder ob dies erst später geschieht, ist das Schlußfolgern von Verhaltensweisen auf bestimmte Eigenschaften in jedem Fall ein subjektiver Prozeß. Zwar besteht eine grobe, sozial geteilte Übereinstimmung dahingehend, welches Verhalten mit welchen Eigenschaften einher geht, bedingt durch den persönlichen Hintergrund des Beobachters wird dieser jedoch subjektiv gefärbte Schlüsse ziehen. Auch durch die Vorgabe von Skalen, wie dies in Fremdbeschreibungsbogen geschieht, können subjektive Verzerrungen nicht gänzlich ausgeschaltet werden. Dies führt zu typischen Beurteilungsfehlern. Bei der *Tendenz zur Mitte* bewegen sich die Beurteiler vorwiegend in der Skalenmitte, um eindeutige Aussagen zu vermeiden. Die Gründe für dieses Verhalten sind vielschichtig. Möglicherweise möchte der Urteilende aufgrund zu geringer Informationen keine endgültige Einschätzung abgeben oder aber er ist zwar über „Schwächen" des anderen informiert, möchte jedoch dessen Selbstwert schützen. Des weiteren könnte die urteilende Person Angst vor möglichen Konsequenzen einer „ehrlichen" Beurteilung haben. So läßt sich beobachten, daß sich die Einschätzungen mit zunehmendem Ausmaß der Anonymität einer Normalverteilung annähern. Die *Tendenz zur Milde* bezeichnet eine eher wohlwollende Einschätzung. Auch hier werden die Ergebnisse von der Motivation des Urteilenden beeinflußt, den anderen zu schonen. Aber auch die Scheu vor einer möglichen Auseinandersetzung mit dem Beurteilten aufgrund von Abweichungen zwischen Selbst- und Fremdbild könnte hier eine Rolle spielen. Der *Tendenz zur Strenge* liegt unter anderem das Wertesystem des Beurteilers zugrunde. Dieser Beurteilungseffekt in Richtung einer kritischen Beurteilung kommt zum Beispiel dann zustande, wenn der Beurteilende sich selbst gegenüber ein hohes Anspruchsniveau hat, welches er auf die zu beurteilende Person überträgt (Berkel et al., 1991).

Das Meinungsbild darüber, durch welche Eigenschaften oder Fähigkeiten sich ein „guter" Beurteiler auszeichnet, ist recht uneinheitlich. Nach Allport kann man von einem Fähigkeits- und Erfahrungsbündel zur angemessenen Beurteilung anderer Menschen ausgehen, welches sich durch folgende Attribute auszeichnet:

– vielseitige persönliche Erfahrungen mit anderen Menschen,
– reale (nicht angenommene) Ähnlichkeit mit dem Beurteilten,
– Intelligenz,
– kognitive Komplexität, differenzierte und integrierte psychische Struktur,
– Selbst-Einsicht,
– Soziales Geschick und Anpassung in Zusammenhang mit emotionaler Stabilität
– Distanziertheit, Abstand gegenüber anderen als Voraussetzung einer objektiven Haltung, ästhetische Haltung, die die Harmonie und Struktur der anderen Persönlichkeit erschließt, Sensitivität, eine Art „psychologisches Interesse, Interesse für das Subjektive." (Jahnke, 1975, S. 96f.)

Der Begriff der kognitiven Strukturiertheit wurde bereits im Zusammenhang mit den impliziten Persönlichkeitstheorien erläutert. Das Konstrukt geht von individuellen Unterschieden hinsichtlich einer kognitiven Komplexität aus. Bei der Beschreibung einer anderen Person äußert sich die kognitive Strukturiertheit eines Beobachters in der

Anzahl der verwendeten Dimensionen und deren Verhältnis zueinander. Personen mit einer hohen kognitiven Strukturiertheit zeichnen sich dadurch aus, daß sie bei der Beschreibung anderer Menschen auch Dimensionen verwenden, die in einem gewissen Widerspruch zueinander stehen (z. B. unfreundlich und hilfsbereit). Da sich diese Beobachter weniger an angenommenen Zusammenhängen zwischen Eigenschaften orientieren, sollten sie in der Lage sein, differenziertere Personeneinschätzungen abzugeben. (vgl. Jahnke, 1975). Inwieweit das Ausmaß der kognitiven Strukturiertheit tatsächlich einen nachhaltigen Einfluß auf die Qualität einer Personeneinschätzung hat, oder durch welche anderen Merkmale sich „gute" von „schlechten" Beurteilern unterscheiden, ist bisher jedoch noch nicht ausreichend geklärt (Funder & Colvin, 1994).

6.1.7 Empirische Befunde zu Übereinstimmungen und Abweichungen zwischen Selbst- und Fremdbild

Untersuchungen zur Übereinstimmung von Selbst- und Fremdbeschreibungen beziehen sich meist auf die Big-Five Dimensionen Neurotizismus, Extraversion, Offenheit für Erfahrung, Verträglichkeit und Gewissenhaftigkeit (vgl. Kap. 5.3). Zur Erfassung dieser Dimensionen werden insbesondere zwei Instrumente verwendet. Einerseits handelt es sich um die von Norman (1963b) vorgeschlagenen Markiervariablen für die Big-Five Faktoren, wobei Norman statt von „Neurotizismus" von „Emotionaler Stabilität" und an Stelle von „Offenheit für Erfahrung" von „Culture" spricht. Bei seiner Operationalisierung handelt es sich um 20 bipolare Adjektivskalen, von denen jeweils vier einer Dimension zugeordnet sind. In einem großen Teil der Studien kommt zudem der NEO-FFI (Borkenau & Ostendorf, 1991) zum Einsatz.

Abweichungen zwischen Selbst- und Fremdbild ergeben sich sowohl aus der verzerrten Wahrnehmung durch die Person selbst, als auch aus der Genauigkeit beziehungsweise Ungenauigkeit der interpersonellen Wahrnehmung. Eine wichtige Differenzierung stellt hierbei die Unterscheidung zwischen Genauigkeit und Konsensus dar. Unter *Konsensus* (consensus) wird das Ausmaß, mit dem zwei Beurteiler in ihrer Einschätzung über eine Person übereinstimmen, verstanden. Diese Übereinstimmung kann jedoch nicht mit der *Genauigkeit* (accuracy) der Einschätzung gleichgesetzt werden. Eltern, die etwa ihr Kind in einem bestimmten Bereich für besonders begabt halten, stimmen zwar in ihrem Urteil überein, kommen aber möglicherweise aufgrund ihrer sehr wohlwollenden Sichtweise zu einer unrichtigen Einschätzung. Im Gegensatz dazu ist Genauigkeit im Urteil in der Regel mit einem Konsens der beteiligten Personen verbunden. Selbstverständlich wird es – aufgrund der zuvor dargestellten Einflußfaktoren – insbesondere in der sozialen Wahrnehmung niemals zu einer exakten Übereinstimmung zwischen zwei Beurteilern kommen (Kenny & Albright, 1987; Kenny, 1991). Bei den Faktoren, die einen Einfluß auf den Konsens zwischen den Beurteilern und auf die Übereinstimmung zwischen Selbst- und Fremdeinschätzung aufweisen, lassen sich vier Bereiche unterscheiden (vgl. Funder & Colvi, 1994):

1. Bekanntheitsgrad
2. Beobachtbarkeit von Eigenschaften
3. Einschätzbarkeit der handelnden Person
4. Beurteilerfähigkeiten

Nachfolgend soll über einige empirische Befunde zu den ersten drei Bereichen berichtet werden.

6.1.7.1 Der Einfluß des Bekanntheitsgrades auf die Übereinstimmung von Selbst- und Fremdbild

Der Begriff „Fremdbild" meint nicht nur die Einschätzung durch fremde Personen, also Menschen, die die handelnde Person nur flüchtig kennen oder noch nie gesehen haben, sondern auch durch solche Personen, die mit dem Handelnden sehr vertraut sind, wie dies etwa bei Lebenspartnern gegeben ist. Norman und Goldberg (1966) belegen in ihrer häufig zitierten Studie bedeutsame Unterschiede zwischen den Einschätzungen durch Fremde oder Bekannte. So erweisen sich die Einschätzungen durch Bekannte – im Gegensatz zu denen fremder Personen – als zuverlässiger (im Sinne größerer Übereinstimmung unter den einschätzenden Personen; diese wird auch als Interrater-Reliabilität bezeichnet) und gültiger (im Sinne größerer Übereinstimmung zwischen Selbst- und Fremdbild). Diese Befunde konnten in der Zwischenzeit durch eine Vielzahl von Studien bestätigt werden (u.a. Jackson, Neill & Bevan, 1973; Weiss, 1979). So finden Funder und Colvin (1988) bei Einschätzungen durch Bekannte eine durchschnittliche Interraterreliabilität von .26 im Gegensatz zu einem Wert von .09 bei anderen Fremdeinschätzungen. Auch hinsichtlich der Gültigkeit (Validität) ergaben sich ähnliche Befunde. Die Korrelation zwischen Selbst- und Fremdeinschätzung ergibt für bekannte Personen .27, im Gegensatz zu .05 für Fremde. Costa und McCrae (1988) nennen hierfür zwei Erklärungen:

1. Mit dem Grad der Bekanntschaft steigt die Informationsmenge über das Verhalten der zu beurteilenden Person (sowohl über die Zeit als auch über verschiedene Situationen hinweg).
2. Die Kommunikation zwischen verschiedenen Bekannten einer Person führt zu einer Angleichung der Einschätzung.

Ostendorf (1990) konnte in seiner Studie mit 116 Personen relativ hohe Übereinstimmungen zwischen Selbst- und Fremdeinschätzungen finden. Er versandte die Form R des NEO-FFI (in der alle 60 Items in der 3. Person Singular formuliert sind) an Bekannte seiner Testteilnehmer und erhielt konvergente Validitäten von .59 für Neurotizismus, .62 für Extraversion, .60 für Offenheit für Erfahrung, .43 für Verträglichkeit und .61 für Gewissenhaftigkeit. Zum gewählten Vorgehen ist jedoch einschränkend anzumerken, daß die experimentelle Unabhängigkeit von Selbst- und Bekanntenbeurteilungen nicht garantiert werden kann. Aus Tabelle 34 sind die Ergebnisse zur konvergenten Validität aus vier beispielhaft herausgegriffenen Untersuchungen ersichtlich.

Es zeigt sich auf allen Dimensionen eine größere Übereinstimmung für die Einschätzungen durch Bekannte als für die durch Fremde, wobei sich lediglich die Werte für Neurotizismus beziehungsweise Gewissenhaftigkeit signifikant unterscheiden. Die größten Übereinstimmungen zwischen Selbst- und Fremdeinschätzung ergeben sich sowohl bei bekannten als auch bei fremden Personen für Extraversion und Gewissenhaftigkeit. Die geringsten Zusammenhänge sind bei der Emotionalen Stabilität sowie der Verträglichkeit zu identifizieren. Diese Befunde erweisen sich als konform zu den

Tabelle 34: Konvergente Validität von Selbst- und Fremdeinschätzung unter Berücksichtigung des Bekanntheitsgrades (nach Watson, 1989, S. 126)

Art der Einschätzung und der Stichprobe	n	Eigenschaft				
		Neurotizismus	Extraversion	Culture (Offenheit)	Verträglichkeit	Gewissenhaftigkeit
Freunde/ Bekannte						
Norman & Goldberg (1966)	73	.32*	.54*	.45*	.27*	.47*
Norman (1969)	169	.31*	.51*	–	.32*	.60*
Fremde						
Passini & Norman (1966)	84	.02	.38*	.32*	.15	.34*
Watson (1989)	93	–.04	.43*	.20	.31*	.28*
Gewichtete mittlere Korrelation						
Freunde/ Bekannte	242	.31*	.52*	.45*	.31*	.56*
Fremde	177	–.01	.41*	.26*	.24*	.31*

* $p < .05$ (zweiseitiges Testen)

Ergebnissen einer größeren Anzahl von Untersuchungen (z.B. Borkenau & Liebler, 1992b; Colvin & Funder, 1991; Funder & Dobroth, 1987). Diese Studien erbrachten bei der Beurteilung durch fremde Personen ebenfalls hohe Korrelationen zwischen Selbst- und Fremdeinschätzung für Eigenschaften, die zur Extraversion gruppiert wurden, wohingegen Einschätzungen von Eigenschaften, die unter Neurotizismus subsumiert wurden, nur geringe Korrelationen aufwiesen. Bei Watson (1989) werden zwei Erklärungsansätze für die teilweise erstaunlich hohen Übereinstimmungen zwischen Selbst- und Fremdeinschätzung diskutiert:

1. Fremde beobachten bedeutsame Verhaltensweisen, die einen direkten Ausdruck der Persönlichkeit der zu beurteilenden Person darstellen. So ist etwa das soziale Verhalten Extra-

vertierter dominierender als das Introvertierter: Sie reden mehr und lauter und ziehen durch ihr Verhalten die Aufmerksamkeit anderer auf sich.
2. Fremde Personen orientieren sich an allgemeinen Stereotypen, die häufig ein „Körnchen Wahrheit" in sich tragen, wie zum Beispiel: „Rothaarige Menschen sind temperamentvoll". Berry und McArthur (1985) lieferten Belege für derartige Annahmen, indem sie ihren Versuchsteilnehmern Fotos von Personen vorlegten, die diesen unbekannt waren. Es ergab sich, daß Erwachsene mit einem „Babygesicht" als besonders naiv und schwach eingeschätzt wurden; interessanterweise deckt sich diese Fremdeinschätzung mit dem Selbstbild der betreffenden Personen (Berry & Brownlow, 1989). Offenbar werden für die Einschätzung der eigenen Person die gleichen Stereotype herangezogen wie für die unbekannter Personen.

Hinweise darauf, wie das Ausmaß der Bekanntheit mit der Vorhersage von Verhalten zusammenhängt, erbrachte eine Studie von Colvin und Funder (1991). Hier nahmen die Untersuchungsteilnehmer ihre Fremdeinschätzungen (eingesetzt wurde das California Q-Set von Block, 1978) sowohl in ihrer Rolle als Beziehungspartner als auch in der Rolle des Fremden vor. Das Ergebnis, daß Beziehungspartner zu besseren Einschätzungen der Persönlichkeit gelangen als fremde Personen, unterstützt die bereits beschriebenen Befunde. Es existieren allerdings auch Bedingungen, unter denen die engere Beziehung keinen vorteilhaften Einfluß nimmt. Insbesondere dann, wenn der Beobachter zwar breite Kenntnisse über die Person besitzt, den Handelnden aber noch nicht in der konkreten Situation beobachten konnte, existieren kaum noch Unterschiede zwischen Verhaltensvorhersagen durch Fremde, die die Person bereits in einer ähnlichen Situation beobachten konnten, und guten Bekannten.

Erklären lassen sich diese Befunde u.a. mit der moderaten Konsistenz von Verhalten (vgl. Kap. 3.1.3). Da ein fremder Beobachter nur aufgrund eines sehr begrenzten Verhaltensausschnittes Rückschlüsse auf globale Persönlichkeitseigenschaften ziehen kann, fallen diese eher ungenau aus. Freunde beobachten eine Person in verschiedensten Situationen, so daß die Informationsbasis breiter wird. Da die Stabilität des Verhaltens in einer bestimmten Situation jedoch insgesamt größer ist als seine Konsistenz über die Situationen hinweg (vgl. Funder & Colvin, 1991), sind gute Bekannte den Fremden zwar bei der Einschätzung von Persönlichkeitseigenschaften überlegen, doch nicht in jedem Fall bei der Vorhersage konkreten Verhaltens in einer bestimmten Situation.

6.1.7.2 Die Beobachtbarkeit von Eigenschaften

Ein Beobachter kann sich bei der Einschätzung einer anderen Person lediglich auf die für ihn sichtbaren Merkmale beziehen. Dies bedeutet, daß er vom Verhalten und Aussehen der handelnden Person Rückschlüsse auf die – seiner Ansicht nach – dahinterliegenden Eigenschaften zieht. Mit dem Zusammenhang zwischen dem Aussehen einer Person und der Zuschreibung von Persönlichkeitseigenschaften befassen sich Borkenau und Liebler (1992b). Die Autoren präsentierten ihren Versuchsteilnehmern mittels Videoaufzeichnung mehrere Personen. Zu jeder Person gaben die Teilnehmer Einschätzungen zu 45 äußerlichen Personenattributen (von denen bekannt war oder angenommen wurde, daß sie die Zuschreibung von bestimmten Persönlichkeitseigenschaften beeinflussen) und zu 20 Persönlichkeitseigenschaften ab. Diese Attribute sind vier verschiedenen Klassen zugeordnet. Die erste Klasse enthält Attribute für eine allgemeine Einschätzung (z.B. Einschätzungen zum Alter oder zum Ausmaß der Sympathie). Die zweite Klasse bezieht sich auf Attribute, die nur durch akustische Informationen wahrnehmbar sind (z.B. Stimmodulation). Die dritte Klasse beinhaltet Hinweise, die aus den statischen visuellen Informationen gewonnen werden konnten (z.B. Gesichtsform). Die vierte Kategorie bezieht sich auf dynamische visuelle Informationen (z.B. Bewegungsgeschwindigkeit). Von den 45 Attributen korrelieren 27 signifikant mit der Fremdeinschätzung der Extraversion; es ergibt sich eine mittlere absolute Korrelation von .28. Die geringsten Werte finden sich zwischen den Attributen und der Emotionalen Stabilität. Die Ergebnisse lassen darauf schließen, daß Extraversion diejenige Eigenschaft darstellt, die sich am besten beobachten läßt und deren Einschätzung am stärksten durch äußerliche Personenattribute beeinflußt wird. Im übrigen entspricht dies im wesentlichen der Befundlage der Studien zum Vergleich von Selbst- und Fremdbild. Auch hier zeigen sich die größten Übereinstimmungen bei der Einschätzung der Extraversion.

Eine anderes Vorgehen wählten Funder und Dobroth (1987). Sie legten ihren Versuchsteilnehmern 100 Aussagen zu Persönlichkeitsbeschreibungen aus den California Q-Sets (Block, 1978) vor und baten sie um Einschätzungen zur Wahrnehmbarkeit von typischen beziehungsweise untypischen Verhaltensweisen im Zusammenhang mit der vorliegenden Eigenschaft. Außerdem sollten die Teilnehmer angeben, wie viele Gelegenheiten es im Alltag gibt, diese Verhaltensweisen zu zeigen, und wie viele von den Verhaltensweisen gezeigt werden müssen, damit auf die Eigenschaft geschlossen werden kann. Die Teilnehmer schätzten sich selbst anhand der 100 Aussagen ein. Zusätzlich wurden sie von zwei ihnen bekannten Personen ebenfalls mit Hilfe des Q-Sort-Verfahrens eingeschätzt. Die Untersucher ordneten die einzelnen Aussagen den Big-Five Dimensionen zu und korrelierten diese Dimensionen anschließend mit den Aussagen zu deren Offensichtlichkeit. Die höchste Korrelation ergibt sich daraufhin für Extraversion ($r = .52$), wohingegen die mit Neurotizismus in Zusammenhang stehenden Aussagen offenbar schlechter beobachtet werden können ($r = -.27$). Bei den Vergleichen der Selbst- und Fremdeinschätzungen wird deutlich, daß für Extraversion nicht nur hohe Übereinstimmungen zwischen Selbst- und Fremdeinschätzung und zwischen den Beobachtern bestanden, sondern daß diese Eigenschaft auch von den meisten Personen als am besten beobachtbar eingeschätzt wird.

In der Gesamtschau ist festzustellen, daß eine Eigenschaft besonders leicht einzuschätzen ist, wenn das mit ihr assoziierte Verhalten der Beobachtung zugänglich ist, es viele Gelegenheiten gibt, daß entsprechende Verhalten auch zu zeigen, nur wenige Verhaltensweisen notwendig sind, um die Eigenschaft zu identifizieren, und die Beurteilung den Beobachtern auch rein subjektiv leicht fällt.

6.1.7.3 Die Einschätzbarkeit der handelnden Person

Generell beeinflußt die Bereitschaft einer Person, etwas von sich preiszugeben, die Genauigkeit, mit der ihre Persönlichkeit von anderen eingeschätzt werden kann. Das Preisgeben von Informationen kann dabei zum einen aktiv, zum anderen eher indirekt über das Verhalten erfolgen. Nicht alle Menschen sind gleichermaßen „einfach" einzuschätzen: „there are open personalities about whom all judges agree exceptionally well: there are enigmatic personalities about whom they agree hardly at all" (Allport, 1937, S. 443). Colvin (1993) untersucht drei Faktoren, die mit der Einschätzbarkeit von Personen zusammenhängen (vgl. auch Funder, 1987):

- *Übereinstimmung zwischen privatem und öffentlichem Selbst.* Eine hohe Übereinstimmung sollte zu einer guten Einschätzbarkeit führen. Dieser Aspekt wurde als Übereinstimmung zwischen Selbst- und Fremdeinschätzung durch Bekannte operationalisiert.
- *Rollenvariabilität über verschiedene soziale Situationen hinweg.* Eine hohe Variabilität sollte zu einer schlechteren Einschätzbarkeit führen. Dieser Faktor wurde mittels Übereinstimmung zwischen den verschiedenen Fremdeinschätzungen ein und derselben Person erfaßt.
- *Die Vorhersagbarkeit von Verhalten.* Menschen, deren Persönlichkeit sich nur schwer einschätzen läßt, zeichnen sich durch ein weniger berechenbares und stärker situationsabhängiges Verhalten aus, wohingegen leichter einschätzbare Personen ein transparentes Verhalten zeigen. Erfaßt wurde dieser Aspekt durch die Übereinstimmung zwischen der Fremdeinschätzung durch Bekannte und der Einschätzung des Verhaltens durch persönlich nicht Beobachter.

Die Analyse der Selbstbeschreibungen ergibt zum einen, daß sich Personen, deren Persönlichkeit leichter einzuschätzen ist, als relativ sensitiv beschreiben. Außerdem schreiben sie sich selbst eine hohe emotionale Stabilität zu und halten sich für extravertiert. Die Auswertung der Fremdbeschreibungen offenbart, daß gut einschätzbare Personen von ihren Freunden als charmant, warm und liebenswürdig beschrieben werden, wohingegen weniger gut einschätzbare Menschen mit Attributen wie feindselig und mißtrauisch belegt werden. Die Übereinstimmung zwischen Selbst- und Fremdbeschreibung ist recht hoch. Gut einschätzbare Personen werden von ihren Freunden und sich selbst als extravertiert, verträglich und gewissenhaft, jedoch kaum als emotional labil beschrieben. Fremde Beobachter schreiben ihnen ein hohes soziales Engagement und einen angenehmen Interaktionsstil zu. Neben den Auswirkungen dieser Personenmerkmale nimmt Colvin an, daß die Unterschiede in der Einschätzbarkeit von Personen das Resultat eines Prozesses darstellen:

- Die individuelle Persönlichkeitsstruktur eines Menschen führt zu bestimmten Verhaltensmustern, die für diesen einzigartig sind.
- Die ständige und wiederholte Beobachtung dieser Verhaltensmuster durch die Person selbst und durch ihre Freunde und Bekannten führt zu entsprechenden Selbst- und Fremdkonzepten. Die Dauer der Bekanntschaft hat hierbei einen entscheidenden Einfluß, denn je länger sich zwei Menschen kennen, desto differenzierter werden die Fremdkonzepte. Um zu einer zuverlässigen und gültigen Persönlichkeitseinschätzung zu gelangen, muß ein Freund oder Partner das Verhalten der handelnden Person über die Zeit hinweg und in verschiedenen Situationen beobachtet haben.
- Das individuelle Ausmaß der Einschätzbarkeit einer Person bestimmt sich als Grad der Übereinstimmung zwischen verschiedenen Beobachterperspektiven. Denkbar ist hier sowohl die Selbsteinschätzung als auch die Einschätzung durch gute Freunde oder den Partner sowie „objektive" Einschätzungen durch unbeteiligte, fremde Beobachter anhand des beobachtbaren Verhaltens.

6.2 360-Grad-Feedback

Das 360-Grad-Feedback wird im folgenden als Beispiel inner- und außerbetrieblicher Beurteilungs- und Rückmeldungsprozesse vorgestellt. In Kap. 6.2.7 wird dargestellt, wie Persönlichkeitsfragebogen im Rahmen eines solchen Prozesses eingesetzt werden können. Nachdem die Idee der Beurteilung von Vorgesetzten durch ihre Mitarbeiter in der betrieblichen Praxis eine breitere Beachtung gefunden hat (vgl. z.B. Domsch, 1992), kommt mancherorts eine Weiterentwicklung der klassischen Aufwärtsbeurteilung zum Einsatz: Das 360-Grad-Feedback. Das Konzept – entwickelt in Israel und den USA – gewann seit Beginn der 90er Jahre, zunächst insbesondere in der amerikanischen Management-Trainingsszene, zunehmend an Popularität. Obwohl der Begriff des 360-Grad-Feedbacks sich mittlerweile auch in Deutschland durchgesetzt hat und vielfach diskutiert wird (vgl. z.B. aktuell Brenner, 1999; Kuntz, 1999a,b), ist die Anzahl der Unternehmen, die diese Möglichkeit als Bestandteil der Personalarbeit tatsächlich nutzen – im Unterschied zur weitläufigeren Verbreitung in den USA – eher gering (vgl. z.B. Gronwal, 1998; London & Smither, 1995; Rieker, 1994).

Im Gegensatz zur Beurteilung des Vorgesetzten durch die ihm direkt unterstellten Mitarbeiter, bezieht das 360-Grad-Feedback das gesamte Umfeld einer Führungskraft ein und soll so eine umfassendere, ganzheitlichere Sichtweise ermöglichen. Selbstverständlich ist auch diese Herangehensweise im Prinzip nicht wirklich neu, sondern unter anderen Etiketten und anderen Ausdifferenzierungen zum Teil jahrzehntelange Praxis. So ist etwa von Hermann Josef Abs bekannt, daß er bei der Besetzung von wichtigen Positionen Referenzauskünfte von allen Seiten – analog dem Prinzip der heute unter 360-Grad-Feedback bekannten Methode – einholte. Zur Ermittlung der Vielzahl an Fremdbildern werden die Vorgesetzten, Kollegen, Mitarbeiter aus benachbarten Abteilungen oder auch zugeordnete Mitarbeiter als „customers of managerial work" befragt. Um das gesamte Spektrum einer 360-Grad-Befragung abzudecken, können weiterhin externe Kunden und Lieferanten der Führungskraft befragt werden. Auf diese Feedbackquelle greifen allerdings nur sehr wenige Unternehmen zurück (vgl. Abb. 36). Aufgrund dieser Einschränkung wird häufig der Begriff des 360-Grad-Feedback durch den allgemeineren Ausdruck des Multi-Source-Feedback ersetzt. In der Praxis hat man es damit quasi mit einem 270-Grad-Feedback zu tun, da in der Tat die Perspektive des externen Kunden – meist aus nachvollziehbaren Gründen – ausgeklammert wird. Zusätzlich zu den Fremdbildern wird auch das Selbstbild der Führungskraft erhoben; dadurch wird die Möglichkeit eröffnet, die Selbsteinschätzung mit den verschiedenen Fremdeinschätzungen abzugleichen. Die Grundannahme des Vorgehens ist, daß das Erkennen von Abweichungen zwischen Selbst- und Fremdbild einen positiven Einfluß auf die kritische Selbstwahrnehmung der beurteilten Person hat. Die verstärkte Selbstwahrnehmung wiederum soll etwa zu einem optimierten Führungsverhalten verhelfen (Tornow, 1993). Dieser Beitrag zur persönlichen Weiterentwicklung kann eine bedeutsame Intervention darstellen, denn „Führungskräfte bekommen in unseren Unternehmen meist viel weniger Informationen über sich und ihr Verhalten als andere" (Fechtner, 1994, S. 48).

Im Vergleich zu anderen Beurteilungsverfahren, etwa der Einschätzung des Vorgesetzten durch seine Mitarbeiter, versucht man mit dem beschriebenen Vorgehen eine Reihe von Vorteilen zu realisieren (vgl. Domsch, 1992; Vaassen, 1996):

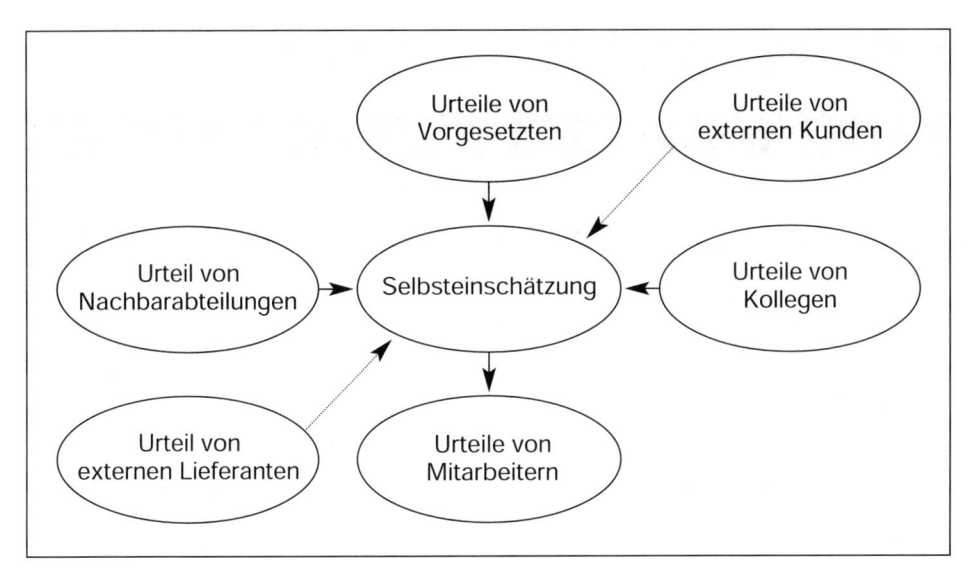

Abbildung 36: Mögliche Perspektiven des 360-Grad-Feedbacks

- Die Subjektivität, die jeder Beurteilung anhaftet, sollte durch die Menge an Daten und Informationen abgemildert oder ausgemittelt werden können. Dies führt zu einem objektiveren, aber auch facettenreicheren Bild, da die unterschiedlichen Beurteiler die Person in verschiedenartigen Rollen erleben.
- Durch die Aufhebung einer reinen „Top-Down-Perspektive" werden verstärkt auch diejenigen Personen befragt, die häufig mit der zu beurteilenden Führungskraft interagieren und somit andere Aspekte der Führungsleistung beurteilen können als die Vorgesetzten.
- Da die Einschätzungen unterschiedlicher Interaktionspartner erhoben werden, beschränkt sich das Verfahren nicht auf die Einschätzungen einzelner Hierarchieebenen.
- Die Aussagen aller einbezogenen Personen ergeben im optimalen Fall einen zuverlässigen Zustandsbericht über die Führungskultur des Unternehmens. Darüber hinaus kann das 360-Grad-Feedback aufgrund seiner – potentiellen – Ganzheitlichkeit auch als „Frühwarnsystem" für interne Fehlentwicklungen dienen.

6.2.1 Zu den Funktionen und Zielen des 360-Grad-Feedbacks

Der Einsatz des 360-Grad-Feedback kann unterschiedliche Zielsetzungen verfolgen (vgl. Tab. 35). Sie können sich auf die betroffene Führungskraft, deren Mitarbeiter beziehungsweise Teams oder aber auf das gesamte Unternehmen erstrecken. Die verschiedenen Funktionen sind zudem mit unterschiedlichen zeitlichen Perspektiven verknüpft. Einbindungs-, Steuerungs- oder Partizipationsfunktionen sollen vielfach spezifische Veränderungen in Gang bringen. Ist dies gelungen, so werden die Feedbackinstrumente im Prinzip überflüssig. Stehen jedoch Kontroll- oder Evaluationsfunktionen und damit eine längerfristige Zielsetzung im Vordergrund, kann das Instrument kontinuierlich eingesetzt werden.

Tabelle 35: Übersicht zu den Funktionen und Zielen des 360-Grad-Feedbacks (in Abwandlung von Reinecke, 1983, S. 154 ff.)

Funktionen und Ziele des 360-Grad-Feedbacks		
Führungskraft	*Mitarbeiter/Team*	*Unternehmung*
Diagnosefunktion 1. Informationen über das Wirkungs-Profil des Führungsverhaltens 2. Stärken-Schwächen-Profil durch Fremdeinschätzung	**Motivationsfunktion/ Leistungsfunktion** Erhöhung von Arbeitszufriedenheit und Leistungsbereitschaft	**Motivationsfunktion/ Leistungsfunktion** Erhöhung der Leistungsbereitschaft der Mitarbeiter
Entwicklungsfunktion 1. Präzisierung von Veränderungsbedarf 2. Ableitung gezielter PE-Maßnahmen	**Dialogfunktion/ Einbindungsfunktion** Mitarbeiter als gleichwertige Partner	**Partizipationsfunktion** Verbreitung und praxisrelevante Umsetzung von kooperativer Führung
Kontrollfunktion Überprüfung der Verbesserungen/ Veränderungen durch turnusmäßige Wiederholung der Maßnahme	**Teamentwicklungsfunktion** Entwicklung „maßgeschneiderter Maßnahmen" zur Optimierung der Zusammenarbeit	**Organisationsentwicklungsfunktion** 1. Aufdecken von Schnittstellenproblemen 2. Verbesserung der internen Kommunikationsstrukturen 3. Transparentmachen der Unternehmenskultur
	Steuerungsfunktion Anpassung/Korrektur der Führungspraxis an bestehende Führungsbedürfnisse	**Personalentwicklungsfunktion**
		Kollektive Entwicklungsfunktion Ermittlung von PE-Maßnahmen größerer Einheiten
		Kontrollfunktion Überprüfung der Umsetzung von Führungsleitlinien
		Evaluationsfunktion Überprüfung der Nutzenfunktion von PE-Maßnahmen

6.2.2 Zur Bedeutung von Diskrepanzen zwischen Selbst- und Fremdeinschätzung

In zahlreichen Studien wurde die Übereinstimmung zwischen Kollegen- und Vorgesetztenurteilen überprüft: Eine Metaanalyse von Harris und Schaubroek (1988) ergab für diesen Vergleich recht hohe Korrelationen von .62, wohingegen der Zusammenhang der Selbsteinschätzungen mit dem Vorgesetztenurteil (r = .35) und mit den Kollegenbeurteilungen (r = .36) vergleichsweise geringer waren. Atwater und Yammarino (1992) zeigten in diesem Zusammenhang, daß die Güte der Selbstwahrnehmung einer Führungskraft (operationalisiert als Übereinstimmung zwischen Selbst- und Fremdeinschätzung) die Vorhersagbarkeit ihres Verhaltens und ihrer Leistung beeinflußte. Nach einer Studie von Van Velsor, Ruderman und Young (1991) beschreiben sich nur 10 % der beteiligten Manager so, wie sie von den die Fremdeinschätzung abgebenden Personen wahrgenommen wurden. Bei den restlichen 90 % ergaben sich markante Differenzen. Die häufigste Abweichung besteht im Überschätzen der eigenen Fähigkeiten im Umgang mit anderen Menschen. Zwar hatten 80 % der Manager ihre Leistung nach einem Monat in die erwartete Richtung verändert, die Autoren treffen aber keine Aussage hinsichtlich der zeitlichen Stabilität dieser Veränderung.

Die Annahme, daß Abweichungen zwischen Selbst- und Fremdbild durch die „ungenaue" Selbsteinschätzung zustande kommen, stützt sich auf zwei Belege. Erstens finden sich in zahlreichen Untersuchungen höhere Übereinstimmungen zwischen den verschiedenen Fremdbeurteilungen als zwischen den Selbst- und Fremdeinschätzungen (vgl. z. B. Harris & Schaubroek, 1988) und zweitens erlauben Beobachtereinschätzungen bezüglich der Persönlichkeit bessere Vorhersagen der Arbeitsleistung als Selbsteinschätzungen (Nilsen & Campbell, 1993). Die daraus abzuleitende Frage, warum Selbsteinschätzungen recht unpräzise sind und welche Konsequenzen sich daraus für die Person selbst und für das Unternehmen ergeben, war lange Zeit nicht Gegenstand der Forschungsbemühungen. Mit dem Modell der Selbstwahrnehmungsgenauigkeit le-

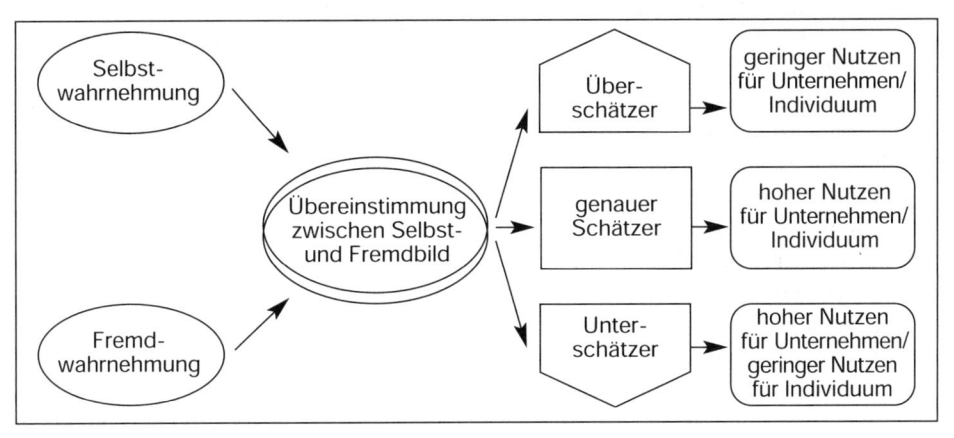

Abbildung 37: Das Modell der Selbstwahrnehmungsgenauigkeit (nach Yammarino & Atwater, 1993, S. 232)

gen Yammarino und Atwater (1993) einen Rahmen vor, innerhalb dessen die Konsequenzen der Genauigkeit in der Selbstwahrnehmung systematisch untersucht werden können. Das Modell unterscheidet drei Arten von Selbsteinschätzern: Personen, die sich überschätzen, solche, die sich unterschätzen sowie realistische Selbsteinschätzer (vgl. Abb. 37). Die Genauigkeit der Selbsteinschätzung bedingt einen unterschiedlich hohen Nutzen sowohl für das Individuum als auch für die Organisation.

Selbst- und Fremdwahrnehmung bilden die Ausgangspunkte des Modells: Die *Selbstwahrnehmung* wird von verschiedenen Persönlichkeitsvariablen und Fähigkeiten der Person beeinflußt. So schätzen sich Personen mit einer hohen privaten Selbstaufmerksamkeit genauer ein als andere (vgl. Nasby, 1989) und eine höhere kognitive Komplexität führt zur besseren Nutzung von Rückmeldung (s. Yammarino & Atwater, 1993). Hinzu kommt der Einfluß biographischer Faktoren, wie etwa der Ausbildung (vgl. Wexley & Nemeroff, 1975). Die daraus resultierende Selbstwahrnehmung schlägt sich nicht ohne Verzerrungen in der Selbstbeurteilung nieder. Vielmehr führen internale (z. B. Kognitionen) und externale Einflüsse (z. B. das soziale Umfeld) zu einer entsprechend veränderten Selbsteinschätzung. Auch die *Fremdwahrnehmung* wird durch die oben genannten Faktoren geprägt. Hinzu kommt beispielsweise der Einfluß der Ähnlichkeit zwischen den Personen. Je größer die Ähnlichkeit, desto genauer sind Wahrnehmung und die daraus resultierenden Einschätzungen (Fox, Ben-Nahum & Yinon, 1989). Dies gilt auch für die hierarchische Nähe (Klimoski & London, 1974), was möglicherweise in einer größeren Anzahl sozialer Kontakte begründet ist.

Insgesamt ist zu vermuten, daß sich das Ausmaß der persönlichen Involviertheit (ein Mitarbeiter ist vom Führungsverhalten seines Vorgesetzten stärker „betroffen" als ein Kollege des Vorgesetzten), der Beurteilungsbereich sowie die Tätigkeitssituation auf die Einschätzung auswirken.

Das Modell der Selbstwahrnehmungsgenauigkeit postuliert drei Arten von Abweichungen beziehungsweise Übereinstimmungen. Nach Yammarino & Atwater spricht man von *Überschätzung*, wenn die Selbsteinschätzung einer Person eine halbe Standardabweichung über den durchschnittlichen Abweichungen zwischen Selbst- und Fremdeinschätzungen liegt, von einer *Unterschätzung*, wenn eine entsprechende Abweichung nach unten vorliegt. *Übereinstimmung* liegt vor, wenn sich die Abweichungen innerhalb der halben Standardabweichung bewegen. Untersuchungen zum Zusammenhang zwischen dem Grad der Übereinstimmung ergaben, daß Personen, die ihre Führungsqualitäten überschätzen, sich auch eine überhöhte Selbstwahrnehmung zuschreiben, wohingegen die Fremdeinschätzungen der Selbstwahrnehmung bei diesen Personen am niedrigsten liegen. Bei Personen, die sich unterschätzen, ergibt sich das gegenläufige Bild.

Aus dem Grad der Übereinstimmung zwischen Selbst- und Fremdeinschätzung ergeben sich verschiedene Konsequenzen: Bezogen auf das *Individuum* gilt, daß Menschen, die sich selbst „realistisch" einschätzen, eher in der Lage sind, ihre Leistungen zu verbessern. Personen, die sich über- oder unterschätzen, treffen bei der Bewertung ihrer Stärken und Schwächen auf größere Schwierigkeiten, was sich auf verschiedene Einflüsse zurückführen läßt. Die Selbsteinschätzung der eigenen Fähigkeiten und Fertigkeiten wirkt sich auf die *Anstrengungen* aus, die eine Person zur Lösung einer Aufgabe aufbringt. Da Selbstüberschätzer ihre Leistungsfähigkeit unrealistisch hoch einstufen, bringen sie unter Umständen weniger Arbeitseinsatz auf, als für die Lösung einer Aufgabe erforderlich ist. Selbstunterschätzer hingegen trauen sich die Lösung vieler Aufgaben gar nicht erst zu. Dweck und Legget (1988) weisen auf den Effekt der Ziele hin, die ein Selbstunterschätzer verfolgt. Strebt die Person ein Leistungsziel an, so wird sie kaum oder nur wenig Anstrengung in die Aufgabe investieren, da sie davon ausgeht, daß sie diese auch mit viel Einsatz nicht bewältigen kann. Hat sich die Person hingegen ein Lernziel gesetzt, so wird sie viel Anstrengung in die Bewältigung der Aufgabe investieren (Nilsen & Campbell, 1993).

Auch die *Akzeptanz von Rückmeldung* und der angemessene Umgang mit dieser beeinflussen die Leistungen positiv. Nach Ashford (1986) gibt es einen Zusammenhang zwischen der Fähigkeit, sich „realistisch" einzuschätzen und dem Umgang mit Rückmeldung. Personen mit einer realistischen Selbsteinschätzung fällt es leicht, Hinweise von anderen anzunehmen und ihr eigenes Verhalten entsprechend zu verändern. Auf korrigierende Hinweise während der Bearbeitung einer Aufgabe reagieren sie mit einer Erhöhung ihrer Anstrengung und der Veränderung ihrer Arbeitsstrategie, wohingegen Selbstüberschätzer meist weniger bereit sind, derartige Korrekturen vorzunehmen (vgl. auch Nilsen & Campbell, 1993). Rückmeldung kann also eine direkt leistungssteigernde Wirkung erzeugen. Neben diesem wünschenswerten Effekt wirkt Feedback jedoch immer auch affektiv. Bei Personen, die sich überschätzen, kann eine negative Rückmeldung zu Wut und Feindseligkeit führen. Diejenigen hingegen, die sich unterschätzt haben, zeigen zwar zunächst ein angenehmes Überraschtsein, da die Ergebnisse jedoch einen markanten Hinweis auf einen geringeren Selbstwert darstellen, kann es auch zu Frustrationen kommen.

Aus Sicht des *Unternehmens* ist die Erkenntnis bedeutsam, daß es bei Selbstüberschätzern häufiger zu Entgleisungen im Karriereverlauf kommen kann. Eine solche Gefahr begründet sich darin, daß bei diesen Personen der eigene Anspruch und die Erwartungen höher sind als ihre von anderen Personen wahrgenommenen Fähigkeiten (vgl. auch McCall & Lombardo, 1983). Im Zuge abnehmender Kontinuität der Tätigkeiten in Unternehmen, bereichsübergreifender Rochade von Personal, verstärkter Divisionalisierung und zunehmender Dynamik von Unternehmenswechseln besteht allerdings die Gefahr, daß die Selbstüberschätzer doch reüssieren. Durch Ausstrahlung von Selbstbewußtsein und ohne exakte persönliche Leistungszuordnung mag sich manch rasanter Aufstieg realisieren.

Die alleinige Umsetzung der sich aus einem Multi-Source-Feedback ergebenden Hinweise wird daher unter Umständen nur kurzzeitige Veränderungen erbringen. Langfristig wird es vermutlich effektiver sein, den betroffenen Personen zu einer verbesserten Selbstwahrnehmung zu verhelfen und sie so in die Lage zu versetzen, persönliche Schwachstellen selbständig zu erkennen und mittels geeigneter Maßnahmen zu bearbeiten (Yammarino & Atwater, 1993). Eine realistische Selbstwahrnehmung nützt Mitarbeiter wie Unternehmen gleichermaßen. Selbstverständlich ist es eine Aufgabe auch von Personalauswahl und -entwicklung, bereits bei der Einstellung diejenigen Kandidaten zu identifizieren, die über eine angemessen realistische Selbstwahrnehmung verfügen, und zudem in Begleitungsprozessen der Karriereentwicklung diese durch geeignete tiefgehende Trainingsmaßnahmen im Sinne von Persönlichkeitsentwicklung zu unterstützen.

6.2.3 Vorüberlegungen und Vorbereitungen im Zusammenhang mit einer 360-Grad-Feedback-Maßnahme

Eine Maßnahme wie das 360-Grad-Feedback bedarf umfassender Vorüberlegungen und Vorbereitungen. Neben der Definition der mit der Befragung angestrebten Ziele (vgl. Kap. 6.2.1) spielt auch die gegebene Unternehmenskultur eine bedeutsame Rolle. Die Instrumente einer 360-Grad-Feedback-Maßnahme sollten bestehende Führungsleitlinien aufgreifen und auf andere Verfahren der Personalbeurteilung und -befragung abgestimmt werden. Nach der Klärung der Zielsetzungen ist zu entscheiden, ob auf bereits existierende Instrumente zurückgegriffen werden kann, oder ob das Unternehmen ein eigenes Instrumentarium entwickeln sollte. Ein Vorteil der Übernahme vorhandener Instrumente liegt darin, daß diese erprobt sind und sich gegebenenfalls bereits praktisch bewährt haben, weiterhin werden Kostenvorteile wirksam. Einen Nachteil stellt jedoch der Umstand dar, daß bestehende Instrumente unter Umständen hinsichtlich vorhandener Konzepte und Zielstellungen des Unternehmens nicht adäquat sind. Zu bedenken ist ebenfalls, daß auch ein gemeinsamer Entwicklungsprozeß in diesem Fall entfällt. Dieser kann jedoch erheblichen Einfluß auf die Akzeptanz und die Konsensbildung bezüglich der Maßnahme mit sich bringen.

6.2.3.1 Zur Gestaltung des Feedback-Instrumentes

Hinsichtlich der Anforderungen, die an ein 360-Grad-Feebackinstrument gestellt werden, lassen sich drei zentrale Bereiche unterscheiden (vgl. Jöns, 1995):

1 *Instrumentelle und inhaltliche Anforderungen.* Eine der ersten Entscheidungen ist die Frage nach den heranzuziehenden *Beurteilungskriterien*. Es trägt entscheidend zur Qualität der Ergebnisse bei, daß die Fragen sich auf Verhalten oder Dimensionen beziehen, zu denen die Beurteiler auch fundierte Aussagen treffen können. So könnte der Feedbackbogen etwa die persönlichen Entwicklungs- und Tätigkeitsziele der beurteilten Person enthalten. Die Beurteiler geben dann an, inwieweit sie die angestrebten Ziele verwirklicht sehen (s. Milliman, Zawacki, Norman, Powell & Kirksey, 1994). Desweiteren sollte die beurteilte Person die Möglichkeit haben, ihre Beurteilung anhand bestimmter *Standards oder Maßstäbe* einzuordnen.
2. *Anwendungsbezogene Anforderungen und Gestaltungskriterien.* Dieser Bereich bezieht sich auf den praktischen Einsatz des Instrumentes im Unternehmen. Zur Förderung der Akzeptanz der Maßnahme sowohl bei den beurteilten Personen wie auch bei den Beurteilern sind zwei Aspekte unabdingbar: Die Anonymität der Beurteiler und der Respekt vor der beurteilten Person. Die Wahrung der Anonymität hat jedoch positive wie negative Effekte, zu denen eine Studie von Antonioni (1994) vorliegt. Der Autor konnte zeigen, daß Führungskräfte, die ein direktes, nicht-anonymisiertes Feedback erhielten, die Feedbackmaßnahme positiver beurteilten als Feedbacknehmer, denen die Beurteilungen anonymisiert vorgelegt wurden. Andererseits hat ein nicht-anonymes Feedback den Effekt, daß die Feedbackgeber ihre Vorgesetzten signifikant positiver beurteilen als unter einer anonymen Bedingung.
    Bei Überlegungen zum Grad der Standardisierung der Antworten sollte beachtet werden, daß mit zunehmender Standardisierung die Vergleichbarkeit der Ergebnisse zunimmt und die Zeitintensität der Auswertung abnimmt. Berücksichtigt werden muß außer-

dem, daß sich die Aussagen der Beurteiler auf Aspekte beziehen, die einer Veränderung grundsätzlich zugänglich sind.

Die *Kosten-Nutzen-Relation* spielt insbesondere vor dem Hintergrund der Häufigkeit der Maßnahme eine Rolle. Soll das Instrument regelmäßig zum Einsatz kommen, ist die Vergleichbarkeit der Ergebnisse ein wichtiges Kriterium, das nur durch einen höheren methodischen Entwicklungsaufwand erreicht werden kann.

3. *Methodische Anforderungen.* Diese beziehen sich zunächst auf die meßtheoretischen Gütekriterien Validität, Reliabilität und Objektivität.

Aus dem Verzicht auf teststatistisch fundierte Erhebungsinstrumente ergibt sich eine begrenzte Aussagekraft, die bei der Interpretation der Ergebnisse stets berücksichtigt werden muß. Die bereits ausführlicher dargestellten Beurteilungstendenzen (vgl. Kap. 6.1) können sich zudem auf Mittelwerte (Milde-, Strengeeffekt), Streuungen (Tendenz zur Mitte) und Korrelationen (Halo-Effekt) auswirken und stellen somit ebenfalls Fehlerquellen dar, die die Interpretierbarkeit der Ergebnisse einschränken.

Den genannten Fehlerquellen kann man bereits bei der Entwicklung des Instrumentes entgegenwirken, indem etwa die Ratingskalen entsprechend gestaltet werden (z.B. Verzicht auf einen mittleren Skalenwert) und zum anderen möglichst viele der Beteiligten partizipativ eingebunden werden. Hierdurch können Interpretationsunterschiede und absichtsvolle Urteilsverzerrungen reduziert werden. Allerdings ist bei diesem Schritt unter Umständen mit Zielkonflikten zu rechnen, wenn etwa von Seiten der beteiligten Mitarbeiter mit ihrer Mitwirkung andere Zielsetzungen verfolgt werden sollten als von den über die Durchführung entscheidenden Personengruppen.

6.2.3.2 Weitere Aspekte der Feedback-Maßnahme

Vor Durchführung der Feedback-Maßnahme sind zunächst eine Reihe formaler Aspekte zu klären. Die Verbindlichkeit der Teilnahme wird von Praktikern unterschiedlich bewertet. Während die einen davon überzeugt sind, daß nur die Freiwilligkeit der Maßnahme zu verwertbaren Ergebnissen führen wird, vertreten andere die Ansicht, daß bei gegebener Entscheidungsmöglichkeit insbesondere die Führungskräfte eine Teilnahme verweigern, welche berechtigterweise Kritik der Beurteiler erwarten. Zu klären ist weiterhin die Frage, wie viele Personen eine Einschätzung vornehmen sollen. Eine Schlüsselfunktion kommt hierbei dem Führungsverhalten dergestalt zu, als die Beurteilten insbesondere dann Chancen in dem Instrument erkennen werden, wenn sie sich selbst als zuträglich geführt erleben. Falls das nicht der Fall ist, werden erfahrungsgemäß Bemühungen in diese Richtung nicht konstruktiv aufgenommen. Für die Auswahl potentieller Beurteiler sollte per Rahmendefinition umrissen werden, wer genau als Kollege oder als externer Kunde anzusehen ist. Anhand dieser Festlegungen werden dann die Beurteiler ausgewählt. Hierbei ist zu beachten, daß zwar die Befragung externer Kunden einen hohen Informationsgewinn mit sich bringt, daß aber andererseits diese Quelle nicht überstrapaziert werden sollte, denn „remember that (reviewing performance) is not the customer's core business" (Milliman et al., 1994, S. 101).

6.2.4 Voraussetzungen für eine erfolgreiche Durchführung der Feedback-Maßnahme

Die Phase der Vorbereitung einer Feedback-Maßnahme ist ähnlich bedeutsam wie die Maßnahme selbst. Von der Einbindung der Entscheidungsträger bis hin zur Information aller Mitarbeiter hängt der Erfolg der gesamten Aktion ab. Um ein Gelingen zu unterstützen, sollten folgende Aspekte bedacht werden (vgl. auch Köhler, 1995):

- *Einsatz von „Macht- und Fachpromotoren" zur Steigerung von Akzeptanz- und Vertrauensbildung.* Bei dem „Machtpromotor" sollte es sich um ein Mitglied der Geschäftsleitung oder des Vorstandes handeln, das für den weiteren Verlauf des Projektes eine „Patenschaft" übernimmt und damit die Maßnahme aktiv unterstützt. Der „Fachpromotor" übernimmt die Projektleitung und sollte vorzugsweise nicht aus der Personalabteilung stammen. Er leitet das Projekt, zumindest bis die Maßnahme im Unternehmen eingeführt, akzeptiert und evaluiert ist. Von entscheidender Bedeutung ist es, Promotoren für diese Aufgabe zu gewinnen, die voll hinter dem Ansatz stehen. Falls solche „Überzeugungstäter" nicht zu finden sind, besteht erfahrungsgemäß der geringste Schaden darin, die Aktion erst gar nicht in Angriff zu nehmen, um (weiteren) Flurschaden zu vermeiden.
- *Einbeziehung aller beteiligten Personen.* Mittels Umfrage können Ängste, Befürchtungen, Erwartungen und Wünsche der beteiligten Personen transparent gemacht werden. Eine wünschenswerte Maßnahme besteht in der Durchführung von Workshops, deren Ergebnisse direkt in die Konzeption der Maßnahme und die Entwicklung des Fragebogens einfließen. Mit Probeläufen innerhalb einzelner Abteilungen können Akzeptanz und Verständlichkeit des Fragebogens überprüft und verbessert werden.
- *Implementierung „von oben nach unten".* Die Einführung des Feedbackinstrumentes sollte nach dem Top-Down-Prinzip erfolgen, das heißt, zunächst werden die Mitglieder der Geschäftsleitung beziehungsweise des Vorstandes beurteilt. Dies hat zumindest zwei positive Effekte: Zum einen nehmen die beurteilten Personen eine gewisse Vorbildfunktion ein, zum anderen sehen sich die meisten Vorgesetzten zunächst in der Rolle des Beurteilers, bevor sie sich selbst der Einschätzung stellen.
- *Bekanntmachen des Instrumentes im Unternehmen.* Parallel zur Implementierung von oben nach unten sollten sämtliche Mitarbeiter des Unternehmens informiert, und die Ziele sowie der praktische Nutzen für die an der Maßnahme Beteiligten herausgestellt werden.
- *Zügige Durchführung.* Nachdem durch die Information Interesse geweckt wurde, ist es wichtig, eine zügige Durchführung der Maßnahme zu gewährleisten. Anderenfalls könnten die Glaubwürdigkeit der Unternehmensleitung und die Akzeptanz des Projektes beeinträchtigt werden.

6.2.5 Der Feedbackprozeß

Der Rückmeldung der Ergebnisse an die beurteilte Person kommt eine zentrale Bedeutung zu. Die Ausgestaltung der Ergebnisvermittlung hat entscheidenden Einfluß darauf, wie die beurteilte Person mit den Hinweisen der Beurteiler umgehen wird. Es ist daher wichtig, vorab die Ziele und Inhalte einer Ergebnisrückmeldung zu definieren, die Form der rückzumeldenden Ergebnisse festzulegen und die Art der Ergebnisübergabe zu bestimmen (vgl. Scheinpflug, 1995). Außerdem sollten im Vorfeld durchgeführte Schulungen zum Umgang mit Rückmeldung fester Bestandteil einer

Feedback-Maßnahme sein. Eine mögliche *Methode der Ergebnisrückmeldung* ist die Hinzuziehung einer externen Beratungsgesellschaft. Es ist diesbezüglich nicht unüblich, von externer Seite der Führungskraft die Ergebnisse in Form von Durchschnittswerten, Streuungen und Extremwerten vorab zur Durchsicht zukommen zu lassen. Die Konfrontation der beurteilten Person mit ihrem Fremdbild erfordert ein hohes Maß an Bereitschaft, sich konstruktiv und selbstkritisch mit den Hinweisen auseinanderzusetzen. Insbesondere dann, wenn Selbst- und Fremdwahrnehmung stark voneinander abweichen, ist die Person intensiv gefordert. Die Aufgabe des externen Beraters (wie auch des etablierten internen Beraters) kann es sein, die Führungskraft bei der Interpretation der Ergebnisse zu unterstützen, auf Querverbindungen aufmerksam zu machen und mögliche Beurteilungseffekte nicht aus den Augen zu verlieren.

In einem nächsten Schritt gilt es dann, anhand einer Stärken-Schwächen-Analyse die Bereiche herauszuarbeiten, in denen sich ein konkreter *Änderungsbedarf* des Verhaltens abzeichnet. Voraussetzung hierfür ist allerdings, daß die Führungskraft diesen Bedarf als solchen erkennt. Ein besonderer Fall ist gegeben, wenn sich Selbst- und Fremdbild zwar decken, aber die Bewertung dieses Verhaltensaspektes auseinanderklafft (Beispiel: „Sie setzen sich aggressiv durch." – „Das ist richtig, und nur so geht es."). Eine Auflösung solcher Differenzen ist in der Regel nur in längerfristig angelegten Coaching-Prozessen zu erreichen, in denen es vor allem darum geht, wechselseitig an Verständnis und Toleranz zu gewinnen. Wichtig ist im übrigen beim Coaching (dieser Begriff ist im Führungskräftebereich weitgehend synonym mit Supervision zu verwenden), daß der Coach das gleiche „Kaliber" wie der Coachee hat. Nur in den seltensten Fällen gelingt es, in eine tragfähige Arbeit einzumünden, wenn ein Nachwuchs-Personalentwickler einen gestandenen Entscheidungsträger begleiten soll. Im Rahmen des Prozesses bietet sich das Ableiten erster Führungs- und Kooperationsziele als Ausgangspunkt für Veränderungen an, die zum Beispiel auch in Trainingsmaßnahmen als Entwicklungsgrundlage dienen können.

Im folgenden Schritt des Prozesses kann die Führungskraft das *Gespräch mit den Beurteilern* suchen. Die Wahl einer geeigneten Gesprächsform ist stark abhängig von der Offenheit und Feedbackkultur, die im Unternehmen vorherrscht. Wird ein eher offener Umgang gepflegt, so bietet sich ein Teamgespräch an, das zum Beispiel von einer unabhängigen Person moderiert werden kann. Durch dieses Gespräch haben die Beurteiler sowohl die Möglichkeit, ihre Einschätzung mit denen der anderen Personen zu vergleichen als auch etwas über die Selbsteinschätzung der Führungskraft zu erfahren. Im Zuge des offenen Austausches können Beantwortungen einzelner Fragebogenitems oder Dimensionen besprochen und diskutiert werden. Hierbei steht die Frage im Vordergrund, welches Verhalten sich die Beurteiler von der beurteilten Person wünschen. Diese Wünsche und Erwartungen werden dann mit dem Standpunkt der Führungskraft abgeglichen. Daraus ergibt sich entweder eine Zielvereinbarung, etwa in Form einer angestrebten Verhaltensänderung – oder aber die Führungskraft macht deutlich, aus welchen Gründen sie das kritisierte Verhalten beibehalten möchte. Es ist nicht zu verkennen, daß es auch gute Gründe für das Beibehalten kritisierter Verhaltensweisen geben kann. Ansonsten läuft im Falle einer Fehlentwicklung alles darauf hinaus, daß sich möglichst alle Mitarbeiter immer maximal wohl fühlen. Ein wohlverstandener Führungsprozeß zielt aber gerade darauf ab, Mitarbeiter aus ihrer persönlichen

„Komfort-Zone" herauszuholen, um auf diesem Wege Chancen für Weiterentwicklungen wahrzunehmen. Durch den Austausch der verschiedenen Sichtweisen sollte ein dialogischer Veränderungsprozeß in Gang gesetzt werden, innerhalb dessen später auch die getroffenen Zielvereinbarungen im Sinne einer Erfolgskontrolle beurteilt werden können (vgl. Hofmann, 1995). Bei Coachings kann der Vorgesetzte in seinem täglichen Arbeitsumfeld von einem Coach bzw. Trainer begleitet werden, der ihm Rückmeldungen und auch Hinweise zu angestrebten Verhaltensänderungen gibt. Der Vorteil dieser Maßnahme liegt darin, Verhaltensmodifikationen im „realen" Umfeld zu erproben und anhand der Hinweise des Coaches unverzüglich korrigieren zu können.

6.2.6 Zur Frage der Effektivität von 360-Grad-Feedback-Maßnahmen als Instrument der Führungskräfteentwicklung

In Zusammenhang mit der Euphorie, mit der das 360-Grad-Feedback bisher – insbesondere in den USA – zum Einsatz kommt, stellt sich die Frage nach der Effektivität des Instrumentes. Wie groß und wie dauerhaft sind die Veränderungen, die es bewirkt? Hazucha, Hezzlett und Schneider beschäftigen sich mit dem Einfluß des 360-Grad-Feedback auf die Entwicklung von Management-Fertigkeiten. Die Autoren orientieren sich dabei an einem Rahmenmodell der Verhaltensänderung von Hellervik, Hazucha und Schneider (1992), das kritische Schritte im Prozeß der Verhaltensänderung aufzeigt. Hierzu gehören:
- Die Analyse oder das Abschätzen des Entwicklungsbedarfes
- Das Festlegen von Verhaltensstandards
- Das Formulieren und Wahren der Intentionen, diese Standards zu erreichen
- Das Lernen und Einsetzen von neu erworbenen Verhaltensweisen in einer veränderten Umgebung
- Das Generalisieren und Beibehalten von neuem oder verändertem Verhalten in der gewohnten Umgebung (vgl. auch Baldwin & Ford, 1988).

Bei jedem dieser Prozeßschritte müssen eine Reihe von Anforderungen erfüllt sein, um die Wahrscheinlichkeit einer Verhaltensänderung zu erhöhen. Hierzu gehört beispielsweise die Spezifität und Erreichbarkeit der Verhaltensstandards. Die Untersuchung erstreckte sich über einen Zeitraum von zwei Jahren. Von ursprünglich 198 Managern konnten 48 in der Analyse berücksichtigt werden. Erfaßt wurden zu Beginn und am Ende der Untersuchung 19 relevante, berufsbezogene Dimensionen aus den Bereichen administrative Fähigkeiten, Kommunikation, Kognition, Interaktion sowie Führung, wobei sowohl eine Selbsteinschätzung als auch Einschätzungen von dem Vorgesetzten, einigen Kollegen und zugeordneten Mitarbeitern abgegeben wurden. Erhoben wurden weiterhin Aspekte der Weiterentwicklung (wie z.B. die eigenen Entwicklungsaktivitäten, die Unterstützung durch den Vorgesetzten bzw. das Unternehmen), nachdem die Manager zu Beginn der Untersuchung eine Rückmeldung hinsichtlich der Ergebnisse erhalten hatten. Weiterhin gaben verschiedene Beobachter Einschätzungen zu den gezeigten Anstrengungen und daraus resultierenden Veränderungen ab. Die Autoren kommen zu dem Schluß, daß die Methode des 360-Grad-Feedbacks ein effektives Instrument der Führungskräfteentwicklung darstellen kann. Die Maßnahme führt zu einer

Veränderung von Fertigkeiten, die auch von anderen Personen wahrgenommen werden. Die Autoren deuten die höhere Übereinstimmung zwischen Selbst- und Fremdeinschätzung bei der zweiten Messung als Hinweis darauf, daß der beurteilten Person durch die erste Messung bewußt wurde, wie sie von anderen eingeschätzt wird und in welchen Bereichen Änderungsbedarf besteht. Nicht alle Entwicklungsaktivitäten der Feedbacknehmer hatten die gleiche positive Auswirkung auf die Weiterentwicklung der Fertigkeiten. Zu den erfolgreichsten Maßnahmen zählten:

- Die vierteljährliche Überprüfung der Entwicklungspläne und -fortschritte
- Die Integration von Hinweisen der Kollegen in den Entwicklungsplan
- Die Inanspruchnahme von Coachings und Trainings.

Die Ergebnisse liefern zudem Hinweise darauf, daß nicht allein der Feedbacknehmer für die erfolgreiche Umsetzung der Rückmeldung verantwortlich gemacht werden kann. Die Unterstützung durch den Vorgesetzten sowie das Unternehmen tragen entscheidend zum Gelingen der Maßnahme bei. Die Ergebnisse der Studie sollten aufgrund des Fehlens einer Kontrollgruppe zurückhaltend betrachtet werden, liefern aber trotzdem interessante Anhaltspunkte und Hinweise für den praktischen Einsatz von Feedback-Maßnahmen.

Auch eine Studie von Tracey, Tannenbaum und Kavanagh (1995) belegt, daß das Umfeld eine entscheidende Rolle bei der Umsetzung und Beibehaltung von Verhaltensänderungen spielt. Die Autoren können zeigen, daß die Arbeitsumgebung, operationalisiert als Transferklima und Lernkultur, einen direkten Einfluß auf die Umsetzung des neu erlernten Verhaltens hat. Die Ergebnisse der Studie machen jedoch deutlich, daß nicht nur Trainings-, Coachings- oder Schulungsmaßnahmen mit der Umsetzung von Feedbackergebnissen einhergehen sollten, sondern daß auch die Überprüfung von angestrebten Verhaltensänderungen eine wichtige Rolle spielt. Diese (Erfolgs-) Kontrolle macht zum einen die Intention der Maßnahme den Beurteilern gegenüber glaubhafter, zum anderen können die Ergebnisse einer erneuten Befragung, im Falle positiver Rückmeldung, motivierend wirken.

6.2.7 Einsatz von Persönlichkeitsfragebogen

Persönlichkeitsfragebogen können als Instrument zum Abgleich von Selbst- und Fremdeinschätzungen auch im Rahmen der beschriebenen betrieblichen Feedback-Prozesse sinnvoll eingesetzt werden. Voraussetzung dafür ist, daß die Inhalte des Fragebogens Relevanz für berufliche Situationen besitzen (also berufsbezogen gestaltet sind) und eine Selbst- wie auch Fremdeinschätzungen ermöglichen. Ähnlich dem Einsatz bei Auswahlentscheidungen ist im Vorfeld zu klären, welche Dimensionen eines Bogens für die angestrebten Zielsetzungen von Bedeutung sind. Da Persönlichkeitsfragebogen systematisch das Selbstbild der Teilnehmer erheben sollten, erscheint es auch in diesem Anwendungsfeld sinnvoll, gegebenenfalls Ergänzungen um andere Aspekte vorzunehmen. Hierzu können differenziertere Fragen zum Verhaltensbereich (etwa hinsichtlich der Facetten Führung oder Kommunikation) gehören. Für die Vorinformationen zum Einsatz des Verfahrens, Durchführung und Rückmeldung der Ergebnisse gelten prinzipiell die bereits in Kap. 4.3 beschriebenen Anforderungen und Bedingungen, um eine für die Teilnehmer akzeptable Situation gestalten zu können. Auf wissenschaftlicher Basis konstruierte Fragebogen bieten im Rahmen der zuvor beschriebenen Feedbackprozesse folgende generelle Vorteile:

- Für wissenschaftlich konstruierte Fragebogen sollte die Erfüllung der Testgütekriterien (Objektivität, Reliabilität und Validität) in den Handanweisungen der Verfahren belegt sein. Damit kann vom Anwender des Bogens auf vorliegende Daten zurückgegriffen werden. Bei einer Neukonstruktion wird dies kaum ohne ganz erheblichen zusätzlichen Aufwand zu klären sein. Die Bedeutsamkeit der Erfüllung dieser Gütekriterien ergibt sich aus teststatistischen Überlegungen: Sind etwa die im Feedbackprozeß eingesetzten Fragen nicht zuverlässig (reliabel), können sie auch kaum zu einer gültigen (validen) Erhebung der gewünschten Merkmale führen. Bedauerlicherweise wird dieser Umstand bisweilen durch eine vermeintlich hohe Augenscheinvalidität von Fragebogen überdeckt. Analog zu den Befunden zum Einstellungsinterview läßt sich jedoch auch für diesen Anwendungsfall feststellen, daß die augenscheinliche Gültigkeit von Fragestellungen nicht unbedingt auch eine hohe Gültigkeit der Ergebnisse mit sich bringen muß. Es ist davon auszugehen, daß bei Nutzung wissenschaftlich erprobter Fragebogen die Nützlichkeit der Ergebnisse in geringerem Maße dem Zufall überlassen bleibt.
- An Kriterien der wissenschaftlichen Konstruktion von Fragebogenverfahren ausgerichtete Instrumente verfügen über nachvollziehbare Trennschärfe und produzieren damit weniger Scheinergebnisse als „Selbstgestricktes". Hierunter ist z.B. zu verstehen, daß Übereinstimmungen in verschiedenen Ergebnissen tatsächlich als solche gewertet werden können und nicht fälschlicherweise etwa durch ungeeignete, nicht differenzierungsfähige Fragestellungen erzeugt worden sind.
- Persönlichkeitsbezogene Fragestellungen bieten die Möglichkeit, über die Verhaltensebene hinaus auch die Bedingungen des Verhaltens zu beleuchten (z. B. die Motivstruktur).
- Standardisierte Fragebogen bieten im allgemeinen unterschiedliche Normierungstabellen an, mit denen die Ergebnisse eines Teilnehmers ins Verhältnis zu denjenigen einer relevanten Personengruppe gesetzt werden können. Ein solcher Wert geht über die Rückmeldung von Mittelwerten auf Basis selbstkonstruierter Bogen hinaus, da er eine außerbetriebliche Vergleichsbasis und damit gewissermaßen ein „Benchmarking" ermöglicht. Hierfür ist es selbstverständlich unerläßlich, daß die zugrundeliegende Vergleichsgruppe für die infrage stehenden Themenbereiche Relevanz besitzt (für Führungskräfte also eine Vergleichsgruppe von Führungskräften angelegt werden kann).
- Wissenschaftlich konstruierte und berufsbezogene Persönlichkeitsfragebogen sind darüber hinaus ökonomisch einsetzbar und verursachen im Vergleich zu selbst entwickelten Verfahren nur geringe Kosten.

Dem an einem Einsatz interessierten Leser sei – wie auch in Fragen der Personalauswahl – geraten, sich hinsichtlich der drei Schritte *Anforderungserhebung* (Welche Dimensionen sind erforderlich bzw. zielführend?), *Durchführung* sowie *Auswertung und Ergebnisrückmeldung* entsprechender kompetenter Unterstützung zu bedienen.

6.2.8 Chancen und Risiken der Methode

Die Methode des 360-Grad-Feedbacks hat in den letzten Jahren deutlich an Popularität gewonnen. Dabei kann jedoch nicht von „der" Methode gesprochen werden, vielmehr handelt es sich um einen Ansatz mit verschiedenen Vorgehensmöglichkeiten, denn Umfang und Rahmenbedingungen der Maßnahme variieren beträchtlich. Viele Praktiker in Unternehmen begegnen dieser Feedback-Methode mit einer gewissen Skepsis. Diese Zurückhaltung ist nicht nur verständlich, sondern unter bestimmten Bedingungen auch geboten. Das Instrument wird nur dann gewinnbringend eingesetzt werden können, wenn ein wichtiges Element gegeben ist: Eine zumindest in Ansätzen vorhandene offene Unternehmenskultur. Speziell diejenigen Kulturen, innerhalb derer ein offener Umgang mit Fehlern jeglicher Art gepflegt wird, sind für den Einsatz von Feedback-Instrumenten geeignet. Ziel kann unter anderem die kontinuierliche Qualitätsverbesserung sein; dies gilt auch für die Führungsqualität oder die Optimierung der Schnittstellenkommunikation. Vor allem eine offene Atmosphäre, innerhalb derer die Schwachpunkte einzelner Mitarbeiter ohne Befürchtungen hinsichtlich negativer Konsequenzen diskutiert werden können, kann dazu führen, daß das Instrument als Möglichkeit der kontinuierlichen Überprüfung der eigenen Außenwirkung begriffen wird. Ist ein solcher Zustand erreicht, wird das Instrument auch ohne „Druck von außen" regelmäßig zum Einsatz kommen – und zwar so lange, bis es durch eine direkte, nicht-anonymisierte Kommunikation abgelöst wird.

Andererseits kann argumentiert werden, daß das von der beschriebenen Methode vorgegebene Feedback ohnehin als tägliche Führungsaufgabe verstanden werden sollte – indem Führungskräfte ihren Mitarbeitern Rückmeldungen zu deren Leistungsbeiträgen, zum Verhalten und weiteren Aspekten ihres betrieblichen Wirkens geben. Insofern wird das 360-Grad-Feedback als Instrument zur Entwicklung von Führungskräften möglicherweise dort weniger erforderlich sein, wo die als Durchführungsgrundlage geforderte offene Kommunikationskultur bereits besteht. Genau hier ist auch die argumentative Schnittstelle zu lokalisieren, die – unter kritischer Betrachtung (vgl. Neuberger, 1998) – die Herangehensweise des 360-Grad-Feedbacks als ausgesprochen fragwürdig erscheinen läßt: Unternehmen beziehungsweise Unternehmensbereiche, die ihrer am wenigsten bedürfen, werden sich mit der Methode am leichtesten tun, wohingegen Organisationen, in denen eben die vielbeschworene offene Kommunikationskultur nicht verbreitet ist, sich selbst (durch umsatzorientierte Berater irritiert oder noch häufiger: durch neue, ranghohe Leute im Personalbereich angestoßen, die fatalerweise keine ausreichend intimen Organisationskenntnisse besitzen) das 360-Grad-Feedback als „Therapie verordnen", ohne über die unabdingbaren Rahmenbedingungen zur wirklich erfolgreichen Durchführung der Maßnahme zu verfügen. Dies ist in der Regel nicht nur mit hohen Kosten verbunden, sondern auch mit motivationalen Langzeitschäden bei allen Beteiligten, wodurch zukünftige Vorhaben auf lange Sicht nachhaltig beeinträchtigt werden können. Diese Überlegungen gelten nahezu für sämtliche „modernen" Methoden im Personalmanagement. Sie können nie nur Selbstzweck sein („Machen doch jetzt alle, da müssen wir auch ran"). Insbesondere nicht, weil im Gegensatz zu Maßnahmen, die sich nicht auf die wichtigste Ressource – eben die Belegschaft – beziehen, sich bei negativem Verlauf im Prinzip kaum reparable Effekte einstellen, die die zukünftige Leistungsfähigkeit der Unternehmung maßgeblich berühren.

6.3 Teamentwicklung

Aufgrund der organisatorischen Veränderungen in Unternehmen sind an vielen Stellen Strukturen der Zusammenarbeit in den Blickpunkt gerückt, die in unterschiedlich starkem Ausmaß Züge von Teamarbeit tragen. Hierbei kann es sich etwa um die Bearbeitung von Projektaufgaben in Arbeitsgruppen, die bereichsübergreifende Zusammenarbeit an unternehmensinternen Schnittstellen, oder um die Zusammenarbeit in einer Abteilung handeln, in der die Funktionsstufe des Vorgesetzten entfallen ist. Unter dem Begriff „Teamentwicklung" wird hier also nicht nur die „Reifung" einer bestehenden (festen) Mitarbeitergruppe verstanden – demzufolge kann dem Leser kein erschöpfender Überblick gegeben werden. Ziel dieses Abschnittes ist es vielmehr, eine erste Orientierung mit Hinweisen zur Vertiefung zu bieten. Comelli (1999) beschreibt die Anlässe für Teamentwicklungsmaßnahmen auf folgende Weise:

> „Maßnahmen zur Teamentwicklung (TE) gehören seit Jahren zu den am weitesten verbreiteten und populärsten Organisationsentwicklungsmaßnahmen: Permanent oder längere Zeit bestehende Arbeitsgruppen in Organisationen (family groups) oder aber Projektgruppen, die nur für die Dauer eines Projektes oder einer bestimmten Aufgabenstellung zusammenarbeiten und sich dann wieder auflösen, gehen in ein gemeinsames Training, um die Art und Weise ihrer Zusammenarbeit zu optimieren und ihre Effizienz zu steigern. Teamentwicklung bezieht sich auf kleine, überschaubare und natürliche organisatorische Einheiten." (Comelli, 1999, S. 406)

Der Begriff Teamentwicklung kann sich gemäß der genannten Zielsetzungen auf die gemeinsame Entwicklung von sehr unterschiedlichen heterogenen Personengruppen innerhalb eines Unternehmens beziehen. Auch die Frage nach Gegenstand oder Zeitpunkt der Maßnahmen kann auf unterschiedliche Weise beantwortet werden. Die zu entwickelnden individuellen oder gemeinsamen Kompetenzen können etwa im Bereich von Entscheidungsfindung, Kommunikation, Zusammenarbeit oder auch in einer gemeinsamen Situationsanalyse bestehender Probleme und anschließender Lösungsfindung liegen.

6.3.1 Zu den Funktionen und Zielen der Teamentwicklung

Prinzipiell können auch mit dem Instrument „Teamentwicklung" die Mehrzahl der in Tabelle 35 (zum 360-Grad-Feedback) genannten Funktionen und Ziele verfolgt werden. Im folgenden seien lediglich einige der möglichen Anwendungsbereiche beispielhaft angeführt:

Projektmanagement:
- Vorbereitung einer Gruppe von Personen auf eine gemeinsame Projektaufgabe
- Analyse bestehender Optimierungsbereiche (Zusammenarbeit, Entscheidungsfindung, Arbeitsklima, Projektmarketing etc.) bei existierenden Projektteams und gemeinsame Lösungsfindung

Bereichsinterne Zusammenarbeit:
- Bei neu zusammenkommenden Gruppen (z. B. hochqualifizierte Spezialisten unterschiedlicher Fachrichtungen, bei denen das effiziente Zusammenwirken von besonderer Rele-

vanz für das Unternehmen ist) präventive Auseinandersetzung mit den zukünftigen Strukturen und Prozessen der Zusammenarbeit (Entscheidungsfindung, Kommunikation, eigene Rolle innerhalb der Gruppe etc.)
– Bei bestehenden Gruppen Analyse von aufgetretenen Problembereichen und gemeinsame Lösungsfindung

Bereichsübergreifende Zusammenarbeit:
– Analyse bestehender Probleme (Zusammenarbeit, Entscheidungsfindung, Arbeitsklima etc.) an Schnittstellen innerhalb des Unternehmens und gemeinsame Lösungsfindung

Bildung teilautonomer oder autonomer Gruppen (zum Teil unter Wegfall von Führungsebenen):
– Vorbereitung von Personengruppen (z. B. in der Fertigung, im Service oder in der Administration) auf eine gemeinsame Aufgabenbearbeitung, gegebenenfalls unter Wegfall einer bisher vorhandenen Vorgesetztenfunktion

Die Ziele der Teamentwicklung können sich gemäß den genannten Beispielen also sowohl auf das Gesamtunternehmen (etwa in Form der erfolgreichen Umsetzung neuer Organisationsstrukturen), als auch auf Einzelpersonen oder Personengruppen beziehen. In den meisten Fällen werden die beteiligten Personen und das Unternehmen gemeinsam betroffen sein, wie dies etwa im Rahmen der zunehmenden Internationalisierung und dem wachsenden Erfordernis interkultureller Kompetenzen der Fall ist. Diese betreffen sowohl einzelne Mitarbeiter als auch, in ihren Auswirkungen, das Unternehmen insgesamt. Die Ziele einer Teamentwicklung bestehen in den vorgenannten Fällen häufig in einer methodischen und/oder praktischen (verhaltensbezogenen) Unterstützung von in Gruppen tätigen Personen mit der Zielsetzung einer erfolgreichen gemeinsamen Aufgabenbewältigung. Zur „Philosophie" von Teamentwicklungsmaßnahmen gehört vielfach, daß die beteiligten Personen in die Lage versetzt werden sollen, Probleme selbständig lösen zu können. Comelli (1994) nennt eine Reihe von Beispielen für Ansatzpunkte und Problembereiche:

– „Verbesserung der Kommunikation untereinander, ggfs. Erlernen von Kommunikationstechniken, die beziehungsstabilisierend bzw. konfliktvermeidend sind (z.B. Feedback-Techniken, Aktives Zuhören);
– Erlernen und Erwerb von Arbeitstechniken, die sich besonders für Teamarbeit eignen (z.B. Metaplantechnik);
– Erlernen von Systematiken und Vorgehensweisen für Teamarbeit (z.B. Problemlösetechnik);
– Klärung der Gesamtzielsetzung(en) und Ableitung bzw. Vereinbarung entsprechender Teilziele;
– Klärung der einzelnen Rollen bzw. des Rollenverständnisses im Team, ggfs. Abgleich bzw. „Aushandeln" gegenseitiger Rollenerwartungen;
– Vertiefung des Verständnisses für die ablaufenden Gruppenprozesse, d.h. für jene gruppendynamischen Ereignisse, die in jeder Gruppe vorkommen, in der Leute eng zusammenarbeiten;
– Entwickeln der Fähigkeit, gruppendynamische Prozesse wahrzunehmen und zu steuern;
– Klärung und Verbesserung von Beziehungen zwischen Beteiligten bzw. Teammitgliedern;
– Aufbau von Vertrauen zwischen den handelnden Personen und Stärkung der Bereitschaft, sich gegenseitig zuzuarbeiten und/oder zu stützen;
– Finden von effektiven Wegen, die im Team bestehenden Probleme auf der Sach- wie auf der Beziehungsebene zu bewältigen;

- Klärung und/oder Ausräumung von Konflikten innerhalb des Teams oder zwischen Gruppen;
- Entwicklung der Fähigkeit, Konflikte positiv (statt destruktiv) zu nutzen;
- Definition des Selbstverständnisses des Teams und/oder Klärung der eigenen Team-Position im Umgang mit anderen;
- Verbesserung der Fähigkeit des Teams, mit anderen Arbeitsgruppen innerhalb der Organisation zusammenzuarbeiten." (Comelli, 1994, S. 65)

6.3.2 Vorüberlegungen und Vorbereitungen im Zusammenhang mit einer Teamentwicklungs-Maßnahme

Eine Teamentwicklungsmaßnahme kann sowohl im Rahmen organisatorischer Veränderungen von Unternehmensseite als auch von den betroffenen Personen selbst angeregt beziehungsweise in Gang gebracht werden. Es ist dabei bedeutsam, daß die gewünschten Veränderungen in strukturierter Form behandelt werden. Selbstverständlich ist es etwa bei auftretenden Mißstimmungen in der Zusammenarbeit mehrerer Mitarbeiter nicht ohne weiteres erforderlich, eine speziell hierfür durchgeführte Maßnahme auf den Weg zu bringen. Es ist insofern zu erwägen, inwieweit andere Mittel dem gewünschten Zweck dienen können (oder auch sollten, z. B. ein klärendes Gespräch unter den Beteiligten selbst, mit Vorgesetzten oder anderweitig Verantwortlichen). Dies ist von Bedeutung, da bei vorschnellem Delegieren von Führungsaufgaben an andere Stellen (z. B. die Personalentwicklung oder externe Beratungsgesellschaften; vgl. z. B. die Darstellungen bei Stiefel, 1996) eine gewünschte Veränderung möglicherweise von geringer Intensität oder Dauer sein wird. Häufig wird in der Unternehmenspraxis eine eigens anberaumte Veranstaltung unter interner beziehungsweise externer Leitung dann durchgeführt, wenn sich gezeigt hat, daß die beteiligten Personengruppen aus eigener Kraft die erforderlichen oder gewünschten Veränderungen nicht herbeiführen können.

Comelli (1999) führt hinsichtlich der Vorbereitung einer Teamentwicklungsmaßnahme die nachfolgenden Schritte auf. Diese beziehen sich auf ein Team (mit Teamleitung), das aktuelle Problemstellungen – etwa im Bereich der Zusammenarbeit innerhalb der Gruppe – gemeinsam lösen möchte (für eine ausführliche Darstellung vgl. Comelli, 1994, S. 66ff.; 1999, S. 408ff.):

Voraussetzungen:
- Rahmenbedingungen (z. B. hinsichtlich des Führungsverhaltens des Vorgesetzten)
- Bereitschaft des Vorgesetzten / der Teamleitung
- Bereitschaft der Gruppenmitglieder
- Kommunikative Fähigkeiten (z. B. aus früheren Schulungen)
- Kontinuität in der Gruppenzusammensetzung

Vorbereitung:
- Kontakt und Abstimmung zwischen „Moderator" und Auftraggeber
- Kontakt und Abstimmung zwischen „Moderator" und Teilnehmern
- ggf. Abstimmung mit dem Vorgesetzten oder Teamleiter
- ggf. weitere Abstimmungen zwischen „Moderator" und Teilnehmern
- Diagnosephase bzw. Datensammlung (z. B. durch Interviews, Fragebögen, Prozeßanalysen etc.)

Besonders bedeutsam für den Erfolg der Maßnahme ist die aus der Auflistung ersichtliche Häufigkeit von Abstimmungsschritten in der Vorbereitungsphase. Diese sind insofern von Wichtigkeit, als es für die Ausgestaltung der Inhalte maßgeblich ist, die tatsächlichen Themenstellungen der beteiligten Personen zu erfahren. So ist es im Rahmen von Teamentwicklungsprozessen ein durchaus nicht seltenes Erlebnis, daß Problemfelder vordergründig an Sachfragen festzumachen sind, daneben jedoch auch personelle (bzw. zwischenmenschliche) Aspekte eine unterschätzte Rolle spielen. Ein gemeinsam betriebener Entwicklungsprozeß kann demzufolge nur dann erfolgreich sein, wenn auch die zugrundeliegenden (z.B. personenbezogenen) Divergenzen thematisiert werden können. Dies wird jedoch zumeist dann der Fall sein, wenn diese durch eine umfassende Informationserhebung im Vorfeld zumindest grob eingegrenzt werden können. Eine Darstellung der durch eine Teamentwicklung in Gang gebrachten Prozesse findet sich etwa bei Heintel (1995).

6.3.2.1 Gestaltung einer Teamentwicklungs-Maßnahme

Häufig wird eine Teamentwicklungsmaßnahme in Form einer ein- oder mehrtägigen, durchgängigen Veranstaltung, vielfach auch außerhalb der üblichen Arbeitsumgebung (dann etwa in Seminar- oder Tagungshäusern) durchgeführt. Es ist hierbei allerdings festzuhalten, daß der Begriff keinesfalls mit einem einmaligen „Training" gleichzusetzen ist. Je nach Themen- und Zielstellung kann auch ein vollständig anderes Vorgehen angezeigt sein, indem beispielsweise bei der Beschäftigung mit Prozeßanalysen in regelmäßigen Abständen innerhalb des Unternehmens gemeinsam gearbeitet oder die gemeinsame Arbeit reflektiert wird. Es ist empfehlenswert, die Dauer und den Ort der Teamentwicklung an den individuellen Zielen einer Maßnahme festzumachen und sich im Vorfeld nicht zu sehr auf ein bestimmtes Vorgehen zu versteifen, daß etwa andernorts erfolgreich durchgeführt wurde. Auch bei diesbezüglichen Entscheidungen kann fachpsychologische Unterstützung eine nützliche Hilfe sein; zum Beispiel bei der realistischen Einschätzung des zeitlichen Aufwandes eines Teamentwicklungsprozesses. Neben der organisatorischen Gestaltung sind Inhalt und Form beachtenswerte Aspekte. Comelli (1999) gibt eine Übersicht unterschiedlicher und sich ergänzender Arbeitsformen für ein Teamentwicklungsseminar (vgl. auch Abb. 38):

> „Im Plenum, d.h. in der Gesamtgruppe, erfolgen grundsätzliche Abstimmungen und Diskussionen, gemeinsame Problemlösearbeit, Präsentation und Besprechung der Ergebnisse von Teilgruppen sowie allgemeine Wissensvermittlung. Kleingruppen werden im Rahmen eines Problemlösungsprozesses nach Bedarf gebildet. Sie arbeiten parallel, entweder an gleichen oder unterschiedlichen Teilaspekten (Stafetten-System) eines Problems, oder sie stellen Untergruppen dar, die ihre jeweiligen Standpunkte oder Interessen herausarbeiten. Zur Präsentation und Diskussion trifft man sich dann wieder im Plenum. Schließlich können ad hoc noch Selbsterfahrungsgruppen gebildet werden. Ergibt sich im Laufe des Trainings die Notwendigkeit, den Teilnehmern bestimmte Erfahrungen über sich selbst oder an sich selbst zu vermitteln (z.B. Kommunikation, Wettbewerb, soziale Wahrnehmung, Vertrauen o.ä.), dann ist hier der Ort für entsprechende gruppendyamische Übungen." (Comelli, 1999, S. 420)

Heintel (1995) arbeitet heraus, daß „Teamentwicklung" als Prozeß in Gruppen ohnehin abläuft – und dieser durch geeignete Maßnahmen zielführend gesteuert und begleitet werden kann:

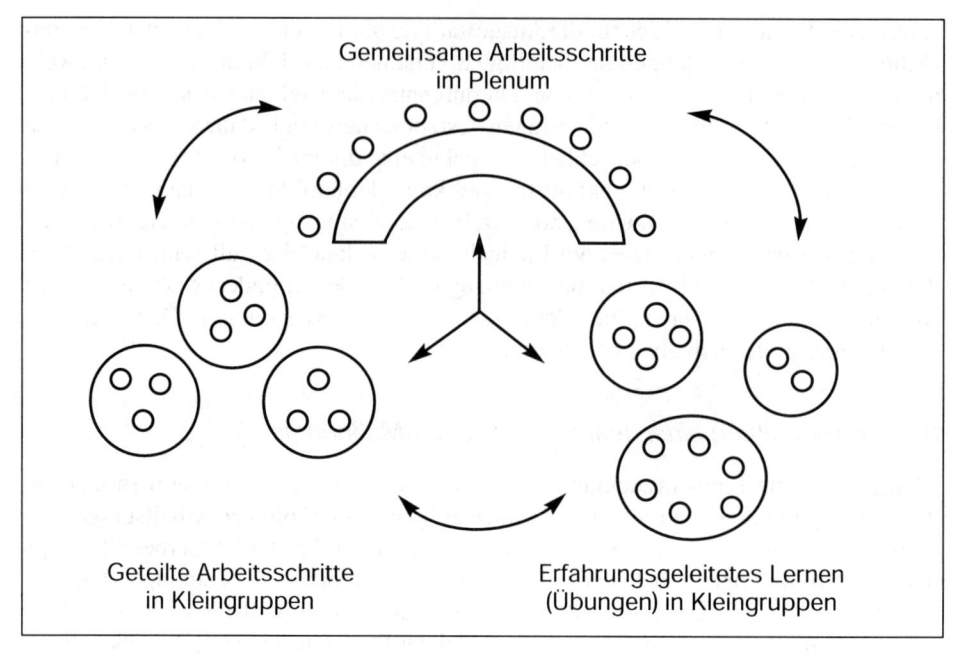

Abbildung 38: Arbeitsformen in einer seminarähnlichen Teamentwicklungsmaßnahme (in Anlehnung an Comelli, 1999, S. 420)

„Damit ergibt sich die Notwendigkeit von Teamentwicklung in doppelter Weise: Einmal ist zur Kenntnis zu nehmen, daß Teams Entwicklung beanspruchen, ob man sie ihnen gibt oder nicht. Versucht man dies zu verhindern oder unsachgemäß zu beschleunigen, dauert dieser Prozeß nur länger, richtet sich gegen die Aufgabenerfüllung oder es wird aus den zusammengerufenen einzelnen überhaupt kein Team entstehen. Zum anderen aber kann diese Notwendigkeit akzeptiert und sogar „verwendet" werden. Je nach Anlaß und Problem kann auf die verschiedenen Ebenen bewußt eingegangen und in diesem Vorgehen die Gruppenentwicklung insgesamt gefördert werden. Auf diese bewußte Weise Teamentwicklung von vorneherein zu betreiben, wirkt für den gesamten Verlauf der Arbeit weichenstellend. Um mit Problemen aller Ebenen umzugehen, wird es immer wieder sinnvoll und nötig sein, Zeiten für Reflexion, Nachdenken und „Feedback-Schleifen" vorzusehen. Hat man dafür nicht von Anfang an Verständnis erzeugt, ist es später schwer, diese Zeiten einzurichten. Feedback, die Reflexion auf sich selbst, ist unabdingbare Voraussetzung für Selbststeuerung. Will man „autonome" Teams einrichten, die nicht weitere Hierarchie reproduzieren, ist bereits in der anfänglichen Teamentwicklung auf diese Voraussetzung zu achten." (Heintel, 1995, S. 199; Hervorhebung im Original)

Zu den von Heintel beschriebenen Entwicklungsprozessen sind auch die vielerorts dokumentierten „Entwicklungsphasen eines Teams" zu zählen. Mit dem Begriff werden gruppendynamische Prozesse bezeichnet, die unabhängig von beteiligten Personen und der organisatorischen Einbettung in unterschiedlichen Zeitabschnitten der gemeinsamen Arbeit zum Tragen kommen (vgl. Abb. 39). In jeder Phase kann eine Teamentwicklungsmaßnahme begleitend unterstützen oder steuern – gerade in der Anfangs-

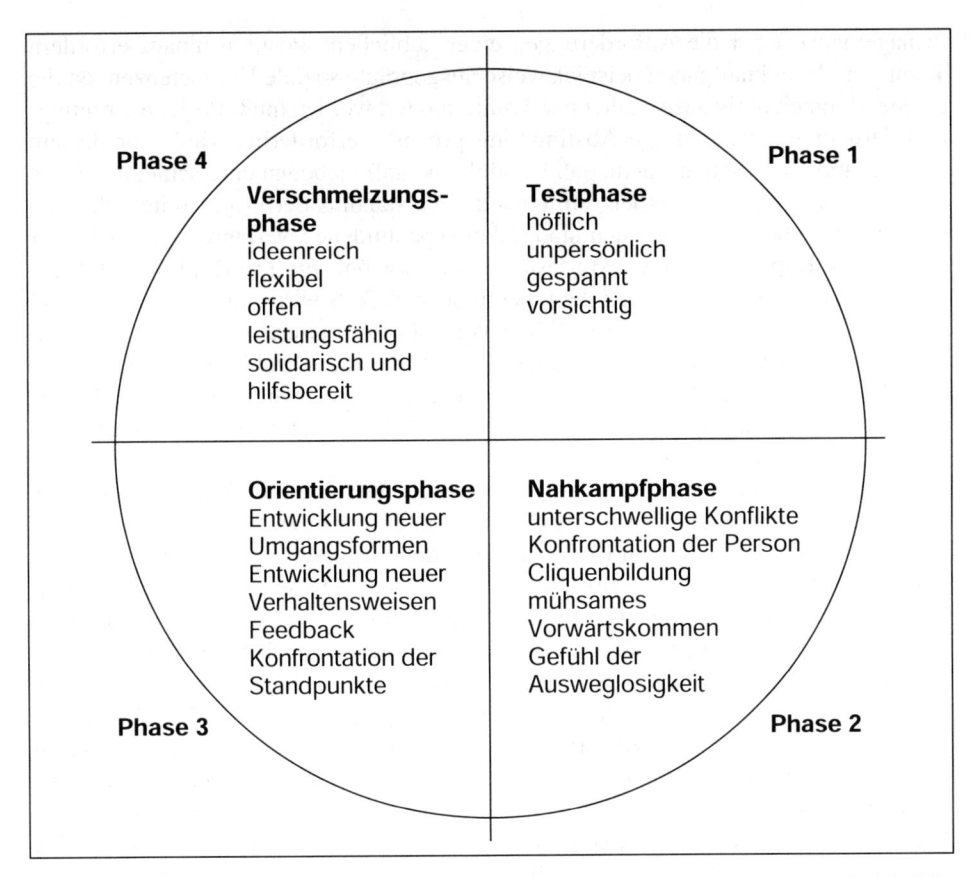

```
                    Phase 4                                    Phase 1
                     Verschmelzungs-        Testphase
                     phase                  höflich
                     ideenreich             unpersönlich
                     flexibel               gespannt
                     offen                  vorsichtig
                     leistungsfähig
                     solidarisch und
                     hilfsbereit

                     Orientierungsphase     Nahkampfphase
                     Entwicklung neuer      unterschwellige Konflikte
                     Umgangsformen          Konfrontation der Person
                     Entwicklung neuer      Cliquenbildung
                     Verhaltensweisen       mühsames
                     Feedback               Vorwärtskommen
                     Konfrontation der      Gefühl der
                     Standpunkte            Ausweglosigkeit
                    Phase 3                                    Phase 2
```

Abbildung 39: Die Team-Entwicklungs-Uhr (nach Francis & Young, 1989, S. 11–14)

phase ist dies (wie von Heintel beschrieben) in der Mehrzahl der Fälle wahrscheinlich förderlich für die Effizienz und den Erfolg der Gruppe.

Auf eine detaillierte Beschreibung weiterer Inhalte von Entwicklungsmaßnahmen wird an dieser Stelle mit dem Verweis auf einschlägige Quellen verzichtet (vgl. z.B. Francis & Young, 1989; Heintel, 1995; Comelli, 1992, 1994, 1999). Für eine beispielhafte Zusammenstellung sei auf die bereits unter Kap. 6.3.1 gegebenen möglichen Problemstellungen verwiesen.

6.3.3 Einsatz von Persönlichkeitsfragebogen

Zahlreiche Unternehmen befassen sich im Rahmen von Gruppenarbeit, Teamprojekten und ähnlichen Vorhaben bereits seit geraumer Zeit mit der persönlichen Entwicklung der beteiligten Mitarbeiter, deren besondere Bedeutung häufig dokumentiert ist (z.B. in den einschlägigen Artikeln zu den Erfolgs-/Mißerfolgsfaktoren beim Projektmanagement). Über die Anforderungen einer „üblichen" Position hinaus erfordern Team- und Projektaufgaben beispielsweise ausgeprägte soziale Kompetenzen, da die eigene Tätigkeit aktiv ausgestaltet und kommuniziert werden muß (Projektmarketing) und darüber hinaus ständige Abstimmungsprozesse erforderlich sind. Vor diesem Hintergrund überrascht es nicht, daß Persönlichkeitsfragebogen unterschiedlicher Art hier vielfach eingesetzt werden, um etwa das Verständnis der Projektmitglieder füreinander zu erhöhen. Zu nennen sind dabei typenbildende Verfahren (wie z.B. der MBTI; vgl. Kap. 5.3) und Strukturtests, die als Ergebnis ein Profil mit unterschiedlichen Skalen liefern. Als Vorteil der typenbildenden Tests wird dabei oft genannt, daß die Ergebnisse nicht wertend (im Sinne von wünschenswerten und weniger wünschenswerten Ausprägungen) zu verstehen sind und die Anzahl der „Typen" überschaubar ist. Zum MBTI existiert etwa eigens eine kurze „Einführung in die Typentheorie" in leicht zugänglicher Buchform, die zur Erläuterung der Ergebnisse geeignet ist (Bents & Blank, 1995b).

Ein weiterer Grund für den Einsatz typenbildender Verfahren dürfte in der einfachen Handhabbarkeit auch durch weniger qualifizierte Personen zu sehen sein. Selbstverständlich kann hierin auch ein Risiko liegen – denn der Wert des Verfahrens für den Teilnehmer liegt neben der „Selbsterkenntnis" in der Regel ebenfalls in der Darstellung von Veränderungsmöglichkeiten und Entwicklungsansätzen. Diese können vom Laien kaum fundiert eingeschätzt werden. Ein Risiko bei der vollständig neutralen Bewertung aller Ergebnisse kann darin liegen, daß kritische Fragen oder Rückmeldungen unterbleiben, obwohl sie angesichts markanter Ausprägungen des Selbstbildes angezeigt wären. Auch hier steht zu vermuten, daß es für den wenig oder einseitig qualifizierten Testanwender deutlich angenehmer sein dürfte, in einem Teamentwicklungsseminar kritische und damit schwierige Gespräche vermeiden zu können. Für das Unternehmen, welches dem Testeinsatz zur Teamentwicklung zugestimmt hat, sollte es entscheidend darauf ankommen, daß die Inhalte des Verfahrens tatsächlich eine Relevanz für das Berufsleben besitzen – oder aber belegt ist, inwieweit die Ergebnisse des Verfahrens mit beruflichem Erfolg in Zusammenhang stehen. Die Erfahrung zeigt, daß auch in diesem Anwendungsbereich verschiedenste (nicht-wissenschaftliche) Instrumente eingesetzt werden, die in ihren Aussagen sehr spektakulär erscheinen – aber von den Teilnehmern spätestens auf den zweiten Blick kaum auf das eigene Berufsleben übertragen und für die persönliche Entwicklung genutzt werden können. Ein deutlicher Nachteil spektakulärer nicht-wissenschaftlicher Verfahren ist darin zu sehen, daß die Teilnehmer in der Regel äußerst zeitintensiv in die „Sprache" des Verfahrens eingewiesen werden müssen, und auch die Ergebnisse sich erst nach umfangreichen Erläuterungen erschließen. Der zeitliche Aufwand erscheint dann nicht der Mühe wert, wenn nicht schlüssig und fundiert dargelegt werden kann, welcher Zusammenhang zwischen den Ergebnissen des Verfahrens und dem beruflichen Verhalten und Erfolg der Teilnehmer besteht.

Der praktische Einsatz eines Fragebogens in einer seminarähnlichen Teamentwicklungsmaßnahme wird sich häufig derart gestalten, daß den Teilnehmern mit Hinweis auf eine Verbesserung der Zusammenarbeit (o. ä.) der Fragebogen zur Bearbeitung ausgehändigt wird (zur Einbettung in die Seminarsituation vgl. auch Kap. 4.3). Die Ergebnisse werden im Anschluß gemeinsam besprochen, wobei durch eine Typenbildung (oder sonstige Interpretationshilfen) die unterschiedlichen Selbstbilder der Beteiligten transparent gemacht werden können. Auf dieser Basis ist ein Abgleich mit den Fremdbildern der übrigen Teilnehmer möglich. Im weiteren Verlauf können konfliktträchtige Verhaltensweisen anderer zutreffender als bisher interpretiert werden, und es lassen sich erforderliche oder wünschenswerte Veränderungen im Verhalten Einzelner besprechen und vereinbaren. Die folgende Übersicht faßt die Nutzenpotentiale und Chancen beim Einsatz von Persönlichkeitstests im Rahmen von Teamentwicklungsprozessen zusammen:

- Der Einsatz eines Persönlichkeitsfragebogens bietet den Teilnehmern eine gemeinsame Struktur für das Gespräch über Persönlichkeit und Verhalten. Durch zunehmendes Verständnis für die individuelle „Struktur" der Teammitglieder wird es einfacher, deren Verhalten zu erklären und angemessen zu interpretieren. Dies führt im positiven Fall zu weniger Mißverständnissen und reduziert Konflikte. Der Testeinsatz dient dabei auf ökonomische Weise als Gesprächsbasis.
- Das Testverfahren bietet dem Teilnehmer (bei qualifizierter Anwendung) tiefergehende Informationen zum Selbst-Management, also zur Entwicklung der eigenen Person und zur Erweiterung der eigenen Kompetenzen. Das im Ergebnis dargestellte Selbstbild ist die Basis für den Vergleich mit den Fremdbildern, die die übrigen Teammitglieder über diese Person gebildet haben.
- Der Abgleich von Selbst- und Fremdbildern der Teammitglieder bietet gegebenenfalls anwesenden Vorgesetzten, Koordinatoren sowie anderen Beteiligten die Möglichkeit, die im Team vertretenen Personen intensiver kennenzulernen. Die Testergebnisse und das darauf aufbauende gemeinsame Gespräch können auch die Basis für individuelle Unterstützung und Förderung bieten, wenn diese etwa für ein erfolgreiches Teamergebnis angezeigt erscheint.
- Die gemeinsame Diskussion der Ergebnisse in einer zuträglichen Atmosphäre kann das gegenseitige Vertrauen und den Zusammenhalt einer Gruppe stärken und somit die Leistungsfähigkeit erhöhen.

Auch bei Teamentwicklungsmaßnahmen bieten die auf wissenschaftlicher Basis konstruierten Persönlichkeitsfragebogen die schon zuvor (zum 360-Grad-Feedback) genannten generellen Vorteile.

6.4 Self-Assessment

Mit dem Begriff „Self-Assessment" ist eine überfachliche Standortbestimmung gemeint, die von interessierten Personen innerhalb einer Organisation selbst initiiert wird und mittels zur Verfügung gestellter Instrumente auch selbst vorgenommen und ausgewertet werden kann. Sie kann die Basis für eine persönliche Weiterentwicklung bilden, die auch allgemeinen oder konkreten unternehmensbezogenen Zielen dient. Eine häufig anzutreffende Anforderung im Bereich des Fachwissens besteht darin, die eigenen Qualifikationen selbständig zu aktualisieren und auszubauen (life-long-learning). Dieses Ziel wird in zahlreichen Unternehmen seit einiger Zeit unter anderem dadurch verfolgt, daß PC-basierte Trainingsprogramme oder andere Ressourcen zur fachlichen Weiterentwicklung zur Verfügung gestellt werden. Das Self-Assessment geht darüber hinaus, indem es Mitarbeitern eines Unternehmens beispielsweise ermöglicht, auch die außerfachliche Weiterentwicklung unabhängig von Seminaren und Entwicklungsprogrammen in Angriff zu nehmen. So können etwa Persönlichkeitsfragebogen im Intranet der Organisation bereitstehen, mit denen ein Beschäftigter selbständig einen Abgleich zwischen Selbsteinschätzung und den Einschätzungen anderer von der eigenen Person durchführen kann – ohne daß dies an eine Weiterbildungsmaßnahme geknüpft ist. Zur Erläuterung stehen dem Teilnehmer des Verfahrens ausführliche Informationen zur Verfügung, die sich auf die Durchführung und die angemessene Interpretation der Ergebnisse beziehen (vgl. Kap. 6.4.2).

Das Self-Assessment ist kein etabliertes Instrument des Personalmanagements, sondern stellt vielmehr einen aktuellen Entwicklungsrahmen dar, der den Mitarbeitern einer Organisation auch im überfachlichen Bereich eine stärker selbstgesteuerte (und zielgerichtete) Weiterentwicklung ermöglicht. Es wird nach Kenntnisstand der Verfasser dieses Bandes derzeit nur von wenigen Unternehmen im beschriebenen Rahmen genutzt und bietet Wettbewerbsvorteile, die bislang kaum realisiert werden.

6.4.1 Zu den Funktionen und Zielen des Self-Assessments

Grundsätzlich können auch mit dem Instrument „Self-Assessment" die Mehrzahl der in Tabelle 35 (zum 360-Grad-Feedback) aufgeführten Zielsetzungen verfolgt werden. Der Begriff bezeichnet eher einen methodischen Ansatz, der nicht mit einem speziellen Inhaltsbereich verknüpft ist. Die folgenden Ansatzpunkte sind daher lediglich als Anregung zu verstehen; sie sollten im Anwendungsfall je nach Unternehmenssituation und Zielsetzung erweitert beziehungsweise modifiziert werden.

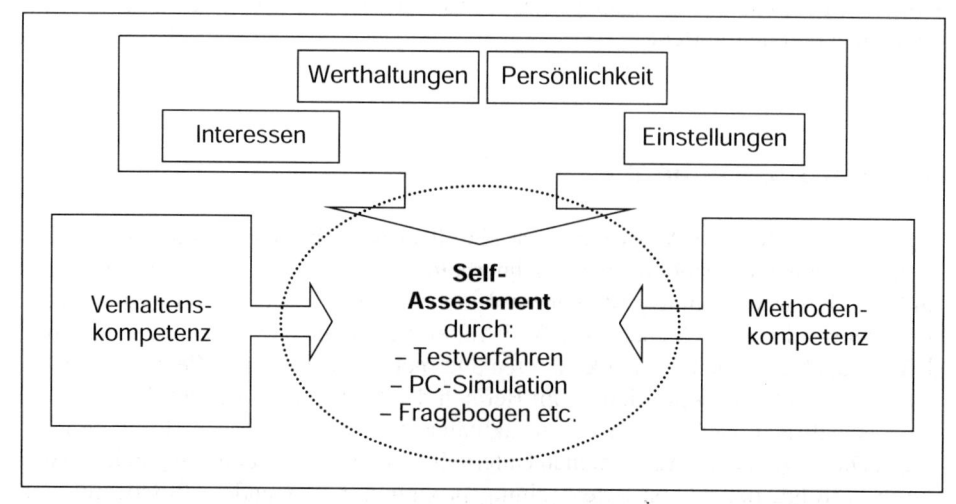

Abbildung 40: Mögliche Bereiche eines überfachlichen Self-Assessments

Inhaltsbereiche eines Self-Assessments beziehungsweise einer selbstgesteuerten Standortbestimmung können die eigenen beruflichen Interessen, die Selbsteinschätzung beruflicher Stärken und Enwicklungsbereiche, die Analyse der eigenen Verhaltenskompetenz, Methodenkompetenz sowie weitere Bereiche sein. Die Ziele der Methode können auf Unternehmensseite darin bestehen, mit geringem Ressourceneinsatz Mitarbeitern die Chance zu eröffnen, die eigenen Kompetenzen unabhängig von konkreten Verwendungsabsichten zu erweitern. Die dabei entwickelten Kompetenzen liegen weniger im fachlichen Bereich, als vielmehr in übergreifend relevanten Gebieten wie Selbstmanagement, Persönlichkeitsentwicklung oder der Erweiterung der eigenen Verhaltensbandbreite beziehungsweise des eigenen Verhaltensrepertoires. Auf Seiten der teilnehmenden Personen kann die Zielsetzung darin bestehen, die persönliche Weiterentwicklung voranzutreiben, eigenes Verhalten zu optimieren und bisherige Entwicklungen zu reflektieren – in Bereichen, die sich der Mitarbeiter selbst kaum oder nur mit erheblichem finanziellen Aufwand (z. B. durch Beratung oder Seminarteilnahme) erschließen kann. Linneweh und Hofmann (1999) beschreiben in ihrer Ausarbeitung zur Führung der eigenen Person (Persönlichkeitsmanagement) den langfristigen Nutzen für Individuum und Unternehmen:

> „Ziel (…) ist es, die eigene Person bewußt und selbstbestimmt zu führen, sich selbst und die eigenen Lebensumstände so zu organisieren, daß man unvermeidbaren Belastungssituationen des beruflichen wie privaten Alltags wieder mit größerer Gelassenheit begegnen und die eigene Lebenskraft sinnvoll mit Zufriedenheit und auch mit Freude einsetzen kann.
>
> Die Führung der eigenen Person beinhaltet damit zum einen die Bereitschaft, seine bisherige Lebensweise infrage zu stellen, sich auch einmal kritisch im Licht der anderen zu sehen, und zum anderen die Suche nach Wegen, sich von unnötigen Fremdbestimmtheiten frei zu machen, um in Zukunft stärker zu agieren und weniger zu reagieren.
>
> Persönlichkeitsmanagement ist also eine auf das eigene Ich gewendete Form des Veränderungsmanagements." (Linneweh & Hofmann, 1999, S. 82)

Die Autoren benennen in der zitierten Passage eine Anforderung, die für eine erfolgreichen Standortbestimmung erforderlich ist: Es handelt sich hierbei um die Lern- beziehungsweise Veränderungsbereitschaft. Aus eignungsdiagnostischer Perspektive ist als ergänzende Anforderung eine hinreichende intellektuelle Leistungsfähigkeit zu nennen. Förderlich dürften sich weiterhin ein grundlegendes Maß an Offenheit sowie die Leistungsmotivation einer Person auswirken (vgl. auch Kap. 4.4). Daß diese grundlegenden Anforderungsbereiche (die in zahlreichen Veröffentlichungen als zentral für eine sich verändernde Unternehmensumwelt genannt werden) von den eigenen Mitarbeitern möglichst erfüllt werden, ist vorrangig eine Aufgabe der Personal*auswahl,* nicht der Personal*entwicklung.* So wie es für die erfolgreiche Übernahme von Führungsverantwortung unter anderem erforderlich ist, die Führung und aktive Steuerung anderer Personen auch zu wollen (z. B. erhoben über die Skala Führungsmotivation des BIP; vgl. Kap. 5.7), ist es auch für die eigene Standortbestimmung und persönliche Weiterentwicklung erforderlich, dieser zumindest offen gegenüberzustehen. Es ist fraglich, inwieweit eine nicht vorhandene Lern- und Veränderungsbereitschaft (verstanden als zeitlich überdauernde Verhaltensdisposition) durch Entwicklungsmaßnahmen aufgebaut werden kann. Hiermit sind allerdings nicht erlernte Verhaltensweisen wie „Zurückhaltung" oder „Vorsicht" gemeint, die vermutlich wesentlich leichter durch unterschiedliche Maßnahmen „aufgetaut" und verändert werden können.

Die Erfahrungen bei der Entwicklung des Bochumer Inventars zur berufsbezogenen Persönlichkeitsbeschreibung (BIP, Hossiep & Paschen, 1998) zeigen, daß das Interesse an einer berufsbezogenen Standortbestimmung beziehungsweise eine Bereitschaft dazu bei zahlreichen Berufstätigen unterschiedlicher Branchen und Positionen vorhanden ist. Beispiele für zugrundeliegende Zielsetzungen können dabei sein:

1. Bereich der Persönlichkeit:
– Einen allgemeinen Abgleich von Selbst- und Fremdbild vornehmen
– Gewinnen einer realistischen Einschätzung hinsichtlich der eigenen Stärken und Schwächen (Vermeidung von Selbstüberschätzung oder Selbstunterschätzung)
– Den eigenen Umgang mit Streß und Belastungen verstehen und verbessern
– Stärken und Schwächen des eigenen Auftretens in sozialen Situationen einschätzen
– Den eigenen Umgang mit Konflikten verstehen und optimieren (z. B. indem die eigenen Standpunkte zukünftig nachhaltiger/zurückhaltender vertreten werden)

2. Bereich der Verhaltenskompetenz:
– Erweiterung des eigenen Verhaltensspektrums (z. B. das Erlernen von Rollenverhalten bei Führungskräften, etwa das Einüben kooperativen Führens)
– Veränderung des eigenen Arbeitsverhaltens (z. B. das Aufgeben von Vermeidungsverhalten – also der Gewohnheit, schwierigen Situationen aus dem Weg zu gehen)

3. Bereich der Methodenkompetenz:
– Effektivere Kommunikation der eigenen Beiträge (z. B. Rhetorik/Präsentation)
– Verbesserung des eigenen Vorgehens in Gesprächen (z. B. Gesprächsführung)
– Verbesserung der eigenen Entscheidungsfindung (z. B. Kreativität/Optimierung des Entscheidungsprozesses durch Nutzung aller vorhandenen Ressourcen etc.)
– Erfolgreicherer Umgang mit Streß und Zeitknappheit (z. B. Arbeitsorganisation/Zeitmanagement).

Zu der konkreten Gestaltung von Instrumenten, die ein Self-Assessment in unterschiedlichen Bereichen ermöglichen, sei folgendes angemerkt: Einige der beispielhaft genannten Zielsetzungen sind vermutlich dazu geeignet, sie mittels Fragebogen oder etwa PC-basiertem Training zu verfolgen. So kann zum Beispiel das Wissen über angemessenes Führungsverhalten vermutlich auch im Rahmen eines programmierten Lernkurses erworben werden. Zugleich ist allerdings die Einübung des entsprechenden Verhaltens (Erweiterung der eigenen Verhaltenskompetenz) inklusive der Möglichkeit, Fehler machen zu dürfen und zu „experimentieren", vorzusehen. Dies wird üblicherweise in Seminarform geschehen, die daher keinesfalls durch eine theoretische Wissensvermittlung ersetzt, sondern nur ergänzt werden sollte. Von entscheidender Bedeutung im Kontext des Bemühens, etwa ein bestimmtes Führungsverhalten im Unternehmen in der praktischen Ausgestaltung durch alle Führungskräfte zu verankern, ist allerdings nicht das Wissen um die „richtige" Führung (je nach aktueller Modewelle unterschiedlich etikettiert). Hauptaufgabe wird es vielmehr sein, mit den beteiligten Führungskräften an ihrer Einstellung zum Thema Mitarbeiterführung zu arbeiten. Diese ist – wenn sie denn nicht zuträglich ausgeprägt sein sollte – nicht mit Hilfe von Fakten oder Theorienwissen zu modifizieren. Im Gegenteil: So werden „Handlungseunuchen" produziert, die vieles über Führung wissen und darüber auch trefflich parlieren können, sich allerdings zum großen Schaden aller im Unternehmen gänzlich anders verhalten als angestrebt und auch noch gelernt haben, dies möglichst lange zu verdecken. Nachhaltige Verhaltensänderungen sind so gut wie ausschließlich über das persönliche Erleben emotionaler Inhalte zu erreichen, welches nicht via Wissensvermittlung (wodurch auch immer) zu realisieren ist. Persönliche Betroffenheit (z. B. große Freude oder Ärger) ermöglicht in ungestörter Lernatmosphäre – eben nicht am Arbeitsplatz-PC – eine eigene Selbstpositionierung. Insofern sollten Self-Assessments dem Teilnehmer stets auch die Möglichkeit eröffnen, dabei nicht stehenzubleiben. Hierzu sollten Ressourcen zumindest partiell für ein zielorientiertes Coaching und eine Begleitung beziehungsweise Unterstützung bereitgestellt werden. Einige Unternehmen fördern ihre Mitarbeiter dabei, Know-How und Ressourcen dergestalt zu nutzen, indem etwa zu unternehmensbezogenen Fragestellungen ein Intranet-Forum (elektronisches Diskussionsforum im unternehmensinternen Computernetzwerk) eingerichtet wird. Auf diese Weise können sowohl interessierte Mitarbeiter Ressourcen einbringen und Rückmeldungen erhalten, als auch das Unternehmen von Wissen und Anregungen der Beschäftigten profitieren. Es darf vermutet werden, daß derartige Maßnahmen ebenfalls dazu geeignet sind, das unternehmerische beziehungsweise vernetzte Denken der Diskussionsteilnehmer zu fördern und zu entwickeln. Es ist allerdings davor zu warnen, die Methode des Self-Assessments und der selbstgesteuerten Weiterentwicklung vor allem dazu einsetzen zu wollen, Weiterbildungskosten einzusparen (durch Wegfall anderer Qualifizierungsmaßnahmen). Wie zuvor beschrieben wurde, kann die Methode die vom Unternehmen gesteuerte Weiterbildung sinnvoll ergänzen, aber nicht ersetzen – indem etwa versucht wird, eine „eigeninitiative Persönlichkeitsentwicklung auf Anweisung" umzusetzen.

6.4.2 Einsatz von Persönlichkeitsfragebogen

Persönlichkeitsfragebogen können die selbstgesteuerte Standortbestimmung im Bereich der Selbsteinschätzung eigener Stärken und Entwicklungsnotwendigkeiten sinnvoll ergänzen. Hierzu können geeignete Instrumente von Testverlagen in Lizenz erworben und etwa in einem unternehmensweiten Computernetzwerk zur Durchführung bereitgestellt werden. Durch eine automatisierte Auswertung – mit schriftlichen Erläuterungen zur Einordnung der Ergebnisse – kann bei fachkompetenter Begleitung sichergestellt werden, daß Interessenten auch ohne weitergehende personelle Ressourcen teilnehmen und vom Verfahren profitieren können. Eine ausführlichere Darstellung zur organisatorischen Einbettung findet sich in Kapitel 8 (Frage 7: Welche Lösungen bestehen im Intranet?). Die Selbsteinschätzung im Persönlichkeitsfragebogen wird aussagekräftiger (und für die Teilnehmer akzeptabler; vgl. Kap. 4.3.4), wenn sie auf berufsbezogene Aspekte beschränkt bleibt. Dem interessierten Mitarbeiter kann durch schriftliche Hintergrundinformationen eine Anregung zum Abgleich mit der Einschätzung durch andere gegeben werden; es bleibt ihm überlassen, ob er diesen Abgleich tatsächlich vollzieht. Sollte ein diesbezüglicher Bedarf entstehen, kann es wichtig sein, ein qualifiziertes Coaching durch entsprechend erfahrene Personen anzubieten. Bedeutsam erscheint weiterhin, auch das Zustandekommen der Ergebnisunterlagen schriftlich zu erläutern, um Transparenz zu schaffen und Fehleinschätzungen vorzubeugen.

Ein weitergehender Schritt kann darin bestehen, neben der Selbsteinschätzung einen Abgleich mit den Anforderungen bestimmter Positionen zu ermöglichen. Hierzu können Anforderungsdimensionen für eine Positionsgruppe (z. B. für die Führungsnachwuchskräfte des Unternehmens) benannt und näher erläutert werden, worauf es der Organisation jeweils „ankommt" und warum diese Anforderung von Bedeutung ist. Für den Teilnehmer des Persönlichkeitsfragebogens sollte es dabei möglich sein, die Ergebnisdimensionen des Fragebogens (soweit praktikabel) grob mit den entsprechenden Anforderungsdimensionen abzugleichen. Die Bezeichnungen sollten sich demzufolge nicht vollständig unterscheiden, oder aber entsprechend erläutert werden, damit Selbst- und Fremdeinschätzungen mit den Anforderungen in groben Zügen verglichen werden können.

Eine diesbezügliche Erweiterung des Informationsangebotes kann dem Unternehmen beispielsweise dazu dienen, im Vorfeld von Nachwuchsprogrammen und bei der Auswahl von potentiellen Nachwuchskräften eine sogenannte „Selbstselektion" in Gang zu setzen: Erfahrungsgemäß werden durch das Bekanntmachen der (zumeist sehr hohen) Anforderungen zumindest einige Interessenten abgeschreckt; wobei angestrebt wird, daß vor allem diejenigen Personen das Interesse verlieren, die für die zu besetzenden Positionen weniger geeignet sind. Gleichwohl ist in diesem Kontext zu bedenken, daß durch dieses Vorgehen hochkarätige Potentialträger unentdeckt bleiben, da sie über eine kritische beziehungsweise ralistische Selbstsicht verfügen. Demgegenüber werden Bewerber mit einem überzogenen Selbstbewußtsein (und damit einhergehend geringerer Persönlichkeitsreife) möglicherweise bevorzugt rekrutiert. Es ist insofern von Vorteil, wenn sich interessierte Mitarbeiter generell mit Anforderungsdimensionen und deren Bedeutung auseinandersetzen können, da hierdurch die Wahrnehmung für erforderliche Kompetenzbereiche von Tätigkeiten geschult werden kann. Auch hier ist anzumerken, daß die Methode des Self-Assessment nicht dazu eingesetzt werden darf, Führungskräften ihre Entwicklungsaufgaben abzunehmen. In der beschriebenen Situation blieben ansonsten die sich selbst unterschätzenden (aber geeigneten) Mitarbeiter fatalerweise vermutlich unentdeckt. Auch beim Self-Assessment bieten die auf wissenschaftlicher Basis konstruierten Persönlichkeitsfragebogen die schon zuvor (zum 360-Grad-Feedback) genannten generellen Vorteile.

7 Perspektiven

Persönlichkeitstests im wirtschaftlichen Kontext sind nach wie vor nicht unumstritten, und die Diskussion um Sinn, Unsinn und Nutzen dieser Verfahren hält an (Fletcher, 1991). Gleichwohl zeichnet sich bei den zum Thema forschenden Kollegen Konsens dahingehend ab, daß gut konstruierte Persönlichkeitsdimensionen positionsübergreifend als valide Prädiktoren für den Berufserfolg dienen können (vgl. z.B. Hogan, Hogan & Roberts, 1996; vgl. auch Kap. 4.4). Die Verfasser hoffen, daß mit dem vorliegenden Band ein Überblick über den Stand der wissenschaftlichen wie praktischen Diskussion gegeben werden konnte, der in einigen Aspekten zu einer Neubewertung anregt.

Eine steigende Akzeptanz von Persönlichkeitstests im Personalmanagement zeichnet sich ab, wobei Anwender und Teilnehmer deutlich kritischer mit den Verfahren umgehen. Der wenig reflektierte Einsatz von klinisch-psychologischen Verfahren für Auswahlentscheidungen, der Susanne von Paczensky im Jahre 1974 zu ihrer leidenschaftlichen Kritik an der Praxis der Persönlichkeitsdiagnostik anregte (v. Paczensky, 1976), scheint überwunden. Das wachsende Angebot an berufsbezogenen Verfahren wird dazu führen, daß diese Fragebogen zunehmend stärker in die Personalarbeit integriert werden. Zu den vielfältigen Anwendungsgebieten ist dabei unter anderen auch die Potentialeinschätzung zu zählen (vgl. Hossiep, 1999; Sarges, 1999). Dies gilt jedoch lediglich für solche Verfahren, die auch bei den Kandidaten Akzeptanz finden und als nützlich erlebt werden. Andernfalls werden die Testanwender mit Blick auf das Image des Unternehmens vermutlich zurückhaltender sein.

Neben umfassenden Instrumenten wie dem Bochumer Inventar zur berufsbezogenen Persönlichkeitsbeschreibung (Hossiep & Paschen, 1998) wird die praktische Arbeit in der Zukunft stärker als bislang spezifische Instrumente verlangen, die einzelne für eine Entscheidung wichtige Subkonstrukte erfassen (vgl. z.B. den Hohenheimer Leistungsmotivationstest, HLMT, von Schuler & Prochaska, i.V.). Hierzu gehören etwa die Kundenorientierung (Hogan, Hogan & Busch, 1984) oder auch die Integrität einer Person. Im US-amerikanischen Raum wird seit vielen Jahren über die Erfassung der Integrität mit offen gestalteten Testfragen (z.B. hinsichtlich der Einstellungen zu unehrlichem Verhalten) oder persönlichkeitsbasierten Fragebogen geforscht; Integritätstests finden im Rahmen von Personalauswahlprozessen praktische Anwendung (vgl. Marcus, Funke & Schuler, 1997; für einen Überblick über den aktuellen Stand der Diskussion in den USA siehe Sackett & Wanek, 1996; vgl. auch Hogan & Brinkmeyer, 1997). Während hierzulande von Seiten der wissenschaftlichen Psychologie im Bereich spezifischer Subkonstrukte bisher nur wenig Unterstützung der praktischen diagnostischen Arbeit erfolgt, boomt der Markt der Beratungsgesellschaften, die selbstentwickelte Instrumente anbieten – bei denen aber die Seriosität der Konstruktion häufig nicht nachvollzogen werden kann. Ein stärkeres Engagement der anwendungsbezogenen wissenschaftlichen Forschung erscheint diesbezüglich dringend wünschenswert.

Ein weiteres Anwendungsgebiet mit Bedarf an neuen Instrumenten ist die Diagnostik von Werthaltungen (Crosby, Bitner & Gill, 1990). Gerade hinsichtlich Positionen, bei denen die Bewerber vermutlich ohnehin über die notwendigen fachlichen und sozialen Kompetenzen verfügen oder die Vorauswahl unter Berücksichtigung dieser Kriterien bereits abgeschlossen ist, steht vor allem die Passung oder auch angestrebte Nicht-Passung zu Kultur und Werten des Unternehmens im Vordergrund. Verfahren wie die Manager-Disputation (Friedrichs, 1995) zielen explizit auf die Überprüfung der Passung von Wertstrukturen ab. Dieser Prozeß sollte auch durch entsprechende Fragebogenverfahren sinnvoll unterstützt werden. Werthaltungen hängen nicht nur mit Persönlichkeitsfaktoren zusammen (Bilsky & Schwartz, 1994), sondern determinieren auch das Verhalten in Organisationen in verschiedensten Situationen (s. Brie, Dukerich & Doran, 1991; Darley, 1992; Dickinson, 1991).

Ob Persönlichkeitstests einen positiven Beitrag zur praktischen Personalarbeit leisten können, ist allerdings nicht nur eine Frage der wissenschaftlich nachgewiesenen Nützlichkeit. Wie bei anderen diagnostischen Instrumenten auch, können solche Verfahren ihren Wert nur in der Hand eines sachverständigen Diagnostikers entfalten. Bedauerlicherweise ist die nötige Sensibilität für diesen Aspekt vielfach nicht vorhanden oder im Zuge des zunehmenden Drucks auf viele Personalbereiche abhanden gekommen. Wer mit der wichtigsten Ressource jedes Unternehmens zu tun hat, sollte sich unbedingt ausreichende Freiräume nehmen (notfalls auch erkämpfen), um richtige und zukunftsweisende Maßnahmen mit Augenmaß ergreifen zu können. Hierzu gehört eine unaufgeregte, qualitativ exzellente Personalarbeit, da sich der Wettbewerb der Zukunft genau auf diesem Gebiet entscheiden wird – nicht auf anderen. „Zahlenschaufeln" ist insofern kontraindiziert. Es wird dasjenige Unternehmen bereits in wenigen Jahren die entscheidenden Wettbewerbsvorteile realisieren können, welches am wenigsten Mitarbeiterpotential brachliegen läßt. Das im vorliegenden Band Vermittelte kann hierzu – wohldurchdacht eingesetzt – einen Beitrag leisten.

Literaturverzeichnis

Adler, S. (1994). Personality Tests for Salesforce Selection: Worth a Fresh Look. *Review of Business, 16 (1),* 27–31.
Adler, S. & Weiss, H. M. (1988). Recent developments in the study of personality and organizational behavior. In C. L. Cooper & I. Robertson (Eds.), *International Review of Industrial and Organizational Psychology* (pp. 307–330). Chichester: Wiley.
Alex, C. (1965). *Personality tests: How to beat them and make top scores.* New York: Arco.
Allen, B. P. & Potkay, C. R. (1983). *Adjective Generation Technique (AGT): Research and Applications.* New York: Irvington.
Allport, G. W. (1937). *Personality: A psychological interpretation.* New York: Holt, Rinehart & Winston.
Allport, G. W. & Odbert, H. S. (1936). Trait names: A psycholexical study. *Psychological Monographs, 47 (1),* 1–171.
Althoff, K. (1984). Zur prognostischen Validität von Intelligenz- und Leistungstests im Rahmen der Eignungsdiagnostik. Psychologie und Praxis. *Zeitschrift für Arbeits- und Organisationspsychologie, 28 (4),* 144–148.
Amelang, M. (1987). Fragebogen-Test und experimentalpsychologische Variablen als Korrelate der Persönlichkeitsdimensionen Extraversion/Introversion (E/I) und Neurotizismus (N). In M. Amelang (Hrsg.), *Enzyklopädie der Psychologie: Themenbereich C Theorie und Forschung, Serie VIII Differentielle Psychologie und Persönlichkeitsforschung, Bd. 2 Verhaltens- und Leistungsunterschiede* (S. 245–328). Göttingen: Hogrefe.
Amelang, M. & Bartussek, D. (1997). *Differentielle Psychologie und Persönlichkeitsforschung* (4. Aufl.). Stuttgart: Kohlhammer.
Amelang, M. & Borkenau, P. (1982). Über die faktorielle Struktur und externe Validität einiger Fragebogen-Skalen zur Erfassung von Dimensionen der Extraversion und emotionalen Labilität. *Zeitschrift für Differentielle und Diagnostische Psychologie, 3 (2),* 119–146.
Amelang, M. & Borkenau, P. (1984). Versuche einer Differenzierung des Eigenschaftskonzepts: Aspekte intraindividueller Variabilität und differentieller Vorhersagbarkeit. In M. Amelang & H.-J. Ahrens (Hrsg.), *Brennpunkte der Persönlichkeitsforschung* (Bd. 1, S. 89–107). Göttingen: Hogrefe.
Amelang, M. & Borkenau, P. (1986). The Trait Concept: Current Theoretical Considerations, Empirical Facts, and Implications for Personality Inventory Construction. In A. Angleitner & J. S. Wiggins (Eds.), *Personality Assessment via Questionaires* (pp. 7–34). Berlin: Springer.

Amelang, M. & Ullwer, U. (1990). Untersuchungen zur experimentellen Bewährung von Eysencks Extraversionstheorie. *Zeitschrift für Differentielle und Diagnostische Psychologie, 11 (3),* 127–148.

Amelang, M. & Ullwer, U. (1991). Ansatz und Ergebnisse einer (fast) umfassenden Überprüfung von Eysenck's Extraversionstheorie. *Psychologische Beiträge, 33 (1/2),* 23–46.

Anastasi, A. (1967). Psychology, Psychologists, and Psychological Testing. *American Psychologist, 22,* 297–306.

Anastasi, A. (1985). The Use of Personality Assessment in Industry: Methodological and Interpretive Problems. In H. J. Bernardin & D. A. Bownas (Eds.), *Personality Assessment in Organizations* (pp. 1–20). New York: Praeger.

Anderson, N. H. (1965). Primacy effects in personality impression formation using a generalized order effect paradigm. *Journal of Personality and Social Psychology, 2 (1),* 1–9.

Anderson, N. H. & Jacobson, A. (1965). Effect of stimulus inconsistency and discounting instructions in personality impression formation. *Journal of Personality and Social Psychology, 2 (4),* 531–539.

Angleitner, A., Stumpf, H. & Wieck, T. (1976). Die „Personality Research Form" von Jackson: Konstruktion, bisheriger Forschungsstand und vorläufige Ergebnisse zur Äquivalenzprüfung einer deutschen Übersetzung. *Wehrpsychologische Untersuchungen, 11 (3),* 1–220.

Antonioni, D. (1994). The effects of feedback accountability on upward appraisal ratings. *Personnel Psychology, 47,* 349–356.

Arbeitskreis Assessment Center, (Hrsg.). (1992). *Standards der Assessment Center-Technik.* München: Arbeitskreis Assessment Center.

Argyle, M. & McHenry, R. (1971). Do Spectacles Really Affect our Judgements of Intelligence? *British Journal of Social and Clinical Psychology, 10,* 27–29.

Arvey, R. D., Mussio, S. J. & Payne, G. (1972). Relationships between Minnesota Multiphasic Personality Inventory Scores and Job Performance Measures of Fire Fighters. *Psychological Reports, 31,* 199–202.

Arvey, R. D., Strickland, W., Drauden, G. & Martin, C. (1990). Motivational Components of Test Taking. *Personnel Psychology, 43,* 695–716.

Asch, S. E. (1946). Forming impressions of personality. *Journal of Abnormal and Social Psychology, 41 (3),* 258–290.

Asendorpf, J. (1990). The Measurement of Individual Consistency. *Methodika, 4,* 1–23.

Asendorpf, J. (1996). *Psychologie der Persönlichkeit. Grundlagen.* Berlin: Springer.

Ashford, S. J. (1986). Feedback seeking in individual adaptation: A resource perspective. *Academy of Management Journal, 29 (3),* 465–487.

Atwater, L. E. & Yammarino, F. J. (1992). Does self-other agreement on leadership perceptions moderate the validity of leadership and performance predictions. *Personnel Psychology, 45 (1),* 141–164.

Austin, J. F. & Murray, J. N. (1993). Personality Characteristics and Profiles of Employed and Outplaced Executives Using the 16PF. *Journal of Business and Psychology, 8 (1),* 57–65.

Baehr, M. E. & Orban, J. A. (1989). The Role of Intellectual Abilities and Personality Characteristics in Determining Success in Higher-Level Positions. *Journal of Vocational Behavior, 35,* 270–287.

Baker, B. R. & Cooper, J. N. (1995). Fair play or foul? A survey of occupational test practices in the UK. *Personnel Review, 24 (3),* 3–18.

Baldwin, T. T. & Ford, J. K. (1988). Transfer of training: A review and directions for future research. *Personnel Pschology, 41 (1),* 63–105.

Bambeck, J. J. (1991). *PST. Der Persönlichkeits-Strukturtest. Wie Sie und andere wirklich sind.* München: Langen Müller/Herbig.

Bandura, A. (1986). *Social foundation of thought and action. A social cognitive theory.* Englewood Cliffs: Prentice Hall.

Banks, C. (1948). Primary personality factors in women: a re-analysis, 1948. *British Journal of Psychology in the Statistical Section, 1,* 204–218.
Barber, H. F. (1990). Some Personality Characteristics of Senior Military Officers. In K. E. Clark & M. B. Clark (Eds.), *Measures of Leadership* (pp. 441–448). West Orange: Leadership Library of America.
Barrick, M. R. & Mount, M. K. (1991). The Big Five Personality Dimensions and Job Performance: A Meta-Analysis. *Personnel Psychology, 44,* 1–26.
Barrick, M. R. & Mount, M. K. (1993). Autonomy as a Moderator of the Relationship Between the Big Five Personality Dimensions and Job Performance. *Journal of Applied Psychology, 78 (1),* 111–118.
Barthel, E. (1989). *Nutzen eignungsdiagnostischer Verfahren bei der Bewerberauswahl.* Frankfurt a. M.: Lang.
Bartol, C. R. (1991). Predictive Validation of the MMPI for Small-Town Police Officers Who Fail. *Professional Psychology: Research and Practice, 22 (2),* 127–132.
Bartussek, D. (1974). Mitteilungen über Reliabilität und faktorielle Validität des deutschen 16 PF-Tests von Cattell. *Diagnostica, 20,* 49–55.
Bartussek, D., Weise, G. & Heinze, B. (1972). Reliabilität und faktorielle Validität des deutschen 16 PF-Tests von Cattell mit einer ausführlichen Analyse der Items. *Arbeiten aus dem Psychologischen Institut der Universität Hamburg, Arbeitsbericht 19.*
Baumeister, R. F. (1994). The Crystallization of Discontent in the Process of Major Life Change. In T. F. Heatherton & J. L. Weinberger (Eds.), *Can Personality Change?* (pp. 281–297). Washington: American Psychological Association.
Begley, T. M. & Boyd, D. P. (1987). Psychological Characteristics Associated with Performance in Entrepreneurial Firms and Smaller Businesses. *Journal of Business Venturing, 2,* 79–93.
Bem, D. J. (1972). Self-Perception Theory. In L. Berkowitz (Ed.), *Advances in Experimental Social Psychology* (Vol. 6, pp. 1–62). New York: Academic Press.
Bem, D. J. & Allen, A. (1974). On prediction some of the people some of the time: The search for cross-situational consistencies in behavior. *Psychological Review, 81,* 506–520.
Benesch, H. & Saalfeld, H. v. (1987). dtv-Atlas zur Psychologie. München: dtv.
Benjafield, J. & Carson, E. (1985). An historicodevelopmental analysis of the circumplex model of trait descriptive terms. *Canadian Journal of Behavioral Science, 17 (4),* 339–345.
Bents, R. & Blank, R. (1992). The Development of a Personality Assessment Tool: the Myers-Briggs Typenindikator. *European Review of Applied Psychology, 42 (1),* 1–8.
Bents, R. & Blank, R. (1995a). *Myers-Briggs-Typenindikator (MBTI)* (2. Aufl.). Weinheim: Beltz Test.
Bents, R. & Blank, R. (1995b). *Typisch Mensch* (2. Aufl.). Göttingen: Beltz Test.
Bents, R. & Wierschke, A. (1996). Test-Retest Reliability of the Myers-Briggs Typenindikator. *Journal of Psychological Type, 36,* 42–46.
Benziman, H. (1986). The Psychodiagnostic Experience: A Call for Systematic Feedback Procedures. In B. Nevo & R. S. Jäger (Eds.), *Psychological Testing: The Examinee Perspective* (pp. 147–163). Göttingen: Hogrefe.
Berg, D. (1999). Härtetest für High-Potentials. *Welt am Sonntag: Berufe, 10. 01. 1999, Nr. 2,* BR1.
Berkel, K., Herzog, R. & Schmid, V. (1991). *Die Mitarbeiterbeurteilung als Führungsinstrument* (3. Aufl.). Wiesbaden: Deutscher Genossenschafts-Verlag.
Bernardin, H. J. (1977). The Relationship of Personality Variables to Organizational Withdrawal. *Personnel Psychology, 30,* 17–27.
Bernardin, H. J. & Bownas, D. A. (1985). *Personality Assessment in Organizations.* New York: Praeger.
Berndt, W. & Hossiep, R. (1993). Einarbeitungskonzepte des Unternehmens – Was die Firma für den Neuen tut. In R. Steiner (Hrsg.), *Job Fit: Tips für den Karriere-Start* (Bd. 3, S. 81–104). St. Gallen: DSV.

Berry, D. S. & Brownlow, S. (1989). Where the Physiognomists is Right? Personality Correlates of Facial Babyishness. *Personality and Social Psychology Bulletin, 15 (2),* 266–279.

Berry, D. S. & McArthur, L. Z. (1985). Some Components and Consequences of a Babyface. *Journal of Personality and Social Psychology, 48 (2),* 312–323.

Berscheid, E., Graziano, W., Monson, T. & Dermer, M. (1976). Outcome Dependency: Attention, Attribution and Attraction. *Journal of Personality and Social Psychology, 34 (5),* 978–989.

Berufsverband Deutscher Psychologen (Hrsg.). (1986). *Berufsordnung für Psychologen.* Bonn: Deutscher Psychologen Verlag.

Beuthner, A. (1994). Schnelle Analyse. Computerprogramme helfen bei der Suche nach den besten Führungskräften. *WirtschaftsWoche, 11,* 134.

Bierhoff, H. W. (1998). *Sozialpsychologie. Ein Lehrbuch* (4. Aufl.). Stuttgart: Kohlhammer.

Biersner, R. J. & LaRocco, J. M. (1983). Personality Characteristics of US Navy divers. *Journal of Occupational Psychology, 56,* 329–334.

Bilsky, W. & Schwartz, S. H. (1994). Values and personality. *European Journal of Personality, 8,* 163–181.

Binning, J. F. & Barrett, G. V. (1989). Validity of Personnel Decisions: A Conceptual Analysis of the Inferential and Evidential Bases. *Journal of Applied Psychology, 74 (3),* 478–494.

Blake, R. J., Potter, H. & Slimak, R. E. (1993). Validation of the Structural Scales of the CPI for Predicting the Performance of Junior Officers in the U.S. Coast Guard. *Journal of Business and Psychology, 7 (4),* 431–449.

Blanke, T. & Sterzel, D. (1978). Die Innenwelt der Außenwelt der Innenwelt als Rechtsproblem oder: Selektion durch Tests und Menschenwürde. In S. Grubitzsch & G. Rexilius (Hrsg.), *Testtheorie – Testpraxis* (S. 168–189). Reinbek: Rowohlt.

Blickle, G. (1995). Zum Zusammenhang zwischen Berufsorientierungen, Motiven und grundlegenden Persönlichkeitsmerkmalen. *Zeitschrift für Arbeits- und Organisationspsychologie, 39 (1),* 29–33.

Blits, J. H. & Gottfredson, L. S. (1990). Employment testing and job performance. *Public Interest, 98,* 18–25.

Block, J. (1978). *The Q-sort method in personality assessment and psychiatric research.* Palo Alto: Consulting Psychologists Press.

Boerner, K. (1993). *Das Psychologische Gutachten* (4. Aufl.). Weinheim: Psychologie Verlags Union.

Borkenau, P. (1992). Implicit Personality Theory and the Five-Factor Model. *Journal of Personality, 60 (2),* 295–327.

Borkenau, P. & Amelang, M. (1986). Zur faktorenanalytischen Kontrolle Sozialer Erwünschtheitstendenzen. Eine Untersuchung anhand des Freiburger-Persönlichkeits-Inventars. *Zeitschrift für Differentielle und Diagnostische Psychologie, 7 (1),* 17–28.

Borkenau, P. & Liebler, A. (1992a). The Cross-Modal Consistency of Personality: Inferring Strangers Traits from Visual or Acoustic Information. *Journal of Research in Personality, 26,* 183–204.

Borkenau, P. & Liebler, A. (1992b). Trait Inferences: Sources of Validity at Zero Acquaintance. *Journal of Personality and Social Psychology, 62 (4),* 645–657.

Borkenau, P. & Ostendorf, F. (1989a). Descriptive consistency and social desirability in self- and peer reports. *European Journal of Personality, 3,* 31–45.

Borkenau, P. & Ostendorf, F. (1989b). Untersuchungen zum Fünf-Faktoren-Modell der Persönlichkeit und seiner diagnostischen Erfassung. *Zeitschrift für Differentielle und Diagnostische Psychologie, 10 (4),* 239–251.

Borkenau, P. & Ostendorf, F. (1991). Ein Fragebogen zur Erfassung fünf robuster Persönlichkeitsfaktoren. *Diagnostica, 37 (1),* 29–41.

Borkenau, P. & Ostendorf, F. (1993). *NEO-Fünf-Faktoren-Inventar (NEO-FFI).* Göttingen: Hogrefe.

Borman, W. C., Hanson, M. A. & Hedge, J. W. (1997). Personnel Selection. *Annual Review of Psychology, 48,* 299–337.

Bortz, J. (1999). *Statistik für Sozialwissenschaftler* (5. Aufl.). Berlin: Springer.
Boudreau, J. W. (1983a). Economic considerations in estimating the utility of human resource productivity improvement programs. *Personnel Psychology, 36 (3),* 551–557.
Boudreau, J. W. (1983b). Effects of Employee Flows on Utility Analysis of Human Resource Productivity Improvement Programs. *Journal of Applied Psychology, 68 (3),* 396–407.
Bradac, J. J. & Wisegarver, R. (1984). Ascribed status, lexical diversity and accent: determinants of perceived status, solidarity and control of speech style. *Journal of Language and Social Psychology, 3,* 239–256.
Bradshaw, J. L. (1969). The information conveyed by varying the dimensions of features in human outline faces. *Perception and Psychophysics, 6,* 5–9.
Brandstätter, H. (1989). Stabilität und Veränderbarkeit von Persönlichkeitsmerkmalen. *Zeitschrift für Arbeits- und Organisationspsychologie, 33 (1),* 12–20.
Bray, D. W., Campbell, R. J & Grant, D. L. (1974). *Formative Years in Business: A Long-Term AT&T Study of Managerial Lives.* New York: Wiley.
Bray, D. W. & Grant, D. L. (1966). The assessment center in the measurement of potential for business management. *Psychological Monographs, 80 (17),* 1–27.
Brengelmann, J. C. & Brengelmann, L. (1960). Deutsche Validierung von Fragebogen der Extraversion, neurotischen Tendenz und Rigidität. *Zeitschrift für experimentelle angewandte Psychologie, 7,* 291–331.
Brenner, D. (1999). Wenn der Chef von seinen Mitarbeitern Noten bekommt. *FAZ, 09. 05. 1998,* 55.
Brenner, F. & Dilger, D. (1983). *Eignungstests erfolgreich bestehen.* München: Humboldt.
Brickenkamp, R. (1997). *Handbuch psychologischer und pädagogischer Tests* (2. Aufl.). Göttingen: Hogrefe.
Brief, A. P., Dukerich, J. M. & Doran, L. I. (1991). Resolving Ethical Dilemmas in Management: Experimental Investigations of Values, Accountability, and Choice. *Journal of Applied Social Psychology, 21 (5),* 380–396.
Britt, W. G. (1983). Pretraining Variables in the Prediction of Missionary Success Overseas. *Journal of Psychology and Theology, 11 (3),* 203–212.
Brody, N. (1988). *Personality. In Search of Individuality.* San Diego: Academic Press.
Brown, J. S., Grant, C. W. & Patton, M. J. (1981). A CPI Comparison of Engineers and Managers. *Journal of Vocational Behavior, 18,* 255–264.
Brox, H. (1995). *Allgemeiner Teil des Bürgerlichen Gesetzbuchs.* Köln: Carl Heymann.
Bruner, J. S. & Tagiuri, R. (1954). The Perception of People. In G. Lindzey (Ed.), *Handbook of Social Psychology* (Vol. 2, pp. 634–654). Reading: Addison-Wesley.
Burbeck, E. & Furnham, A. (1985). Police Officer Selection: A Critical Review of the Literature. *Journal of Police Science and Administration, 13 (1),* 58–69.
Burisch, M. (1984). Approaches to Personality Inventory Construction. *American Psychologist, 39 (3),* 214–227.
Bushe, G. R. & Gibbs, B. W. (1990). Predicting Organizational Development Consulting Competence from the Myers-Briggs Type Indicator and Stage of Ego Development. *Journal of Applied Behavioral Science, 26 (3),* 337–357.
Butcher, J. N. (1979). Use of the MMPI in Personnel Selection. In J. N. Butcher (Ed.), *New Developments in the Use of the MMPI* (pp. 165–201). Minneapolis: University of Minnesota Press.
Butcher, J. N. (1985). Review of Sixteen Personality Factor Questionnaire. *The Tenth. Mental Measurement Yearbook,* 1391–1392.
Byrne, D. (1971). *The attraction paradigm.* New York: Academic Press.
Caird, S. P. (1993). What Do Psychological Tests Suggest about Entrepreneurs? *Journal of Managerial Psychology, 8 (6),* 11–20.
Caprara, G.-V. & Van Heck, G. L. (1992). Personality psychology. Some epistemological assertions and historical considerations. In G.-V. Caprara & G. L. Van Heck (Eds.), *Modern Personality Psychology* (pp. 3–26). New York: Harvester Wheatsheaf.

Carson, G. L. & Parker, C. A. (1966). Leadership and Profiles on the MMPI and CPI. *The Journal of College Student Personnel, 7,* 14–18.

Carver, C. S. & Scheier, M. F. (1978). Self-Focusing Effects of Dispositional Self-Consciousness, Mirror Presence, and Audience Presence. *Journal of Personality and Social Psychology, 36 (3),* 324–332.

Caston, R. J. & Braito, R. (1985). The Worker-to-Job „Fit" Hypothesis. Some further evidence. *Work and Occupations, 12 (3),* 269–284.

Cattell, R. B. (1943). The description of personality: Basic traits resolved into clusters. *Journal of Abnormal and Social Psychology, 38,* 476–506.

Cattell, R. B. (1972). The 16-PF and basic personality structure: A reply to Eysenck. *Journal of Behavioural Science, 1 (4),* 169–187.

Cattell, R. B. (1987). Faktorenanalyse. In W. Arnold, H. J. Eysenck & R. Meili (Hrsg.), *Lexikon der Psychologie* (Bd. 1, S. 560–573). Freiburg: Herder.

Cattell, R. B., Eber, H. W. & Tatsuoka, M. M. (1970). *Handbook for the Sixteen Personality Factor Questionnaire (16PF).* Champaign: Institute for Personality and Ability Testing (IPAT).

Cellar, D. F., Miller, M. L., Doverspike, D. D. & Klawsky, J. D. (1996). Comparison of Factor Structures and Criterion-Related Validity Coefficients for Two Measures of Personality Based on the Five Factor Model. *Journal of Applied Psychology, 81 (6),* 694–704.

Chan, D. W. & Lee, H. B. (1995). Patterns of Psychological Test Usage in Hong Kong in 1993. *Professional Psychology: Research and Practice, 26 (3),* 292–297.

Chatman, J. A. (1989). Improving Interactional Organizational Research: A Model of Person-Organization Fit. *Academy of Management Review, 14 (3),* 333–349.

Chell, E. (1987). *The Psychology of Behaviour in Organizations.* London: Macmillan Press.

Christiansen, N. D., Goffin, R. D., Johnston, N. G. & Rothstein, M. G. (1994). Correcting the 16PF for Faking: Effects on Criterion-Related Validity and Individual Hiring Decisions. *Personnel Psychology, 47,* 847–860.

Cline, V. B. (1964). Interpersonal Perception. In B. A. Maher (Ed.), *Progress in Experimental Personality Research* (Vol. 1, pp. 221–284). New York: Academic Press.

Cobb, B. B. (1962). Problems in Air Traffic Management. II. Prediction of Success in Air Traffic Controller School. *Aerospace Medicine, 33,* 702–713.

Coe, C. K. (1992). The MBTI: Potential Uses and Misuses in Personnel Administration. *Public Personnel Management, 21 (4),* 511–522.

Cohen, R. J., Swerdlik, M. E. & Smith, D. K. (1992). *Psychological Testing and Assessment* (2nd ed.). Mountain View: Mayfield.

Colvin, C. R. (1993). „Judgable" People: Personality, Behavior, and Competing Explanations. *Journal of Personality and Social Psychology, 64 (5),* 861–873.

Colvin, C. R. & Funder, D. C. (1991). Predicting Personality and Behavior: A Boundary on the Acquaintanceship effect. *Journal of Personality and Social Psychology, 60 (6),* 884–894.

Comelli, G. (1992). Praxis der Teamentwicklung. In A. Gebert & U. Winterfeld (Hrsg.), *Arbeits-, Betriebs- und Organisationspsychologie vor Ort* (S. 247–260). Bonn: Deutscher Psychologen Verlag.

Comelli, G. (1994). Teamentwicklung – Training von „family groups". In L. M. Hofmann & E. Regnet (Hrsg.), *Innovative Weiterbildungskonzepte* (S. 61–84). Göttingen: Hogrefe.

Comelli, G. (1995). Juristische und ethische Aspekte der Eignungsdiagnostik im Managementbereich. In W. Sarges (Hrsg.), *Management-Diagnostik* (2. Aufl., S. 108–126). Göttingen: Hogrefe.

Comelli, G. (1999). Qualifikation für die Gruppenarbeit: Teamentwicklungstrainings. In L. v. Rosenstiel, E. Regnet & M. E. Domsch (Hrsg.), *Führung von Mitarbeitern. Handbuch für erfolgreiches Personalmanagement* (4. Aufl., S. 405–427). Stuttgart: Schäffer-Poeschel.

Conley, D. M. & Simon, D. (1993). Testing for Personality Bias in Evaluating Agribusiness Students. *Agribusiness, 9 (2),* 119–127.

Conley, J. J. (1984). The Hierarchy of Consistency: A Review and Model of Longitudinal Findings on Adult Individual Differences in Intelligence, Personality and Self-Opinion. *Personality and Individual Differences, 5 (1)*, 11–25.

Conley, J. J. (1985). Longitudinal Stability of Personality Traits: A Multitrait-Multimethod-Multioccasion Analysis. *Journal of Personality and Social Psychology, 49 (5)*, 1266–1282.

Cooley, C. H. (1902). *Human nature and the social order.* New York: Scribner.

Cortina, J. M., Doherty, M. L., Schmitt, N., Kaufman, G. & Smith, R. G. (1992). The „Big Five" Personality Factors in the IPI and MMPI: Predictors of Police Performance. *Personnel Psychology, 45*, 119–140.

Costa, P. T. & McCrae, R. R. (1980). Still Stable after All These Years: Personality as a Key to Some Issues in Adulthood and Old Age. *Life-Span Development and Behavior, 3*, 65–102.

Costa, P. T. & McCrae, R. R. (1985). *The NEO Personality Inventory Maual Form S and Form R.* Odessa: Psychological Assessment Resources.

Costa, P. T. & McCrae, R. R. (1988). Personality in Adulthood: A Six-Year Longitudinal Study of Self-Reports and Spouse Ratings on the NEO Personality Inventory. *Journal of Personality and Social Psychology, 54 (5)*, 853–863.

Costa, P. T. & McCrae, R. R. (1989). Personality Continuity and the Changes of Adult Life. In M. Storandt & G. R. VandenBos (Eds.), *The Adult Years: Continuity and Change* (pp. 41–77). Washington: American Psychological Association.

Costa, P. T. & McCrae, R. R. (1992). Trait Psychology Comes of Age. In T. B. Sonderegger (Ed.), *Psychology and Aging. Nebraska Symposium on Motivation* (pp. 169–204). Washington: Lincoln.

Costa, P. T. & McCrae, R. R. (1994a). Set Like Plaster? Evidence for the Stability of Adult Personality. In T. F. Heatherton & J. L. Weinberger (Eds.), *Can Personality Change?* (pp. 21–40). Washington: American Psychological Association.

Costa, P. T. & McCrae, R. R. (1994b). Stability and Change in Personality From Adolescence Through Adulthood. In C. F. Halverson, G. A. Kohnstamm & R. P. Martin (Eds.), *The Developing Structure of Temperament and Personality from Infancy to Adulthood* (pp. 139–150). Hillsdale: Erlbaum.

Craik, K. H. (1986). Personality research methods: An historical perspective. *Journal of Personality, 54 (1)*, 18–51.

Cronbach, L. J. (1955). Processes affecting scores on "understanding of others" and "assumed similarity". *Psychological Bulletin, 52 (3)*, 177–193.

Cronbach, L. J. (1970). *Essentials of Psychological Testing* (3rd ed.). New York: Harper & Row.

Cronbach, L. J. (1975). Five Decades of Public Controversy Over Mental Testing. *American Psychologist, 30*, 1–14.

Cronbach, L. J. & Gleser, G. C. (1965). *Psychological tests and personnel decisions* (2nd ed.). Urbana: University of Illinois Press.

Cronshaw, S. F. & Alexander, R. A. (1985). One Answer to the Demand for Accountability: Selection utility as an Investment Decision. *Organizational Behavior and Human Decision Processes, 35*, 102–118.

Crosby, L. A., Bitner, M. J. & Gill, J. D. (1990). Organizational Structure of Values. *Journal of Business Research, 20*, 123–134.

Dakin, S., Nilakant, V. & Jensen, R. (1994). The Role of Personality Testing in Managerial Selection. *Journal of Managerial Psychology, 9 (5)*, 3–11.

Darley, J. M. (1992). Social Organization for the Production of Evil. *Psychological Inquiry, 3 (2)*, 199–218.

Davis-Blake, A. & Pfeffer, J. (1989). Just a Mirage: The Search for Dispositional Effects in Organizational Research. *Academy of Management Review, 14 (3)*, 385–400.

Davison, G. C. & Neale, J. M. (1998). *Klinische Psychologie* (5. Aufl.). Weinheim: Psychologie Verlags Union.

Day, D. V. & Silverman, S. B. (1989). Personality and Job Performance: Evidence of Incremental Validity. *Personnel Psychology, 42,* 25–36.
Deary, I. J. & Matthews, G. (1993). Personality traits are alive and well. *The Psychologist, 6,* 299–311.
Demmer, C. (1999). Achtung Test! *Euro Wirtschaftsmagazin, 3,* 16–20.
DePaulo, B. M. (1992). Nonverbal Behavior and Self-Presentation. *Psychological Bulletin, 111 (2),* 203–243.
DePaulo, B. M., Rosenthal, R., Eisenstat, R. A., Rogers, P. L. & Finkelstein, S. (1978). Decoding Discrepant Nonverbal Cues. *Journal of Personality and Social Psychology, 36 (3),* 313–323.
Deusinger, I. M. (1986). *Die Frankfurter Selbstkonzeptskalen (FSKN).* Göttingen: Hogrefe.
Dickinson, J. (1991). Values and judgements of wage differentials. *British Journal of Social Psychology, 30,* 267–270.
Diemand, A. & Schuler, H. (1991). Sozial erwünschtes Verhalten in eignungsdiagnostischen Situationen. In H. Schuler & U. Funke (Hrsg.), *Eignungsdiagnostik in Forschung und Praxis* (S. 242–248). Stuttgart: Verlag für Angewandte Psychologie.
Diemand, A., Schuler, H. & Stapf, K. H. (1991). Zum Einsatz des Lerntests bei Ingenieurstudenten – eine Pilotstudie. *Zeitschrift für Arbeits- und Organisationspsychologie, 35 (1),* 15–22.
Digman, J. M. (1990). Personality Structure: Emergence of the Five-Factor Model. *Annual Review of Psychology, 41,* 417–440.
Dingerkus, R. (1990). Rechtsprobleme psychologischer Eignungsdiagnostik. *Report Psychologie, 11–12,* 18–24.
Dion, K. K. & Berscheid, E. (1974). Physical Attractiveness and Peer Perception Among Children. *Sociometry, 37 (1),* 1–12.
Domsch, M. (1992). Vorgesetztenbeurteilung – ein Weg zur Teamentwicklung. *io Management Zeitschrift, 61 (5),* 62–66.
Dornbusch, S. M., Hastorf, A. H., Richardson, S. A., Muzzy, R. E. & Vreeland, R. S. (1965). The perceiver and the perceived: Their relative influence on categories in interpersonal perception. *Journal of Personality and Social Psychology, 1 (5),* 434–440.
DuBois, P. H. (1970). *A History of Psychological Testing.* Boston: Allyn and Bacon.
Duff, F. L. (1965). Item Subtlety in Personality Inventory Scales. *Journal of Consulting Psychology, 29 (6),* 565–570.
Dunn, W. S., Mount, M. K., Barrick, M. R. & Ones, D. S. (1995). Relative Importance of Personality and General Mental Ability in Managers' Judgements of Applicant Qualifications. *Journal of Applied Psychology, 80 (4),* 500–509.
Duval, S. & Wicklund, R. A. (1972). *A theory of objective selfawareness.* New York: Academic Press.
Dweck, C. S. & Leggett, E. L. (1988). A Social-Cognitive Approach to Motivation and Personality. *Psychological Review, 95 (2),* 256–273.
Edeler, B. & Petzold, P. (1993). Gedächtnisgestützte Eindrucksbildung über Personen: Zieleinfluß und individuelle Unterschiede. *Zeitschrift für Sozialpsychologie, 24 (1),* 38–50.
Eggert, D. (1971). Untersuchungen zur psychometrischen Eignung eines neuen Fragebogens der neurotischen Tendenz und der Extraversion von Eysenck (EPI). In E. Duhm (Hrsg.), *Praxis der Klinischen Psychologie* (Bd. II, S. 30–63). Göttingen: Hogrefe.
Eggert, D. (1983). *Eysenck-Persönlichkeits-Inventar* (2. Aufl.). Göttingen: Hogrefe.
Elliott, A. G. P. (1981). Some implications of lie scale scores in real-life selection. *Journal of Occupational Psychology, 54,* 9–16.
Epstein, S. (1979). The Stability of Behavior: I. On Predicting Most of the People Much of the Time. *Journal of Personality and Social Psychology, 37 (7),* 1097–1126.
Epstein, S. (1980). The Stability of Behavior: II. Implications for Psychological Research. *American Psychologist, 35 (9),* 790–806.

Epstein, S. & O'Brien, E. J. (1985). The Person-Situation Debate in Historical and Current Perspective. *Psychological Bulletin, 98 (3),* 513–537.
Eye, A. v. & Krampen, G. (1979). Zu den teststatistischen Eigenschaften der deutschsprachigen Version des Eysenck-Persönlichkeits-Inventars EPI. *Diagnostica, 25 (4),* 327–328.
Eysenck, H. J. (1959). *The Maudsley Personality Inventory.* London: University of London Press.
Eysenck, H. J. (1960). *The Structure of Human Personality* (2nd ed.). London: Methuen.
Eysenck, H. J. (1971). *The Eysenck Personality Inventory* (5th ed.). London: University of London Press.
Eysenck, H. J. (1977). Personality and Factor Analysis: A Reply to Guilford. *Psychological Bulletin, 84 (3),* 405–411.
Eysenck, H. J. (1987). Eigenschaften. In W. Arnold, H. J. Eysenck & R. Meili (Hrsg.), *Lexikon der Psychologie* (Bd. 1, S. 418–428). Freiburg: Herder.
Eysenck, H. J. & Eysenck, S. B. G. (1969). *Personality Structure and Measurement.* London: Routledge & Kegan Paul.
Eysenck, S. B. G. & Eysenck, H. J. (1963). The Validity of Questionnaire and Rating Assessments of Extraversion and Neuroticism, and their Factorial Stability. *British Journal of Psychology, 54,* 51–62.
Fahrenberg, J. (1964). Objektive Tests zur Messung der Persönlichkeit. In R. Heiss, K.-J. Groffmann & L. Michel (Hrsg.), *Psychologische Diagnostik* (2. Aufl., S. 488–532). Göttingen: Hogrefe.
Fahrenberg, J., Hampel, R. & Selg, H. (1994). *Das Freiburger Persönlichkeitsinventar FPI* (6. Aufl.). Göttingen: Hogrefe.
Faix, W. G. (1995). Der Erfolgsfaktor „Handlungskompetente Mitarbeiter und Führungskräfte". In W. G. Faix, T. Bütter & E. Wollstadt (Hrsg.), *Führung und Persönlichkeit. Personale Entwicklung* (S. 11–22). Landsberg: Moderne Industrie.
Fazio, R. H., Effrein, E. A. & Falender, V. J. (1981). Self-Perceptions Following Social Interaction. *Journal of Personality and Social Psychology, 41 (2),* 232–242.
Fechtner, H. (1994). Ich sehe das anders, Chef! *Personalwirtschaft, 21 (10),* 48.
Fenigstein, A., Scheier, M. F. & Buss, A. H. (1975). Public and Private Self-Consciousness: Assessment and Theory. *Journal of Consulting and Clinical Psychology, 43 (4),* 522–527.
Ferguson, E., Payne, T. & Anderson, N. (1994). Occupational Personality Assessment: Theory, Structure and Psychometrics of the OPQ FMX5-Student. *Personality and Individual Differences, 17 (2),* 217–225.
Ferguson, L. W. (1952). *Personality measurement.* New York: McGraw-Hill.
Ferris, G. R., Bergin, T. G. & Gilmore, D. C. (1986). Personality and Ability Predictors of Training Performance for Flight Attendants. *Group & Organization Studies, 11 (4),* 419–435.
Ferris, G. R., Bergin, T. G. & Wayne, S. J. (1988). Personal Characteristics, Job Performance, and Absenteeism of Public School Teachers. *Journal of Applied Social Psychology, 18 (7),* 552–563.
Festinger, L. (1954). A theory of social comparison processes. *Human Relations, 7,* 117–140.
Fink, A. M. & Butcher, J. N. (1972). Reducing Objections to Personality Inventories with Special Instructions. *Educational and Psychological Measurement, 32,* 631–639.
Fiske, D. W. (1949). Consistency of the factorial structures of personality ratings from different sources. *Journal of Abnormal and Social Psychology, 44,* 329–344.
Fiske, S. T. & Taylor, S. E. (1984). *Social cognition.* New York: Newbery Award Records.
Fisseni, H.-J. (1995). Rückmeldung der Kandidatenbeurteilung an den Auftraggeber. In W. Sarges (Hrsg.), *Management-Diagnostik* (2. Aufl., S. 802–809). Göttingen: Hogrefe.
Fisseni, H.-J. (1998). *Persönlichkeitspsychologie. Ein Theorienüberblick* (4. Aufl.). Göttingen: Hogrefe.
Fletcher, C. (1989). A test by any other name. *Personnel Management, 3,* 47–49.

Fletcher, C. (1991). Personality Tests: The great debate. *Personnel Management, 9,* 38–42.
Fox, S., Ben-Nahum, Z. & Yinon, Y. (1989). Perceived Similarity and Accuracy of Peer Ratings. *Journal of Applied Psychology, 74 (5),* 781–786.
Francis, D. & Young, D. (1989). *Mehr Erfolg im Team. Ein Trainingsprogramm mit 46 Übungen zur Verbesserung der Leistungsfähigkeit in Arbeitsgruppen* (3. Aufl.). Hamburg: Windmühle.
Frey, H.-P. & Haußer, K. (1987). *Identität.* Stuttgart: Enke.
Frey, D., Dauenheimer, D., Parge, O. & Haisch, J. (1993). Die Theorie sozialer Vergleichsprozesse. In D. Frey & M. Irle (Hrsg.), *Theorien der Sozialpsychologie* (2. Aufl., Bd. 1, S, 81–121). Bern: Huber.
Frey, D., Wicklund, R. A. & Scheier, M. F. (1978). Die Theorie der objektiven Selbstaufmerksamkeit. In D. Frey (Hrsg.), *Kognitive Theorien der Sozialpsychologie* (S. 192–216). Bern: Huber.
Friedrichs, P. (1995). Manager-Disputation. In W. Sarges (Hrsg.), *Management-Diagnostik* (2. Aufl., S. 627–635). Göttingen: Hogrefe.
Fruhner, R., Schuler, H., Funke, U. & Moser, K. (1991). Einige Determinanten der Bewertung von Personalauswahlverfahren. *Zeitschrift für Arbeits- und Organisationspsychologie, 35 (4),* 170–178.
Fürntratt, E. (1966). Anmerkungen zu einer „Untersuchung der interkulturellen Konstanz der Persönlichkeitsfaktoren im 16 P.F.-Test". *Psychologische Beiträge, 9,* 407–412.
Funder, D. C. (1983). Three Issues in Predicting More of the People: A Reply to Mischel and Peake. *Psychological Review, 90 (3),* 283–289.
Funder, D. C. (1987). Errors and Mistakes: Evaluating the Accuracy of Social Judgement. *Psychological Bulletin, 101 (1),* 75–90.
Funder, D. C. & Colvin, C. R. (1988). Friends and strangers: Acquaintanceship, agreement, and the accuracy of personality judgment. *Journal of Personality and Social Psychology, 55 (1),* 149–158.
Funder, D. C. & Colvin, C. R. (1991). Explorations in Behavioral Consistency: Properties of Persons, Situations, and Behaviors. *Journal of Personality and Social Psychology, 60 (5),* 773–794.
Funder, D. C. & Colvin, C. R. (1994). Congruence of Others and Self-Judgements of personality. In R. T. Hogan, J. Johnson & S. R. Briggs (Eds.), *Handbook of Personality Psychology* (pp. 617–647). San Diego: Academic Press.
Funder, D. C. & Dobroth, K. M. (1987). Differences Between Traits: Properties Associated With Interjudge Agreement. *Journal of Personality and Social Psychology, 52 (2),* 409–418.
Furnham, A. (1994). The Validity of the SHL Customer Service Questionnaire (CSQ). *International Journal of Selection and Assessment, 2 (3),* 157–165.
Furnham, A. (1995). *Personality at work. The role of individual differences in the workplace.* London: Routledge.
Furnham, A. & Craig, S. (1987). Fakeability and Correlates of the Perception and Preference Inventory. *Personality and Individual Differences, 8 (4),* 459–470.
Furnham, A. & Henderson, M. (1982). The Good, the Bad and the Mad: Response Bias in Self-Report Measures. *Personality and Individual Differences, 3,* 311–320.
Furnham, A. & Stringfield, P. (1993). Personality and work performance: Myers-Briggs Type Indicator correlates of managerial performance in two cultures. *Personality and Individual Differences, 14 (1),* 145–153.
Gage, N. L. & Cronbach, L. J. (1955). Conceptual and methodological problems in interpersonal perception. *Psychological Review, 62 (6),* 411–422.
Gardner, W. L. & Martinko, M. J. (1988). Impression management in organizations. *Journal of Management, 14 (2),* 321–338.
Gaul, D. (1990). *Rechtsprobleme psychologischer Eignungsdiagnostik.* Bonn: Deutscher Psychologen Verlag.

Gavrilovici, R. O. (1995). Managerial Roles and Characteristics related with them. *Paper presented on the IV European Congress of Psychology, July 2–7, 1995.*

Gay, F. (Hrsg.). (1998). *DISG-Persönlichkeits-Profil. Verstehen Sie sich selbst besser. Schöpfen Sie Ihre Möglichkeiten aus. Entdecken Sie Ihre Stärken und Schwächen* (10. Aufl.). Offenbach: Gabal.

Gebert, D. & Rosenstiel, L. v. (1992). *Organisationspsychologie* (3. Aufl.). Stuttgart: Kohlhammer.

Gellatly, I. R., Paunonen, S. V., Meyer, J. P., Jackson, D. N. & Goffin, R. D. (1991). Personality, Vocational Interest, and Cognitive Predictors of Managerial Job Performance and Satisfaction. *Personality and Individual Differences, 12 (3),* 221–231.

Gerpott, T. J. (1989). Ökonomische Spurenelemente in der Personalwirtschaftslehre: Ansätze zur Bestimmung ökonomischer Erfolgswirkungen von Personalauswahlverfahren. *Zeitschrift für Betriebswirtschaft, 59 (8),* 888–912.

Ghiselli, E. E. (1959). Traits Differentiating Management Personnel. *Personnel Psychology, 12,* 535–544.

Ghiselli, E. E. (1963). The Validity of Management Traits in Relation to Occupational Level. *Personnel Psychology, 16,* 109–113.

Ghiselli, E. E. (1966). *The Validity of Occupational Aptitude Tests.* New York: Wiley.

Ghiselli, E. E. & Barthol, R. P. (1953). The Validity of Personality Inventories in the Selection of Employees. *Journal of Applied Psychology, 37 (1),* 18–20.

Ghosh, P. K. & Manerikar, V. V. (1971). In Search of Personality of the Indian Managers. *Indian Journal of Applied Psychology, 11 (1),* 1–6.

Giacalone, R. A. & Rosenfeld, P. (1989). *Impression management in the organization.* Hillsdale: Erlbaum.

Goeters, K. M., Timmermann, B. & Maschke, P. (1993). The Construction of Personality Questionnaires for Selection of Aviation Personnel. *International Journal of Aviation Psychology, 3 (2),* 123–141.

Goffin, R. D., Rothstein, M. G. & Johnston, N. G. (1996). Personality Testing and the Assessment Center: Incremental Validity for Managerial Selection. *Journal of Applied Psychology, 81 (6),* 746–756.

Goffin, R. D. & Woods, D. M. (1995). Using Personality Testing for Personnel Selection: Faking and Test-Taking Inductions. *International Journal of Selection and Assessment, 3 (4),* 227–236.

Goffman, E. (1997). Wir alle spielen Theater (6. Aufl.). München: Piper.

Gold, K. C. & Maple, T. L. (1994). Personality Assessment in the Gorilla and Its Utility As a Management Tool. *Zoo Biology, 13,* 509–522.

Goldberg, L. R. (1971). A historical survey of personality scales and inventories. In P. MacReynolds (Ed.), *Advances in Psychological Assessment* (Vol. 2, pp. 293–336). Palo Alto: Science and Behavior Books.

Goldberg, L. R. (1993). The Structure of Phenotypic Personality Traits. *American Psychologist, 48 (1),* 26–34.

Goldberg, L. R. (1994). Basic Research on Personality Structure: Implications of the Emerging Consensus for Applications to Selection and Classification. In M. G. Rumsey, C. B. Walker & J. H. Harris (Eds.), *Personnel Selection and Classification* (pp. 247–259). Hillsdale: Erlbaum.

Goldman, M., Cowles, M. D. & Florez, L. A. (1983). The halo effect of an initial impression upon speaker and audience. *Journal of Social Psychology, 120,* 197–201.

Gordon, V. N., Coscarelli, W. C. & Sears, S. J. (1986). Comparative Assessments of Individual Differences in Learning and Career Decision Making. *Journal of College Student Personnel, 27,* 233–242.

Gough, H. A. (1969). A Leadership Index on the California Psychological Inventory. *Journal of Counseling Psychology, 16,* 283–289.

Gough, H. G. (1968). An interpreter's syllabus for the California Psychological Inventory. In P. McReynolds (Ed.), *Advances in Psychological Assessment* (Vol. 1, pp. 55–79). Palo Alto: Science and Behavior Books.

Gough, H. G. (1975). *California Psychological Inventory (CPI)*. Palo Alto: Consulting Psychologists Press.

Gough, H. G. (1990). Testing for Leadership with the California Psychological Inventory. In K. E. Clark & M. B. Clark (Eds.), *Measures of Leadership* (pp. 355–379). West Orange: Leadership Library of America.

Gough, H. G. & Heilbrun, A. B. (1965). *The adjective check list manual.* Palo Alto: Consulting Psychologists Press.

Graham, W. K. & Calendo, J. T. (1969). Personality Correlates of Supervisory Ratings. *Personnel Psychology, 22*, 483–487.

Graupner, H.-B. & Simon, H. (1987). *Karriereplanung.* München: Heyne.

Greenberg, M. S. (1980). A theory of indebtedness. In K. J. Gergen, M. S. Greenberg & R. H. Willis (Eds.), *Social exchange* (pp. 3–26). New York: Plenum.

Greif, S. (1970). Untersuchungen zur deutschen Übersetzung des 16 P.F.-Fragebogens. *Psychologische Beiträge, 12*, 186–213.

Griffin, M. E. (1989). Personnel Research on Testing, Selection, and Performance Appraisal. *Public Personnel Management, 18 (2)*, 127–137.

Gronwald, S. (1998). Von allen Seiten. *Manager Magazin, 28 (12)*, 309–310.

Gross, A. E. & Crofton, C. (1977). What is Good, is Beautiful? Sociometry, 40 (1), 85–90.

Grubitzsch, S. (1991). (Hrsg.). *Testtheorie – Testpraxis: Psychologische Tests und Prüfverfahren im kritischen Überblick.* Reinbek: Rowohlt.

Grubitzsch, S., Kisse, M. & Freese, W. (1989). Initiationsriten – anthropologische Belege für die Psychodiagnostik? *Psychologie und Gesellschaftskritik, 52 (4)*, 5–22.

Grubitzsch, S. & Rexilius, G. (1978). (Hrsg.) *Testtheorie – Testpraxis. Voraussetzungen, Verfahren, Formen und Anwendungsmöglichkeiten psychologischer Tests im kritischen Überblick.* Reinbek: Rowohlt.

Grundmann, T. & Holling, H. (1991). Selbstdarstellung in Assessment Centern. In A. Gebert & W. Hacker (Hrsg.), *Arbeits- und Organisationspsychologie 1991 in Dresden* (S. 350–363). Bonn: Deutscher Psychologen Verlag.

Guilford, J. P. (1975). Factors and Factors of Personality. *Psychological Bulletin, 82 (5)*, 802–814.

Guilford, J. P. (1977). Will the Real Factor of Extraversion-Introversion Please Stand Up? A Reply to Eysenck. *Psychological Bulletin, 84 (3)*, 412–416.

Guilford, J. P. & Zimmermann, W. S. (1949). *The Guilford-Zimmermann Temperament Survey.* Beverly Hills: Sheridan.

Guion, R. M. (1976). Recruiting, Selection, and Job Placement. In M. D. Dunnette (Ed.), *Handbook of Industrial and Organizational Psychology* (pp. 777–828). Chicago: Rand McNally.

Guion, R. M. (1987). Changing Views for Personnel Selection Research. *Personnel Psychology, 40*, 199–213.

Guion, R. M. (1991). Personnel Assessment, Selection, and Placement. In M. D. Dunnette & L. M. Hough (Eds.), *Handbook of Industrial and Organizational Psychology* (Vol. 2, pp. 327–397). Palo Alto: Consulting Psychologists Press.

Guion, R. M. & Gottier, R. F. (1965). Validity of Personality Measures in Personnel Selection. *Personnel Psychology, 18*, 135–164.

Haan, N., Millsap, R. & Hartka, E. (1986). As Time Goes By: Change and Stability in Personality Over Fifty Years. *Psychology and Aging, 1 (3)*, 220–232.

Häcker, H. & Stapf, K. H. (1998). *Dorsch Psychologisches Wörterbuch* (13. Aufl.). Bern: Huber.

Hakstian, A. R., Woolsey, L. K. & Schroeder, M. L. (1987). Validity of a Large-Scale Assessment Battery in an Industrial Setting. *Educational and Psychological Measurement, 47*, 165–178.

Hall, C. S. & Lindzey, G. (1979). *Theorien der Persönlichkeit.* Bd. II. München: Beck.
Hampel, R. & Klinkhammer, F. (1978). Verfälschungstendenzen beim Freiburger Persönlichkeitsinventar in einer Bewerbungssituation. *Psychologie und Praxis, 22,* 58–69.
Hargrave, G. E. (1985). Using the MMPI and CPI to Screen Law Enforcement Applicants: A study of Reliability and Validity of Clinicians' Decisions. *Journal of Police Science and Administration, 13 (3),* 221–224.
Hargrave, G. E. & Hiatt, D. (1987). Law Enforcement Selection with the Interview, MMPI and CPI: A Study of Reliability and Validity. *Journal of Police Science and Administration, 15 (2),* 110–117.
Harrell, T. W. (1969). The Personality of High Earning MBA's in Big Business. *Personnel Psychology, 22,* 457–463.
Harrell, T. W. (1970). The Personality of High Earning MBA's in Small Business. *Personnel Psychology, 23,* 369–375.
Harrell, T. W. & Harrell, M. S. (1973). The Personality of MBA's who Reach General Management Early. *Personnel Psychology, 26,* 127–134.
Harris, M. M. & Schaubroeck, J. (1988). A meta-analysis of self-supervisor, self-peer, and peer-supervisor ratings. *Personnel Psychology, 41,* 43–62.
Hartenbach, W. (1992). *Was Ohren verraten. Begabung, Chancen, Genialität.* München: Herbig.
Hastie, R., Ostrom, T. M., Ebbesen, E. B., Wyer, R. S., Hamilton, D. L. & Carlston, D. E. (1980). *Person memory: The Cognitive Basis of Social Perception.* Hillsdale: Erlbaum.
Hathaway, S. R. & McKinley, J. C. (1977). *Minnesota Multiphasic Personality Inventory.* New York: The Psychological Corporation.
Hatzelmann, E. & Wakenhut, R. (1995). Probleme der Situationsdiagnostik. In W. Sarges (Hrsg.), *Management-Diagnostik* (2. Aufl., S. 135–141). Göttingen: Hogrefe.
Hazucha, J. F., Hezlett, S. A. & Schneider, R. J. (1993). The Impact of 360-Degree Feedback on Management Skills Development. *Human Resource Management, 32 (2 & 3),* 325–351.
Heatherton, T. F. & Weinberger, J. L. (1994). *Can Personality Change?* Washington: American Psychological Association.
Heckhausen, H. (1989). *Motivation und Handeln* (2. Aufl.). Berlin: Springer.
Hedlund, D. E. (1965). A Review of the MMPI in Industry. *Psychological Reports, 17,* 875–889.
Heider, F. (1944). Social perception and phenomenal causality. *Psychological Review, 51,* 358–374.
Heider, F. (1958). *The Psychology of Interpersonal Relations.* New York: Wiley.
Heintel, P. (1995). Teamtentwicklung. In B. Voß (Hrsg.), K*ommunikations- und Verhaltenstrainings* (S. 193–205). Göttingen: Verlag für Angewandte Psychologie.
Hellervik, L. W., Hazucha, J. F. & Schneider, R. J. (1992). Behavior change: Models, methods, and a review of evidence. In M. D. Dunnette & L. Hough (Eds.), *Handbook of Industrial and Organizational Psychology* (2nd ed., Vol. 3, pp. 823–895). Palo Alto: Consulting Psychologists Press.
Helmreich, R. L., Sawin, L. L. & Carsrud, A. L. (1986). The Honeymoon Effect in Job Performance: Temporal Increases in the Predictive Power of Achievement Motivation. *Journal of Applied Psychology, 71 (2),* 185–188.
Herkner, W. (1980). *Attribution – Psychologie der Kausalität.* Bern: Huber.
Heron, A. (1956). The Effects of Real-Life-Motivation on Questionnaire Response. *Journal of Applied Psychology, 40 (2),* 65–68.
Herrmann Institut Deutschland (Hrsg.). (1993, 1997). *H. D. I. Herrmann Dominanz Instrument. Erläuterungen zur Auswertung des Fragebogens* [Broschüre]. Fulda.
Herrmann Institut Deutschland (Hrsg.). (1993, 1997). *H. D. I. Herrmann Dominanz Instrument. Das Herrmann Dominanz Modell* [Broschüre]. Fulda.
Herrmann Institut Deutschlang (Hrsg.). (o. J.). *Systematische Persönlichkeitsentwicklung durch das H. D. I.* [Broschüre]. Fulda.

Herrmann, N. (1991). *Kreativität und Kompetenz. Das einmalige Gehirn.* Fulda: Paidia.
Herrmann, T. (1966). Zur Geschichte der Berufseignungsdiagnostik. *Archiv für die gesamte Psychologie, 118,* 253–278.
Herrmann, T. (1991). *Lehrbuch der empirischen Persönlichkeitsforschung.* Göttingen: Hogrefe.
Hesse, J. & Schrader, H. C. (1985). *Testtraining für Ausbildungsplatzsucher.* Frankfurt a. M.: Fischer.
Hesse, J. & Schrader, H. C. (1988). *Erlebnisse aus 1001 Bewerbung. Einstellungs- und Eignungstests bestehen.* Frankfurt a. M.: Fischer.
Hesse, J. & Schrader, H. C. (1990). *Das neue Test-Programm.* München: Goldmann.
Hesse, J. & Schrader, H. C. (1991a). D*as neue Testprogramm* (3. Aufl.). München: Goldmann.
Hesse, J. & Schrader, H. C. (1991b). *Das neue Testtrainingsprogramm.* Frankfurt a. M.: Eichborn.
Hesse, J. & Schrader, H. C. (1991c). *Testaufgaben – das Übungsprogramm.* Frankfurt a. M.: Eichborn.
Hesse, J. & Schrader, H. C. (1992). *Testtraining für Ausbildungsplatzsucher der 90er Jahre.* Frankfurt a. M.: Eichborn.
Hesse, J. & Schrader, H. C. (1994). *Bewerbungsstrategien für Hochschulabsolventen mit und ohne Abschluß.* Frankfurt a. M.: Fischer.
Hesse, J. & Schrader, H. C. (1995). *Bewerbungsstrategien für Führungskräfte in Industrie, Handel und öffentlichem Dienst.* Frankfurt a. M.: Fischer.
Hesse, J. & Schrader, H. C. (1998). *Testtraining Persönlichkeit: Eignungs- und Einstellungstests sicher bestehen.* Frankfurt a. M.: Eichborn.
Hewstone, M. & Fincham, F. (1996). Attributionstheorie und -forschung; Grundlegende Fragen und Anwendungen. In W. Stroebe, M. Hewstone & G. M. Stephenson (Hrsg.), *Sozialpsychologie. Eine Einführung* (3. Aufl., S. 177–217). Berlin: Springer.
Hiatt, D. & Hargrave, G. E. (1988a). MMPI Profiles of Problem Peace Officers. *Journal of Personality Assessment, 52 (4),* 722–731.
Hiatt, D. & Hargrave, G. E. (1988b). Predicting Job Performance Problems with Psychological Screening. *Journal of Police Science and Administration, 16 (2),* 122–125.
Hicks, R. E. (1991). Psychological Testing in Australia in the 1990's. *Asia Pacific Human Resource Management, 29 (1),* 94–101.
Höfer, I. & Neuser, J. (1994). Eine empirische Evaluation der deutschen Version des 16PF-Tests. *Zeitschrift für Differentielle und Diagnostische Psychologie, 15 (2),* 77–91.
Hoffmann, R. G. & Davis, G. L. (1995). Prospective Validity Study. CPI Work Orientation and Managerial Potential Scales. *Educational and Psychological Measurement, 55 (5),* 77–91.
Hofmann, K. (1995). Rückmeldung an die Beurteiler. In K. Hofmann, F. Köhler & V. Steinhoff (Hrsg.), *Vorgesetztenbeurteilung in der Praxis. Konzepte, Analysen, Erfahrungen* (S. 75–85). Weinheim: Beltz.
Hofstätter, P. R. (1957). *Psychologie: Das Fischer Lexikon.* Frankfurt: Fischer.
Hofstee, W. K. B. (1994). Personality and factor analysis: Bind or bond. *Zeitschrift für Differentielle und Diagnostische Psychologie, 15 (4),* 173–183.
Hogan, J. & Brinkmeyer, K. (1997). Bridging The Gap Between Overt And Personality-Based Integrity Tests. *Personnel Psychology, 50 (3),* 587–599.
Hogan, J. (1978). Personological Dynamics of Leadership. *Journal of Research in Personality, 12,* 390–395.
Hogan, J., Hogan, R. T. & Busch, C. M. (1984). How to Measure Service Orientation. *Journal of Applied Psychology, 69 (1),* 167–173.
Hogan, R. T. (1971). Personality Characteristics of Highly Rated Policemen. *Personnel Psychology, 24,* 679–686.
Hogan, R. T., Carpenter, B. N., Briggs, S. R. & Hansson, R. O. (1985). Personality Assessment and Personnel Selection. In H. J. Bernardin & D. A. Bownas (Eds.), *Personality Assessment in Organizations* (pp. 21–52). New York: Praeger.

Hogan, R. T., Hogan, J. & Roberts, B. W. (1996). Personality Measurement and Employment Decisions. *American Psychologist, 51 (5)*, 469–477.
Hogan, R. T., Raskin, R. & Fazzini, D. (1990). The Dark Side of Charisma. In K. E. Clark & M. B. Clark (Eds.), *Measures of Leadership* (pp. 343–354). West Orange: Leadership Library of America.
Hogan, R. T. (1991). Personality and Personality Measurement. In M. D. Dunnette (Ed.), *Handbook of Industrial and Organizational Psychology* (Vol. 2, pp. 873–919). Palo Alto: Consulting Psychologists Press.
Holden, R. R. & Jackson, D. N. (1979). Item Subtlety and Face Validity in Personality Assessment. *Journal of Consulting and Clinical Psychology, 47 (3)*, 459–468.
Holland, J. L. (1976). Vocational preferences. In M. D. Dunnette (Ed.), *Handbook of Industrial and Organizational Psychology* (pp. 521–570). Chicago: Rand McNally.
Holland, J. L. (1996). Exploring Careers With a Typology. *American Psychologist, 51*, 397–406.
Hollander, E. P. (1992). Leadership, Followership, Self, and Others. *Leadership Quarterly, 3 (1)*, 43–54.
Hossiep, R. (1994). Das Assessment Center. *Diagnostica, 40*, 89–104.
Hossiep, R. (1995a). *Berufseignungsdiagnostische Entscheidungen.* Göttingen: Hogrefe.
Hossiep, R. (1995b). Sequentielle Diagnosesysteme. In W. Sarges (Hrsg.), *Management-Diagnostik* (2. Aufl., S. 747–757). Göttingen: Hogrefe.
Hossiep, R. (1996a). Psychologische Tests – die vernachlässigte Dimension in Assessment Centern. In W. Sarges (Hrsg.), *Weiterentwicklungen der Assessment Center-Methode* (S. 53–67). Göttingen: Verlag für Angewandte Psychologie.
Hossiep, R. (1996b). Zur Bedeutung der Berufseignungsdiagnostik für den Bereich Personal. *ABO aktuell, 3 (4)*, 5–10.
Hossiep, R. (1999). Konsequenzen aus neueren Erkenntnissen zur Potentialbeurteilung. In L. v. Rosenstiel & T. Lang-von Wins (Hrsg.), *Perspektiven der Potentialbeurteilung.* Göttingen: Hogrefe.
Hossiep, R. & Elsler, D. (1999). Personalauswahl im Zeichen des Euro. *Personal. Zeitschrift für Human Resource Management, S1 (9)*, 430–435.
Hossiep, R. & Paschen, M. (1998). *Bochumer Inventar zur berufsbezogenen Persönlichkeitsbeschreibung (BIP).* Göttingen: Hogrefe.
Hossiep, R. & Paschen, M. (1999). Psychologische Testverfahren. In T. Sattelberger (Hrsg.), *Personalberatung in Deutschland* (S. 266–281). München: Beck.
Hossiep, R., Turck, D. & Hasella, M. (1999). *BOMAT – advanced – Bochumer Matrizentest.* Göttingen: Hogrefe.
Hossiep, R. & Wottawa, H. (1993). Diagnostik. In A. Schorr (Hrsg.), *Handwörterbuch der Angewandten Psychologie* (S. 131–136). Bonn: Deutscher Psychologen Verlag.
Hough, L. M. (1992). The „Big Five" personality variable-construct confusion: Description versus prediction. *Human Performance, 5*, 139–155.
Hough, L. M., Eaton, N. K., Dunnette, M. D., Kamp, J. D. & McCloy, R. A. (1990). Criterion-Related Validities of Personality Constructs and the Effect of Response Distortion on Those Validities. *Journal of Applied Psychology, 75 (5)*, 581–595.
House, R. J. & Howell, J. M. (1992). Personality and Charismatic Leadership. *Leadership Quarterly, 3 (2)*, 81–108.
Howard, A. & Bray, D. W. (1988). *Managerial lives in transition. Advancing age and changing times.* New York: Guilford.
Howard, A. & Bray, D. W. (1990). Predictions of Managerial Success Over Long Periods of Time: Lessons From the Management Progress Study. In K. E. Clark & M. B. Clark (Eds.), *Measures of Leadership* (pp. 113–130). West Orange: Leadership Library of America.
Howard, G. S. (1994). Why do people say nasty things about self-reports? *Journal of Organizational Behavior, 15*, 399–404.

Huber, M. (1989). *Rechtliche Aspekte der Personalberatung.* Zürich: Schulthess.
Hull, C. L. (1928). *Apptitude testing.* Yonkers, New York: World Book.
Hull, D. L., Bosley, J. J. & Udell, G. G. (1980). Renewing the Hunt for the Heffalump: Identifying Potential Entrepreneurs by Personality Characteristics. *Journal of Small Business Management, 18 (1),* 11–18.
Hunter, J. E. & Schmidt, F. L. (1982). Ability tests. Economic benefits versus the issue of fairness. *Industrial Relation, 21,* 293–308.
Hunter, J. E. & Schmidt, F. L. (1990). *Methods of Meta-Analysis: Correcting Error and Bias in Research Findings.* London: Sage.
I. H. R. Institut Human Resource (1999). Welt-NEU: 93 % Sicherheit. ManagerSeminare, *35 (3),* 21.
Ickes, W. & Layden, M. A. (1978). Attributional styles. In J. H. Harvey, W. Ickes & R. F. Kidd (Eds.), *New Directions in Attribution Research* (Vol. 2, pp. 119–156). Hillsdale: Erlbaum.
Institut für Test- und Begabungsforschung (Hrsg.). (1995). *Der neue TMS. Originalversion des Tests für medizinische Studiengänge im besonderen Auswahlverfahren* (4. Aufl.). Göttingen: Hogrefe.
Inwald, R. E. & Shusman, E. J. (1984). The IPI and MMPI as Predictors of Academy Performance for Police Recruits. *Journal of Police Science and Administration, 12 (1),* 1–11.
Irle, M. & Allehoff, W. (1988). *Berufs-Interessen-Test II (BIT II)* (2. Aufl.). Göttingen: Hogrefe.
Irving, P. G. (1993). On the Use of Personality Measures in Personnel Selection. *Canadian Psychology, 34 (2),* 208–214.
Jackson, D. N. (1974). *Manual for the Pesonality Research Form* (2nd ed.). Goshen: Research Psychologists Press.
Jackson, D. N., Neill, J. A. & Bevan, A. R. (1973). An Evaluation of Forced-Choise and True-False Item Formats in Personality Assessment. *Journal of Research in Personality, 7,* 21–30.
Jackson, D. N. & Rothstein, M. (1993). Evaluating personality testing in personnel selection. The Psychologist: *Bulletin of the British Psychological Society, 6,* 8–11.
Jäger, R. S. (1995). Eignungsdiagnostik aus der Sicht des Kandidaten. In W. Sarges (Hrsg.), *Management-Diagnostik* (2. Aufl., S. 102–108). Göttingen: Hogrefe.
Jahnke, J. (1975). *Interpersonale Wahrnehmung.* Stuttgart: Kohlhammer.
James, W. (1981). *The Principles of Psychology* (Vol. 1). (Originalarbeit publiziert 1890). Cambridge: Harvard University Press.
Janis, I. L. & Field, P. B. (1959). Sex differences and personality factors related to persuasibility. In C. Hovland & I. L. Janis (Eds.), *Personality and Persuasibility.* New Haven: Yale University Press.
Jeske, J. O. & Whitten, M. R. (1975). Motivational Distortion of the Sixteen Personality Factor Questionnaire by Persons in Job Applicants' Roles. *Psychological Reports, 37,* 379–382.
Jöns, I. (1995). Entwicklung der Beurteilungsinstrumente. In K. Hofmann, F. Köhler & V. Steinhoff (Hrsg.), *Vorgesetztenbeurteilung in der Praxis. Konzepte, Analysen, Erfahrungen* (S. 37–55). Weinheim: Beltz.
Jogschies, R. B. (o.J.). *Testknacken leichtgemacht.* München: Mosaik.
Jogschies, R. B. (1996). Onanieren Sie eigentlich noch? Karriere durch Bildung? *Spiegel special, 11,* 136–139.
John, D. & Keil, W. (1972). Selbsteinschätzung und Verhaltensbeurteilung. *Psychologische Rundschau, 23,* 10–29.
John, O. P., Angleitner, A. & Ostendorf, F. (1988). The lexical approach to personality: a historical review of trait taxonomic research. *European Journal of Personality, 2,* 171–203.
Johnson, C. E., Wood, R. & Blinkhorn, S. F. (1988). Spuriouser and spuriouser: The use of ipsative personality tests. *Journal of Occupational Psychology, 61,* 153–162.
Johnson, E. E. (1983). Psychological Tests Used in Assessing a Sample of Police and Fire Fighter Candidates. *Journal of Police Science and Administration, 11 (4),* 430–433.

Johnson, J. A. (1981). The „Self-Disclosure" and „Self-Presentation" Views of Item Response Dynamics and Personality Scale Validity. *Journal of Personality and Social Psychology, 40 (4),* 761–769.

Jones, E. E. & Davis, K. E. (1965). From acts to dispositions: The attribution process in interpersonal perception. In L. Berkowitz (Ed.), *Advances in Experimental Social Psychology* (Vol. 2, pp. 219–266). New York: Academic Press.

Jones, E. E. & Goethals, G. R. (1972). Order Effects in Impression Formation: Attribution Context and the Nature of the Entity. In E. E. Jones, D. E. Kanouse, H. H. Kelley, R. E. Nisbett, S. Valins & B. Weiner (Eds.), *Attribution: Perceiving the causes of behavior* pp. 27–46. Morristown: General Learning Press.

Jones, E. E. & Nisbett, R. E. (1971). *The Actor and the Observer: Divergent Perceptions of the Cause of Behavior.* Morristown, NJ: General Learning Press.

Jones, E. E., Rhodewalt, F., Berglas, S. & Skelton, J. A. (1981). Effects of Strategic Self-Presentation on Subsequent Self-Esteem. *Journal of Personality and Social Psychology, 41 (3),* 407–421.

Judge, T. A., Martocchio, J. J. & Thoresen, C. J. (1997). Five-Factor Model of Personality and Employee Absence. *Journal of Applied Psychology, 82 (5),* 745–755.

Jung, B. & Schwertfeger, B. (1998). Wer bin ich? *BIZZ. Das neue Wirtschaftsmagazin von Capital, 11/98–01/99,* 53–65.

Jung, C. G. (1989). *Psychologische Typen* (16. Aufl.). Olten: Walter.

Kaplan, R. M. & Saccuzzo, D. P. (1982). *Psychological Testing. Principles, Applications, and Issues.* Monterey: Brooks/Cole.

Katz, R. L. (o.J.). Welche Führungsqualitäten braucht ein Manager? *Havard Manager. Führung und Persönlichkeit, 1,* 11–22.

Keirsey, D. & Bates, M. (1984). *Please understand me: Character and temperament types.* Del Mar: Prometheus Nemesis Books.

Kelley, H. H. (1967). Attribution theory in social psychology. In D. Levine (Ed.), *Nebraska Symposium on Motivation* (**pp.** 192–238). Lincoln: University of Nebraska Press.

Kelley, P. L., Jacobs, R. R. & Farr, J. L. (1994). Effects of Multiple Administrations of the MMPI for Employee Screening. *Personnel Psychology, 47,* 575–591.

Kenny, D. A. (1991). A General Model of Consensus and Accuracy in Interpersonal Perception. *Psychological Review, 98 (2),* 155–163.

Kenny, D. A. & Albright, L. (1987). Accuracy in Interpersonal Perception: A Social Relations Analysis. *Psychological Bulletin, 102 (3),* 390–402.

Kenny, D. A. & Zaccaro, S. J. (1983). An Estimate of Variance Due to Traits in Leadership. *Journal of Applied Psychology, 68 (4),* 678–685.

Kenrick, D. T. & Funder, D. C. (1988). Profiting From Controversy: Lessons From the Person-Situation-Debate. *American Psychologist, 43 (1),* 23–34.

Kiener, F. & Höfer, B. (1972). Modifikation der Personenwahrnehmung durch nicht bewußte Lernvorgänge. *Psychologische Rundschau, 23,* 30–40.

Kilduff, M. & Day, D. V. (1994). Do chameleons get ahead? The effects of self-monitoring on managerial careers. *Academy of Management Journal, 37 (4),* 1047–1060.

Kinder, A. & Robertson, I. T. (1994). Do You Have the Personality to Be a Leader? The Importance of Personality Dimensions for Successful Managers and Leaders. *Leadership & Organization Development Journal, 15 (1),* 3–12.

Kirkpatrick, S. A. & Locke, E. A. (1991). Leadership: do traits matter? *Academy of Management Executive, 5 (2),* 48–60.

Klauer, K. C. & Schmeling, A. (1990). Sind Halo-Fehler Flüchtigkeitsfehler? *Zeitschrift für experimentelle und angewandte Psychologie, 37 (4),* 594–607.

Klein, F. J. (1982). *Die Rechtmäßigkeit psychologischer Tests im Personalbereich.* Gelsenkirchen: Mannhold.

Klein, M. (1994). *Tests für Hochschulabsolventen und Führungskräfte*. Hamburg: CC-Verlag.
Kleinmann, M. (1997). *Assessment-Center: Stand der Forschung – Konsequenzen für die Praxis*. Göttingen: Verlag für Angewandte Psychologie.
Klimoski, R. J. & London, M. (1974). Role of the rater in performance appraisal. *Journal of Applied Psychology, 59 (4)*, 445–451.
Klimoski, R. J. & Rafaeli, A. (1983). Inferring personal qualities through handwriting analysis. *Journal of Occupational Psychology, 56*, 191–202.
Kline, P. (1986). *A Handbook of Test Construction*. London: Methuen.
Kline, P. (1993). Comments on "Personality traits are alive and well". *The Psychologist, 6*, 304.
Kline, P. (1994). *Personality. The Psychometric View*. New York: Routledge.
Klinkenberg, U. (1994). Persönlichkeitsmerkmale in Stellenanzeigen für qualifizierte Fach- und Führungskräfte. *Zeitschrift für Personalforschung, 4*, 401–418.
Knapp, R. R. (1962). *Manual of Maudsley Personality Inventory*. San Diego: Educational and Industrial Testing Service.
Knatz, H. F., Inwald, R. E., Brockwell, A. L. & Tran, L. N. (1992). IPI and MMPI Predictions of Counterproductive Job Behaviors by Racial Groups. *Journal of Business and Psychology, 7 (2)*, 189–201.
Koch, K. (1997). *Der Baumtest. Der Baumzeichenversuch als diagnostisches Hilfsmittel* (9. Aufl.). Bern: Huber.
Kochkin, S. (1987). Personality Correlates of a measure of Honesty. *Journal of Business and Psychology, 1 (3)*, 236–247.
Köhler, F. (1995). Vorbereitungs- und Informationsphase im Unternehmen. In K. Hofmann, F. Köhler & V. Steinhoff (Hrsg.), *Vorgesetztenbeurteilung in der Praxis. Konzepte, Analysen, Erfahrungen* (S. 57–62). Weinheim: Beltz.
Köhler, O. (1980). Seelen-Strip vor dem Unternehmer. *Metall, 9*, 11–14.
Koffka, K. (1935). *Principles of Gestalt Psychology*. New York: Harcourt & Brace.
Kohn, M. L. & Schooler, C. (1982). Job Conditions and Personality: A Longitudinal Assessment of Their Reciprocal Effects. *American Journal of Sociology, 87 (6)*, 1257–1286.
Krebs, D. L. & Adinolfi, A. (1975). Physical attractiveness, social relations, and personality style. *Journal of Personality and Social Psychology, 31 (2)*, 245–253.
Kühne, H.-H. (1987). *Berufsrecht für Psychologen*. Baden-Baden: Nomos.
Külpmann, B. (1997). Zur Kongruenz von Selbst- und Fremdbild hinsichtlich berufsbezogener Persönlichkeitseigenschaften. *Unveröffentlichte Diplomarbeit, Ruhr-Universtiät Bochum*.
Kuhl, J. & Beckmann, J. (1994). *Volition and personality: Action versus State Orientation*. Göttingen: Hogrefe.
Kuipers, M. (1991). Begeisterungsfähig und unkonventionell. Eine empirische Studie über erfolgreiche und erfolglose Unternehmensführer. *Schweizer Handelszeitung, 22.08.1999, Nr. 34*, S. 37.
Kuntz, B. (1999a). Langer Weg zur Selbsterkenntnis. *Handelsblatt, Management und Karriere, 04./05.06.1999*, K 3.
Kuntz, B. (1999b). Noten für Führungskräfte. *Die Welt, 26.04.1999*, 20.
Lamont, L. M. & Lundstrom, W. J. (1977). Identifying Successful Industrial Salesmen by Personality and Personal Characteristics. *Journal of Marketing Research, 14*, 517–529.
Lang, A. (1978). Diagnostik und Autonomie der Person. In U. Pulver, A. Lang & F. W. Schmid (Hrsg.), *Ist Psychodiagnostik verantwortbar?* (S. 17–29). Bern: Huber.
Larsen, R. J. (1989). A Process Approach to Personality Psychology: Utilizing Time as a Facet of Data. In D. M. Buss & N. Cantor (Eds.), *Personality Psychology* (pp. 177–193). Berlin: Springer.
Lautenschlager, G. J. (1986). Within-Subject Measures for the Assessment of Individual Differences in Faking. *Educational and Psychological Measurement, 46*, 309–316.
Lavater, J. C. (1948). *Physiognomische Fragmente*. Oldenburg: Bei Heimeran.
Lawson, E. D. (1971). Hair, color, personality, and the observer. *Psychological Report, 28*, 311–322.

Leary, M. R. & Kowalski, R. M. (1990). Impression Management: A Literature Review and Two-Component Model. *Psychological Bulletin, 107 (1),* 34–47.

Leibold, G. (1987). *Eignungs- und Persönlichkeitstests.* München: Humboldt.

Lemkau, J. P. (1983). Women in Male-Dominated Professions: Distinguishing Personality and Background Characteristics. *Psychology of Women Quarterly, 8 (2),* 144–165.

Levinson, H. (o.J.a). Die ruppige Persönlichkeit. *Havard Manager. Führung und Persönlichkeit, 1,* 29–37.

Levinson, H. (o.J.b). Qualifikation für Topmanager. *Havard Manager. Führung und Persönlichkeit, 1,* 23–28.

Leyens, J.-P. & Codol, J.-P. (1990). Soziale Infomationsverarbeitung. In W. Stroebe, M. Hewstone, J.-P. Codol & G. M. Stephenson (Hrsg.), *Sozialpsychologie. Eine Einführung* (2. Aufl., S. 89–110). Heidelberg: Springer.

Leyens, J.-P. & Dardenne, B. (1997). Soziale Kognition – Ansätze und Grundbegriffe. In W. Stroebe, M. Hewstone & G. M. Stephenson (Hrsg.), *Sozialpsychologie. Eine Einführung* (3. Aufl., S. 115–141). Berlin: Springer.

Linneweh, K. & Hofmann, L. M. (1999). Persönlichkeitsmanagement. In L. v. Rosenstiel, E. Regnet & M. Domsch (Hrsg.), *Führung von Mitarbeitern* (S. 79–89). Stuttgart: Schäffer-Poeschel.

Lohff, A. (1996). Internationale Assessment und Development Center. In W. Sarges (Hrsg.), *Weiterentwicklungen der Assessment Center-Methode* (S. 205–215). Göttingen: Verlag für Angewandte Psychologie.

London, M. & Smither, J. M. (1995). Can multi-source feedback change perceptions of goal accomplishment, self-evaluations, and performance related outcomes? Theory-based applications and directions for research. *Personnel Psychology, 48 (4),* 803–839.

Lord, R. G., De Vader, C. L. & Alliger, G. M. (1986). A Meta-Analysis of the Relation Between Personality Traits and Leadership Perceptions: An Application of Validity Generalization Procedures. *Journal of Applied Psychology, 71,* 402–410.

Lounsbury, J. W., Bobrow, W. & Jensen, J. B. (1989). Attitudes Toward Employment Testing: Scale Development, Correlates, and "Known-Group" Validation. *Professional Psychology: Research and Practice, 20 (5),* 340–349.

Lubin, B., Larsen, R. M. & Matarazzo, J. D. (1984). Patterns of Psychological Test Usage in the United States: 1935–1982. *American Psychologist, 39,* 451–454.

Lubin, B., Wallis, R. R. & Paine, C. (1971). Patterns of Psychological Test Usage in the United States: 1935–1969. *Professional Psychology: Research and Practice, 2,* 70–74.

Luthans, F. (1988). Successful vs. Effective Real Managers. *The Academy of Management Executive, 2 (2),* 127–132.

Mahoney, T. A., Jerdee, T. H. & Nash, A. N. (1960). Predicting Managerial Effectiveness. *Personnel Psychology, 13,* 147–163.

Mahoney, T. A., Sorenson, W. W., Jerdee, T. H. & Nash, A. N. (1963). Identification and Prediction of Managerial Effectiveness. *Personnel Administration, 26,* 12–22.

Maier, W. (1987). Die Praxis der Berufseignungsdiagnostik in der Erfahrung jugendlicher Auszubildender. *Psychologie und Praxis. Zeitschrift für Arbeits- und Organisationspsychologie, 31 (2),* 77–79.

Mann, R. D. (1959). A Review of the Relationships between Personality and Performance in Small Groups. *Psychological Bulletin, 56 (3),* 241–270.

Marchese, M. C. & Muchinsky, P. M. (1993). The Validity of the Employment Interview: A Meta-Analysis. *International Journal of Selection and Assessment, 1 (1),* 18–26.

Marcus, B., Funke, U. & Schuler, H. (1997). Integrity Tests als spezielle Gruppe eignungsdiagnostischer Verfahren: Literaturüberblick und metaanalytische Befunde zur Konstruktvalidität. *Zeitschrift für Arbeits- und Organisationspsychologie, 41 (1),* 2–17.

Markus, H. (1977). Self-Schemata and Processing Information About the Self. *Journal of Personality and Social Psychology, 35 (2),* 63–78.

Markus, H. & Wurf, E. (1987). The Dynamic Self-concept: A Social Psychological Perspective. *Annual Review of Psychology, 38,* 299–337.

Marston, W. M. (1928). *Emotions of Normal People.* New York: Harcourt & Brace.

Martin, D. C. & Bartol, K. M. (1986). Holland's Vocational Preference Inventory and the Myers-Briggs Type Indicator as Predictors of Vocational Choice among Master's of Business Administration. *Journal of Vocational Behavior, 29,* 51–65.

Matthews, G. & Stanton, N. (1994). Item and scale factor analyses of the Occupational Personality Questionaire. *Personality and Individual Differences, 16 (5),* 733–743.

McCall, M. W. & Lombardo, M. M. (1983). *Off the track: Why and how successful executives get derailed.* Greensboro: Center for Creative Leadership.

McCaulley, M. H. (1976). Psychological Types in Engineering: Implications for Teaching. *Engineering Education, 4,* 729–736.

McCaulley, M. H. (1990). The Myers-Briggs Type Indicator and Leadership. In K. E. Clark & M. B. Clark (Eds.), *Measures of Leadership* (pp. 381–418). West Orange: Leadership Library of America.

McClelland, D. C. (1965). N Achievement and Entrepreneurship. A Longitudinal Study. *Journal of Personality and Social Psychology, 1 (4),* 389–392.

McClelland, D. C. (1987a). Characteristics of Successful Entrepreneurs. *The Journal of Creative Behavior, 21 (3),* 219–233.

McClelland, D. C. (1987b). *Human Motivation.* Cambridge: Cambridge University Press.

McClelland, D. C. & Boyatzis, R. E. (1982). Leadership Motive Pattern and Long-Term Success in Management. *Journal of Applied Psychology, 67 (6),* 737–734.

McClelland, D. C. & Winter, D. G. (1969). *Motivating Economic Achievement.* New York: Free Press.

McClure, L. & Werther, W. B. (1993). Personality Variables in Management Development Interventions. *Journal of Management, 12 (3),* 39–47.

McCrae, R. R. (1990). Traits and trait names: how well is Openness represented in natural languauge. *European Journal of Personality, 4,* 119–129.

McCrae, R. R. & Costa, P. T. (1982). Self-Concept and the Stability of Personality: Cross-Sectional Comparisons of Self-Reports and Ratings. *Journal of Personality and Social Psychology, 43 (6),* 1282–1292.

McCrae, R. R. & Costa, P. T. (1983). Social Desirability Scales: More Substance Than Style. *Journal of Consulting and Clinical Psychology, 51 (6),* 882–888.

McCrae, R. R. & Costa, P. T. (1987). Validation of the Five Factor Model of Personality Across Instruments and Observers. *Journal of Personality and Social Psychology, 52 (1),* 81–90.

McCrae, R. R. & Costa, P. T. (1989). Different points of view: Self reports and ratings in the assessment of personality. In J. P. Forgas & J. M. Innes (Eds.), *Recent Advances in Social Psychology: An International Perspective* (pp. 429–439). Amsterdam: Elsevier Science.

McCrae, R. R. & John, O. P. (1992). An Introduction to the Five-Factor Model and Its Applications. *Journal of Personality, 60,* 175–215.

McHenry, J. J., Hough, L. M., Toquam, J. L., Hanson, M. A. & Ashworth, S. (1990). Project A Validity Results: The Relationship between Predictor and Criterion Domains. *Personnel Psychology, 43,* 335–354.

McReynolds, P. (1975). Historical Antecedents of Personality Assessment. In P. McReynolds (Ed.), *Advances in Psychological Assessment* (Vol. 3, pp. 477–532). Palo Alto: Science and Behavior Books.

Mead, G. H. (1934). *Mind, self, and society.* Chicago: University of Chicago Press.

Medicus, D. (1994). *Allgemeiner Teil des BGB. Ein Lehrbuch.* Heidelberg: C. F. Müller Juristischer Verlag.

Meffert, H. & Wagner, H. (1992). Qualifikation und Ausbildung von Führungskräften – empirische Befunde und Implikationen. *Zeitschrift für Personalforschung, 3,* 352–365.

Mershon, B. & Gorsuch, R. L. (1988). Number of Factors in the Personality Sphere: Does Increase in Factors Increase Predictability of Real-Life Criteria. *Journal of Personality and Social Psychology, 55 (4),* 675–680.
Merton, R. K. (1957). *Social Theory and Social Structure.* New York: Free Press.
Messick, S. (1965). Personality Measurement and the Ethics of Assessment. *American Psychologist, 20,* 136–142.
Messick, S. (1980). Test Validity and the Ethics of Assessment. *American Psychologist, 35 (11),* 1012–1027.
Meyer, A. E., Arnold, M.-A., Freitag, D. E. & Balck, F. (1977). Cattells Test-Konstruktionsstrategie, beurteilt an der Eppendorf-Übersetzung seines 16 Persönlichkeits-Faktoren (16 PF)-Fragebogens. *Diagnostica, 23,* 97–118.
Miketta, G., Gottschling, C., Wagner-Roos, L. & Gibbs, N. (1995). Die neue Erfolgsformel: EQ. *Focus, 41,* 194–202.
Miller, M., Maruyama, G., Beaber, R. J. & Valone, K. (1976). Speed of Speech and Persuasing. *Journal of Personality and Social Psychology, 34 (4),* 615–624.
Miller, W. R. & C'deBaca, J. (1994). Quantum Change: Toward a Psychology of Transformation. In T. F. Heatherton & J. L. Weinberger (Eds.), *Can Personality Change?* (pp. 253–280). Washington: American Psychological Association.
Milliman, J. F., Zawacki, R. A., Norman, C., Powell, L. & Kirksey, J. (1994). Companies evaluate employees from all perspectives. *Personnel Journal, 11,* 99–103.
Mischel, W. (1968). *Personality and Assessment.* New York: Wiley.
Mischel, W. (1977). The Interaction of Person and Situation. In D. Magnusson & N. S. Endler (Eds.), *Personality at the Crossroads: Current Issues in Interactional Psychology* (pp. 333–352). Hillsdale: Erlbaum.
Mischel, W. (1984). Convergences and Challenges in the Search for Consistency. *American Psychologist, 39 (4),* 351–364.
Mischel, W. & Peake, P. K. (1982). Beyond Déjà Vu in the Search for Cross-Situational Consistency. *Psychological Review, 89 (6),* 730–755.
Mittenecker, E. (1982). Subjektive Tests zur Messung der Persönlichkeit. In K.-J. Groffmann & L. Michel (Hrsg.), *Enzyklopädie der Psychologie: Themenbereich B Methodologie und Methoden, Serie II Psychologische Diagnostik, Bd. 3 Persönlichkeitsdiagnostik* (S. 57–131). Göttingen: Hogrefe.
Monahan, C. J. & Muchinsky, P. M. (1983). Three decades of personnel selection research: A state-of-the-art analysis and evaluation. *Journal of Occupational Psychology, 56,* 215–225.
Morgenthaler, W. (Hrsg.). (1992). *Rorschach-Psychodiagnostik* (11. Aufl.). Bern: Huber.
Morrow, I. J. & Stern, M. (1990). Stars, Adversaries, Producers, and Phantoms at Work: A New Leadership Typology. In K. E. Clark & M. B. Clark (Eds.), *Measures of Leadership* (pp. 419–439). West Orange: Leadership Library of America.
Moser, K. (1991). *Konsistenz der Person.* Göttingen: Hogrefe.
Moses, S. (1991). Personality tests come back in I/O. A.P.A. *Monitor, 11,* 9.
Mossholder, K. W., Bedeian, A. G., Touliatos, J. & Barkman, A. I. (1985). An Examination of Intraoccupational Differences: Personality, Perceived Work Climate, and Outcome Preferences. *Journal of Vocational Behavior, 26,* 164–176.
Mount, M. K. & Barrick, M. R. (1995). The Big Five personality dimensions: Implications for research and practice in human resources management. In K. M. Rowland & G. Ferris (Eds.), *Research in personnel and human resources management* (Vol. 13, pp. 153–200). Greenwick: JAI Press.
Mowday, R. T., Porter, L. W. & Stone, E. F. (1978). Employee Characteristics as Predictors of Turnover among Female Clerical Employees in Two Organizations. *Journal of Vocational Behavior, 12,* 321–332.

Müller-Thurau, C. P. (1995). *Die Seelenschnüffler oder wie man Psychoexperten und ihre Methoden durchschaut.* Düsseldorf: Econ.

Münsterberg, H. (1912). *Psychologie und Wirtschaftsleben.* Leipzig: Barth.

Mummendey, H. D. (1995). *Psychologie der Selbstdarstellung* (2. Aufl.). Göttingen: Hogrefe.

Mummendey, H. D., Riemann, R. & Schniebel, B. (1983). Entwicklung eines mehrdimensionalen Verfahrens zur Selbsteinschätzung. *Zeitschrift für personenzentrierte Psychologie und Psychotherapie, 2,* 89–98.

Murdy, L. B., Sells, S. B., Gavin, J. F. & Toole, D. L. (1973). Validity of personality and interest inventories for stewardesses. *Personnel Psychology, 26,* 273–278.

Murphy, K. R. & Shiarella, A. H. (1997). Implications Of The Multidimensional Nature Of Job Performance For The Validity Of Selection Tests: Multivariate Frameworks For Studying Test Validity. *Personnel Psychology, 50,* 823–854.

Murray, H. A. (1938). *Explorations in personality.* New York: Oxford University Press.

Murray, H. A. (1991). *Thematischer Aperzeptionstest (TAT)* (3. Aufl.). Cambridge Massachusetts: Havard University Press.

Narramore, K. (1994). *Personality on the Job.* Michigan: Servant.

Nasby, W. (1989). Private Self-Consciousness, Self-Awareness, and the Reliability of Self-Reports. *Journal of Personality and Social Psychology, 56 (6),* 950–957.

Nathan, B. R. & Lord, R. G. (1983). Cognitive Categorization and Dimensional Schemata: A Process Approach to the Study of Halo in Performance Ratings. *Journal of Applied Psychology, 68 (1),* 102–114.

Nelson, R. (1987). Maybe it's Time to Take Another Look at Tests as a Sales Selection Tool? *Journal of Personal Selling & Sales Management, 7,* 33–38.

Nerdinger, F. W. (1994). Selbstselektion von potentiellen Führungsnachwuchskräften. In L. v. Rosenstiel, T. Lang & E. Sigl (Hrsg.), *Fach- und Führungsnachwuchs finden und fördern* (S. 20–38). Stuttgart: Schäffer-Poeschel.

Nesselroade, J. R. & Boker, S. M. (1994). Assessing Constancy and Change. In T. F. Heatherton & J. L. Weinberger (Eds.), *Can Personality Change?* (pp. 121–147). Washington: American Psychological Association.

Neter, E. & Ben-Shakar, G. (1989). The Predictive Validity of Graphological Inferences: A Meta-Analytic Approach. *Personality and Individual Differences, 10 (7),* 737–745.

Nettler, G. (1978). Test burning in Texas. In D. N. Jackson & S. Messick (Eds.), *Problems in human assessment* (pp. 827–829). New York: McGraw-Hill.

Neuberger, O. (1998). Ein starkes Stück. *Manager Magazin, 28 (12),* 310–311.

Neuefeind, B. (1993). Neue Instrumente der Persönlichkeitsanalyse. *Manager Seminare, 11 (4),* 32–36.

Nevo, B. (1986). Face Validity and Other Related Variables. In B. Nevo & R. S. Jäger (Eds.), *Psychological Testing: The Examinee Perspective* (pp. 49–68). Göttingen: Hogrefe.

Nicholson, R. A. & Hogan, R. (1990). The Construct Validity of Social Desirability. *American Psychologist, 45 (2),* 290–292.

Nilsen, D. & Campbell, D. P. (1993). Self-Observer Rating Discrepancies: Once an Overrater, Always an Overrater? *Human Resource Management, 32 (2 & 3),* 265–281.

Norman, W. T. (1963a). Personality Measurement, Faking, and Detection: An Assessment Method for Use in Personnel Selection. *Journal of Applied Psychology, 47 (4),* 225–241.

Norman, W. T. (1963b). Toward an adequate taxonomy of personality attributes: Replicated factor structure in peer nomination personality ratings. *Journal of Abnormal and Social Psychology, 66 (6),* 574–583.

Norman, W. T. (1969). "To see ourselfs as other see us!": Relations among self-perceptions, peer-perceptions, and expected peer-perceptions of personality attributes. *Multivariate Behavioral Research, 4,* 417–433.

Norman, W. T. & Goldberg, L. R. (1966). Raters, ratees, and randomness in personality structure. *Journal of Personality and Social Psychology, 4 (6)*, 681–691.
Nußbaum, A. & Neumann, B. (1995). Jede Entwicklung geht vom Menschen aus – Human Resources Management als unternehmerische Aufgabe. In W. Jochmann (Hrsg.), *Personalberatung intern* (S. 121–142). Göttingen: Verlag für Angewandte Psychologie.
O'Meara, D. P. (1994). Personality Tests Raise Questions of Legality and Effectiveness. Human Resource Magazine, 39, 97–100.
Okechuku, C. (1994). The relationship of six managerial characteristics to the assessment of managerial effectiveness in Canada, Hong Kong and People's Republic of China. *Journal of Occupational and Organizational Psychology, 67*, 79–86.
Ones, D. S., Mount, M. K., Barrick, M. R. & Hunter, J. E. (1994). Personality and Job Performance: A critique of the Tett, Jackson, and Rothstein (1991) Meta-Analysis. *Personnel Psychology, 47*, 147–156.
Ones, D. S., Viswesvaran, C. & Reiss, A. D. (1996). Role of Social Desirability in Personality Testing for Personnel Selection: The Red Herring. *Journal of Applied Psychology, 81 (6)*, 660–679.
Organ, D. W. (1994). Personality and Organizational Citizenship Behavior. *Journal of Management, 20 (2)*, 465–478.
Osborn, T. N. & Osborn, D. B. (1990). Leadership in Latin American Organizations: A Glimpse of Styles Through Personality Measures. In K. E. Clark & M. B. Clark (Eds.), *Measures of Leadership* (pp. 449–454). West Orange: Leadership Library of America.
Ostendorf, F. (1990). *Sprache und Persönlichkeitsstruktur: Zur Validität des Fünf-Faktoren Modells der Persönlichkeit.* Regensburg: Roderer.
Oswick, C. (1993). Supervisory Personality Traits: Age, Gender and Occupational Differences. *Modern Management, 7 (1)*, 6–8.
Otte, P. (1984). Do CPA's have a unique personality? *The Michigan CPA, Spring*, 29–36.
Ozer, D. J. & Reise, S. P. (1994). Personality Assessment. *Annual Review of Psychology, 45*, 357–388.
Paczensky, S. (1976). *Der Testknacker.* Reinbek: Rowohlt.
Paschen, M. & Hossiep, R. (1999). Psychologische Fragebogen als Bestandteil der AC-Methode. In W. Jochmann (Hrsg.), *Innovationen im Assessment-Center* (S. 129–155). Stuttgart: Schäffer-Poeschel.
Passini, F. T. & Norman W. T. (1966). A universal conception of personality structure? *Journal of Personality and Social Psychology, 4 (1)*, 44–49.
Patsfall, M. R. & Feimer, N. R. (1985). The Role of Person-Environment Fit in Job Performance and Satisfaction. In H. J. Bernardin & D. A. Bownas (Eds.), *Personality Assessment in Organizations* (pp. 53–81). New York: Praeger.
Paulhus, D. L. (1984). Two-Component Models of Socially Desirable Responding. *Journal of Personality and Social Psychology, 46 (3)*, 598–609.
Paulhus, D. L. (1986). Self-Deception and Impression Management in Test Responses. In A. Angleitner & J. S. Wiggins (Eds.), *Personality Assessment via Questionnaires* (pp. 143–165). Berlin: Springer.
Paulhus, D. L. (1989). Socially Desirable Responding: Some New Solutions to Old Problems. In D. M. Buss & N. Cantor (Eds.), *Personality Psychology. Recent Trends and Emerging Directions* (pp. 201–209). Berlin: Springer.
Pawlik, K. (1982). Multivariate Persönlichkeitsforschung: Zur Einführung in Frage und Methodik. In K. Pawlik (Hrsg.), *Multivariate Persönlichkeitsforschung* (S. 17–54). Bern: Huber.
Peacock, A. C. & O'Shea, B. (1984). Occupational Therapists. Personality and Job Performance. *The American Journal of Occupational Therapy, 38 (8)*, 517–521.
Pervin, L. A. (1989). Persons, Situations, Interactions: The History of a Controversy and a Discussion of Theoretical Models. *Academy of Management Review, 14 (3)*, 350–360.

Pervin, L. A. & Lilly, R. (1967). Social desirability and self-ideal self ratings of the semantic differential. *Educational and Psychological Measurement, 27,* 845–853.

Petersen, L.-E. (1994). *Selbstkonzept und Informationsverarbeitung: Der Einfluß des Selbstkonzeptes auf die Suche und Verarbeitung selbstkonzeptrelevanter Informationen und auf die Personenwahrnehmung.* Essen: Blaue Eule.

Petersen, L.-E., Stahlberg, D. & Dauenheimer, D. (1996). Die Suche und Verarbeitung von positiven, negativen und konsistenten selbstkonzeptrelevanten Informationen. *Psychologische Beiträge, 38,* 231–246.

Piedmont, R. L. & Weinstein, H. P. (1994). Predicting Supervisor Ratings of Job Performance Using the NEO Personality Inventory. *The Journal of Psychology, 128 (3),* 255–265.

Porter, R. B. (1970). Test Results as an Aid in Personnel Selection. *Journal of Employment Counseling, 7 (1),* 36–39.

Prochaska, M. (1998). *Leistungsmotivation: Methoden, soziale Erwünschtheit und das Konstrukt. Ansatzpunkte zur Entwicklung eines eignungsdiagnostischen Verfahrens.* Frankfurt a. M.: Lang.

Ptolemäus, C. (1995). *Tetra Biblos.* Mössingen: Chiron.

Püttner, I. (1999). Rechtsfragen beim Einsatz von psychologischen Tests. *Personalführung, 4,* 54–57.

Pugh, G. (1985). The California Psychological Inventory and Police Selection. *Journal of Police Science and Administration, 13 (2),* 172–177.

Pulver, U., Lang, A. & Schmid, F. W. (1978). Ist Psy<chodiagnostik verantwortbar? Bern: Huber.

Ramul, K. (1963). Some early measurements and ratings in psychology. *American Psychologist, 18,* 653–659.

Raymark, P. H., Schmit, M. J. & Guion, R. M. (1997). Identifying Potentially Useful Personality Constructs For Employee Selection. *Personnel Psychology, 50,* 723–736.

Regan, D. T., Straus, E. & Fazio, R. (1974). Liking and the Attribution Process. *Journal of Experimental Social Psychology, 10,* 385–397.

Reichel, W. (1993). *Psychologische Eignungstests. Wie sie eingesetzt werden und was den Bewerber erwartet.* Düsseldorf: Econ.

Reinecke, P. (1983). Vorgesetzenbeurteilung: Ein Instrument partizipativer Führung und Organisationsentwicklung. *Schriften des Fachbereich Witschafts- und Organisationswissenschaften der Hochschule der Bundeswehr Hamburg, 1.* Köln: Heymanns.

Rice, G. H. & Lindecamp, D. P. (1989). Personality types and business success of small retailers. *Journal of Occupational Psychology, 62,* 177–182.

Rieker, J. (1994). Gute Noten: Vorgesetzenbeurteilung. *ManagerMagazin, 24 (9),* 180–189.

Riemann, R. & Schumacher, F. J. (1996). Zur Validität der Deutschen Personality Research Form: Vorhersage des Verkaufserfolges von Außendienstmitarbeitern. *Zeitschrift für Differentielle und Diagnostische Psychologie, 17 (1),* 4–13.

Ringelband, O. J. & Birkhan, G. (1995). Rückmeldung der Eignungsbeurteilung an den Kandidaten und diskursive Abstimmung. In W. Sarges (Hrsg.), *Management-Diagnostik* (2. Aufl., S. 796–802). Göttingen: Hogrefe.

Roberts, E. B. (1989). The Personality and Motivations of Technological Entrepreneurs. *Journal of Engineering and Technology Management, 6,* 5–23.

Robertson, I. T. (1993). Personality Assessment and Personnel Selection. *European Review of Applied Psychology, 43 (3),* 187–194.

Robertson, I. T. (1994). Personality and Personnel Selection. In C. L. Cooper & D. M. Rousseau (Eds.), *Trends in Organizational Behavior* (Vol. 1, pp. 75–89). Chichester: Wiley.

Robertson, I. T. & Kinder, A. (1993). Personality and job competences: The criterion-related validity of some personality variables. *Journal of Occupational and Organizational Psychology, 66,* 225–244.

Robertson, I. T. & Makin, P. J. (1986). Management selection in Britain: A survey and critique. *Journal of Occupational Psychology, 59*, 45–57.
Robinson, D. N. (1986). *An Intellectual History of Psychology.* Wisconsin: University of Wisconsin Press.
Rösler, F. (1975). Die Abhängigkeit des Elektroenzephalogramms von den Persönlichkeitsdimensionen E und N sensu Eysenck und unterschiedlich aktivierenden Situationen. *Zeitschrift für experimentelle und angewandte Psychologie, 22 (4)*, 630–667.
Rorer, L. G. (1965). The Great Response-Style Myth. *Psychological Bulletin, 63 (3)*, 129–156.
Rosenhan, D. L. (1973). On Being Sane in Insane Places. *Science, 179*, 250–258.
Rosenstiel, L. v. (1993). Kommunikation und Führung in Arbeitsgruppen. In H. Schuler (Hrsg.), *Lehrbuch Organisationspsychologie* (S. 321–351). Bern: Huber.
Ross, L. (1977). The intuitive psychologist and his shortcomings: Distortions in the attribution process. In L. Berkowitz (Ed.), *Advances in Experimental Social Psychology* (Vol. 10, pp. 173–220). New York: Academic Press.
Ross, L., Greene, D. & House, P. (1977). The "False Consensus Effect": An Egocentric Bias in Social Perception and Attribution Process. *Journal of Experimental Social Psychology, 13*, 279–301.
Rosse, J. G., Miller, H. E. & Barnes, L. K. (1991). Combining Personality and Cognitive Ability Predictors for Hiring Service-Oriented Employees. *Journal of Business and Psychology, 5 (4)*, 431–445.
Rosse, J. G., Miller, J. L. & Stecher, M. D. (1994). A Field Study of Job Applicants' Reactions to Personality and Cognitive Ability Testing. *Journal of Applied Psychology, 79 (6)*, 987–992.
Rowe, F. A., Waters, M. L., Thompson, M. P. & Hanson, K. (1992). Can Personality-Type Instruments Profile Majors in Management Programs? *Journal of Education for Business, 68 (1)*, 10–14.
Rubin, Z. (1981). Does Personality Really Change After 20? *Psychology Today, 15 (5)*, 18–27.
Ruch, F. L. & Ruch, W. W. (1967). The K factor as a (validity) suppressor variable in predicting success in selling. *Journal of Applied Psychology, 51 (3)*, 201–204.
Ruddies, G. H. (1977). *Testhilfe.* Reinbek: Rowohlt.
Ryan, A. M. & Sackett, P. R. (1987a). A Survey of Individual Assessment Practices by I/O Psychologists. *Personnel Psychology, 40*, 455–488.
Ryan, A. M. & Sackett, P. R. (1987b). Pre-Employment Honesty Testing: Fakability, Reactions of Test Takers, and Company Image. *Journal of Business and Psychology, 1 (3)*, 248–256.
Ryan, J. J., Dai, X. Y. & Zheng, L. (1994). Psychological Test Usage in the People's Republic of China. *Journal of Psychoeducational Assessment, 12*, 324–330.
Sackett, P. R. & Wanek, J. E. (1996). New Developments In the Use Of Measures Of Honesty, Integrity, Conscientiousness, Dependability, Trustworthiness, And Reliability For Personnel Selection. *Personnel Psychology, 49*, 787–829.
Salgado, J. F. (1997). The Five Factor Model of Personality and Job Performance in the European Community. *Journal of Applied Psychology, 82 (1)*, 30–43.
Sarges, W. (1995a). Eignungsdiagnostische Überlegungen für den Managementbereich. In W. Sarges (Hrsg.), *Management-Diagnostik* (2. Aufl., S. 1–21). Göttingen: Hogrefe.
Sarges, W. (1995b). Interviews. In W. Sarges (Hrsg.), *Management-Diagnostik* (2. Aufl., S. 475–489). Göttingen: Hogrefe.
Sarges, W. (1995c). Lernpotential-AC. In W. Sarges (Hrsg.), *Management-Diagnostik* (2. Aufl., S. 728–739). Göttingen: Hogrefe.
Sarges, W. (1996). Die Assessment Center-Methode – Herkunft, Kritik und Weiterentwicklungen. In W. Sarges (Hrsg.), *Weiterentwicklungen der Assessment Center-Methode* (S. VII-XV). Göttingen: Hogrefe.
Sarges, W. (1999). Diagnose von Managementpotential für eine sich immer schneller und unvorhersehbarer ändernde Wirtschaftswelt. In L. v. Rosenstiel & T. Lang-von Wins (Hrsg.), *Perspektiven der Potentialbeurteilung.* Göttingen: Hogrefe.

Sarges, W. & Weinert, A. B. (1991). Früherkennung von Management-Potentialen. In W. E. Feix (Hrsg.), *Personal 2000. Visionen und Strategien erfolgreicher Personalarbeit* (S. 267–301). Wiesbaden: Gabler.

Saville, P. (1983). Personality tests beginning to stage a comeback. *International Management, 38,* 43–49.

Saville, P. & Holdsworth, R. (1990). *Occupational Personality Questionnaire.* Esher, Surrey: Saville & Holdsworth.

Saville, P. & Munro, A. (1986). The Relationship between the Factor Model of the Occupational Personality Questionnaires and the 16PF. *Personnel Review, 15 (5),* 30–34.

Saville, P. & Willson, E. (1991). The reliability and validity of normative and ipsative approaches in the measurement of personality. *Journal of Occupational Psychology, 64,* 219–238.

Saxe, S. J. & Reiser, M. (1976). A comparison of three police applicant groups using the MMPI. *Journal of Police Science and Administration, 4 (4),* 419–425.

Scheier, M. F. & Carver, C. S. (1980). Individual Differences in Self-concept and Self-process. In D. M. Wegner & R. R. Vallacher (Eds.), *The self in social psychology* (pp. 229–287). New York: Oxford University Press.

Scheinpflug, R. (1995). Rückmeldung der Ergebnisse an die Beurteilten. In K. Hofmann, F. Köhler & V. Steinhoff (Hrsg.), *Vorgesetztenbeurteilung in der Praxis. Konzepte, Analysen, Erfahrungen* (S. 67–73). Weinheim: Beltz.

Scheller, R. & Filipp, S.-H. (1995). Selbstkonzept-Berufskonzept. In W. Sarges (Hrsg.), *Management-Diagnostik* (2. Aufl., S. 288–295). Göttingen: Hogrefe.

Scherer, K. R. (1978). Personality inference from voice quality: the loud voice of extraversion. *European Journal of Social Psychology, 8,* 467–487.

Schilcher, F. v. (1988). *Vererbung des Verhaltens. Eine Einführung für Biologen, Psychologen und Mediziner.* Stuttgart: Thieme.

Schippmann, J. S. & Prien, E. P. (1989). An Assessment of the Contributions of General Mental Ability and Personality Characteristics to Management Success. *Journal of Business and Psychology, 3 (4),* 423–437.

Schlenker, B. R. (1980). *Impression management: The self-concept, social identity, and interpersonal relations.* Monterey: Brooks/Cole.

Schlenker, B. R. & Weigold, M. F. (1990). Self-Conciousness and Self-Presentation: Being Autonomous Versus Appearing Autonomous. *Journal of Personality and Social Psychology, 59 (4),* 820–828.

Schmale, H. (1995). *Psychologie der Arbeit* (2. Aufl.). Stuttgart: Klett-Cotta.

Schmid, F. W. (1995). Ethik. In R. S. Jäger & F. Petermann (Hrsg.), *Psychologische Diagnostik* (3. Aufl., S. 121–129). Weinheim: Psychologie Verlags Union.

Schmid, R. (1977). *Intelligenz- und Leistungsmessung – Geschichte und Funktion psychologischer Tests.* Frankfurt a. M.: Campus.

Schmid, R. (1978). Sozialhistorische und sozialpolitische Aspekte von psychologischen Testverfahren. In S. Grubitzsch & G. Rexilius (Hrsg.), *Testtheorie – Testpraxis* (S. 12–39). Reinbek: Rowohlt.

Schmidt, F. L. & Hunter, J. E. (1977). Development of a General Solution to the Problem of Validity Generalization. *Journal of Applied Psychology, 62 (5),* 529–540.

Schmidt, F. L. & Hunter, J. E. (1998a). Meßbare Personenmerkmale: Stabilität, Variabilität und Validität zur Vorhersage zukünftiger Berufsleistung und berufsbezogenen Lernens. In M. Kleinmann & B. Strauß (Hrsg.), *Potentialfeststellung und Personalentwicklung* (S. 15–43). Göttingen: Verlag für Angewandte Psychologie.

Schmidt, F. L. & Hunter, J. E. (1998b). The Validity and Utility of Selection Methods in Personnel Psychology: Practical and Theoretical Implications of 85 Years of Research Findings. *Psychological Bulletin, 124 (2),* 262–274.

Schmidt, H. (1981). *Mehrdimensionaler Persönlichkeitstest für Erwachsene (MPT-E)*. Braunschweig: Westermann.

Schmit, M. J. & Ryan, A. M. (1992). Test-Taking Dispositions: A Missing Link? *Journal of Applied Psychology, 77 (5)*, 629–637.

Schmit, M. J. & Ryan, A. M. (1993). The Big Five in Personnel Selection: Factor Structure in Applicant and Nonapplicant Populations. *Journal of Applied Psychology, 78 (6)*, 966–974.

Schmitt, M. (1992). Schönheit und Talent: Untersuchungen zum Verschwinden des Halo-Effekts. *Zeitschrift für experimentelle und angewandte Psychologie, 39 (3)*, 475–492.

Schmitt, M. & Borkenau, P. (1992). The consistency of personality. In G.-V. Capara & G. L. Van Heck (Eds.), *Modern Personality Psychology* (pp. 29–55). New York: Harvester Wheatsheaf.

Schmitt, M., Dalbert, C. & Montada, L. (1985). Drei Wege zu mehr Konsistenz in der Selbstbeschreibung: Theoriepräzisierung, Korrespondenzbildung und Datenaggregierung. *Zeitschrift für Differentielle und Diagnostische Psychologie, 6 (3)*, 147–159.

Schmitt, N., Gooding, R. Z., Noe, R. A. & Kirsch, M. (1984). Metaanalyses of validity studies published between 1964 and 1982 and the investigation of study characteristics. *Personnel Psychology, 37*, 407–422.

Schneewind, K. A. (1982). *Persönlichkeitstheorien (Bd. 1). Alltagspsychologie und mechanistische Ansätze*. Darmstadt: Wissenschaftliche Buchgesellschaft.

Schneewind, K. A. & Graf, J. (1998). *Der 16-Persönlichkeits-Faktoren-Test. Revidierte Fassung (16 PF-R)*. Bern: Huber.

Schneewind, K. A., Schröder, G. & Cattell, R. B. (1994). *Der 16-Persönlichkeits-Faktoren-Test (16 PF)* (3. Aufl.). Bern: Huber.

Schneider, B. (1987). The People Make the Place. *Personnel Psychology, 40*, 437–453.

Schönbach, P. (1979). Sprachstrukturelle Einflüsse auf Personenbeurteilungen. *Zeitschrift für experimentelle und angewandte Psychologie, 26 (4)*, 621–642.

Schoenfeld, L. S., Kobos, J. C. & Phinney, I. R. (1980). Screening Police Applicants: A Study of Reliability with the MMPI. *Psychological Reports, 47*, 419–425.

Scholz, G. & Schuler, H. (1993). Das nomologische Netzwerk des Assessment Centers: eine Metaanalyse. *Zeitschrift für Arbeits- und Organisationspsychologie, 37 (2)*, 73–85.

Schorr, A. (1991). Diagnostische Praxis in der Arbeits- und Organisationspsychologie. Teilergebnisse aus einer repräsentativen Umfrage zur diagnostischen Praxis. In H. Schuler & U. Funke (Hrsg.), *Eignungsdiagnostik in Forschung und Praxis (S. 6–15)*. Stuttgart: Verlag für Angewandte Psychologie.

Schorr, A. (1995). Stand und Perspektiven diagnostischer Verfahren in der Praxis. Ergebnisse einer repräsentativen Befragung westdeutscher Psychologen. *Diagnostica, 41 (1)*, 3–20.

Schröter, B. (1995). Die richtige Wahl ist des Managers Qual. *Die Welt, 11.02.1995*.

Schuerger, J. M., Kochevar, K. F. & Reinwald, J. E. (1982). Male and Female Corrections Officers: Personality and Rated Performance. *Psychological Reports, 51*, 223–228.

Schuler, H. (1996). *Psychologische Personalauswahl. Einführung in die Berufseignungsdiagnostik*. Göttingen: Verlag für Angewandte Psychologie.

Schuler, H., Frier, D. & Kaufmann, M. (1991). Use and evaluation of selection methods in German companies. *European Review of Applied Psychology, 41 (1)*, 19–24.

Schuler, H., Frier, D. & Kaufmann, M. (1993). *Personalauswahl im europäischen Vergleich*. Göttingen: Verlag für Angewandte Psychologie.

Schuler, H., Funke, U., Moser, K. & Donat, M. (1995). *Personalauswahl in Forschung und Entwicklung. Eignung und Leistung von Wissenschaftlern und Ingenieuren*. Göttingen: Hogrefe.

Schuler, H. & Moser, K. (1995). Geschichte der Managementdiagnostik. In W. Sarges (Hrsg.), *Management-Diagnostik* (2. Aufl., S. 32–42). Göttingen: Hogrefe.

Schuler, H. & Prochaska, M. (i. V.). *Hohenheimer Leistungsmotivationstest (HLMT).* Göttingen: Hogrefe.

Schuler, H. & Stehle, W. (1983). Neuere Entwicklungen des Assessment-Center-Ansatzes – beurteilt unter dem Aspekt der sozialen Validität. *Zeitschrift für Arbeits- und Organisationspsychologie, 27 (1),* 33–44.

Schwab, D. P. (1971). Issues in Response Distortion Studies of Personality Inventories: A Critique and Replicated Study. *Personnel Psychology, 24,* 637–647.

Scott, N. A. & Sedlacek, W. E. (1975). Personality Differentiation and Prediction of Persistence in Physical Science and Engineering. *Journal of Vocational Behavior, 6,* 205–216.

Seisedos, N. (1993). Personnel Selection, Questionnaires, and Motivational Distortion: An Intelligent Attitude of Adaptation. In H. Schuler, J. L. Farr & M. Smith (Eds.), *Personnel Selection and Assessment* (pp. 91–108). Hillsdale: Erlbaum.

Seiwert, L. & Gay, F. (1996). *Das 1x1 der Persönlichkeit.* Offenbach: Gabal.

Sektion Arbeits-, Betriebs- und Organisationspsychologie im Berufsverband Deutscher Psychologen (Hrsg.). (1988). *Grundsätze für die Anwendung psychologischer Eignungsuntersuchungen in Wirtschaft und Verwaltung.* Bonn: Berufsverband Deutscher Psychologen.

Shackleton, V. & Newell, S. (1991). Management selection: A comparative survey of methods used in top British and French companies. *Journal of Occupational Psychology, 64,* 23–36.

Shackleton, V. & Newell, S. (1994). European management selection methods: A comparison of five countries. *International Journal of Selection and Assessment, 2 (2),* 91–102.

Shusman, E. (1987). A Redundancy Analysis for the Inwald Personality Inventory and the MMPI. *Journal of Personality Assessment, 51 (3),* 433–440.

Siess, T. F. & Jackson, D. N. (1970). Vocational Interests and Personality: An Empirical Integration. *Journal of Counseling Psychology, 17 (1),* 27–35.

Siewert, H. H. (1989). *Persönlichkeitstests erkennen und bestehen.* Landsberg: mvg.

Siewert, H. H. & Siewert, R. (1995). *Test-Intensivtraining* (5. Aufl.). Landsberg: mvg.

Sleet, D. A. (1969). Physique and social image. *Perceptual and Motor Skills, 28,* 295–299.

Smith, M. (1994). A theory of the validity of predictors in selection. *Journal of Occupational and Organizational Psychology, 67,* 13–31.

Snyder, M. (1974). Self-monitoring of expressive behavior. *Journal of Personality and Social Psychology, 30 (4),* 526–537.

Snyder, M. (1987). *Public appearances / private realities: The psychology of self-monitoring.* New York: Freeman.

Snyder, M. & Campbell, B. H. (1982). Self-Monitoring: The Self in Action. In J. Suls (Ed.), *Psychological perspectives of the self* (Vol. 1, pp. 185–207). Hillsdale: Erlbaum.

Spitznagel, A. (1982). Die diagnostische Situation. In K. J. Goffmann & L. Michel (Hrsg.), *Enzyklopädie der Psychologie: Themenbereich B Methodologie und Methoden, Serie II Psychologische Diagnostik, Bd. 1 Grundlagen psychologischer Diagnostik* (S. 248–294). Göttingen: Hogrefe.

Spörli, S. (1978). Diagnostik im Dienst des Realitätsprinzips. In U. Pulver, A. Lang & F. W. Schmid (Hrsg.), *Ist Psychodiagnostik verantwortbar?* (S. 62–68). Bern: Huber.

Spörli, S. (1995). Kritische Theorie diagnostischer Praxis. In W. Sarges (Hrsg.), *Management-Diagnostik* (2. Aufl., S. 874–879). Göttingen: Hogrefe.

Spreen, O. (1963). *MMPI Saarbrücken.* Bern: Huber.

Sprenger, J. & Institoris, H. (1996). *Der Hexenhammer (Malleus maleficarum)* (12. Aufl.). (Nachdruck des Originals von 1487). München: dtv.

Spurzheim, J. G. (Edited by A. A. Walsh). (1970). *Phrenology, or the Doctrine of Mental Phenomena.* Gainesville: Scholars Facsimilies and Reprints. *Originalausgabe von 1834.*

Stahlberg, D., Petersen, L.-E. & Dauenheimer, D. (1996). Reaktionen auf selbstkonzeptrelevante Informationen: Der Integrative Selbstschemaansatz. *Zeitschrift für Sozialpsychologie, 27 (2),* 126–136.

Stewart, M. A., Ryan, E. B. & Giles, H. (1985). Accent and Social Class Effects on Status and Solidarity Evaluations. *Personality and Social Psychology Bulletin, 11 (1)*, 98–105.

Stiefel, R. T. (1996). *Lektionen für die Chefetage: Personalentwicklung und Management Development.* Stuttgart: Klett-Cotta.

Störing, H. J. (1993). *Kleine Weltgeschichte der Philosophie.* Frankfurt a. M.: Fischer.

Stogdill, R. M. (1948). Personal Factors Associated with Leadership: A survey of the Literature. *Journal of Psychology, 25*, 35–71.

Stone, R. J. (1985). Personality Tests in Executive Selection. *Human Resource Management Australia, 23 (4)*, 10–14.

Storms, M. D. (1973). Videotape and the attribution process: Reversing actors' and observers' point of view. *Journal of Personality and Social Psychology, 27 (2)*, 165–175.

Strasser, W. (1998). Testverfahren als Monitoring für Spitzenleistungen. *Personalführung, 31 (2)*, 52–56.

Stumpf, H., Angleitner, A., Wieck, T., Jackson, D. N. & Beloch-Till, H. (1985). *Deutsche Personality Research Form (PRF).* Göttingen: Hogrefe.

Super, D. E. (1963). Self concepts in vocational development. In D. E. Super, R. Starishevsky, N. Matlin & J. P. Jordaan (Eds.), *Career development: Self-concept theory* (pp. 1–16). New York: College Entrance Examination Board.

Swann, W. B. (1983). Self-Verification: Bringing Social Reality into Harmony with the Self. In J. Suls & A. G. Greenwald (Eds.), *Psychological perspectives on the self* (Vol. 2, pp. 33–66). Hillsdale: Erlbaum.

Swann, W. B. (1987). Identity Negotation: Where Two Roads Meet. *Journal of Personality and Social Psychology, 53 (6)*, 1038–1051.

Swann, W. B. & Ely, R. J. (1984). A Battle of Wills: Self-Verification Versus Behavioral Confirmation. *Journal of Personality and Social Psychology, 46 (6)*, 1287–1302.

Swann, W. B., Griffin, J. J., Predmore, S. C. & Gaines, B. (1987). Cognitive-Affective Crossfire: When Self-Consistency Confronts Self-Enhancement. *Journal of Personality and Social Psychology, 52 (5)*, 881–889.

Swann, W. B. & Hill, C. A. (1982). When Our Identities Are Mistaken: Reaffirming Self-Conceptions Through Social Interaction. *Journal of Personality and Social Psychology, 43 (1)*, 59–66.

Swann, W. B., Pelham, B. W. & Krull, D. S. (1989). Agreeable Fancy or Disagreeable Truth? Reconciling Self-Enhancement and Self-Verification. *Journal of Personality and Social Psychology, 57 (5)*, 782–791.

Swann, W. B. & Read, S. J. (1981). Self-Verification Process: How We Sustain Our Self-Conceptions. *Journal of Experimental Social Psychology, 17*, 351–372.

Swenson, W. M. & Lindgren, E. (1952). The Use of Psychological Tests in Industry. *Personnel Psychology, 5*, 19–23.

Swinburne, P. (1985). A Comparison of the OPQ and 16PF in Relation to their Occupational Application. *Personnel Review, 14 (4)*, 29–33.

Szymaniak, P. (1995). Studie: Viele Arbeitnehmer haben innerlich gekündigt. *Westdeutsche Allgemeine Zeitung, Nr. 177, 02. 08. 95, 1*.

Tacke, G. (1985). *Alltagsdiagnostik: Theorien und empirische Befunde zur Personenwahrnehmung.* Weinheim: Beltz.

Taylor, H. C. & Russell, J. T. (1939). The Relationship of Validity Coefficients to the Practical Effectiveness of Tests in Selection: Discussion and Tables. *Journal of Applied Psychology, 23*, 565–578.

Taylor, S. & Zimmerer, T. H. (1988). Personality Tests for Potential Employees: More Harm than Good. *Personnel Journal, 67 (1)*, 60–64.

Tedeschi, J. T., Lindskold, S. & Rosenfeld, P. (1985). *Introduction to social psychology.* St. Paul: West Publishing Company.

Tesser, A. & Rosen, S. (1975). The reluctance to transmit bad news. In L. Berkowitz (Ed.), *Advances in Experimental Social Psychology* (Vol. 8, pp. 193–232). New York: Academic Press.
Tetlock, P. E. (1983). Accountability and the Perseverance of First Impression. *Social Psychology Quarterly, 46 (4),* 285–292.
Tetlock, P. E. (1985). Accountability: A Social Check on the Fundamental Attribution Error. *Social Psychology Quarterly, 48,* 227–236.
Tetlock, P. E. & Manstead, A. S. R. (1985). Impression Management versus Intrapsychic Explanations in Social Psychology. *Psychological Review, 92 (1),* 59–77.
Tett, R. P., Jackson, D. N. & Rothstein, M. (1991). Personality Measures as Predictors of Job Performance: A Meta-Analytic Review. *Personnel Psychology, 44,* 703–742.
Tett, R. P., Jackson, D. N., Rothstein, M. & Reddon, J. R. (1994). Meta-Analysis of Personality-Job Performance Relations: A Reply to Ones, Mount, Barrick, and Hunter (1994). *Personnel Psychology, 47,* 157–172.
Thorndike, E. L. (1920). A constant error in psychological ratings. *Journal of Applied Psychology, 4,* 25–29.
Thornton, G. C. & Gierasch, P. F. (1980). Fakability of an Empirically Derived Selection Instrument. *Journal of Personality Assessment, 44 (1),* 48–51.
Timm, U. (1968). Reliabilität und Faktorstruktur von Cattells 16 P.F.-Test bei einer deutschen Stichprobe. *Zeitschrift für experimentelle und angewandte Psychologie, 15,* 354–373.
Titus, H. E. (1969). Prediction of Supervisory Success by Use of Standard Psychological Tests. *The Journal of Psychology, 72,* 35–40.
Toole, D. L., Gavin, J. F., Murdy, L. B. & Sells, S. B. (1972). The differential validity of personality, personal history, and aptitude data for minority and nonminority employees. *Personnel Psychology, 25,* 661–672.
Tornow, W. W. (1993). Editor's Note: Introduction to Special Issue on 360-Degree Feedback. *Human Resource Management, 32 (2 & 3),* 211–219.
Tracey, J. B., Tannenbaum, S. I. & Kavanagh, M. J. (1995). Applying Trained Skills on the Job: The Importance of the Work Environment. *Journal of Applied Psychology, 80 (2),* 239–252.
Tracy, R. L. & Fiske, D. W. (1974). Does information about personality scales affect responses and attitudes? *Educational and Psychological Measurement, 34,* 617–629.
Trost, G. (1988). Ein psychologischer Beitrag zur Regelung des Hochschulzugangs. In F. Lösel & H. Skowronek (Hrsg.), *Beiträge der Psychologie zu politischen Planungs- und Entscheidungsprozessen* (S. 213–224). Weinheim: Deutscher Studien Verlag.
Tsoi, M. M. & Sundberg, N. D. (1989). Patterns of Psychological Test Use in Hong Kong. *Professional Psychology: Research and Practice, 20 (4),* 248–250.
Tyler, B. & Miller, K. (1986). The use of tests by psychologists: Report on a survey of BPS members. *Bulletin of The British Psychological Society, 39,* 405–410.
Ulrich, D. (1997). *Human resource champions.* Boston: Havard Business School Press.
Vaassen, B. (1996). 360-Feedback: ein Beurteilungssystem für die Teamkultur. *io Management Zeitschrift, 65 (5),* 59–61.
Vagt, G. & Majert, W. (1979). Wer schön ist, ist auch gut? *Psychologische Beiträge, 21,* 49–61.
Van Minden, J. (1994). *Eignungstests für Führungskräfte.* München: Knaur.
Van Velsor, E., Rudermann, M. N. & Young, D. P. (1991). *Enhancing self objectivity and performance on the job: The role of upward feedback.* Paper presented at Sixth Annual Conference of the Society of Industrial and Organizational Psychology.
Vancouver, J. B. & Morrison, E. W. (1995). Feedback Inquiry: The Effect of Source Attributes and Individual Differences. *Organizational Behavior and Human Decision Processes, 62 (3),* 276–285.
Vernon, P. E. (1987). Persönlichkeit. In W. Arnold, H. J. Eysenck & R. Meili (Hrsg.), *Lexikon der Psychologie* (Bd. 2, S. 1576–1581). Freiburg: Herder.

Vinchur, A. J., Schippmann, J. S., Switzer, F. S. & Roth, P. L. (1998). A Meta-Analytic Review of Predictors of Job Performance for Salespeople. *Journal of Applied Psychology, 83 (4),* 586–597.
Wagner, H. (1993). Das neue Persönlichkeitsprofil DISG. *ManagerSeminare,* 12 (6), 16–19.
Wallbott, H. G. (1995). Ausdruck und Eindruck. In W. Sarges (Hrsg.), *Management-Diagnostik* (2. Aufl., S. 394–400). Göttingen: Hogrefe.
Watson, D. (1989). Strangers' Ratings of the Five Robust Personality Factors: Evidence of a Surprising Convergence With Self-Report. *Journal of Personality and Social Psychology, 57 (1),* 120–128.
Weary, G., Stanley, M. A. & Harvey, J. H. (1989). *Attribution.* New York: Springer.
Weinberger, J. L. (1994). Can Personality Change? In T. F. Heatherton & J. L. Weinberger (Eds.), *Can Personality Change?* (pp. 333–350). Washington: American Psychological Association.
Weinert, A. B. (1989). Vom 16PF zum CPI – Persönlichkeitstests auf dem Prüfstand. In G. Cisek, U. Schäkel & J. Scholz (Hrsg.), *Instrumente der Personalentwicklung auf dem Prüfstand* (S. 74–102). Hamburg: Windmühle.
Weinert, A. B. (1991). Möglichkeiten zur Früherkennung von Führungstalent im außerfachlichen Bereich: Arbeiten zum „Deutschen CPI". *Zeitschrift für Personalforschung, 5 (1),* 53–62.
Weinert, A. B. (1993). Reflexion des Selbstkonzepts im „Revidierten Deutschen CPI 462". In B. Pörzgen & E. H. Witte (Hrsg.), *Selbstkonzept und Identität. Beiträge des 8. Hamburger Symposiums zur Methodologie der Sozialpsychologie (Bd. 34, S. 49–81).* Braunschweig: Braunschweiger Studien zur Erziehungs- und Sozialarbeitswissenschaft.
Weinert, A. B. (1995). Persönlichkeitstests. In W. Sarges (Hrsg.), *Management-Diagnostik* (2. Aufl., S. 531–540). Göttingen: Hogrefe.
Weinert, A. B. (1998). *Organisationspsychologie* (4. Aufl.). Weinheim: Beltz.
Weinert, A. B. (Hrsg.). (i. V.). *Deutscher CPI* (2. Aufl.). Bern: Huber.
Weinert, A. B., Streufert, S. C. & Hall, W. B. (1982). *Deutscher CPI.* Bern: Huber.
Weiss, D. S. (1979). The Effects of Systematic Variations in Information on Judges' Descriptions of Personality. *Journal of Personality and Social Psychology, 37 (11),* 2121–2136.
Weiss, H. M. & Adler, S. (1984). Personality and Organizational Behavior. *Research in Organizational Behavior, 6,* 1–50.
Westhoff, K. & Kluck, M.-L. (1998). *Psychologische Gutachten schreiben und beurteilen* (3. Aufl.). Berlin: Springer.
Weuster, A. (1994). *Personalauswahl und Personalbeurteilung mit Arbeitszeugnissen. Forschungsergebnisse und Praxisempfehlungen.* Göttingen: Verlag für Angewandte Psychologie.
Wexley, K. N. & Nemeroff, W. F. (1975). Effectiveness of Positive Reinforcement and Goal Setting as Methods of Managment Development. *Journal of Applied Psychology, 60 (4),* 446–450.
Wicklund, R. A. (1975). Objektive self-awareness. In L. Berkowitz (Ed.), *Advances in Experimental Social Psychology* (Vol. 8, pp. 233–275). New York: Academic Press.
Wicklund, R. A. & Frey, D. (1993). Die Theorie der Selbstaufmerksamkeit. In D. Frey & M. Irle (Hrsg.), *Theorien der Sozialpsychologie* (2. Aufl., Bd. 1, S.155–173). Bern: Huber.
Wiesner, W. H. & Cronshaw, S. F. (1988). A meta-analytic investigation of the impact of interview format and degree of structure on the validity of the employment interview. *Journal of Occupational Psychology, 61,* 275–290.
Wiggins, J. S. & Pincus, A. L. (1992). Personality: Structure and Assessment. *Annual Review of Psychology, 43,* 473–504.
Witte, E. H. (1994). *Lehrbuch Sozialpsychologie* (2. Aufl.). München: Psychologie Verlags Union.
Woodworth, R. S. (1919). Examination of Emotional Fitness for Warfare. *Psychological Bulletin, 16,* 59–60.

Worthington, D. L. & Schlottmann, R. S. (1986). The Predictive Validity of Subtle and Obvious Empirically Derived Psychological Test Items Under Faking Conditions. *Journal of Personality Assessment, 50 (2)*, 171–181.

Wottawa, H. (1979). *Grundlagen und Probleme von Dimensionen in der Psychologie.* Meisenheim/Glan: Hain.

Wottawa, H. (1980). *Grundriß der Testtheorie.* München: Juventa.

Wottawa, H. (1984). *Strategien und Modelle in der Psychologie.* München: Urban & Schwarzenberg.

Wottawa, H. (1995). Umsetzung von situationsdiagnostischen Erkenntnissen in persondiagnostische Überlegungen. In W. Sarges (Hrsg.), *Management-Diagnostik* (2. Aufl., 175–194). Göttingen: Hogrefe.

Wottawa, H. (1996). GMP verzichtet auf die weitere Verwendung der „Wissenschaftlichen Gütekriterien" des Auswahl- und Entwicklungssystems DNLA. *Report Psychologie, 21,* 682–683.

Wottawa, H. & Amelang, M. (1985). Testknacker. *Report Psychologie, 39 (7),* 6–9.

Wottawa, H. & Gluminski, I. (1995). *Psychologische Theorien für Unternehmen.* Göttingen: Hogrefe.

Wottawa, H. & Hossiep, R. (1987). *Grundlagen psychologischer Diagnostik.* Göttingen: Hogrefe.

Wottawa, H. & Hossiep, R. (1997). *Anwendungsfelder psychologischer Diagnostik.* Göttingen: Hogrefe.

Wright, P. M., Lichtenfels, P. A. & Pursell, E. D. (1989). The structured interview: Additional studies and meta-analysis. *Journal of Occupational Psychology, 62,* 191–199.

Wuth, A. W. (1991). *Tests, Tests, Tests: Theorie und Anwendung von Testverfahren.* München: Orbis.

Yammarino, F. J. & Atwater, L. E. (1993). Understanding Self-Perception Accuracy: Implications for Human Resource Management. *Human Resource Management, 32 (2 & 3),* 231–247.

Zalinski, J. S. & Abrahams, N. M. (1979). The effects of item context in faking personnel selection inventories. *Personnel Psychology, 32,* 161–166.

Zerbe, W. J. & Paulhus, D. L. (1987). Socially Desirable Responding in Organizational Behavior: A Reconception. *Academy of Management Review, 12 (2),* 250–264.

Zuckerman, M. (1985). Review of Sixteen Personality Factor Questionnaire. *The Tenth. Mental Measurement Yearbook,* 1392–1394.

9 Anhang

9.1 Häufig gestellte Fragen zum Thema Persönlichkeitstest

Zum Einsatz von Persönlichkeitstests bestehen nicht selten eine Reihe von Fragen, deren Beantwortung für diesbezüglich nicht speziell ausgebildete Personen oft mit gehörigem Zeitaufwand verbunden sein kann. Dem interessierten Leser wird daher an dieser Stelle eine Hilfestellung angeboten, welche die Beantwortung der nach den Erfahrungen der Verfasser häufigsten Fragenkomplexe umfaßt.

	Fragen in der Planungsphase	Seite
1	Welche Kosten entstehen beim Einsatz von Persönlichkeitstests?	296
2	Zu welchem Zeitpunkt ist der Einsatz von Fragebogen im Auswahlprozeß günstig? Wie ist die Durchführung organisatorisch zu gestalten?	298
3	Wann lohnt es sich, einen Persönlichkeitsfragebogen neu zu entwickeln, der spezifisch auf die eigenen Fragestellungen zugeschnitten ist?	299
4	Wie kann ein Persönlichkeitsfragebogen in ein bestehendes Assessment Center integriert werden?	299
5	Warum sollten Persönlichkeitstests keinesfalls als alleiniges Auswahl- oder Vorauswahlinstrument eingesetzt werden?	300
6	Wie erkennt man, ob ein Instrument seriös ist?	300
7	Welche Lösungen bestehen im Intranet?	301
8	Ist der Einsatz von Persönlichkeitstests nicht rechtlich unzulässig? Welcher rechtliche Rahmen besteht bei der Durchführung?	302
9	Kann man mit Hilfe eines Persönlichkeitstest den Charakter erkennen?	302

10	Geht beim Einsatz von Persönlichkeitstests nicht „das Einmalige" des Menschen verloren, indem man ihn „in eine Schablone preßt"?	303
11	Sind Persönlichkeitstests geeignet, Personalabbaumaßnahmen zu unterstützen?	304
12	Welche Vorteile hat die Unterstützung durch Diplom-Psychologen?	304
13	Können Persönlichkeitstests ein Einstellungsinterview unterstützen?	304
14	Wie lange müssen Ergebnisse aufbewahrt werden (bei eingestellten vs. nicht eingestellten Bewerbern)?	305
15	Wie kann man Persönlichkeitstests zur Teamentwicklung einsetzen?	306
16	Wie können Persönlichkeitstests zur beruflichen Beratung und Karriereberatung genutzt werden?	307
17	Wenn bei anderen Verfahren die Prognosekraft für den Berufserfolg deutlich höher ist als bei Persönlichkeitstests, warum sollte man letztere dann überhaupt einsetzen?	308
18	Bringt der Einsatz mehrerer Persönlichkeitstests Vorteile?	308
Fragen zur Durchführung		
19	Wer ist mit der Durchführung zu betrauen?	309
20	Wie ist der Einsatz dem Kandidaten gegenüber zu begründen?	309
21	Inwieweit dringt man als Testanwender in die Intimspähre des Kandidaten ein?	309
Fragen zur Interpretation und Rückmeldung der Ergebnisse		
22	Was bringen „Testknacker" dem Kandidaten?	309
23	Kann der Kandidat seine Ergebnisse nicht beliebig verfälschen?	310
24	Wie verhält man sich im Rückmeldegespräch, wenn es viele Ausprägungen im „niedrigen" Bereich der Skalen gibt, also ein Ergebnis erzielt wurde, das mehrfach im weniger stark gewünschten Bereich liegt?	310
25	Kann man den Teilnehmern ihr individuelles Ergebnis aushändigen?	311
26	Welches Gewicht sollte das Testergebnis relativ zu anderen Informationen haben?	311

1. Welche Kosten entstehen beim Einsatz von Persönlichkeitstests?

Am kostengünstigsten sind zweifellos die meist im universitären Bereich entwickelten Verfahren, die über die Testzentrale in Göttingen oder über einen anderen Testverlag vertrieben werden. Diese Verfahren sind im Prinzip Verlagspublikationen. Man erwirbt zunächst eine Grundausstattung, die aus einem Manual zur Testanwendung und entsprechenden Durchführungs- und Auswertungsmaterialien besteht. Für die weiteren Durchführungen müssen beim Testverlag lediglich die Formulare beziehungsweise Papierversionen bestellt werden, die von den Teilnehmern auszufüllen sind und damit Verbrauchsmaterialien darstellen. Die Grundausstattung eines Persönlichkeitsfragebogens schwankt je nach Umfang und Gestaltung der Unterlagen und liegt bei einigen Hundert DM. Die reinen Materialkosten für die weiteren Durchführungen liegen zwischen wenigen DM (bzw. Euro) und etwa DM 50,- (ca. Euro 25,-) pro Teilnehmer. Die Preisunterschiede können unter anderem in einer unterschiedlich wertigen Ausstattung der Testverfahren begründet sein. Wenn man sich für eine computerunterstützte Version des Fragebogens entscheidet, entstehen zumeist deutlich höhere Kosten. Vergleicht man den finanziellen Aufwand, den der zusätzliche Einsatz von Persönlichkeitstests gegenüber anderen Instrumenten der Personalauswahl und -entwicklung verursacht (etwa ein einstündiges Interview durch einen Personalfachmann), so können die von Testverlagen angebotenen Instrumente als sehr ökonomisch im Sinne ihrer Kosten-Nutzen-Relation betrachtet werden.

Exakte Preise zu allen bei Testverlagen veröffentlichten Verfahren können dem Angebot der Testzentrale Göttingen entnommen werden. Bei der Preisgestaltung ist zu berücksichtigen, daß sich die Verfahren im Umfang der mitgelieferten Materialien sowie in der Ausstattung zum Teil erheblich unterscheiden. Zusätzlich ist zu beachten, daß die meisten Instrumente nur an Diplom-Psychologen gegen einen entsprechenden Nachweis dieser Qualifikation ausgeliefert werden. Diese Vertriebspraxis für nicht-klinisch orientierte Verfahren befindet sich jedoch im Umbruch. So kann etwa das Bochumer Inventar zur berufsbezogenen Persönlichkeitsbeschreibung (BIP, Hossiep & Paschen, 1998) auch ohne den Nachweis eines Diploms im Fach Psychologie erworben werden. Im Zweifelsfall wird der Anwender gut beraten sein, sich bei der Testzentrale über die entsprechenden Optionen informieren zu lassen. Die Anschrift lautet:

Testzentrale Göttingen
Robert-Bosch-Breite 25
37079 Göttingen
Tel. 0551 – 5 06 88–0 / –14 / –15
Fax 0551 – 5 06 88–24
E-mail: testzentrale@hogrefe.de
Internet: http://www.testzentrale.de

Insgesamt ist das Preisniveau bei den Testverlagen traditionell ausgesprochen moderat und steht in einem starken Kontrast zu den privatwirtschaftlich entwickelten und vertriebenen Verfahren. Die Preise bei derartigen Instrumenten beginnen meist bei einigen hundert DM (bzw. Euro) pro Durchführung und enden bei einigen tausend DM (bzw. Euro). Ein höherer Preis bedeutet allerdings nicht, daß die Qualität und Angemessenheit des Verfahrens überlegen sein müssen. Bisweilen gestaltet sich die Durchführung jedoch einfacher, und der Anwender kann häufig auf einen umfangreichen Service zurückgreifen. Während die Persönlichkeitsfragebogen der Testverlage zumindest eine gewisse Einarbeitung erfordern (vor allem eine Beschäftigung mit den Auswertungsmaterialien, im Falle der Papier- und Bleistift-Versionen oft in Form von Folien), so gehört bei Unternehmen, die Tests kommerziell durchführen, die Auswertung im allgemeinen zum Service. Praktisch gestaltet sich dies meist so, daß ein Mitarbeiter dieses Unternehmens persönlich die Testdurchführung übernimmt und den Test anschließend auswertet und interpretiert. Eine weitere Variante besteht im Erwerb eines entsprechenden Computerprogrammes, das die Auswertung direkt vornimmt; oder aber, der Anwender sendet den vom Teilnehmer ausgefüllten Antwortbogen (z.B. per Telefax) an das Test-Unternehmen und erhält nach kurzer Zeit die Auswertungsunterlagen. Ein gravierender Unterschied zwischen beim Testverlag erworbenen und kommerziell durchgeführten Persönlichkeitstests liegt darin, daß man bei den Verfahren der Testverlage die Hintergründe zum Verfahren erfährt und die Auswertung vollständig transparent ist. Bei den privatwirtschaftlich vertriebenen Verfahren wird im allgemeinen je Durchführung ein nicht unerheblicher Betrag abgerechnet, so daß naturgemäß wenig Interesse besteht, die Auswertungsmodalitäten zu veröffentlichen und es damit den Kunden zu ermöglichen, die Testauswertung selbst vorzunehmen. Gerade im Bereich der Anwendung von Persönlichkeitstests ist damit zu rechnen, daß vielfach Verfahren angeboten werden, die nur vordergründig seriös und aussagekräftig erscheinen. Die Durchführungspraxis belegt jedoch, daß auch weniger geeignete Instrumente reichlichen Absatz finden. Dem interessierten Unternehmen ist darum dringend anzuraten, sich die Qualifikationen der beteiligten Durchführer beziehungsweise Auswerter sowie Belege für die Leistungsfähigkeit des Verfahrens ausführlich darstellen und nachvollziehbar erläutern zu lassen.

2. Zu welchem Zeitpunkt ist der Einsatz von Fragebogen im Auswahlprozeß günstig? Wie ist die Durchführung organisatorisch zu gestalten?

Wenn es sich um ein interviewgestütztes Auswahlverfahren handelt, empfiehlt sich in der Regel etwa das folgende Vorgehen: Die Vorauswahl der Bewerber erfolgt ohne Einsatz eines Fragebogens auf der Grundlage der Sichtung der Unterlagen und gegenenfalls mit einem telefonischen Vorab-Interview. Der Einsatz des Fragebogens kann anschließend im ersten vertiefenden Gespräch erfolgen. Günstig erscheint es, zunächst mit einer kurzen Interview- beziehungsweise Einführungsphase zu beginnen und den Bewerber dann um die Bearbeitung der Testunterlagen zu bitten. Wenn es sich um eine Einzeldurchführung mit lediglich einem Bewerber handelt, sollte man den Teilnehmer nach den einführenden Erläuterungen bei der Bearbeitung der Unterlagen allein lassen, jedoch sicherstellen, daß er bei eventuell auftretenden Fragen einen sachkundigen Ansprechpartner vorfindet. Bei Gruppendurchführungen (etwa im Rahmen von Assessment Centern) sollte eine kontinuierliche Betreuung sichergestellt sein. Nach der Durchführung wird – im Falle der Einzeldurchführung – der Test zügig ausgewertet. Bei der Mehrzahl der Instrumente ist dies in einigen Minuten möglich. Der Interviewer kann daraufhin das Auswahlgespräch mit dem Kandidaten fortsetzen. In einer späteren Phase des Gespräches können die Ergebnisse des Fragebogens mit dem Teilnehmer diskutiert werden. Das hier geschilderte Vorgehen bietet den Vorteil, daß bei der Besprechung der Testergebnisse bereits auf vielfältige Informationen aus dem Auswahlgespräch zurückgegriffen werden kann und diese gemeinsam mit dem Teilnehmer in Beziehung zum Fragebogenprofil gesetzt werden können. Hierdurch kann die Rückmeldung deutlich enger mit der spezifischen Situation des Teilnehmers verknüpft werden.

Es empfiehlt sich weniger, dem Teilnehmer den Fragebogen im Vorfeld zuzusenden. Auch wenn dies administrativ häufig günstiger erscheint, ist so kaum eine Gleichheit der Ausgangsbedingungen herstellbar. Außerdem besteht im allgemeinen ein gewisses Interesse seitens des Bewerbers, sich eine Kopie des Fragebogens anzufertigen, was zu einer ungewollten Verbreitung des Verfahrens führen könnte. Insofern erscheint die Durchführung im Rahmen eines Auswahlverfahrens beziehungsweise -gespräches und bei Anwesenheit eines Ansprechpartners bei etwaigen Rückfragen als günstigste Lösung.

3. Wann lohnt es sich, einen Persönlichkeitsfragebogen neu zu entwickeln, der spezifisch auf die eigenen Fragestellungen zugeschnitten ist?

Eine Eigenentwicklung ist immer dann zu erwägen, wenn kein Fragebogen erhältlich ist, der die eigenen Bedürfnisse erfüllt. Ebenso sollte eine große Anzahl von Anwendungen des Instrumentes vorgesehen sein (z. B. ein mehrjähriger Einsatz). Wenn fachpsychologisches Know-how im Unternehmen vorhanden ist, kann die Entwicklung unter Umständen selbständig vorgenommen werden. Nicht unüblich ist hierbei auch die Zusammenarbeit mit einer Universität, etwa im Rahmen einer Diplomarbeit an einer Fakultät für Psychologie. Allerdings sollte man sich allein von einer Diplomarbeit nicht zu viel versprechen, da es vielfach kaum möglich ist, die Bedürfnisse der Praxis voll abzudecken, so daß eine entsprechende Verzahnung mit Kompetenzträgern des Unternehmens unabdingbar ist. Ein gangbarer Weg besteht ebenfalls in der Hinzuziehung externer Experten, zum Beispiel diesbezüglich qualifizierter Beratungsunternehmen. Der Auftraggeber sollte sich im klaren sein, daß ein erheblicher konstruktiver Aufwand unumgänglich ist. Wer als Berater verspricht, in wenigen Tagen ein seriöses Instrument neu zu entwickeln, ohne auf vorhandenes Material zurückzugreifen, ist kaum vertrauenswürdig. Das Know-how der Testkonstruktion wird vermutlich vor allem bei Diplom-Psychologen in ausreichendem Umfang vorhanden sein, da nur im Rahmen dieses Studienganges eine entsprechende universitäre Ausbildung erfolgt. Auch bei selbst erstellten Instrumenten sollte eine Orientierung an den in Abbildung 14 genannten Fragen erfolgen, um ein hinreichendes Qualitätsniveau sicherzustellen.

4. Wie kann ein Persönlichkeitsfragebogen in ein bestehendes Assessment Center integriert werden?

Da während eines Assessment Centers meist zu keinem Zeitpunkt alle Teilnehmer gleichzeitig beschäftigt sind oder aus anderen Gründen eine „Leerlaufzeit" zu erwarten ist, wird es sich vielfach als organisatorisch wenig aufwendig erweisen, einen Persönlichkeitsfragebogen als zusätzliche Informationsquelle einzubeziehen. Der zeitliche Aufwand dürfte sich in der Regel im Rahmen von 30–60 Minuten Durchführungszeit bewegen. Bei der Zusammenfassung aller Informationen des Assessment Centers wird ein (geeigneter) Persönlichkeitsfragebogen häufig sehr nützlich sein, da das Selbstbild des Teilnehmers nun in geeigneter Weise mit den verschiedenen Beobachtungen des Assessment-Tages in Beziehung gesetzt werden kann.

Mehrdimensionale und standardisierte Verfahren erbringen mit dem Ergebnisprofil einen zusätzlichen Nutzen: Einerseits wird das Selbstbild (wie etwa beim BIP, vgl. Kap.

5.6) sowohl kompakt als auch umfassend sichtbar – ein vergleichbar umfassendes Interview würde vermutlich etliche Stunden Zeit in Anspruch nehmen. Andererseits erhält der Anwender durch die Normierung einen Vergleich zu einer relevanten Personengruppe und kann problemlos erkennen, bei welchen Dimensionen sich das Selbstbild eines Teilnehmers im durchschnittlichen (bzw. unauffälligen), oder etwa auch in einem extrem ausgeprägten Bereich befindet. Über das Gesagte hinaus finden sich Hinweise zur Integration psychologischer Fragebogenverfahren in das Assessment Center bei Paschen und Hossiep (1998).

5. Warum sollten Persönlichkeitstests keinesfalls als alleiniges Auswahl- oder Vorauswahlinstrument eingesetzt werden?

Prinzipiell bietet auch ein sorgfältig konstruierter Persönlichkeitstest lediglich einen der möglichen Zugänge zur Einschätzung einer Person – nämlich eine strukturierte Selbstbeschreibung. Der Einsatz als alleiniges Auswahl- oder Vorauswahlinstrument wird daher in keinem Fall empfehlenswert sein. Gerade bei denjenigen Berufsfeldern, bei denen die über Persönlichkeitsfragebogen erfaßten Kompetenzbereiche eine bedeutsame Rolle spielen, sind auch weitere Aspekte einer Person von hoher Relevanz, beispielsweise deren Außenwirkung, also die Wirkung der Person auf andere (z. B. auf die Beobachter in einem Assessment Center). Insofern kann ein Fragebogenverfahren immer nur eines von mehreren Instrumenten der Wahl sein – die Informationserhebung sollte stets mehrere Quellen einbeziehen (vgl. Kap. 4.3.2). Anders kann es sich etwa im Falle von Leistungs- oder Fertigkeitstests für einfach strukturierte Tätigkeiten oder für spezifische Ausbildungsberufe verhalten. In diesen Bereichen können Testverfahren die Vorauswahl in sachdienlicher Weise unterstützen.

6. Wie erkennt man, ob ein Instrument seriös ist?

Für den Laien ist die Einschätzung der Seriosität eines Verfahrens in der Regel nicht einfach – besonders auch deshalb, weil viele unwissenschaftliche Verfahren auf Basis ihrer Funktionsweise und den abgeleiteten Aussagen her zunächst plausibel und nachvollziehbar erscheinen. Eine wissenschaftliche Fundierung wird – namentlich von schlichteren Naturen – eher als Makel betrachtet, und man gibt sich betont pragmatisch (wodurch allerdings unrichtige Ansätze nicht zutreffender werden). Einige grundlegende Anhaltspunkte zur Qualitätsprüfung bestehen jedoch (vgl. auch Kap 4.2 und 4.3 sowie den in Abb. 14 dargestellten Fragenkatalog). Zum einen kann davon ausgegangen werden, daß diejenigen Testverfahren, die in wissenschaftlichen Testverlagen veröffentlicht werden, zumeist den gängigen Qualitätsanforderungen genügen werden, da sie unter Aufsicht der wissenschaftlichen Fachgemeinde publiziert, beforscht und weiterentwickelt werden. Zu fragen ist in diesem Fall, ob sie auch zum Einsatzziel des Anwenders passen: Ein noch so seriös konstruierter Fragebogen zur Erfassung psychischer Fehlanpassungen erbringt für die Personalauswahl kaum Nutzen. Dieser Einwand erweist sich in der Durchführungspraxis als weniger banal, da gelegentlich eingesetzt wird, „was da ist" oder aber, „was der Durchführende kennt" – unter Umständen

mit der Konsequenz, daß über längere Zeiträume hinweg nicht nach neuen oder besseren Verfahren gesucht wird, auch wenn diese bereits verfügbar sind.
Bei den privatwirtschaftlich vertriebenen Verfahren ist eine Beurteilung weniger einfach, da Kunden oftmals keinen Zugang zu den Untersuchungen haben, die gegebenenfalls mit dem Verfahren durchgeführt wurden. Der Interessent sollte sich in jedem Fall ausführlich nach den Gütekriterien des Instrumentes und dessen Entstehungshintergrund erkundigen, die daraufhin vorgelegten Angaben von fachkundiger Seite prüfen lassen und im idealen Fall auch Referenzen bei anderen Anwendern einholen. In der Tat ist immer wieder zu beobachten, daß in aufwendig erstellten Informationsschriften das „Blaue vom Himmel" versprochen wird und haltlose Behauptungen aufgestellt werden, die vom testtheoretischen Laien nicht als solche identifiziert werden können. Es ist keinesfalls zu empfehlen, sich vor allem von einer besonders großen Anzahl an bisherigen Durchführungen zum Einsatz des Verfahrens verleiten zu lassen.

7. Welche Lösungen bestehen im Intranet?

Ein Einsatzgebiet von Persönlichkeitsfragebogen findet sich in der individuellen Standortbestimmung, und darüber hinausgehend auch in der Standortbestimmung einer Arbeitsgruppe („Teamentwicklung"; vgl. Kap. 6.4). Da der organisatorische Aufwand für eine Durchführung bei zahlreichen Interessenten nicht unbeträchtlich ist, liegt die Anwendung von Fragebogen in Papier- und Bleistift-Form nicht nahe. Ein Lösungsansatz wäre für Unternehmen, die interessierten Beschäftigten eine Teilnahme anbieten wollen, die Auswertung an eine externe Stelle zu delegieren. Ebenso ist es jedoch möglich, unternehmensinterne Ressourcen, zum Beispiel vorhandene Computernetzwerke, für die Durchführung und Auswertung heranzuziehen. Das Instrument wird dabei beispielsweise in Lizenz von einem Testverlag erworben und auf einem Server des Unternehmens abgelegt. An der Teilnahme interessierte Personen können das Verfahren über ihren Netzwerk-Anschluß vom Server abrufen, bearbeiten, und die Auswertung wiederum einer Auswertungssoftware auf dem Firmenserver (oder auch an anderer Stelle im Netzwerk) übertragen. Hierzu ist selbstverständlich ein entsprechender Datenschutz sicherzustellen. Die Auswertungsunterlagen sollten in diesem Fall neben den optischen Ergebnisdarstellungen (z. B. als Profilblatt) ergänzende schriftliche Erläuterungen umfassen, etwa in Form eines Kurzgutachtens, das aus Textbausteinen erstellt wird. Zum Abgleich des Selbstbildes mit den Einschätzungen anderer Personen (Fremdbild) können auch Fremdeinschätzungsbogen angeboten werden, die der Teilnehmer zum Beispiel an Mitglieder seiner Arbeitsgruppe versenden kann. Die einlaufenden bearbeiteten Fremdeinschätzungen können wiederum von einer entsprechenden Software ausgewertet und auf einem Ergebnisblatt dargestellt werden. Auf diese Weise wird eine eigeninitiierte (oder auch gesteuerte) Personalentwicklung ermöglicht, ohne daß zusätzliche personelle Ressourcen mit Durchführung und Auswertung gebunden sind. Förderlich ist, wenn Personalfachleuten hierbei eine beratende Funktion zukommt. Zugleich ermöglicht das beschriebene Vorgehen eine anonyme, selbstbestimmte Anwendung, die auch nicht an betriebliche Beurteilungsprozesse und „Prüfungssituationen" gekoppelt sein muß. Die Erfahrungen während der Entwicklungsarbeiten zum Bochumer Inventar zur berufsbezogenen Persönlichkeitsbeschreibung (BIP, vgl. Kap. 5.7) zeigen, daß bei zahlreichen Fach- und Führungskräften ein nicht unbeträchtliches Interesse an einer auf den Beruf bezogenen Standortbestimmung und persönlichen Weiterentwicklung besteht.

Für das zuvor beschriebene Einsatzgebiet liegt nach Kenntnisstand der Verfasser des vorliegenden Bandes derzeit (Stand: Sommer 1999) noch kein von Testverlagen publiziertes Instrument vor – es handelt sich um ein kaum erschlossenes Einsatzfeld mit beträchtlichem Nutzenpotential für das interessierte Unternehmen (selbstverständlich kann auch der kombinierte Einsatz mit anderen Instrumenten der Personalentwicklung im Intranet in Erwägung gezogen werden). Für das BIP befindet sich eine entsprechende Version in der Planungsphase;

Auskünfte erteilt der herausgebende Testverlag (Hogrefe-Verlag; die Anschrift findet sich unter Frage 1 dieses Abschnitts).

8. Ist der Einsatz von Persönlichkeitstests nicht rechtlich unzulässig? Welcher rechtliche Rahmen besteht bei der Durchführung?

Im Rahmen des rechtlich Zulässigen darf der Arbeitgeber im Auswahlprozeß diejenigen Informationen erheben, die auf eine Beurteilung des Bewerbers in Hinblick auf die zur Erfüllung der mit der Tätigkeit verbundenen Anforderungen abzielen. Persönlichkeitstests sind demzufolge zulässig, solange sie anforderungsrelevant sind. Im zumeist unwahrscheinlichen Fall einer rechtlichen Auseinandersetzung müßte begründet werden können, inwieweit eine spezifische vom Test erfaßte Persönlichkeitsdimension für die erfolgreiche Bewältigung der beruflichen Aufgaben maßgeblich ist. Mit dieser rechtlichen Ausgangssituation besteht ein offenkundig breiter Interpretationsspielraum hinsichtlich der Anwendung von Auswahlinstrumenten. Für den Einsatz in der Wirtschaft unzulässig sind damit in der Regel klinisch-psychologische Verfahren, die auf die Erfassung psychischer Störungen abzielen – sofern nicht für die Tätigkeit der psychischen Gesundheit eine besondere Bedeutung zukommt, wie dies in manchen Berufsfeldern in besonderem Maße der Fall ist. In der überwiegenden Mehrzahl der Fälle wird der Einsatz eines berufsbezogenen Verfahrens vorzuziehen sein – dies nicht nur aus rechtlichen, sondern auch aus fachlichen Erwägungen (für eine ausführliche Darstellung vgl. Kap. 4.2).

9. Kann man mit Hilfe eines Persönlichkeitstest den Charakter erkennen?

Dieser Frage liegt vermutlich häufig die Vermutung zugrunde, daß der „Charakter" einer Person durch kurze Beobachtung kaum zu erkennen ist und sich nur dann erschließen kann, wenn eine gewisse Nähe zur betreffenden Person besteht. Es darf vermutet werden, daß mit dem Begriff „Charakter" in diesem Fall eine grobe Einschätzung, etwa im Sinne einer positiven beziehungsweise negativen Beurteilung verbunden ist (im Sinne eines „guten" bzw. „schlechten" Charakters). Aus dieser Perspektive heraus wird die Einschätzung eines Menschen etwa dadurch erschwert, daß eine Person ihren „wahren Charakter nicht zeigen will (oder kann)". Ein entsprechender fachpsychologischer Begriff kann in der Bezeichnung des „sozial erwünschten Verhaltens" gesehen werden (vgl. auch Kap. 4.3.5.1), dem Verhalten also, mit dem eine Person versucht, den von ihr für relevant gehaltenen sozialen Erfordernissen einer Situation zu entsprechen.

In manchen Persönlichkeitstests wird mit Hilfe von spezifischen Skalen herauszufinden versucht, ob die Antworten eines Teilnehmers im Sinne sozialer Erwünschtheit getroffen wurden (etwa beim MMPI durch die Testfrage „Ich sage nicht immer die Wahrheit", die bei ehrlicher Beantwortung von der weit überwiegenden Mehrheit der Teilnehmer nur bejaht werden kann; zum MMPI vgl. auch Kap. 5.8). Auf Fragen der beschriebenen Art bereitet die „Testknacker"-Literatur vor (vgl. dazu Kap. 4.3.8), die den Lesern vielfach suggeriert, Persönlichkeitsfragebogen zielten auf die Durchleuchtung der Teilnehmer ab. Aus heutiger Sicht scheint wenig dafür zu sprechen, daß gegen den Willen des Teilnehmers in einem Fragebogen spezifische Verhaltensaspekte zutreffend erhoben werden können. Dasjenige, was auch als „Charakter" einer Person bezeichnet werden kann, bildet sich am umfassendsten ab, indem den Teilnehmern in Ergänzung zu anderen diagnostischen Bausteinen ausreichende Gelegenheit gegeben wird, ihr jeweiliges Erleben und Verhalten selbst zu beschreiben, zu begründen und zu diskutieren. Am erfolgversprechendsten scheint hierfür eine von Offenheit geprägte transparente Atmosphäre, in welcher der Bewerber dem Diagnostiker Vertrauen entgegenbringen kann. Eine solche Vorgehensweise unterscheidet sich fundamental etwa von der Arbeit mit Korrektur- oder „Lügenskalen". Auch wenn auf diese Weise durch zeitliche Beschränkungen vermutlich die komplexe Erlebens- und Verhaltenswelt einer Person nicht allumfassend erhoben werden kann, lassen sich doch relevante Kompetenzbereiche sowie allgemeine Leistungsfähigkeit und Verhaltensdispositionen zu einem aussagekräftigen Gesamteindruck verdichten – und zwar bei der Informationserhebung weitestgehend in Zusammenarbeit mit dem Kandidaten, nicht „gegen" ihn.

10. Geht beim Einsatz von Persönlichkeitstests nicht „das Einmalige" des Menschen verloren, indem man ihn „in eine Schablone preßt"?

Die Auffassung wird gelegentlich von Teilnehmern an Testverfahren vertreten, die befürchten, in ihrer Individualität nicht ausreichend gewürdigt zu werden. Wie auch bezüglich anderer kritischer Einwände zum Einsatz von Tests ist hierzu anzumerken, daß eine umfassende Informationserhebung mit ausreichender Gelegenheit zur Stellungnahme des Kandidaten nicht von einem einzelnen Instrument, sondern vor allem im Rahmen eines mit verschiedenen Methoden ausgestatteten eignungsdiagnostischen Prozesses insgesamt gewährleistet werden kann. Es liegt demzufolge in der Verantwortung der mit der Durchführung betrauten Personen, den Beratungs- oder Beurteilungsvorgang so zu gestalten, daß entsprechende Gelegenheiten zur Stellungnahme seitens des Teilnehmers und zur Diskussion bestehen (vgl. Kap. 4.3). Die Individualität einer Person wird im übrigen nicht in ihrer Gänze zu erfassen sein; einerseits aus zeitlichen Gründen, andererseits, weil zahlreiche Facetten des Selbstbildes für den Beruf wenig Relevanz besitzen (zum Zusammenhang von Person, Situation und Verhalten vgl. Kap. 3.1).

11. Sind Persönlichkeitstests geeignet, Personalabbaumaßnahmen zu unterstützen?

Es ist zu empfehlen, in einem solchen Fall vom Einsatz von Persönlichkeitstests abzusehen und – soweit der Personalabbau nach Leistungskriterien erfolgt – im Unternehmen vorliegende, möglichst objektive Daten zur Beurteilung der Mitarbeiterleistung heranzuziehen. Eine Entlassung mit dem Testergebnis eines Persönlichkeitsfragebogens zu begründen, dürfte – abgesehen von der juristischen Fragwürdigkeit – in der Mehrzahl der Fälle die Delegation unangenehmer Entscheidung an eine quasi-objektive Instanz bedeuten, was insgesamt einer Akzeptanz derartiger Verfahren unter den verbleibenden Beschäftigten wenig förderlich sein dürfte. Insbesondere transparente und an beruflichen Anforderungen orientierte Verfahren bieten die Möglichkeit, Verfälschungen und verzerrende Antworten vorzunehmen (vgl. dazu Kap. 4.3.5.1), welche in unkontrollierter Weise Einfluß nehmen können.

12. Welche Vorteile hat die Unterstützung durch Diplom-Psychologen?

Im Rahmen des universitären Studiums haben Diplom-Psychologen Kenntnisse erworben, welche im Bereich betrieblichen Personalmanagements von grundsätzlicher Bedeutung sind – zum Beispiel:

– Über Funktionsweise und „Schwächen" der menschlichen Wahrnehmung und Informationsverarbeitung – dies ist zum Beispiel für die Interviewführung relevant, da dort bestimmte Wahrnehmungsverzerrungen regelmäßig auch bei erfahrenen Personalfachleuten auftreten können und unter Umständen zu Fehlurteilen führen.

Darüber hinaus verfügen Diplom-Psychologen bei entsprechender Schwerpunktlegung in der Ausbildung über spezifisches Know-how im Bereich der Berufseignungdiagnostik, welches im Rahmen anderer Studienfächer nicht vermittelt wird. Dieses spezifisch psychologische Wissen und Know-how liegt beispielsweise in:

– der Konstruktion und Evaluation von Testverfahren
– der Bestimmung positionsrelevanter Anforderungsdimensionen
– der Auswahl darauf abgestimmter diagnostischer Instrumente (z. B. Testverfahren)
– dem angemessenen Einsatz der Instrumente (der weit über die „technische Abwicklung" hinausgeht; vgl. Kap. 4.3)
– der Rückmeldung von Ergebnissen und Schriftlegung in Gutachtenform.

Der Nutzen, den die Einbeziehung von Diplom-Psychologen mit sich bringt, liegt demgemäß gegenüber Personen mit anderem Ausbildungshintergrund in grundlegenden Kenntnissen über menschliches Erleben und Verhalten und dessen Niederschlag im beruflichen Kontext (z. B. hinsichtlich der Frage, welche Dimensionen im Bereich der Persönlichkeit auf welche Weise für berufliches Verhalten von Bedeutung sind) sowie im anwendungsbezogenen methodischen Know-how.

13. Können Persönlichkeitstests ein Einstellungsinterview unterstützen?

Persönlichkeitsfragebogen erfüllen als ein das Interview ergänzendes Instrument in der Tat eine relevante Funktion. Sie bieten – sofern es sich um multidimensionale Verfahren handelt – eine kompakte Form der Selbstbeschreibung, die in entsprechender Ausführlichkeit über ein Interview aus zeitlichen Gründen kaum zu erzielen sein dürfte. Da das Ergebnis eines Persönlichkeitsfragebogens in der Regel Resultat eines Vergleichsprozesses ist (die Profilwerte entstehen, indem die Selbstbeschreibung des Teilnehmers mit derjenigen vieler Personen aus einer relevanten Vergleichsgruppe abgeglichen wird), erhält der Anwender darüber hinaus Informationen darüber, wie sich der Teilnehmer im Vergleich zu anderen positioniert. Das Ergebnisprofil ist generell eine geeignete Diskussionsgrundlage, um in späteren Phasen des Einstellungsinterviews bestimmte Aspekte der Persönlichkeit gemeinsam mit dem Kandidaten zu vertiefen (vgl. ausführlich Kap. 4.3.2).

14. Wie lange müssen die Ergebnisse aufbewahrt werden (bei eingestellten vs. nicht eingestellten Bewerbern)

In der „Richtlinie für den Umgang mit psychologischen Eignungstests" (Gaul, 1990) heißt es hierzu:

„Wurde der Bewerber arbeitgeberseitig abgelehnt, sind die Unterlagen über die Eignungsuntersuchung unverzüglich zu vernichten, sofern nicht der Bewerber um eine Einsichtnahme ersucht hat. In diesem Fall ist die Vernichtung nach erfolgter Einsichtnahme, spätestens innerhalb von zwei Wochen nach der mitgeteilten Personalentscheidung vorzunehmen.

Ist der Bewerber für die Einstellung in Aussicht genommen, liegt es im Ermessen der Personalabteilung, ob Unterlagen über die Eignungsuntersuchung wie zu 6a) dargestellt behandelt (also vernichtet, wie zuvor beschrieben wurde; Anm. d. Verf.) oder zum Inhalt der Personalakte genommen werden. Geschieht letzteres, sind die Unterlagen über die Eignungsuntersuchung in einem geschlossenen Umschlag innerhalb der Personalakte zu verwahren. Der betreffende Arbeitnehmer hat dann bei einer möglichen Einsichtnahme in seine Personalakte (§ 83 BetrVG) auch das Recht, diese Unterlagen zu einem späteren Zeitpunkt einzusehen. Durch entsprechende Sicherungsmaßnahmen ist Sorge zu tragen, daß der Umschlag alsdann wieder ordnungsgemäß verschlossen wird." (Gaul, 1990; zitiert nach Schuler, 1996, S.198)

In einer aktuellen Übersicht nennt Püttner (1999) vergleichbare Verpflichtungen der testenden Organisation beziehungsweise Person:

„Beim weiteren Umgang mit den Testergebnissen kommt es rechtlich darauf an, das Persönlichkeitsrecht der Bewerber zu wahren. Denn diese Unterlagen enthalten sensible personenbezogene Daten und dürfen daher keinesfalls in falsche Hände geraten.

Bei der Aufbewahrung des Materials besteht ständig die Möglichkeit der Kenntnisnahme, damit eine dauernde Gefährdung des allgemeinen Persönlichkeitsrechts der Betroffenen (…). Daher ist eine Aufbewahrung über das Auswahlverfahren hinaus nur zulässig, wenn der Arbeitgeber ein besonderes rechtliches Interesse daran hat. Das ist dann der Fall, wenn der Betreffende eingestellt worden ist oder wenn sich ein Rechtsstreit über das Einstellungsverfahren ankündigt (Beispiel: Einer der Bewerber erhebt eine sogenannte Konkurrentenklage). Andernfalls müssen die Unterlagen nach Abschluß des Auswahlverfahrens vernichtet werden. Sie können statt dessen auch an die jeweiligen Bewerber herausgegeben werden – darauf besteht aber kein Rechtsanspruch, wenn nicht vorher eine entsprechende Vereinbarung getroffen wurde.

Sofern die Unterlagen weiter aufbewahrt werden, bedürfen sie der besonderen Geheimhaltung. Für Psychologen (auch Betriebspsychologen) ist die Offenbarung des Materials sogar strafbar nach § 203 StGB. Beim Arbeitgeber gehören sie zu den Personalakten. Da es sich bei ausgefüllten Bögen psychologischer Tests und psychologischen Gutachten um besonders persönlichkeitsrelevante Unterlagen handelt, dürfen sie auch nicht der gesamten Personalabteilung zugänglich sein, sondern neben dem Arbeitgeber selbst nur dem Leiter der Personalabteilung und dem direkten Vorgesetzten des Arbeitnehmers. Wegen der Geheimhaltungspflicht ist es nur mit Zustimmung des Betroffenen erlaubt, die Testergebnisse an Dritte – andere Arbeitnehmer, andere Arbeitgeber usw. – weiterzugeben. Eine Mißachtung der genannten Geheimhaltungspflichten begründet Schadensersatzansprüche des Arbeitnehmers wegen der Verletzung des Persönlichkeitsrechts nach § 847 i. V. m. § 823 Abs. 1 BGB. Der Arbeitgeber kann sich darüber hinaus strafbar machen, wenn er die Daten aus einer Computerdatei heraus unbefugt übermittelt (§ 43 Bundesdatenschutzgesetz)." (Püttner, 1999, S. 57)

Über das Gesagte hinaus ergibt sich nach Comelli (1995, S. 119) für Diplom-Psychologen, die Tests anwenden, folgende leicht veränderte Situation:

„Nach § 950 BGB wird das Eigentum an dem Gutachten dem ‚Hersteller' zugewiesen. Der den Auftrag gebende Arbeitgeber ist Eigentümer, wenn der Diplom-Psychologe Antragsteller ist; der Diplom-Psychologe ist Eigentümer, wenn er als Externer den Auftrag bearbeitet hat. Die Untersuchungsunterlagen verbleiben – soweit keine andere Vereinbarung mit dem Probanden getroffen wurde – in der Regel beim Psychologen in der sogenannten Fachakte und unterliegen seiner Schweigepflicht. Strittig ist, ob ein Proband, z. B. ein Bewerber, bezüglich der Untersuchungsunterlagen einen Vernichtungsanspruch hat. Zwar ist es in einigen Unternehmen bzw. diagnostischen Institutionen geübte Praxis, die Untersuchungsunterlagen nach Abschluß des diagnostischen Prozesses zu vernichten, jedoch erscheint uns dies aus zweierlei Hinsicht bedenklich:

Zum einen begibt sich der Psychologe dadurch der exakten Dokumentation über Inhalt und Ablauf der unter seiner Verantwortung durchgeführten Untersuchung, zum anderen vernichtet er wichtiges Datenmaterial, das er – selbstverständlich in anonymisierter Form – zur Durchführung von Bewährungskontrollen und zur Führung des an anderer Stelle geforderten Erfolgsnachweises bezüglich der Wissenschaftlichkeit der eingesetzten Verfahren benötigt. Allerdings ist der Anspruch eines abgelehnten Bewerbers auf Vernichtung seiner Unterlagen sehr gut vorstellbar, da der Arbeitgeber kein berechtigtes Interesse an der Aufbewahrung haben kann. (…). Eine Anonymisierung und Verwertung der Unterlagen zu wissenschaftlichen Zwecken ist von diesen beiden Fällen (der Einstellung bzw. der Nicht-Einstellung; Anm. d. Verf.) unabhängig." (Comelli, 1995, S. 119)

15. Wie kann man Persönlichkeitstests zur Teamentwicklung einsetzen?

Der Einsatz von Persönlichkeitsfragebogen zu Zwecken der Teamentwicklung fußt häufig auf dem Prinzip, die Selbsteinschätzung der Teammitglieder sichtbar und somit auch besprechbar zu machen. Die Diskussion über die in einem Ergebnisprofil visualisierten Selbstbilder, etwa hinsichtlich der eigenen Arbeitsweisen und des Verhaltens in sozialen Situationen, kann auch eine wechselseitige Rückmeldung umfassen, so daß ein Abgleich von Selbstbild und Fremdbild für jedes Teammitglied erfolgt (zum Zusammenhang von Selbst- und Fremdbild vgl. auch Abb. 16). Persönlichkeitsfragebogen dienen in diesem Zusammenhang unter anderem dem Ziel, durch ein besseres Verständnis seiner selbst sowie des Verhaltens und der Persönlichkeit anderer Personen möglichen Konflikten vorzubeugen, entstandene Konflikte zu lösen, den Zusammenhalt und die Zusammenarbeit der Gruppe zu stärken und auf diese Weise insgesamt die

Leistungsfähigkeit eines Teams zu erhöhen (für einen praxisorientierten Überblick über verschiedene Methoden der Teamentwicklung siehe auch Francis & Young, 1989).

Die zuvor beschriebene Vorgehensweise legt nahe, daß bei der Auswahl von Fragebogenverfahren besonderes Gewicht auf die Akzeptanz und die Nützlichkeit der enthaltenen Dimensionen gelegt werden sollte, damit der Austausch über die Ergebnisse offen erfolgen kann und umsetzbare Ergebnisse möglich werden. In der Unternehmenspraxis läßt sich gelegentlich die Beobachtung machen, daß für Teamentwicklungsprozesse gern diejenigen Instrumente eingesetzt werden, deren Skalen keinen negativ besetzten Pol aufweisen. Hierzu ist zum Beispiel der MBTI (Myers-Briggs Typenindikator; vgl. Kap. 5.3) zu zählen, in dessen Handanweisung ausdrücklich betont wird, daß die sich ergebenden Persönlichkeitstypen gleichberechtigt nebeneinander stehen und keiner „besser" als der andere ist. Die Verwendung eines solchen Verfahrens bietet den Vorteil, beim Abgleich von Selbst- und Fremdbild über personenbezogene Unterschiede sprechen zu können, ohne daß damit die Zuweisung von Schwächen oder Mängeln verbunden ist. Gleichermaßen kann hiermit selbstverständlich auch ein Nachteil verbunden sein: Tatsächlich vorhandene Entwicklungsnotwendigkeiten einer Person werden auf der Basis „gleichwertiger Ergebnisse" nicht als solche benannt und eine erforderliche kritische Rückmeldung unterbleibt.

Zum beschriebenen Einsatzgebiet ist insgesamt anzumerken, daß Maßnahmen zur Teamentwicklung selbstverständlich nicht losgelöst von der betrieblichen Realität erfolgen können. Sowohl die Planung und Durchführung eines derartigen Prozesses wie auch der Einsatz von unterstützenden Instrumenten sollten von entsprechend erfahrenen und psychologisch qualifizierten Personen gesteuert beziehungsweise begleitet werden.

16. Wie können Persönlichkeitstests zur beruflichen Beratung und Karriereberatung genutzt werden?

Eine berufliche Beratung oder Karriereberatung ist vielfach mit der Zielsetzung verbunden, dem Teilnehmer zu größerer Klarheit über berufliche Motive und Ziele zu verhelfen. Hierzu kann unter anderem eine Standortbestimmung im Sinne einer Stärken-/Schwächen-Analyse zählen. Während die Selbsteinschätzung berufsbezogener Stärken und Entwicklungsnotwendigkeiten von vielen Personen recht differenziert vorgenommen werden kann, fällt der Abgleich mit den Anforderungen bestimmter Positionen oder Tätigkeiten oft deutlich schwerer – etwa aufgrund fehlender Erfahrungen oder Informationen. Der Einsatz eines (berufsbezogenen) Persönlichkeitsfragebogens bietet hier einerseits den Vorteil, Teilnehmer für Anforderungsdimensionen im überfachlichen Bereich zu sensibilisieren.

Die Ergebnisse des Fragebogens können andererseits im Anschluß als Grundlage für eine Diskussion dienen, die zum Beispiel folgende Aspekte umfassen kann: Berufliche Zielsetzungen und die individuelle Passung der Anforderungsbedingungen können mit gegebenenfalls vorhandenen Testskalen zur Motivstruktur (z.B. hinsichtlich des Leistungs- oder Führungsmotivs) in Beziehung gesetzt werden. Dimensionen, die Rückschlüsse auf die Herangehensweise an Aufgaben zulassen (z.B. Gewissenhaftigkeit), können dazu genutzt werden, das präferierte Aufgabenspektrum zu erarbeiten. Testskalen zum sozialen Verhalten können demgegenüber der Eingrenzung beruflicher Settings dienen, etwa hinsichtlich der Frage, inwieweit die enge Kooperation mit anderen Personen Bestandteil der beruflichen Aufgaben sein sollte. Dimensionen, die sich auf die allgemeine psychische Verfaßtheit des Teilnehmers beziehen, können dabei helfen, eventuelle psychische oder physische Unter- oder Überforderungen zu vermeiden. Der Einsatz von Persönlichkeitsfragebogen wird allerdings kaum *direkte* Rückschlüsse auf die beruflichen Interessen ermöglichen (dies ist der Gegenstandsbereich von Berufsinteressentests), sondern eher als Gesprächsgrundlage sowie zur Strukturierung des Gesprächs dienen.

17. Wenn bei anderen Verfahren die Prognosekraft für den Berufserfolg deutlich höher ist als bei Persönlichkeitstests, warum sollte man letztere dann überhaupt einsetzen?

Wenn in Studien zur Prognosekraft von Auswahlverfahren und -methoden unterschiedlich hohe Kennwerte für verschiedene Verfahrensarten ausgewiesen werden, bedeutet dies nicht, daß allein mit der Auswahl des prognostisch „besten" Verfahrens auch der diagnostische Prozeß selbst optimal gestaltet ist. So erfassen zum Beispiel Intelligenz- und Persönlichkeitstests unterschiedliche Gegenstandsbereiche, und es ist davon auszugehen, daß sich bei gleichzeitigem Einsatz beider Verfahrensarten die Prognosekraft hinsichtlich beruflichen Erfolges als höher erweist, als dies beim Einsatz nur eines der Verfahren der Fall wäre. Es ist in diesem Sinne nicht sinnvoll, nur von der Höhe der Validitätskennzahlen eines Verfahrens auszugehen – zielführend ist vielmehr die Beantwortung der Frage, inwieweit die Hinzunahme des Verfahrens zu den bisher eingesetzten Instrumenten die Prognosekraft insgesamt erhöht. Dieser zusätzliche Beitrag wird als *inkrementelle Validität* bezeichnet. Persönlichkeitstests vermögen als Ergänzung zu anderen Verfahren den weiteren, zusätzlich gewünschten Beitrag zur Validität zu leisten (vgl. ausführlich Kap. 4.4).

18. Bringt der Einsatz mehrerer Persönlichkeitstests Vorteile?

Der gemeinsame Einsatz mehrerer Verfahren kann dann sinnvoll sein, wenn diese nicht den exakt gleichen Inhaltsbereich umfassen. So läßt sich zum Beispiel die Kombination eines vom Umfang her kurzen und eher „groben" Instrumentes mit breit angelegten Skalen als „Screening-Instrument" mit einem Fragebogen zur Erfassung eines spezifischen Konstruktes, etwa zur Serviceorientierung, sinnvoll verknüpfen. Wenn sowohl allgemeine Verhaltensdispositionen (z.B. das soziale Verhalten) als auch sehr spezielle Eigenschaftsbereiche für eine Position von Bedeutung sind, erscheint der Einsatz mehrerer Instrumente sinnvoll, sofern kein Fragebogen vorliegt, der alle Bereiche umfaßt. Gerade für spezifische Subkonstrukte (am obigen Beispiel etwa die Service-Orientierung als „Kombination" des Verhaltens in sozialen Situationen sowie weiterer Eigenschaftsbereiche) werden häufig eigenständige, eher kurze Fragebogen konstruiert, da die Inhaltsbereiche nur manche Tätigkeiten betreffen und somit in übergreifende und umfassende Verfahren nicht sinnvoll zu integrieren wären.

19. Wer ist mit der Durchführung zu betrauen?

Die eigentliche Testdurchführung (also die Ausgabe der Unterlagen, die Erläuterung sowie die Auswertung anhand von Folien bzw. eines Computerprogrammes) kann in den meisten Fällen problemlos von einer sorgfältig geschulten Hilfskraft vorgenommen werden. Bei Einzel-Assessments von Führungskräften ist es allerdings üblich, daß auch diese Aspekte der Testdurchführung nicht delegiert werden. Die Interpretation und Besprechung der Ergebnisse mit dem Teilnehmer sollte hingegen idealerweise durch einen Fachpsychologen oder aber durch einen mit der Materie vertrauten Personalfachmann erfolgen. Da diese Gespräche zumeist integraler Bestandteil des gesamten Auswahlprozesses sind und insbesondere die Besprechung der Testergebnisse relevante Hinweise zur Vertiefung sowie weitergehende Informationen mit sich bringt, ist die Rückmeldung der Resultate keine delegierbare Aufgabe, sondern sollte von derjenigen Person vorgenommen werden, die auch die anderen Schritte des Auswahlverfahrens verantwortlich durchführt.

20. Wie ist der Einsatz dem Kandidaten gegenüber zu begründen?

Dieser Aspekt erweist sich in der Praxis als weitaus weniger problematisch, als viele Personalfachleute im Vorfeld annehmen. Wenn den Teilnehmern erläutert wird, daß der Fragebogen einer systematischen Selbstbeschreibung dient, die in Beziehung zu einer bestimmten Vergleichsgruppe (der Normierungsstichprobe) gesetzt wird, so entstehen im allgemeinen keine Vorbehalte. Wichtig ist ebenfalls die Information, daß der Fragebogen kein alleiniges Entscheidungskriterium darstellt, sondern die Ergebnisse Hinweise für ein vertiefendes Gespräch liefern. Die Verfasser des vorliegenden Bandes haben die Erfahrung gewonnen, daß unter diesen Umständen die Mehrzahl der Teilnehmer auch persönlich sehr interessiert am Testverfahren ist und dem individuellen Ergebnis mit Neugier entgegensieht.

21. Inwieweit dringt man als Testanwender in die Intimspähre des Kandidaten ein?

Zur Intimsphäre eines Menschen zählt man beispielsweise sein Sexualleben, die Gestaltung der Partnerschaft und die damit verbundenen Konflikte oder religiöse Einstellungen und Praktiken (vgl. auch Kap. 4.2). Persönlichkeitstests, die im beruflichen Bereich Verwendung finden, sollten alle Fragestellungen, welche die Intimsphäre betreffen, vollständig ausklammern.

22. Was bringen „Testknacker" dem Kandidaten?

Literatur zum Testtraining richtet die Aufmerksamkeit der Leserschaft meist auf die Anwendungsfälle, in denen ungeeignete Testverfahren eingesetzt oder eignungsdiagnostische Prozesse auf für den Teilnehmer wenig akzeptable beziehungsweise verständliche Weise durchgeführt werden. Häufig wird durch die Lektüre ein verzerrtes Bild der mit Auswahlverfahren verbundenen Zielsetzungen vermittelt, indem zum Beispiel beschrieben wird, wie über den Einsatz von Persönlichkeitstests die „Seele" des Bewerbers ausgekundschaftet werden soll. Wie aus diesem Beispiel ersichtlich wird, bedienen sich Testtrainings- und „Testknacker"-Publikationen teilweise einer stark emotionalisierenden Sprachführung, die zusätzlich dazu angetan ist, beim Leser Mißtrauen gegenüber verschiedenen Instrumenten der Personalauswahl aufzubauen. Die eher seriösen Bände bringen dem Leser vermutlich insofern persönliche Sicherheit, als er fundierter einschätzen kann, welche Zielsetzung etwa mit Testverfahren oder Assessment Centern verbunden ist. Allerdings wird nur sehr selten etwas wirklich Substantielles über die Hintergründe von Testverfahren zu erfahren sein – gängige Inhalte, die insbesondere bei der Beschreibung von Persönlichkeitstests und sogenannten Tips zum Besten gegeben werden, sind zumeist entweder trivial oder lassen sich auf die folgende Botschaft reduzieren: Lügen Sie, aber nicht so stark, daß es auffällt (vgl. Kap. 4.3.8 für eine ausführliche Darstellung).

23. Kann der Kandidat seine Ergebnisse nicht beliebig verfälschen?

Wissenschaftliche Untersuchungen zu dieser Fragestellung haben erwiesen, daß Teilnehmer in der Tat bei entsprechender Anweisung („fake good / fake bad") ein Testergebnis in verschiedene Richtungen manipulieren können (vgl. dazu Kap. 4.3.5). Dies ist im übrigen nicht ausschließlich bei transparenten Testfragen der Fall. So empfehlen etwa einige Veröffentlichungen zum Testtraining den Teilnehmern, bei manchen wenig durchschaubaren Fragen ihre Ankreuzungen um den mittleren Antwortbereich zu streuen (vgl. Kap. 4.3.8). Die Antworten auf Fragen in Einstellungsinterviews können bekanntermaßen ebenso verfälscht werden, auch hier ist zum Beispiel ein „dreistes Lügen" möglich. Zu fragen ist insofern weniger, ob ein Test verfälscht werden kann, sondern ob die Bewerber im allgemeinen motiviert sind, dies zu tun. Zahlreiche Forschungsbefunde sprechen dagegen. Bewerber haben in der Regel kein Interesse daran, dem Personalfachmann eine überzogene Selbsteinschätzung anhand konkreter Verhaltensbeispiele belegen zu müssen. Fast alle wissenschaftlichen Untersuchungen zum Thema zeigen, daß Bewerber in der Lage sind, Persönlichkeitsfragebogen zu verfälschen – wenn sie explizit dazu aufgefordert werden – die meisten es aber in realen Bewerbungssituationen nur insoweit tun, als sie bemüht sind, sich „gut zu verkaufen". Es ist diesbezüglich empfehlenswert, den Kandidaten mitzuteilen, daß die Ergebnisse der Fragebogenverfahren mit anderen Informationsquellen abgeglichen und gemeinsam diskutiert werden.

24. Wie verhält man sich im Rückmeldegespräch, wenn es viele Ausprägungen im „niedrigen" Bereich der Skalen gibt, also ein Ergebnis erzielt wurde, das mehrfach im weniger stark gewünschten Bereich liegt?

Das Rückmeldegespräch wird vor diesem Hintergrund selbstverständlich mit größter Sensitivität zu führen sein. Allerdings muß zwischen zwei Fällen unterschieden werden: Fragebogen mit hoch transparenten und augenscheinvaliden Items sowie solchen, bei denen die Itembeantwortung für den Teilnehmer nicht in erkennbarem Zusammenhang mit den Anforderungen steht. Im ersten Fall (hoch transparente Items) ist die Situation meist unproblematisch, denn die Teilnehmer antizipieren im allgemeinen bereits ihr Ergebnis. Sie haben dann den Fragebogen offenbar sehr ehrlich oder möglicherweise auch selbstkritisch bearbeitet und sich bei den Einzelfragen häufiger für diejenige Antwort entschieden, die die Ergebnisse im „linken" Skalenbereich begünstigt. Bei diesen Instrumenten ist das Ergebnis für die Teilnehmer demzufolge meist nicht überraschend. Die Offenheit, mit der der Fragebogen bearbeitet wurde, setzt sich bei sensibler Gesprächsführung in der Regel auch im Gespräch fort. Insofern können die Ergebnisse eine gute Ausgangssituation für ein tief und intensiv geführtes Gespräch bilden.

Wenn die Fragen für den Teilnehmer allerdings nicht direkt nachvollziehbar sind (die zweite Art von Fragebogen), wirkt ein „niedriges" Ergebnis in der Tat zuweilen überraschend auf die Teilnehmer. In diesem Fall sollte der Interviewer gemeinsam mit dem Kandidaten herausarbeiten, in welchen Aspekten des Ergebnisses sich der Teilnehmer gut repräsentiert sieht und in welchen Bereichen eine Abweichung zur Selbsteinschätzung besteht. Auch in solchen Gesprächen läßt sich meist ein Konsens herstellen, und es können durch die Diskussion weitergehende Informationen gewonnen werden. Sieht sich allerdings ein Teilnehmer durch die Ergebnisse eines Testverfahrens nicht gut repräsentiert, so fördert dies natürlich nicht unbedingt eine positive Einstellung gegenüber diesem Prozedere.

25. Kann man den Teilnehmern ihr individuelles Ergebnis aushändigen?

Die Verfasser des vorliegenden Bandes sind der Auffassung, daß es in der Regel unproblematisch ist, den Teilnehmern ihr individuelles Ergebnis (üblicherweise in Form eines Profilblattes) auszuhändigen. Zum Bochumer Inventar zur berufsbezogenen Persönlichkeitsbeschreibung (Hossiep & Paschen, 1998) existiert eine Informationsbroschüre, die den Teilnehmern zur weiteren Erläuterung von Fragebogen und Profil übergeben werden kann. Diese Broschüre erläutert ausführlich und verständlich die Bedeutung der unterschiedlichen Dimensionen. Das Aushändigen kann – je nach Kandidat – durchaus als Anreiz für eine über den Tag hinausgehende Reflexion dienen, das Profilblatt kann ebenfalls mit Personen des Vertrauens diskutiert und mit deren Fremdeinschätzung abgeglichen werden. Insoweit ein solcher Prozeß ermöglicht werden soll, liegt in der Übergabe der normierten Testergebnisse eine Chance für den Kandidaten. Darüber hinaus ist die Überlassung einer Kopie des Ergebnisses und gegebenenfalls der Informationsbroschüre für den Teilnehmer auch im Sinne des Personalmarketings für das einsetzende Unternehmen nicht unbedeutsam.

26. Welches Gewicht sollte das Testergebnis relativ zu anderen Informationen haben?

Diese Frage wird den mit der Durchführung von Testverfahren befaßten Personen vermutlich häufig gestellt, teilweise sogar in Verbindung mit der Bitte, die Gewichtung in Prozentzahlen zu quantifizieren. Eine eindeutige Antwort ist kaum möglich. Vielfach steckt hinter dieser Frage jedoch ein anderer Wunsch. Offen gestellt, könnte er dann etwa lauten – auch wenn kaum jemand diese Formulierung wählen würde: Wie stark kann ich im Falle eigener Unsicherheit bezüglich der Eignung des Kandidaten die Entscheidung an das Testergebnis knüpfen? Zu dieser Frage läßt sich ein Antwortrahmen abstecken: Im Falle der subjektiven Unsicherheit des Entscheiders empfiehlt es sich, diese durch das Einholen vertiefender Informationen zu vermindern – etwa durch eine Optimierung der eigenen Interviewtechnik, den Einsatz von Assessment Centern etc. Eine solche Entscheidungshilfe kann selbstverständlich auch im zusätzlichen Einsatz eines Persönlichkeitsfragebogens liegen. Entscheidungsrelevante Informationen finden sich dabei allerdings nicht nur in der Interpretation des Profils, sondern können in gleichem Maße der anschließenden Diskussion des Profils mit dem Teilnehmer entspringen: Wie erklärt sich dieser das Zustandekommen des Ergebnisses und in welchen Bereichen fühlt er sich passend/unpassend beschrieben. In Situationen, in denen man geneigt ist, einen spezifischen Profilwert zur Begründung der Entscheidung (praktisch „als Zünglein an der Waage") heranzuziehen, hat man in der Regel die beschriebene Informationsquelle noch nicht genutzt. Gerade bei der Auswahl sehr qualifizierter Bewerber (z. B. berufserfahrener Fach- und Führungskräfte) sollte ein Persönlichkeitsfragebogen als ein Werkzeug zur weiteren Exploration gesehen werden, nicht als ein entscheidungsdeterminierendes Instrument.

Nachhaltig und eindeutig abzuraten ist von der teilweise praktizierten Vorgehensweise, auf dem Profilblatt eines Persönlichkeitsfragebogens ein exakt definiertes Soll-Profil zu bestimmen, und im Anschluß nur diejenigen Bewerber zu akzeptieren, die sich im Fragebogen dem Soll-Profil entsprechend beschrieben haben. Ein solcherart simples und „technisches" Vorgehen geht an der Realität vorbei, da Personen zum Beispiel durchaus dazu in der Lage sein können, Schwächen in einem Bereich durch Stärken in einem anderen zu kompensieren. Darüber hinaus existieren Personen, die sich trotz vorhandenen Potentials (das sich z. B. mit kognitiven Leistungstests erfassen läßt) unangemessen selbstkritisch einschätzen und als Folge daraus im Fragebogenprofil, etwa auf einer Dimension Selbstbewußtsein, geringe Normwerte erreichen. Diese Beobachtung läßt sich studienfachbezogen teilweise in der Gruppe der Hochschulabsolventen machen, wo häufig keine konkrete Berufserfahrung vorliegt. Mit zunehmender Erfahrung und sich einstellendem beruflichen Erfolg erwerben die beschriebenen Personen eine größere Selbstsicherheit und ein realistischeres Selbstbild. Denkbar ist selbstverständlich auch der umgekehrte Fall einer anfänglichen (oder auch anhaltenden) Selbstüberschätzung. Beide Beispiele machen deutlich, daß das Ergebnisprofil eines Teilnehmers mit diesem besprochen werden sollte – und keinesfalls mit einem vorher definierten Soll-Profil verglichen werden, um daraus eine Entscheidung abzuleiten. Zudem überfrachten exakt vorgegebene Sollprofile (auch mit Zielkorridoren für Über- oder Unterschreitungen) die mögliche Meßgenauigkeit persönlichkeitsorientierter eignungsdiagnostischer Fragebogenverfahren.

9.2 Persönlichkeitsbeschreibende Dimensionen im Überblick

Bereits in den einleitenden Kapiteln dieses Bandes wurde auf die große Anzahl an Eigenschaftsworten und personenbezogenen Begriffsbeschreibungen hingewiesen. Darüber hinaus findet sich bekanntermaßen im alltäglichen – und ebenfalls im betrieblichen – Sprachgebrauch zu lediglich einem die Persönlichkeit beschreibenden Begriff eine

Vielzahl unterschiedlicher Bedeutungszuschreibungen. Wie komplex das Vorhaben ist, die Persönlichkeitsstruktur (etwa eines Bewerbers) in den relevanten Bereichen konsensual abzubilden, wird hieraus unmittelbar einsichtig. Risikoreich erscheint diesbezüglich die Tendenz, sich bei der diagnostischen Informationserhebung, zum Beispiel im Rahmen von Personalauswahlprozessen, mit *naheliegenden* persönlichkeitsbezogenen Informationen zufrieden zu geben, die möglicherweise als Resultat eines Fragebogens besonders plausibel erscheinen. Dabei bleibt unberücksichtigt, inwieweit die gegebenenfalls *relevanten* Informationen tatsächlich erhoben werden konnten.

Dem Leser soll mit der nachfolgenden Übersicht eine Orientierung darüber gegeben werden, welche Inhaltsbereiche dem Komplex „Persönlichkeit" zugeordnet werden können. Die Skalen der hier vorgestellten wissenschaftlich konstruierten und veröffentlichten Testverfahren werden zu diesem Zweck alphabetisch geordnet und mit ihren jeweiligen Skalenbeschreibungen vorgestellt. Der Leser findet dementsprechend ähnlich benannte Skalen (z. B. zur Extraversion einer Person) in der Übersicht beieinander. Bei diesem Vorgehen werden aus wissenschaftlicher Perspektive gewissermaßen „Äpfel mit Birnen" verglichen, da die Dimensionen der Persönlichkeit je nach Testverfahren unterschiedliche theoretische Hintergründe aufweisen können. Trotz dieses offensichtlichen Kritikpunktes wurde das beschriebene Vorgehen gewählt, um dem global interessierten Leser einen zumindest groben Überblick und Vergleich zu ermöglichen. Bei näherem Interesse am Einsatz eines Fragebogens sollte jeweils der zugehörige Abschnitt des vorliegenden Bandes sowie die Handanweisung des Verfahrens selbst studiert werden, bevor eine Entscheidung getroffen wird. Es sei an dieser Stelle nochmals darauf hingewiesen, daß nicht alle genannten Persönlichkeitsdimensionen für berufseignungsdiagnostische Fragestellungen geeignet sind. Der Vollständigkeit halber wurden darüber hinaus auch die klinisch-psychologisch ausgerichteten Testskalen in die Übersicht aufgenommen.

Die inhaltlichen Facetten der Skalen aus den Handanweisungen der Testverfahren werden nicht in jedem Falle wortgetreu übernommen, sondern teilweise sinngemäß wiedergegeben. Diese Zusammenfassung erfolgt mit dem Ziel der besseren Verständlichkeit für den Leser. Die Beschreibung bezieht sich jeweils auf die hohe Ausprägung einer Skala, soweit die Skalen nicht gegensätzlich benannte Pole aufweisen.

Zunächst wird jedoch in der folgenden Abbildung 41 eine Klassifikationshilfe für Persönlichkeitstests gegeben. Eine Auseinandersetzung mit den unterschiedlichen Testarten ist für den Anwender insofern sinnvoll, als bei Teilnehmern sehr häufig weitgehende Unkenntnis besteht, inwiefern die Antworten auf einzelne Testfragen in das Testergebnis einfließen, und inwieweit das Testergebnis bereits Resultat einer Interpretation durch die durchführende Person ist. Bei der Bearbeitung von Persönlichkeitstests durch testunerfahrene Teilnehmer werden gelegentlich Vorannahmen getroffen, die zu irrationalen Befürchtungen führen können. Es ist daher ratsam, den Teilnehmern zu erläutern, welche Art von Testverfahren ihnen vorgelegt wird, auf welche Weise die jeweiligen Ergebnisse entstehen, und welche Bedeutung den Ergebnissen im Rahmen der diagnostischen Situation zukommt (vgl. auch Kap. 4.3).

Psychometrische Persönlichkeitstests	
Verfahren zur quantitativen Erfassung spezieller Verhaltensmerkmale durch spezifische, klar strukturierte Stimuli (gemeint sind damit die Testfragen)	
– Persönlichkeits-Struktur-Tests (z. B. 16 PF, vgl. Kap. 5.1)	Mehrdimensionale Persönlichkeitstests, denen jeweils eigene Ordnungsgesichtspunkte zugrunde liegen. Gemeinsamkeit: Messung mehrerer, bestimmter Persönlichkeitsmerkmale ohne apparativen Aufwand. Gemessene Merkmale sind im Bereich der „normalen" Persönlichkeit quantifizierbar
– Einstellungs- und Interessenstests (z. B. Berufs-Interessen-Test II (BIT II); Irle & Allehoff, 1988)	Einstellungstests messen die Einstellung zu Sachverhalten oder die Meinung über bestimmte Bezugsobjekte. Auch die Interessenstests messen einen bestimmten Objektbezug, der allerdings mehr intentionalen Charakter hat.
– Klinische Tests (z. B. MMPI, vgl. Kap. 5.8)	Klinische Tests werden im allgemeinen für differentialdiagnostische Zwecke im psychopathologischen Bereich und im Grenzbereich zur Normalität eingesetzt. Sie dienen häufig als Entscheidungshilfe bei der Auswahl von Interventionsmaßnahmen und diversen Therapieformen.
Persönlichkeits-Entfaltungsverfahren	
Verfahren, die den persönlichen Ausdruck mehr oder weniger unvorherbestimmter Verhaltensaspekte provozieren, aus denen der Diagnostiker nach heterogenen, meist qualitativen Deutekonzepten seine Schlüsse zu ziehen hat.	
– Formdeuteverfahren (z. B. Rorschach-Test; Morgenthaler, 1992)	Grundsätzlich wird die Deutung mehrdeutiger Gebilde verlangt. Diese Deutungen klassifiziert, signiert und interpretiert der Diagnostiker nach vorgegebenen Richtlinien verschiedener Autoren. Der „Rorschach-Test" gilt als Prototyp der Formdeuteverfahren.
– Verbal-thematische Verfahren (z. B. Thematischer Apperzeptionstest (TAT; Murray, 1991)	Verbal-thematische Verfahren konfrontieren den Probanden mit thematischen Reizen (z. B. Wörtern, Sätzen, Bildern), die ihn zu einer verbalen Auseinandersetzung anregen sollen.
– Zeichnerische und Gestaltungsverfahren (z. B. Baum-Test; Koch, 1997)	Zeichnerische Verfahren fordern, wie der Name sagt, den Probanden zu Zeichnungen auf, die etwas über deren Urheber aussagen sollen.

Abbildung 41: Klassifikation der auf die Persönlichkeit bezogenen Testverfahren (in Anlehnung an Brickenkamp, 1997)

Übersicht persönlichkeitsbeschreibender Dimensionen

Dimension der Persönlichkeit	Seite
Aggressivität (FPI)	318
Aggressivität (PRF)	318
Allgemeine Interessiertheit (PRF)	318
Analytische Beurteilung vs. Gefühlsmäßige Beurteilung (MBTI)	318
Anlehnungsbedürfnis (PRF)	318
Antriebsspannung (MPT-E)	319
Arbeitsorientierung (CPI)	319
Ausdauer (PRF)	319
Beanspruchung (FPI)	319
Bedürfnis nach Beachtung (PRF)	319
Belastbarkeit (BIP)	319
Besonnenheit vs. Begeisterungsfähigkeit (16 PF)	319
Beurteilung vs. Wahrnehmung (MBTI)	320
Depression (MMPI)	320
Dominanz (CPI)	320
Dominanzstreben (PRF)	321
Durchsetzungsstärke (BIP)	321
Eigenständigkeit (CPI)	321
Einsatz von Intelligenz (CPI)	321
Emotionale Stabilität (BIP)	321
Emotionale Störbarkeit vs. Emotionale Widerstandsfähigkeit (16 PF)	321
Emotionalität (FPI)	321
Erfolgspotential (CPI)	321
Erregbarkeit (FPI)	322
Extraversion (EPI)	322
Extraversion (FPI)	322
Extraversion (NEO-FFI)	322
Extraversion vs. Introversion (MBTI)	322
Flexibilität (BIP)	323
Flexibilität (CPI)	323
Flexibilität vs. Pflichtbewußtsein (16 PF)	323
Führungsmotivation (BIP)	323
Gehemmtheit (FPI)	323
Geselligkeit (CPI)	323

Dimension der Persönlichkeit	Seite
Geselligkeit (PRF)	324
Gestaltungsmotivation (BIP)	324
Gesundheitssorgen (FPI)	324
Gewissenhaftigkeit (BIP)	324
Gewissenhaftigkeit (NEO-FFI)	324
Gruppenverbundenheit vs. Unabhängigkeit (16 PF)	324
Guter Eindruck (CPI)	324
Handlungsorientierung (BIP)	325
Hilfsbereitschaft (PRF)	325
Hypochondrie (MMPI)	325
Hypomanie (MMPI)	325
Hysterie (MMPI)	325
Ich-Schwäche (MPT-E)	325
Impulsivität (PRF)	326
Innere Ruhe vs. Innere Gespanntheit (16 PF)	326
Konkretes Denken vs. Abstraktes Denken (16 PF)	326
Kontaktfähigkeit (BIP)	326
Konventionalität (CPI)	326
Körperliche Beschwerden (FPI)	326
Lebenszufriedenheit (FPI)	326
Leistung durch Anpassung (CPI)	327
Leistung durch Unabhängigkeit (CPI)	327
Leistungsmotivation (BIP)	327
Leistungsorientierung (FPI)	327
Leistungsstreben (PRF)	327
Management-Potential (CPI)	327
Maskulinität-Femininität (MMPI)	327
Mitgefühl (CPI)	328
Neurotizismus (EPI)	328
Neurotizismus (NEO-FFI)	328
Offenheit (FPI)	328
Offenheit für Erfahrung (NEO-FFI)	328
Ordnungsstreben (PRF)	328
Paranoia (MMPI)	329
Pragmatismus vs. Unkonventionalität (16 PF)	329

Dimension der Persönlichkeit	Seite
Psychasthenie (MMPI)	329
Psychologisches Feingefühl (CPI)	329
Psychopathie (MMPI)	329
Rationalität/Intuition (CPI)	330
Rigidität (MPT-E)	330
Risikobereitschaft (MPT-E)	330
Risikomeidung (PRF)	330
Robustheit vs. Sensibilität (16 PF)	330
Sachorientierung vs. Kontaktorientierung (16 PF)	330
Schizophrenie (MMPI)	331
Selbstbeherrschung (CPI)	331
Selbstbejahung (CPI)	331
Selbstbewußtsein (BIP)	331
Selbstvertrauen vs. Besorgtheit (16 PF)	331
Sensitivität (BIP)	331
Sicherheitsinteresse vs. Veränderungsbereitschaft (16 PF)	332
Sinnliche Wahrnehmung vs. Intuitive Wahrnehmung (MBTI)	332
Soziabilität (BIP)	332
Soziales Anerkennungsbedürfnis (PRF)	332
Soziale Anpassung (CPI)	333
Soziale Anpassung vs. Selbstbehauptung (16 PF)	333
Soziale Erwünschtheit (MPT-E)	333
Soziale Orientierung (FPI)	333
Soziale Zurückhaltung (MPT-E)	333
Soziales Auftreten (CPI)	333
Spielerische Grundhaltung (PRF)	333
Spontaneität vs. Selbstkontrolle (16 PF)	334
Teamorientierung (BIP)	334
Toleranz (CPI)	334
Unbefangenheit vs. Überlegtheit (16 PF)	334
Verantwortlichkeit (CPI)	334
Verträglichkeit (NEO-FFI)	334
Vertrauensbereitschaft vs. Skeptische Haltung (16 PF)	334
Wohlbefinden (CPI)	335
Zurückhaltung vs. Selbstsicherheit (16 PF)	335

– *Aggressivität (FPI; vgl. Kap. 5.9)*

Personen mit hoher Merkmalsausprägung „lassen die Bereitschaft zu aggressiver Durchsetzung erkennen. Dies kann sich sehr verschieden äußern, z.B. kann es ihnen Spaß machen, anderen Menschen Fehler nachzuweisen oder grobe Streiche auszuüben. Fühlen sie sich beleidigt oder in ihren Rechten betroffen, so setzen sie sich zur Wehr und wenden dabei vielleicht auch körperliche Gewalt an. Sie reagieren leicht wütend und unbeherrscht".

– *Aggressivität (PRF; vgl. Kap. 5.10)*

Ein Mensch mit hoher Merkmalsausprägung „liebt Auseinandersetzungen; ist leicht verärgert; ist manchmal bereit, andere Leute zu verletzen, um seinen Willen durchzusetzen; versucht unter Umständen mit Leuten abzurechnen, die ihm seiner Meinung nach geschadet haben".

– *Allgemeine Interessiertheit (PRF; vgl. Kap. 5.10)*

Personen mit hoher Merkmalsausprägung „möchten sich in vielen Wissensgebieten auskennen; schätzen sinnvolle Verknüpfungen von Gedanken, beweisbare Verallgemeinerungen, logisches Denken, besonders, wenn es darum geht, theoretische Wißbegier zu befriedigen".

– *Analytische Beurteilung vs. Gefühlsmäßige Beurteilung (MBTI; vgl. Kap. 5.3)*

„Analytisches Beurteilen ist die Funktion, die Vorstellungen logisch miteinander verknüpft. Analytisches Beurteilen richtet sich nach Ursache und Wirkung und ist in der Tendenz sachlich. Personen, die analytisches Beurteilen bevorzugen, können dementsprechende Merkmale entwickeln: Fähigkeit zur Analyse, Objektivität, ein prinzipielles Interesse für Recht und Gerechtigkeit, Kritikfähigkeit und eine Zeitorientierung, in der sie Verbindungen von Vergangenheit über Gegenwart auf Zukunft betonen".

„Gefühlsmäßiges Beurteilen legt Wert auf persönliche und soziale Grundwerte; daher ist es im Ganzen subjektiver als analytische Beurteilung. Weil eine Wertorientierung grundsätzlich gefühlsmäßige und subjektive Züge hat, haben Personen, die mittels dieser Funktion etwas beurteilen, bei ihrer Beurteilung eher die Wertvorstellungen der anderen und ihre eigenen im Blick. Weil sie im Beurteilungsprozeß die Angelegenheiten der anderen mit berücksichtigen, interessieren sie sich eher für die menschliche Seite eines Problems als für die sachliche Seite. Sie möchten Geselligkeit, können persönliche Wärme vermitteln, sehnen sich nach Harmonie und möchten in ihrer Zeitorientierung Wertvorstellungen aus der Vergangenheit erhalten".

– *Anlehnungsbedürfnis (PRF; vgl. Kap. 5.10)*

Eine Person mit hoher Merkmalsausprägung „sucht oft Sympathie, Schutz, Zuneigung, Rat und Bestätigung durch andere Menschen; fühlt sich ohne derartige Unterstützung unter Umständen unsicher oder hilflos; vertraut Schwierigkeiten leicht einer verständnisvollen Person an".

– *Antriebsspannung (MPT-E; vgl. Kap. 5.4)*
Personen mit hoher Merkmalsausprägung „scheinen unter einer permanenten inneren Anspannung zu stehen. Neben der Tendenz, „sich von Gedanken nicht losreißen zu können", zu „grübeln" bzw. „von Vorstellungen geplagt zu werden" besteht ein eingerichteter Drang nach Aktivität. Die moralische Bewertung der eigenen Persönlichkeit liegt bei Menschen mit hohen AS-Werten (Antriebsspannungs-Werten; Anm. d. Verf.) hoch und grenzt an Selbstgefälligkeit".

– *Arbeitsorientierung (CPI; vgl. Kap. 5.5)*
Identifiziert Personen, die bei der Arbeit Pflicht-/Verantwortungsbewußtsein/Selbstdisziplin zeigen, und die vermutlich sogar bei eintönigen Tätigkeiten und unterstellten Positionen gute Arbeit leisten. Indikator für Personen, die mit Ausdauer, Zuverlässigkeit und sorgfältiger Aufmerksamkeit ihrer Arbeit und ihren Pflichten nachgehen, ganz gleich, ob ihnen dies Prestige, Status oder erhebliche materielle Belohnung einbringt oder nicht.

– *Ausdauer (PRF; vgl. Kap. 5.10)*
Ein Mensch mit hoher Merkmalsausprägung „ist bereit, lange Zeit zu arbeiten; gibt bei einer Schwierigkeit nicht gleich auf; ist beharrlich, selbst angesichts großer Schwierigkeiten; ist geduldig und unermüdlich bei seiner Arbeit".

– *Beanspruchung (FPI; vgl. Kap. 5.9)*
Personen mit hoher Merkmalsausprägung „fühlen sich stark beansprucht: Sie haben viele Aufgaben, erleben starke Anforderungen und Zeitdruck bei ihrer Arbeit. Sie arbeiten viel und möchten einigen dieser Verpflichtungen eigentlich entgehen und z.B. am Wochenende mehr Zeit für sich haben oder sich schonen. Die starke Anspannung kann zur Überforderung führen: Nervosität, Mattigkeit, Erschöpfung, zum Gefühl, oft „im Stress" zu sein, und zu anderen Klagen".

– *Bedürfnis nach Beachtung (PRF; vgl. Kap. 5.10)*
Eine Person mit hoher Merkmalsausprägung „will im Mittelpunkt der Aufmerksamkeit stehen; hat gerne Zuhörer; nimmt Verhaltensweisen an, die die Aufmerksamkeit anderer erregen; ist gerne lebhaft oder witzig".

– *Belastbarkeit (BIP; vgl. Kap. 5.7)*
Eine Person mit hoher Merkmalsausprägung schätzt sich selbst als „(physisch) hoch widerstandsfähig und robust" ein, zeigt eine ausgeprägte „Bereitschaft, sich auch außergewöhnlichen Belastungen auszusetzen und diesen nicht auszuweichen".

– *Besonnenheit vs. Begeisterungsfähigkeit (16 PF; vgl. Kap. 5.1)*
Besonnenheit: Eher ernsthaftes und nachdenkliches Verhalten, im Kontakt eher schweigsam und zuhörend. Bei der Arbeit eher zögerndes Vorgehen, in kritischen Situationen eher verläßlich und zu seiner Verantwortung stehend. Bevorzugung von vertrauten und ruhigen Situationen.

Begeisterungsfähigkeit: Eher impulsives und begeisterungsfähiges Verhalten. Im Kontakt eher gesprächig und aus sich herausgehend. Bevorzugung von aufregenden und ereignisreichen Situationen. Bei der Arbeit schnelles und waches Reagieren, weniger langes Verbleiben bei einer Sache. Geringere Reflexion der Folgen des eigenen Verhaltens.

- *Beurteilung vs. Wahrnehmung (MBTI; vgl. Kap. 5.3)*

„In der wahrnehmenden Einstellung ist die Person auf Empfang eingestellt – sie nimmt Informationen auf. Für sinnlich wahrnehmende Typen (…) sind es unmittelbare Informationen über die erfahrene Wirklichkeit. Für intuitiv wahrnehmende Personen (…) sind es Informationen mit Blick auf neue Möglichkeiten. Für beide Typen (…) gilt, daß sie in der wahrnehmenden Einstellung offen, wißbegierig und interessiert sind. Personen mit einer wahrnehmenden Einstellung erscheinen in ihrem äußeren Verhalten spontan, wißbegierig, anpassungsfähig, offen für Neues und bereit für Veränderungen und möchten nichts verpassen."

„In der beurteilenden Einstellung (…) drängt die Person zur Entscheidung, sucht nach Geschlossenheit im Vorgang, plant Handlungsabläufe oder organisiert Aktivitäten. Analytisch beurteilende Typen (…) versuchen ihre Entscheidungen und Pläne logisch analytisch zu begründen; gefühlsmäßig urteilende Typen (…) legen ihren Entscheidungen und Plänen eher gewisse menschliche Faktoren zugrunde. Aber bei allen, die bevorzugt in der beurteilenden Einstellung (…) leben, wird der Wahrnehmungsvorgang zugunsten einer Entscheidung abgeschlossen. (Dagegen setzen Personen mit wahrnehmender Einstellung eine Entscheidung aus, um noch einmal hinzuschauen – „Wir haben noch nicht genug Daten, um eine Entscheidung zu treffen.") Personen mit Präferenz für J (beurteilende Einstellung; Anm. d. Verf.), erscheinen nach außen hin organisiert, zielgerichtet und entschieden".

- *Depression (MMPI; vgl. Kap. 5.8)*

„Ein hoher D-Wert (Wert der Skala Depression; Anm. d. Verf.) weist auf eine emotionale Verstimmung mit dem Gefühl der Wertlosigkeit hin; diese Versuchspersonen sind unfähig, einen gesunden Optimismus im Hinblick auf die Zukunft zu entwickeln. In gewissen Fällen kann die Depression der zufälligen Beobachtung völlig verborgen bleiben; es handelt sich dann um eine sogenannte „lächelnde Depression". In solchen Fällen wird die unterschwellige Depression aufgedeckt durch verschiedene Ansichten der Versuchsperson, insbesondere durch ihre Ansichten über die Zukunft. (…) Ein hoher D-Wert weist außerdem auf einen charakteristischen Persönlichkeitshintergrund hin: Versuchspersonen, die auf Belastungen mit Depression reagieren, haben vielfach Mangel an Selbstvertrauen, enge Interessen, introversive Einstellungen und neigen zu übertriebener Besorgnis".

- *Dominanz (CPI; vgl. Kap. 5.5)*

Messen von Faktoren der Führungsfähigkeit; Dominanz; Beharrlichkeit/Entschlossenheit; des Ergreifens von Initiativen im sozialen/gesellschaftlichen Bereich.

– *Dominanzstreben (PRF; vgl. Kap. 5.10)*
Eine Person mit hoher Merkmalsausprägung „versucht, seine Umwelt unter Kontrolle zu halten und andere Leute zu beeinflussen oder zu lenken; vertritt seine Meinung nachdrücklich; gefällt sich in der Rolle des Anführers und kann sie spontan übernehmen".

– *Durchsetzungsstärke (BIP; vgl. Kap. 5.7)*
Personen mit hoher Merkmalsausprägung weisen eine „Tendenz zur Dominanz in sozialen Situationen" auf sowie ein „Bestreben, die eigenen Ziele auch gegen Widerstände nachhaltig zu verfolgen". Sie beschreiben sich als „hoch konfliktbereit".

– *Eigenständigkeit (CPI; vgl. Kap. 5.5)*
Identifiziert Personen, die unabhängig, selbstsicher und findig/gewitzt sind, die aber nicht notwendigerweise gesellig sind.

– *Einsatz von Intelligenz (CPI; vgl. Kap. 5.5)*
Zeigt den Grad der persönlichen und intellektuellen Effizienz/Leistungsfähigkeit an, den die Person erreicht hat.

– *Emotionale Stabilität (BIP; vgl. Kap. 5.7)*
Eine Person mit hoher Merkmalsausprägung beschreibt sich als „ausgeglichen und wenig sprunghaft" hinsichtlich der emotionalen Reaktionen. Sie überwindet Mißerfolge und Rückschläge rasch und zeichnet sich durch eine „ausgeprägte Fähigkeit zur Kontrolle eigener emotionaler Reaktionen" aus.

– *Emotionale Störbarkeit vs. Emotionale Widerstandsfähigkeit (16 PF; vgl. Kap. 5.1)*
Emotionale Störbarkeit: Leichter zu beunruhigen; leichter verärgert über „alltägliche Schwierigkeiten". Eher langsame Bewältigung von Enttäuschungen und stärkere Inanspruchnahme durch „kritische Situationen".
  Emotionale Widerstandsfähigkeit: Weniger leicht zu beunruhigen; weniger beeindruckt von „alltäglichen Schwierigkeiten". Eher schnelles Bewältigen von Enttäuschungen. Widerstandsfähig „gegenüber Störungen bei der Arbeit". Leichtere Bewältigung „kritischer Situationen".

– *Emotionalität (FPI; vgl. Kap. 5.9)*
Personen mit hoher Merkmalsausprägung „lassen viele Probleme und innere Konflikte erkennen. Einerseits sind sie reizbar und erregbar, andererseits fühlen sie sich abgespannt und matt oder auch teilnahmslos. Ihre Laune wechselt oft, ihre Stimmung ist überwiegend bedrückt oder ängstlich getönt".

– *Erfolgspotential (CPI; vgl. Kap. 5.5)*
Dient als Hinweis für die Fähigkeit einer Person, Erfolg zu haben (nicht ihr gegenwärtiger oder erzielter Erfolg). Diese Skala versucht, die persönlichen Eigenschaften und Merkmale zu messen, die Erfolg zugrunde liegen bzw. die zu Erfolg führen.

– *Erregbarkeit (FPI; vgl. Kap. 5.9)*
Personen mit hoher Merkmalsausprägung „schildern sich als leicht erregbar und reizbar. Sie sind leicht aus der Ruhe gebracht und können oft ihren Ärger nicht recht beherrschen, werden dann auch aggressiv mit unbedachten Äußerungen und Drohungen. Sie können die Dinge nicht leicht nehmen, sondern reagieren empfindlich oder hastig, auch wenn es eigentlich nicht wichtig war".

– *Extraversion (EPI; vgl. Kap. 5.6)*
„Der typisch Extravertierte ist gesellig, mag Veranstaltungen gern, hat viele Freunde, braucht Menschen, mit denen er sprechen kann, und ist nur ungern allein. Er sehnt sich nach Anregung, nutzt günstige Gelegenheiten stets aus, agiert oft spontan, wagt viel und ist allgemein impulsiv. Er mag handfeste Späße, hat immer eine schnell Antwort und liebt allgemein Veränderungen; er ist sorglos, leichtmütig, optimistisch, lacht gern und ist gern fröhlich. Er neigt dazu, sich andauernd zu bewegen und Dinge zu tun, neigt dazu aggressiv zu sein und seine Geduld schnell zu verlieren, zusammengefaßt sind seine Gefühle nicht immer unter enger Kontrolle, und er kann nicht immer als zuverlässige Person gekennzeichnet werden".

– *Extraversion (FPI; vgl. Kap. 5.9)*
Personen mit hoher Merkmalsausprägung „schildern sich als gesellig und impulsiv. Sie gehen abends gern aus, schätzen Abwechslung und Unterhaltung, schließen schnell Freundschaften, fühlen sich in Gesellschaft anderer wohl und können sich unbeschwert auslassen. Im Umgang mit anderen sind sie lebhaft, eher gesprächig und schlagfertig, aber auch zu Streichen aufgelegt. Unternehmungslustig und energisch sind sie bereit, Aufgaben zu übernehmen oder auch die Führung bei gemeinsamen Aktionen".

– *Extraversion (NEO-FFI; vgl. Kap. 5.2)*
Personen mit hoher Merkmalsausprägung sind „gesellig, doch Geselligkeit ist nicht der einzige Aspekt dieser Dimension". Sie „beschreiben sich zusätzlich auch als selbstsicher, aktiv, gesprächig, energisch, heiter und optimistisch. Extravertierte mögen Menschen, sie fühlen sich in Gruppen und auf gesellschaftlichen Versammlungen besonders wohl, sie lieben Aufregungen und neigen zu einem heiteren Naturell".

– *Extraversion vs. Introversion (MBTI; vgl. Kap. 5.3)*
„In der nach außen orientierten Einstellung/Extraversion (…) scheint die Aufmerksamkeit der Person von außen gleichsam angezogen zu werden – von Objekten und Menschen aus der Umgebung. Ein Verlangen entsteht, auf die Umgebung einzuwirken und ihre Wirkung zu verstärken. Personen mit einer nach außen hin gerichteten Orientierung können einige oder alle Merkmale von Außenorientierung entwickeln: Bewußtsein und Abhängigkeit von der Umgebung für Stimulation und Steuerung; handlungsorientiertes, u. U. impulsives Verhalten; Offenheit; zwanglose Unterhaltung; Geselligkeit."
„Die nach innen gerichtete Einstellung (…) holt sich Impulse aus der Umgebung und festigt damit die eigene Position. Das vorwiegende Interesse der nach innen orien-

tierten Person ist auf die Binnenwelt von Begrifflichkeit und geistigen Vorstellungen gerichtet. Personen, die gewohnheitsmäßig innenorientiert sind, entwickeln gegebenenfalls einige oder alle für diese Einstellung typischen Merkmale: Interesse für klare Vorstellungen und Begriffe; größeres Vertrauen auf dauerhafte Konzepte als auf flüchtige Ereignisse; beschauliche, u. U. kontemplative Orientierung; sie genießen Alleinsein und Privatsphäre".

– *Flexibilität (BIP; vgl. Kap. 5.7)*
Personen mit hoher Merkmalsausprägung zeichnen sich durch eine „hohe Bereitschaft und Fähigkeit, sich auf neue oder unvorhergesehene Situationen einzustellen und Ungewißheit zu tolerieren" aus. Sie bezeichnen sich als offen „für neue Perspektiven und Methoden" sowie hoch veränderungsbereit.

– *Flexibilität (CPI; vgl. Kap. 5.5)*
Zeigt den Grad an Flexibilität und Anpassungsfähigkeit im Denken und im sozialen/gesellschaftlichen Verhalten einer Person an.

– *Flexibilität vs. Pflichtbewußtsein (16 PF; vgl. Kap. 5.1)*
Flexibilität: Orientierung eher an eigenen Verhaltensregeln und Standards. Fähigkeit zur Tolerierung von Unordnung. Ungezwungenes Verhalten, bei der Arbeit Orientierung an den Erfordernissen der Situation oder eigenen Bedürfnissen. In schwierigen Situationen eher Abwägen der unterschiedlichen Handlungsmöglichkeiten.
Pflichtbewußtsein: Orientierung eher an Normen und Wertvorstellungen mit allgemeiner Akzeptanz. Bevorzugung von Ordnung und Beachtung korrekten Verhaltens. Bei der Arbeit eher zuverlässiges Einhalten von Regeln und gründliches Vorgehen. In schwierigen Situationen eher den Pflichten nachkommend.

– *Führungsmotivation (BIP; vgl. Kap. 5.7)*
Personen mit hoher Merkmalsausprägung zeichnen sich durch ein „ausgeprägtes Motiv zur sozialen Einflußnahme" aus. Sie präferieren Führungs- und Steuerungsaufgaben und schätzen sich selbst als „Autorität sowie Orientierungsmaßstab für andere" ein.

– *Gehemmtheit (FPI)*
Personen mit hoher Merkmalsausprägung „fühlen sich im sozialen Umgang gehemmt; sie scheuen sich, in einen Raum zu gehen, in dem bereits andere zusammensitzen, sie möchten bei Geselligkeiten lieber im Hintergrund bleiben, und es fällt ihnen schwer, vor einer Gruppe zu sprechen oder in Erscheinung zu treten. Sie sind leicht verlegen oder sogar ängstlich und erröten schnell. Mit Menschen, die sie nicht kennen, sind sie ungern zusammen; sie kommen dann kaum in ein Gespräch und schließen nur langsam Freundschaften".

– *Geselligkeit (CPI; vgl. Kap. 5.5)*
Zur Identifizierung von Personen, die ein geselliges, umgängliches/freundliches, teilnehmendes/sich beteiligendes Temperament (Charakter) haben.

– *Geselligkeit (PRF; vgl. Kap. 5.10)*

Eine Person mit hoher Merkmalsausprägung „ist gerne mit Freunden oder überhaupt mit anderen Menschen zusammen; akzeptiert andere Leute bereitwillig; gibt sich Mühe, Freundschaften einzugehen und Verbindungen zu anderen Menschen aufrechtzuerhalten".

– *Gestaltungsmotivation (BIP)*

Personen mit hoher Merkmalsausprägung verfügen über ein „ausgeprägtes Motiv, subjektiv erlebte Mißstände zu verändern und Prozesse und Strukturen nach eigenen Vorstellungen zu gestalten." Sie weisen eine „ausgeprägte Bereitschaft zur Einflußnahme und zur Verfolgung eigener Auffassungen" auf.

– *Gesundheitssorgen (FPI; vgl. Kap. 5.9)*

Personen mit hoher Merkmalsausprägung „schildern ein sehr gesundheitsbewußtes und gesundheitsbesorgtes Verhalten. Sie versuchen, die Risiken einer auf verschiedene Weise möglichen Ansteckung oder Schädigung zu vermeiden und sich durch ihren Lebensstil zu schonen. Aus dieser besorgten und u.U. etwas hypochondrischen Tendenz haben sie sich um medizinisches Wissen bemüht und suchen, obwohl sie mißtrauisch bleiben, relativ oft ärztlichen Rat."

– *Gewissenhaftigkeit (BIP; vgl. Kap. 5.7)*

Personen mit hoher Merkmalsausprägung zeichnen sich durch einen „sorgfältigen Arbeitsstil; hohe Zuverlässigkeit; detailorientierte Arbeitsweise; hohe Wertschätzung konzeptionellen Arbeitens" sowie einen „Hang zum Perfektionismus" aus.

– *Gewissenhaftigkeit (NEO-FFI; vgl. Kap. 5.2)*

Personen mit hoher Merkmalsausprägung „beschreiben sich als zielstrebig, ehrgeizig, fleißig, ausdauernd, systematisch, willensstark, diszipliniert, zuverlässig, pünktlich, ordentlich, genau und penibel".

– *Gruppenverbundenheit vs. Unabhängigkeit (16 PF; vgl. Kap. 5.1)*

Gruppenverbundenheit: Präferenz für das „gesellige Zusammensein mit anderen". Neigung, sich anderen anzuschließen. Bevorzugung der Arbeit und des Treffens von Entscheidungen mit anderen Personen. Bei Schwierigkeiten die „Solidarität der Gruppe" suchend.
Unabhängigkeit: Präferenz für eigenes Vorgehen und Entscheiden. Eher selbständiges Handeln. Bei Schwierigkeiten „eher aus eigener Kraft einen Ausweg" suchend.

– *Guter Eindruck (CPI; vgl. Kap. 5.5)*

Identifiziert Personen, die dazu fähig sind, einen positiven/vorteilhaften Eindruck zu machen, und die besorgt darüber sind, wie andere ihnen gegenüber reagieren.

– *Handlungsorientierung (BIP; vgl. Kap. 5.7)*

Eine Person mit hoher Merkmalsausprägung ist gekennzeichnet durch „Fähigkeit und Wille zur raschen Umsetzung einer Entscheidung in zielgerichtete Aktivität sowie zum Abschirmen einer gewählten Handlungsalternative gegenüber weiteren Entwürfen".

– *Hilfsbereitschaft (PRF; vgl. Kap. 5.10)*

Eine Person mit hoher Merkmalsausprägung „vermittelt Zuneigung und Trost; hilft anderen, wenn immer möglich; hat Interesse daran, sich um Kinder, Behinderte und Schwache zu kümmern; bietet Leuten, die es nötig haben, Unterstützung an; erweist anderen bereitwillig Gefälligkeiten".

– *Hypochondrie (MMPI; vgl. Kap. 5.8)*

„Versuchspersonen mit hohen Hd-Werten (Werten der Skala Hypochondrie; Anm. d. Verf.) sind in übertriebener Weise um ihre Gesundheit besorgt. Sie beklagen sich häufig über Schmerzen und Störungen, die schwer identifizierbar sind und für die keine organische Grundlage gefunden werden kann. Diese Versuchspersonen vermögen den Problemen des Erwachsenen nur in unreifer Weise und mit unzureichender Einsicht zu begegnen".

– *Hypomanie (MMPI; vgl. Kap. 5.8)*

„Der Hypomaniker gerät im allgemeinen dadurch in Schwierigkeiten, daß er zuviel unternimmt. Er ist aktiv und enthusiastisch; obwohl man es eigentlich nicht erwartet, ist er gelegentlich auch etwas deprimiert. Seine Handlungsweise gerät mit der anderer Menschen in Konflikt, wenn er soziale Gewohnheiten zu reformieren sucht, Projekte mit großer Begeisterung in Gang bringt und das Interesse daran verliert oder soziale Konventionen mißachtet".

– *Hysterie (MMPI; vgl. Kap. 5.8)*

„Versuchspersonen mit hohem Hy-Wert (Wert der Skala Hysterie; Anm. d. Verf.) unterliegen besonders leicht episodischen Schwächeanfällen, Ohnmachten oder sogar epileptiformen Krampfzuständen. Bei einer Versuchsperson mit hohem Hy-Wert können unter Umständen anhaltende Symptome völlig fehlen, doch wird sie vermutlich unter Belastung offene hysterische Symptome zeigen und dazu neigen, ihr gegenüberstehende Probleme durch das Entwickeln hysterischer Symptome zu umgehen".

– *Ich-Schwäche (MPT-E; vgl. Kap. 5.4)*

Die Skala umfaßt Aussagen, die „im Zusammenhang mit Verhaltensmerkmalen stehen, die einem Menschen die Anpassung an seine Umwelt erschweren, wie z.B. geringe Frustrationstoleranz, Erregbarkeit und Stimmungslabilität. Es ist anzunehmen, daß Menschen, die in dieser Skala hohe Werte erreichen, unter ihrer Eigenart leiden und in ihrer beruflichen und privaten Sphäre häufig auf Schwierigkeiten stoßen".

– *Impulsivität (PRF; vgl. Kap. 5.10)*
Eine Person mit hoher Merkmalsausprägung „neigt dazu, aus der Laune des Augenblicks und ohne Überlegung zu handeln; gibt seinen Gefühlen und Wünschen leicht nach; redet offen; kann oberflächlich sein im Ausdruck von Gefühlen".

– *Innere Ruhe vs. Innere Gespanntheit (16 PF; vgl. Kap. 5.1)*
Innere Ruhe: Eher zufriedenes und ausgeglichenes Verhalten. Bei der Arbeit Zufriedenheit mit dem Erreichten. Bei Belastungen eher steigende Leistungen.
Innere Gespanntheit: Eher aktives und angespanntes Verhalten; leichtere Erregbarkeit. Bei der Arbeit „motiviertes und ehrgeiziges" Verhalten. Bei Belastung eher verminderte Leistungen.

– *Konkretes Denken vs. Abstraktes Denken (16 PF; vgl. Kap. 5.1)*
Konkretes Denken: Eher langsames Begreifen und Lernen, Gewohnheit des konkreten und gegenständlichen Denkens. Befähigung zum Lösen eher einfacher und unkomplizierter Probleme.
 Abstraktes Denken: Eher schnelles Begreifen und Lernen, Gewohnheit des abstrakten und logischen Denkens. Befähigung zum Lösen eher schwieriger und komplizierter Probleme.

– *Kontaktfähigkeit (BIP; vgl. Kap. 5.7)*
Eine Person mit hoher Merkmalsausprägung beschreibt eine „ausgeprägte Fähigkeit und Präferenz des Zugehens auf bekannte und unbekannte Menschen und des Aufbaus sowie der Pflege von Beziehungen" als für sich kennzeichnend. Ebenso zeichnet sie sich durch „aktiven Aufbau und Pflege von beruflichen wie privaten Netzwerken" aus.

– *Konventionalität (CPI; vgl. Kap. 5.5)*
Weist auf den Grad hin, zu dem die Stellungnahmen/Einstellungen und Antworten einer Person dem Modal Pattern (Modalmuster), das für diesen Test erstellt wurde, entsprechen.

– *Körperliche Beschwerden (FPI; vgl. Kap. 5.9)*
Personen mit hoher Merkmalsausprägung „haben ein gestörtes körperliches Allgemeinbefinden: Schlafstörungen, Wetterfühligkeit, Kopfschmerzen. Sie klagen außerdem über speziellere Beschwerden: Unregelmäßigkeiten der Herztätigkeit (Arrhythmien), Hitzewallungen, kalte Hände und Füße, empfindlicher Magen, Verstopfung, Engegefühl in der Brust, Kloß im Hals, nervöses Zucken (Tics) und zittrige Hände".

– *Lebenszufriedenheit (FPI; vgl. Kap. 5.9)*
Personen mit hoher Merkmalsausprägung „betonen ihre allgemeine Lebenszufriedenheit, sie bezeichnen ihre Partnerbeziehung (Ehe) als gut und sind (waren) von ihrem Beruf voll befriedigt. Sie möchten rückblickend nicht anders gelebt haben, sehen zuversichtlich in die Zukunft und scheinen mit sich selbst in Frieden zu leben. Diese po-

sitive Lebensgrundstimmung äußert sich als gelassenes Selbstvertrauen, in Ausgeglichenheit und meist guter Laune".

– *Leistung durch Anpassung (CPI; vgl. Kap. 5.5)*

Identifiziert jene Interessens- und Motivationsfaktoren, die eine Leistung/Ausführung/Bewerkstelligung in all jenen Situationen erleichtern/fördern, in denen Anpassung als positives Verhalten gewertet wird.

– *Leistung durch Unabhängigkeit (CPI; vgl. Kap. 5.5)*

Identifiziert jene Interessens- und Motivationsfaktoren, die eine Leistung/Ausführung/Bewerkstelligung in all jenen Situationen erleichtern/fördern, in denen Autonomie und Unabhängigkeit/Selbständigkeit als positives Verhalten gewertet wird.

– *Leistungsmotivation (BIP; vgl. Kap. 5.7)*

Personen mit hoher Merkmalsausprägung sind „bereit zur Auseinandersetzung mit einem hohen Gütemaßstab", stellen „hohe Anforderungen an die eigene Leistung", zeichnen sich durch „große Anstrengungsbereitschaft" sowie das Motiv aus, „die eigenen Leistungen fortwährend zu steigern".

– *Leistungsorientierung (FPI; vgl. Kap. 5.9)*

Personen mit hoher Merkmalsausprägung „sind leistungsorientiert und leistungsmotiviert. Sie sehen sich als Tatmenschen, welche die wesentlichen Aufgaben energisch anpacken und dann schnell und effizient bewältigen. Es macht ihnen auch Spaß, mit anderen zu wetteifern, und sie lassen sich auch zu ernster Konkurrenz herausfordern. Berufliches Engagement ist ihnen deshalb oft wichtiger als Freizeitbeschäftigungen".

– *Leistungsstreben (PRF; vgl. Kap. 5.10)*

Personen mit hoher Merkmalsausprägung „streben danach, schwierige Aufgaben zu lösen; stellen sich hohen Anforderungen und sind gewillt, auf ferne Ziele hinzuarbeiten; gehen selbstsicher auf Wettbewerb ein; nehmen bereitwillig Mühen auf sich, um hervorragende Leistungen zu vollbringen".

– *Management-Potential (CPI; vgl. Kap. 5.5)*

Identifiziert Personen, die Interesse an – bzw. besondere Fähigkeiten für – Aufsichts- und Führungsrollen haben, und die dazu neigen, solche Positionen anzustreben (guter Prädiktor für zukünftige Führungsleistung beim Berufsstart). Diagnostiziert die Wirksamkeit des Verhaltens und Zielorientierung. Definiert ein psychologisches Syndrom, das für die Anforderungen im Bereich der Managementfunktionen relevant ist.

– *Maskulinität-Femininität (MMPI; vgl. Kap. 5.8)*

„Für beide Geschlechter gilt, daß hohe Mf-Werte (Werte der Skala Maskulinität-Femininität; Anm. d. Verf.) eine Abweichung der grundlegenden Interessensverteilungen in Richtung auf die Interessen des anderen Geschlechts anzeigen. (…) Bei Männern mit sehr hohem Mf-Wert zeigte sich häufig, daß sie offen oder verdrängt sexuell invertiert waren. Jedoch muß aufgrund eines hohen Mf-Wertes nicht notwendigerweise Homosexualität angenommen werden, wenn keine weiteren Anhaltspunkte vorliegen. Bei weiblichen Versuchspersonen mit hohem Mf-Wert besteht vorläufig noch keine ähnliche Bedeutung, die klinisch signifikant wäre; die Interpretation muß sich hierbei auf eine allgemeine charakterologische Beschreibung beschränken".

– *Mitgefühl (CPI; vgl. Kap. 5.5)*
Mißt die Fähigkeit, über Leute intuitiv nachzudenken und ihre Gefühle und Einstellungen nachzuvollziehen.

– *Neurotizismus (EPI; vgl. Kap. 5.6)*
In der Handanweisung des Verfahrens wird keine explizite Skalenbeschreibung gegeben.

– *Neurotizismus (NEO-FFI; vgl. Kap. 5.2)*
Personen mit hoher Merkmalsausprägung „geben häufiger an, sie seien leicht aus dem seelischen Gleichgewicht zu bringen. Im Vergleich zu emotional stabilen Menschen berichten sie häufiger negative Gefühlszustände zu erleben und von diesen manchmal geradezu überwältigt zu werden. Sie berichten über viele Sorgen und geben häufig an, z. B. erschüttert, betroffen, beschämt, unsicher, verlegen, nervös, ängstlich und traurig zu reagieren. Sie neigen zu unrealistischen Ideen und sind weniger in der Lage, ihre Bedürfnisse zu kontrollieren".

– *Offenheit (FPI; vgl. Kap. 5.9)*
Personen mit hoher Merkmalsausprägung „räumen selbstkritisch eine Vielzahl kleiner Schwächen und Fehler, die vermutlich jeder hat, ein: Zuspätkommen, Aufschieben wichtiger Dinge, Schadenfreude, gelegentliches Lügen oder Angeben, häßliche Bemerkungen und Gedanken usw. Sie geben diese Abweichungen von der gängigen Norm und den ‚guten Sitten' offen und ungeniert zu oder sehen, da ihnen diese Konventionen unwichtig sind, in jenen Verhaltensweisen keine besonderen Normverletzungen".

– *Offenheit für Erfahrung (NEO-FFI; vgl. Kap. 5.2)*
Personen mit hoher Merkmalsausprägung „geben häufig an, daß sie ein reges Phantasieleben besitzen, ihre eigenen Gefühle, positive wie negative, akzentuiert wahrnehmen und an vielen persönlichen und öffentlichen Vorgängen interessiert sind. Sie beschreiben sich als wißbegierig, intellektuell, phantasievoll, experimentierfreudig, und künstlerisch interessiert. Sie sind eher bereit, bestehende Normen kritisch zu hinterfragen und auf neuartige soziale, ethische und politische Wertvorstellungen einzugehen. Sie sind unabhängig in ihrem Urteil, verhalten sich häufig unkonventionell, erproben neue Handlungsweisen und bevorzugen Abwechslung".

– *Ordnungsstreben (PRF; vgl. Kap. 5.10)*
Ein Mensch mit hoher Merkmalsausprägung „bemüht sich, sein persönliches Eigentum und seine Umgebung in Ordnung zu halten; kann Unordnung, Durcheinander und

Mangel an Organisation nicht leiden; ist daran interessiert, Methoden zu entwickeln, um Material in Ordnung zu halten".

– *Paranoia (MMPI; vgl. Kap. 5.8)*

„Versuchspersonen mit übertriebenem paranoidem Argwohn sind relativ häufig; sie sind durch ihren Argwohn in vielen Situationen nicht besonders behindert. Es ist schwierig und gefährlich, den an der Grenze des Normalen stehenden Paranoiden in eine Anstalt einzuweisen oder die Gemeinschaft in anderer Weise vor ihm zu sichern, da er sich so beherrschen kann, daß er völlig normal erscheint, dann aber unter Umständen äußerst schnell streitsüchtig wird oder Rachehandlungen gegen diejenigen begeht, die ihn zu kontrollieren versucht haben".

– *Pragmatismus vs. Unkonventionalität (16 PF; vgl. Kap. 5.1)*

Pragmatismus: Beschäftigung eher mit praktischen Angelegenheiten und den Bedürfnissen anderer. Neigung zur Beschäftigung mit dem, was anderen widerfährt. Eher bedacht darauf, „das Richtige zu tun" und Versuch der Bewältigung der täglichen Anforderungen. Unter Belastung eher zweckmäßiges Handeln.

Unkonventionalität: Beschäftigung mit eher ungewöhnlichen Ideen bei geringer Besorgnis darüber, wie diese von anderen beurteilt werden. Beschäftigung eher mit eigenen Problemen. Größere Bereitschaft, „vom Üblichen abzuweichen". Präferenz anspruchsvoller Aufgaben, „ohne dabei praktische Verantwortung zu übernehmen". Unter Belastung eher emotionale Reaktion.

– *Psychasthenie (MMPI; vgl. Kap. 5.8)*

„Das Zwangsverhalten kann sowohl in Zwangshandlungen (z.B. Waschzwang, Entschlußunfähigkeit, andere sinnlose Handlungsweisen) als auch aus Zwangsdenken bestehen. Die Phobien schließen alle Formen unbegründeter Angst vor Dingen oder Situationen sowie die übermäßige Angst auf verständliche Bedrohungen ein. Viele Menschen zeigen phobisches oder zwanghaftes Verhalten, ohne dadurch nennenswert in ihren Fähigkeiten behindert zu werden".

– *Psychologisches Feingefühl (CPI; vgl. Kap. 5.5)*

Mißt den Grad, zu dem eine Person interessiert ist an – sowie eingeht auf die inneren Bedürfnisse, Motive und Erfahrungen/Erlebnisse anderer.

– *Psychopathie (MMPI; vgl. Kap. 5.8)*

„Hohe Pp-Werte (Werte der Skala Psychopathie; Anm. d. Verf.) zeigen eine narzißtische, sozial uneinsichtige, unbedachte, abwegige Persönlichkeit, während niedrige Pp-Werte besonders bei konventionellen, starren, eingeengten Menschen, die sich mit ihrer Position überidentifiziert haben, gefunden werden können. Im Gemeinschaftsleben machen Versuchspersonen mit hohen Pp-Werten oft zuerst einen guten Eindruck; sie wirken gelockert, kennen die Kniffe und Regeln, erscheinen warm und kontaktfreudig, halten aber nicht, was sie versprechen und werden bald von der Gruppe abgelehnt".

– *Rationalität/Intuition (CPI; vgl. Kap. 5.5)*

Mißt die rationale oder intuitive Grundhaltung einer Person, Sensibilität gegenüber Kritik, die Maskulinität oder Femininität der Interessen.

– *Rigidität (MPT-E; vgl. Kap. 5.4)*

„In der RG-Skala (Rigiditäts-Skala; Anm. d. Verf.) weisen hohe Werte auf eine starke Fixierung auf gewohnheitsmäßige Einstellungen und Verhaltensweisen hin. Offenbar liegt in dieser Fixierung aber auch eine Tendenz zur Zwanghaftigkeit. Die Auseinandersetzung mit Ungewohntem wird als äußerst störend empfunden und kann zu Erregungszuständen führen. Personen mit hohen RG-Werten erwecken gelegentlich den Eindruck, als wenn hinter ihrer scheinbaren Unkompliziertheit eher eine angstbedingte Abneigung besteht, sich mit Konflikten und Problemen auseinanderzusetzen".

– *Risikobereitschaft (MPT-E; vgl. Kap. 5.4)*

„Hohe RB-Werte (Werte der Skala Risikobereitschaft; Anm. d. Verf.) sind Ausdruck einer erhöhten Bereitschaft, Risiken in bezug auf das eigene Wohlbefinden einzugehen. Neben Risikofreudigkeit, Dynamik und Draufgängertum können hohe Skalenwerte auch auf eine Neigung zur Überschätzung der eigenen Möglichkeiten hinweisen".

– *Risikomeidung (PRF; vgl. Kap. 5.10)*

Eine Person mit hoher Merkmalsausprägung „hält nichts von aufregenden Betätigungen, besonders, wenn Gefahr dabei ist; vermeidet das Risiko körperlicher Verletzungen; ist auf größte persönliche Sicherheit aus".

– *Robustheit vs. Sensibilität (16 PF; vgl. Kap. 5.1)*

Robustheit: Illusionsloses und zupackendes Verhalten; Beschäftigung mit realen Sachverhalten und Berücksichtigen von Sachzwängen. Eher geringes Bedürfnis nach emotionaler Zuwendung; im Gespräch eher sachlich. Eigenes Handeln erfolgt eher auf Basis „konkreter und logischer Beweise"; „erwartet eher gute Leistungen bei sich wie bei anderen". Eher Durchstehen beanspruchender Auseinandersetzungen.

Sensibilität: Eher „feinfühliges und ästhetisch anspruchsvolles" Verhalten; Beschäftigung mit „Vorstellungen und Gefühlen", eher „ungeduldig und fordernd". Erwartung von Aufmerksamkeit und Zuwendung; im Gespräch „eher einfallsreich und ausdrucksvoll". Eigenes Handeln erfolgt eher intuitiv, nachsichtig gegenüber „Leistungsmängel bei anderen". Eher Vermeiden beanspruchender Auseinandersetzungen.

– *Sachorientierung vs. Kontaktorientierung (16 PF; vgl. Kap. 5.1)*

Sachorientierung: Eher „kühles, reserviertes und sachbezogenes" Verhalten. Präferenz für Beschäftigung mit Sachen und Gegenständen. Mehr Vergnügen an der Auseinandersetzung mit Sachproblemen. Bei der Arbeit eher Orientierung an „Sachnormen"; „arbeitet lieber für sich allein". Bei Konflikten mit anderen Augenmerk auf Genauigkeit und Präzision.

Kontaktorientierung: Eher „aufgeschlossenes, warmherziges, zugewandtes" Verhalten. Präferenz für Beschäftigung mit anderen Menschen und Austausch über das jeweilige Erleben. „Versteht es eher, sich auf andere einzustellen". Bei der Arbeit Orientierung an den Wünschen anderer, Bevorzugung gemeinsamer Arbeit. Bei Konflikten mit anderen großzügig.

– *Schizophrenie (MMPI; vgl. Kap. 5.8)*

„Die Skala (…) mißt die Ähnlichkeit der Antworten einer Versuchsperson mit den Antworten jener Patienten, die vor allem durch bizarres, ungewöhnliches Denken und Verhalten zu kennzeichnen sind. Es besteht eine Trennung zwischen Denkweise und Realität, die dazu führt, daß der Beobachter den Stimmungs- und Verhaltensänderungen der Schizophrenen rational nicht folgen kann. (…) Versuchspersonen mit leicht erhöhten Sc-Werten (Werten der Skala Schizophrenie; Anm. d. Verf.) fühlen sich oft fremd und unverstanden, sind oft autistische Tagträumer mit schlechtem Kontaktvermögen und einer Neigung sich abzuschließen".

– *Selbstbeherrschung (CPI; vgl. Kap. 5.5)*

Mißt Grad und Qualität der Selbststeuerung (sich selbst regulierend), der Selbstbeherrschung und die Freiheit von impulsiven Handlungen und von Selbstsüchtigkeit (Egozentrizität).

– *Selbstbejahung (CPI; vgl. Kap. 5.5)*

Mißt Faktoren wie das Gefühl für den persönlichen Wert/Selbstwert, Selbstbejahung und die Fähigkeit zu unabhängigem/selbständigem Denken und Handeln.

– *Selbstbewußtsein (BIP; vgl. Kap. 5.7)*

Personen mit hoher Merkmalsausprägung beschreiben sich als „(emotional) unabhängig von den Urteilen anderer"; sie zeigen eine „hohe Selbstwirksamkeitsüberzeugung" sowie „großes Selbstvertrauen bezüglich der eigenen Fähigkeiten und Leistungsvoraussetzungen".

– *Selbstvertrauen vs. Besorgtheit (16 PF; vgl. Kap. 5.1)*

Selbstvertrauen: Eher Vertrauen auf die eigenen Fähigkeiten und durch Kritik weniger zu beeindrucken. Eher zuversichtliches Zugehen auf „neue Anforderungen"; scheinbar wenig beeindruckt von Mißerfolgen.

Besorgtheit: Bei Schwierigkeiten eher sorgenvoll; fühlt sich für Mißerfolge selbst verantwortlich. Stärkere Reaktion „auf Anerkennung oder Kritik von anderen". „Durch Mißerfolge leichter zu entmutigen".

– *Sensitivität (BIP; vgl. Kap. 5.7)*

Personen mit hoher Merkmalsausprägung zeigen ein „gutes Gespür auch für schwache Signale in sozialen Situationen; großes Einfühlungsvermögen; sichere Interpretation und Zuordnung der Verhaltensweisen anderer".

– *Sicherheitsinteresse vs. Veränderungsbereitschaft (16 PF; vgl. Kap. 5.1)*

Sicherheitsinteresse: Eher auf „das Bewährte und Abgesicherte" vertrauend; Orientierung eher an „traditionellen Werten". Eher Bereitschaft, „gängige Vorstellungen zu respektieren". Bei der Arbeit eher beständiges Verhalten und Vermeidung von Risiken. Bei der Überwindung von Schwierigkeiten eher Rückgriff auf „bewährte Mittel".
Veränderungsbereitschaft: Eher aufgeschlossen für Veränderungen; Orientierung eher an Vorstellungen über die Zukunft. Eher bereit zum Widerstand gegenüber Autoritäten. Bei der Arbeit eher Präferenz für das Ausprobieren neuer Wege und Eingehen von Risiken. Bei der Überwindung von Schwierigkeiten eher Suche nach neuen oder anderen Problemlösungen.

– *Sinnliche Wahrnehmung vs. Intuitive Wahrnehmung (MBTI, vgl. Kap. 5.3)*

„Sinnliche Wahrnehmung weist auf Perzeptionsvorgänge hin, die über die fünf Sinne stattfinden. Über die Sinne wird festgestellt, was konkrete, faßbare Wirklichkeit ist. Weil Sinne nur momentanes Geschehen zur Wahrnehmung bringen können, haben S-orientierte (sinnlich Wahrnehmende; Anm. d. Verf.) Personen eine Tendenz, sich auf die Erfahrung im Hier und Jetzt zu beziehen, und entwickeln oft Merkmale, die mit dieser Art des Wahrnehmens verbunden sind. So können sie z.B. den Augenblick genießen, betonen die Wirklichkeit, haben ausgeprägte Beobachtungsfähigkeit, können sich an Einzelheiten erinnern und sind praktisch veranlagt."

„Intuition bezieht sich auf das Wahrnehmen von Möglichkeiten, Bedeutungen und Beziehungen und geschieht durch Einsicht. Intuitive Wahrnehmung erfolgt assoziativ. Intuitionen können plötzlich im Bewußtsein auftauchen – als Ahnung, als plötzliches Erkennen eines Musters von scheinbar zusammenhanglosen Ereignissen oder als eine kreative Entdeckung. Nimmt die Person zum Beispiel einen Apfel über die Funktion der Sinne wahr, wird sie ihn mit Begriffen wie „saftig", „rot" oder „weiß mit schwarzen Kernen" beschreiben. Wenn derselbe Apfel über die intuitive Funktion wahrgenommen wird, können Assoziationen wie „Wilhelm Tell", „der ausgezeichnete Apfelkuchen meiner Großmutter" oder „in den sauren Apfel beißen" naheliegen. Intuition erlaubt eine Wahrnehmung über das hinaus, was die Sinne erfassen – einschließlich eventueller zukünftiger Ereignisse. Es kann auch vorkommen, daß sie dabei die Wirklichkeit übersehen. Aufgrund ihrer intuitiven Neigung können sie bestimmte Eigenschaften entwickeln – sie können phantasievoll, theoretisch, abstrakt, zukunftsorientiert oder kreativ sein".

– *Soziabilität (BIP; vgl. Kap. 5.7)*

Personen mit hoher Merkmalsausprägung sind durch eine „ausgeprägte Präferenz für Sozialverhalten, welches von Freundlichkeit und Rücksichtnahme geprägt ist" gekennzeichnet. Sie zeigen „Großzügigkeit in Bezug auf Schwächen der Interaktionspartner" sowie einen „ausgeprägten Wunsch nach einem harmonischen Miteinander".

– *Soziales Anerkennungsbedürfnis (PRF; vgl. Kap. 5.10)*

Ein Mensch mit hoher Merkmalsausprägung „möchte ein hohes Ansehen bei seinen Bekannten haben; ist besorgt um seinen guten Ruf und darüber, was andere Leute von ihm denken; strengt sich an, um die Zustimmung und Anerkennung anderer zu erhalten".

- *Soziale Anpassung (CPI; vgl. Kap. 5.5)*

Weist hin auf den Grad der sozialen Reife, der Integrität und der Redlichkeit/Geradheit, den die Person erreicht hat.

- *Soziale Anpassung vs. Selbstbehauptung (16 PF; vgl. Kap. 5.1)*

Soziale Anpassung: Eher Bereitschaft zur Anpassung an andere und Bereitschaft, „Unzuträglichkeiten hinzunehmen". Einstellen „auf die Vorstellungen anderer". Bei Widerständen eher nachgebendes Verhalten.
Selbstbehauptung: Eher „selbstbewußtes und unnachgiebiges Verhalten". Eher Empfinden der Überlegenheit gegenüber anderen; Versuch der Durchsetzung eigener Meinungen. Bei Widerständen Beharren auf eigenen Auffassungen.

- *Soziale Erwünschtheit (MPT-E)*

Hohe Merkmalsausprägungen sind „gelegentlich bei Personen anzutreffen (…), die im Test ein fast naives Bemühen zeigen, auf Kosten des Wahrheitsgehaltes einen „guten Eindruck" zu hinterlassen. Ebenso zeigte es sich jedoch, daß bei Personen mit hohen SE-Werten (Werten der sozialen Erwünschtheit; Anm. d. Verf.) häufig eine Orientierung an verhältnismäßig unreif wirkenden moralisch-konventionellen Wertvorstellungen vorzuliegen scheint mit einer Tendenz zum Dogmatismus".

- *Soziale Orientierung (FPI; vgl. Kap. 5.9)*

Personen mit hoher Merkmalsausprägung „fühlen eine soziale Verantwortung für andere Menschen und drücken ihre Hilfsbereitschaft aus. Sie gehen auf die Sorgen anderer ein und sind motiviert, zu helfen, zu trösten und zu pflegen. Sie empfinden auch schlechtes Gewissen über eigenen Wohlstand und Konsum im Vergleich zu anderen und sind zu Geldspenden und Mithilfe in sozialen Einrichtungen bereit".

- *Soziale Zurückhaltung (MPT-E; vgl. Kap. 5.4)*

„Von der Ausrichtung der Skala her weisen hohe Werte auf soziale Unsicherheit, Kontaktscheu und Gehemmtheit hin".

- *Soziales Auftreten (CPI; vgl. Kap. 5.5)*

Mißt Faktoren wie Stabilität/innere Ausgeglichenheit, Spontaneität und Selbstvertrauen in persönlichen und sozialen/gesellschaftlichen (Wechsel-)Beziehungen.

- *Spielerische Grundhaltung (PRF; vgl. Kap. 5.10)*

Eine Person mit hoher Merkmalsausprägung „unternimmt vieles nur zum Spaß; verbringt viel Zeit bei Spielen, Sport, geselligen Unternehmungen und anderen Vergnügungen; hat gern Witze und komische Geschichten; hat eine unbeschwerte, unbekümmerte Lebenseinstellung".

- *Spontaneität vs. Selbstkontrolle (16 PF; vgl. Kap. 5.1)*
Spontaneität: Eher spontanes Verhalten, den „momentanen Einfällen" folgend. Orientierung an den eigenen Bedürfnissen, „ist weniger auf bestimmte Absichten festgelegt". Bei der Arbeit Neigung, „die Dinge auf sich zukommen zu lassen". In beanspruchenden Situationen eher vergeßlich gegenüber den eigenen ursprünglichen Absichten.

Selbstkontrolle: Eher „diszipliniertes und zielstrebiges" Verhalten und Orientierung an langfristigen Zielen. Verfügt über deutliche Vorstellungen von eigenen Wünschen. Bei der Arbeit sorgfältige Vorbereitung und Planung. In beanspruchenden Situationen Beibehaltung eigener Ziele.

- *Teamorientierung (BIP; vgl. Kap. 5.7)*
Personen mit hoher Merkmalsausprägung zeigen eine „hohe Wertschätzung von Teamarbeit und Kooperation; Bereitschaft zur aktiven Unterstützung von Teamprozessen; bereitwillige Zurücknahme eigener Profilierungsmöglichkeiten zugunsten der Arbeitsgruppe".

- *Toleranz (CPI; vgl. Kap. 5.5)*
Identifiziert Personen mit zulassenden/erlaubenden akzeptierenden und nicht beurteilenden, sozialen/gesellschaftlichen Meinungen/Überzeugungen und Einstellungen.

- *Unbefangenheit vs. Überlegtheit (16 PF; vgl. Kap. 5.1)*
Unbefangenheit: Eher natürliches und direktes Verhalten. Präferenz für Unkompliziertes und Natürliches. Eher unbefangenes Äußern eigener Gedanken und Empfindungen, eher unmittelbares Reagieren auf Ereignisse. In schwierigen Situationen eher gefühlsmäßiges und unbeholfenes Reagieren.

Überlegtheit: Eher überlegtes und diplomatisches Verhalten. Präferenz für „das Kultivierte, Anspruchsvolle". Berücksichtigung der möglichen Reaktionen anderer Personen. Eher vorausschauendes Handeln; „überläßt weniger dem Zufall". Handeln ist „eher geschickt und unauffällig".

- *Verantwortlichkeit (CPI; vgl. Kap. 5.5)*
Identifiziert Personen mit gewissenhaften/pflichtbewußten, verantwortungsvollen und verläßlichen/zuverlässigen Dispositionen/Veranlagungen (Charakter).

- *Verträglichkeit (NEO-FFI; vgl. Kap. 5.2)*
„Ein zentrales Merkmal von Personen mit hohen Werten in der Skala ist Altruismus. Sie begegnen anderen mit Verständnis, Wohlwollen und Mitgefühl, sie sind bemüht, anderen zu helfen und überzeugt, daß diese sich ebenso hilfsbereit verhalten werden. Sie neigen zu zwischenmenschlichem Vertrauen, zur Kooperativität, zur Nachgiebigkeit, und sie haben ein starkes Harmoniebedürfnis".

- *Vertrauensbereitschaft vs. skeptische Haltung (16 PF; vgl. Kap. 5.1)*
Vertrauensbereitschaft: Eher vertrauensvolles und akzeptierendes Verhalten gegenüber anderen. Ist anderen gegenüber eher vertrauensvoll und „frei von Eifersuchtsgefühlen".

„Akzeptiert leichter andere Meinungen", greift eher Anregungen anderer auf und verläßt sich auch „in kritischen Situationen eher auf die guten Absichten anderer".

Skeptische Haltung: Eher kritisches und von Skepsis geprägtes Verhalten gegenüber anderen; Vertreten der eigenen Meinung erfolgt auch dann, wenn diese von anderen abweicht. Eher Zurückgreifen auf eigene Vorstellungen; weniger Aufgreifen der Vorstellungen anderer. „In kritischen Situationen eher geistesgegenwärtiges" Verhalten.

– *Wohlbefinden (CPI; vgl. Kap. 5.5)*

Identifiziert Personen, die ihre Sorgen, Klagen und Beschwerden auf ein Minimum reduzieren, und die verhältnismäßig frei sind von Selbstzweifeln und Enttäuschung.

– *Zurückhaltung vs. Selbstsicherheit (16 PF; vgl. Kap. 5.1)*

Zurückhaltung: Eher zurückhaltendes und vorsichtiges Verhalten gegenüber anderen. Beim „Ausdruck von Gefühlen eher gehemmt". Eigener Ausdruck erfolgt „eher langsam und bedächtig", wenig Hinwendung zu Aktivitäten, die eine Auseinandersetzung mit anderen notwendig machen. Stärkeres Empfinden „von Schwierigkeiten im Umgang mit anderen", schnelles Zurückziehen der eigenen Person.

Selbstsicherheit: Verhalten gegenüber anderen eher „aktiv und herausfordernd". Eher ungehemmter Ausdruck der eigenen Empfindungen, Ausdruck erfolgt schnell und flüssig. Präferenz für das Kennenlernen anderer und für Aktivitäten, die eine „aktive Auseinandersetzung mit anderen mit sich bringen". Toleranz gegenüber Schwierigkeiten im sozialen Umgang sowie „emotional strapazierenden Situationen".

Autorenregister

Abrahams, N. M.   61
Adinolfi, A.   215
Adler, S.   20, 27, 30, 31, 32, 123
Albright, L.   228
Alex, C.   72
Alexander, R. A.   97
Allehoff, W.   316
Allen, A.   25, 65
Allen, B. P.   213
Alliger, G. M.   165
Allport, G. W.   23, 104, 227, 233
Althoff, K.   36
Amelang, M.   6, 7, 23, 24, 25, 59, 63, 64, 65, 71, 104, 105, 143, 156, 159, 163, 164
Anastasi, A.   3, 21, 22, 43, 56
Anderson, N.   108
Anderson, N. H.   219
Angleitner, A.   61, 117, 183
Antonioni, D.   240
Arbeitskreis Assessment Center   46
Argyle, M.   215
Arnold, M.-A.   106
Arvey, R. D.   56, 179
Asch, S. E.   219
Asendorpf, J.   26, 128
Ashford, S. J.   239
Ashworth, S.   94
Atwater, L. E.   237, 238, 239
Austin, J. F.   114
Baehr, M. E.   86, 94
Baker, B. R.   44
Balck, F.   106
Baldwin, T. T.   244

Bambeck, J. J.   187
Bandura, A.   211
Banks, C.   118
Barber, H. F.   134
Barkman, A. I.   152
Barnes, L. K.   94
Barrett, G. V.   78
Barrick, M. R.   30, 33, 83, 84, 85, 87, 88, 89, 90, 91, 92, 122
Barthel, E.   97
Barthol, R. P.   81
Bartol, C. R.   180
Bartol, K. M.   133
Bartussek, D.   6, 7, 23, 24, 59, 64, 104, 105, 106, 143, 156, 163, 164
Bates, M.   124
Baumeister, R. F.   39
Beaber, R. J.   216
Beckmann, J.   128, 163
Bedeian, A. G.   152
Begley, T. M.   165
Beloch-Till, H.   61, 183
Bem, D. J.   25, 65, 199
Benesch, H.   12
Benjafield, J.   104
Ben-Nahum, Z.   238
Ben-Shakar, G.   21
Bents, R.   4, 124, 126, 128, 129, 131, 254
Benziman, H.   59
Berg, D.   78
Bergin, T. G.   114, 115
Berglas, S.   199
Berkel, K.   218, 227

Bernardin, H. J. 22, 115
Berndt, W. 2
Berry, D. S. 231
Berscheid, E. 215, 224
Berufsverband Deutscher Psychologen 49, 69, 74, 102
Beuthner, A. 189
Bevan, A. R. 229
Bierhoff, H. W. 218, 220
Biersner, R. J. 152
Bilsky, W. 262
Binning, J. F. 78
Birkhan, G. 66, 67, 75
Bitner, M. J. 262
Blake, R. J. 43, 152
Blank, R. 4, 19, 20, 124, 126, 128, 129, 131, 254
Blanke, T. 100
Blickle, G. 122
Blinkhorn, S. F. 21
Blits, J. H. 22
Block, J. 213, 231, 232
Bobrow, W. 56
Boerner, K. 70
Boker, S. M. 35
Borkenau, P. 24, 25, 26, 27, 28, 63, 65, 106, 116, 117, 118, 119, 120, 121, 122, 159, 162, 213, 218, 228, 230, 231
Borman, W. C. 2
Bortz, J. 179
Bosley, J. J. 165
Boudreau, J. W. 97
Bownas, D. A. 22
Boyatzis, R. E. 162
Boyd, D. P. 165
Bradac, J. J. 216
Bradshaw, J. L. 215
Braito, R. 41
Brandstätter, H. 35
Bray, D. W. 37, 38, 39, 44
Brengelmann, J. C. 158
Brengelmann, L. 158
Brenner, D. 234
Brenner, F. 78
Brickenkamp, R. 159, 316
Brief, A. P. 262
Briggs, S. R. 43
Brinkmeyer, K. 262
Britt, W. G. 114
Brockwell, A. L. 180
Brody, N. 38

Brown, J. S. 6, 150
Brownlow, S. 231
Brox, H. 46
Bruner, J. S. 217
Burbeck, E. 179
Burisch, M. 20, 61
Busch, C. M. 261
Bushe, G. R. 132
Buss, A. H. 202
Butcher, J. N. 21, 59, 112, 179
Byrne, D. 219
C'deBaca, J. 39
Caird, S. P. 165
Calendo, J. T. 165
Campbell, B. H. 207
Campbell, D. P. 237, 239
Campbell, R. J. 38
Caprara, G.-V. 22
Carpenter, B. N. 43
Carson, E. 104
Carson, G. L. 179
Carsrud, A. L. 34
Carston, D. E. 41
Carver, C. S. 202
Caston, R. J. 41
Cattell, R. B. 20, 24, 48, 103, 104, 105, 106, 109, 117, 118, 154
Cellar, D. F. 122
Chan, D. W. 46
Chatman, J. A. 41
Chell, E. 32
Christal, R. C. 117
Christiansen, N. D. 63, 114
Cline, V. B. 214
Cobb, B. B. 151
Codol, J.-P. 198
Coe, C. K. 124, 125, 135
Cohen, R. J. 11, 20
Colvin, C. R. 27, 228, 229, 230, 231, 233
Comelli, G. 46, 48, 99, 102, 248, 249, 250, 251, 252, 253, 308
Conley, D. M. 133
Conley, J. J. 35, 36
Cooley, C. H. 208
Cooper, J. N. 44
Cortina, J. M. 179, 180
Coscarelli, W. C. 133
Costa, P. T. 35, 36, 37, 38, 39, 117, 118, 162, 163, 199, 213, 229
Cowles, M. D. 217
Craig, S. 60

Craik, K. H.   19
Crofton, C.   215
Cronbach, L. J.   22, 61, 97, 120, 121, 131, 169, 170, 192, 217
Cronshaw, S. F.   53, 97
Crosby, L. A.   262
Dai, X. Y.   46
Dakin, S.   45
Dalbert, C.   29
Dardenne, B.   214
Darley, J. M.   262
Dauenheimer, D.   200, 204
Davis, G. L.   150
Davis, K. E.   222
Davis-Blake, A.   43
Davison, G. C.   10
Day, D. V.   94, 186, 211
De Vader, C. L.   165
Deary, I. J.   123
Demmer, C.   70
DePaulo, B. M.   209, 216
Dermer, M.   224
Deusinger, I. M.   213
Dickinson, J.   262
Diemand, A.   71, 212
Digman, J. M.   83, 117
Dilger, D.   78
Dingerkus, R.   46
Dion, K. K.   215
Dobroth, K. M.   230, 232
Doherty, M. L.   179
Domsch, M.   234
Donat, M.   97
Doran, L. I.   262
Dornbusch, S. M.   217
Doverspike, D. D.   122
Drauden, G.   56
DuBois, P. H.   7
Duff, F. L.   61
Dukerich, J. M.   262
Dunn, W. S.   122
Dunnette, M. D.   60
Duval, S.   202
Dweck, C. S.   239
Eaton, N. K.   60
Ebbesen, E. B.   198
Eber, H. W.   109
Edeler, B.   225
Effrein, E. A.   199
Eggert, D.   153, 154, 155, 156, 157, 158, 159
Eisenstat, R. A.   216

Ekehammer, B.   190
Elliott, A. G. P.   63
Elsler, D.   46
Ely, R. J.   205
Epstein, S.   26, 27, 29
Eye, A. v.   159
Eysenck, H. J.   24, 27, 105, 117, 118, 142, 153, 154, 155, 156, 158, 159, 160, 163
Eysenck, S. B. G.   165
Fahrenberg, J.   199
Faix, W. G.   63
Falender, V. J.   224
Farr, J. L.   199
Fazio, R.   244
Fazio, R. H.   199
Fazzini, D.   1
Fechtner, H.   234
Feimer, N. R.   41
Fenigstein, A.   202
Ferguson, E.   188
Ferguson, L. W.   19
Ferris, G. R.   114, 115
Festinger, L.   203, 204
Field, P. B.   213
Filipp, S.-H.   199
Fincham, F.   201, 222, 223
Fink, A. M.   59
Finkelstein, S.   216
Fiske, D. W.   59, 117
Fiske, S. T.   198
Fisseni, H.-J.   10, 69, 70, 128
Fletcher, C.   189, 261
Florez, L. A.   217
Ford, J. K.   244
Fox, S.   238
Francis, D.   253, 309
Freese, W.   5
Freitag, D. E.   106
Frey, D.   202, 204
Frey, H.-P.   199, 202
Friedrichs, P.   262
Frier, D.   2, 44
Fruhner, R.   67
Funder, D. C.   24, 26, 27, 228, 229, 230, 231, 232, 233
Funke, U.   56, 97, 261
Furnham, A.   31, 60, 132, 179, 189
Fürntratt, E.   106
Gage, N. L.   217
Gaines, B.   205
Gardner, W. L.   211

Gaul, D.   46, 307
Gavin, J. F.   113
Gavrilovici, R. O.   165
Gay, F.   187, 190, 191, 192
Gebert, D.   191
Gellatly, I. R.   186
Gerpott, T. J.   97
Ghiselli, E. E.   21, 81, 165
Ghosh, P. K.   114
Giacalone, R. A.   211
Gibbs, B. W.   132
Gibbs, N.   43
Gierasch, P. F.   60
Giles, H.   216
Gill, J. D.   262
Gilmore, D. C.   114
Gleser, G. C.   97
Gluminski, I.   37, 220
Goeters, K. M.   186
Goethals, G. R.   219, 220
Goffin, R. D.   54, 61, 63, 186
Goffman, E.   205, 208
Gold, K. C.   7
Goldberg, L. R.   5, 9, 18, 19, 20, 123, 145, 229, 230
Goldman, M.   217
Gooding, R. Z.   82
Gordon, V. N.   133
Gorsuch, R. L.   118
Gottfredson, L. S.   22
Gottier, R. F.   81, 82, 83
Gottschling, C.   43
Gough, H. A.   146
Gough, H. G.   105, 141, 146, 151, 213
Graf, J.   116
Graham, W. K.   165
Grant, C. W.   150
Grant, D. L.   38
Graupner, H.-B.   108
Graziano, W.   224
Greenberg, M. S.   201
Greene, D.   223
Greif, S.   106
Griffin, J. J.   205
Griffin, M. E.   22
Gronwald, S.   234
Gross, A. E.   215
Grubitzsch, S.   5, 100
Grundmann, T.   209, 210, 211
Guilford, J. P.   20, 24, 105, 154
Guion, R. M.   29, 30, 43, 78, 80, 81, 82, 83, 86

Haan, N.   38
Häcker, H.   221
Haisch, J.   204
Hakstian, A. R.   150
Hall, C. S.   107
Hall, W. B.   21
Hamilton, D. L.   198
Hampel, R.   48, 60, 62, 180
Hanson, K.   133
Hanson, M. A.   2, 94
Hansson, R. O.   43
Hargrave, G. E.   151, 180
Harrell, M. S.   179
Harrell, T. W.   179
Harris, M. M.   206, 237
Hartenbach, W.   17
Hartka, E.   38
Harvey, J. H.   201, 224
Hasella, M.   96
Hastie, R.   198
Hastorf, A. H.   217
Hathaway, S. R.   20, 48, 61, 175
Hatzelmann, E.   32, 41
Haußer, K.   199
Hazucha, J. F.   244
Heatherton, T. F.   35
Heckhausen, H.   32, 162, 164
Hedge, J. W.   2
Hedlund, D. E.   21, 179
Heider, F.   201, 221
Heilbrun, A. B.   213
Heintel, P.   251, 252, 253
Heinze, B.   106
Hellervik, L. W.   244
Helmreich, R. L.   34
Henderson, M.   60
Herkner, W.   222, 224
Heron, A.   63
Herrmann, N.   20, 194, 196
Herrmann, T.   17, 18, 26
Herrmann Institut Deutschland   192, 193, 195
Herzog, R.   218
Hesse, J.   71, 73, 74, 76, 78
Hewstone, M.   201, 222, 223
Hezlett, S. A.   244
Hiatt, D.   151, 180
Hicks, R. E.   46
Hill, C. A.   206
Höfer, B.   216
Höfer, I.   107, 108
Hoffmann, R. G.   150

Hofmann, K.   244
Hofmann, L. M.   257
Hofstätter, P. R.   7
Hofstee, W. K. B.   24
Hogan, J.   150, 165, 261, 262
Hogan, R. T.   1, 43, 44, 63, 151, 180, 261
Holden, R. R.   61
Holdsworth, R.   88, 187, 188, 189
Holland, J. L.   117, 143
Hollander, E. P.   165
Holling, H.   209, 210, 211
Hossiep, R.   1, 2, 3, 7, 12, 17, 22, 29, 33, 34, 37, 40, 44, 45, 46, 49, 54, 55, 58, 66, 73, 96, 97, 101, 160, 161, 162, 166, 167, 168, 170, 171, 172, 173, 174, 175, 198, 213, 225, 258, 261, 299, 302, 313
Hough, L. M.   60, 61, 62, 88, 92, 94
House, P.   223
House, R. J.   165
Howard, A.   37, 38, 39, 44
Howard, G. S.   60
Howell, J. M.   165
Huber, M.   45
Hull, C. L.   97
Hull, D. L.   165
Hunter, J. E.   21, 78, 79, 80, 81, 82, 83, 87, 90, 92, 94, 95, 96, 98
Ickes, W.   201
Institoris, H.   13
Inwald, R. E.   179, 180
Irle, M.   316
Irving, P. G.   94
Jackson, D.   30, 44
Jackson, D. N.   61, 85, 87, 183, 184, 186, 229
Jacobs, R. R.   63
Jacobson, A.   219
Jäger, R. S.   56
Jahnke, J.   214, 217, 227, 228
James, W.   35
Janis, I. L.   213
Jensen, J. B.   56
Jensen, R.   45
Jerdee, T. H.   150
Jeske, J. O.   60
Jogschies, R. B.   78, 100
John, D.   213
John, O. P.   106, 117, 123
Johnson, C. E.   21, 188
Johnson, E. E.   179
Johnson, J. A.   44
Johnston, N. G.   54, 63

Jones, E. E.   199, 219, 220, 222, 223, 224
Jöns, I.   240
Judge, T. A.   123
Jung, B.   124
Jung, C. G.   124
Kamp, J. D.   60
Kaplan, R. M.   19, 192
Katz, R. L.   165
Kaufman, G.   179
Kaufmann, M.   2, 44
Kavanagh, M. J.   245
Keil, W.   213
Keirsey, D.   124
Kelley, H. H.   221
Kelley, P. L.   63, 179
Kenny, D. A.   165, 228
Kenrick, D. T.   24, 26
Kiener, F.   216
Kilduff, M.   211
Kinder, A.   88, 89, 165, 189
Kirkpatrick, S. A.   165
Kirksey, J.   240
Kirsch, M.   82
Kisse, M.   5
Klauer, K. C.   217
Klawsky, J. D.   122
Klein, F. J.   46, 48
Klein, M.   74, 75, 76, 77
Kleinmann, M   212
Klimoski, R. J.   21, 238
Kline, P.   59, 64, 65, 106, 118
Klinkenberg, U.   1, 165
Klinkhammer, F.   60, 62
Kluck, M.-L.   70
Knapp, R. R.   153
Knatz, H. F.   180
Kobos, J. C.   180
Koch, K.   316
Kochevar, K. F.   113
Kochkin, S.   115
Koffka, K.   224
Köhler, F.   242
Köhler, O.   101
Kohn, M. L.   40
Kowalski, R. M.   209
Krampen, G.   159
Krebs, D. L.   215
Krull, D. S.   200
Kuhl, J.   128, 163
Kühne, H. H.   46
Kuipers, M.   114

Külpmann, B.   198, 223
Kuntz, B.   234
Lamont, L. M.   186
Lang, A.   99, 100
LaRocco, J. M.   152
Larsen, R. J.   37
Larsen, R. M.   46
Lautenschlager, G. J.   60
Lavater, J. C.   10, 11
Lawson, E. D.   215
Layden, M. A.   201
Leary, M. R.   208, 209
Lee, H. B.   46
Leggett, E. L.   239
Leibold, G.   77
Lemkau, J. P.   115
Levinson, H.   165
Leyens, J.-P.   198, 214
Lichtenfels, P. A.   53
Liebler, A.   27, 230, 231
Lilly, R.   213
Lindecamp, D. P.   132
Lindgren, E.   46
Lindskold, S.   209
Lindzey, G.   107
Linneweh, K.   257
Locke, E. A.   165
Lohff, A.   45
Lombardo, M. M.   239
London, M.   234, 238
Lord, R. G.   165, 217
Lounsbury, J. W.   56
Lubin, B.   46
Lundstrom, W. J.   186
Luthans, F.   165
Mahoney, T. A.   150, 165
Maier, W.   66
Majert, W.   215
Makin, P. J.   45
Manerikar, V. V.   114
Mann, R. D.   165
Manstead, A. S. R.   208
Maple, T. L.   7
Marchese, M. C.   53
Marcus, B.   261
Markus, H.   199, 206
Marston, W. M.   191
Martin, C.   56
Martin, D. C.   138
Martinko, M. J.   211
Martocchio, J. J.   123

Maruyama, G.   216
Maschke, P.   186
Matarazzo, J. D.   46
Matthews, G.   123, 188
McArthur, L. Z.   231
McCall, M. W.   239
McCaulley, M. H.   124, 125, 133, 134
McClelland, D. C.   162, 165
McCloy, R. A.   60
McClure, L.   124
McCrae, R. R.   35, 36, 37, 38, 39, 63, 104, 106, 117, 118, 123, 162, 163, 199, 213, 229
McHenry, J. J.   94
McHenry, R.   215
McKinley, J. C.   20, 48, 61, 175
McReynolds, P.   5, 8, 10, 13, 14, 16
Mead, G. H.   208
Medicus, D.   46
Meffert, H.   165
Mershon, B.   118
Merton, R. K.   218
Messick, S.   102
Meyer, A. E.   106
Meyer, J. P.   186
Miketta, G.   43, 165
Miller, H. E.   94, 122
Miller, J. L.   122
Miller, K.   44
Miller, M.   216
Miller, M. L.   122
Miller, W. R.   39
Milliman, J. F.   240, 241
Millsap, R.   38
Mischel, W.   22, 24, 25, 26, 27, 28, 29, 32
Mittenecker, E.   17
Monahan, C. J.   22
Monson, T.   224
Montada, L.   29
Morgenthaler, W.   316
Morrison, E. W.   206
Morrow, I. J.   165
Moser, K.   10, 25, 56, 97
Moses, S.   1, 22
Mossholder, K. W.   152
Mount, M. K.   30, 33, 83, 84, 85, 87, 88, 89, 90, 91, 92, 122
Mowday, R. T.   186
Muchinsky, P. M.   22, 53
Müller-Thurau, C. P.   73, 74
Mummendey, H. D.   199, 207, 208, 209, 212, 213

Munro, A.   188
Münsterberg, H.   17
Murdy, L. B.   113
Murphy, K. R.   80
Murray, H. A.   183, 184, 316
Murray, J. N.   114
Mussio, S. J.   179
Muzzy, R. E.   217
Narramore, K.   43
Nash, A. N.   150
Nathan, B. R.   217
Neale, J. M.   10
Neill, J. A.   229
Nelson, R.   22
Nemeroff, W. F.   238
Nerdinger, F. W.   32
Nesselroade, J. R.   35
Neter, E.   21
Nettler, G.   101
Neuberger, O.   247
Neuefeind, B.   21, 190
Neumann, B.   1
Neuser, J.   107, 108
Nevo, B.   58
Newell, S.   21, 45
Nicholson, R. A.   63
Nilakant, V.   45
Nilsen, D.   237, 239
Nisbett, R. E.   223, 224
Noe, R. A.   82
Norman, C.   240
Norman, W. T.   63, 117, 228, 229, 230
Nußbaum, A.   1
O'Brien, E. J.   27, 29
O'Shea, B.   186
Odbert, H. S.   104
Okechuku, C.   165
O'Meara, D. P.   46
Ones, D. S.   63, 87, 122
Orban, J. A.   86, 94
Organ, D. W.   123
Osborn, D. B.   133, 134
Osborn, T. N.   133, 134
Ostendorf, F.   63, 106, 116, 117, 118, 119, 120, 121, 122, 162, 213, 228, 229
Ostrom, T. M.   198
Oswick, C.   134
Otte, P.   134
Ozer, D. J.   30
Paczensky, S. v.   71, 72, 75, 77, 261
Paine, C.   46

Parge, O.   204
Parker, C. A.   179
Paschen, M.   3, 44, 54, 55, 58, 160, 161, 162, 166, 167, 168, 170, 171, 172, 173, 174, 198, 213, 225, 239, 258, 261, 302, 313
Passini, F. T.   230
Patsfall, M. R.   41
Patton, M. J.   150
Paulhus, D. L.   60, 61, 65
Paunonen, S. V.   186
Pawlik, K.   31, 106
Payne, G.   179
Payne, T.   188
Peacock, A. C.   186
Peake, P. K.   27
Pelham, B. W.   200
Pervin, L. A.   41, 213
Petersen, L.-E.   200
Petzold, P.   225
Pfeffer, J.   43
Phinney, I. R.   180
Piedmont, R. L.   122
Pincus, A. L.   117
Porter, L. W.   186
Porter, R. B.   113
Potkay, C. R.   213
Potter, H.   152
Powell, L.   240
Predmore, S. C.   205
Prien, E. P.   94
Prochaska, M.   162, 261
Ptolemäus, C.   8, 9
Pugh, G.   151
Pulver, U.   99
Pursell, E. D.   53
Püttner, I.   46, 307, 308
Rafaeli, A.   21
Ramul, K.   15, 16
Raskin, R.   1
Raymark, P. H.   29
Read, S. J.   205
Reddon, J. R.   87
Regan, D. T.   224
Reichel, W.   70, 78
Reinecke, P.   236
Reinwald, J. E.   113
Reise, S. P.   30
Reiser, M.   180
Reiss, A. D.   63
Rexilius, G.   100
Rhodewalt, F.   199

Rice, G. H.   132
Richardson, S. A.   140, 217
Rieker, J.   234
Riemann, R.   186, 213
Ringelband, O. J.   66, 67, 75
Roberts, B. W.   261
Roberts, E. B.   134
Robertson, I. T.   30, 45, 88, 89, 94, 165, 189
Robinson, D. N.   10, 23
Rogers, P. L.   216
Rorer, L. G.   65
Rorschach, H.   316
Rosen, S.   206
Rosenfeld, P.   209, 211
Rosenhan, D. L.   221
Rosenstiel, L. v.   40, 191
Rosenthal, R.   216
Rösler, F.   160
Ross, L.   223
Rosse, J. G.   94, 122
Roth, P. L.   92
Rothstein, M.   30, 44, 63, 85, 87
Rothstein, M. G.   54
Rowe, F. A.   133
Rubin, Z.   35, 39
Ruch, F. L.   64, 179
Ruch, W. W.   64, 179
Ruddies, G. H.   78
Ruderman, M. N.   237
Russell, J. T.   97
Ryan, A. M.   45, 56, 62, 122
Ryan, E. B.   216
Ryan, J. J.   46
Saalfeld, H. v.   12
Saccuzzo, D. P.   19
Sackett, P. R.   45, 62, 262
Salgado, J. F.   88, 90, 91
Sarges, W.   22, 29, 30, 31, 32, 33, 34, 36, 37, 40, 41, 44, 46, 53, 54, 118, 165, 261
Saville, P.   43, 88, 187, 188, 189
Sawin, L. L.   34
Saxe, S. J.   180
Schaubroek, J.   206, 237
Scheier, M. F.   202
Scheinpflug, R.   242
Scheller, R.   199
Scherer, K. R.   216
Schiebel, B.   213
Schilcher, F. v.   5
Schippmann, J. S.   92, 94
Schlenker, B. R.   209, 211

Schlottmann, R. S.   61
Schmale, H.   135
Schmeling, A.   217
Schmid, F. W.   99
Schmid, R.   5, 96, 99
Schmid, V.   218
Schmidt, F. L.   21, 78, 79, 80, 81, 82, 83, 86, 90, 92, 94, 95, 96, 98
Schmidt, H.   135, 136, 137, 138, 139, 140, 141
Schmit, M. J.   29, 56, 122
Schmitt, M.   24, 26, 27, 29, 217
Schmitt, N.   82, 83, 88, 179
Schneewind, K. A.   48, 55, 103, 106, 107, 108, 109, 110, 111, 116, 123, 136, 214
Schneider, B.   32
Schneider, R. J.   244
Schoenfeld, L. S.   180
Scholz, G.   30
Schönbach, P.   216
Schooler, C.   40
Schorr, A.   45, 187
Schrader, H. C.   71, 73, 74, 75, 76, 78
Schröder, G.   48, 103
Schroeder, M. L.   150
Schröter, B.   190
Schuerger, J. M.   113
Schuler, H.   2, 10, 30, 44, 56, 57, 58, 71, 97, 212, 262, 307
Schumacher, F. J.   186
Schwab, D. P.   60
Schwartz, S. H.   262
Schwertfeger, B.   124
Scott, N. A.   152
Sears, S. J.   133
Sedlacek, W. E.   152
Seisedos, N.   63
Seiwert, L.   191
Sektion Arbeits-, Betriebs- und Organisationspsychologie im Berufsverband Deutscher Psychologen   49, 74, 102
Selg, H.   48, 180
Sells, S. B.   113
Shackleton, V.   21, 45
Shiarella, A. H.   80
Shusman, E.   179, 180
Siess, T. F.   184
Siewert, H. H.   43, 71, 72, 73, 75, 76
Siewert, R.   71, 72, 73, 75, 76
Silverman, S. B.   94, 186
Simon, D.   133
Simon, H.   108

Skelton, J. A.   199
Sleet, D. A.   215
Slimak, R. E.   152
Smith, D. K.   11
Smith, M.   41
Smith, R. G.   179
Smither, J. M.   234
Snyder, M.   207
Sorenson, W. W.   150
Spitznagel, A.   56, 66
Spörli, S.   58, 101
Spreen, O.   48, 175, 176, 177, 178
Sprenger, J.   13
Spurzheim, J. C.   17
Stahlberg, D.   200
Stanley, M. A.   201, 224
Stanton, N.   188
Stapf, K. H.   71, 221
Stecher, M. D.   122
Stehle, W.   57, 58
Steinitzer, M.   16
Stern, M.   165
Sterzel, D.   100
Stewart, M. A.   216
Stiefel, R. T.   250
Stogdill, R. M.   165
Stone, E. F.   187
Stone, R. J.   43
Störing, H. J.   9, 12
Storms, M. D.   224
Strasser, W.   190
Straus, E.   224
Streufert, S. C.   21
Strickland, W.   56
Stringfield, P.   132
Stumpf, H.   61, 183, 184, 185
Sundberg, N. D.   46
Super, D. E.   143
Swann, W. B.   200, 204, 205, 206
Swenson, W. M.   46
Swerdlik, M. E.   11
Swinburne, P.   188
Switzer, F. S.   92
Szymaniak, P.   43
Tacke, G.   216, 218
Tagiuri, R.   217
Tannenbaum, S. I.   245
Tatsuoka, M. M.   109
Taylor, H. C.   97
Taylor, S.   43
Taylor, S. E.   198

Tedeschi, J. T.   209
Tesser, A.   206
Tetlock, P. E.   208, 219, 223
Tett, R. P.   30, 85, 86, 87, 88, 90, 122
Thompson, M. P.   133
Thoresen, C. J.   123
Thorndike, E. L.   217
Thornton, G. C.   60
Timm, U.   106
Timmermann, B.   186
Titus, H. E.   113
Toole, D. L.   113
Toquam, J. L.   94
Tornow, W. W.   234
Touliatos, J.   152
Tracey, J. B.   245
Tracy, R. L.   59
Tran, L. N.   180
Trost, G.   100
Tsoi, M. M.   46
Tupes, E. C.   117
Turck, D.   96
Tyler, B.   44
Udell, G. G.   165
Ullwer, U.   156
Vaassen, B.   234
Vagt, G.   215
Valone, K.   216
Van Heck, G. L.   22
Van Minden, J.   70
Van Velsor, E.   237
Vancouver, J. B.   206
Vernon, P. E.   23
Vinchur, A. J.   92, 93
Viswesvaran, C.   63
Vreeland, R. S.   217
Wagner, H.   165, 190
Wagner-Roos, L.   43
Wakenhut, R.   32, 41
Wallbott, H. G.   216
Wallis, R. R.   46
Wanek, J. E.   262
Waters, M. L.   133
Watson, D.   230
Wayne, S. J.   115
Weary, G.   201, 223, 224
Weigold, M. F.   211
Weinberger, J. L.   35, 36
Weinert, A. B.   21, 43, 60, 61, 117, 141, 142, 143, 144, 146, 147, 149, 153, 165, 166
Weinstein, H. P.   122

Weise, G.   106
Weiss, D. S.   229
Weiss, H. M.   27, 30, 31, 32
Werther, W. B.   124
Westhoff, K.   70
Weuster, A.   54
Wexley, K. N.   238
Whitten, M. R.   60
Wicklund, R. A.   202
Wieck, T.   61, 183
Wierschke, A.   131
Wiesner, W. H.   53
Wiggins, J. S.   117
Willson, E.   188, 189
Winter, D. G.   162
Wisegarver, R.   216
Witte, E. H.   199, 215
Wood, R.   21
Woods, D. M.   61
Woodworth, R. S.   19

Woolsey, L. K.   150
Worthington, D. L.   61
Wottawa, H.   7, 12, 17, 24, 29, 31, 33, 37, 40, 41, 49
Wright, P. M.   14, 15, 16, 53
Wurf, E.   199, 206
Wuth, A. W.   78
Wyer, R. S.   198
Yammarino, F. J.   237, 238, 239
Yinon, Y.   238
Young, D.   253, 309
Young, D. P.   237
Zaccaro, S. J.   165
Zalinski, J. S.   61
Zawacki, R. A.   240
Zerbe, W. J.   61
Zheng, L.   46
Zimmerer, T. H.   43
Zimmermann, W. S.   20
Zuckerman, M.   4, 103, 105, 106, 149

Sachregister

16 PF   20, 48, 63, 76f., 103ff., 109, 111ff., 123, 136, 140, 151f., 156, 188, 192
„Carry-over"-Effekte   199
„Halo"-Effekt   217, 241
„Rauher" Individualismus   92f.
Self-serving-attribution (s. a. Attributionstheorie)   201
16-Persönlichkeits-Faktoren-Test   20, 103, 150
360-Grad-Feedback   161, 190, 234f., 236, 240, 244, 246ff., 255ff., 260
   Funktionen und Ziele des   236

A

Absatzzahlen   80
Absentismus   80, 115, 123
Abstraktionsniveau   30, 105, 116, 118, 123
Adaption(en)   22, 64
Adjective Check List (ACL)   213
Adjective Generation Technique (AGT)   213
Adjektivskalen   120, 213, 228
Aggression   74, 137, 185f.
Aggressivität   168, 182, 185, 317, 320
Ähnlichkeitshypothese   203
Ähnlichkeits-Sympathie-Hypothese   219
Akquieszenz   64
Allgemeine Interessiertheit   186, 317, 320
Allgemeinwissen (s. a. Wissen)   176
Alltagskonzepte   134, 143ff., 187
Alternative Orientierung (s. a. Berufsorientierung)   122
Altersgruppen   131, 159, 183

Anamnesegespräche   19
Anforderungen   1, 2, 12, 29, 36, 37, 41, 49, 50, 57f., 61, 66, 85ff., 92, 136, 162, 165ff., 176, 181, 212, 240, 241, 244, 246, 254, 260, 304, 306, 309, 312, 321, 329, 331, 333
   Bewältigung der   29
   im Managementbereich   30
Anforderung(s)
– dimensionen   260, 306, 309
– niveau   7
– profilbereich   13
Ängstlichkeit   61, 110, 138
Anlehnungsbedürfnis   317, 320
Anpassung   12, 125, 129, 148, 171, 175, 219, 227, 236
   soziale   109, 110, 147
Anreizwert   39
Anschlußmotivation   39
Anspruchsniveau   218, 227
Antitest Revolt   22
Anthropometrisches Labor   18
Antlitzdiagnostik   9
Antriebsspannung   138
Antwort
– blatt   121
– strategien   62
Äquivalenz, inhaltliche   119
Äquivalenzprüfungen   186
Arbeitgeber(s)   46ff., 57, 66, 74, 76, 83f.
   Aufklärungspflicht des   47
– wechsel   84

Arbeit(s) 4, 23, 46, 50,, 65, 70, 72, 123, 125, 133, 137, 148, 160, 178, 181, 185, 190, 194, 198, 243, 251 f., 261 f.
– gruppen 124, 168, 248, 250
– lose 114
– orientierung 148
– platzanalyse 57
– unfälle 89
– verhalten 111, 258, 161
– verhältnis 46, 180, 186
– zeugnisse 53 f.
– zufriedenheit, Einschätzung der eigenen 171, 172
Arbeitskreis Assessment Center 46
Assessment Center 2, 3, 4, 10, 15, 38, 44 f., 54, 57, 58, 59, 66, 74, 95, 172, 190, 212
Rollenübungen im 53
Technik, Standards der 46
Astrologie 8, 9, 11 f., 18, 73 f.
Asymmetrische Selbstenthüllung 56
AT & T 38
Attraktivität von Personen (s. a. Äußere Erscheinung) 215
Attribute 127, 143, 194, 204, 214 f., 225, 227, 231 ff.
Attribution(s) 222, 224
– fehler 222 f., 226
– stil 204
– theorie(n) 201, 221
Auffälligkeiten, psychische 141, 176
Aufgaben 7, 27, 86, 102, 131, 168, 179, 181, 184 f., 187, 194, 221, 239
– orientierung 122
– orientierung vs. Menschenorientierung 191
– schwierigkeit 32
Ausbildung(s) 12, 33, 53, 122, 133, 136, 212, 221, 238
diagnostische 49
– leistung 33, 114
– platz/plätze 72
– platzbewerber 72
Ausdauer 148, 185 f.
Ausdrucksverhalten 207
Auslandserfahrung 53
Außen
– dienstmitarbeiter (s.a. Verkäufer) 64
– orientierung 125, 186
– wirkung, objektiver Abschätzung der 206
Äußere Erscheinung 215
Australien 2, 46

Auswahl
von Führungskräften 21, 44
– instrument 50, 57, 96 f., 179
– situationen 2, 26, 60 ff., 70, 124, 207
– verfahren 2, 10, 38, 56, 75, 77 f., 94 f., 97 f., 101, 153, 190
– verfahren, Bewertung von 56 f.
– verfahren, für Führungskräfte im europäischen Vergleich 45
Auswertung(s) 24, 47, 51 f., 59, 74, 81, 112, 121, 131 f., 137, 139 f., 149, 172, 183, 189, 192, 194 ff., 233, 240, 246, 259
– beispiele 52
– schritte 52
Autonomie 33, 39, 100, 148, 211

B

Bambeck-Profile 187
Bankangestellte 139
Beanspruchung 182
Bearbeitungsdauer 121, 139
Bedeutungsänderungshypothese 219
Bedürfnis(se) 21, 120, 148, 177, 183 f., 187, 204, 217, 221, 224
nach Beachtung 185, 187 f., 191
primäre 184
sekundäre 184
Begabungen 17
Begeisterungsfähigkeit 109 f.
Beispielitems 19, 188, 191
Belastbarkeit 110, 161, 164, 167, 170 f.
geringe 109
hohe 109
Benelux 44 f.
Beobachter(s), Wertesystem des 218, 227
Beobachtung(s) 24, 27, 54 f., 67 f., 114, 126, 218, 221, 232 f.
Unabhängigkeit und Repräsentativität der 30
von Sprache und Verhalten 14
– instrument 2
– richtlinien 14
Beratung(s) 20, 67, 114, 124 f., 183
berufliche 123, 186
– gespräch 68, 135
Karriere- 133
Bernreuters Persönlichkeitsinventar 19
Berufliche Orientierung 161
Beruflicher Erfolg, Einschätzung des eigenen 171 f.

Sachregister

Beruf(s) 12, 92, 115, 131, 136, 139, 180, 194
- anfänger 95
- beratung 154, 159, 183
- eignungsdiagnostik 17, 29, 31 f., 35, 39, 41, 43, 81, 142
- erfahrung 34
- erfolg, von Versicherungsvertretern 20
- gruppen 13, 83 ff., 88 ff., 102, 145
- interessenstests 19
- konzept 199
- leben 2, 32, 38, 40, 58, 71 f., 76, 161, 254
- ordnung für Psychologen 69
- orientierungen 122

Berufsverband Deutscher Psychologen (BDP) 49, 69, 74, 102
Besonnenheit 109 f.
Besorgtheit 109 f.
Bestimmtheitsmaß (s. a. R^2) 170
Betriebszugehörigkeit 33, 98
Beurteiler 30, 60, 83, 126, 214
Beurteilung(s), 2, 10, 48, 51, 56, 70, 74, 89, 101
analytische 126, 135
von Vorgesetzten 33
gefühlsmäßige 132, 135
- fehler 217, 227

Bewerber
abgelehnte 57
berufserfahrene 71, 95
Vorbehalte der 3

Bewerbung 56 f., 62, 174
Big-Five (s. a. Fünf-Faktoren-Modell) 90, 118, 163, 164
- Faktoren 39, 162 f., 228
- Modell 30, 37 f., 85 f., 88, 93, 106, 118, 122 f., 127

Bildungsniveau 154
Blackford Plan of Charakter Analysis 21
Bochumer Inventar zur berufsbezogenen Persönlichkeitsbeschreibung (BIP) 3, 54 f., 58, 160, 213, 225, 258, 261
Bochumer Matrizentest (BOMAT) 96
Branche 41, 258
Breitbandverfahren 116
Brengelmann-E-N-NR-Fragebogen 158
Bundesgerichtshof (BGH) 46
Bundeswehr 183
Bürokratie 41
Busfahrer 63

C

California Psychological Inventory (CPI) 19, 21 f., 105, 141, 213
California Q-Sets 213, 231 f.
Careless Responding 62
Carnegie Institute of Technology 20
Center of Psychological Type 124
Chancengleichheit 71
Charakter 9 f., 16, 24, 106, 134, 142, 209, 212
Choleriker 10, 12
Coaching 168, 243, 259
Computernetzwerk 259
Consistent patterns of change 37
Cronbach's alpha 51, 120 f., 131, 146, 169, 170, 192
Customer Services Questionnaire (CSQ) 189

D

Daten, Aggregation der 26
Datenerhebung 24, 79, 119
Deckeneffekte 186
Definition(s) 23, 138, 145, 167, 240, 250
- macht 66 f.
- recht 67

Denken 10, 13, 33, 148, 153, 185, 193, 195, 259
- abstraktes 109 f.
- konkretes 109 f.

Denkstil(e) 188, 192, 194 ff.
Depression 138, 177
Depressivität, manische 48
Designs
exploratorische 86
konfirmatorische 86

Determinismus 35
Deutschland 1 ff., 17, 22, 43 ff., 98, 101, 115, 124 f., 175, 181, 183 f., 189, 192 ff., 234
Diagnosevorgang(es), Systematisierung und Standardisierung des 17
Diagnostik 5, 16 ff., 73 f., 99 f., 169, 262
angewandte 116
ärztliche 66
Diagnostiker
Informationspflichten des 66
Wertschätzung des 67
Diagnostische
Information, drei Quellen der 53
Situation, Anregungen zur Gestaltung 4
Situation, Hinweise zur Gestaltung der 52
Apparaturen 4

Diagnostisches Gesamtkonzept 54
Diktatur, nationalsozialistische (s.a. Drittes Reich) 18
Dimensionen 2, 13, 15f., 24, 33, 36f., 39, 51, 56, 58, 65, 75, 83, 88, 90ff., 94, 106, 108, 113
 intellektuelle 16
 affektive 16
Discovery of Natural Latent Abilities (DNLA) 187, 189, 190
DISG-Persönlichkeitsprofil 187, 190ff.
Diskrepanzen, zwischen Selbst und Fremdbild 3
Dominanz 10, 24, 74, 141, 145, 147, 150f., 167, 186, 192
 – streben 110, 185
Drittes Reich (s.a. Diktatur, nationalsozialistische) 101
Durchführungszeit 112
Durchsetzungsvermögen 74, 139, 161
Dynamischer Interaktionismus 32, 34, 41

E
Education Testing Service 125
EDV-Programme 52
Ehrgeiz 10, 15, 39, 147, 181
Eigenschaft(s) 23ff., 29, 86f., 127, 194, 217, 219, 225, 227, 230, 232
 – forschung 24
 – forschung, faktorenanalytische 116
 – klassifikationen 16
 – konzept 23ff.
 – listen 17
 – theoretiker 28
Eigenständigkeit 109f.
Eignung(s) 10, 88, 101, 143
 Beurteilung der 10
 – diagnostik 2, 17, 37, 48, 57
 – entscheidung 2, 21
 – feststellung 10, 56, 66f., 114
 – prädiktoren 29, 41
 – untersuchung 3, 22, 29, 43, 46, 48, 50, 56, 74, 76, 102, 153
 – untersuchungen, testgestützte 49, 67
 – urteil 48, 151
Eindrucks-
 – bildung 214ff., 219
 – stärke 92f.
Ein-Item-Messung 26

Einstellungen 55f., 59, 115, 119, 125ff., 129, 144, 147f., 199f., 202, 207, 211, 214, 218, 256
 zu unehrlichem Verhalten 261
Einstellung(s)
 – gespräch 4, 53
 – interview (s.a. Interview) 95, 143, 190, 246
Einwilligung 47f., 69
Einwilligungserklärung 47
Einzel-
 – test 159
 – beobachtung 10, 224
Emotionale Stabilität 63, 83ff., 88, 90f.
Emotionalität 181f.
Engagement 66, 82, 168, 170f., 181, 233, 262
 gesellschaftliches 171
Entgelt 33
 berufliches 171f.
Entscheidung(s) 36, 50, 55, 66, 70, 80, 98, 101f., 106, 118, 126, 128, 135, 163, 166f., 188, 261
 – findung 54, 69, 73, 248f., 258
 – findungsprozeß 39
 – situation 29, 39, 51, 54, 141
Entschlußbereitschaft
 geringe 109
 hohe 109
Entwicklung(s)- 2, 7f., 16f., 20, 33, 53, 57f., 105f., 118f., 123, 125, 129, 130ff., 136, 145, 156, 165, 175f., 181, 184, 190, 192, 196, 209, 241f., 244
 – möglichkeiten 40, 101, 130
 – plan 245
 – pläne, Überprüfung der 245
Erbanlagen 8
Erfolgspotential 147
Ergebnisprofil 59, 68, 115, 169, 193
Ergebnisse, Quantifizierung der 17
Erregbarkeit 138, 182f.
Erster Eindruck 214, 217
Ethik 99
Europäische Gemeinschaft (EG) 88
Evidenzgefühl, subjektives 4
Exploration 3, 54f.
Extraversion 30, 33, 35, 38, 83ff., 87, 90ff., 117, 120f., 123, 125ff., 132, 137, 154ff., 163, 181, 183, 199, 228ff., 232
Extremwert(e) 16, 243
Extroversions/Introversions-Faktor 191

Eysenck-Persönlichkeits-Inventar (EPI)   153

F
Facharbeiter   74, 83f., 89f.
Fähigkeit(en)   34, 66, 94, 127, 135, 147f., 163, 167f., 177, 190, 203f., 209, 227, 237ff., 244, 249f.
  mit Kritik umzugehen   189
  affektive   17
  intellektuelle   5, 10, 17, 20
  wahrnehmende   163, 239
  reflektierende   17
Fake Bad   62
Fake Good   62
Faktoren-
  – struktur   106, 118f., 122
  Abstraktionsniveau der   116, 123
  – extraktion   105, 117
  – rotation   105, 117
  – analyse   20, 24, 26, 104f., 107, 118f., 129, 137, 151, 154, 181
Falschantwort   61
Familie   39
Family groups   248
Feedback   101, 205f., 239f.
  gegenseitiges   59
  – geber   205
  – gespräch   66ff., 197
  – kultur   243
  – nehmer   205, 240
  – regeln   68
  – verarbeitung   201, 205
Fehler erster Art   247
Fehl-
  – interpretationen   112
  – zeiten   89
Feindseligkeit   39, 239
Finanzdienstleistungsunternehmen   134
Fitness   62
Flexibilität   34, 108ff., 137f., 148, 161, 163, 167, 170f.
Flugbegleiter (s.a. Stewardessen)   122
Fluglotsen   151
Forschung   10, 21, 24f., 31, 59, 142, 145, 150, 152ff., 159f., 183f., 187, 262
Forschungsstrategien   24
Fort- und Weiterbildung   53
Fragebogen
  biographischer   31, 45, 93, 95
  – forschung   24

Fragestellungen
  klinische   20f., 77
  wirtschaftsbezogene   2, 38, 175
Frankfurter Selbstkonzeptskalen (FSKN)   213
Frankreich   21, 44, 45
Freiburger Persönlichkeitsinventar (FPI)   62f., 180f.
Freizeit   39, 101, 150, 181, 194
  – orientierung (s.a. Berufsorientierung)   122
Fremdbeschreibungsbogen   54, 161, 225, 227
Fremdbild   3, 7, 53ff., 116, 145, 198, 203, 205, 208, 211, 214, 221f., 225ff., 232, 234, 237, 243, 255, 258
Fremdbildinformationen, dissonante   67
Fremd-
  – einschätzung   121, 168, 199, 228ff., 236ff., 245, 260
  – wahrnehmung   168, 199f., 238, 243
Freundlichkeit   24f., 167, 215
Führung(s)
  der eigenen Personen   257
  – kräfte   21, 33f., 38, 44ff., 53, 66, 94, 113f., 131ff., 150, 152, 166, 168f., 178f., 186, 190, 195, 212, 224, 234, 240f., 243, 246f., 258, 260
  – motivation   161f., 167ff., 257
  – nachwuchskräfte   32, 260
  – positionen   1, 48
  – potential   141, 146, 150f.
  – stil   57
  – stilforschung   191
  – talent   141
  – verantwortung, erfolgreiche Übernahme von   257
Fundierung, wissenschaftliche   17, 50, 140
Fünf-Faktoren-
  – Modell (s.a. Big Five)   33, 63, 83, 87f., 91f., 117f., 121, 123, 160
  – Lösung, Replizierbarkeit der (s.a. Big Five)   117
Funktionen, mentale   16
Fürsorgepflicht   46

G
Gedächtnis   10, 13, 205, 220, 224f.
  – leistung   13, 14
Gedächtnis
  – psychologie   225
Gehalt   82ff.
Gehemmtheit   138, 182f.

Gemütsneigungen 15
General mental ability (GMA), (s. a. kognitive Leistungsfähigkeit) 95
Generalisierung (siehe auch Metaanalyse) 79
Generationseffekte 38
Gesamtnutzen 13
Geschlechtsrollen 115
Geselligkeit 147, 151, 185f., 215
Gesellschaft für Management und Personalentwicklung (GMP) 187, 189
Gesichtszüge 10, 16
Gespanntheit, innere 109f.
Gesprächsführung 258
Gestaltpsychologie 219, 224
Gestaltungs-
– motivation 161f., 168, 170
– spielraum 1, 32f.
Gesten 14
Gestik 14f., 215f.
Gesundheitssorgen 182f.
Gewissenhaftigkeit 23, 27, 33, 38, 63, 69, 83ff., 87f., 90ff., 95f., 117, 120ff., 161f., 165, 170, 222, 228f.
Graphologie 21
Graphologische(s) Gutachten 21, 45
Großbritannien 44f.
Grundgesetz 46
Grundhaltung, unternehmerische 134
Grundlagenforschung, 50, 159
– persönlichkeitspsychologische 2, 25
Grundquote 97
Grundsätze für die Anwendung psychologischer Eignungsuntersuchungen in Wirtschaft und Verwaltung (s. a. Sektion Arbeits-, Betriebs- und Organisationspsychologie im Berufsverband Deutscher Psychologen) 102
Gruppen-
– test 159
– auswahlverfahren 15
– mitglieder 124
– verbundenheit 109f.
Guilford and Zimmermann's Temperament Survey 20
Gutachten 21, 45, 67, 69f., 136, 138, 190, 197
– erstellung 4, 49, 69f., 108
– erstellung, Mindeststandards bei der 67
Gutachterliche Stellungnahme 48, 67
Gütekriterien 112, 120, 131, 139, 149, 157, 169, 187, 190, 241, 246
    statistische 179

Guter Beurteiler 227
Guter Eindruck 147

H
Haltung, skeptische 109f.
Handanweisung (s. a. Manual) 121, 157f., 169
Händigkeit 126, 194
Handlungs-
– alternativen 34, 36, 100f.
– orientierung 161, 163, 170f.
Harmoniebedürfnis 120
Haupt-
– achsenanalyse (s.a. Faktorenanalyse) 107
– komponentenanalyse 61, 119
Hemisphärenspezialisierung 192
Hepatoskopie 5
Herrmann Dominanz Modell 192f.
Herrmann Institut Deutschland 192f., 195
Heuristik 128
Hexenhammer 11, 13
Hierarchiestufe 66
Hierarchischer Aufstieg 34
High-Potentials 96
Hilfsbereitschaft 185f., 215
Hirn-
– bereich(e) 16
Dominanz-Instrument bzw. Herrmann-Dominanz-Instrument (H.D.I.) 192
– forschung 192
– regionen 16, 192
Hochschul-
– absolventen 67, 166, 169f.
– zugangszeugnis 171
– zulassungstest für medizinische Studiengänge (TMS) 70
Hogrefe-Testsystem 159
Honesty-testing (s.a. Integritätstests) 115
Honeymoon Effect in Job Performance 34
Hong-Kong 46
Humorologie 10, 18
Hypochondrie 58, 177
Hypomanie 177
Hypothese(n) 35, 60, 78, 80f., 85, 88, 91, 118, 123, 133f., 143f., 160, 201, 219f.
Hysterie 176f.

I
Ich-Schwäche 138, 141
Idealbild 202, 207

IHK-Abschlußprüfungen 33
Impression-Management 207 ff., 225 f.
Impression-Management
   Fähigkeit, Einflußfaktoren der 210 f.
   – Strategien 209, 211
   – Taktiken 209 f.
   – Theorie 208
Impulsivität 185
Indikator(en), 12, 27, 36 f., 39, 49, 148, 215
   diagnostische 15, 68
   quantitative Erhebung der 15
Individual-
   – diagnostik 8
   – sphäre (s. a. Allgemeines
     Persönlichkeitsrecht) 47
Individuum 8, 11 f., 203, 211, 237 f., 257
Informations-
   – aufnahme 126, 132
   – austausch 57
   – erhebung 54, 59, 66, 212
   – grundlage, diagnostische 3
   – quellen 2, 4, 50, 54, 133, 175, 198
   – verarbeitung 198, 201
Infraction Information 113
Infrequenz-Skala 186
Ingenieure 113, 134, 150
Initiationsriten 5
Inkrementeller Beitrag 88, 186
Innenorientierung 125
Insertion 1
Institut für Test- und Begabungsforschung
   (ITB) 70
Institute for Personality and Ability Testing
   (IPAT) 106
Institution, testende 3, 47, 142
Instruktion, Standard- 59
Instruktionen, an die Teilnehmer 51, 62
Instrument(es)
   Begrenzungen eines 4
   Auswahl der 49, 102
   Leistungspotential der 3
Integrativer Selbstschemaansatz (ISSA) 200
Integrität (s. a. Integritätstests) 95 f., 147, 260
Intellectance 92
Intellektualität 17
Intelligenz 17, 86, 140, 151, 158, 204, 215 f., 227, 244
   allgemeine 122 f.
   Einsatz von 148, 151

Intelligenz
   – quotient 75
   – test 45, 73, 82, 96
Interaktion(s) 31, 40, 143, 203, 206, 214 f., 221
   von Person und Situation 31, 40
   selektive 204
   soziale 198 f., 203, 206 ff.
   – strategien 205
Interaktionismus 22, 31 f., 34, 40, 184
   – symbolischer 208
Interessen(s) 20, 36, 72, 78, 93, 120, 128, 130, 148, 181, 184, 251, 256 f.
   – tests 19 f., 93
Interkorrelation 19, 106, 131, 166, 175
Interkorrelationsmatrix 24
Interne Konsistenz (s. a. Cronbach's alpha) 112, 119, 200
Interpretation(s) 11, 24, 26, 35, 37, 44, 46 ff., 51 f., 54, 59, 65, 70, 75 f., 80, 82, 106, 113, 115, 120, 124 f., 134 f., 138 f., 141, 146, 149, 157 f., 167, 169, 178, 187 f., 196, 205, 212, 225, 241, 243, 256
   – hinweise 106, 111, 115, 130, 138, 146, 158, 166, 168 f., 178
   – prozeß 111
   – beispiele 52
   – hilfen 52, 111, 115, 158, 181, 186, 255
Interrater-Reliabilität 215, 229
Intervention(s) 134, 158, 197, 234
   psychologische 101
   – maßnahmen 35, 197
Interview(s) 2 f., 43, 45, 50, 53 f., 57 ff., 64, 67, 98 f., 122, 250, 299
   strukturierte(s) 45, 53
   freie 53
Intimsphäre (s. a. Allgemeines Persönlichkeitsrecht) 47, 52, 72, 77, 153, 187
Intranet 197, 256, 259
Intransparenz des Urteils 56
Introversion-Extraversion 19
Intuition 76, 148
Inventare, multidimensionale 19
Item(s)
   – beantwortung 142, 168
   – format 188 f.
   – formulierungen 64
   – generierung 136
   – pool 137, 141, 146
   – quelle 19, 145
   interkorrelierende 24
   dichotome 137

Item(s)
　forced-choice- 60
　ipsative 189
　subtile 61
　transparente 61
　texte 64

J
Japan 124
Journal of Applied Psychology 81, 83
Juristen 49, 101

K
Kandidaten
　Gesamtbild über den 54
　Skepsis der 3
Karriere- 62
　– beratung 124, 133, 161, 190, 197
　– indikatoren 33
　– orientierung (s. a. Berufsorientierung) 122
　– weg 38, 39
Kategorien, taxonomische 8
Kennzahlen 37, 188
Kleinunternehmer 132
Koeffizienten, 24, 26 ff., 51, 79 f., 84 f., 87, 97, 113, 121 f., 169
　korrigierte 81
　unkorrigierte 80
Kognition 198, 203, 211, 238, 244
Kognitive(r)
　Verarbeitungsstile 32
　Verzerrungen 223
　Änderungswiderstand 200
Kollegenbeurteilungen 237
Kombination, von Tests mit situativen Übungen 3, 247
Kommunikationskultur 247
Kompetenz(en), soziale 1, 116, 161, 254
Kompetenzstreben 92 f.
Konfidenzintervalle 111
Konflikte 124 f., 128, 139, 164, 250, 253, 255, 258
Konsistenz 25 ff., 31, 34, 55, 108, 112, 119 f., 169, 200, 221, 231
　absolute 25
　hohe 26, 119
　relative 26
　situationsübergreifende 24 f.
　von Verhalten 25 ff.

Konsistenz
　– debatte 25
　– koeffizienten 26 f., 29
　– theorie 200
Konstrukt(e) 19, 24, 27, 30, 32, 34, 49, 58, 60 ff., 69 f., 80, 85, 90, 108, 121, 123, 127 f., 136, 143 ff., 154, 162 ff., 172, 181, 184, 187, 211, 216, 227
　der Motivations- und Emotionspsychologie 14
　hypothetisches 23, 81
　berufsbezogene 96
　der Psychopathologie 20
　Kombination von übergreifenden und spezifischen 30, 164
　– validität 90, 120, 122, 131, 133 f., 142, 165, 175
Kontakt 9, 57, 65, 137, 163, 187, 190, 218, 238, 250
　– bereitschaft 138
　geringe 109
　hohe 109
　– fähigkeit 161, 163, 167, 171
　– freudigkeit 110, 189
　– orientierung 109 f., 116
Kontrasteffekte 220
Kontrollskala 138 f.
Kontrollüberzeugung 86 f., 92
Konventionalität 110
Konzentration 140
Konzentrationstests 73
Körperliche Beschwerden 182 f.
Körper-
　– merkmale 16
　– sprache 205
Korrekturformeln 79, 114
Korrelation(s) 26 f., 33, 36 f., 51, 79 f., 86, 89, 107, 113, 118 f., 121 f., 131, 138 ff., 150 f., 158 f., 162, 166, 171, 179 f., 186, 188, 217, 221, 229 f., 232, 237, 241
　bivariate 150, 152
　multiple 94 f., 151 f., 170
　– koeffizient 26
　– koeffizienten, multiple 114 f., 151
Kosten 97 ff., 246 f., 297
　Auswahl- 99
　Durchführungs- 95, 98
　Test- 72
Kosten-Nutzen-Relation in sozialen Beziehungen 209
Kovarianz 31

Kovariation 23f., 222
Kreativität 192, 194, 204, 258
Kreuzvalidierungen 179
Kriterien 10, 30, 50, 80, 83ff., 91, 96, 113, 118, 121, 129, 139, 145, 171, 176, 179, 181, 203, 246, 262
Kriterien, Korrektur der 80
Kriterium(s)
　Kontamination des 79
　– gruppen 89
　– reliabilität 79, 92
　– varianz 31, 33, 92
　– varianz, Eingeschränktheit der 79
Kritisches Lebensereignis 39
Kuder-Richardson 140
Kundenorientierung 189, 261
Kündigung 115, 186

L

Längsschnittstudie 35ff., 180, 211
Laufbahn 1, 206
　– planung (s.a. Karriereplanung) 187
Lebenslauf 50, 53,
Lebenszufriedenheit 182
Lehrer 71, 115f., 130, 133, 145, 157
Leistung(s) 14, 20, 27, 30, 34, 68, 111, 148, 162, 167, 170, 179, 185, 204, 237ff.
　durch Anpassung 148
　durch Unabhängigkeit 148
　berufliche 2, 30, 34
　– beurteilungen 83, 88, 91ff., 113, 122, 152, 179, 186, 212
　– drang 189
　– fähigkeit, intellektuelle 12, 33, 257
　– fähigkeit, kognitive 86, 92f., 95f., 151, 171
　– grenzen 39
　– indikatoren 30
　– motivation 32, 39, 137, 161f., 167, 170, 181, 183f., 257
　– orientierung 181ff.
　– streben 185
　– test(s) 45, 70f., 73, 82, 88f., 95f., 122, 139f., 171, 186
　– unterschiede 18, 33, 204
Leistungs-Risiko-Wahlmodell 32
Lernen, selbstgesteuertes 198
Lern-
　– erfolg 94, 96
　– potential 37
Like-Indifferent-Dislike-Skala 20

Lügen 63
　– items 137
　– skala 154, 157ff.
　– tendenzen 61
Lüscher-Farbtest 73

M

Macht, Reifestadien der 37
Machtmotivation 37, 162, 164
Management-
　– diagnostik 33, 118
　– Potential 148
　– Progress-Study 38
　– Situation 41
Manager, 33, 40f., 83f., 89f., 150, 186, 190, 211, 237, 244
　chinesische 132
　– Disputation 262
Mandarin 7
Mangelverwaltung 72
Maskulinität-Femininität 177
Master of Business Administration (MBA) 133
Maudsley Medical Questionnaire (MMQ) 153
Maudsley Personality Inventory (MPI) 153
Median-Korrelation 37f.
Mehrdimensionale Persönlichkeitstest für Erwachsene (MPT-E) 135
Mehrdimensionales Selbstratingverfahren 213
Melancholiker 10, 12
Menschenwürde (GG. Art. 1) 46, 100
Merkfähigkeit 140
Merkmale, physische 9f.
Messungen, aggregierte 28
Meßungenauigkeiten 37
Meßwert 5, 159, 176
Metaanalysen 4, 81f., 88, 92, 96, 122
Methoden-
　– kompetenz 257f.
　– mix 44
Militärpersonal 62, 94
Mimik und Gestik 216
Minimum useful level of validity 79
Minnesota Multiphasic Personality Inventory (MMPI) 19f., 145, 175
Minoritäten 113
Missionare 114
Mitarbeiter 2, 33, 45f., 74, 98f., 113ff., 145, 150ff., 179, 197, 206, 211f., 217, 221f., 234ff., 238f., 241ff., 247, 249f., 253, 256f., 259f.

Mitarbeiter
    im Strafvollzug   113, 180
    potentielle   3
    potentiale   33, 40, 262
Mitgefühl   147
Mittelwerte   26, 35, 120, 131, 241, 246
Mittelwertsvergleiche   35
Modell, kausales   24
Modell, probabilistisches   24
Moderatoreffekte   186
Moderatorvariablen   61
Motiv(e)   17, 122, 148, 165ff., 200, 225
Motivation   17, 56, 165f., 168, 188f., 202ff., 209, 227
Motivationale
    Einflüsse   59
    Verzerrungen   224
Motivationspsychologie   127, 161, 183
Motivstruktur   188
Multi-Source-Feedback (s.a. 360-Grad-Feedback)   234, 239
Myers-Briggs Typenindikator (MBTI)   124f., 309

N
Nachwuchs-
    – kräfte   260
    – programme   260
Narzißmus   19
Neo-Fünf-Faktoren-Inventar (NEO-FFI)   116
NEO-Personality Inventory (NEO-PI)   118
Networking   163
Neurotizismus   30, 38, 48, 87, 117, 120f., 154f., 157f., 164, 228f., 232
Neuseeland   45
Norm(en)-
    – gruppe   51
    – tabellen, altersspezifische   112
    – gebundenheit, geringe   109
    – gebundenheit, hohe   109
    – stichprobe   39, 131, 139, 141, 152, 157, 159, 175, 186
    – tabellen   112, 169
Nutzen
    des Einsatzes von Testverfahren in Geldeinheiten   97
    eines üblichen Auswahlprozesses   98
    – meßkonzepte   97
    – zuwachs   99
    – schätzung   97

O
Objektivität (s.a. Testgütekriterien)   70, 101, 199, 241, 246
Occupational Personality Questionnaire (OPQ)   88, 187f., 243, 257
Offenheit   110, 129, 163, 167, 182, 210, 230, 257
    für (neue) Erfahrung(en)   38, 83ff., 87, 90ff., 117, 119ff., 163, 228f.
Offiziere   134, 180
Ohranalyse   17
Operationalisierungen   80, 86, 116
Optimismus   16, 163
Ordnungsstreben   185
Organisation(s)   54, 77, 143, 153, 185, 200f., 211, 238, 250, 255f., 260
    Sozialgefüge der   57
    – beratung   124
    – entwicklung   132
    – klima   57
Organisationsmitglieder   57

P
Parallelformen   156, 186
Paranoia   177
Partizipation   57f.
PC-Simulation   256
Pearson-Korrelations-Koeffizient   26
Perfektionismus   163, 167
Person, Zugänge zur   3
Personal Data Sheet (PDS)   18, 19
Personal-
    – arbeit   3, 44, 52, 66, 77, 123f., 160, 165, 175, 183f., 187, 234, 261f.
    – auswahl   21, 31, 44, 46, 49, 63, 72, 76, 78, 82, 97, 99, 101, 175f., 180, 192, 196, 239, 246, 257, 299
    – beratung(en)   17, 45, 70
    – bereich   3, 46, 114, 247, 262
    – entscheider(s), subjektives Evidenzgefühl des   4
    – entscheidungen   25, 29, 45, 75, 101
    – leiter   1, 44, 150
    – management   1, 4, 76, 165, 196, 247, 256, 260
    – marketing   54, 56, 59, 66, 77, 153
    – plazierung   132
    – selektion   21, 72
Personality Research Form (PRF)   22, 183, 187

Personen
  gut einschätzbare 233
  – gedächtnis 225
Person-job-fit-Konzept(es) 13, 41
Persönlichkeit(s),
  Anwendung der Astrologie zur Charakterisierung der 8
  Cuboid-Modell der 149
  Determination der 8 f.
  Schichtenmodell der 47
  – beschreibungen 142, 232
  – beurteilung 9
  – diagnostik, Entwicklung der 7
  – diagnostik, historische Vorläufer der empirischen 7, 11
  – diagnostik, individuelle 8
  – diagnostik, standardisierte 17
  – diagnostik, theoretische Grundlage der testgestützten 4
  – diagnostik, wirtschaftsbezogene 7
  – dimensionen, berufsrelevante 165
  – dispositionen 25, 32 f.
  – eigenschaften 4, 9, 14, 17, 21 f., 25, 28 f., 31 f., 35 ff., 41, 65, 104, 181, 199, 215, 217, 219, 231 f.
    – Stabilität von 25, 35, 37
  – entfaltung (GG. Art. 2) 46
  – entwicklung 40, 125, 190, 192, 195, 239, 257, 259
    – Modelle der 40
  – forschung, faktorenanalytische(n) 24, 26
  – inventar, multifaktorielles 5
  – koeffizient 27
  – management (s.a. Selbstmanagement) 257
  – merkmale des Intimbereiches 47 f.
  – recht, allgemeines 46 ff.
  – struktur 36, 48, 74, 112, 122 f., 233
  – Strukturtest (PST) 187
  – test(s)
    Akzeptanz von 2, 56 f., 261
    Anwendung von 25, 43, 50, 77
    differentialpsychologische Grundlagen von 4, 22
    Einsatz von 4, 5, 22, 29 ff., 40, 44, 46, 56, 61, 93, 255
    Einsatzhäufigkeit von 22, 43, 45
    Entmystifizierung von 58
    ethisch vertretbarer und sozial akzeptabler Einsatz von 5

Persönlichkeitstest(s),
  Fehlerfaktoren bei der Bearbeitung von 59
  Fragenkatalog zur Beurteilung von 51 f.
  inkrementelle Validität von 93, 96
  Leitfaden für den Einsatz psychologischer 4
  mehrdimensionale 135
  psychometrische 102
  rechtliche Fragen zum Einsatz von 46
  relative Einsatzhäufigkeit in Bezug zu anderen Testverfahren 45
  standardisierte 2
  – theorie des Laien 217
  – unterschiede, Abbildung von 5
Personnel Psychology 81 f.
Personologie 183
Person- und Situationseinflüsse 31
Perzentil 39
Pflichtbewußtsein 108 ff.
Phlegmatiker 10, 12
Phrenologie 16 ff.
Physiognomik 9 ff.
Pilot 48
Piloten, weibliche 114
Pionierunternehmen 41
Plazierung(s)
  – entscheidung(en) 1, 2, 61, 135, 183
Polizisten 62, 83 f., 89 f., 113, 151, 179 f.
Population 51, 79 f., 105, 114, 122, 134, 146, 175, 180, 223
Positionen 48, 101, 148, 193, 196, 234, 258, 260, 262
Positives Erinnerungsmanagement 206
Potential(e)
  – diagnostik 36 f., 40
  – einschätzung 261
Prädiktion(s)
  – kraft 29 f., 34, 82
Prädiktor(en)
  Korrektur der 80
  – klassen 92
  – variable 31, 113
Präferenzen, individuelle 125
Pragmatismus 109 f., 163
Praktikum, außeruniversitäres 171
Primacy-Effekt 219
Primacy-Recency-Effekte 30
Primärdimension 108 f., 111
Privatsphäre (s. a. Allgemeines Persönlichkeitsrecht) 47, 58

Proband(en) 75f., 120, 143, 181
Problemstellungen, logische 14
Produktivitätskennziffern 80
Profil-
 – muster 146
 – verlauf 56, 146
Prognose, 21, 34, 37, 54, 57, 94, 96, 152, 183
 – kraft 33f., 57, 62, 93, 113, 172
Projekt-
 – management 195, 248, 254
 – marketing 248, 254
Prozedur, diagnostische 7, 11, 14
Prozenträngre 120
Prüfungssituation 55, 66, 71
Psychasthenie 176f.
Psychiatrie 17
Psychische
 Eigenschaften, exakte Quantifizierung von 5
 Konstitution 161, 171
Psycholexikalischer Ansatz 104, 117
Psychologen 18, 45, 49f., 59, 66, 69, 74, 76, 100ff., 165, 190f., 299
Psychological Abstracts 86
Psychologie
 allgemeine 31
 differentielle 128, 143, 161
 klinische 20
 Organisations- 49, 74, 102, 117
Psychologische(n) Diagnostik
 Frühform der 5
 Kulturelle Wurzeln der 5
 wissenschaftlich-empirische 5
Psychologisches Feingefühl 148
Psychopathie 177
Psychose 48
Pygmalion-Effekt 218

Q
Q-Sort 38, 213, 232
Qualifikationen
 fachliche 1
 persönliche 1
 soziale 1
 überfachliche 1
Qualitätsstandard(s) 21

R
R^2 170f.
R^2, adjustiertes (s. a. Bestimmtheitsmaß) 170ff.

Rating(s) 30, 80, 83, 104
 Kollegen- 62
 Vorgesetzten- 88, 94, 113, 122
 – skalen 15, 18, 53, 212f., 216, 241
Rationalität 148
Reaktion, emotionale 111
Reaktionszeitmeßgerät 5
Reanalyse 27, 117f.
Recency-Effekt 30, 220
Rechnerisches Denken 33
Recht, geschriebenes 46
Redundanzen 106
Referenzen 53f.
Regression(s)
 – gleichung, multiple 107, 114
 multiple 146
 – gewicht 149
 – modell 171
Reifungsvorgänge 35, 39
Reihenfolge-Effekt 219
Rekrut 7
Reliabilität(en) (s. a. Testgütekriterien) 51, 53, 106, 120f., 131, 140, 149, 157, 159f., 169f., 180, 192, 215, 241, 246
 Retest- 51, 108, 112, 120, 131, 157, 169f.
 Split-Half- 157
Residualvariablen 27
Response-Set (s. a. Antwortstrategien) 65
Ressort 41
Restriktionen, berufsethische 101
Rhetorik 258
Richterrecht 46
Rigidität 65, 137ff.
Risiko-
 – bereitschaft 110, 138
 – meidung 185
Robustheit 109ff., 115, 117
Rollen-
 – anforderungen 207
 – variabilität, über verschiedene soziale Situationen hinweg 233
Rückmeldegespräch, Gestaltung des 66
Rückmeldung(en) 67
 Akzeptanz von 239
 an den Kandidaten 66, 68, 108
 an die Testteilnehmer 52
 ausführliche und differenzierte 4
 durch den Kandidaten 68
 selbstdiskrepante 205
Ruhe, innere 109f.

S

Sachorientierung 109f., 116
Sadismus 19
Sanguiniker 10, 12
Schädel-
– form 16
– topographie 16, 177
Schizophrenie 48, 177
Schlosser 113, 139
Schulnoten 57
Schul- und Studienleistungen 171
Schutzpflicht 46
Schweiz 45
Screening-Instrument (s.a. Breitbandverfahren) 123, 160
Sektion Arbeits-, Betriebs- und Organisationspsychologie im Berufsverband Deutscher Psychologen 49, 74, 102
Sekundärfaktoren (s.a. Faktorenanalyse) 106ff.
Selbst-
– erkenntnis 124, 254
– sicherheit 109f., 138, 147, 189, 205
– einschätzung 96, 120, 138, 162, 164, 167, 170, 179, 192, 202, 205, 233ff., 237ff., 243f., 256f., 259f.
– anpassung 147
– aufmerksamkeit 201ff., 207, 210f., 226, 238
  öffentliche 202f., 211
  private 203, 211
  Theorie der 202
– behauptung 109f., 115, 137f.
– bejahung 151
– beschreibung 17, 24, 44, 53, 62, 135, 145, 154, 165, 171f., 212f., 233
– bewußtsein 27, 61, 147, 161, 164, 167, 170f., 239
– bild 3, 38, 44, 53ff., 67, 144, 168, 198ff., 203, 205, 207f., 214, 221, 224ff., 231, 234, 245, 254f.
  affektives 199
  eines Bewerbers 3
  kognitives 199, 226
  konatives 199, 226
– darstellung 63, 67, 137, 207, 209, 211f., 225f.
– erfahrung 142, 144, 187, 190, 251
– identität, Entwicklung einer gewünschten 209
– kontrolle 109f.

Selbst-
– konzept 143ff., 199f., 204ff., 208, 212f., 218, 226
– konzeptänderung 205f.
– konzepttheorien 143
– Management 195, 255, 257
– marketing 75
– präsentation, gegenüber der testenden Institution 142
– ratingmethode 213
– reflexionsprozeß 3
– selektion 32, 56, 260
– sicherheit 109, 110, 138, 147, 189, 205
– überschätzer 238f.
– und Fremdbild, Zusammenhänge zwischen 55, 198
– unterschätzer 239
– vertrauen 109f., 138, 167
– wahrnehmung(s) 199f., 207, 226, 234, 237ff.
  – realistische 206, 239
  – genauigkeit, Modell der 237f.
– werterhöhungstheorie 200
– wert-
  – gefühl, Erhöhung des eigenen 209
  – relevanz 200, 206
  – schutz, Theorie des 204
– wirksamkeitserwartung 210f.
Selektions-
– entscheidung(en) 4, 44f., 60, 82
– kriterium 18
– prozedur, standardisierte 7
– prozeß 7, 60
– quote 97, 99
Selektive(s)
– Abspeichern und Erinnern 205
– Aufmerksamkeit 205, 226
– Interpretation 204f.
Self-
– Assessment (s.a. Standortbestimmung) 197, 255ff.
– Concept Semantic Differential 213
– Esteem-Skalen 213
– Monitoring, Theorie des 207
– Monitoring-Scale 207
Semantisches Differential 213
Sensibilität 77, 109ff., 114, 138, 148, 262
Sensitivität 161, 163, 167, 170, 223, 227
Sequentielles Vorgehen 66
Seriosität eines Verfahrens 50

Sicherheitsinteresse 109 f.
Sich-selbst-erfüllende-Prophezeiungen 218
Signifikanztests 113
Situation(en)
  kognitive Repräsentation der 32
  sozial akzeptable 4, 57
  schwache 32, 41
  starke 32 f.
  ökologisch unvalide 31
Situational constraint 32 ff., 41
Situationisten 28, 30
Situation(s)-
  – analyse 33, 248
  – selektion 31 f., 41
Skala(en)
  – pole 111, 192
  Balancierung der 64
  – bezeichnungen 107 f.
  – rohwerte 108
  – wert 18, 61, 139, 157, 168, 181, 241
Soll-Korridore 135
Sortierverfahren (Q-Sort) 213
Soziabilität 92 f., 161, 163, 167
Sozialarbeiter 113
Soziale(s)
  Anerkennung 186
  Anpassung 109 f.
  Erwünschtheit 60 f., 63 f., 186
  Informationsverarbeitung 198
  Kompetenzen 1, 161, 254
  Orientierung 182
  Vergleichsprozesse, Theorie der 203
  Auftreten 147
Sozialisation 147, 198
Sozialpsychologie 31, 201, 221
Spanien 44 f.
Spearman-Brown 140
Spezialisten 83 f., 89, 168, 248
Spontaneität 109 f., 147
Stabilität(s), 19, 25, 35 ff., 63, 83 ff., 88, 90 ff., 105 f., 110, 117, 137 ff., 147, 161, 164 f., 167, 170 f., 180, 227 ff., 237
  relative 36
  koeffizienten 38
Standardabweichung
  der Mitarbeiterleistung in Geldeinheiten 98
Standortbestimmung, persönliche (s. a. Self-Assessment) 166, 197
Staninewerte (s. a. Normierung) 157, 159
Stärken- / Schwächenanalyse 190

Statischer Interaktionismus 31
Statistisches Bundesamt 108
Statussymbole 205
Stellenanzeigen (Insertion) 1, 43
Stenwerte (s. a. Normierung) 112
Stereotype 75, 218, 231
Stewardessen (s. a. Flugbegleiter) 113
Stichprobe(n), 2, 26, 35, 62 f., 94, 107, 112 f., 117, 119 f., 122, 129, 133 f., 141, 150 ff., 156 f., 175, 178, 180, 186, 223, 230
  – fehler 79 f., 149
Störbarkeit, emotionale 109 f.
Strongs Vocational Interest Blank 19 f.
Studenten 100, 131, 133, 145, 151 f., 156
Studienplatzbewerber 100
Subjektive Wirklichkeit des Kandidaten 54
Subkonstrukte 30, 88, 92, 118, 189, 261 f.
Summenwert 58
Supervision 243
Symptomchecklisten 19
Systeme, taxonomische 9, 16

T
Tätigkeitsanalyse 86
Taxonomie 9, 87, 209
Teamentwicklung(s) 128, 135, 161, 195, 248 f., 251 f., 254
  – maßnahme 124, 197, 248 ff., 254 f.
  – seminar 251, 254
Team-Entwicklungs-Uhr 253
Teamorientierung 110, 161, 164 f., 167, 170 f.
Technisches Verständnis 140
Teilstichproben 33, 119, 145
Temperament 12, 14, 147, 155
Temperamentstyp(en) 10, 12, 155
Tendenz
  zur Mitte 227
  zur Strenge 218, 227
Test(s)
  – besprechung 4, 141
  computerunterstützter 189
  – anbieter 21
  – anwendung 3, 46, 52, 113
  – autoren 108, 123, 129, 165 f., 170, 172, 181
    Qualifikation der 51
  – batterie 33, 94, 113, 150
  – bearbeitung, unkorrekte 138 f.
  – durchführung 49, 55, 57, 59, 74, 112, 121, 132, 139, 149, 159, 172

Test(s)
- entwickler 21
- entwicklung 20, 51, 140, 165 f., 175, 183, 186
- ergebnis 55, 57 ff., 67, 75, 106, 111, 114, 128, 132, 134 f., 139 ff., 144, 149, 151, 175, 255
- fairness 22
- fragen 18, 24, 47, 51 f., 59, 129, 154, 157, 160 f., 176, 261
  geheimnisvoll anmutende 3
  Verständlichkeit der 154
- kandidat(en) (s. a. Kandidat) 3, 44, 49, 54 f., 57 f., 60 f., 64 f., 71, 106 f., 115, 121, 129, 137, 145, 161, 187
- knacker (s. a. Testtraining) 70 ff., 76 ff.
- konstrukteur 48, 61
- konstruktion 18, 50, 136, 165, 184, 189
  externale Methode der 61
  kriteriumsorientierte 59, 144 f.
- konzeption 51
- manual (s. a. Handanweisung) 92, 107, 119, 124, 130, 136, 145, 161, 169, 172, 178, 181, 183 f.
- material 51, 77, 193
- psychologie 77
- resultate 75, 124
- situation 29, 55, 75, 112, 136, 137
- training (s. a. Testknacker) 70 f., 73, 75
- ung 12, 33, 72
  - computerunterstützte 70
- verbrennungen 101
  „ideale" 4
  Auswahl und Zusammenstellung von 49
  Gültigkeit von (s. a. Validität) 78
  projektive 74
- verlag(e) 2, 51, 71, 187, 259
- vorlage 49
Tetrabiblos 8 f.
Textbausteine, standardisierte 131
Theorienbildung, psychologische 127
Therapie 36, 154, 247
Toleranz 110, 148, 243
Training(s) 36, 70 f., 83, 128, 190, 192, 197, 245, 248, 251, 258
- erfolg 83, 85, 88, 91
- programme, PC-basierte 255
Trait 23 f., 28, 80, 84 f., 87, 142 ff., 163

Transparenz 54, 56, 58, 69, 74, 123, 197, 260
- der Bewertung 58
- der Situation 58
Trefferquote 97, 150, 179 f.
Trennschärfe 106, 108, 246
Trennschärfeindizes 107 f.
True-Score-Korrelationen 37
T-Werte 139
Typ-A-Verhalten 86 f.
Typenbegriffe 10
Typenlehre, psychologische 8, 124
Typologie 17

U
Übereinstimmung zwischen privatem und öffentlichem Selbst 233
Überforderung 2, 18
Überlegtheit 109, 110
Unabhängigkeit 30, 80, 114, 121, 129, 148, 159, 164, 167, 229
  geringe 109
  hohe 109
Unbefangenheit 109 f.
Unkonventionalität 109 f.
Unsicherheitsreduktion 7
Unterforderung 2
Unternehmens-
- beratung 2, 48, 50, 189
- gründer 114
- kultur 2, 33, 40, 206, 236, 240, 247
- werte 2
Untersuchungen, militärpsychologische 20
Untersuchungsdesigns 81 f.
Untersuchungsunterlagen 48

V
Validierung(s)-
- studien 21, 33
- empirische 17
Validität(s)
- zuwachs durch einen Persönlichkeitsfragebogen 99
  „wahre" 79, 83
  (prognostische) des Interviews 98
  Augenschein- 58, 60, 246
  des Fünf-Faktoren-Modells 33
  externe 62 f., 131, 175, 181
  funktionale 142
  inkrementelle 21
  kognitiver Variablen 86

Validität(s)
    Komponenten der sozialen 58
    konkurrente 170
    Konstrukt- 90, 120, 122, 131, 133 f.,
        142, 165, 175
    konvergente 229 f.
    prädiktive 81, 176
    Primat der 106
    prognostische 57, 98
    Situationsspezifität der 80
    soziale 57
    von Persönlichkeitstests 24, 30, 62, 79,
        81, 85 f., 93, 96
    – generalisierung, metaanalytische (s. a.
        Metaanalyse) 78
    – koeffizienten, korrigierte 79 f., 82, 84, 94
    – skalen 178
Varianz
    des Verhaltens 26
    – analyse 31
    – anteile 27, 31, 80, 87
    – aufklärung 31, 33, 94
    – zerlegung 31, 41
Varimaxrotation (s. a. Faktorenanalyse) 107
Veränderungs-
    – bereitschaft 109 f., 167, 257 f.
    – prozesse 36
Verantwortlichkeit 147, 210
Verbaler Ausdruck 216
Vereinigte Staaten von Amerika 2, 22, 43,
    124
Verfahren(s)
    Ausfüllen des 3
    diagnostische 4, 46, 59
    persönlichkeitsdiagnostische 4, 87, 94
    wirtschaftsbezogene 3
    wissenschaftlich-psychologische 7
Vergleichsgruppe (s. a. Normierung) 58,
    169, 246
    Mittelwert einer 5
Verhalten(s)
    – vorhersage 5, 231
    Konsistenz des 24, 26
    in kritischen Situationen 3
    in Problemsituationen 111
    kontraproduktives 122
    soziales 111
    zwischenmenschliches 188
    – akt(e) 26, 28 f.
    – änderungen (s. a. Verhaltensmodifika-
        tionen) 201, 243 ff., 259

Verhalten(s)
    – bandbreite, Erweiterung der eigenen
        257
    – beobachtung(en) 7, 14, 24, 44, 53,
        142, 144, 199, 225, 227
    in situativen Übungen 3
    standardisierte 7, 15
    – dispositionen, berufsrelevante 3
    – flexibilität 37
    – gewohnheiten 124
    – indikatoren 35
    – kodizes 66
    – kompetenz 257 f.
    – modifikationen (s. a. Verhaltensände-
        rungen) 244
    – repertoire 53, 209, 257
    Vorhersagbarkeit von 26, 224, 233
    – standards 49, 102, 244
    – stil, allgemeiner 111
    – tendenzen 23, 28, 39, 106, 144, 165
    – trainings 35, 224
    – unterschiede 34, 128, 141 f., 207
Verkäufer 83 ff., 89 ff., 139
Verkaufs-
    – erfolg 64, 92 f., 179, 186
    – fähigkeiten 93
    – techniken 93
Vermeidungsverhalten 258
Verständnisfähigkeit 13 f.
Versuchspersonen 31, 60, 137 ff., 156, 178,
    199, 216, 219
Verteilung, Schiefe der 26
Verträglichkeit 38, 83 ff., 87, 90 ff., 117,
    120 f., 123, 163, 228 f.
Vertrauen(s)
    auf Vertraulichkeit 56
    – bereitschaft 109 f.
Verwaltungsangestellte 139
Vorauswahl 7, 262
    – instrument 54
Vorgesetzten-
    – beurteilung 33, 114, 132, 140
    – ratings 88, 94, 113, 122
    – urteile 88, 237
Vorhersage
    beruflicher Zufriedenheit und Leistung 20
    – güte 4, 33, 81 f., 88
    – kraft 20, 41, 63, 78, 83, 85
    – validität 118, 192
Vorselektion 57
Vorstellungskraft 13

VR China 46

W
Wahrnehmung(s)
  der eigenen Person (s. a. Selbstwahrnehmung) 198
  intuitive 126, 132
  sinnliche 126
  – gewohnheiten 124
  – phänomene 24
  – system, Grenzen der Aufnahmekapazität des 220
  – verzerrungen 198, 214
Wanneneffekt 33 f.
Wechselwirkung, von Person und Situation 25 f., 32
Weiterbildungs-
  – maßnahmen 89
  – veranstaltung 84
Weltkrieg 17 ff., 125
Wert(e)
  – haltung(en) 33, 200, 256, 262
    Diagnostik von 262
  – orientierungen 32

Widerstandsfähigkeit, emotionale 109 f.
Wissen(s)
  – vermittlung 133, 251, 258 f.
Wohlbefinden,
  Psychisches 125

Z
Zeitmanagement 258
Ziel-
  – orientierung 158, 171
  – vereinbarungen 244
Zitronensafttest 73 f.
Zuordnungs-
  – entscheidung 102
  – methode 72
Zurschaustellung von Identitätshinweisen 205
Zurückhaltung,
  soziale 138
Zusammenarbeit
  bereichsinterne 248
  bereichsübergreifende 248 f.
Zustimmungstendenz 64 f.
Zuverlässigkeit 48, 92 f., 131, 148, 167, 218

Wirtschaftspsychologie

Werner Sarges (Hrsg.)
Management-Diagnostik
2., vollständig überarb. und erw. Aufl. 1995,
XII/980 S., geb. DM 198,– / sFr. 196,– / öS 1.445,–
ISBN 3-8017-0740-7

Die Rekrutierung und Entwicklung von Führungs- und Nachwuchsführungskräften wird in den nächsten Jahren immer dringlicher werden. Eine verbesserte Eignungsdiagnostik zur Potentialfeststellung, Auswahl und Plazierung von Führungskräften kann das Problem erheblich mildern. Die vorliegende Überarbeitung des erfolgreichen Handbuches liefert einen einzigartigen Überblick zur Management-Diagnostik und stellt ein sehr umfangreiches, so nirgends gebündeltes und hochaktuelles Expertenwissen dar.

Heinz Schuler
Psychologische Personalauswahl
Einführung in die Berufseignungsdiagnostik
(Wirtschaftspsychologie)
2., unveränd. Auflage 1998, 246 Seiten, DM 59,–
sFr. 56,– / öS 431,– • ISBN 3-8017-0865-9

Wie hängen menschliche Merkmale mit beruflichem Erfolg zusammen, und wie kann man beide messen? Welches sind die wichtigsten Methoden der Personalauswahl, wo können sie eingesetzt werden, wie funktionieren sie, wie weit ist Verlaß auf sie, ist ihr Einsatz verantwortbar, akzeptabel und Rechtens? Die Antworten auf diese Fragen sind für psychologisch Interessierte wie für Personalverantwortliche von Gewicht, denn es werden diejenigen Verfahrensweisen und ihre Grundlagen dargestellt, die dem aktuellen wissenschaftlichen Stand entsprechen und gleichzeitig von Nutzen sind, Personalentscheidungen in der Praxis zu verbessern.

Siegfried Greif / Hans-Jürgen Kurtz (Hrsg.)
Handbuch Selbstorganisiertes Lernen
(Psychologie und innovatives Management)
2., unveränd. Auflage 1998, 392 Seiten, geb.,
DM 77,– / sFr. 85,– / öS 642,– • ISBN 3-8017-0837-3

Wie können sich Menschen verändern, um erfolgreich selbstorganisiert zu arbeiten? Erforderlich sind neue Methoden und Techniken des selbstorganisierten Lernens, die die Selbständigkeit des Lernenden fördern. Dieses Handbuch bietet eine Zusammenstellung der Grundlagen zum selbstorganisierten Lernen, Besonderheiten, Probleme, konkrete Techniken und Werkzeuge sowie Anwendungsbeispiele. Das Buch richtet sich an Manager, Personalentwickler, Psychologen und alle, die an neuen Konzepten in der Aus- und Weiterbildung interessiert sind.

Rüdiger Hossiep
Berufseignungsdiagnostische Entscheidungen
Zur Bewährung eignungsdiagnostischer Ansätze
1995, X/420 Seiten, gebunden, DM 98,– / sFr. 97,–
öS 715,– • ISBN 3-8017-0815-2

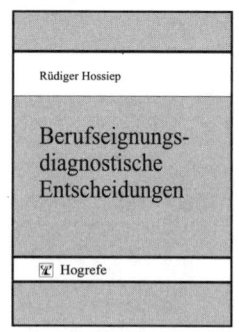

Das vorliegende Buch bietet einen aktuellen und fundierten Überblick über Theorien und Ergebnisse wirtschaftsbezogener Auswahlverfahren. Alle Haupt- und Randmethoden der Personalpraxis werden erläutert und mit empirischen Belegen in Form von Bewährungskontrollen in präziser und anschaulicher Form dargestellt. Art und Umfang der einbezogenen einschlägigen Literatur prädestinieren den Band als Nachschlagewerk für den Eignungsdiagnostiker wie für den Personalpraktiker.

Hogrefe - Verlag für Psychologie
Rohnsweg 25, 37085 Göttingen • Tel. 0551/49609-0 • http://www.hogrefe.de